L'ONU face aux « pratiques traditionnelles néfastes » à l'égard de l'enfant africain

Logiques Juridiques

Collection dirigée par Gérard Marcou

Le droit n'est pas seulement un savoir, il est d'abord un ensemble de rapports et pratiques que l'on rencontre dans presque toutes les formes de sociétés. C'est pourquoi il a toujours donné lieu à la fois à une littérature de juristes professionnels, produisant le savoir juridique, et à une littérature sur le droit, produite par des philosophes, des sociologues ou des économistes notamment.

Parce que le domaine du droit s'étend sans cesse et rend de plus en plus souvent nécessaire le recours au savoir juridique spécialisé, même dans des matières où il n'avait jadis qu'une importance secondaire, les ouvrages juridiques à caractère professionnel ou pédagogique dominent l'édition, et ils tendent à réduire la recherche en droit à sa seule dimension positive. A l'inverse de cette tendance, la collection *Logiques juridiques* des Éditions L'Harmattan est ouverte à toutes les approches du droit. Tout en publiant aussi des ouvrages à vocation professionnelle ou pédagogique, elle se fixe avant tout pour but de contribuer à la publication et à la diffusion des recherches en droit, ainsi qu'au dialogue scientifique sur le droit. Comme son nom l'indique, elle se veut plurielle.

Dernières parutions

Sylvain OLLIER, *L'observation internationale des élections dans la région de l'OSCE*, 2013.
Hassna MOUBSIT, *La représentation en droit des sociétés,* 2013.
Sous la direction de Géraldine AÏDAN et Émilie DEBAETS, *L'identité de la personne humaine en droit,* 2013.
Sous la direction de Jacques FIALAIRE et Jerry KIMBOO, *Le nouveau droit du procès administratif,* 2013.
Raphaël MATTA-DUVIGNAU, *Gouverner, administrer révolutionnairement : le Comité de salut public (6 avril 1793 - 4 brumaire an IV),* 2013.
Wafa TAMZINI, *Recherches sur la Doctrine de l'administration,* 2013.
Khédija BEN DAHMEN, *Interactions du droit international et du droit de l'union européenne,* 2013.
Andy HYEANS, *La douane au coeur de la stratégie Internationale des entreprises,* 2012.
Alberto LUCARELLI et Michel VERPEAUX, *Régionalisme italien et régionalisme français,* 2012.
Manuel GROS, *Droit administratif. L'angle jurisprudentiel,* 4e édition, 2012.

L'ONU face aux « pratiques traditionnelles néfastes » à l'égard de l'enfant africain

Logiques Juridiques

Collection dirigée par Gérard Marcou

Le droit n'est pas seulement un savoir, il est d'abord un ensemble de rapports et pratiques que l'on rencontre dans presque toutes les formes de sociétés. C'est pourquoi il a toujours donné lieu à la fois à une littérature de juristes professionnels, produisant le savoir juridique, et à une littérature sur le droit, produite par des philosophes, des sociologues ou des économistes notamment.

Parce que le domaine du droit s'étend sans cesse et rend de plus en plus souvent nécessaire le recours au savoir juridique spécialisé, même dans des matières où il n'avait jadis qu'une importance secondaire, les ouvrages juridiques à caractère professionnel ou pédagogique dominent l'édition, et ils tendent à réduire la recherche en droit à sa seule dimension positive. A l'inverse de cette tendance, la collection *Logiques juridiques* des Éditions L'Harmattan est ouverte à toutes les approches du droit. Tout en publiant aussi des ouvrages à vocation professionnelle ou pédagogique, elle se fixe avant tout pour but de contribuer à la publication et à la diffusion des recherches en droit, ainsi qu'au dialogue scientifique sur le droit. Comme son nom l'indique, elle se veut plurielle.

Dernières parutions

Sylvain OLLIER, *L'observation internationale des élections dans la région de l'OSCE*, 2013.
Hassna MOUBSIT, *La représentation en droit des sociétés,* 2013.
Sous la direction de Géraldine AÏDAN et Émilie DEBAETS, *L'identité de la personne humaine en droit,* 2013.
Sous la direction de Jacques FIALAIRE et Jerry KIMBOO, *Le nouveau droit du procès administratif,* 2013.
Raphaël MATTA-DUVIGNAU, *Gouverner, administrer révolutionnairement : le Comité de salut public (6 avril 1793 - 4 brumaire an IV),* 2013.
Wafa TAMZINI, *Recherches sur la Doctrine de l'administration,* 2013.
Khédija BEN DAHMEN, *Interactions du droit international et du droit de l'union européenne,* 2013.
Andy HYEANS, *La douane au coeur de la stratégie Internationale des entreprises,* 2012.
Alberto LUCARELLI et Michel VERPEAUX, *Régionalisme italien et régionalisme français,* 2012.
Manuel GROS, *Droit administratif. L'angle jurisprudentiel,* 4e édition, 2012.

Claudia Napoli

L'ONU face aux « pratiques traditionnelles néfastes » à l'égard de l'enfant africain

Préface de Jean Dhommeaux
Professeur émérite de l'université de Rennes 1

L'Harmattan

5-7, rue de l'École-Polytechnique ; 75005 Paris

http://www.librairieharmattan.com
diffusion.harmattan@wanadoo.fr
harmattan1@wanadoo.fr

ISBN : 978-2-343-00337-5
EAN : 9782343003375

Le présent ouvrage est issu d'une thèse de doctorat en droit international soutenue le 29 septembre 2012 à l'Université de Rennes 1 devant le jury constitué des professeurs Jean Dhommeaux, Isabelle Bosse-Platière, Eric Mondielli, Hélène Tigroudja et Sandrine Turgis.

Je ne saurais jamais assez exprimer ma gratitude envers le professeur Dhommeaux, mon directeur de thèse, pour la confiance qu'il m'a témoignée et pour m'avoir guidée et encouragée dans ce travail. J'étais étudiante à l'Université « L'Orientale » de Naples en mobilité Erasmus quand j'ai suivi son cours de Protection internationale des droits fondamentaux, et depuis je n'ai pas cessé de découvrir ses immenses qualités pédagogiques, scientifiques et humaines.

Mes remerciements s'adressent également à tous ceux qui m'ont chaleureusement accueillie et intégrée, durant les années de mon doctorat, au sein de la Faculté de droit de Rennes et du laboratoire CEDRE, excellemment dirigé par la professeure Catherine Flaesch-Mougin et maintenant par la professeure Isabelle Bosse-Platière, ainsi qu'au professeur Luc Marius Ibriga, à ses collègues de l'Université de Ouagadougou et à tous les africains que j'y ai rencontrés et qui m'ont apporté une lecture du sujet nécessaire et complémentaire.

Ma thèse n'aurait jamais été initiée sans le soutien de l'Université de Salerno et je suis très reconnaissante aux professeurs Angela Di Stasi, Piero Pennetta et Gerardo Martino.

Je dois aussi beaucoup à Jacqueline, à Benoît et Catherine et aux autres amis qui ont contribué à rendre mon séjour rennais si familial. Merci enfin à mes proches en Italie, et tout spécialement à Giancarlo.

A mes parents

A mes parents

« La défense de la diversité culturelle est un impératif éthique, inséparable du respect de la dignité de la personne humaine. Elle implique l'engagement de respecter les droits de l'homme et les libertés fondamentales, en particulier les droits des personnes appartenant à des minorités et ceux des peuples autochtones. Nul ne peut invoquer la diversité culturelle pour porter atteinte aux droits de l'homme garantis par le droit international, ni pour en limiter la portée. »

Article 4 de la Déclaration universelle de l'UNESCO sur la diversité culturelle, 2 novembre 2001

Liste des abréviations, sigles et acronymes

AFDI	*Annuaire Français de Droit International*
AHRLJ	*African Human Rights Law Journal*
CADBE	Charte africaine des droits et du bien-être de l'enfant
CADH	Convention américaine relative aux droits de l'homme
CADHP	Charte africaine des droits de l'homme et des peuples
CAEDBE	Comité africain d'experts sur les droits et le bien-être de l'enfant
CAT (la)	Convention contre la torture et autres peines ou traitements cruels, inhumains ou dégradants
CAT (le)	Comité contre la torture
CCPR	Comité des droits de l'homme
CEDAW (la)	Convention sur l'élimination de toutes les formes de discrimination à l'égard des femmes
CEDAW (le)	Comité pour l'élimination de la discrimination à l'égard des femmes
CEDH	Convention européenne de sauvegarde des droits de l'homme et des libertés fondamentales Cour européenne des droits de l'homme
CEDS	Comité européen des droits sociaux
CERD (la)	Convention internationale sur l'élimination de toutes les formes de discrimination raciale
CERD (le)	Comité pour l'élimination de la discrimination raciale
CESCR	Comité des droits économiques sociaux et culturels
CIDH	Cour interaméricaine des droits de l'homme
CI-AF	Comité inter-africain sur les pratiques traditionnelles ayant effet sur la santé des femmes et des enfants
CIDE	Convention relative aux droits de l'enfant
CMRW	Convention internationale sur la protection des droits de tous les travailleurs migrants et des membres de leur famille
CMW	Comité des travailleurs migrants
CNDA	Cour nationale du droit d'asile (France)
CRC	Comité des droits de l'enfant
CRIN	*Child Rights Information Network*
CRR	Commission des recours des réfugiés (France)
DUDH	Déclaration universelle des droits de l'homme
ECOSOC	Conseil économique et social des Nations Unies

EDS (DHS)	Enquêtes Démographiques et de Santé (*Demographic and Health Surveys*)
EPU (UPR)	Examen périodique universel
FNUAP (UNFPA)	Fonds des Nations Unies pour la population
HCDH (HCHR)	Haut-Commissariat aux droits de l'homme des Nations Unies
HCR (UNHCR)	Haut-Commissariat pour les réfugiés des Nations Unies
HRC	Conseil des droits de l'homme (*Human Rights Council*)
IDH	Indice de développement humain
INDH	Institutions nationales des droits de l'homme
MGF (FGM)	Mutilations génitales féminines
MICS	Enquêtes par grappes à indicateurs multiples (*Multiple Indicator Cluster Surveys*)
OFPRA	Office français de protection des réfugiés et des apatrides
OHCHR	Bureau du Haut Commissariat aux droits de l'homme
OIM (IOM)	Organisation internationale pour les migrations
OIT (ILO)	Organisation internationale du travail
OMD (MDG)	Objectifs du Millénaire pour le développement
OMS (WHO)	Organisation mondiale de la santé
ONG (NGO)	Organisation non gouvernementale
ONU (UN)	Organisation des Nations Unies
ONU-Femmes	Entité des Nations Unies pour l'égalité des sexes et l'autonomisation des femmes
ONUSIDA (UNAIDS)	Programme commun des Nations Unies sur le VIH/SIDA
OPAC	Protocole facultatif à la CIDE, concernant la vente d'enfants, la prostitution des enfants et la pornographie mettant en scène des enfants
OPIC	Protocole facultatif à la CIDE, établissant une procédure de présentation de communications
OPSC	Protocole facultatif à la CIDE, concernant l'implication d'enfants dans les conflits armés
PIDCP	Pacte international relatif aux droits civils et politiques
PIDESC	Pacte international relatif aux droits économiques, sociaux et culturels
PNUD (UNDP)	Programme des Nations Unies pour le développement
PUF	*Presses Universitaires de France*
RCA	République centrafricaine

RCADI	*Recueil des Cours de l'Académie de Droit International de La Haye*
RDC	République démocratique du Congo
RGDIP	*Revue Générale de Droit International Public*
RTDH	*Revue Trimestrielle des Droits de l'Homme*
RUDH	*Revue Universelle des Droits de l'Homme*
SFDI	Société française pour le droit international
SR	Compte rendu analytique (*summary record*)
UA	Union africaine
UNCEA	Commission économique des Nations Unies pour l'Afrique
UE	Union européenne
UNESCO	Organisation des Nations Unies pour l'éducation, la science et la culture
UNICEF	Fond des Nations Unies pour l'enfance
UNIFEM	Fonds de développement des Nations Unies pour la femme

Sommaire

PREFACE

Le titre de ce bel ouvrage, volontairement descriptif, neutre, sobre et objectif, contient, en réalité, une analyse poussée et des jugements de valeur sur une douloureuse question d'actualité fruit de comportements encore largement répandus en Afrique et ailleurs.

L'analyse porte essentiellement sur deux points : le droit international des droits de l'homme à l'épreuve des « pratiques traditionnelles néfastes » à l'égard des enfants et les « pratiques traditionnelles néfastes » à l'épreuve du droit international des droits de l'homme.

La notion de « pratiques traditionnelles néfastes », telle que perçue par les Nations Unies tend à se stabiliser après une longue période d'absence de prise en considération. Elles sont nombreuses, plus ou moins répandues, mais deux d'entre elles sont privilégiées : les mutilations génitales féminines et les mariages forcés.

Les Nations Unies doivent être entendues au sens large puisque cela inclut les institutions spécialisées et les organes subsidiaires.

Ce travail répond de manière claire et convaincante à la question essentielle : le droit international des droits de l'homme prend-il en considération ces pratiques et permet-il de les éradiquer ? Comment se présente la relation entre l'universalité du droit et des revendications culturelles ?

L'universalité du droit international des droits de l'homme se présente sous deux aspects : l'offre et son acceptation. Sur le premier point, l'universalité est évidente : les grandes conventions relatives aux droits de l'homme sont offertes à tous les Etats, membres ou non membres des Nations Unies, à des entités non étatiques, comme le Saint-Siège, voire à des organisations internationales d'intégration. Cette universalité se traduit aussi dans la multiplicité des instruments proposés qui se complètent et élargissent l'offre. Ce qui est vrai pour les textes vaut aussi pour les organes concernés et les procédures mises à disposition. Le dernier né, qui est le troisième Protocole à la convention des droits de l'enfant, parachève cette tendance. Sous cet angle, l'universalité soulève la question de l'inflation et de la dépréciation qui lui est liée. Les textes ne risquent-ils pas de se contredire ? Tous les organes conventionnels ont-ils le même poids ? Les jurisprudences sont-elles bien cohérentes ? Ne va-t-on voir apparaître le phénomène du « forum shopping » ?

Il est parfaitement répondu à toutes ces questions.

Par ailleurs, quelle va être la réponse à cette offre ? Que vont faire les Etats ? Y a-t-il universalité de l'acceptation ? La réponse est compliquée. Il peut y avoir une simple apparence de ratification lorsqu'une ou des réserves sont émises. Certaines de ces réserves sont évidemment contraires à l'objet et au but du traité concerné et dénoncées comme telles par les organes conventionnels à l'occasion de l'examen des rapports. On est alors en présence d'une sorte de OUI-MAIS dont le MAIS peut anéantir le OUI. Les retraits restent assez rares. Par ailleurs, les Etats sont-ils bien conscients de leurs obligations ? Les Observations générales des différents comités montrent qu'il existe souvent des incompréhensions conscientes ou non. Les Etats se conforment-ils à leurs obligations de rendre des comptes par le biais des rapports périodiques ? Quelles justifications invoquent-ils pour se disculper ? On ajoutera l'acceptation ou non des procédures internationales qui sont offertes. On sent bien que beaucoup d'Etats ne souhaitent pas une éventuelle mise en cause suite à des recours individuels.

Si offre et acceptation coïncident, des dialogues vont s'instaurer entre les Comités et les Etats. Quel en est le contenu ? Quel en est l'intérêt ? Quelle en est la qualité ? Ne risque-t-on pas d'avoir deux monologues ? Comment l'Etat répond-il aux questions des experts ? Comment explique-t-il, justifie-t-il le maintien des pratiques néfastes dénoncées au fur et à mesure des observations finales ? On trouvera des réponses parfois étonnantes : la fin de l'excision pose le problème du devenir des exciseuses ; ce sont les femmes elles-mêmes qui s'opposent à l'éradication des mutilations génitales.

A l'occasion de ces dialogues, les différents Comités ont qualifié ces pratiques. Les mutilations génitales apparaissent ainsi comme des « traitements cruels, inhumains et dégradants » voire des « tortures ».

Ceci pose dès lors un autre problème, qui est de plus en plus présent : tous les Etats ne sont-ils pas concernés ? N'y a-t-il pas des effets et des obligations *erga omnes* à ces violations du *jus cogens* ? Les Etats tiers, non africains, peuvent eux-mêmes connaître sur leur territoire des « pratiques traditionnelles néfastes », surtout, quelle est leur réaction à l'égard de celles commises à l'étranger, par des étrangers, sur des étrangers résidents sur leur territoire et, enfin, quelles sont leurs obligations à l'égard d'actes commis par des étrangers, sur des étrangers, à l'étranger, c'est-à-dire sans aucun lien avec l'Etat ? Cette dernière situation est celle des demandes d'asile pour des enfants sujets à des mutilations génitales ou à des mariages forcés. Elle pose aussi la question d'une éventuelle juridiction plus ou moins universelle.

Les réponses sont internationales et internes. Les jurisprudences du Comité des droits de l'homme et des juridictions internes contribuent à cette implication des tiers.

On pourrait ajouter leurs interventions plus ou moins poussées ou complaisantes à l'occasion de cette forme nouvelle de grand oral qu'est l'Examen périodique universel (EPU) qui permet de voir l'intérêt que portent les Etats tiers à cette question et les réactions des Etats concernés.

Sur un autre registre, on sent le désengagement de la plupart des Etats : il s'agit des objections aux réserves. Rares sont les réactions aux réserves, même manifestement illicites : une quinzaine d'Etats sur la planète, la plupart européens. Leur vigilance étant parfois à éclipse. On peut s'étonner, par exemple, de l'absence de réaction de la France à certaines réserves essentielles, de la part de plusieurs Etats à la Convention des droits de l'enfant, alors même qu'elles ont fait l'objet de nombreuses objections.

Si le bilan final peut paraître pessimiste comme le montre le ressassement des mêmes questions et des mêmes réponses à plusieurs années d'écart, il y a, malgré tout, des germes d'espoir. Les Etats, alertés par les instances internationales et les ONG et OING, sont de plus en plus conscients de leurs manquements. Des politiques de plus en plus nombreuses sont menées. L'éducation fait prendre conscience de ces anormalités.

C'est un travail de longue haleine qui doit être mené avant tout par les principaux intéressés.

On le voit, les questions abordées sont juridiques mais pas seulement.

Ce superbe travail s'adresse aux juristes internationalistes et internistes. Les internationalistes y trouveront matière à réflexion à propos du droit des traités, de la réalité des engagements ou de l'interprétation des dispositions conventionnelles. Les spécialistes du droit international des droits de l'homme découvriront des illustrations nombreuses des problèmes posés par la démultiplication des textes et par le fonctionnement des organes et des procédures onusiens plus ou moins connus et accessibles. On notera à cet égard que ce travail constitue aussi un guide irremplaçable pour se retrouver dans les arcanes labyrinthiques du système des Nations Unies. Les internistes seront confrontés aux réponses internationales qu'ils devront prendre en considération. Le droit comparé apporte aussi sa touche à cet édifice.

Les non juristes seront interpelés par ces phénomènes sociaux et ils y apprécieront les réponses que donne le droit.

Par-delà les questions et réponses techniques auxquelles les spécialistes seront confrontés, c'est à l'honnête homme que s'adresse ce bel ouvrage qui est une pierre précieuse qui contribue, de manière éminente, à l'édification, la compréhension et la mise en œuvre du droit international des droits de l'homme.

Jean DHOMMEAUX

Professeur émérite de l'Université de Rennes
Faculté de droit et de science politique

INTRODUCTION

Dans les sociétés africaines traditionnelles, non seulement le respect des droits de la personne était prescrit, mais l'enfant était spécialement vénéré comme une « richesse commune ». Cependant, la culture africaine a véhiculé et continue de perpétuer des traditions et pratiques nuisibles aux enfants.

Depuis quelques décennies, le droit international des droits de l'homme s'est emparé de ce conflit potentiel entre culture(s) locale(s) et valeurs universelles. Il a indiqué la voie à suivre pour le dépasser et a surtout établi un principe : la prévalence des droits de l'homme sur les particularismes, spécificités et diversités incompatibles. Autrement dit, toute pratique n'est pas recevable sous prétexte qu'elle est qualifiée de « culturelle », si elle viole les exigences les plus fondamentales de l'homme.

La voie à suivre pour garantir les droits universels est la mise à l'écart des traditions nuisibles et la « convergence – au-delà des cultures – dans la conception de la dignité humaine »[1], étant entendu que « c'est d'abord aux membres et à chaque communauté qu'il appartient de discerner, au sein de leur propre culture, les traditions qui élèvent et celles qui écrasent »[2].

La marge de manœuvre n'est toutefois pas très importante, puisque les Nations Unies ont depuis longtemps décidé que certaines coutumes et traditions, telles que les mutilations génitales féminines, les mariages d'enfants ou les violences liées à la dot sont incompatibles, au-delà de toute justification culturelle, avec la dignité et les droits de la personne.

L'ONU est à l'œuvre, en tant que conscience mondiale[3], dans la définition et l'évolution du concept de « pratiques traditionnelles néfastes ». C'est l'expression onusienne, qui renvoie à l'ensemble des pratiques dont les éléments communs sont la nature préjudiciable et la justification prétendument fondée sur le respect de la tradition[4], que nous allons retenir avant de l'analyser plus loin dans ce chapitre introductif.

---

[1] IMBERT P. H., « Communication », in *Universalité des droits de l'homme dans un monde pluraliste. Actes du colloque organisé par le Conseil de l'Europe en collaboration avec l'Institut international des droits de l'homme : Strasbourg, 17-19 avril 1989*, Strasbourg : N. P. Engel, 1990, p. 172.

[2] MARIE J.-B., « L'universalité des droits de l'homme revisitée par la diversité culturelle », in VINCENT G., *La partition des cultures. Droits culturels et droits de l'Homme*, Strasbourg : Presses universitaires de Strasbourg, 2008, p. 388.

[3] Voy. ONU, *Les Nations Unies aujourd'hui*, Série des ABC des Nations Unies, octobre 2008.

[4] Voy. la *Fiche d'information n° 23 sur les pratiques traditionnelles préjudiciables affectant la santé des femmes et des enfants* du Haut Commissariat aux Droits de l'Homme, d'août 1995, disponible dans la seule version anglaise (« Fact Sheet No. 23 », *Harmful Traditional Practices Affecting the Health of Women and Children*) à l'adresse http://www.unhcr.org/refworld/docid/479477410.html (dernier accès 31 mai 2012). Les passages les plus significatifs de l'Introduction méritent d'etre reproduits ici : « Traditional cultural practices reflect values and beliefs held by members of a community for periods often spanning generations. Every social grouping in the world has specific traditional cultural

Si l'œuvre de définition n'est pas encore achevée[5], la lutte contre les « pratiques traditionnelles néfastes » se révèle une entreprise fort ambitieuse, voire démesurée, compte tenu des faibles progrès réalisés en quelques trente ans au niveau global, et en Afrique en particulier.

Certes, le droit à la différence est revendiqué de manière moins radicale et les gouvernements concernés ont grandement changé leur façon de percevoir les pratiques dites néfastes. Mais de par le continent africain, les enfants sont encore victimes de superstitions, traditions, tabous et coutumes manifestement contraires aux normes universelles de protection.

La perspective juridique dans laquelle nous abordons le sujet nous préserve tant de l'ethnocentrisme que du relativisme. Ce sont l'existence, le contenu et l'effectivité des normes internationales relatives aux pratiques traditionnelles néfastes qui nous intéressent.

Entre les normes et les individus auxquels sont reconnus des droits, il y a les Etats. Le droit international des droits de l'homme met à leur charge des obligations positives vis-à-vis des enfants, dont les droits doivent être garantis non seulement dans une relation « verticale » avec les autorités publiques, mais aussi dans les relations « horizontales » avec les autres sujets de l'ordre juridique interne : l'Etat doit, en d'autres termes, protéger les droits des enfants des violations qui sont le fait des acteurs privés.

Cette protection s'étend évidemment à la sphère privée mais implique aussi des interventions efficaces au niveau de la société lorsqu'il est nécessaire de créer un cadre propice au respect des droits. En effet, les interprétations y compris jurisprudentielles des principaux traités universels[6] et régionaux relatifs aux droits de l'homme semblent exiger des Etats qu'ils modifient les contextes socio-culturels qui favorisent la perpétuation de la violence de genre[7].

---

practices and beliefs, some of which are beneficial to all members, while others are harmful to a specific group, such as women. These harmful traditional practices include female genital mutilation (FGM) ; forced feeding of women ; early marriage ; the various taboos or practices which prevent women from controlling their own fertility ; nutritional taboos and traditional birth practices ; son preference and its implications for the status of the girl child ; female infanticide ; early pregnancy ; and dowry price. Despite their harmful nature and their violation of international human rights laws, such practices persist because they are not questioned and take on an aura of morality in the eyes of those practicing them ».

[5] Un commentaire (ou observation) général(e) commun(e) est à l'étude sur ce sujet par deux comités conventionnels, comme nous le verrons *infra*.

[6] Le CEDAW s'est penché sur plusieurs affaires où il était question de femmes discriminées en raison de pratiques, coutumes et stéréotypes, et a demandé aux Etats convenus de modifier le contexte général dans lequel les violations avaient eu lieu (*A. T. c. Hongrie*, comm. n° 2/2003, 2005 ; *Vertido c. Philippines*, comm. n° 18/2008, 2010).

[7] La Commission africaine des droits de l'homme et des peuples conclut dans l'affaire *Ken Saro-Wiwa* (1998) à l'existence d'une « obligation positive de prévenir la violation des droits de l'homme » (§ 43) ; la Cour européenne et la Cour interaméricaine des droits de l'homme condamnent des Etats qui ont manqué à leurs « obligations positives » (selon le concept de la *diligence due*) de prévenir des violationsà l'égard des femmes et des filles ayant lieu dans un

Cette approche préventive pourrait être utilement appliquée à la lutte contre les pratiques traditionnelles néfastes, alors même que l'indifférence de l'Etat constitue une violation de ses obligations internationales en matière de protection des droits de l'homme.

En choisissant comme objet de la présente étude « l'ONU face aux pratiques traditionnelles néfastes à l'égard de l'enfant africain », nous situons ce travail dans le cadre de protection onusien. Cette décision repose sur un double constat. D'une part, c'est l'ONU qui a le leadership dans la lutte contre les pratiques traditionnelles néfastes et qui pousse sans cesse les gouvernements à progresser dans cette voie. D'autre part, l'étude des systèmes continentaux de protection des droits de l'homme ne nous aurait pas permis d'avancer beaucoup dans la connaissance de ce sujet : alors que les organisations européennes commencent à peine à s'occuper des problèmes liés aux pratiques traditionnelles néfastes, l'Union africaine, qui s'est pourtant dotée de normes conventionnelles meilleures que les règles universelles en matière de MGF et de mariage d'enfants, se tourne vers l'ONU pour développer et renforcer le cadre normatif[8], reconnaissant ainsi que le niveau de protection onusien est le plus pertinent pour aborder ce thème (§ 2).

L'autre choix qui délimite, en le rétrécissant certes, mais aussi en clarifiant le champ de l'analyse est le caractère africain de l'enfant victime des pratiques en question. L'Afrique mérite d'être étudiée non seulement parce qu'elle est sérieusement touchée par ces phénomènes, mais aussi parce que c'est une entité exemplaire, à cause de ses différences, et donc un échantillon très significatif de toutes les pratiques traditionnelles préjudiciables à l'enfant qui survivent dans le monde (§ 1).

§ 1. Les « pratiques traditionnelles néfastes » à l'égard de l'enfant africain

Créé et nourri par l'ONU, le concept de « pratique traditionnelle néfaste » comporte un jugement de valeur autour de normes et traditions socio-culturelles millénaires qui consacrent et perpétuent l'inégalité au sein de la famille et de la société.

D'abord, il convient de s'interroger sur la nature des pratiques traditionnelles néfastes figurant aujourd'hui dans les textes onusiens (A),

---

contexte de discrimination structurelle contre ces dernières (parmi les premiers arrêts de ce type, voy. *Opuz c. Turquie* et *González et al. ('Cotton Field') c. Mexique*, de 2009).

[8] En juillet 2011, lors du 17e Sommet de l'UA, les chefs d'Etat et de gouvernement ont demandé par la décision Assembly/AU/Dec.383(XVII) à l'Assemblée générale de l'ONU d'adopter une résolution pour bannir les MGF dans le monde.

afin de comprendre les raisons du travail de délimitation et d'analyse d'où cet ouvrage découle : pourquoi choisir celles qui sont nuisibles à l'enfant africain ? (B).

Ensuite, nous reconstituerons l'évolution de ces pratiques, sachant que du fait des migrations, de la mondialisation et des conflits, elles se sont géographiquement déplacées et/ou adaptées et sont devenues un sujet de préoccupation pour la communauté internationale dans son ensemble. Il sera indispensable de comprendre les justifications que les populations africaines concernées invoquent pour continuer de perpétuer ces pratiques préjudiciables à l'enfant, souvent sans la moindre intention de lui nuire (C).

A. La nature de ces pratiques

Avant de nous pencher sur la nature des pratiques traditionnelles néfastes, quelques précisions sémantiques sur les termes qui composent cette notion au caractère protéiforme peuvent être utiles.

Le mot « pratique » fait référence à une manière habituelle de faire, de procéder, propre à une personne ou à un groupe, ou au fait de suivre une règle d'action sur le plan moral ou social[9]. La pratique, « c'est en somme ce qui se fait de façon concrète, par opposition à la contemplation ou à la spéculation »[10].

Il ne s'agit pas là de n'importe quelle pratique, puisque l'adjectif « traditionnelle » implique à la fois des justifications culturelles sous-jacentes et une opposition avec des façons de penser, de faire ou d'agir qui n'ont pas de liens avec le passé du fait qu'elles sont importées ou modernes.

Enfin, le qualificatif « néfaste » délimite le champ d'analyse, en imposant que la pratique traditionnelle ait des effets préjudiciables et en laissant ainsi de côté celles inoffensives ou utiles.

Qu'en est-il du contenu de cette expression que nous venons d'analyser mot par mot ? Est-ce que toute conduite, qui est un héritage culturel du passé et qui crée un préjudice à la personne qui la subit, est considérée comme une pratique traditionnelle néfaste par l'ONU ?

La réponse est loin d'être évidente puisque, dans les faits, l'approche onusienne n'est pas neutre. En effet, au moins jusqu'à une époque assez récente, à la fois des considérations de genre et, quoique plus discrètement, des logiques Nord-Sud orientaient le débat sur les pratiques traditionnelles au sein de la famille onusienne : depuis que l'on traite des pratiques

---

[9] *Le Grand Robert de la langue française*, 2001.

[10] QUENEUDEC J.-P., « Avant-propos », in BOISSON DE CHAZOURNES L., KOHEN M., BUZZINI G. (dir.), *La pratique et le droit international,* Colloque de Genève de la Société française pour le droit international, Paris : Pedone, 2004, p. 8.

préjudiciables, il avait été surtout question de femmes et de fillettes[11], alors que les seules pratiques qui retenaient l'attention étaient les mutilations génitales féminines et quelques autres coutumes associées aux populations non-occidentales.

La doctrine n'avait pas perdu l'occasion de souligner, lors de la publication de la *Fiche d'information* n° 23 du HCDH sur les pratiques traditionnelles préjudiciables affectant la santé des femmes et des enfants, que « within UN-driven international discussions (…), the generally accepted meaning of HTPs [*harmful traditional practices*] could be summarized as 'certain forms of ritualized non-Western violence against women' »[12].

Il était reproché à l'ONU de fermer les yeux sur la situation des hommes adultes et aussi de réserver la qualification de « traditionnelles » aux seules pratiques néfastes non-occidentales. En outre, certains auteurs affirmaient que, contrairement aux intentions affichées, l'Organisation mondiale négligeait en réalité les droits des enfants de sexe masculin[13], comme si toutes les pratiques traditionnelles discriminatoires avaient été conçues au bénéfice des hommes et des garçons[14].

Ces remarques ne sont pas inintéressantes, mais il convient de les nuancer à l'aune des données et des tendances nouvelles.

D'une part, l'approche onusienne a évolué grâce à l'œuvre des comités conventionnels, et du CRC notamment, qui demande aux Etats de mettre fin à toute pratique nuisible aux enfants, quel que soit leur sexe : s'il est impératif de protéger les filles des MGF ou des mariages précoces et forcés, les petits garçons doivent être soustraits à la mendicité, aux accusations de sorcellerie ou à de formes de travail typiquement masculin liées à la tradition

---

[11] Pour ne citer que quelques exemples, sur lesquels nous reviendrons *infra* dans le premier Titre de la première Partie, le mandat du Rapporteur spécial de la Sous-Commission portait sur les pratiques traditionnelles affectant la santé *des femmes et des fillettes*, alors que les résolutions pertinentes des organes onusiens (Assemblée générale, ECOSOC, Commission des droits de l'homme) évoquaient exclusivement, dès les intitulés, les pratiques traditionnelles nocives pour la santé *des femmes et des fillettes*.

[12] WINTER B., THOMPSON D., JEFFREYS S., « The UN Approach to Harmful Traditional Practices : Some Conceptual Problems », *International Feminist Journal of Politics*, vol. 4/1, 2002, p. 76.

[13] Voy. l'article de CARPENTER R. C., « A Response to Bronwyn Winter, Denise Thompson and Sheila Jeffreys, 'The UN Approach to Harmful Traditional Practices : Some Conceptual Problems' : Some Other Conceptual Problems », *International Feminist Journal of Politics*, vol. 6/2, 2004, pp. 308-313, qui écrit comme le titre l'indique pour commenter et intégrer l'article précité des universitaires australiennnes. Sur ces questions, voy. aussi l'ouvrage du professeur d'origine palestinienne et de nationalité suisse, ALDEEB ABU-SAHLIEH S. A., *Circoncision masculine – circoncision féminine. Débat religieux, médical, social et juridique*, Paris : L'Harmattan, 2001, spéc. chapitre 5.

[14] La Fiche affirme que "the bleak reality is that the harmful traditional practices focused on in this Fact Sheet have been performed for male benefit".

(« enfants talibés », « enfants jockeys » et « enfants bouviers », entre autres). Quant à la nature « non-occidentale » des pratiques en question, on remarquera qu'en 2011, le Comité a officiellement inclus les châtiments corporels dans sa propre liste des « pratiques préjudiciables », mais non traditionnelles[15].

D'autre part, l'ONU continue de travailler à plusieurs niveaux sur les pratiques traditionnelles néfastes et il est fort probable que le futur commentaire général commun qui est à l'étude conjointement par le CRC et le CEDAW – ce qui est par ailleurs une première absolue – offrira des éléments nouveaux sur la définition de pratiques traditionnelles néfastes[16] ainsi que sur la manière de les éliminer efficacement.

Au moment où nous écrivons, les contours précis du sujet « pratiques traditionnelles néfastes » à l'ONU demeurent indéfinis. Néanmoins, la présente étude portera sur un sous-ensemble assez délimité et cohérent pour qu'on le traite, et assez significatif pour qu'on en comprenne les enjeux.

En effet, les pratiques traditionnelles néfastes *à l'égard de l'enfant africain* ne sont qu'une portion de toutes les pratiques traditionnelles existantes et, pourtant, elles sont aussi nombreuses que les cultures dont se compose l'Afrique et touchent de manière disproportionnée les enfants.

B. La notion d'enfant africain

Aux fins de notre étude, l'enfant est défini, au sens de la Convention de New York de 1989 relative aux droits de l'enfant, comme « tout être humain âgé de moins de dix-huit ans »[17], et est africain l'enfant qui se trouve soumis

[15] Voy. l'Observation générale n° 13 (2011) du CRC : Le droit de l'enfant d'être protégé contre toutes les formes de violence, 18 avril 2011, par. 29 : Les « pratiques préjudiciables (…) comprennent, entre autres : a) Les châtiments corporels et les autres peines cruelles ou dégradantes ; b) Les mutilations génitales féminines ; c) Les amputations, le bandage, la scarification, les brûlures et le marquage ; d) Les rites initiatiques violents et dégradants, le gavage des filles, l'engraissage, la vérification de la virginité (inspection des parties génitales des filles) ; e) Le mariage forcé et le mariage précoce ; f) Les crimes « d'honneur », les actes de violence commis à titre de représailles (lorsque les conflits entre deux groupes sont reportés sur les enfants des parties en conflit), les violences et les décès liés à la dot ; g) Les accusations de sorcellerie et les pratiques préjudiciables y relatives, comme l'exorcisme ; h) L'ablation de la luette et l'extraction de dents ».

[16] Parmi les questions controversées, il y a l'inclusion de pratiques globalement répandues, telles que la circoncision masculine effectuée sur les jeunes enfants et/ou dans certaines conditions, et les châtiments corporels.

[17] L'article 1 affirme, non sans ambigüité, qu'« un enfant s'entend de tout être humain âgé de moins de dix-huit ans, sauf si la majorité est atteinte plus tôt en vertu de la législation qui lui est applicable ».

aux traditions et valeurs culturelles africaines parce qu'il est originaire d'un des 54 Etats qui forment le continent[18].

Il y a deux aspects relatifs à notre définition de l'enfant africain qui méritent d'être précisés. D'abord, il existe une incertitude presque structurelle dans la quantification de la population enfantine, puisque l'enregistrement des naissances continue de constituer un énorme problème dans la plupart des Etats de l'Afrique subsaharienne où, selon des estimations de l'UNICEF de 2002, plus de 70% des bébés étaient privés d'une identité officielle, d'un nom reconnu et d'une nationalité[19].

Ensuite, il convient d'étendre le champ d'analyse au-delà du continent africain, dans la mesure où c'est l'appartenance aux traditions historiques et aux valeurs de civilisation africaine[20], plus que le critère de la nationalité ou de la résidence, qui fait d'un enfant un « enfant africain » ; l'enfant né de parents chinois ou français et qui vit avec eux dans un Etat africain est censé suivre les lois de cet Etat, mais non les pratiques traditionnelles de la population autochtone et, à l'inverse, l'enfant africain émigré ou réfugié en Europe reste un enfant africain aussi longtemps qu'il a des attaches avec sa communauté d'origine et qu'il s'identifie à une ou plusieurs des cultures africaines.

Cela dit, la prochaine étape consistera à recenser les pratiques traditionnelles néfastes à l'égard de l'enfant africain.

C. L'évolution des pratiques traditionnelles sur le continent africain (et au-delà)

Il est d'abord indispensable de quantifier et de localiser, pour autant que faire se peut, ces pratiques pour comprendre dans quelle mesure il s'agit de phénomènes proprement africains (1). Ensuite, nous tenterons de dresser un bref aperçu historique des pratiques les plus répandues préjudiciables à l'enfant (2).

1) L'extension géographique

Les pratiques traditionnelles néfastes sont présentes dans toutes les régions du monde, mais à des degrés très variables, et avec une possible composante étrangère ou importée qui n'en altère pas pour autant les

---

[18] L'entité géographique « Afrique » inclut le Maroc, qui est le seul Etat africain à ne pas faire partie de l'organisation continentale « Union africaine », ainsi que le Soudan du Sud, qui est devenu indépendant et a été admis aux Nations Unies (et à l'Union africaine) en juillet 2011.

[19] Voy. UNICEF, *L'Enregistrement à la naissance : un droit pour commencer*, Digest Innocenti 9, New York, Genève, 2002.

[20] Voy. le Préambule de la Charte africaine des droits de l'homme et des peuples.

caractéristiques : autrement dit, une pratique préjudiciable enracinée dans la tradition d'un peuple peut 'migrer' et produire des effets dans un contexte étranger.

Il convient d'analyser d'abord les deux pratiques traditionnelles nuisibles aux enfants les plus répandues dans le monde et surtout à travers l'Afrique, à savoir les mutilations génitales féminines et les mariages précoces et forcés.

Pour l'ONU, les mutilations génitales féminines recouvrent toutes les interventions[21] incluant l'ablation partielle ou totale des organes génitaux externes de la femme ou toute autre lésion des organes génitaux féminins qui sont pratiquées pour des raisons non médicales[22].

L'OMS estime de 100 à 140 millions le nombre de jeunes filles et de femmes actuellement en vie qui ont subi une mutilation sexuelle. L'Afrique est le continent le plus touché, avec environ 92 millions de jeunes filles – âgées de dix ans et plus – déjà mutilées et 3 millions qui risquent de l'être chaque année (soit plus de 8.000 par jour)[23]. Il y a au moins 28 pays de l'Afrique sub-saharienne concernés par cette pratique, qui est la plus commune dans l'ouest, le centre et la zone orientale de l'Afrique.

L'ONU propose depuis une vingtaine d'années des chiffres sur le phénomène, ventilés par pays et basés sur les « enquêtes démographiques et de santé » (EDS) financées par l'Agence des Etats-Unis pour le développement international (USAID)[24] ainsi que sur les « enquêtes en grappes à indicateurs multiples » (MICS) de l'UNICEF[25]. Parcourant les

---

[21] Historiquement, les Nations Unies sont parvenues à classer les principales procédures pratiquées. En 1995, l'OMS a défini 4 différents types de mutilations puis, en 2007, cette première classification a été légèrement modifiée. La *Déclaration interinstitutions* de 2008 (*Eliminer les mutilations sexuelles féminines : Déclaration interinstitutions. HCDH, OMS, ONUSIDA, PNUD, UNCEA, UNESCO, UNFPA, UNHCR, UNICEF, UNIFEM*, Genève : Editions de l'OMS), consacre une demi douzaine de pages (dans l'annexe 2) à la classification actuelle des mutilations sexuelles féminines, que nous reproduisons ici pour ne pas alourdir le texte : Type I : ablation partielle ou totale du clitoris et/ou du prépuce (clitoridectomie). Type II : ablation partielle ou totale du clitoris et des petites lèvres, avec ou sans excision des grandes lèvres (excision). Type III : rétrécissement de l'orifice vaginal avec création d'une fermeture réalisée par la coupure et le repositionnement des petites lèvres et/ou des grandes lèvres, avec ou sans excision du clitoris (infibulation). Type IV : non classé – toute autre procédure néfaste pour les organes génitaux féminins à des fins non médicales, par exemple la ponction, le perçage, l'incision, le grattage et la cautérisation.

[22] Voy. l'Aide-mémoire n° 241 de l'OMS, *Mutilations sexuelles féminines*, publié en février 2012 (http://www.who.int/mediacentre/factsheets/fs241/fr/, dernier accès 1er juin 2012).

[23] *Idem.*

[24] Voy. pour plus de détails YODER P. S., ABDERRAHIM N. et ZHUZHUNI A., *L'excision dans les Enquêtes Démographiques et de Santé : Une Analyse Comparative* (traduction de l'anglais : Mac Dougall J.), Rapports Comparatifs Enquêtes Démographiques et de Santé (EDS), n° 12, décembre 2005, Calverton, Maryland : ORC Macro, 2005.

[25] Comme on peut lire dans le numéro spécial de 2009 de *La Situation des enfants dans le monde* (UNICEF), « Depuis plus de 10 ans, l'UNICEF aide les pays à réunir des données comparables au plan international et statistiquement fiables grâce aux Enquêtes en grappes à indicateurs multiples (MICS). Depuis 1995, près de 200 enquêtes ont été réalisées dans une

rapports annuels de l'UNICEF consacrés à « La situation des enfants dans le monde », on trouve un tableau statistique sur la protection des enfants qui affiche les données les plus récentes sur les MGF/E[26].

La situation de la femme et de la fillette africaine change énormément d'un pays à l'autre : si la moitié du continent est touchée, il y a une douzaine de pays où la majorité de la population féminine vit avec une mutilation génitale, et parmi eux des Etats aussi divers que la Somalie, la Guinée, Djibouti, l'Egypte et la Sierra Leone, où plus de 9 femmes sur 10 sont mutilées.

Mais, si plus de 90 millions d'africaines vivent en Afrique avec les séquelles des mutilations génitales féminines, il y en a aussi qui résident dans des Etats tiers[27] et continuent d'y subir cette pratique.

Nous savons que plusieurs millions de femmes sont mutilées ailleurs qu'en Afrique pour suivre des traditions ancestrales qui persistent, par exemple, dans certains pays d'Asie (Inde, Indonésie, Malaisie, Yémen[28]), au Moyen-Orient (Irak, Israël), et même en Amérique latine (Colombie, Pérou). Mais, quand on parle de communautés d'immigrants en Europe, il s'agit bien d'africaines mutilées. Selon le Parlement européen, dans les familles d'immigrés et de réfugiés qui vivent en Europe, quelque 500 000 femmes sont affectées par les MGF et 180 000 subissent ou risquent de subir une MGF chaque année[29].

---

centaine de pays et territoires. La troisième série de MICS a été menée dans une cinquantaine de pays en 2005-2006, ce qui a permis d'obtenir une évaluation nouvelle et plus complète de la situation des enfants et des femmes dans le monde. La quatrième série est en cours et continuera jusqu'en 2011 » (p. 4).

[26] Les dernières données disponibles sont celles relatives au rapport de février 2012 (*Les enfants dans un monde urbain*) qui prend en considération la période 2000-2010. On remarquera que l'UNICEF continue d'adopter la double définition (MGF/E) où le terme supplémentaire *excision* s'ajoute à l'expression *mutilations génitales féminines*. C'est d'ailleurs le même choix effectué par l'OMS et les autres institutions de l'ONU qui soulignent « l'importance qu'il y a à utiliser une terminologie dépourvue de tout jugement auprès des communautés » dans leur *Stratégie mondiale visant à empêcher le personnel de santé de pratiquer des mutilations sexuelles* féminines : OMS, ONUSIDA, PNUD, UNFPA, UNHCR, UNICEF, UNIFEM, FIGO (International Federation of Gynaecology and Obstetrics), ICN (International council of Nurses), IOM, MWIA (Medical Women's International Association), WCPT (World Confederation for Physical Therapy), WHO/RHR/10.9, Genève : Editions de l'OMS, 2010, p. v.

[27] Ce n'est pas le critère de l'extranéité à un traité, au sens de la Convention de Vienne sur le droit des traités de 1969, mais le sens ordinaire du mot « tiers » (qui désigne un sujet étranger à une affaire, à une situation) que nous retiendrons pour identifier les Etats tiers dans les différents chapitres de cet ouvrage.

[28] Selon l'UNICEF, le seul pays non africain où les MGF sont pratiquées est le Yémen (23% des femmes entre 15 et 49 ans ont subi une mutilation, en 2011).

[29] Résolution du Parlement européen du 24 mars 2009 sur la lutte contre les mutilations sexuelles féminines pratiquées dans l'UE (2008/2071(INI)), lettres B et H.

On peut certainement conclure que la pratique traditionnelle néfaste des mutilations génitales féminines touche à titre principal les filles africaines, puisque la plus grande proportion de femmes mutilées, soit au moins 65% des victimes, vivent en Afrique et que l'opération est pratiquée en bas âge. Mais il faut préciser cette affirmation à un double point de vue. En premier lieu, toute l'Afrique n'est pas touchée de la même façon, comme on peut le voir très clairement dans la carte ci-dessous : il y a des zones totalement sûres, des zones où la MGF est faiblement pratiquée et des zones où la prévalence est très forte.

En deuxième lieu, il y a des filles africaines mutilées, ou qui risquent de l'être, même dans les Etats non-africains de destination des flux migratoires (en Europe, en Australie et dans les Amériques), ce qui explique la prise en compte du problème en Occident et justifie aussi le dernier chapitre de cet ouvrage.

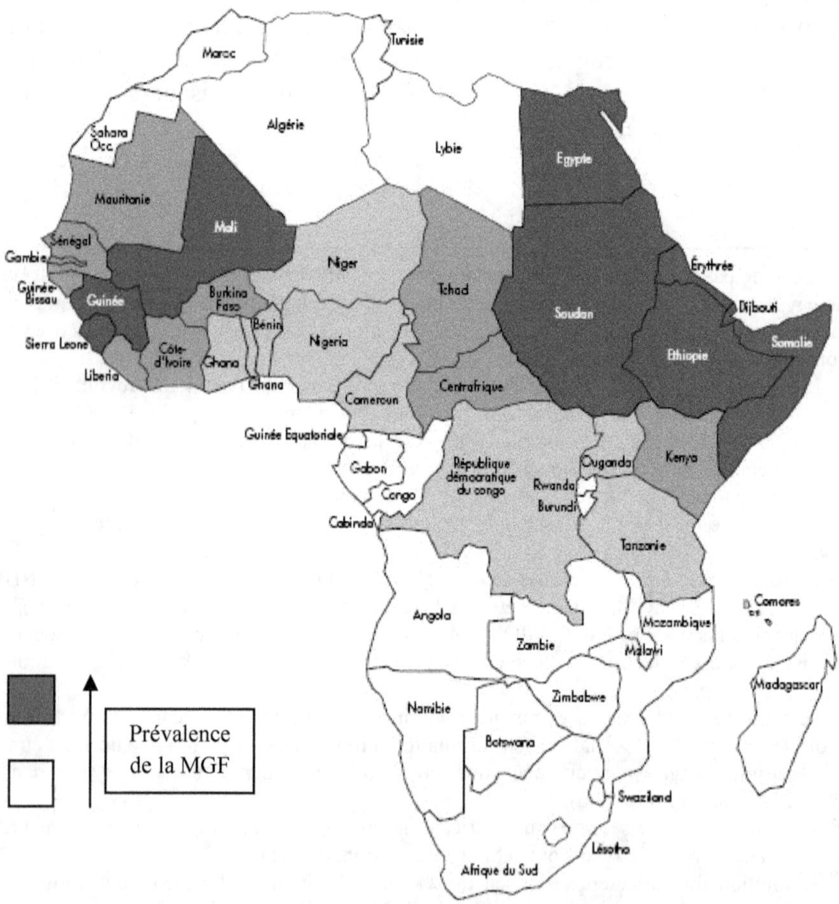

En ce qui concerne le second élément de la définition, le mariage d'enfants est, comme le terme l'indique, un mariage où au moins l'un des époux a moins de 18 ans. L'ONU utilise plus souvent l'expression « mariage précoce et forcé » pour indiquer l'union de deux personnes dont une au moins est mineure et n'a pas consenti entièrement et librement à se marier.

L'UNICEF met à jour tous les ans, dans ses rapports intitulés « La situation des enfants dans le monde », les statistiques par pays sur les mariages d'enfants, basées comme pour les MGF sur les données issues des Enquêtes démographiques et de santé et des Enquêtes à indicateurs multiples.

Nous disposons en outre de chiffres globaux pour les pays en développement (à l'exclusion de la Chine) indiquant qu'environ 58 millions d'enfants, soit une fille sur trois, se sont mariés au cours de la dernière décennie et que 15 millions de ces jeunes épouses (une sur neuf au total) ont été forcées de se marier à un âge compris entre 10 et 14 ans[30]. Selon les estimations du Centre international de recherche sur la femme (ICRW), si les tendances actuelles ne s'arrêtent pas, cette pratique traditionnelle pourra affecter 100 millions de filles dans les 10 prochaines années[31].

Le mariage d'enfants ne se limite pas à un continent, ni d'ailleurs aux seuls pays en développement, mais touche le monde entier. L'Afrique est, avec l'Asie, le continent qui contribue le plus à ce phénomène. Le pourcentage de filles mariées avant leurs 18 ans avoisine 20% au Maghreb[32] mais il est 38% en Afrique subsaharienne[33] et de 41% en Afrique de l'Ouest et centrale.

Si le nombre de filles asiatiques mariées précocement est encore plus important aussi bien en termes de pourcentage (39% au niveau continental et 46% en Asie du Sud) qu'en termes absolus, du fait de la population plus nombreuse (environ le tiers de toutes les filles-épouses se trouve en Inde[34]),

---

[30] CLIFTON D., FROST A., *The World's Women and Girls 2011 Data Sheet,* Washington, DC : Population Reference Bureau, 2011. Disponible à l'adresse Internet http://www.prb.org/pdf11/world-women-girls-2011-data-sheet.pdf (consultée le 29 mai 2012).

[31] Voy., sur le site officiel de l'ICRW, la section consacrée au mariage des enfants : http://www.icrw.org/child-marriage-facts-and-figures (consultée le 29 mai 2012).

[32] On connaît le taux global pour l'Afrique du Nord (Algérie, Egypte, Libye, Maroc, Tunisie) et le Moyen-Orient : 18%.

[33] L'Afrique subsaharienne est composée de : Afrique de l'Est et australe ; Afrique de l'Ouest et centrale ; Djibouti et Soudan (d'avant la cession, car les données ventilées par pays pour le Soudan et le Soudan du Sud ne sont pas encore disponibles).

[34] Voy. le document intitulé « Child Marriage : The facts », publié à la page http://www.theelders.org/docs/child-marriage-factsheet.pdf par « The Elders », une ONG regroupant des personnalités publiques reconnues qui se battent pour aider à résoudre certains des problèmes les plus insolubles du monde. « Les Anciens » se sont engagés dans la lutte pour mettre fin au mariage des enfants à travers l'initiative « Girls not brides », un partenariat global lancé en 2011 par Desmond Tutu (archevêque sud-africain prix Nobel de la paix), Gro

ce sont toutefois les Etats africains qui arrivent en première position du classement des 10 pays du monde qui affichent les taux les plus hauts : 8 sont africains, dont les trois premiers, Niger, Tchad et Mali, avec respectivement 74,5%, 71,5% et 70,6% de filles mariées avant l'âge de 18 ans[35].

Comme nous l'avons observé pour les mutilations génitales féminines, cette pratique coutumière tend à être « importée » par les populations africaines immigrées en Europe et dans d'autres pays occidentaux et à devenir par ce biais un problème même dans le Nord du monde. Les données sur la prévalence des mariages forcés dans nos pays développés sont incertaines, voire très contestées[36], si bien qu'il est impossible de dire combien d'enfants, y compris africains, risquent d'y être soumis à un mariage forcé. De toute évidence, là encore, il s'agit bien d'un problème africain mais dont les effets sont loin d'être limités à l'Afrique.

En revanche, un grand nombre d'autres pratiques traditionnelles néfastes à l'égard des enfants, dont on trouve des manifestations partout sur le continent africain, semblent liées au contexte et mode de vie local, puisqu'elles ne se perpétuent plus dans les pays d'immigration. Nous citerons, parmi les plus importantes, les tabous alimentaires qui privent les enfants et les femmes de produits essentiels tels que les œufs ou le poisson[37] ; les rites initiatiques tribaux comportant des souffrances physiques et/ou psychologiques pour les enfants ; les croyances liées à la sorcellerie[38]

Harlem Brundtland (norvégienne ancienne Directrice générale de l'OMS) et Mary Robinson (ancienne HCDH des Nations Unies).

[35] HERVISH A., FELDMAN-JACOBS C., « Qui parle en mon nom ? Mettre fin au mariage des enfants », Washington, DC : Population Reference Bureau, mai 2011, p. 2 (téléchargeable à partir de la page Internet http://www.prb.org/FrenchContent/Articles/2011/ending-child-marriage-fr.aspx, dernier accès 30 mai 2012).

[36] Voy. l'intéressant article de GRESH A., « Mensonge sur les mariages forcés », sur *Le Monde diplomatique* de février 2007, qui compare le chiffre de 70.000 mariages forcés par an qui circule en France, depuis un rapport officiel de 2003, avec le millier de ces mariages dénoncés par le gouvernement du Royaume-Uni.

[37] On dit en effet que les enfants qui mangent des œufs deviennent voleurs et les femmes qui mangent du poisson risquent d'être stériles. Très communs en Afrique occidentale et centrale – Burkina Faso, Mali, Ghana, RDC, Nigéria – mais aussi dans la Corne de l'Afrique – Ethiopie, Erythrée –, de tels tabous nutritionnels sont d'autant plus curieux que « même des intellectuels s'y soumettent ». Interview de Mme Lucie Ouangrawra/Koupouli, magistrat burkinabè.

[38] La sorcellerie est un phénomène très complexe, lié certes aux traditions africaines mais aussi sujet à d'inquiétantes évolutions contemporaines. Une récente étude publiée par l'UNICEF définit le mot ainsi : "The notion of witchcraft, despite its suggestion of multiple abilities, can perhaps be defined, in a large majority of African countries, as the ability to harm someone through the use of mystical power". CIMPRIC A., « Children Accused of Witchcraft. An anthropological study of contemporary practices in Africa », Dakar : UNICEF WCARO (Bureau Régional de l'Afrique de l'Ouest et du Centre), avril 2010, p. 1.

et les pratiques qui y sont associées, y compris les récents meurtres rituels d'albinos dans la région des Grands Lacs[39].

Parmi les pratiques traditionnelles néfastes qui existent dans différents pays d'Afrique, mais qui sont aussi très répandues dans d'autres cultures, il convient d'évoquer la préférence pour l'enfant de sexe masculin, certaines formes d'exploitation du travail des enfants (mendicité dans les écoles coraniques, filles domestiques[40]) et la servitude rituelle des filles liée à des motifs religieux[41].

On ne peut négliger, dans ce bref aperçu des pratiques nuisibles aux enfants africains, les traditions propres à une région ou un pays d'Afrique seulement et qui sont de ce fait peu connues ailleurs.

L'Afrique occidentale et centrale en conserve sans doute la plus grande variété : on peut citer entre autres l'infanticide rituel, ancienne pratique béninoise liée à des croyances sur la délivrance et la santé du nouveau-né[42] ; la pratique du « gavage » des fillettes pré-pubères, très répandue en Mauritanie, mais aussi au Mali et au Niger ; le « repassage des seins » des adolescentes pour en freiner le développement, qui a pris pied au Cameroun depuis qu'on lutte contre les MGF.

Les pratiques les plus curieuses survivent en Afrique de l'Est et australe, où il y a encore des ethnies qui imposent aux filles et aux femmes de porter des disques labiaux (Ethiopie) ou des spirales en bronze pour allonger le cou

---

[39] Voy. le rapport préparé par ENGSTRAND-NEACSU A., WYNTER A., *A travers les yeux des albinos. Le sort tragique des albinos dans la région des Grands Lacs en Afrique et la réponse de la Croix-Rouge*, Genève : Fédération internationale des Sociétés de la Croix-Rouge et du Croissant-Rouge, 2009, téléchargeable à partir du lien http://w3.ifrc.org/Docs/Reports/177800-Albinos-Report-FR.pdf (dernier accès 2 juin 2012).

[40] A l'occasion de la journée mondiale contre le travail des enfants (12 juin), la Rapporteuse spéciale sur les formes contemporaines d'esclavage, Gulnara Shahinian, a déclaré que « Poverty, conflict and harmful traditional practices are some of the main causes for children working. (…) Children are particularly vulnerable to domestic servitude – especially if they live with their employers and/or migrate on their own to find domestic work. The majority of these children are girls. During my country visits, I have talked to children who were given away to 'foster families' who then ruthlessly exploited them as domestic slaves, instead of caring for and educating them ». Voy. le communiqué de presse http://www.unog.ch/80256EDD006B9C2E/(httpNewsByYear_en)/FED4DE745FB233B8C12578AB002C38E6?OpenDocument&cntxt=A6F07&cookielang=fr, consulté le 20 janvier 2012.

[41] Le *trokosi*, recensé au Ghana, mais aussi au Bénin, Nigéria et Togo, s'apparente au système *devadasi* encore pratiqué dans certaines parties de l'Inde.

[42] Voy. CIMPRIC A., « Children Accused of Witchcraft… », *op. cit.*, p. 14. Nous signalons un film franco-béninois qui traite des pratiques infanticides au Bénin fraîchement sorti en France : « Le secret de l'enfant fourmi », de Christine François, avec Audrey Dana. Voy. les articles de LUCIANI N., « 'Le Secret de l'enfant-fourmi' : un film sur l'infanticide rituel qui manque de justesse », *Le Monde*, 2 mai 2012 ; ROUCHY M.-E., « La tornade Dana », *TéléObs*, 3 mai 2012, pp. 8-9.

– d'où la dénomination de « femmes girafes » [43] – et qui procèdent systématiquement à des vérifications de virginité même sur des fillettes de trois ans (Afrique du Sud)[44].

Pourquoi tant de pratiques traditionnelles néfastes survivent-elles en Afrique ? Nous allons essayer d'illustrer les justifications actuelles données par les populations, ainsi que la signification primitive de ces traditions, quand elle n'est pas entièrement perdue : dans ce cas, le seul argument de la coutume est « on a toujours fait ainsi ».

2) Les origines historiques et les justifications

La pratique traditionnelle la plus répandue en Afrique et celle qui est perçue, à raison, comme la pratique africaine par excellence est la mutilation génitale féminine.

L'origine de la MGF devrait se situer il y a près de trois mille ans dans l'Egypte des pharaons, où elle constituait un rituel de purification et de fertilité : on a retrouvé des momies excisées selon une forme particulière, désignée par l'expression « circoncision pharaonique » ou infibulation. En revanche, il n'est pas clair si ce furent les Egyptiens eux-mêmes qui introduirent cette pratique dans la région, ou bien des Ethiopiens installés en Egypte[45]. La pratique s'est ensuite étendue à certaines régions d'Afrique noire et du Moyen-Orient, jusqu'à des époques assez récentes[46], et est aujourd'hui perpétrée essentiellement, mais pas exclusivement, par des peuples africains.

Il n'est pas inutile de rappeler que des clitoridectomies étaient pratiquées par les chirurgiens gynécologues en Europe (Angleterre surtout) et aux Etats-

[43] Ces deux pratiques ont été également recensés au Brésil (disques labiaux porté par des hommes) et dans certains pays d'Asie.

[44] Voy. les observations finales du CEDAW sur le rapport de l'Afrique du Sud : CEDAW/C/ZAF/CO/4, 4 février 2011, par. 5, auxquelles renvoie le document préparé par le HCDH en vue de l'EPU : A/HRC/WG.6/13/ZAF/2, 23 mars 2012, par. 19.

[45] L'historien Hérodote, qui écrit au 5ᵉ siècle avant J.-C., rapporte que la circoncision est pratiquée depuis les origines par les Egyptiens et par certains peuples qui ont des contacts avec eux (les Phéniciens et les Syriens de la Palestine). Il ajoute que « des Egyptiens et des Ethiopiens, je ne saurais dire quel est le peuple qui a pris cette coutume à l'autre, car dans les deux cas il s'agit, de toute évidence, d'une institution très ancienne ». Notre traduction de ERODOTO, *Le Storie*, Libro II : *L'Egitto*, par. 104. Une anecdote qui montre l'incertitude quant aux origines de cette pratique concerne sa définition : les Soudanais appellent l'infibulation « excision pharaonique », alors qu'en Egypte on l'appelle « excision soudanaise ».

[46] Il semble que « son introduction dans certaines régions d'Afrique de l'ouest soit relativement récente, datant de la fin du 19ᵉ ou du début du 20ᵉ siècle » : OTTENBERG S., « Male and female secret societies among the Bafodea Limba of northern Sierra Leone », 1994, cité par YODER et al, *op. cit.*, p. 2.

Unis, au cours de la deuxième moitié du 19e siècle et encore jusqu'à la première moitié du 20e, dans le but de « soigner » la masturbation féminine et le lesbianisme ou de guérir les femmes de certains désordres mentaux, comme l'hystérie ou l'épilepsie[47]. Les sociétés occidentales ne sont donc pas totalement étrangères à l'histoire de la MGF comme moyen de contrôle social de la sexualité féminine, même si on la considère aujourd'hui comme une pratique traditionnelle venue d'Afrique.

Les raisons qui justifient la pratique aux yeux des populations africaines ne sont que partiellement liées aux origines pharaoniques communes aux différentes formes de MGF qui existent à travers le continent.

La nécessité de 'purifier' la fille est souvent invoquée, soit en raison de conceptions androgynes selon lesquelles il faut différencier de façon définitive le sexe de l'enfant en enlevant le clitoris à la fille et le prépuce au garçon, soit pour des motifs d'hygiène, évidemment infondés, ou de pureté qui renvoient aux croyances qui accordent à l'organe féminin des pouvoirs maléfiques (tels que le pouvoir de tuer le bébé lors de l'accouchement, ou l'homme lors du rapport sexuel).

Mais tout cela cache des raisons plus profondes et pas forcément perçues ou avouées par les acteurs impliqués dans la perpétuation de cette pratique : il y a d'un côté la volonté de préparer les filles à leur rôle de femmes fidèles et de mères, et d'un autre côté l'importance de la socialisation qui s'exprime dans les rites de passage à l'âge adulte[48].

Ces motivations coutumières et socio-culturelles parfois coexistent, parfois s'opposent. Tout dépend du contexte. Ainsi, l'argument de l'oppression des femmes était-il refusé par les peuples du Kenya ou du Soudan qui s'étaient vu interdire la pratique des MGF par les puissances

---

[47] Voy. COOK R. J., « Les préoccupations éthiques par rapport à l'incision génitale féminine », *African Journal of Reproductive Health*, vol. 12 No.1, April 2008, pp. 12-16 ; WINTER B., THOMPSON D., JEFFREYS S., « The UN Approach to Harmful Traditional Practices : Some Conceptual Problems », *International Feminist Journal of Politics*, vol. 4/1, 2002, p. 80.

[48] Les tentatives de classer les raisons de ces pratiques traditionnelles néfastes sont très nombreuses. Nous signalons entre autres que la Fédération française du GAMS (Groupe pour l'Abolition des Mutilations Sexuelles, des mariages forcés et autres pratiques traditionnelles néfastes à la santé des femmes et des enfants) retient trois grands types d'arguments pour expliquer la pratique de l'excision en France : coutumiers, religieux et sociologiques. Quant aux raisons qu'elle a communément observées pour la perpétuation des mariages d'enfants, sont à noter : le fonctionnement traditionnel du projet matrimonial, la crainte des parents de voir leurs enfants (et particulièrement leurs filles) nouer des relations amoureuses et/ou conjugales avec des personnes issues d'une autre origine, la préoccupation particulière accordée au mariage des filles car sur celles-ci repose « l'honneur de la famille », les pressions exercées par des membres de la famille sur les parents et la volonté de « remettre les enfants dans le droit chemin ». Pour plus de détails, voy. le site officiel de la Fédération nationale GAMS à l'adresse : http://www.federationgams.org/index.php.

coloniales pendant les années 30-40 et il l'est toujours à certains égards[49]. En outre, là où la MGF fait partie des rites initiatiques, elle est défendue par les femmes elles-mêmes qui voient dans l'initiation à la féminité, éventuellement via les sociétés secrètes, un instrument indispensable pour la socialisation des filles et la transmission des valeurs africaines.

Le discours sur les mutilations génitales devient encore plus complexe si on prend en considération le mobile d'ordre religieux. En principe, le fait que cette pratique préexiste au Christianisme et à l'Islam, qu'elle n'est pas prescrite par les textes sacrés[50] et que sa diffusion géographique ne coïncide pas avec celle des grandes religions[51], devrait exclure tout lien de causalité. Pourtant, aux yeux de beaucoup de personnes qui la pratiquent, la MGF a une base religieuse, d'où l'importance des *fatwas*[52] et des condamnations provenant des différentes autorités religieuses.

En Afrique, chez les peuples qui répriment les manifestations instinctives de la sexualité enfantine et qui cherchent à réduire le désir sexuel féminin[53], les motivations qui sont à l'origine des MGF servent aussi de justification pour le mariage précoce : conserver la virginité des jeunes filles, éviter qu'elles ne tombent enceintes hors mariage et garantir à l'homme la fidélité de son épouse. L'UNICEF a constaté que les

justifications offered for practicing FGM/C differ from group to group, but desire for a proper marriage is perhaps the most common reason offered across practicing communities (...). Tradition and marriageability are two sides of the same coin[54].

---

[49] Voy. *infra*, Seconde partie, Titre 1.

[50] La Bible ne mentionne pas la circoncision féminine, même si la circoncision masculine fait partie des lois de la religion juive (Genèse, XVII, 9-15 : « Dieu dit à Abraham : 'Voici l'alliance que vous avez à garder, alliance établie entre moi et vous, et les descendants après toi : tout mâle parmi vous sera circoncis à l'âge de 8 jours' ». Le Coran ne dit pas mot des mutilations sexuelles, mais deux *hadits* attribués au Prophète sembleraient admettre la MGF, dite *sunnah*, qui consiste en l'ablation du seul clitoris.

[51] Certes les pays les plus touchés sont à majorité musulmane, mais hors d'Afrique les grands Etats où l'Islam prévaut ne connaissent presque pas les MGF (font exception le Yémen et dans une moindre mesure l'Indonésie, la Malaisie et le Kurdistan irakien). D'autre part, ces pratiques existent chez les catholiques, les juifs, les animistes et les athées également, en Afrique et ailleurs. L'argument le plus convaincant est que la plupart des croyants, toutes religions confondues, ne suivent pas cette pratique traditionnelle.

[52] Avis des savants religieux musulmans qui indiquent les comportements à suivre pour se conformer à la volonté divine.

[53] Pour une vue d'ensemble, voy. DE RACHEWILTZ B., *Eros noir. Mœurs sexuelles de l'Afrique noire de la préhistoire à nos jours*, Paris : Ed. Terrain vague, 1993, pp. 151-152.

[54] MACKIE G., LEJEUNE J., *Social dynamics of abandonment of harmful practices : A new look at the theory*, Innocenti Working Paper, Special Series on Social Norms and Harmful Practices, Florence : UNICEF-Innocenti Research Centre, May 2009, p. 8.

Si c'est surtout le contrôle de la sexualité des filles qui explique les mariages précoces, le fait que, selon la conception traditionnelle africaine, l'enfant passe plus tôt du stade du jeu et de l'apprentissage à celui du travail et du mariage[55] contribue aussi à ces phénomènes.

Qu'en est-il du mariage forcé, dissimulé sous les parures de la coutume et qui annihile le « droit de fonder une famille » ? Habitués à la liberté du choix au regard d'un événement majeur de la vie, liberté qui fut reconnue comme principe juridique dès l'époque romaine, nous sommes surpris de constater que des millions de mariages d'enfants sont conclus de nos jours en Afrique subsaharienne – mais aussi en Asie comme nous l'avons vu – sans que les filles, et un nombre moindre de garçons, n'aient la possibilité d'exercer leur droit de choisir.

Mais il ne faut pas oublier que le modèle de famille africaine est cohérent avec le contrôle social qui s'exerce sur l'individu en faisant passer les aspirations de ce dernier « bien après les objectifs de survie et d'expansion des groupes familiaux étendus »[56]. Comme le rappelle le juge Kéba Mbaye, « le mariage en Afrique n'est pas un contrat entre deux individus, mais un pacte souscrit par deux familles »[57]. Bref, les filles subissent encore l'emprise de la famille et s'écartent difficilement des « suggestions » pressantes des parents pour ce qui est du choix du conjoint, surtout quand un mariage avec un « vieillard » paraît la seule alternative à une vie de précarité et de misère sociale.

A côté des mutilations génitales et des mariages précoces et forcés, il existe toute une panoplie de pratiques ancestrales nuisibles aux enfants, qui survivent pour des raisons très différentes que nous chercherons à présenter brièvement et sans aucune prétention à l'exhaustivité.

Il convient de considérer les scarifications faciales, les tatouages obtenus au moyen d'incisions, le port de disques labiaux, mais aussi certains rites initiatiques comportant des épreuves ou modifications corporelles

---

[55] C'est le Comité des droits de l'enfant qui le constate, en observant que la façon dont l'enfant est traditionnellement perçu dans la société africaine, et congolaise en l'espèce, peut être en conflit avec la définition de l'enfant consacrée dans la Convention : voy. Observations finales sur le rapport du Congo, CRC/C/COG/CO/1, 20 octobre 2006, par. 24.

[56] BOUKONGOU J.-D., « La vie familiale comme lieu d'exercice des droits fondamentaux : lecture des pratiques africaines », in MORIN J.-Y., OTIS G. (dir.), *Les défis des droits fondamentaux : Universalité et diversité, Droit au développement, Liberté de religion, Statut du juge en Afrique*, Actes des deuxièmes Journées Scientifiques du réseau *Droits fondamentaux* de l'Agence Universitaire de la Francophonie tenues à Québec du 29 septembre au 2 octobre 1999, Bruxelles : Bruylant/AUF, 2000, p. 135.

[57] MBAYE K., *Les droits de l'homme en Afrique*, Paris : Pedone, 1992, p. 15. M. Mbaye a été Vice-président de la Cour Internationale de Justice et est considéré comme le 'père spirituel' de la Charte africaine des droits de l'homme et des peuples.

douloureuses comme des expressions identitaires auxquelles sont mêlés des motifs d'ordre esthétique et/ou érotique.

D'autres pratiques néfastes aussi diverses que les interdits alimentaires, les tabous qui entourent les menstrues et les pratiques obstétricales traditionnelles trouvent du crédit dans l'imaginaire populaire. Leur origine, liée à l'âme africaine, est insondable pour l'étranger car totalement dénuée de fondements scientifiques.

Le problème du travail des enfants en Afrique est trop vaste pour être traité en quelques lignes, et il serait d'ailleurs fastidieux de s'étendre et d'énumérer ici toutes les traditions qui favorisent l'exploitation et le trafic des enfants. Mais on ne saurait oublier que la pratique très ancienne du 'confiage' des enfants, soit à des parents soit à des maîtres coraniques, et les traditions millénaires de migrations dans certaines sous-régions africaines ont subi des dérives et contribuent aujourd'hui à l'emploi massif des enfants dans l'économie informelle ainsi que dans la sphère domestique[58].

Il y a enfin un certain nombre de pratiques gravement contraires à la dignité et même à la vie de l'enfant, parmi lesquelles on signale les infanticides rituels de nouveau-nés présentant des caractéristiques particulières et les accusations de sorcellerie dirigées contre des enfants et adolescents déjà en situation de vulnérabilité – les anciens enfants soldats, par exemple. Le comportement cruel de la société vis-à-vis de ces enfants tient à un besoin presque pathologique de se protéger face à la menace imminente incarnée par le « porte-malheur », le « sorcier »[59]. Les logiques animistes se reflètent évidemment dans ces pratiques, mais il faut souligner aussi l'insécurité matérielle et spirituelle qui exacerbe l'effet des certains traits culturels africains[60].

Toutes ces pratiques sont mentionnées dans les rapports que les Etats africains rendent aux organes conventionnels de l'ONU.

Puisque l'Organisation est chef de file dans la définition et la lutte contre les pratiques traditionnelles néfastes, qu'elle conduit en partenariat avec

---

[58] Pour un exemple de ces phénomènes, vus par un pays africain qui est à la fois fournisseur et récepteur de main d'œuvre enfantine, voy. IBRIGA L. M., OUEDRAOGO F., *Etude relative au trafic d'enfants au Burkina Faso. Aspects juridiques et institutionnels*, Rapport définitif, 2001.

[59] Aleksandra Cimpric nous rappelle que « While the child is considered as a "victim" of witchcraft accusation from the point of view of the Western conception of human and child rights, it is not a view shared by local populations who have designated the child as guilty. According to local beliefs, the real victim is the person who suffered the consequences of an act of witchcraft. As soon as the child has been accused of witchcraft, it is no longer a child, but a witch". CIMPRIC A., « Children Accused of Witchcraft… », *op. cit.*, p. 41.

[60] CAPORAL S., « Universalisme et relativisme culturel », in KOUBI G., JOUANJAN O. (dir.), *Sujets et objets universels en droit*, Strasbourg : Presses universitaires de Strasbourg, 2007, p. 52.

gouvernements, organisations internationales et régionales et ONG, il convient de donner un bref aperçu de ses organes et organismes compétents en la matière.

§ 2. Le rôle décisif de l'ONU

L'Organisation des Nations Unies joue un rôle central dans la promotion et la protection des droits de l'enfant et dans la lutte contre les pratiques traditionnelles qui lui sont néfastes. Après avoir replacé dans son contexte la compétence de l'ONU en matière de droits de l'homme (A), il conviendra de focaliser l'attention sur les organes et organismes qui s'intéressent aux pratiques traditionnelles préjudiciables à l'égard de l'enfant (B).

A. Les droits de l'homme au cœur de l'identité de l'ONU

Dès le Préambule, la Charte[61] proclame la foi des peuples des Nations Unies dans les droits fondamentaux de l'homme, dans la dignité et la valeur de la personne humaine, dans l'égalité de droits des hommes et des femmes ; elle inscrit ensuite expressément parmi les buts de l'Organisation celui de « réaliser la coopération internationale (...) en développant et en encourageant le respect des droits de l'homme et des libertés fondamentales pour tous, sans distinctions de race, de sexe, de langue ou de religion »[62].

Les droits fondamentaux ainsi internationalisés cessent d'être une affaire relevant « essentiellement de la compétence interne »[63] et sont placés au cœur de l'action de l'ONU.

Le rôle de l'Organisation dans le *standard setting*, sa compétence dans la surveillance des obligations conventionnelles des Etats et ses prises de position en défense des droits individuels et collectifs sont bien connus. Mais le travail en faveur des droits de l'homme a été loué aussi parce que l'Organisation a « légitimé la lutte conduite par les militants de ces droits, à travers les organisations non gouvernementales constituées à cette fin ; parce qu'elle a offert à certaines catégories d'opprimés une tribune ; parce qu'elle a permis la mise au point de mécanismes qui permettent d'exercer une pression utile pour un meilleur respect du droit ; enfin, parce qu'elle a

[61] Signée à San Francisco le 26 juin 1945, et entrée en vigueur le 24 octobre 1945, la *Charte des Nations Unies* est le traité international multilatéral qui établit l'Organisation des Nations Unies, qui compte à présent 193 Etats membres.

[62] Sur l'article 1 § 3, voy. le commentaire de M. Olivier de FROUVILLE in COT J.-P., PELLET A., FORTEAU M., *La Charte des Nations Unies. Commentaire article par article*, 3e éd., Paris : Economica, 2005, pp. 357-378.

[63] DECAUX E., « Rapport général » in DECAUX E. (dir.), *Les Nations Unies et les droits de l'homme. Enjeux et défis d'une réforme*, Paris : Pedone, 2006, p. 38.

contribué à ce que l'idéologie des droits de l'homme progresse dans les esprits »[64].

Pour le sujet qui nous occupe, la contribution de l'ONU a été décisive puisque l'application à l'enfant de la logique des droits de l'homme a été à l'origine du regain d'attention porté à l'enfant puis de la naissance de véritables droits catégoriels. Aujourd'hui, pour l'ONU, la Convention relative aux droits de l'enfant doit constituer la norme en matière de promotion et de protection des droits de l'enfant[65] et inspirer les autres instruments régionaux[66] et nationaux existants, tout en s'harmonisant avec la pluralité d'instruments préexistants et successifs qui forment le « troisième pilier » du système des Nations Unies, celui des droits de l'homme[67].

Vingt-deux ans après l'entrée en vigueur de la CIDE, qui est, avec ses 193 Etats parties, le traité international en matière de droits de l'homme le plus ratifié, la protection juridique organisée par l'ONU peut paraître une conséquence logique de la reconnaissance de l'enfant comme sujet de droit. Mais les droits de l'enfant sont devenus tels parce que le droit international a su traduire dans son langage une dynamique sociale et politique antérieure[68].

Dans quelle mesure peut-on considérer que le mandat de l'ONU concerne les structures et institutions traditionnelles qui continuent d'exister dans certaines parties du monde et vise l'éradication des « pratiques traditionnelles néfastes » à l'égard des enfants ?

Historiquement, il a fallu plusieurs décennies et de nombreuses tentatives avant que l'ONU ne s'empare de ces questions pour les traiter d'un point de vue des droits de l'homme.

Pourtant, s'il est vrai que « la promotion et la protection des droits de l'homme est une préoccupation légitime de la communauté internationale », comme il a été réaffirmé sans ambigüité lors de la Conférence mondiale de Vienne de 1993, ni l'ONU ni les Etats ne pouvaient se désintéresser du sort de millions d'enfants soumis à ces pratiques cruelles et manifestement contraires aux valeurs universelles.

---

[64] BERTRAND M., *L'ONU*, 5e éd., Paris : Découverte, Collections Repères, 2004, p. 82.

[65] Voy. les nombreuses résolutions sur les « droits de l'enfant » adoptées par l'Assemblée générale.

[66] Le contient africain a, depuis 1990, sa Charte des droits et du bien-être de l'enfant africain (entrée en vigueur en 1999 et ratifiée par 45 Etats). Le Conseil de l'Europe a adopté quelques traités spécifiques, mais au champ d'application plus restreint : Convention européenne sur l'exercice des droits des enfants, de 1996, ratifiée par 17 Etats dont la France ; Convention sur la protection des enfants contre l'exploitation et les abus sexuels, de 2007, 18 Etats parties dont la France ; Convention sur la prévention et la lutte contre la violence à l'égard des femmes et la violence domestique de 2011, non encore en vigueur.

[67] Les deux autres sont : la paix et la sécurité, et le développement.

[68] Voy. YOUF D., « La Convention internationale des droits de l'enfant : ses raisons d'être », *Petites affiches*, Numéro spécial n° 200 : *L'effectivité de la Convention internationale des droits de l'enfant*, 7 octobre 2010, p. 3.

L'Organisation mondiale possédait, par ailleurs, d'excellents atouts pour faire avancer la lutte contre les pratiques traditionnelles néfastes. Premièrement, les Nations Unies sont statutairement une organisation respectueuse du principe de l'égalité des droits des peuples, promotrice de relations amicales entre les Etats et d'une approche largement coopérative[69], ce qui favorise le dialogue sur des questions culturellement sensibles. En deuxième lieu, contrairement à ce que l'on peut penser, les pratiques traditionnelles néfastes ont une dimension « mondiale », puisqu'elles se ressemblent dans leurs causes et leurs effets et se répandent en outre, en raison des phénomènes migratoires : le traitement approfondi de ces problèmes et des stratégies à adopter pour les combattre exigent donc des efforts intellectuels considérables. Enfin, l'aide financière que l'ONU est capable de mobiliser et l'assistance technique apportée sur le terrain au titre de la coopération multilatérale, y compris de la coopération au développement, ne doivent pas être négligées.

En définitive, les Nations Unies sont à l'œuvre sur plusieurs fronts pour favoriser le progrès des droits de l'enfant et lutter contre les pratiques traditionnelles néfastes. Il convient de regarder de plus près la structure complexe de l'Organisation, ses acteurs clés et les rapports qu'ils entretiennent entre eux.

B. Le « système » de l'ONU au service des droits de l'homme

Les expressions « système » ou « famille » des Nations Unies sont couramment utilisées pour indiquer une multiplicité d'instances œuvrant de façon très inégale dans les domaines les plus divers couverts par l'Organisation.

Comme il a été justement souligné, l'image d'une grande ONU omnipotente dirigeant un monde de petites agences subordonnées est inexacte[70] et, par ailleurs, le « système » qui s'est développé au fil du temps, sans véritable planification, est toujours en quête d'une plus grande cohérence interne et externe[71].

Même si on n'est pas encore à « la refonte des mécanismes de défense des droits de l'homme » prônée par l'ancien Secrétaire général de l'ONU, Kofi Annan[72], d'importantes réformes institutionnelles et fonctionnelles en ce domaine ont permis de restituer de la crédibilité à la principale instance

---

[69] Voy. le Chapitre IX de la Charte : coopération économique et sociale internationale.
[70] Sur l'absence de "système", voy. BERTRAND M., *L'ONU...*, *op. cit.*, p. 54.
[71] DECAUX E., « Rapport général », *op. cit.*, p. 32 ss.
[72] Allocution prononcée à Genève, devant la Commission des droits de l'homme, le 7 avril 2005.

intergouvernementale de défense des droits de l'homme, et peut-être de remédier à « la crise latente du système onusien des droits de l'homme »[73].

Il convient d'introduire brièvement les organes et organismes qui jouent un rôle dans la protection des enfants vis-à-vis des pratiques traditionnelles néfastes, en tenant compte du fait que le système des droits de l'homme proprement onusien est composé de deux branches : le dispositif intergouvernemental, basé sur les organes créés en vertu de la Charte (1) et les organes conventionnels, créés en vertu des traités internationaux relatifs aux droits de l'homme (2).

Dans la matière qui nous occupe, certaines institutions spécialisées des Nations Unies jouent aussi un rôle très important (3).

1) Les organes de la Charte

Deux des organes principaux de l'ONU ont reçu une compétence en matière des droits de l'homme et institué dans ce cadre une multitude d'organes subsidiaires.

La Charte des Nations Unies confie à l'Assemblée générale, organe collégial où tous les Etats membres sont représentés, le pouvoir de provoquer des études et de faire des recommandations en vue de développer la jouissance des droits de l'homme et des libertés fondamentales[74] ; le travail en plénière est préparé par sa Troisième Commission, compétente pour les affaires sociales, culturelles et humanitaires.

L'apport de cet organe au progrès des droits de l'homme, et de l'enfant en particulier, est symbolique (puisque les actes adoptés sous forme de recommandations et de déclarations de principes ne sont pas contraignants[75]) mais essentiel. La conférence de Vienne de 1993 et les grands sommets convoqués par l'Assemblée générale ont fait considérablement avancer la protection universelle des droits de l'enfant, y compris vis-à-vis des pratiques traditionnelles néfastes, et c'est dans cette enceinte qu'a été franchie en 2012 « une étape historique pour la protection des droits des

---

[73] L'expression est d'Emmanuel Decaux, expert des Nations Unies et professeur à l'Université Panthéon-Assas (Paris II), où il a organisé un important colloque international en 2004 : voy. l'« Avant-propos » de l'ouvrage qui en recueille les actes, *Les Nations Unies et les droits de l'homme*, *op. cit.*, p. 6. Dans la même période, en France, des ouvrages de dénonciation tels que BUHRER J.-C., LEVENSON C. B., *L'ONU contre les droits de l'homme* (2003) et MARCOVICH M., *Les Nations désunies : comment l'ONU enterre les droits de l'homme* (2008) ont connu un grand succès de public .

[74] Art. 13, 1, b).

[75] CONFORTI B., *Le Nazioni Unite*, 6e éd., Padova : Cedam, 2000, p. 246 ss.

filles et des femmes »[76] : l'adoption de la première résolution appelant à mettre fin aux mutilations génitales féminines[77].

Il n'est pas inintéressant de savoir que les grands Fonds et Programmes des Nations Unies[78] sont des organes subsidiaires de l'Assemblée générale dotés d'un organe directeur intergouvernemental (comité exécutif, conseil exécutif ou conseil d'administration) qui prend les décisions conformément aux orientations de politique générale de l'Assemblée et de l'ECOSOC, et d'un responsable administratif (directeur général ou directeur exécutif)[79].

Les activités de plusieurs de ces organismes concernent directement ou indirectement les enfants. Par exemple, l'UNICEF, créé en 1946 pour venir au secours des enfants dans les pays ravagés par la guerre, porte désormais son attention sur tous les aspects de l'éducation, de la santé et du bien-être des enfants, s'appuie sur la Convention relative aux droits de l'enfant qu'il a contribué à adopter et suit les travaux du Comité des droits de l'enfant[80]. Le HCR et le PNUD ont entrepris depuis une vingtaine d'années une réflexion sur les droits de l'homme et les intègrent dans leurs activités, respectivement en faveur des réfugiés et ayant trait au développement des enfants.

Le Haut Commissaire aux droits de l'homme a été aussi créé, en décembre 1993, par une résolution de l'Assemblée générale[81] et se présente comme un « organe subsidiaire spécial à caractère individuel »[82] chargé de coordonner et de renforcer l'action de l'ONU en ce domaine.

---

[76] Ainsi le Secrétaire général de l'ONU, Ban Ki-Moon, a-t-il salué la décision de la troisième commission de l'Assemblée générale en novembre 2012.

[77] Le Burkina Faso s'est beaucoup investi dans la campagne internationale pour l'adoption dela résolution. Interview de Mme Bernadette Bonkoungou, Secrétaire permanente du Conseil national de lutte contre la pratique de l'excision (CNLPE) du Burkina Faso.

[78] Il sont au nombre de onze (CNUCED, FNUAP, HCR, ITC, ONU-Habitat, PAM, PNUD, PNUE, UNDCP, UNICEF, UNWRA), auxquels il convient d'ajouter la nouvelle entité composite appelée ONU-Femmes (créé en juillet 2010). Voy. la liste complète sur le site officiel de l'ONU : http://www.un.org/fr/aboutun/structure/index.shtml#Others.

[79] SIMMA B. et al (eds.), *The Charter of the United Nations : A Commentary*, Oxford : Oxford University Press, 1995, p. 200 (notre traduction de l'anglais).

[80] La CIDE reconnaît le rôle de l'UNICEF dans son article 45. De son côté, le Conseil d'administration du Fonds a affirmé dans le *Projet de mission* du 1996 que « l'UNICEF s'appuie sur la Convention relative aux droits de l'enfant et œuvre pour que les droits de l'enfant s'inscrivent dans une éthique sociale et dans un code de conduite international en faveur des enfants ». Cet engagement a été ultérieurement précisé dans le document de 1998 "*A Human Rights Approach to UNICEF Programming for Children and Women : What it is, and Some Changes it Will Bring*", disponible à l'adresse Internet http://www.fao.org/righttofood/KC/downloads/vl/docs/212951.pdf (consultée le 28 mai 2012).

[81] *Haut Commissaire chargé de promouvoir et de protéger tous les droits de l'homme*, A/RES/48/141, 20 décembre 1993.

[82] MARCHISIO S., *L'ONU. Il diritto della Nazioni Unite*, 2e éd., Bologna : Il Mulino, 2012, p. 159. Notre traduction.

Mais l'organe subsidiaire le plus important de l'Assemblée générale est le Conseil des droits de l'homme, qui a remplacé en 2006 la Commission des droits de l'homme. Bien que les tentatives d'en faire un « organe principal » de l'Organisation, en prise directe avec l'Assemblée générale et le Conseil de sécurité, aient échoué, le Conseil des droits de l'homme est incontestablement « le principal organe » onusien intergouvernemental de protection des droits de l'homme, en outre de sa fonction de tribune politique et mondiale de dénonciation des Etats par leurs pairs[83].

Le Conseil s'occupe régulièrement des droits des enfants, en leur consacrant une journée annuelle de débat, et mène des études, à travers ses organes subsidiaires, sur les pratiques traditionnelles qui violent les droits des enfants, et notamment des filles.

La Charte des Nations Unies a également investi un autre organe principal, le Conseil économique et social (ECOSOC), d'importants pouvoirs en matière de droits de l'homme : d'une part, celui de faire des recommandations en vue d'assurer le respect effectif des droits de l'homme et des libertés fondamentales pour tous[84] et, d'autre part, le pouvoir d'instituer des organes pour le progrès des droits de l'homme[85].

Dès ses premières sessions, l'ECOSOC a créé ses commissions techniques, à savoir la Commission de la condition de la femme[86] et la Commission des droits de l'homme[87], cette dernière étant destinée à être durant 60 ans l'instance principale des droits de l'homme de l'ONU et le centre névralgique d'une multitude d'organes subsidiaires appelés « procédures spéciales ».

Même si les maux de la Commission des droits de l'homme ont fini par la décrédibiliser, on ne peut passer sous silence son rôle décisif non seulement pour l'énumération et la définition des droits de l'homme, mais également pour l'inscription des pratiques traditionnelles néfastes à l'agenda de l'Organisation. En particulier, la Sous-Commission de la promotion et de la protection des droits de l'homme, organe subsidiaire et *think-thank* indépendant de la Commission, a créé la seule procédure thématique, une Rapporteuse spéciale, qui ait jamais été spécifiquement destinée à enquêter

---

[83] Nous verrons cela en abordant le fonctionnement et la réalité du mécanisme d'Examen périodique universel (EPU), Partie II, Titre 2.

[84] L'article 62, § 2 doit être lu conjointement avec l'article 55, alinéa c, qui affirme l'objectif de l'Organisation « favoris[er] le respect universel et effectif des droits de l'homme et des libertés fondamentales pour tous sans distinction de race, de sexe, de langue ou de religion ».

[85] Article 68.

[86] Par une résolution adoptée lors de la deuxième session de l'ECOSOC (E/RES/2/1/1 du 21 juin 1946), la Commission de la condition de la femme, initialement créée comme une Sous-Commission de la Commission des droits de l'homme, s'est vue conférer le statut de commission.

[87] Résolution 5 (1) de l'ECOSOC du 16 février 1946. Le professeur René Cassin et Mme Roosevelt furent parmi les membres originaires de la Commission.

sur les pratiques traditionnelles affectant la santé des femmes et des filles. Tout a changé depuis 2005, quand le poste de la Rapporteuse a été supprimé juste avant que la Commission, et même la Sous-Commission, dont le travail est actuellement assumé par le Comité consultatif des droits de l'homme, ne disparaissent du système des droits de l'homme de l'ONU.

L'ECOSOC conserve toutefois sa Commission sur la condition de la femme, devenue un acteur important au vu de la centralité que les questions de genre ont acquise ces dernières décennies, et il garde aussi parmi ses organes subsidiaires le Comité des droits économiques, sociaux et culturels, organe d'experts chargé de veiller à l'application du Pacte international du même nom.

Enfin, l'ECOSOC coordonne, comme le prévoit la Charte[88], les activités des institutions spécialisées de la « famille » de l'ONU, un rôle qui n'est pas négligeable compte tenu du nombre et de l'importance de ces organisations œuvrant dans le domaine économique et social[89].

2) Les organes conventionnels

L'importance du système de surveillance des principaux traités en matière de droits de l'homme conclus au sein de l'Organisation mondiale ne cesse de s'accroître.

Les dix organes conventionnels existants[90], composés d'experts indépendants élus par les Etats parties[91] et représentant les cultures juridiques du monde entier, sont devenus les « gardiens des droits et des garanties qui ont été négociés et acceptés au fil des ans »[92]. Chacun d'entre eux instaure un dialogue avec les Etats et cherche à faire avancer la cause des droits de l'homme, parfois à l'égard d'un précis domaine thématique ou d'une catégorie d'individus.

A cause de la transversalité des questions soulevées par les pratiques traditionnelles néfastes, qui comportent des violations multiples des droits de l'enfant, presque tous les organes de traités se sont penchés dans leurs travaux sur les causes et les conséquences de ces problèmes, bien que de

---

[88] Voy. l'article 63, spéc. par. 2 (le Conseil économique et social peut coordonner l'activité des institutions spécialisées en se concertant avec elles, en leur adressant des recommandations, ainsi qu'en adressant des recommandations à l'Assemblée générale et aux Membres des Nations Unies) et l'article 64.

[89] Voy. *infra*.

[90] Ce sont (acronymes) : CERD, CCPR, CAT, SPT, CEDAW, CRC, CRPD, CED et CMW. Il convient d'ajouter le CESCR à cette liste, car il remplit les mêmes fonctions que les autres comités, bien que son origine ne soit pas conventionnelle.

[91] A l'exception du CESCR, dont les membres sont élus par les Etats membres de l'ECOSOC.

[92] Voy. l'Allocution du 7 avril 2005 du Secrétaire général Kofi Annan devant la Commission des droits de l'homme, citée in DECAUX E. (dir.), *op. cit.*, p. 338.

façon très inégale. Cinq d'entre eux[93] ont apporté des contributions particulièrement importantes, que nous avons assemblées et utilisées, comme le suggère le professeur Decaux, comme une véritable « mine d'informations capable de montrer aux Etats leur visage dans un miroir »[94].

Le Comité des droits de l'enfant est l'organe conventionnel le plus actif dans la lutte contre les pratiques nuisibles aux enfants. Les quatre principes fondamentaux qui inspirent le traité (la non-discrimination entre les enfants, l'intérêt supérieur de l'enfant, le droit de vivre, de survivre et de se développer, le droit d'être entendu) ainsi qu'un grand nombre de droits civils, économiques, sociaux et culturels dont il contrôle le respect par les Etats sont mis à mal par les pratiques traditionnelles néfastes, qui devraient être progressivement abolies par toutes les mesures appropriées (art. 24, § 3 de la Convention).

Les coutumes, pratiques et stéréotypes fondés sur des conceptions du rôle des hommes et des femmes dans la société et comportant une discrimination pour ces dernières, y compris évidemment pour les enfants de sexe féminin, sont également au cœur de l'instrument conventionnel consacré à la lutte contre la discrimination à l'égard des femmes : les travaux de son Comité conventionnel sont donc précieux pour comprendre l'attitude des Etats sur ces sujets.

Viennent ensuite les travaux des deux organes onusiens chargés de surveiller l'application des Pactes de New York, qui imposent la sauvegarde de la vie, de la dignité et de la liberté de tout être humain, le respect de son intégrité physique, l'égalité des sexes et la protection spéciale des enfants. Le Comité des droits de l'homme et le Comité des droits économiques, sociaux et culturels œuvrent à plusieurs niveaux en vue de l'éradication des pratiques traditionnelles contraires aux valeurs fondamentales et universelles affirmées en 1948 dans la Déclaration universelle des droits de l'homme et conventionnalisées en 1966.

Enfin, le Comité contre la torture s'occupe d'un certain nombre de pratiques néfastes dans le cadre de sa compétence pour surveiller l'interdiction de la torture et des mauvais traitements.

---

[93] Il convient de préciser que deux autres comités (le CERD et le CMW) ont été concernés de façon marginale par les pratiques traditionnelles néfastes ou pourraient l'être.

[94] DECAUX E., « Débats », in *Idem*, p. 83 : « Si on lit les documents des Nations Unies, les observations finales des Comités, les rapports des Rapporteurs spéciaux, on a une situation d'ensemble (...). Il y a déjà une mine d'informations qui si elles étaient assemblées montreraient aux Etats leur visage dans un miroir ».

3) Les institutions spécialisées

Au sens de l'article 57 de la Charte, l'expression « institutions spécialisées » désigne les organisations universelles qui sont reliées à l'ONU par des accords spéciaux, ont été créées par des traités intergouvernementaux et dont le statut leur confère « des attributions internationales étendues dans les domaines économique, social, de la culture intellectuelle et de l'éducation, de la santé publique et autres domaines connexes ».

Malgré les tentatives de coordonner les activités des quinze institutions spécialisées[95] avec celles de l'ONU, des programmes concurrents continuent d'exister, alors que des problèmes de coordination se posent au niveau des Etats membres à propos des politiques qu'ils préconisent dans les différentes enceintes[96].

Il est toutefois opportun de nuancer ces critiques, puisqu'une certaine dose d'incohérence dans les relations existantes au sein de la famille onusienne dépend de la philosophie même de l'Organisations mondiale : les Nations Unies sont construites sur une union d'indépendance et de diversité, plutôt que de fusion et de centralisation, et il y a de bonnes raisons pour laisser les domaines de coopération fonctionnelle aux mains d'institutions spécialisées, dotées d'une personnalité, d'un *membership* et d'un budget distincts de ceux de l'ONU[97].

Comme il a été justement observé, les fonctions remplies par ces organisations se rapprochent de celles des organes subsidiaires des Nations Unies œuvrant pour la coopération économique et sociale, mais leurs relations avec l'ONU sont de nature paritaire et non pas hiérarchique[98].

Un grand nombre d'institutions spécialisées donnent une contribution substantielle au système onusien de protection des droits de l'homme et seront mentionnées dans la présente étude. Trois d'entre elles, pour le rôle qu'elles jouent dans la lutte contre les pratiques traditionnelles néfastes, méritent d'être brièvement rappelées : il s'agit de l'OIT, de l'OMS et de l'UNESCO.

L'OIT, une des plus anciennes organisations mondiales et la plus ancienne institution spécialisée de l'ONU, a toujours opéré selon une approche basée

---

[95] Si on considère les cinq institutions financières séparément, au lieu du Groupe de la Banque mondiale, on comptera 19 institutions.

[96] Voy. à ce propos les considérations de M. BERTRAND, *op. cit.*, p. 55.

[97] Voy. KOLB R., *An Introduction to the Law of the United Nations*, Oxford : Hart Publishing, 2010, § 103. L'auteur y résume aussi les raisons principales de ce système décentralisé : crainte d'une centralisation excessive, expérience tirée de la Société des Nations, risque de 'politisation' et questions liées au statut de membre (notre traduction de l'anglais).

[98] CONFORTI B., *op. cit.*, pp. 242-244.

sur les droits de l'homme et a tenu grandement compte des droits de l'enfant dans son importante activité de *standard-setting*[99]. Plusieurs droits de l'homme énoncés dans les premières Conventions internationales du travail ont inspiré des dispositions des deux Pactes de New York de 1966 et, dans des temps plus récents, la campagne et les normes de l'OIT pour l'élimination des pires formes de travail des enfants[100], ont eu une influence importante sur l'évolution du droit international des droits de l'homme vis-à-vis des enfants soumis à l'esclavage ou impliqués dans des conflits armés[101].

En raison des liens évidents qui existent entre les pratiques traditionnelles néfastes et la violation du droit à la santé des enfants, nous devons mentionner l'œuvre de l'OMS, dont la Constitution, adoptée en 1946, proclame que « la jouissance de la santé constitue l'un des droits fondamentaux de tout être humain ».

L'Organisation a grandement contribué à l'étude, définition et classification, ainsi qu'à la condamnation internationale des diverses formes de mutilation génitale féminine, fournissant l'évidence scientifique de ses graves effets sur la santé des jeunes filles et des femmes[102]. En revanche, elle s'est peu intéressée aux autres pratiques traditionnelles nuisibles aux enfants et a pris position en faveur de la circoncision masculine, notamment en Afrique, soutenant que celle-ci permet de réduire la transmission sexuelle du VIH[103], mais sans se soucier de l'atteinte à l'intégrité physique de l'enfant que cette pratique comporte.

---

[99] Pour une introduction à cette institution spécialisée, voy. VALTICOS N., « L'Organisation internationale du travail », in VASAK K. (dir.), *Les dimensions internationales des droits de l'homme. Manuel destiné à l'enseignement des droits de l'homme dans les universités*, Paris : UNESCO, 1978, pp. 442-478.

[100] Il convient notamment d'évoquer l'IPEC (Programme international pour l'abolition du travail des enfants), créé en 1992 et devenu le plus grand programme consacré au travail des enfants dans le monde et le plus gros programme de coopération technique de l'OIT, ainsi que la Convention n° 182 de l'OIT sur les pires formes de travail des enfants qui a obtenu 174 ratifications depuis 1999.

[101] Nous nous permettons de renvoyer à NAPOLI C., « La Convention relative aux droits de l'enfant 20 ans après : obligations et mise en œuvre sur le continent africain », *Revue Juridique de l'Ouest*, n° 2, 2009, pp. 185-187, ainsi qu'à *Idem*, « Les valeurs partagées du Partenariat. L'exemple de la protection des enfants soldats africains », in IBRIGA L. M. (dir.), *Le Partenariat Europe-Afrique et les intégrations régionales*, Bruxelles : Bruylant, 2012, pp. 81-91.

[102] Pour une vue d'ensemble, on peut consulter l'Aide-mémoire n° 241 de l'OMS, *Mutilations sexuelles…, op. cit.*

[103] Voy. les Conclusions et recommandations issues de la consultation technique de l'OMS et de l'ONUSIDA de Montreux des 6-8 mars 2007, *Nouvelles données sur la circoncision et la prévention du VIH : conséquences sur les politiques et les programmes*, ainsi que le programme conjoint lancé par l'OMS et l'ONUSIDA en novembre 2011, *Joint Strategic Action Framework to Accelerate the Scale-Up of Voluntary Medical Male Circumcision for HIV Prevention in Eastern and Southern Africa, 2012-2016*, qui prévoit non sans

En ce qui concerne la relation entre défense de la culture[104] et pratiques qui portent atteinte aux droits de l'homme, l'Organisation qui a l'approche la plus élaborée est sans doute l'UNESCO.

Tant par sa nature – et en raison même des domaines où elle s'exerce – que par la finalité qui lui est donnée, toute l'action de l'UNESCO contribue à affirmer l'importance de la culture et des droits culturels (droit à l'éducation, droit à l'information, droit de participer à la vie culturelle) pour l'enrichissement moral, spirituel et matériel de l'homme[105]. Mais l'Organisation est consciente aussi des limites qu'on doit parfois poser à la diversité culturelle, au nom de l'universalité des droits de l'homme[106] : c'est pourquoi elle s'est pleinement associée aux efforts pour l'éradication des pratiques traditionnelles néfastes, en rejoignant notamment en 2008 d'autres institutions des Nations Unies dans la lutte pour l'abandon des mutilations sexuelles féminines[107].

Si le point de vue et l'action particuliers de chacune de ces institutions sont précieux pour faire avancer la recherche, créer des partenariats avec les gouvernements et appuyer le travail de la société civile au regard des pratiques traditionnelles néfastes, le « système ONU » s'est surtout attaqué à ces dernières en tant que violations des droits des femmes et des enfants.

L'action de l'ONU, de ses multiples organes et de ses institutions s'adresse aux Etats, appelés à bâtir « un monde digne des enfants » et à éradiquer les pratiques traditionnelles préjudiciables. Devant les millions d'enfants africains qui continuent d'être victimes de ces pratiques, se posent

contradiction le respect de l'intérêt supérieur de l'enfant, son droit de consentir à l'acte en toute connaissance de cause, mais aussi la circoncision de nouveau-nés.

[104] Pour un recensement des définitions officielles de « culture », voy. l'Observation générale n° 21 du CESCR : Droit de chacun de participer à la vie culturelle (art. 15, par. 1 a), du Pacte international relatif aux droits économiques, sociaux et culturels), 21 décembre 2009, note n° 12.

[105] Voy. SABA H., « L'UNESCO et les droits de l'homme », in VASAK K. (dir.), *Les dimensions…*, *op. cit.*, pp. 479-506, pour une vue d'ensemble des activités de l'Organisation. Il convient aussi de citer le beaux recueil de textes dirigé par Jeanne Hersch et publié par l'UNESCO en 1969 : *Le droit d'être un homme*. La philosophe suisse et ancienne directrice de la division de philosophie à l'UNESCO qui prépara cette anthologie d'extraits et citations issus de toutes les civilisations et de toutes les époques, estimait que "L'homme ne peut ni penser, ni décider à partir du vide. Il faut qu'il soit rempli d'une substance nourricière de sa pensée et de son action ; et il faut qu'il connaisse le contexte dans lequel cette pensée et cette action vont s'inscrire, sous peine d'intervenir en aveugle, ignorant les conséquences les plus immédiates de ses décisions. La substance nourricière s'appelle culture. La connaissance du contexte s'appelle information". In *Le Courrier de l'UNESCO*, novembre 1968, p. 7.

[106] D'où l'article 4 de la Déclaration universelle de l'UNESCO sur la diversité culturelle, de 2001.

[107] Voy. la *Déclaration interinstitutions de 2008 : Eliminer les mutilations sexuelles féminines*, signée par le Directeur général de l'UNESCO, M. Koïchiro Matsuura, ainsi que par les agences et organisations suivantes : HCDH, OMS, ONUSIDA, PNUD, UNCEA, UNFPA, UNHCR, UNICEF, UNIFEM.

inévitablement des questions liées au rôle des Etats, à leur manque de volonté ou à l'inefficacité des solutions mises en place. Comment de telles pratiques perdurent, alors même que le droit international les bannit et que les contrôles sont nombreux ?

Cette étude permettra, à partir de l'analyse d'une matière brute que constituent les rapports des Etats, les recommandations du Groupe de travail sur l'EPU, les Observations finales et générales des *treaty bodies* et, éventuellement, la jurisprudence, de confronter théorie et réalité, de percevoir la manière dont les Etats comprennent leurs obligations et expliquent les raisons des manquements. Ce travail essaiera également de voir si le droit international est suffisant, et comment agissent les organes conventionnels dont les activités se chevauchent.

Dans ce sujet qui est symptomatique du droit international des droits de l'homme, l'ONU est « face à » la question des pratiques néfastes mais est aussi en « face à face » avec les Etats.

Dès lors, la démarche est la suivante. Il s'agit d'examiner dans un premier temps ce que l'ONU propose aux Etats, en termes de droits et de garanties, pour que l'enfant soit protégé des pratiques traditionnelles néfastes. La première partie porte donc sur le droit des Nations Unies (Première partie). Une fois étudié le système international de protection, il convient de vérifier comment s'instaure le dialogue entre les différents acteurs et comment les Etats opèrent pour s'acquitter de leurs obligations, ou pour se justifier de leurs échecs. Aussi la seconde partie est-elle consacrée à la réalité de la mise en œuvre, telle qu'elle résulte du dialogue au sein de l'ONU (Seconde partie).

PREMIERE PARTIE. LE DROIT DES NATIONS UNIES RELATIF AUX « PRATIQUES TRADITIONNELLES NEFASTES »

Quand on aborde l'étude du système onusien de protection des droits de l'homme, il est essentiel de tenir compte des ses deux volets : l'action normative, dont le résultat se traduit dans les textes de nature déclaratoire ou contraignante, et l'action de contrôle, confiée à une multitude d'organes. Lorsque ces deux actions sont bien agencées et se complètent mutuellement, le droit des Nations Unies a les meilleures chances d'être efficace.

Il convient d'étudier le cadre normatif établi par les Nations Unies en matière de protection des enfants vis-à-vis des pratiques traditionnelles néfastes (Titre 1), pour ensuite examiner les mécanismes de contrôle qui sont proposés ou imposés aux Etats membres (Titre 2).

Titre 1. L'action normative des Nations Unies : une production inflationniste

A ce jour, les pratiques traditionnelles néfastes ne font l'objet d'aucune déclaration solennelle ni d'aucun traité spécifique adoptés au sein de l'ONU. Toutefois, un grand nombre d'instruments de différente nature prend en compte ces phénomènes qui sont universellement reconnus comme étant des violations des droits des enfants.

La mobilisation de l'Organisation universelle et de ses institutions spécialisées mérite d'être étudiée car elle a conduit à un véritable foisonnement de textes déclaratoires (Chapitre 1). Actuellement, les traités qui contiennent des dispositions visant directement ou indirectement les droits des enfants et les pratiques traditionnelles qui leur sont préjudiciables sont aussi très nombreux (Chapitre 2).

Chapitre 1. Le foisonnement de textes déclaratoires

Au sein de l'ONU, le débat sur les pratiques inhumaines ayant lieu chez certains peuples et en particulier sur le problème de la mutilation génitale n'a été engagé qu'après avoir débarrassé le terrain de nombreux obstacles.

L'OMS a mis du temps pour reconnaître les effets nuisibles de ces pratiques sur la santé des enfants, mais son activité a ensuite offert l'évidence nécessaire pour la condamnation internationale.

En effet, quand les organes onusiens de protection des droits de l'homme en ont eu la volonté politique, ils ont commencé à lutter contre les pratiques traditionnelles néfastes en s'appuyant sur l'argument du préjudice à la *santé* (Section 1).

La question des pratiques néfastes a progressivement été inscrite dans la perspective des *droits* de l'enfant et traitée en relation avec différentes violations. Mais si les textes non contraignants qui abordent le sujet se multiplient, cela se fait peut-être au prix d'une perte de spécificité (Section 2).

Section 1. La mobilisation internationale en vue de l'abandon des « pratiques traditionnelles néfastes » : la reconnaissance des effets préjudiciables à la santé

Les premiers efforts onusiens pour la condamnation des pratiques traditionnelles néfastes datent des années cinquante, mais la question n'est véritablement inscrite à l'agenda de l'ONU qu'au début des années quatre-vingt (§ 2). A cette époque, l'Organisation mondiale de la Santé joue déjà un rôle majeur dans la dénonciation des conséquences néfastes de ces phénomènes (§ 1).

§ 1. Le problème traité tardivement par l'OMS

Dès le début des années 50, les coutumes et pratiques auxquelles la femme est soumise dans certaines régions du monde, essentiellement les territoires sous tutelle et non autonomes, suscitent l'intérêt des organes qui veillent au respect des droits de l'homme.

La Commission de la condition de la femme se penche en 1952 sur la question des pratiques traditionnelles nuisibles aux femmes et aux enfants[108]. Ses efforts attirent l'attention d'autres organes des Nations Unies.

[108] Rapport de la Commission de la condition de la femme (sixième session, 1952), in Documents officiels du Conseil économique et social, 14e session, Supplément n° 6.

Tout d'abord, donnant suite à une recommandation de cet organe, le Conseil économique et social adopte la même année une résolution demandant aux Etats membres, « et notamment aux Etats qui ont ou qui assument la responsabilité de l'administration des territoires non autonomes, de prendre immédiatement toutes mesures nécessaires en vue d'abolir progressivement dans les pays et territoires qu'ils administrent toutes les coutumes qui portent atteinte à l'intégrité physique de la femme et, par là, à la dignité et à la valeur de la personne humaine telles qu'elles sont proclamées dans la Charte et dans la Déclaration universelle des droits de l'homme »[109].

En 1954, c'est l'Assemblée générale qui condamne les pratiques portant atteinte à la dignité de la femme par le biais d'une résolution qui contient une liste de « coutumes, anciennes lois et pratiques portant atteinte à la dignité de personne humaine de la femme »[110]. L'organe se penche sur la question des pratiques néfastes et se dresse tout particulièrement contre les mariages forcés, les mariages d'enfants, les négociations portant sur le prix de la mariée de même que contre l'interdiction du remariage pour les veuves et le fait de leur retirer les enfants après le décès du mari. Mais d'autres pratiques inhumaines, telles qu'en particulier le problème de la mutilation génitale par l'excision sont délibérément laissées de côté car il n'est pas possible alors de parvenir à une position commune parmi les Etats membres[111].

Il n'est pas inutile de rappeler qu'à cette époque, alors qu'il n'existait pas d'enceinte pour discuter des mutilations sexuelles féminines, la pratique du mariage forcé d'enfants faisait l'objet d'attention dans le cadre des travaux préparatoires de la Convention supplémentaire sur l'esclavage. Le texte final adopté en septembre 1956 par la Conférence de plénipotentiaires des Nations Unies considère en effet l'achat de l'épouse dans le cadre d'un mariage forcé comme une pratique analogue à l'esclavage[112].

---

[109] Résolution 445 C (XIV), « Non-reconnaissance aux femmes de certains droits essentiels », adoptée à la 14e session du Conseil économique et social, le 28 mai 1952, par. 1.

[110] Résolution 843 (IX), « La condition de la femme en droit privé : coutumes, anciennes lois et pratiques portant atteinte à la dignité de personne humaine de la femme », adoptée le 17 décembre 1954.

[111] Voy. pour une reconstruction des étapes de la reconnaissance de la violence envers les femmes et les filles comme une forme de violation des droits de l'homme HAUSAMMANN C., « Excision et droits de l'homme », in UNICEF, *Rapport final de la journée consacrée à l'excision, le 21 mai 2001 à Berne*, Zurich : Comité suisse pour l'UNICEF, 2001, pp. 14-19.

[112] L'article 1 de la Convention, lettre *c*), inclut parmi les institutions et pratiques analogues à l'esclavage « toute institution ou pratique en vertu de laquelle (…) une femme est, sans qu'elle ait le droit de refuser, promise ou donnée en mariage moyennant une contrepartie en espèces ou en nature versée à ses parents, à son tuteur, à sa famille », alors que l'article 2 oblige les parties à fixer des âges minimums appropriés pour le mariage, à respecter le libre consentement des époux et à encourager l'enregistrement des mariages. Sur l'esclavage et les pratiques traditionnelles néfastes, voy. *infra*, Chapitre 2. Pour plus de détails sur la phase d'élaboration de la Convention, qui remonte à une décision du Conseil économique et social

Ainsi, le Conseil économique et social décide-t-il en 1958 que l'Organisation mondiale de la santé (OMS) doit se pencher sur le problème des pratiques coutumières préjudiciables aux filles.

Mais sa résolution, par laquelle lui est demandé d'« entreprendre une étude sur la persistance des coutumes qui consistent à soumettre les filles à des opérations rituelles, et sur les mesures prises ou projetées pour mettre fin à ces pratiques »[113], suscite l'opposition de l'Assemblée mondiale de la Santé qui estime que les « opérations rituelles » en question résultent de conceptions sociales et culturelles dont l'étude n'est pas de la compétence de l'OMS[114].

Après cette réponse négative, qui diminue l'impact des premières initiatives onusiennes, presque vingt ans doivent s'écouler avant que l'OMS n'accepte de traiter le problème sous l'aspect de la santé.

En fait, son organe décisionnel commence à mener des études sur les opérations traditionnelles, et donc à accorder de l'attention aux pratiques traditionnelles, lorsque 1975 est déclarée Année internationale de la femme : une première résolution adoptée à Genève prie les gouvernements d'élargir la gamme de possibilités offertes aux femmes dans tous les secteurs en rapport avec la santé. Puis, en 1976, le Dr Halfdan Mahler, Directeur général de l'OMS, appelle l'attention de l'Assemblée mondiale de la Santé sur la nécessité de combattre « les tabous, les superstitions et les pratiques qui portent atteinte à la santé des femmes et des enfants, tels que la circoncision féminine et l'infibulation »[115].

A partir de la seconde moitié des années 70, l'OMS s'engage ainsi progressivement dans la lutte contre les MGF. En 1982, celle-ci s'oppose

---

de 1949 qui charge le Secrétaire général de nommer un comité spécial ayant pout tâche de procéder à une étude d'ensemble de l'esclavage et des autres institutions et coutumes ressemblant à l'esclavage, voy. SCHREIBER M., « La convention supplémentaire des Nations Unies relative à l'abolition de l'esclavage, de la traite des esclaves et des institutions et pratiques analogues à l'esclavage », *AFDI*, 1956, vol. 2, n. 2, pp. 547-557.

[113] Résolution 680 B II (XXVI), « Opérations rituelles », adoptée à la 26e session du Conseil économique et social, le 10 juillet 1958.

[114] OMS, 12e Assemblée mondiale de la santé, 28 mai 1959. Voy. l'évolution de la question des pratiques traditionnelles au sein des Nations Unies telle qu'illustrée par la Rapporteuse spéciale, Mme Warzazi, in E/CN.4/Sub.2/2005/36, 11 juillet 2005, par. 13 ; voy. également Haut Commissariat des Nations Unies aux Droits de l'Homme, *Pratiques traditionnelles néfastes affectant la santé des femmes et des enfants*, Fiche d'information n° 23 (1995).

[115] Cité dans le discours d'ouverture tenu au séminaire de Khartoum par le Directeur régional de l'OMS pour la Méditerranée orientale, M. A. H. Taba, pp. 11-12. Voy. OMS, Bureau régional pour la Méditerranée orientale, *Rapport du Séminaire sur les pratiques traditionnelles affectant la santé des femmes et des enfants* (1979) publication technique n. 2 OMS/EMRO, consultable en ligne à l'adresse : http://whqlibdoc.who.int/emro/tp/EMRO_TP_2_fre.pdf. Consulté pour la dernière fois le 15 septembre 2011.

formellement à leur médicalisation dans tous les contextes[116] et joue depuis un rôle crucial au niveau de la sensibilisation.

Sur fond des campagnes abolitionnistes organisées à l'initiative d'organisations humanitaires et d'associations féminines, un Groupe de travail des ONG est créé à Genève en 1977 pour analyser les pratiques traditionnelles ayant effet sur la santé des femmes et des enfants. Mais il faut attendre 1979 pour qu'on débatte de ces sujets sous les auspices d'un organisme des Nations Unies et en présence de représentants des Etats.

C'est le Bureau régional de la Méditerranée orientale – EMRO – de l'OMS qui crée le premier contexte officiel de ce type en organisant le séminaire de Khartoum (Soudan) de 1979 sur les pratiques traditionnelles ayant effet sur la santé des femmes et des enfants.

Cette grande réunion se déroule du 10 au 15 février, avec la participation de huit Etats africains[117] et du Groupe de travail des ONG, dont l'exposé est largement repris dans le rapport final du Séminaire. Celui-ci ne contient pas d'informations exactes d'un point de vue quantitatif, mais réunit les données nécessaires pour stimuler l'intérêt de la communauté internationale sur les pratiques traditionnelles considérées nuisibles.

En premier lieu, après avoir brièvement décrit les pratiques « utiles » et « inoffensives », les participants dénoncent les coutumes et traditions considérées « néfastes » telles que les tabous nutritionnels et les pratiques traditionnelles pendant la grossesse et la lactation[118]. En deuxième lieu, le séminaire souligne les dangers de la circoncision féminine, « coutume mutilante » qui retient l'attention pendant deux journées entières[119]. Enfin, la réunion recommande de « poursuivre les recherches sur le mariage des enfants et l'accouchement chez les jeunes adolescentes (...) afin d'en déterminer les complications éventuelles »[120].

L'année suivante, l'UNICEF manifeste son intérêt au sujet de l'excision féminine et rejoint ainsi l'OMS dans sa campagne de lutte contre les MGF. Dans un communiqué du 23 septembre 1980, cet organisme onusien consacré à l'amélioration et à la promotion de la condition des enfants

---

[116] Voy. WHO, *Female Genital Mutilation/Mutilations sexuelles féminines : Information kit*, (WHO/FHE/94.4) Genève : WHO, Division of Family Health, 1994.

[117] Des représentants de Djibouti, Egypte, Ethiopie, Kenya, Nigéria, Somalie et Soudan figurent sur la liste des participants ; des observateurs de la Haute Volta (ancien nom du Burkina Faso) sont également présents. Voy. Organisation mondiale de la Santé, Bureau régional pour la Méditerranée orientale, *Rapport du Séminaire sur les pratiques traditionnelles..., cit.*

[118] *Idem*, pp. 9-12.

[119] *Idem*, p. 6.

[120] *Idem*, p. 13. Pour plus de détails, voy. OMS, *Regional Plan of Action to Accelerate the Elimination of Female Genital Mutilation in Africa*, Brazzaville : WHO Regional Office for Africa, 1997, p. 7, ainsi que la bibliographie qui y figure.

explique que son approche « pour l'éradication d'une pratique fondée sur des modèles culturels et traditionnels remontant à plus de 2000 ans est basée sur la conviction que la meilleure manière d'aborder ce problème est de déclencher une prise de conscience au travers d'une éducation du public, de membres de la profession médicale et des agents de santé traditionnels, et grâce à la participation des collectivités locales et de leurs animateurs »[121].

En 1984, le Groupe de travail des ONG organise en collaboration avec le gouvernement sénégalais un deuxième séminaire en Afrique sur les pratiques traditionnelles ayant effet sur la santé des femmes et des enfants. L' OMS, l'UNICEF et le FNUAP le co-sponsorisent. La rencontre se déroule à Dakar du 6 au 10 février et réunit les représentants de plus de vingt pays d'Afrique.

Un accord unanime est trouvé pour éradiquer les pratiques traditionnelles néfastes et surtout pour faire suivre cette décision en créant le « Comité inter-africain sur les Pratiques traditionnelles ayant effet sur la Santé des Femmes et des Enfants » (CI-AF).

La présidence du Comité est confiée à Madame Berhane Ras-Work, une éthiopienne installée à Genève, déjà coordinatrice du Groupe de travail des ONG sur les pratiques traditionnelles ayant effet sur la santé des femmes et des enfants. Le CI-AF joue un rôle important au séminaire de Dakar[122] et s'affirme ensuite progressivement comme l'ONG la plus importante dans la lutte contre les pratiques traditionnelles préjudiciables, non seulement sur le continent africain mais aussi au niveau mondial. Il travaille avec plusieurs organes et organismes des Nations Unies, dont l'OMS[123], et obtient le statut consultatif spécial auprès du Conseil économique et social des Nations Unies en 1993[124].

---

[121] UNICEF, Service d'information, « Position de l' UNICEF sur l'excision féminine », 23 septembre 1980, p. 1.

[122] Le Comité inter-africain préconise que « pour des raisons psychologiques compréhensibles, la parole dans ce domaine devrait être laissée aux Négresses ». Il demande de freiner, pour des raisons d'efficacité, la fougue de « cette vague des réactions violentes et incontrôlables partie des pays occidentaux pour dénoncer ces mutilations ». En matière d'interdiction légale, il met en garde contre « une précipitation intempestive qui aboutirait à des mesures législatives hâtives qui ne seraient jamais appliquées ». En ce qui concerne les professionnels de la santé, il se satisfait de condamner « la médicalisation et la modernisation de la pratique de l'excision féminine, celle-ci étant non conforme à l'éthique médicale » et de recommander d'interdire « à tout le personnel médical et paramédical de la pratiquer » pour la même raison. Voy. le *Rapport sur les pratiques traditionnelles*, Dakar, 1984, p. 67.

[123] Voy. la Liste des 182 organisations non gouvernementales en relations officielles avec l'OMS prenant en compte les décisions de la cent vingt-huitième session du Conseil exécutif, janvier 2011. http://www.who.int/civilsociety/documents/NGOs-in-Official-Relations-with-WHO-2011_16-Mar-2011.pdf (consultée le 18 septembre 2011).

[124] List of non-governmental organizations in consultative status with the Economic and Social Council as of 1 September 2010, E/2010/INF/4, 1 septembre 2010, consultée le 18 septembre 2011 à l'adresse http://csonet.org/content/documents/E2010INF4.pdf.

L'effort de concertation pour arrêter la conduite à tenir face à des coutumes séculaires débouche, avec l'apport tardif mais fondamental de l'OMS, sur la reconnaissance des effets nuisibles sur la santé des femmes et des enfants de certaines pratiques traditionnelles.

L'étape suivante consiste en la réintroduction du sujet des pratiques traditionnelles à l'ONU, cette fois avec davantage de rigueur et d'objectivité par rapport aux premières tentatives des années 50.

§ 2. Le problème réintroduit à l'ONU à travers la Sous-Commission de la lutte contre les mesures discriminatoires et la protection des minorités

Sans doute à cause du « manque d'enthousiasme » de la Commission des droits de l'homme, notamment de certains pays africains, l'examen des pratiques traditionnelles néfastes est confié à son organe subsidiaire, la Sous-Commission de la lutte contre les mesures discriminatoires et la protection des minorités (ci-après Sous-Commission)[125].

L'argument avancé dans une première phase pour créer le consensus nécessaire autour de ces sujets est le préjudice à la santé des enfants et des femmes ; on évite en revanche de porter des jugements de valeur, pouvant être considérés comme offensifs, sur l'excision et les autres pratiques traditionnelles considérées nuisibles.

Par une résolution adoptée en 1982[126], la Sous-Commission prie deux experts, choisis parmi ses membres, d'effectuer une étude sur tous les aspects du problème et sur les meilleurs moyens d'y remédier. L'année suivante, à la demande de la Sous-Commission, la Commission des droits de l'homme décide la création d'un Groupe de travail sur les pratiques traditionnelles préjudiciables à la santé des femmes et des enfants, auquel participent deux experts de la Sous-Commission[127], des représentants de l'UNESCO, de l'OMS et de l'UNICEF et de nombreuses ONG.

Les travaux du Groupe se déroulent à Genève à partir de mars 1985, le but étant de préparer un rapport et de le soumettre à la 42e session de la Commission des droits de l'homme.

L'un des moments les plus délicats est le choix des pratiques préjudiciables sur lesquelles le Groupe doit se pencher. Finalement, on accorde la priorité à la circoncision féminine (comme le demande la Sous-

---

[125] Rebaptisée en 1999 Sous-commission de la promotion et de la protection des droits de l'homme.

[126] Résolution 1982/15 du 7 septembre 1982.

[127] Bien que n'étant plus membre de la Sous-Commission, Madame Halima Warzazi, dans le cadre d'une décision exceptionnelle, est désignée pour représenter la Sous-Commission avec l'expert indien qui lui propose de présider le Groupe de travail.

Commission, appuyée par les ONG)[128], en raison de l'effet direct de cette pratique sur la santé et l'épanouissement des femmes, ainsi que d'une série de critères que les experts ont préalablement fixés, à savoir :

a) L'ampleur du phénomène, le taux de mortalité, le taux de morbidité ;
b) La possibilité de modifier la pratique ;
c) Le degré de sensibilisation de la communauté internationale, ainsi que la documentation disponible.

Le Groupe de travail consacre ainsi tout le temps voulu à l'excision, commençant par récolter des renseignements en vue d'examiner tous les points qu'il s'est fixés.

Pour éviter des réactions peu chaleureuses, l'étude s'attache davantage à démontrer les effets préjudiciables à la santé des enfants et des femmes de l'excision et d'autres pratiques traditionnelles qu'à clairement dire que celles-ci constituent une violation des droits de l'homme à l'aune des normes définies dans les instruments internationaux.

Le « Rapport du Groupe de travail sur les pratiques traditionnelles affectant la santé des femmes et des enfants », présenté à la Commission des droits de l'homme puis, en février 1986, au Conseil économique et social, amène les lecteurs, en particulier les plus concernés, à réaliser la gravité du problème ; il affirme tout de même que le maintien de certaines pratiques traditionnelles, qui se sont avérées préjudiciables à la santé physique et mentale des femmes et des enfants, est incompatible avec les obligations que les Etats ont assumées en ratifiant les instruments internationaux de protection des droits de l'homme[129].

Deux ans après la présentation du rapport, en mars 1988[130], la Commission demande à la Sous-Commission d'étudier les mesures à prendre, au niveau national et international, pour éliminer les pratiques en question, et de relater à la Commission sur le sujet. La Sous-Commission nomme ainsi un Rapporteur spécial sur les pratiques traditionnelles affectant la santé des femmes et des fillettes chargé de suivre de près la question ; Madame Halima Embarek Warzazi, membre de la Sous-Commission et

---

[128] La liste des pratiques préjudiciables soumise au Groupe de travail par le représentant de l'OMS comprend l'excision féminine, les autres formes de mutilations (scarifications faciales), le gavage des femmes, le mariage précoce, les divers tabous nutritionnels, les pratiques traditionnelles entourant la naissance. Le problème de la dot dans certaines régions du monde, les crimes d'honneur et les conséquences de la préférence accordée à l'enfant mâle sont également mentionnés.

[129] Conseil économique et social, *Rapport du Groupe de travail sur les pratiques traditionnelles affectant la santé des femmes et des enfants,* E/CN.4/1986/42 (4 février 1986), par. 121 et 123.

[130] Résolution 1988/57 du 9 mars 1988.

présidente du Groupe de travail depuis 1985, est la personne choisie pour occuper ce poste[131].

Elle continue donc de suivre la question en tant qu'experte des Nations Unies et, à partir de 1989, soumet à la Sous-Commission, dont elle dépend, des rapports sur les pratiques traditionnelles préjudiciables aux femmes et aux enfants.

La présentation de ces rapports permet de discuter régulièrement de ces questions au sein de l'ONU ; mais c'est surtout l'organisation de deux séminaires régionaux sur les pratiques nocives pour les femmes et les enfants qui concourt, d'une façon déterminante, à l'évolution du débat.

La Rapporteuse obtient en effet de la Commission des droits de l'homme l'approbation pour la tenue de deux séminaires dont l'objectif affiché est « to assess the human rights implications of certain traditional practices affecting the health of women and children, such as female genital mutilation, female infanticide and sex-selective abortions, early marriage and dowry, son preference and its implications on the status of the girl child, delivery practices and violence against women »[132].

Le premier, tenu dans la capitale du Burkina Faso du 29 avril au 3 mai 1991, atteste de l'intérêt porté par la Sous-Commission aux implications sur les droits de l'homme de la circoncision féminine. Une quinzaine d'experts du continent africain[133] viennent animer le débat du séminaire de Ouagadougou, qui aborde un grand nombre de questions : la rigidité des traditions et du contexte socioculturel qui les perpétuent, les facteurs économiques sous-jacents, le facteur religieux qui favorise les hommes au détriment des femmes, les disparités entre les sexes, notamment en matière d'éducation, le rôle joué par les femmes dans la perpétuation de traditions qui leur sont pourtant défavorables ou néfastes, l'ignorance et la pauvreté qui affectent plus particulièrement les femmes.

Un second séminaire régional se déroule du 4 au 8 juillet 1994 à Colombo (Sri Lanka)[134] ; la question centrale qui retient l'attention des participants est celle du mariage précoce, pratique qui touche particulièrement le continent asiatique ainsi que l'Afrique.

A la lumière des fructueux débats et des délibérations des deux séminaires régionaux, la Sous-Commission dégage les grandes lignes de l'action à poursuivre au niveau international et traduit sa position dans le « Plan

---

131 Résolution 1988/34 du 1er septembre 1988.

132 Voy. la position de la Sous-commission in E/CN.4/Sub.2/1994/10/Add.1, 22 juillet 1994.

133 Par ailleurs, ayant noté avec regret l'absence de l'Organisation de l'Unité Africaine à ce séminaire, les participants demandent à l'organisation régionale de s'impliquer dans ce problème.

134 Deuxième Séminaire régional des Nations Unies sur les pratiques traditionnelles affectant la santé des femmes et des enfants, tenu à Colombo (Sri Lanka) du 4 au 8 juillet 1994.

d'action pour l'élimination des pratiques traditionnelles préjudiciables affectant la santé des femmes et des filles », adopté en août 1994[135].

Cet important document vise « to the introduction of concrete and positive changes to redress the situation at the national and international levels ». Une première partie s'adresse aux Etats, qui sont incités à adopter des mesures au niveau national, telles que la ratification et l'application effective des instruments internationaux de protection des femmes et des enfants[136], ainsi que l' « élaboration d'une législation interdisant les pratiques nuisibles à la santé des femmes et des enfants, notamment la mutilation génitale féminine »[137].

Une curieuse distinction est faite entre d'une part les pratiques préjudiciables, dont la liste inclut la préférence pour le fils, le mariage précoce, l'accouchement non assisté, etc., et d'autre part la mutilation génitale féminine qui figure parmi les formes de violence contre les femmes et les filles : « Violence against women, including female genital mutilation (...) is a human rights violation and not only a moral issue. It has serious negative implications on the economic and social development of women and society, and is an expression of the societal gender subordination of women »[138].

Dans sa seconde partie (intitulé « International action »), le Plan d'action s'adresse non plus aux Etats mais aux organes et institutions spécialisées des Nations Unies, ainsi qu'aux ONG.

On y lit que la Commission et la Sous-Commission doivent rester saisies de la question, et que tous les autres organes du système des Nations Unies qui s'occupent des droits des femmes et des filles sont invités à consacrer davantage d'attention aux pratiques traditionnelles nuisibles ou à les intégrer à leurs travaux. Des références explicites sont faites à la Commission de la condition de la femme, ainsi qu'à quatre organes de traité (CEDAW, CRC, CCPR et CAT) et aux organismes et organisations suivants : UNICEF, PNUD, UNIFEM, OIT, UNESCO et OMS[139]. Enfin, le document appelle à

135 Voy. la résolution 1994/30 de la Sous-Commission de la lutte contre les mesures discriminatoires et de la protection des minorités, 26 août 1994. Seule la version anglaise est disponible.

136 *Idem*, par. 2.

137 *Idem*, par. 3. On remarquera que le terme initial « circoncision » qui figurait dans ce troisième paragraphe, ainsi que dans d'autres passages du Plan d'action, a été remplacé par l'expression « mutilation génitale » dans le *corrigendum*, E/CN.4/Sub.2/1994/10/Add.1 et Corr.1, élaboré le 15 août 1994, soit un mois après la publication du document original.

138 *Idem*, par. 43.

139 L'Assemblée mondiale de la Santé adopte en 1994 la résolution WHA47.10 sur les pratiques traditionnelles (mutilations sexuelles féminines comprises) nocives pour la santé des femmes et des enfants, intitulée *Santé maternelle et infantile et planification familiale : pratiques traditionnelles nocives pour la santé des femmes et des enfants*, à la suite de laquelle le Secrétariat décide de fournir un soutien technique accru aux Etats Membres pour la prévention de cette pratique et la prise en charge de ses conséquences. Comme le rappelle le récent Rapport du Secrétariat de l'OMS sur les Mutilation sexuelles féminines, « ce soutien

une plus grande coordination entre le CI-AF, les agences des Nations Unies et les organisations régionales, souhaitant que les ONG prennent également en compte la question dans leurs activités.

A partir de 1994, le Rapporteur spécial est chargé, par un mandat qui lui sera renouvelé tous les deux ans jusqu'en 2005, de diffuser les recommandations contenues dans le Plan d'action et de tenir informée la Sous-Commission des mesures prises par les Etats pour mettre en œuvre ce Plan.

Toutefois, si les réponses aux demandes annuelles d'informations sont relativement nombreuses au départ, elles s'essoufflent dans le courant de son mandat, contribuant, comme nous le verrons, à y mettre fin.

Ainsi, si dans un premier temps, l'OMS et la Sous-Commission avec son Rapporteur spécial s'élèvent donc contre les pratiques qui ont des conséquences néfastes sur la santé des femmes et des enfants, l'Organisation mondiale de la Santé se concentre surtout sur l'étude des mutilations génitales féminines, alors que l'expert de la Sous-Commission cherche aussi à sensibiliser les Etats sur les autres pratiques préjudiciables à la santé.

A partir du début des années quatre-vingt-dix, le sujet commence à être traité dans la perspective plus large des droits de l'homme.

Section 2. La prise en compte des « pratiques traditionnelles néfastes » en tant que violations des droits des enfants

En particulier, les organes et institutions de l'ONU assimilent les pratiques traditionnelles telles que les MGF et les mariages précoces et forcés à des formes de violence et de discrimination à l'égard des enfants et s'attellent à combattre ces violations particulièrement graves de leurs droits fondamentaux.

Cette nouvelle lecture augmente le niveau d'attention et de vigilance internationale sur le problème des pratiques traditionnelles néfastes (1 §) mais lui fait perdre aussi en unité (§ 2).

---

comportait notamment l'élaboration et la diffusion d'une série de documents d'orientation sur la prévention et la prise en charge des complications sanitaires de cette pratique, destinés à être utilisés au niveau de l'élaboration des politiques, des programmes et de la formation spécialisée ». Voy. OMS Doc, A61/11, 20 mars 2008, par. 4.

§ 1. Les avantages de l'approche fondée sur les droits de l'homme

Les pratiques traditionnelles néfastes sont officiellement reconnues comme des formes de violence dans la Déclaration sur l'élimination de la violence à l'égard des femmes, adoptée par l'Assemblée générale en 1993[140].

L'article premier de cet instrument précise que l'expression « violence à l'égard des femmes » désigne tous les actes de violence basés sur le genre, indépendamment du fait que ceux-ci soient mis en œuvre dans la vie publique ou privée : ce qui se passe au sein de la famille n'est pas soustrait au regard de l'Etat, puisque les actes ou comportements 'privés' peuvent nuire sérieusement au bien-être de la femme.

L'alinéa *a* de l'article 2 fournit une liste non exhaustive des formes que peut prendre la violence physique, sexuelle et psychologique exercée au sein de la famille ; « les mutilations génitales et autres pratiques traditionnelles préjudiciables à la femme » y figurent explicitement.

La Déclaration marque une étape importante dans l'évolution du discours onusien sur la protection des enfants, car pour la première fois un acte solennel de l'Assemblée générale affirme que les pratiques préjudiciables et notamment les MGF constituent une violation des droits humains.

Certes, la Déclaration a été adoptée pour protéger de la violence une catégorie particulière de personnes, les femmes, mais il est clair que les jeunes femmes et les fillettes ne sont pas moins visées par ses dispositions. Les enfants sont en effet plus touchés que les femmes adultes par les pratiques préjudiciables, comme l'ont reconnu les Nations Unies[141].

Outre la protection des enfants de la violence domestique, les pratiques traditionnelles néfastes sont aussi liées à une autre question prioritaire au sein des Nations Unies, à savoir la lutte contre les discriminations.

En particulier, l'égalité des genres est une condition essentielle pour le plein respect des droits humains et doit primer sur toute loi, coutume ou tradition contraire.

Or des pratiques traditionnelles néfastes telles que la MGF, la préférence pour le fils ou le gavage des filles sont à la fois une conséquence de la discrimination sexospécifique présente dans une société concernée, et une cause de discriminations multiples à l'encontre des filles (problèmes de santé qui aggravent l'isolement social, rôle marginal dans le domaine politique et économique…).

Les façons dans lesquelles les pratiques traditionnelles néfastes entravent le bien-être des enfants sont donc multiples : aux conséquences sur la santé qui avaient été mises en lumière dès le départ (et qui continuent par ailleurs

[140] Résolution 48/104 du 20 décembre 1993.
[141] Voy. le paragraphe 46 du Rapport de M. Paulo Sérgio Pinheiro, A/61/299, 29 août 2006.

de faire l'objet d'analyse auprès des institutions et organes des Nations Unies[142]) s'ajoutent les effets nuisibles de la violence et de la discrimination sur la jouissance des droits des enfants.

Nous allons rechercher les preuves de cet intérêt accru pour les pratiques traditionnelles néfastes dans les différents forums onusiens où ces dernières ont été traitées (A), ainsi que dans les documents finals des sommets mondiaux, qui consacrent l'engagement collectif des Etats (B).

A. La visibilité de l'action internationale en faveur des enfants

Les campagnes onusiennes de lutte contre la violence et en faveur de l'égalité des sexes présentent les pratiques traditionnelles préjudiciables comme des violations structurelles des droits fondamentaux des femmes et des enfants. L'Assemblée générale évoque ces phénomènes dans un grand nombre de documents, y compris ceux adoptés à l'issue des sessions extraordinaires, dont le suivi est assuré par des réunions d'examen périodiques.

Le « Sommet mondial pour les enfants » de 1990, qui est à l'époque « le plus grand rassemblement de dirigeants internationaux jamais organisé »[143], ne vise pas spécifiquement les pratiques traditionnelles néfastes, qui avaient pourtant été prises en considération par la Convention relative aux droits de l'enfant, à peine entrée en vigueur. Néanmoins, sa stratégie consistant à fixer des buts et des objectifs spécifiques en faveur des droits et du développement des enfants pour l'an 2000 préconise la réduction des taux de mortalité infantile et maternelle, l'accès à la santé, à la planification familiale et à l'éducation, questions évidemment liées aux pratiques préjudiciables[144].

Le discours sur les pratiques traditionnelles néfastes bénéficie d'une importante avancée conceptuelle en 1993, grâce à la Déclaration sur l'élimination de la violence à l'égard des femmes, qui ouvre la sphère privée au regard de la communauté internationale, en affirmant que la violence domestique et les pratiques traditionnelles néfastes qui lui sont assimilées ne sont pas une question d'ordre privé, mais des crimes que les Etats doivent prévenir et condamner.

En 2002, une nouvelle session extraordinaire de l'Assemblée générale consacrée aux enfants adopte un document, intitulé « Un monde digne des

---

[142] Plusieurs institutions et organes des Nations Unies ont rejoint l'OMS dans sa condamnation des MGF ; en outre, l'engagement de la communauté internationale pour l'éradication de cette pratique va de pair avec la qualité et quantité d'études sur le sujet.

[143] Voy. l'avant-propos par Kofi Annan, Secrétaire général des Nations Unies, du document « Nous, les enfants. Honorer les promesses du Sommet mondial pour les enfants », Préparé par l'UNICEF pour les Nations Unies, septembre 2001, p. iii.

[144] Voy. pour plus de détails la Déclaration mondiale et le Plan d'action en faveur de la survie, de la protection et du développement de l'enfant, 29-30 septembre 1990.

enfants »[145], dont le plan d'action impose expressément aux Etats de protéger les enfants contre tout acte de violence, d'abus, d'exploitation et de discrimination et d'œuvrer pour « mettre fin aux pratiques traditionnelles ou coutumières qui violent les droits des enfants et des femmes, telles que les mariages précoces et forcés et les mutilations génitales féminines »[146].

Un appel à l'intervention des Etats vient, quelques années plus tard, de l'expert indépendant des Nations Unies sur la violence à l'encontre des enfants, M. Paulo Sérgio Pinheiro, qui démontre dans une importante étude que « les pratiques traditionnelles néfastes touchent de façon disproportionnée les enfants et leur sont généralement imposées dès leur plus jeune âge par leurs parents ou les responsables de la communauté »[147].

Les Nations Unies reconnaissent que la place de la femme dans la société, son autonomisation et son développement au sens large sont d'une importance cruciale pour la réalisation des droits de l'enfant et que, par contre, les inégalités dans les relations hommes/femmes et les multiples pratiques traditionnelles préjudiciables subies par ces dernières peuvent compromettre la capacité des mères de donner un bon départ dans la vie à leurs enfants.

Ainsi, le combat de l'ONU en faveur des droits des enfants passe-t-il aussi par la vigilance vis-à-vis des pratiques traditionnelles préjudiciables. La vingt-troisième session extraordinaire de l'Assemblée générale, consacrée au thème « Les femmes en l'an 2000 : égalité entre les sexes, développement et paix pour le XXIe siècle », a inclus les pratiques traditionnelles néfastes parmi les crimes et violences faites aux femmes et a engagé les Etats à les abolir[148].

Une autre tendance qui se manifeste à l'ONU est celle de lier le développement humain et social à des valeurs et principes inspirés des droits de l'homme. La Déclaration du Millénaire adoptée par l'Assemblée générale en 2000[149] est un bon exemple : même si elle n'est pas formulée en termes de *droits* de l'homme, pas plus que de droits de l'enfant, elle fixe des « objectifs du Millénaire pour le développement » ambitieux pour promouvoir le bien-être des enfants (Objectif 4 : réduire la mortalité parmi les enfants de moins de 5 ans) et en particulier des filles, en tant que femmes et mères (Objectif

---

[145] Résolution S-27/2 du 11 octobre 2002.

[146] A/S-27/19/Rev.1, par. 44, alinéa 9.

[147] M. Paulo Sérgio Pinheiro, A/61/299, 29 août 2006, par. 46.

[148] Résolution S-23/2 du 5-9 juin 2000. Voy. aussi les engagements en faveur des filles pris lors du Sommet mondial de 2005 (résolution 60/1 du 16 septembre 2005).

[149] Résolution 55/2 du 8 septembre 2000. On y lit que « les chefs d'Etat et de gouvernement [décident] de réduire, d'ici à 2015, de trois quarts la mortalité maternelle et de deux tiers la mortalité des enfants de moins de 5 ans par rapport aux taux actuels. (par. 19) ; de promouvoir l'égalité des sexes et l'autonomisation des femmes (par. 20) ».

3 : promouvoir l'égalité des sexes et l'autonomisation des femmes ; Objectif 5 : améliorer la santé maternelle).

La lutte pour l'égalité des sexes et contre la violence à l'égard des femmes et des filles vise à renforcer la possibilité pour ces dernières d'exercer pleinement tous leurs droits fondamentaux[150]. Ainsi, pour promouvoir la santé des enfants et des mères, faut-il « décourager les pratiques préjudiciables qui entravent considérablement l'accès des femmes et des enfants aux services de santé », y compris à travers l'éducation des jeunes, afin de remédier à l'ignorance actuelle des questions de santé[151].

L'Assemblée générale a en effet reconnu que les pratiques nocives et la violence à l'égard des femmes et des filles sont parmi les « causes premières, qui sont interdépendantes, de la mortalité et de la morbidité maternelles »[152].

Cette idée est renforcée par différentes études menées par l'OMS. En particulier, une recherche sur les « complications obstétricales »[153] a démontré que les MGF provoquent des effets nuisibles à long terme sur la santé des filles qui s'aggravent au moment de l'accouchement et se répercutent sur la santé des enfants ; un autre sujet sur lequel la recherche scientifique a concentré son attention est le risque plus important de contracter l'HIV/sida que les femmes encourent du fait d'avoir subi une MGF[154].

B. L'engagement accru des gouvernements à l'occasion des grandes conférences mondiales

Nous avons vu que les textes déclaratoires adoptés par les Nations Unies dans différents domaines s'intéressent de plus en plus aux pratiques traditionnelles néfastes, considérées comme des violations des droits des femmes. Il en va de même pour les documents finals adoptés à l'issue des sommets et conférences solennelles tenus sous les auspices de l'Organisation.

Quelques-uns de ces textes méritent d'être approfondis car ils représentent l'autre aspect du combat global pour l'abolition des pratiques traditionnelles néfastes. En effet, ce ne sont pas les organes des Nations Unies, mais les Etats qui s'expriment dans les déclarations et plans d'action qui résultent des grandes conférences mondiales, en s'engagent politiquement dans les actions

---

[150] Voy. entre autres « Tenir les promesses : unis pour atteindre les objectifs du Millénaire pour le développement », A/RES/65/1, 19 octobre 2010, par. 72, g.
[151] *Idem*, par. 73, i.
[152] *Idem*, par. 75, d.
[153] OMS, *Mutilations génitales féminines et devenir obstétrical : étude prospective concertée dans six pays africains*, Genève, 2006.
[154] Voy. sur les risques sanitaires à long terme résultant des mutilations la *Déclaration interinstitutions* de 2008, *Eliminer les mutilations sexuelles féminines…*, *cit.*, spéc. p. 39.

internationales de lutte. Ce n'est pas juridiquement contraignant, mais c'est tout de même significatif.

Nous allons donc passer brièvement en revue les documents finals de trois grandes conférences tenues par l'ONU au début des années 90, qui sont à l'origine de la condamnation internationale des pratiques traditionnelles préjudiciables à la santé des femmes et des filles.

La Conférence mondiale sur les droits de l'homme, tenue à Vienne du 14 au 25 juin 1993, adopte une position extrêmement claire au regard des droits de l'homme, valeurs universelles qui doivent toujours primer sur les considérations (relativistes) d'ordre culturel, religieux ou autre. La Déclaration de Vienne énonce en effet, dans son célèbre paragraphe 5, que

[t]ous les droits de l'homme sont universels, indissociables, interdépendants et intimement liés (...). S'il convient de ne pas perdre de vue l'importance des particularismes nationaux et régionaux et la diversité historique, culturelle et religieuse, il est du devoir des Etats, quel qu'en soit le système politique, économique et culturel, de promouvoir et de protéger tous les droits de l'homme et toutes les libertés fondamentales.

Le document final adopté par cette Conférence reconnaît que « les droits fondamentaux des femmes et des fillettes font inaliénablement, intégralement et indissociablement partie des droits universels de la personne… [et que] l'élimination totale de toutes les formes de discrimination fondées sur le sexe [est un] objectif prioritaire de la communauté internationale. Les violences qui s'exercent en fonction du sexe et toutes les formes de harcèlement et d'exploitation sexuels, y compris celles qui sont la conséquence de préjugés culturels (…), sont incompatibles avec la dignité et la valeur de la personne humaine et doivent être éliminées »[155].

Les Etats s'engagent à « venir à bout des contradictions qui peuvent exister entre les droits des femmes et les effets nuisibles de certaines pratiques traditionnelles ou coutumières, des préjugés culturels et de l'extrémisme religieux »[156] ainsi qu'à « abroger les lois et règlements en vigueur et [à] éliminer les coutumes et pratiques qui sont discriminatoires et néfastes à l'endroit des filles » [157].

L'année suivante, la Conférence internationale sur la population et le développement, réunie au Caire du 5 au 13 septembre 1994, tout en évitant

---

155 Déclaration et Programme d'action de Vienne, A/CONF.157/23, 12 juillet 1993, Partie I, par. 18.
156 *Idem*, Partie II, par. 38.
157 *Idem*, Partie II, par. 49.

de parler de pratiques *traditionnelles* néfastes[158], consacre beaucoup d'attention aux questions liées aux mariages d'enfants et à la mutilation des organes génitaux féminins. Son Programme d'action se penche sur l'égalité entre les sexes ainsi que sur les droits des femmes et des enfants dans le cadre familial ; il demande notamment aux gouvernements de veiller à « l'application rigoureuse des lois sur le mariage pour garantir qu'aucun mariage ne sera célébré sans le libre et plein consentement des futurs époux ... [et] des lois fixant l'âge minimum du consentement au mariage et l'âge de nubilité et, si nécessaire, [à] relever celui-ci » ; d'interdire instamment les mutilations sexuelles des femmes dans tous les pays où ces pratiques existent ; de prendre les mesures voulues pour prévenir les infanticides, la sélection prénatale en fonction du sexe, la traite des fillettes et leur exploitation ; et de créer un climat socioéconomique propice à la suppression des mariages d'enfants et des MGF[159].

En 1995, la quatrième Conférence mondiale sur les femmes, tenue à Pékin du 4 au 15 septembre, contribue à renforcer la condamnation internationale des pratiques traditionnelles qui violent les droits des femmes et des filles. La prise de position contre les mutilations génitales est nette[160], mais d'autres manifestations de violence à l'égard des filles exercées au sein de la famille, telles que la sélection prénatale en fonction du sexe, l'infanticide et les violences liées à la dot, sont également condamnées.

La violence à l'égard des femmes traduit des rapports de force historiques qui ont abouti à la domination des femmes par les hommes et à la discrimination et freiné la promotion des femmes. La violence à l'égard des femmes de tous âges découle essentiellement de comportements culturels, en particulier des effets néfastes de certaines coutumes et pratiques traditionnelles et de comportements extrémistes fondés sur la race, le sexe, la langue ou la religion, qui perpétuent le statut inférieur réservé aux femmes dans la famille, sur le lieu de travail et au sein de la communauté et de la société. La violence à l'égard des femmes est encore aggravée par les pressions sociales, notamment la honte qu'entraîne pour les femmes la dénonciation de certains actes dont elles ont été victimes, le manque d'information, d'aide et de protection juridique, l'absence de lois interdisant clairement les actes de violence à l'égard des femmes, la non-révision des législations en vigueur, l'insuffisance des mesures prises par les pouvoirs publics pour faire connaître et appliquer les lois en vigueur et l'absence de

---

158 Les expressions « pratique nocive » « pratique dangereuse » et « pratique sociale discriminatoire » sont en revanche utilisées.
159 Programme d'action de la Conférence internationale sur la population et le développement, A/CONF.171/13/Rev.1, 5-13 septembre 1994, Chap. V, par. 4.21 à 4.23, et par. 5.5.
160 Voy. notamment le par. 113 du Programme d'action.

moyens éducatifs et autres qui permettraient d'éliminer les causes de la violence et de remédier à ses conséquences[161].

Il est clairement affirmé que « tous les aspects nocifs des pratiques traditionnelles, coutumières ou modernes qui violent les droits de la femme doivent être interdits et éliminés » et que les Etats doivent « condamner la violence à l'égard des femmes et s'abstenir d'invoquer la coutume, la tradition ou la religion pour se soustraire à l'obligation de l'éliminer… » et « promulguer et appliquer des lois sanctionnant les auteurs de pratiques et d'actes de violence à l'égard des femmes tels que les mutilations génitales [162] ; enfin, des mesures doivent être prises pour « interdire la mutilation génitale des filles là où cette pratique existe et appuyer énergiquement les efforts déployés par les organisations communautaires, non gouvernementales et religieuses pour éliminer ces pratiques »[163].

Le Programme d'action inclut la « petite fille » parmi les 12 domaines prioritaires ou « critiques » où l'action s'impose d'urgence[164], et suggère des stratégies et des mesures pour éliminer les comportements et pratiques culturelles préjudiciables aux filles et les violations de leurs droits fondamentaux.

§ 2. Les risques de fragmentation de l'action onusienne

Les Nations Unies ont donc progressivement intégré le problème des pratiques traditionnelles néfastes au cœur d'autres questions prioritaires pour la protection des droits des enfants. Toutefois, cela n'a pas été sans conséquence sur l'efficacité de la lutte contre ces pratiques.

D'une part, aucun organe ne suit plus la question des pratiques traditionnelles néfastes en tant que violation spécifique et autonome des droits de l'enfant : nous sommes donc confrontés à l'incertitude de ce que l'on peut qualifier de 'sujet regardant' (A). D'autre part, l' 'objet regardé' lui-même tend à perdre son unité et à être traité d'une manière désarticulée et déséquilibrée (B).

[161] Rapport de la quatrième Conférence mondiale sur les femmes, A/CONF.177/20/Rev.1, 4-15 septembre 1995, par. 118.
[162] *Idem*, par. 224, notamment *a* et *i*.
[163] *Idem*, chapitre 1, résolution 1, par. 232 *h*.
[164] *Idem*, « Domaine critique L », pp. 117-126.

A. L'incertitude quant au 'sujet regardant'

Au début, les pratiques traditionnelles néfastes étaient perçues comme un problème autonome, certes pluriel en raison des nombreuses pratiques recensées, mais doté d'une spécificité vis-à-vis des autres violations des droits de l'homme.

Après les hésitations que nous avons vues, les Nations Unies avaient confié à une Rapporteuse de l'ancienne Sous-commission la tâche d'approfondir la question des pratiques traditionnelles affectant la santé des femmes et des enfants : même si la Commission ne s'en occupait pas directement, il existait au moins un expert qui travaillait régulièrement dans ce domaine.

A la fin des années 90, ses rapports ont attiré l'attention de l'Assemblée générale, qui a commencé à consacrer une série de résolutions aux « pratiques traditionnelles ou coutumières affectant la santé des femmes et des fillettes ».

La première, de 1997, avait 79 auteurs[165] et adressait aux Etats un grand nombre de recommandations, notamment sur la question des MGF, telles que : la ratification et l'application des instruments internationaux pertinents ; l'exécution des engagements internationaux qu'ils ont pris aux grandes conférences des Nations Unies et aux sessions extraordinaires et sommets de l'Assemblée générale tenus depuis 1990 ainsi qu'au cours des processus de suivi ; la collecte et diffusion des informations de base sur les mutilations génitales ; l'élaboration, adoption et mise en œuvre des lois, politiques, plans et programmes nationaux interdisant les mutilations génitales ; des mesures variées de sensibilisation au niveau national et la coopération avec les institutions spécialisées, fonds et programmes compétents des Nations Unies ainsi qu'avec les organisations intergouvernementales régionales et les organisations non gouvernementales et communautaires concernées ; enfin, la communication aux organes de traités compétents des informations précises sur les mesures qu'ils auront prises pour éliminer les mutilations génitales, et pour poursuivre les coupables.

Les pratiques traditionnelles néfastes avaient encore été à l'ordre du jour des sessions ordinaires jusqu'en 2002, faisant l'objet de trois autres résolutions spécifiques[166]. Ensuite, à l'occasion de sa session extraordinaire

---

[165] Nous faisons référence à la résolution 52/99, adoptée sans vote en séance plénière le 12 décembre 1997.

[166] Résolutions 53/117, adoptée le 9 décembre 1998 ; 54/133, adoptée le 17 décembre 1999 ; 56/128, adoptée le 30 janvier 2002. Il y a eu par ailleurs une évolution terminologique : dans les trois premières résolutions il n'était question que de pratiques traditionnelles ou coutumières *affectant la santé* (italique ajouté par nos soins) des femmes et des fillettes, alors qu'en 2002 on parle de pratiques *préjudiciables à la santé*.

sur les enfants de 2002, l'Assemblée générale avait demandé aux Etats d'œuvrer pour « mettre fin aux pratiques traditionnelles ou coutumières qui violent les droits des enfants et des femmes », mais ne s'en était plus occupée depuis, ni n'avait suivi l'application de ses propres résolutions en la matière.

Ainsi, le sujet est-il disparu de l'agenda de l'Assemblée générale, qui ne l'a évoqué que d'une façon marginale dans ses résolutions sur les droits des enfants[167], jusqu'à sa toute récente résolution sur l'*Intensification de l'action mondiale visant à éliminer les mutilations génitales féminines*[168].

Un signe ultérieur et décisif du désengagement des organes de l'ONU vis-à-vis des pratiques traditionnelles néfastes est la suppression du poste de Rapporteur spécial sur les pratiques traditionnelles affectant la santé des femmes et des fillettes, en 2005.

En réalité, il s'agit plutôt d'un « passage de témoin » car l'étude des pratiques néfastes est confiée, à partir de cette date, au Rapporteur spécial de la Commission des droits de l'homme sur la violence contre les femmes. Le choix est justifié par la nécessité d'éviter le chevauchement entre le problème des pratiques traditionnelles néfastes et celui, plus large, de la violence à l'égard des femmes et des enfants : compte tenu de l'équation MGF (et autres pratiques traditionnelles) – violence à l'égard des femmes[169], « le Rapporteur spécial sur la violence contre les femmes semble l'option logique et évidente pour approfondir l'examen des formes de violence que l'on définit comme pratiques traditionnelles, étant entendu qu'elle se penche déjà sur certaines des pratiques traditionnelles néfastes recensées par le Rapporteur spécial de la Sous-Commission »[170].

Certes, le lien entre pratiques traditionnelles néfastes et lutte contre la violence s'est considérablement renforcé dans la vision de l'ONU car, d'une part, on considère les MGF et les autres pratiques préjudiciables comme des formes de violence contre la femme et la fille ; et, d'autre part, le dossier des Nations Unies sur la violence de genre s'enrichit de focus thématiques, dont celui des MGF, qui font l'objet d'intéressants développements[171].

---

[167] Voy. par exemple *Droits de l'enfant*, A/RES/64/146, 18 décembre 2009.

[168] A/RES/67/146, 20 décembre 2012.

[169] L'opinion exprimée par le Rapporteur spécial de la Commission des droits de l'homme sur la violence contre les femmes dès son rapport préliminaire de 1994 est partagée par le Rapporteur spécial de la Sous-Commission. Voy. notamment E/CN.4/Sub.2/2005/36, 11 juillet 2005, par. 2.

[170] E/CN.4/Sub.2/2005/36, 11 juillet 2005, spéc. par. 35 : « il convient d'utiliser le terme « mutilations génitales féminines », pour établir avec clarté la violation des droits de la personne et le fait qu'il s'agit là d'une forme de violence contre les femmes ».

[171] On peut citer également la violence au sein de la famille, les migrations et la tutelle des femmes immigrées ou réfugiées, la protection de la santé et des *reproductive rights*. Pour un aperçu des travaux du Rapporteur spécial sur la violence contre les femmes, voy. DI

Mais le fait que la Sous-Commission se dessaisisse de la question des pratiques traditionnelles néfastes, après l'avoir suivie pendant vingt ans, n' a rien d'encourageant.

Le véritable problème est que le travail du Rapporteur spécial de la Sous-Commission, Mme Warzazi, se heurte au manque de coopération de la part des Etats. Ceux-ci répondent de moins en moins aux demandes annuelles d'informations et démontrent peu d'intérêt pour les études de l'experte[172].

La réforme qu'a connu l'ancienne Commission des droits de l'homme et mené à la création du Conseil des droits de l'homme n'a pas changé la situation puisque l'expert qui travaillait dans la première sur la question de la violence contre la femme a été reconduit dans le deuxième en tant que « Rapporteur spécial sur la question de la violence contre les femmes, ses causes et ses conséquences ». Malgré l'intérêt de ses récentes études, qui n'oublient pas la question des pratiques traditionnelles néfastes[173], le Conseil des droits de l'homme n'a jamais abordé ces problèmes dans ses sessions ordinaires, même s'il lui arrive de se pencher sur ce domaine particulier dans le cadre du mécanisme d'Examen périodique universel[174].

En définitive, cet organe n'a pas de position officielle vis-à-vis du problème des pratiques traditionnelles préjudiciables à l'enfant.

A l'heure actuelle, le seul organe créé en vertu de la Charte des Nations Unies qui accorde de l'attention aux pratiques préjudiciables aux femmes et aux filles est la Commission de la condition de la femme. Nous évoquerons ses travaux dans le paragraphe suivant, puisqu'ils contribuent d'une certaine façon au déséquilibre de l' 'objet regardé'.

Il convient d'ajouter à cet aperçu des 'sujets regardants' quelques mots sur le rôle du Secrétaire général de l'ONU. Prié en 2002 par l'Assemblée générale de « continuer à mettre son rapport à la disposition des réunions tenues sur la question dans le cadre du système des Nations Unies », le Secrétaire général suit désormais l'application des résolutions de la Commission de la condition de la femme et adresse des recommandations aux Etats. Toutefois, ce ne sont pas les pratiques traditionnelles en tant que telles qui font l'objet d'analyse, mais une seule d'entre elles : la MGF.

STEFANO A., « Recenti sviluppi in tema di violenza contro le donne », *Diritti umani e Diritto internazionale*, vol. 4, n. 1, 2010, pp. 184-189.

[172] Voy. notamment les considérations exprimées dans son dernier rapport, E/CN.4/Sub.2/2005/36, *cit.*, p. 9.

[173] Elle affirme notamment que « l'expression la plus concrète de l'évolution du cadre normatif concernant la relation entre culture et violence contre les femmes est à trouver dans la lutte contre les pratiques « traditionnelles » préjudiciables affectant la santé des femmes et des enfants ». Voy. « Relations entre culture et violence à l'égard des femmes », Rapport de la Rapporteuse spéciale sur la violence contre les femmes, ses causes et ses conséquences, Yakin Ertürk, A/HRC/4/34, 17 janvier 2007, par. 32.

[174] Voy. *infra*, Titre 2.

B. Le déséquilibre à propos de l' 'objet regardé'

Si aucun organe ne s'intéresse aux pratiques traditionnelles néfastes en tant que telles, c'est aussi parce que l'objet en question souffre d'une désarticulation croissante : les pratiques traditionnelles sont un ensemble de phénomènes, mais le déséquilibre entre eux n'a jamais été si marqué.

En premier lieu, les travaux menés au sein des différents organismes et organisations de la famille des Nations Unies ainsi que la plupart des études scientifiques reflètent une incohérence majeure dans la façon d'aborder les différentes violations que les enfants subissent au nom de la tradition. En effet, on ne parle pas de pratiques traditionnelles néfastes mais de mutilations génitales féminines, de mariages d'enfants, ou de sorcellerie. Pourtant, l'expérience montre que ces phénomènes sont étroitement liés.

En deuxième lieu, la désarticulation cache un déséquilibre très important dans la façon de traiter ces différentes pratiques. La MGF est incontestablement celle qui retient le plus d'intérêt.

Comme nous l'avons anticipé, la Commission de la condition de la femme se penche depuis quelques années sur les pratiques traditionnelles néfastes, mais en dissociant les résolutions sur les MGF, plus nombreuses[175], de celles sur les mariages d'enfants[176].

A ce propos, il convient aussi de rappeler que l'action internationale[177] visant à l'interdiction de la MGF aux Nations Unies n'a pris en considération que cette pratique contraire aux droits de l'homme, mais pas les autres.

Depuis longtemps, on retrouve les mêmes logiques au sein de la famille des Nations Unies.

Les mutilations sexuelles féminines ont fait l'objet d'une première Déclaration commune OMS/UNICEF/UNFPA en 1997, puis de la

---

175 Trois résolutions spécifiques ont été adoptées entre 2007 et 2010 : 51/2 du 9 mars 2007, 52/2 du 7 mars 2008 et 54/7 de mars 2010, toutes intitulées « Mettre fin à la mutilation génitale féminine ».

176 Une seule résolution a été récemment consacrée à : « Le mariage forcé de petites filles », Résolution 51/3, in Documents officiels du Conseil économique et social, 2007, E/CN.6/2007/9.

177 La Conférence Interparlementaire et plusieurs Etats africains, des représentants des Nations Unies, de l'Union africaine et de diverses organisations sous-régionales (CEDEAO, IGAD) ont contribué à l'adoption de la résolution, mais les chefs de file de la campagne ont été les organisations non gouvernementales « No peace without justice », présidée par Mme Emma Bonino (féministe engagée, ancienne eurodéputée et vice-présidente du Sénat italien), le CI-AF, le réseau européen pour la prévention et l'abolition de la mutilation génitale « Euronet-FGM » et l'association La Palabre. A propos de Mme Bonino, on rappellera que ses campagnes passées pour la mise au ban de la MGF ont été à l'origine de l'organisation d'une « journée de connaissance » des MGF au Parlement européen (novembre 2000), ainsi que de la première résolution de ce même Parlement sur les mutilations génitales féminines (2001/2035(INI), 20 septembre 2001).

Déclaration interinstitutions « Eliminer les mutilations sexuelles féminines » de 2008[178], et tout récemment d'une « Stratégie mondiale visant à empêcher le personnel de santé de pratiquer des mutilations sexuelles féminines » de l'OMS à laquelle ont adhéré 12 agences de l'ONU[179].

L'attention pour les autres pratiques traditionnelles néfastes – que ce soient les mariages précoces et forcés, le gavage des filles, les meurtres rituels ou les accusations de sorcellerie – n'est absolument pas comparable. Au-delà des références réitérées mais vagues aux pratiques traditionnelles néfastes dans des textes concernant la protection des enfants et des femmes de la violence et de la discrimination, une seule résolution d'un organe intergouvernemental (la Commission de la condition de la femme) vise le problème des mariages de petites filles[180], alors qu'aucune des autres pratiques préjudiciables aux enfants ne fait l'objet de textes déclaratoires ni de résolutions spécifiques des organes onusiens.

On peut en quelque sorte considérer que la fragmentation de l'objet « pratiques traditionnelles préjudiciables » nuit à la plupart d'entre elles, qui restent dans l'ombre.

Il y a évidemment des raisons qui expliquent ce déséquilibre dans l'action onusienne, parmi lesquelles il convient de rappeler l'attention historiquement portée à la lutte contre les MGF et la persistance du phénomène dans la plupart des pays africains. L'autre explication réside dans les conséquences sanitaires directes de l'acte de mutilation génitale, qui en font un problème de santé. Nous avons vu que l'OMS a eu un rôle de leader dans la lutte internationale contre la mutilation génitale, et qu'elle a progressivement amené d'autres organisations, fonds et programmes des Nations Unies à condamner cette pratique. Au fur et à mesure que ces organismes s'engagent, la visibilité politique du phénomène s'accroît et la quantité et la qualité des recherches scientifiques permettent d'ultérieurs avancées vers l'abandon.

Ce cercle vertueux entre domaine politique et communauté scientifique n'a pas aussi bien marché pour les mariages précoces et forcés, qui présentent des risques pour la santé moins immédiatement perceptibles. A quelques exception près, on peut conclure que les organisations du système onusien ont consacré peu d'attention au problème. Néanmoins, on reconnaît que les mariages précoces, qui entraînent souvent des grossesses précoces,

---

[178] Cette importante Déclaration a été adoptée par 10 organisations et agences : HCDH, OMS, ONUSIDA, PNUD, UNCEA UNESCO, UNFPA, UNHCR, UNICEF et UNIFEM.

[179] Stratégie mondiale visant à empêcher le personnel de santé de pratiquer des mutilations sexuelles féminines. ONUSIDA, PNUD, UNFPA, UNHCR, UNICEF, UNIFEM, FIGO (International Federation of Gynaecology and Obstetrics), ICN (International council of Nurses), IOM, MWIA (Medical Women's International Association), WCPT (World Confederation for Physical Therapy), WMA. Voy. WHO/RHR/10.9, Genève : Editions de l'OMS, 2010.

[180] « Le mariage forcé de petites filles », Résolution 51/3, *cit.*

portent atteinte à la santé des filles, y compris à travers les problèmes de procréation : la fistule obstétricale est devenue une question de santé prioritaire pour les Nations Unies en Afrique. En outre, une timide évolution semble s'amorcer du coté de l'UNICEF : après qu'une étude de 2005 a fait ressortir que les filles mariées avant l'âge de 18 ans sont moins éduquées et plus exposées au risque de violence domestique[181], un document récent démontre que le mariage d'enfants est également à l'origine de maternités précoces et d'autres situations qui comportent des risques considérables pour la santé des filles et de leurs bébés.

Le mariage d'enfants a pour conséquences probables la grossesse et la maternité chez ces adolescentes, ce qui entraîne des risques non négligeables pour la santé de la mère et du bébé. Les jeunes filles, une fois mariées, sont censées effectuer la majeure partie des tâches ménagères. Leur jeunesse et leur manque d'expérience les expose à la violence familiale et aux sévices sexuels, y compris à des rapports sexuels non désirés avec leur mari. Il y a peu de chances que celui-ci les protège en utilisant un préservatif, ce qui les expose au risque de contracter des infections sexuellement transmissibles, notamment le VIH[182].

Même si les conséquences psychologiques des mariages précoces et forcés n'ont pas été suffisamment étudiées, alors que celles qui découlent des MGF sont bien connues, on commence à admettre que ces derniers affectent négativement la santé physique de la mère et de l'enfant ; c'est peut-être une première piste pour inscrire la lutte contre cette pratique traditionnelle néfaste dans la campagne pour les objectifs du Millénaire pour le développement.

Les résultats de l'action gouvernementale et des efforts de la société civile, mobilisée en Afrique aussi bien qu'en Europe en faveur d'une résolution onusienne sur l'abolition des MGF, sont à saluer, car l'ONU a désormais pris une position très nette contre cette pratique traditionnelle dans sa résolution du 20 décembre 2012. Et pourtant, le risque d'une fragmentation ultérieure de la lutte onusienne contre les pratiques préjudiciables aux enfants diminue quelque peu les importants effets symboliques de la résolution : les MGF seraient-elles… plus néfastes que les autres pratiques traditionnelles néfastes ?

---

[181] UNICEF, *Early marriage : A harmful traditional practice*, New York, 2005. Un premier *Digest* sur le mariage précoce a été publié par le Centre de recherche Innocenti de l'UNICEF en 2001.

[182] UNICEF, *Progrès pour les enfants, Un bilan de la protection de l'enfant*, New York, septembre 2009, p. 11.

Au bout de cette analyse des pratiques préjudiciables du point de vue des droits de l'homme, nous constatons que les différentes pratiques sont associées, selon le contexte, à des violations précises mais n'apparaissent pas comme un ensemble unique et homogène. Si l'ONU en demande l'élimination, c'est essentiellement en traitant d'autres problèmes et toujours avec davantage l'attention à la MGF.

Conclusion du Chapitre 1

Nous pouvons alors conclure que les instruments déclaratoires qui condamnent les pratiques traditionnelles néfastes, souvent à titre secondaire, ont une importance limitée dans le combat, même s'ils contribuent à rappeler à tous les acteurs impliqués que les traditions et cultures néfastes jouent un rôle dans d'autres domaines prioritaires.

Il convient maintenant de voir comment le droit 'dur' a traité ces graves violations des droits fondamentaux de l'enfant.

Chapitre 2. La multiplicité des textes contraignants

Les normes internationales interdisant spécifiquement les pratiques culturelles néfastes sont récentes ; toutefois, les mutilations génitales féminines, les mariages forcés et précoces et d'autres pratiques traditionnelles sont incompatibles avec plusieurs principes et dispositions contenus dans les instruments universels de protection des droits de l'homme.

L'interdiction de soumettre un enfant à ces pratiques néfastes découle de l'interprétation évolutive des normes existant dans le système des Nations Unies et de plusieurs droits garantis soit à l'enfant en tant que personne (PIDESC, PIDCP, CAT, Convention relative au statut des réfugiés, Conventions relatives à l'esclavage), soit à la fille, en tant que femme (CEDAW).

L'instrument international le plus spécifique est la Convention relative aux droits de l'enfant, qui contient une disposition visant expressément les pratiques traditionnelles néfastes ; en outre, la Convention toute entière est traversée par des normes et principes qui garantissent le droit de l'enfant d'être protégé des pratiques traditionnelles néfastes.

Avant d'analyser les dispositions contenues dans la CIDE (Section 2), il convient de voir comment le problème des pratiques traditionnelles préjudiciables à la santé des femmes et des enfants a été progressivement pris en considération par les organes conventionnels qui surveillent l'application d'instruments généraux de protection plus anciens (Section 1).

Section 1. Un sujet transversal en droit international des droits de l'homme

A l'époque de l'adoption des Pactes internationaux relatifs aux droits de l'homme, on considérait la condition de la femme et de l'enfant dans le domaine de la famille comme relevant du droit international privé, si bien que la résolution de 1954 de l'Assemblée générale dans laquelle les Etats sont priés d'abolir les coutumes, lois et pratiques portant atteinte à la dignité de la femme est intitulée « la condition de la femme en droit privé ».

De nos jours, le droit international des droits de l'homme a vocation à s'appliquer horizontalement et n'admet pas d'« impunité familiale » pour les violations des droits fondamentaux ; en outre, il prête une attention particulière aux conditions de vulnérabilité dans lesquelles peuvent se trouver certaines catégories de personnes, y compris les femmes et les enfants, en insistant sur l'égalité substantielle dans la jouissance des droits.

Le problème des pratiques traditionnelles s'impose alors dans l'agenda des organismes et institutions des Nations Unies, tandis que les organes de traité font évoluer l'interprétation de certaines normes dont ils contrôlent l'application de façon à ce qu'elles garantissent également aux individus le droit de ne pas être exposés aux pratiques traditionnelles nuisibles.

Nous analyserons ici le contenu de quelques dispositions figurant dans les deux Pactes internationaux, dans la CAT et dans la CEDAW, qui sont cruciales pour comprendre le cadre général de protection des droits des enfants au regard des pratiques traditionnelles néfastes (§ 1). Ensuite, nous nous pencherons sur deux autres instruments conventionnels conclus sous l'égide de l'ONU qui n'appartiennent pas aux instruments des droits de l'homme mais qui sont tout de même importants pour la protection internationale des droits des enfants vis-à-vis des pratiques traditionnelles néfastes (§ 2).

§ 1. Les normes relatives aux droits de l'homme, interprétées par les organes conventionnels

Les principaux traités relatifs aux droits de l'homme adoptés avant la CIDE ont affirmé un grand nombre de droits fondamentaux (le droit à la vie, à la dignité, à l'intégrité physique, le droit de ne pas être exposé à la discrimination sur la base du sexe et de ne pas subir de violence, ni de torture et de mauvais traitements, le droit à la santé) qui, s'ils étaient pleinement appliqués par les Etats parties[183], suffiraient à protéger les enfants des pratiques traditionnelles néfastes.

En prenant soin d'intégrer la lettre des traités avec les interprétations évolutives qu'en ont faites les comités conventionnels respectifs, nous essaierons de démontrer que le Pacte international relatif aux droits civils et politiques (A), la Convention contre la torture (B), le Pacte international relatif aux droits économiques, sociaux et culturels (C) et la Convention sur l'élimination de la discrimination à l'égard des femmes (D) contribuent à maints égards à la lutte mondiale contre les pratiques traditionnelles néfastes.

Pour rendre le discours plus fluide et mieux saisir les liens qui existent entre les différents droits garantis dans ces traités, ainsi que les interprétations authentiques « croisées » des organes conventionnels, la présentation ne sera pas dans l'ordre chronologique. Seront analysés d'abord les deux instruments généraux qui interdisent la torture (le PIDCP et la CAT), et ensuite les deux traités qui protègent le droit à la santé (le PIDESC et la CEDAW).

[183] Le nombre total d'Etats parties aux principaux traités relatifs aux droits de l'homme mentionnés dans cet ouvrage, ainsi que l'état des ratifications sur le continent africain, figurent dans l'Annexe 1.

A. Le Pacte international relatif aux droits civils et politiques

Le Pacte de New York sur les droits civils et politiques confère des droits spécifiques à l'enfant.

En vertu de l'article 24, premier paragraphe, l'enfant doit recevoir de sa famille, de la société et de l'Etat la protection qu'exige sa condition de mineur, et cela sans aucune discrimination[184]. Le deuxième paragraphe de l'article 24 ajoute le droit de l'enfant d'être enregistré immédiatement après la naissance et d'avoir un nom, dans le but de réduire les risques d'enlèvement, de vente ou de traite d'enfants et les autres traitements contraires aux droits prévus dans le Pacte[185].

L'étude de cet article[186] s'appuie essentiellement sur l'Observation générale adoptée par le CCPR en 1989 [187]. Deux points méritent d'être soulignés : l'objet du droit et le destinataire de l'obligation.

Premièrement, la protection que l'Etat doit à l'enfant est spéciale dans le sens que les mesures à adopter « en fonction des exigences de protection des enfants qui se trouvent sur son territoire ou relèvent de sa compétence » s'ajoutent à celles imposées par l'article 2[188] afin que tous les individus puissent exercer les droits prévus dans le Pacte. Le Comité affirme, par exemple, que « toutes les mesures possibles devraient être prises dans les domaines économique et social pour réduire la mortalité infantile (...) et éviter que ceux-ci ne soient victimes d'actes de violence ou de traitements cruels et inhumains »[189].

En deuxième lieu, alors que l'article 24 du Pacte demande à la famille, à la société et à l'Etat d'assurer aux enfants la protection nécessaire, mais sans indiquer comment doit être partagée cette obligation, le Comité établit un ordre de priorité entre les sujets, précisant que « c'est en premier lieu à la

---

[184] Pour un commentaire de cet article, voy. BURGORGUE-LARSEN L., in DECAUX E. (dir.), *Le Pacte international relatif aux droits civils et politiques. Commentaire article par article*, Paris : Economica, 2010, pp. 515-527.

[185] HENNEBEL L., *La jurisprudence du Comité des droits de l'homme des Nations Unies*, Bruxelles : Bruylant, 2007, p. 290.

[186] Nous laissons délibérément de côté le troisième paragraphe sur le droit à la nationalité.

[187] CCPR, Observation générale n° 17 : Les droits de l'enfant (article 24), 7 avril 1989. Toutes les observations générales sont disponibles, en ligne, dans le document intitulé « Récapitulation des Observations générales ou Recommandations générales adoptées par les organes créés en vertu d'instruments internationaux relatifs aux droits de l'homme », HRI\GEN\1\Rev.9 (Vol. I et Vol. II), 27 mai 2008. Téléchargeables à partir de la page http://tb.ohchr.org/default.aspx, consultée le 12 octobre 2011.

[188] 1. Les Etats parties au présent Pacte s'engagent à respecter et à garantir à tous les individus se trouvant sur leur territoire et relevant de leur compétence les droits reconnus dans le présent Pacte (...). 2. Les Etats parties au présent Pacte s'engagent à prendre (...) les arrangements devant permettre l'adoption de telles mesures d'ordre législatif ou autre, propres à donner effet aux droits reconnus dans le présent Pacte qui ne seraient pas déjà en vigueur.

[189] CCPR, Observation générale n° 17, *op. cit.*, par. 1 et 3.

famille, interprétée au sens large (…) et tout particulièrement aux parents qu'il incombe de créer des conditions qui favorisent l'épanouissement harmonieux de la personnalité de l'enfant et le fassent jouir des droits prévus par le Pacte ». L'Etat doit donc respecter le rôle de la famille mais peut intervenir pour restreindre l'autorité parentale « dans le cas où les parents et la famille manquent gravement à leurs devoirs, maltraitent l'enfant et le négligent »[190].

Toutefois, il y a des situations où les autorités sont en première ligne dans la protection de l'enfant, comme le démontre le peu de jurisprudence du Comité sur l'article 24 concernant des cas d'expulsion d'enfants. Devant un organe qui s'est démontré très sensible, voire trop sensible, selon certains critiques[191], à la nécessité d'offrir à l'enfant, y compris celui en situation irrégulière, toutes les mesures de protection requises par son intérêt supérieur, l'article 24 est de plus en plus invoqué à l'appui des plaintes individuelles[192].

Outre cette protection spécifique, l'enfant bénéficie, en tant que personne, de tous les droits garantis par le Pacte, sauf les droits politiques, qu'il ne peut exercer.

L'égale jouissance par les hommes et les femmes des droits énoncés dans le Pacte est au cœur des préoccupations de l'organe de surveillance, qui s'intéresse aux mutilations génitales féminines liées à l'article 24 aussi bien qu'à l'article 7 (*infra*)[193], et à toutes les autres pratiques qui entraînent une discrimination sexospécifique entre enfants.

Le Comité demande par exemple aux Etats parties de « s'acquitter de la même manière pour les garçons et pour les filles de l'obligation de protéger

---

190 *Idem*, par. 6.

191 Voy. les opinions dissidentes annexées aux constatations du CCPR concernant la communication n° 930/2000, *Winata c. Australie,* du 26 juillet 2001 : « Il nous semble qu'affirmer, selon un vague jugement de valeur, qu'il serait préférable pour un enfant d'éviter une action quelle qu'elle soit ne constitue pas un motif suffisant pour être fondé à affirmer qu'un Etat partie ne s'est pas acquitté de l'obligation faite à l'article 24 d'offrir à l'enfant les mesures de protection nécessaires » (par. 2) ; voy. également les opinions dissidentes autour des constatations relatives à l'affaire *Diene Kaba c. Canada*, 25 mars 2010, notamment celle de M. Amor : « Dans cette affaire, on a l'impression que tout s'était passé comme s'il s'agissait de faire le procès des mutilations génitales féminines en général et non de traiter d'une plainte individuelle (par. 18) ».

192 Les affaires *Winata et M. Hendrick Winata et Mme Li So Lan c. Australie* et *Mme. Diene Kaba c. Canada* (communication n° 1465/2006, constatations adoptées le 25 mars 2010) sont bien connues ; voy. également, les décisions d'irrecevabilité récemment rendues par le CCPR : *Dawood Khan c. Canada* (communication 1302/2004, décision adoptée le 25 juillet 2006), par. 5.4 ; *A., B., C., D., et E. c. Australie* (communication n° 1429/2005, décision adoptée le 1er avril 2008), par. 3.4 ; *D. J. D. G. et consorts c. Canada* (communication n° 1872/2009, décision adoptée le 26 juillet 2010), spéc. par. 3.4 et 4.7.

193 CCPR, Observation générale n° 28 : Egalité des droits entre hommes et femmes (article 3), 29 mars 2000, par. 11.

les enfants » et de prendre des mesures pour « garantir que les filles sont traitées à égalité avec les garçons dans les domaines de l'éducation, l'alimentation et les soins de santé ». En particulier, les Etats devraient « éliminer, en adoptant une législation à cet effet ou en prenant d'autres mesures appropriées, toutes les pratiques culturelles ou religieuses qui portent atteinte à la liberté ou au bien-être des filles »[194] ; ils sont également invités à « faire rapport sur les mesures qu'ils ont prises pour s'acquitter de leurs responsabilités concernant les pratiques culturelles ou religieuses des communautés minoritaires qui affectent les droits des femmes »[195].

Dans le système établi par le Pacte, l'enfant est en outre implicitement destinataire de certaines normes concernant la protection de la famille.

L'interdiction des immixtions illégales ou arbitraires dans la vie privée et l'unité de la famille, déjà rappelée à propos de la jurisprudence sur l'expulsions des étrangers, découle de l'article 17[196] ; mais c'est surtout l'article 23 qui impose à l'Etat la protection de la famille, y compris à l'acte de sa constitution :

1. La famille est l'élément naturel et fondamental de la société et a droit à la protection de la société et de l'Etat.
2. Le droit de se marier et de fonder une famille est reconnu à l'homme et à la femme à partir de l'âge nubile.
3. Nul mariage ne peut être conclu sans le libre et plein consentement des futurs époux (...).

Le Comité a considéré que l'âge nubile « devrait être fixé en fonction de la capacité des futurs époux de donner leur libre et plein consentement personnel »[197] et « selon les mêmes critères pour les hommes et pour les femmes (...) de façon à permettre à la femme de prendre une décision en toute connaissance de cause et sans contrainte dans les formes et les conditions prescrites »[198].

Il est significatif que le Comité consacre beaucoup d'attention à la question du mariage forcé dans l'Observation générale sur l'égalité des droits entre hommes et femmes. A part le problème de l'âge minimal, figurant expressément dans le texte, il passe en revue les facteurs qui

---

[194] *Idem*, par. 28.
[195] *Idem*, par. 32.
[196] PIDCP, Article 17 : 1. Nul ne sera l'objet d'immixtions arbitraires ou illégales dans sa vie privée, sa famille, son domicile ou sa correspondance, ni d'atteintes illégales à son honneur et à sa réputation. 2. Toute personne a droit à la protection de la loi contre de telles immixtions ou de telles atteintes.
[197] CCPR, Observation générale n° 19 : La protection de la famille, le droit au mariage et l'égalité entre époux (article 23), 27 juillet 1990, par. 4.
[198] CCPR, Observation générale n° 28, *cit.*, par. 23.

peuvent empêcher les femmes, et *a fortiori* les filles, de donner leur libre consentement au mariage :

[u]n second facteur, dans certains Etats parties, peut tenir au fait que selon la loi ou la coutume, c'est un tuteur, généralement de sexe masculin, qui consent au mariage au lieu de la femme elle-même, ce qui empêche la femme de faire un libre choix. Un autre facteur qui peut porter atteinte au droit des femmes de ne se marier qu'avec leur libre et plein consentement est l'existence d'attitudes sociales tendant à marginaliser les femmes victimes de viol et à faire pression sur elles pour qu'elles acceptent de se marier. La liberté de consentement d'une femme peut aussi être restreinte par des lois faisant disparaître ou atténuant la responsabilité pénale l'auteur du viol si celui-ci épouse sa victime. Les Etats parties devraient indiquer si le fait d'épouser la victime fait disparaître ou atténue la responsabilité pénale et si, dans le cas où la victime est mineure, le viol abaisse l'âge légal du mariage de la victime, en particulier dans les sociétés où les victimes de viol sont marginalisées (...). Le droit de choisir son époux peut aussi être limité par des lois ou des pratiques empêchant une femme de telle ou telle religion de se marier avec un homme d'une religion différente ou athée. Les Etats devraient fournir des renseignements sur ces lois et pratiques et sur les mesures prises pour abroger les lois et éliminer les pratiques qui portent atteinte au droit des femmes de ne se marier qu'avec leur libre et plein consentement.

La perspective la plus intéressante en matière de protection à l'égard des pratiques traditionnelles entraînant une mutilation (non seulement la MGF mais aussi la scarification, les brûlures et le marquage qui atteignent un minimum de gravité) est celle offerte par l'article 7 du Pacte, qui a pour but de sauvegarder la dignité et l'intégrité physique et mentale de l'individu.

Calquée sur l'article 5 de la Déclaration universelle des droits de l'homme[199], cette disposition interdit la torture et les peines ou traitements cruels, inhumains ou dégradants (ou « mauvais traitements »).

L'interprétation que le Comité en a donnée dans son Observation générale n° 20 de 1992[200] ouvre la voie à une possible inclusion des pratiques traditionnelles préjudiciables, et notamment de la MGF, parmi les actes prohibés par l'article 7. En effet, l'Etat partie doit assurer à toute personne, y compris aux enfants, une protection contre les actes de torture et les mauvais traitements, que ceux-ci soient le fait de personnes agissant dans le cadre de leurs fonctions officielles, en dehors de celles-ci ou à titre privé[201].

[199] Déclaration universelle des droits de l'homme, Art 5 : Nul ne sera soumis à la torture, ni à des peines ou traitements cruels, inhumains ou dégradants.
[200] CCPR, Observation générale n° 20 : Article 7 (Interdiction de la torture et des peines ou traitements cruels, inhumains ou dégradants), 10 mars 1992.
[201] *Idem*, par. 2.

Pour mieux cerner le contenu de cette obligation, il convient de se référer à l'Observation générale n° 31[202], où le Comité rappelle que « les obligations énoncées au paragraphe 1 de l'article 2 lient les Etats parties, [mais] n'ont pas en droit international un effet horizontal direct » (paragraphe 8). Autrement dit, la norme conventionnelle ne s'impose pas aux particuliers.

Cela ne signifie toutefois pas que les violations ayant lieu dans la sphère privée puissent être ignorées ou tolérées par l'Etat, à qui est demandé « d'exercer la diligence nécessaire pour prévenir et punir de tels actes commis par des personnes privées (...), enquêter à leur sujet ou réparer le préjudice qui en résulte »[203].

Quels sont les actes qui tombent sous le coup de l'article 7 ?

Si le Pacte ne définit pas la torture ni les traitements cruels, inhumains et dégradants, le Comité n'estime pas non plus nécessaire de donner une liste, ne serait-ce qu'indicative, des termes employés à l'article 7, se limitant à affirmer que « les distinctions entre les différentes formes de peines ou traitements interdits dépendent de la nature, du but et de la gravité du traitement infligé »[204]. Toutefois, il fixe dans son Observation générale un double critère qui permet de savoir quand on est en présence d'une torture ou d'un mauvais traitement : « [l]'interdiction énoncée à l'article 7 concerne non seulement des actes qui provoquent chez la victime une douleur physique, mais aussi des actes qui infligent une souffrance mentale ».

Le Comité ajoute par ailleurs que « l'article 7 protège notamment les enfants »[205]. Quelles sont les mesures que les Etats doivent prendre pour respecter l'article 7 ?

Le Comité confirme l'obligation qu'ont les Etats d'interdire les mauvais traitements, mais rappelle également la nécessité de prendre des mesures législatives, administratives, judiciaires et autres dans un but préventif et répressif[206].

Le Comité prétend notamment que les Etats appliquent des sanctions claires à tous ceux qui doivent être tenus pour responsables de la violation de l'article 7, « que ce soit en encourageant, en ordonnant, en tolérant ou en perpétrant des actes prohibés ». En outre, pour que la victime puisse réagir quand la violation se produit, le droit interne doit garantir « efficacement qu'il soit mis fin immédiatement à tous les actes prohibés par l'article 7, ainsi que les réparations appropriées. Le droit de porter plainte contre des actes prohibés doit être reconnu »[207].

---

[202] CCPR, Observation générale n° 31 : La nature de l'obligation juridique générale imposée aux Etats parties au Pacte, 29 mars 2004.
[203] *Idem*, par. 8.
[204] CCPR, Observation générale n° 20, *cit.*, par. 4.
[205] *Idem*, par. 5.
[206] *Idem*, par. 8.
[207] *Idem*, par. 13-14.

Enfin, non seulement les Etats ne peuvent soumettre aucun individu à une torture ou à des mauvais traitements dans les territoires placés sous leur juridiction, mais ils ne doivent pas non plus l'exposer à un risque de la sorte en le renvoyant dans un autre pays en vertu d'une mesure d'extradition, d'expulsion ou de refoulement[208].

L'obligation de « ne pas extrader, expulser ou refouler une personne vers un pays où elle court un risque réel d'être tuée ou soumise à une peine ou un traitement cruel, inhumain ou dégradant » a également été affirmée par le Comité dans son Observation générale de 2004[209] et est rappelée de manière constante dans la jurisprudence de cet organe.

L'affaire *Kaba c. Canada*, décidée en 2010, est probablement le meilleur exemple de « protection par ricochet » imposée à un Etat pour garantir le droit de l'individu de ne pas subir une mutilation génitale. Le Comité des droits de l'homme a en effet estimé que le Canada est responsable d'avoir violé l'art. 7 du PIDCP pour le fait d'avoir expulsé deux africaines (une femme et sa fille de nationalité guinéenne) vers un pays (la Guinée) où elles risquaient de subir une MGF. Les constatations du Comité ne laissent pas de doutes :

> *[I]l ne peut être contesté que soumettre une femme à une mutilation génitale équivaille à des traitements prohibés par l'article 7 du Pacte (par. 10. 1).*

Nous verrons maintenant les liens étroits qui existent entre le Pacte international relatif aux droits civils et politiques et la Convention contre la torture, autour de l'interprétation du principe de non-refoulement.

B. La Convention contre la torture et autres peines ou traitements cruels, inhumains ou dégradants

L'interdiction de la torture est un principe fondamental du droit international des droits de l'homme[210] et même « est devenue une règle impérative du droit international »[211]. Néanmoins, « cette interdiction pêche

---

[208] *Idem*, par. 9.

[209] CCPR, Observation générale n° 31, *cit.*, par. 12.

[210] « Nul ne sera soumis à la torture, ni à des peines ou traitements cruels, inhumains ou dégradants ». Affirmé en ces termes lapidaires dans la Déclaration universelle de 1948 (article 5) puis conventionnalisé, en des termes similaires, par le Pacte de New York sur les droits civils et politiques (article 7) et par les différents traités régionaux relatifs aux droits de l'homme (CEDH, article 3 ; CADH, art. 5 ; CADHP, art. 5).

[211] Voy. l'arrêt de la CEDH *Al-Adsani c. Royaume-Uni* du 21 novembre 2001, par. 61.

par son imprécision »[212], si bien que sa portée diffère selon l'organe qui l'analyse.

Nous avons vu que le Comité des droits de l'homme applique l'article 7 du Pacte aux affaires de mutilations génitales féminines, sans pour autant les qualifier clairement de torture ou de traitements cruels, inhumains ou dégradants[213].

Il nous faut maintenant nous pencher sur le cadre normatif établi par la Convention onusienne spécifiquement consacrée à la lutte contre la torture[214], et étudier la lecture qu'en fait le relatif Comité, pour vérifier si, et dans quelle mesure, les droits énoncés dans le texte protègent les enfants des pratiques traditionnelles néfastes.

Tout d'abord, il convient de souligner que le Comité n'a pas tranché dans une Observation générale la question de savoir si les mutilations génitales féminines sont constitutives de torture ou bien de « mauvais traitements » au regard de la Convention de 1984 ; toutefois, quand il se réfère aux MGF et aux autres pratiques traditionnelles qui violent l'intégrité physique et la dignité des enfants (meurtre de nouveau-nés, mariages précoces et enlèvement de jeunes filles à cet effet, etc.), le CAT les considère généralement comme des actes constitutifs de traitements cruels, inhumains ou dégradants[215].

Or, si la lecture de la Convention semble suggérer que les traitements cruels, inhumains ou dégradants sont moins graves que la torture et soumis à un régime différent[216], le Comité démontre toutefois une sensibilité

---

[212] SUDRE F., *Droit européen et international des droits de l'homme*, 8e éd., Paris : PUF, 2006, p. 287.

[213] Le Comité contourne l'obstacle dans l'affaire *Kaba* en se référant aux « traitements prohibés par l'article 7 » du Pacte.

[214] Convention contre la torture et les autres peines ou traitements cruels, inhumains ou dégradants, adoptée par l'Assemblée générale dans sa résolution 39/46 du 10 décembre 1984, entrée en vigueur le 26 juin 1987.

[215] Les Observations finales rendues après examen des rapports étatiques renvoient constamment à l'article 16 de la Convention, dont le premier paragraphe affirme : « Tout Etat partie s'engage à interdire dans tout territoire sous sa juridiction *d'autres actes constitutifs de peines ou traitements cruels, inhumains ou dégradants qui ne sont pas des actes de torture telle qu'elle est définie à l'article premier* lorsque de tels actes sont commis par un agent de la fonction publique ou toute autre personne agissant à titre officiel, ou à son instigation ou avec son consentement exprès ou tacite » (italique ajouté). Voy. parmi celles adressées aux pays africains, CAT/C/KEN/CO/1, 19 janvier 2009, par. 27 ; CAT/C/TCH/CO/1, 14 mai 2009, par. 30. Mais *contra* CAT/C/BEN/CO/2, 19 février 2008, par. 22, où le Comité évoque les problèmes de la traite, de l'exploitation des enfants « vidomégon », de la mutilation génitale féminine et du meurtre de nouveau-nés dans la rubrique intitulée « Torture et traitements cruels, inhumains ou dégradants des enfants ».

[216] La Convention précise dans son deuxième article le caractère absolu et intangible de l'interdiction de la torture et se consacre presque exclusivement aux actes de torture, pour enfin traiter des « autres actes constitutifs de peines ou traitements cruels, inhumains ou dégradants qui ne sont pas des actes de torture » à l'article 16. Dans cet même article, il est dit que « les obligations énoncées aux articles 10, 11, 12 et 13 sont applicables moyennant le

croissante pour les pratiques traditionnelles néfastes et semble prêt à étendre le champ de protection de l'acte de torture aux MGF.

L'obligation substantielle qui pèse sur les autorités nationales est d'abord une obligation négative de ne pas faire subir de torture/mauvais traitements aux personnes relevant de leur juridiction[217]. L'organe de surveillance de la Convention de 1984 a clairement indiqué dans sa dernière Observation générale[218] que les Etats ont également une obligation positive « d'empêcher la commission de tout acte de violence à motivation sexiste, dont la violence dans la famille et les mutilations génitales féminines, et de protéger les victimes »[219].

Nous verrons que l'Etat est tenu d'offrir une protection contre les MGF non seulement à ses ressortissants, mais aussi aux femmes étrangères persécutées qui demandent l'asile en raison de cette pratique traditionnelle[220].

Mais en vertu de quoi ce traité, qui fait une place centrale à des situations où les tortionnaires sont des agents de l'Etat, protège-t-il les enfants contre les pratiques traditionnelles néfastes ? Et comment un acte tel que la mutilation génitale, généralement décidé et commis dans la sphère privée, peut-il être qualifié de torture ou de mauvais traitement au sens de la Convention ?

Ce n'est pas la première partie de la définition de la torture figurant à l'article premier de la CAT[221] qui pose problème, puisqu'on admet facilement que la MGF inflige intentionnellement une douleur et/ou des souffrances aiguës à une personne pour un motif fondé sur une forme de discrimination[222] ; mais sur le dernier critère requis, à savoir l'absence de

---

remplacement de la mention de la torture par la mention d'autres formes de peines ou traitements cruels, inhumains ou dégradants ». Voy. sur ces questions CAT, Observation générale n° 2 : Application de l'article 2 par les Etats parties, 24 janvier 2008.

[217] SUDRE F., *op. cit.*, p. 290.

[218] CAT, Observation générale n° 2, *cit.*

[219] *Idem*, par. 18.

[220] Voy. *infra* au § 2 sur le droit des réfugiés.

[221] Article 1, premier paragraphe. Aux fins de la présente Convention, le terme 'torture' désigne tout acte par lequel une douleur ou des souffrances aiguës, physiques ou mentales, sont intentionnellement infligées à une personne aux fins notamment d'obtenir d'elle ou d'une tierce personne des renseignements ou des aveux, de la punir d'un acte qu'elle ou une tierce personne a commis ou est soupçonnée d'avoir commis, de l'intimider ou de faire pression sur elle ou d'intimider ou de faire pression sur une tierce personne, ou pour tout autre motif fondé sur une forme de discrimination quelle qu'elle soit, lorsqu'une telle douleur ou de telles souffrances sont infligées par un agent de la fonction publique ou toute autre personne agissant à titre officiel ou à son instigation ou avec son consentement exprès ou tacite.

[222] Ce sont là trois des quatre éléments nécessaires à la définition de torture : intensité des souffrances, intention délibérée, but déterminé et implication de l'Etat.

protection étatique, il convient de suivre l'interprétation du Comité, qui fonde la responsabilité de l'Etat sur le consentement du fonctionnaire.

Le point de départ du raisonnement est que la Convention impose aux Etats l'obligation d'« interdire, prévenir et réparer les actes de torture et mauvais traitements [y compris] dans toutes les situations dans lesquelles la non-intervention des autorités renforce et accroît le risque que des individus portent atteinte à autrui »[223].

Le Comité affirme que « si les autorités de l'Etat ou toute autre personne agissant à titre officiel ou au nom de la loi savent ou ont des motifs raisonnables de penser que des actes de torture ou des mauvais traitements sont infligés par des acteurs non étatiques ou du secteur privé et n'exercent pas la diligence voulue pour prévenir de tels actes, mener une enquête ou engager une action contre leurs auteurs afin de les punir conformément à la Convention, l'Etat partie est tenu pour responsable et ses agents devraient être considérés comme les auteurs, les complices ou les responsables d'une quelconque autre manière, en vertu de la Convention, pour avoir consenti, expressément ou tacitement, à la commission d'actes interdits »[224].

En d'autres termes, le principe de la diligence voulue permet de considérer l'indifférence ou l'inaction de l'Etat comme une forme d'encouragement et/ou de permission de fait : ainsi, le Comité affirme-t-il avoir appliqué ce principe « lorsque les Etats parties n'ont pas empêché la commission de divers actes de violence à motivation sexiste, dont (...) les mutilations génitales féminines »[225]. L'organe de surveillance reconnaît par ailleurs qu'une protection particulière est due aux enfants, groupe vulnérable car davantage exposé à des traitements discriminatoires « qui pourraient passer inaperçus et ne susciter aucune réaction »[226].

Une autre obligation fondamentale qui incombe aux Etats parties à la Convention contre la torture, en vertu de l'article 3, est l'interdiction d'éloigner une personne vers un Etat où elle risque d'être soumise à la torture.

Le risque de subir une MGF tombe-t-il sous le coup de l'interdiction ?

Nous venons d'affirmer que le Comité des droits de l'homme a imposé aux Etats, par voie jurisprudentielle, de ne pas extrader, déplacer, expulser

---

[223] CAT, Observation générale n° 2, *cit.*, par. 15.

[224] *Idem*, par. 18.

[225] *Ibidem*.

[226] CAT, Observation générale n° 2, *cit.*, par. 22-23. Voy. également le Rapport du Rapporteur spécial sur la torture, Manfred Nowak : A/HRC/7/3, 15 janvier 2008, spéc. par. 31 ainsi que par. 50 à 55, où l'expert des Nations Unies recommande de recourir au critère de la diligence voulue pour déterminer si les Etats ont honoré leurs obligations et traite le MGF en tant que « formes privées de torture et de mauvais traitement » relevant de son mandat.

ou transférer quelqu'un dans un pays tiers où il court « un risque réel de préjudice irréparable »[227].

Egalement confronté à un grand nombre de communications de particuliers dénonçant un risque de torture dans un pays tiers, le Comité contre la torture a adopté sa première Observation générale en 1997 pour aider les Etats et les auteurs des communications[228] à interpréter correctement l'article 3.

Il a précisé que cette disposition s'applique uniquement dans les cas où il y a « des motifs sérieux de croire que l'auteur d'une communication risque d'être soumis à la torture telle qu'elle est définie à l'article premier de la Convention », et que le risque encouru dans un Etat tiers doit être « personnel et actuel »[229].

Qu'en est-il du risque d'être soumis à des mauvais traitements ?

Dans les affaires qui sont portées à la connaissance du Comité, le plaignant doit étayer suffisamment sa position, mais le Comité est libre d'apprécier les faits en se fondant sur l'ensemble des circonstances et peut aussi prendre en compte des éléments tels que « les preuves de l'existence d'un ensemble de violations systématiques des droits de l'homme, graves, flagrantes ou massives »[230].

Jusqu'à maintenant, personne n'a cherché à faire valoir devant le Comité une violation de l'article 3 occasionnée par une MGF.

Toutefois, certains éléments laissent croire que le Comité est prêt à prendre en compte non seulement le risque réel de torture « telle qu'elle est définie à l'article premier de la Convention »[231] que l'individu subirait s'il était refoulé dans un pays concerné, mais également celui d'être soumis à des peines ou traitements cruels, inhumains ou dégradants[232].

Par contre, l'obligation conventionnelle faite aux Etats d'extrader ou de juger l'auteur d'actes de torture (y compris ses complices et ceux qui ont participé à l'acte), qui correspond au principe de nature coutumière *aut*

---

[227] CCPR, Observation générale n° 31, *cit.*, par. 12.

[228] Sur la procédure de plainte, voy. le titre suivant.

[229] CAT, Observation générale n° 1 : Application de l'article 3 de la Convention contre la torture (Refoulement) dans le contexte de l'article 22 (Communications), 21 novembre 1997, par. 1 et 7.

[230] *Idem*, par. 8, *a)* et 9, *b)*.

[231] *Idem*, par. 1.

[232] Voy. par exemple le paragraphe 28 des Observations finales relatives au rapport du Cameroun, CAT/C/CMR/CO/4, 19 mai 2010, où le Comité regrette « le manque d'informations sur les recours juridiques visant à s'assurer que ces personnes ne courent pas de risque réel d'être soumises à la torture ou à des peines ou traitements cruels, inhumains ou dégradants dans le pays de destination, ou qu'elles ne seront pas ultérieurement expulsées vers un autre pays où elles courent un risque réel d'être soumises à la torture ou à de traitements cruels, inhumains ou dégradants. (art. 3) ».

dedere aut judicare[233], ne semble pas pouvoir s'appliquer aux crimes commis par les exciseuses d'enfants, parents et complices éventuels. En effet, les article 4 à 7 de la Convention imposent une série de conditions à l'exercice de la compétence extraterritoriale qu'il convient de lire de façon restrictive : en particulier, « les infractions visées à l'article 4 » sont exclusivement les actes de torture (et non pas les mauvais traitements) qui constituent des infractions au regard des lois nationales.

C. Le Pacte international relatif aux droits économiques, sociaux et culturels

Le Comité des droits économiques, sociaux et culturels s'est penché à plusieurs reprises sur les pratiques nuisibles à la santé de la femme et de l'enfant, et notamment sur le problème de la MGF.

L'article 12 du Pacte reconnaît à toute personne « le droit de jouir du meilleur état de santé physique et mentale qu'elle soit capable d'atteindre » (premier paragraphe). Son deuxième paragraphe fournit une liste non exhaustive d'obligations incombant aux Etats parties ; parmi les mesures à prendre pour assurer le plein exercice de ce droit figurent « la diminution de la mortinatalité et de la mortalité infantile, ainsi que le développement sain de l'enfant » (alinéa *a*), mais l'élimination des pratiques traditionnelles néfastes n'est pas expressément requise.

Cela s'explique par le fait qu'à l'époque de l'adoption du Pacte international relatif aux droits économiques, sociaux et culturels, les temps n'étaient pas mûrs pour insérer une norme interdisant explicitement la MGF ou d'autres pratiques coutumières ; néanmoins, l'interprétation évolutive que l'organe conventionnel[234] a faite de l'article 12 a permis d'établir un lien direct entre le droit à la santé et la protection des enfants contre les pratiques et normes traditionnelles nocives.

---

[233] C'est justement dans l'exercice de la compétence universelle que la France a pu juger un officier mauritanien qui s'était rendu coupable d'actes de torture à l'encontre de victimes mauritaniennes. Voy. la récente décision la Cour européenne des droits de l'homme *Ould Dah c. France* du 17 mars 2009, dans laquelle l'organe de surveillance de la Convention européenne interprète celle-ci à la lumière des traités internationaux pertinentes en matière de torture. Par ailleurs, dans le célèbre arrêt *Siliadin c. France* du 26 juillet 2005 portant sur l'esclavage domestique, la Cour avait interprété l'article 4 de la Convention à la lumière des normes de droit international relatives à l'esclavage.

[234] En réalité, le CESCR n'a pas d'origine conventionnelle, car il a été créé par une résolution du Conseil économique et social (1985/17, 18 mai 1985) pour mener à bien les tâches de surveillance que la quatrième partie du Pacte avait confiées au Conseil. Mais depuis quelques années, il a changé de statut juridique et son existence en tant qu' organe conventionnel est formellement reconnue dans un instrument universel de protection : le Protocole facultatif se rapportant au PIDESC de 2008. Voy. pour plus de détails *infra*, Titre 2, Chapitre 1, Section1.

Dans son Observation générale n° 14 sur le droit à la santé[235], le Comité recommande d'aborder les questions en rapport avec la santé dans une perspective sexospécifique, car les facteurs socioculturels jouent un rôle important dans la réalisation du droit des femmes et des enfants à la santé. Le CESCR invite explicitement à prendre des mesures préventives, incitatives et correctives pour prémunir les femmes contre les effets de pratiques et de normes culturelles traditionnelles nocives qui les empêchent d'exercer pleinement leurs droits liés à la procréation[236].

En ce qui concerne la santé des enfants et des adolescents, le Comité ne se limite pas à suggérer l'adoption de « mesures efficaces et adéquates pour mettre fin aux pratiques traditionnelles nocives affectant la santé des enfants et notamment des fillettes, qu'il s'agisse du mariage précoce, des mutilations génitales ou des préférences manifestées à l'égard des enfants de sexe masculin en matière d'alimentation et de soins » ; il impose également de prévoir à l'intention des adolescents un « environnement sain et favorable leur donnant la possibilité de participer à la prise des décisions concernant leur santé, d'acquérir des connaissances élémentaires, de se procurer des informations appropriées, de recevoir des conseils et de négocier les choix qu'ils opèrent en matière de comportement dans l'optique de la santé »[237].

C'est la même démarche adoptée en matière de protection des femmes[238] : l'accès aux services de santé va de pair avec l'accès à l'éducation aussi bien qu'à des informations – adaptées aux enfants – sur les comportements propres à promouvoir la santé.

Les recommandations du Comité vont jusqu'à investir la qualité des soins de santé à fournir par l'Etat, qui doivent être respectueuses des préoccupations des jeunes, de la confidentialité et de l'intimité, et rappellent que l'intérêt supérieur des enfants doit être un élément essentiel des programmes et politiques visant à leur garantir le droit à la santé[239].

Il convient aussi de noter que le Comité donne une interprétation extensive au devoir étatique de protéger le droit à la santé des enfants, qui englobe la surveillance sur le comportement des tiers : les Etats sont « tenus de veiller à ce que des pratiques sociales ou traditionnelles nocives n'interfèrent pas avec l'accès aux soins pré et postnatals et à la planification familiale [et] d'empêcher que des tiers imposent aux femmes des pratiques traditionnelles, par exemple du type mutilations génitales » et doivent prendre toutes les mesures voulues pour « décourager le maintien en vigueur

---

235 CESCR, Observation générale n°14 : Le droit au meilleur état de santé susceptible d'être atteint (art. 12 du Pacte), 11 août 2000.
236 *Idem*, par. 21.
237 *Idem*, par. 22-23.
238 Voy. *infra*, paragraphe D.
239 CESCR, Observation générale n°14, *cit.*, par. 24.

de certaines pratiques médicales ou culturelles traditionnelles qui sont nocives »[240].

Le CESCR se préoccupe de la persistance de pratiques et coutumes préjudiciables aux enfants en relation avec des domaines autres que celui de la santé.

D'une part, l'article 10, qui vise à protéger la famille, les mères et les enfants (avec une attention particulière aux conditions de travail de ces derniers) et, d'autre part, l'article 3, qui énonce l'égalité homme/femme dans la jouissance des droits économiques, sociaux et culturels, ont donné l'occasion au Comité de réaffirmer un certain nombre de principes.

La disposition de l'article 10 selon laquelle « le mariage doit être librement consenti par les futurs époux »[241] rappelle l'article 23, paragraphe 3, du PIDCP. L'interprétation qu'en donne le Comité des droits économiques, sociaux et culturels est identique à celle du CCPR[242] : la pratique traditionnelle du mariage précoce est interdite[243].

Le CESCR n'a pas précisé le contenu exacte du troisième paragraphe de l'article 10 (rédigé en des termes similaires à ceux de l'art. 24 du PIDCP), qui énonce que « des mesures spéciales de protection et d'assistance doivent être prises en faveur de tous les enfants et adolescents, sans discrimination aucune ». Néanmoins, il a suggéré de lire cette norme en relation avec l'article 3 du Pacte.

Pour mettre en application l'article 3, lu en liaison avec l'article 10, les Etats parties doivent entre autres garantir aux victimes de la violence domestique, qui sont principalement des femmes, l'accès (...) à des voies de recours et de réparation pour préjudices physiques, psychologiques et émotionnels ; faire en sorte que les hommes et les femmes puissent décider

---

[240] *Idem*, par. 35 et 51.

[241] Pacte international relatif aux droits économiques, sociaux et culturels, Article 10, par. 1.

[242] CCPR, Observation générale n° 19, *cit.*

[243] Voy. par exemple les Observations finales sur le rapport du Tchad, E/C.12/TCD/CO/3, 20 novembre 2009, par. 19 : « Article 10. Le Comité est préoccupé par l'étendue des pratiques traditionnelles violant l'intégrité physique et la dignité humaine des femmes et des jeunes filles et note avec préoccupation que la loi n° 06/PR/2002 portant promotion de la santé de reproduction, qui interdit notamment les mutilations génitales féminines, les mariages précoces, la violence familiale et la violence sexuelle, ne prévoit pas de sanctions pour les auteurs de ces actes. (…) Le Comité recommande à l'Etat partie de lancer des campagnes de sensibilisation pour lutter contre les pratiques traditionnelles néfastes et pour sensibiliser les parents, en particulier les mères, les enfants et les chefs communautaires aux effets néfastes de ces mutilations qui sont constitutives de traitements cruels, inhumains ou dégradants et d'amender urgemment la loi n° 06/PR/2002 afin de prévoir des sanctions appropriées à la gravité des actes prévu dans cette législation. Le Comité demande que l'Etat partie prenne les mesures nécessaires pour éliminer les pratiques traditionnelles néfastes, telles que les mutilations génitales féminines, et fournisse dans son prochain rapport périodique des informations détaillées à ce sujet ».

librement de se marier, avec la personne et au moment de leur choix (à cet égard, l'âge légal pour le mariage devrait être le même pour les hommes et les femmes, et les mineurs, garçons et filles, devraient être protégés de la même façon contre les pratiques encourageant le mariage d'enfants, le mariage par procuration et le mariage forcé)[244].

Quant à l'article 3, le Comité estime que la non-discrimination est un principe fondamental qui « ne devrait pas cesser d'être souligné, dès lors surtout que maints préjugés continuent de faire obstacle à sa pleine application »[245].

Constatant que les femmes et les enfants se voient souvent refuser l'égalité de jouissance de leurs droits fondamentaux, en particulier en raison du statut inférieur qui leur est réservé par la tradition et la coutume ou suite à une discrimination ouverte ou déguisée[246], le Comité réaffirme avec force que « le droit égal des hommes et des femmes à la jouissance des droits économiques, sociaux et culturels est *impératif et immédiatement applicable* pour les Etats parties »[247].

Les Etats sont tenus, entre autres, de « s'abstenir d'adopter des lois, des politiques, des mesures et programmes administratifs qui ne sont pas conformes au droit protégé par l'article 3 (…) et doivent tenir compte des effets de la mise en œuvre de lois, de politiques et de programmes apparemment neutres et examiner s'ils peuvent avoir des incidences négatives sur la capacité des hommes et des femmes de jouir sur un pied d'égalité des droits de la personne humaine qui leur sont reconnus » (obligation de respecter) ; de prendre « des mesures visant directement à l'élimination des préjugés, des pratiques coutumières et de toute nature qui perpétuent la notion d'infériorité ou de supériorité de l'un ou l'autre sexe, et des rôles stéréotypés pour les hommes et les femmes » (obligation de protéger) ; et de « veiller à l'existence de mesures appropriées telles que l'indemnisation, la réparation, la restitution, la réhabilitation, la protection contre la répétition d'une violation » (obligation de mettre en œuvre)[248].

En définitive, le Comité aborde le sujet des pratiques traditionnelles préjudiciables à la femme, y compris à la fille, et à l'enfant, dans le contexte de l'application du principe de non-discrimination, et démontre une très

---

[244] Voy. CESCR, Observation générale n° 16 : Droit égal de l'homme et de la femme au bénéfice de tous les droits économiques, sociaux et culturels (art. 3 du Pacte), 11 août 2005, par. 27.

[245] *Idem*, par. 2.

[246] *Idem*, par. 5.

[247] *Idem*, par. 16. C'est nous qui soulignons.

[248] Ces exemples d'obligations juridiques spécifiques sont fournis in CESCR, Observation générale n° 16, *cit.*, par. 18 à 21.

grande attention pour les incidences négatives de ces pratiques sur la jouissance du droit à la santé[249].

Il n'est pas inintéressant de noter que, dans une récente Observation générale[250], le Comité considère les pratiques néfastes comme des manifestations de la vie culturelle qui font obstacle à la réalisation d'autres droits de l'homme et doivent dès lors être limitées par l'Etat. Les observations renvoient explicitement à la Déclaration et au Programme d'action de Vienne, ainsi qu'à l'article 4 de la Déclaration universelle sur la diversité culturelle[251].

D. La Convention sur l'élimination de toutes les formes de discrimination à l'égard des femmes

Un grand nombre de pratiques traditionnelles préjudiciables touchent d'une façon disproportionnée les enfants de sexe féminin, considérées, à raison, comme une catégorie de personnes extrêmement vulnérables[252]. En tant que femmes, celles-ci sont plus exposées que les garçons à la discrimination, à la violence et à l'exploitation sexuelle (y compris dans les conflits armés), ainsi qu'aux effets néfastes des coutumes et traditions.

Quand, dans les années soixante-dix, les Nations Unies adoptent la Convention de 1979 sur l'élimination de la discrimination à l'égard des femmes[253], les besoins spécifiques de la fille ne sont pas pris en compte, mais il ne fait pas de doutes que les filles sont aussi des femmes[254].

---

[249] Voy. par exemple les Observations finales relatives au rapport de la RDC, E/C.12/COD/CO/4, 16 décembre 2009 (par. 19 et 20), dans lesquelles le Comité se penche sur le meurtre et le prélèvement d'organes des enfants albinos, ainsi que sur d'autres pratiques traditionnelles préjudiciables, telles que les mariages forcés et précoces et les mutilations génitales féminines.

[250] CESCR, Observation générale n° 21 : Droit de chacun de participer à la vie culturelle (article 15, par. 1 a) du Pacte international relatif aux droits économiques, sociaux et culturels), 20 novembre 2009.

[251] Voy. *idem*, par 18. Dans le par. 19, le Comité affirme que « dans certaines circonstances, en particulier dans le cas de pratiques néfastes – liées notamment à des coutumes et traditions – qui portent atteinte à d'autres droits de l'homme, il peut être nécessaire d'imposer des limitations au droit de chacun de participer à la vie culturelle. De telles limitations doivent répondre à un objectif légitime, être compatibles avec la nature de ce droit et être indispensables à la promotion du bien-être général dans une société démocratique, conformément à l'article 4 du Pacte ».

[252] TURKI BEN CHEIKH H., « Do girls have women's or children's rights ? », *Mediterranean Journal of Human Rights*, vol. 12, Double issue, p. 364.

[253] Convention sur l'élimination de toutes les formes de discrimination à l'égard des femmes, adoptée et ouverte à la signature par l'Assemblée générale dans sa résolution 34/180 du 18 décembre 1979, entrée en vigueur le 3 septembre 1981.

[254] La disposition contenue à l'article 10, *f* est la seule où figure séparément le mot « filles » : Article 10. Les Etats parties prennent toutes les mesures appropriées pour (…) assurer, sur la

Néanmoins, la première Convention catégorielle consacrée à la lutte contre la discrimination de genre présente un double intérêt pour l'étude des pratiques traditionnelles préjudiciables aux filles.

D'une part, condamnant la discrimination fondée sur le « genre », elle remet en question les conceptions culturelles, les traditions et les stéréotypes qui attribuent un rôle désavantageux à la femme dès l'enfance[255]. D'autre part, la CEDAW offre pour la première fois un cadre normatif international de référence pour la lutte contre les pratiques traditionnelles préjudiciables.

Tout d'abord, l'article 2 de la Convention impose aux autorités et institutions publiques de « s'abstenir de tout acte ou pratique discriminatoire à l'égard des femmes »[256] et surtout oblige les Etats à « prendre toutes les mesures appropriées, y compris des dispositions législatives, pour modifier ou abroger toute loi, disposition réglementaire, coutume ou pratique qui constitue une discrimination à l'égard des femmes »[257].

Il convient d'analyser attentivement cet article, essentiel pour l'application des dispositions de fond de la Convention, auquel est consacrée une récente Recommandation générale du CEDAW[258].

Le Comité commence par confirmer que « [l]a Convention est un instrument dynamique qui prend en compte le développement du droit international »[259]. Il fait ensuite le point sur les obligations qui pèsent aujourd'hui sur les Etats parties : à l'obligation de « condamne[r] la discrimination à l'égard des femmes sous toutes ses formes », s'ajoutent les trois volets – respecter, protéger et réaliser – de l'obligation générale qu'ont contractée les Etats à travers l'article 2, à savoir celle d'éliminer progressivement la discrimination à l'égard des femmes.

La plupart des mesures que le Comité exige des Etats parties visent, directement ou indirectement, les pratiques traditionnelles qui touchent les enfants. Il en est ainsi de l'adoption de mesures positives pour éliminer les coutumes et toutes les autres pratiques préjudiciables qui perpétuent la notion d'infériorité ou de supériorité de l'un ou l'autre sexe et les rôles stéréotypés de l'homme et de la femme[260]. De même, l'« obligation de protection » impose aux Etats parties de s'assurer que les femmes ne soient

---

base de l'égalité de l'homme et de la femme (…) la réduction des taux d'abandon féminin des études et l'organisation des programmes pour les filles et les femmes qui ont quitté l'école prématurément.

255 Voy., pour une définition des mots « sexe » et « genre », CEDAW, Recommandation générale n° 28 concernant les obligations fondamentales des Etats parties découlant de l'article 2 de la Convention sur l'élimination de toutes les formes de discrimination à l'égard des femmes, 16 décembre 2010, par. 5.

256 Art. 2, alinéa *d.*

257 Art. 2, alinéa *f.*

258 CEDAW, Recommandation générale n° 28, *cit.*

259 *Idem*, par. 2.

260 *Idem*, par. 9.

pas victimes de la discrimination exercée par des acteurs privés : en application du principe de la « diligence due », l'Etat doit agir avec la diligence nécessaire pour prévenir les actes de violence, enquêter sur de telles infractions et punir les auteurs, y compris les personnes privées, et offrir aux victimes protection, réparation et dédommagement[261].

Enfin, le Comité interprète l'obligation étatique de promouvoir l'égalité de genre de façon extensive et avec une attention particulière à la situation des filles, « puisqu'elles aussi sont des femmes et qu'elles sont plus exposées à la discrimination dans certains domaines comme l'accès à l'enseignement de base, la traite des êtres humains, les mauvais traitements, l'exploitation et la violence. Toutes ces situations de discrimination s'aggravent lorsque les victimes sont des adolescentes. Les Etats doivent donc s'intéresser aux besoins particuliers des filles (en particulier des adolescentes) en dispensant une éducation en matière de sexualité et de procréation, et en mettant en place des programmes de prévention du VIH/sida, de l'exploitation sexuelle et des grossesses précoces »[262].

Si l'égalité des droits fondamentaux des hommes et des femmes dans la société et dans la famille est le but principal de la Convention, il convient de « [m]odifier les schémas et modèles de comportement socioculturel de l'homme et de la femme en vue de parvenir à l'élimination des préjugés et des pratiques coutumières, ou de tout autre type, qui sont fondés sur l'idée de l'infériorité ou de la supériorité de l'un ou de l'autre sexe ou d'un rôle stéréotypé des hommes et des femmes » (article 5, alinéa a).

Mais quelles sont les préjugés et pratiques coutumières visés par l'article 5 ? Correspondent-elles aux pratiques traditionnelles préjudiciables aux enfants ?

Le Comité commence à s'intéresser à ces questions en 1990, quand il adopte une Recommandation générale sur l'excision[263] pour condamner sans équivoque cette « pratique traditionnelle préjudiciable à la santé » dont on sait qu'elle touche surtout la fillette et la fille.

Si le CEDAW choisit la terminologie prudente d'*excision*[264], il n'empêche que sa prise de position est ferme. En se félicitant de l'attention que le sujet reçoit au niveau international[265], le Comité condamne à son tour les

---

[261] *Idem*, spéc. par. 9, 13 et 17.

[262] *Idem*, par. 21.

[263] CEDAW, Recommandation générale n° 14 : L'excision, 2 février 1990.

[264] On parlait déjà de mutilation génitale à l'époque, en soulignant que l'« excision » ne couvre pas les formes de mutilation génitale les plus invasives, comme l'infibulation. Voy. *supra*, Introduction, pour les classifications établies par l'OMS à partir de la moitié des années 90.

[265] Notamment de la part des « gouvernements des pays où ces pratiques existent, des organisations féminines nationales, des organisations non gouvernementales, des organismes du système des Nations Unies comme l'OMS et l'UNICEF, ainsi que [de] la Commission des droits de l'homme et [de] son organe subsidiaire, la Sous-Commission de la lutte contre les

pressions d'ordre culturel, historique et économique qui continuent de s'exercer sur les femmes pour la perpétuation de l'excision, et recommande aux Etats de prendre des mesures appropriées et efficaces aux fins d'abolir la pratique.

Sa volonté de rester saisi de la question résulte du dernier alinéa de la Recommandation générale n° 14, qui invite les Etats à « inclure dans les rapports qu'ils soumettent au Comité au titre des articles 10 et 12 de la Convention (...) des renseignements concernant les mesures prises pour éliminer l'excision ».

La référence exclusive à ces deux dispositions, dont l'une, l'article 10, engage les Etats à éliminer la discrimination en ce qui concerne l'éducation[266], et l'autre, l'article 12, vise l'égalité des femmes dans le domaine de la santé, ne doit pas faire oublier que d'autres normes conventionnelles impliquent l'élimination des pratiques coutumières nuisibles.

En effet, le Comité prend en considération le problème des MGF, celui du mariage précoce et, plus en général, les pratiques traditionnelles néfastes dans trois autres Recommandations générales qu'il convient d'examiner brièvement.

Dans celle de 1992 consacrée à la violence à l'égard des femmes[267], le Comité fait des observations concernant certaines dispositions de la Convention, regroupées pour l'occasion[268] en différentes sections.

De manière significative, les articles 2 *f*), 5 et 10 *c*) sont tous classés dans une même section et l'excision[269] et les mariages forcés figurent parmi « les attitudes traditionnelles faisant de la femme un objet de soumission ou lui assignant un rôle stéréotypé [... et qui] perpétuent l'usage répandu de la violence ou de la contrainte » sous prétexte de protéger ou de contrôler la femme[270]. En outre, commentant l'article 12, le Comité affirme qu'« il existe dans certains Etats des pratiques traditionnelles et culturelles qui nuisent à la

mesures discriminatoires et de la protection des minorités, [qui] demeurent saisis de la question et ont notamment reconnu que des pratiques traditionnelles telles que l'excision ont des conséquences graves, notamment sur le plan de la santé, pour les femmes et les enfants ». CEDAW, Recommandation générale n° 14, *cit.*, deuxième *considérant*.

[266] Voy. CEDAW, art. 10, notamment son alinéa *c*, qui considère l'éducation comme un moyen pour éliminer toute conception stéréotypée des rôles de l'homme et de la femme.

[267] CEDAW, Recommandation générale n° 19 : Violence à l'égard des femmes, 29 janvier 1992.

[268] Les rapports périodiques sont structurés de manière à suivre l'ordre des principaux chapitres de la Convention, comme le demande le Comité pour l'élimination de la discrimination à l'égard des femmes dans les dernières directives régissant l'établissement des rapports (HRI/GEN/2/Rev.6, 3 juin 2009, p. 72).

[269] Deux ans après l'adoption de la Recommandation générale n° 14, la terminologie a évolué, si bien que dans la Recommandation générale n° 19 sur la violence contre la femme, à côté du terme excision on retrouve l'expression « mutilation des organes génitaux féminins ».

[270] *Idem*, par. 11.

santé des femmes et des enfants. Ces pratiques incluent notamment les restrictions alimentaires imposées aux femmes enceintes, la préférence pour les enfants mâles, l'excision ou la mutilation des organes génitaux féminins »[271].

En 1994, profitant de l'Année internationale de la famille proclamée par l'Assemblée générale (résolution 44/82), le Comité se penche sur l'influence que la culture et les traditions exercent sur les rapports familiaux et au sein du mariage. Une partie de sa Recommandation générale[272] est dédiée à l'analyse de l'article 16, dont le deuxième paragraphe, consacré aux fiançailles et aux mariages d'enfants, permet au Comité de faire d'intéressantes considérations sur les motifs et les conséquences des coutumes discriminatoires à l'égard des filles[273]

Enfin, le lien entre le droit à la santé des femmes et les pratiques traditionnelles néfastes est affirmé dans une Recommandation générale de 1999 intitulée "Les femmes et la santé"[274]. Le Comité y définit la portée normative du premier paragraphe de l'article 12 de la Convention, qui impose aux Etats d'assurer aux femmes les moyens d'accéder aux services médicaux : trois obligations découlent de cette disposition, à savoir respecter, protéger et garantir la réalisation des droits des femmes en matière de soins de santé. Concernant en particulier l'obligation de protéger, les Etats se doivent de « prendre des mesures pour empêcher la violation de ces droits par des personnes ou des organismes privés et réprimer » de telles violations, là où elles se produisent[275]. En particulier, il s'agit de

---

[271] *Idem*, par. 20. On remarquera par ailleurs que l'expression « l'excision *ou* la mutilation des organes génitaux féminins » est incorrecte car la seconde inclut la première.

[272] CEDAW, Recommandation générale n° 21 : Egalité dans le mariage et les rapports familiaux, 4 février 1994.

[273] Dans les paragraphes 36 à 39, on lit par exemple que « l'âge légal pour le mariage devrait être de 18 ans pour l'homme et la femme. Lorsque les hommes et les femmes se marient, ils assument d'importantes responsabilités. Ils ne devraient donc pas pouvoir se marier avant d'être en pleine maturité et capacité d'agir. Selon l'OMS, lorsque les mineurs, en particulier les filles, se marient et ont des enfants, leur santé peut en souffrir, ainsi que leur éducation, ce qui réduit leur autonomie économique. Le mariage précoce a non seulement des répercussions sur l'équilibre personnel des femmes, mais aussi sur le développement de leurs capacités et leur indépendance, et il réduit leur accès à l'emploi, ce qui a des répercussions négatives pour leur famille et leur communauté. Certains pays fixent un âge différent pour le mariage de l'homme et de la femme. Etant donné qu'elles partent du principe erroné que les femmes se développent à un rythme différent des hommes sur le plan intellectuel ou que le stade de leur développement physique et intellectuel est sans importance, ces dispositions devraient être abrogées. (…) Les Etats parties doivent rendre l'enregistrement de tous les mariages obligatoire ».

[274] CEDAW, Recommandation générale n° 24 : Article 12 de la Convention (Les femmes et la santé), 5 février 1999.

[275] *Idem*, par. 15.

« promulguer des lois qui interdisent la mutilation génitale des femmes et le mariage des fillettes et de veiller à l'application effective de ces lois »[276].

Le Comité pousse encore plus loin son raisonnement, en constatant que les pratiques traditionnelles préjudiciables, telles que les mutilations génitales, augmentent le risque pour les adolescentes et les femmes de contracter le VIH/sida et d'autres maladies sexuellement transmissibles. Souvent privées de l'information suffisante et des services de santé nécessaires pour exercer leurs droits, et soumises à des rapports de force inégaux fondés sur le sexe, les femmes et les adolescentes sont exposées à des violations multiples de leurs droits fondamentaux. C'est pourquoi les Etats devraient garantir aux filles, sans préjugé ou discrimination, le droit à l'information, à l'éducation et aux services en matière d'hygiène sexuelle[277].

§ 2. Les autres traités multilatéraux des Nations Unies pertinents

Depuis quelques années, les MGF figurent parmi les critères d'éligibilité au statut de réfugié aux termes de la Convention des Nations Unies de 1951. Plus en général, on observe que l'œuvre des organes internationaux compétents en matière de droits des réfugiés va dans le sens de l'élargissement de la protection offerte par les Etats tiers aux enfants, et notamment aux filles menacées par des pratiques traditionnelles néfastes (A).

Il convient de se pencher aussi sur l'évolution du concept d'esclavage, dès lors que plusieurs pratiques préjudiciables aux enfants sont ou tendent à être assimilées à cette violation particulièrement grave des droits fondamentaux (B).

A. La Convention des Nations Unies de 1951 relative au statut des refugiés

Le droit des réfugiés, qui créé des obligations pour les Etats au regard d'individus qui fuient leur pays à cause d'une persécution, offre aux enfants d'intéressantes perspectives de protection au regard des pratiques traditionnelles néfastes.

Certes, seuls les Etats sont compétents pour doter d'un statut juridique les personnes qui fuient devant un conflit ou des persécutions[278] ; il n'empêche

---

[276] *Idem*, par. 15, *d*.
[277] *Idem*, par. 18.
[278] DAILLIER P., FORTEAU M., PELLET A., *Droit international public*, 8e édition, Paris : L.G.D.J., 2009, pp. 749-750.

démontrer que la MGF constitue une persécution au terme de la Convention, si les autres critères sont remplis.

A cet égard, il suffit d'examiner les éléments de la définition de réfugié tels qu'interprétés par le HCR[289]. Tout d'abord, est éligible au statut de réfugié la personne qui se trouve en dehors de son pays, et ne peut ou n'entend plus y retourner, en raison d'une « crainte fondée de persécution » (« well-founded fear of being persecuted », dans la version anglaise).

Evidemment, c'est la crainte d'un préjudice personnel qui relève aux fins de la Convention, même si le risque d'excision pesant sur l'enfant peut justifier l'octroi d'une protection à sa mère – que ce soit sur le fondement de l'intérêt supérieur de l'enfant, d'une violation autonome de la Convention contre la torture ou selon des modalités d'éligibilité *sui generis* – comme le suggèrent les développements jurisprudentiels récents dans plusieurs pays. Le contentieux des réfugiés en France[290] et aux Etats-Unis[291] est très intéressant à cet égard.

En deuxième lieu, la crainte peut concerner une persécution future, mais aussi résulter d'une persécution passée. En effet, le fait que la mutilation se soit déjà produite n'exclut pas la protection, comme l'explique clairement le HCR :

[L]a nature permanente et continue des MGF (...) conforte l'idée qu'une femme ou une fille ayant déjà subi une mutilation avant de demander l'asile peut toujours craindre avec raison des persécutions futures[292].

En ce qui concerne le seuil de gravité que les actes doivent atteindre pour être constitutifs de persécution, le Comité exécutif a reconnu, dans la *Conclusion* de 2007 précitée[293], que la MGF est une forme de persécution spécifique aux enfants. Donc, une fille n'a plus à démontrer qu'elle a subi ou risque de subir « des violations graves des droits de l'homme autres que des

---

[289] Voy. à ce propos les *Principes directeurs sur la protection internationale* n° 1 et n° 2, cités ci-dessus.

[290] Sur l'approche des instances françaises de l'asile vis-à-vis de la problématique de l'excision, profondément renouvelée en 2009, voy. COUR NATIONALE DU DROIT D'ASILE, *Contentieux des réfugiés : Jurisprudence du Conseil d'Etat et de la Cour nationale du droit d'asile – Année 2009*, 26 octobre 2010, disponible à la page http://www.unhcr.org/refworld/docid/4dad9db02.html (consultée le 27 octobre 2011).

[291] Sur l'éligibilité des parents au bénéfice de la protection accordée à l'enfant, en particulier aux Etats-Unis, voy. CONROY M. A., « Refugees Themselves : The Asylum Case for Parents of Children at Risk of Female Genital Mutilation », *Harvard Human Rights Journal*, vol. 22, Winter 2009, pp. 109-131.

[292] UNHRC, *Note…*, *cit.*, par. 14. Pour une démonstration du fait que la MGF ne constitue pas un acte ponctuel ne pouvant être répété sur la même femme, mais une « forme de préjudice constant », voy. *Idem.*, par. 13 à 15.

[293] *Conclusion sur les enfants dans les situations à risque…*, *cit.*, par. g, *viii*.

menaces à la vie ou à la liberté » pour se voir accorder le statut de réfugiée[294].

Reste, naturellement, à prouver qu'un lien de causalité existe entre la persécution et le fait d'appartenir à l'une des catégories prévues par la Convention.

Nous en venons ainsi au troisième élément de la définition de réfugié figurant à l'article 1 A (2), c'est-à-dire le motif de la demande d'asile. On remarquera que pour entrer dans le champ de la Convention, la crainte de persécution ne saurait être seulement un problème « personnel » ou social, mais doit se rattacher clairement à un ou plusieurs motifs aux termes de la Convention, à savoir : « la race, la religion, la nationalité, l'appartenance à un certain groupe social ou les opinions politiques ». Or le HCR a affirmé que

> *[l]es Etats reconnaissent désormais largement que la crainte d'une fille ou d'une femme d'être soumise à une MGF se rapporte au motif de l'appartenance à un certain groupe social, mais également à ceux relatifs aux opinions politiques et à la religion*[295].

Jusqu'à maintenant, les demandes de reconnaissance du statut de réfugié(e) présentées par des enfants ont été analysées en fonction de « l'appartenance à un certain groupe social », bien que tous les motifs de la Convention puissent être applicables[296].

En précisant la portée de ce critère, le HRC a considéré que le groupe social d'appartenance des filles qui demandent l'asile pour se soustraire aux mutilations génitales féminines varie selon les situations :

> *des groupes plus ou moins larges peuvent être identifiés, par exemple, celui des « jeunes filles » ou des « femmes » (définitions larges), ou celui des « filles appartenant à un groupe ethnique pratiquant les MGF » (définition étroite)*[297].

La taille du groupe social retenu, de l'avis du HCR, n'est pas pertinente : « Même si les persécutions sont perpétrées sur un important groupe de personnes, tel que l'ensemble de la population féminine dans une même

---

[294] UNHCR, *Guide…*, *cit.*, par. 33.

[295] UNHCR, *Note…*, *cit.*, par. 22.

[296] *Principes directeurs sur la protection internationale n° 8*, *cit.*, par. 48.

[297] « Un certain groupe social est un groupe de personnes qui partagent une caractéristique commune autre que le risque d'être persécutées, ou qui sont perçues comme un groupe par la société (…), caractéristique [qui] sera souvent innée, immuable, ou par ailleurs fondamentale pour l'identité, la conscience ou l'exercice des droits humains ». Voy. les *Principes directeurs sur la protection internationale n° 2*, *cit.*, par. 11.

tranche d'âge, ou l'ensemble des femmes appartenant à une tribu particulière, cela ne peut constituer un fondement pour refuser d'accorder une protection internationale, dans le cas où celle-ci est justifiée »[298].

Quant aux opinions politiques, il faut interpréter ce concept d'une façon large, d'autant plus qu'elles se réfèrent aux enfants : le manque de conformisme et les opinions qui sont critiques vis-à-vis de traditions ou de méthodes généralement acceptées peuvent être qualifiés de « politiques »[299].

Pour conclure ce bref aperçu du droit des réfugiés, on doit mentionner l'article 33 de la Convention de Genève de 1951 sur l'interdiction de refouler le demandeur d'asile. Les rédacteurs ont estimé que cette norme est si importante, en raison de l'objet et du but du traité, qu'ils l'ont soustraite au jeu des réserves étatiques, en vertu de l'article 42.

L'interdiction d'éloigner une personne vers un Etat où elle peut craindre pour sa vie ou sa sécurité est un principe fondamental du droit international du droits de l'homme qu'on retrouve également énoncé, comme nous l'avons vu, dans la Convention contre la torture et dans d'autres traités régionaux, ainsi que par voie jurisprudentielle (notamment celles du CCPR et de la CEDH).

Il convient néanmoins de rappeler que la valeur protégée est différente selon les contextes : si, dans les traités relatifs aux droits de l'homme, le non-refoulement vise à éviter que l'éloignement de l'individu ne prive ce dernier des garanties considérées comme fondamentales par les Etats parties, dans la Convention sur les réfugiés ce principe existe afin de garantir qu'aucun étranger non admis, ou classé comme indésirable, ne retourne de force dans une situation de préjudice grave caractérisée par la persécution, la torture ou les traitements cruels et inhumains[300].

B. Les Conventions internationales sur l'esclavage

Les normes internationales relatives à l'esclavage protègent l'enfant en tant que personne, et aussi en relation à des situations spécifiques.

Il convient d'analyser dans quelle mesure l'interdiction de l'esclavage, règle de droit international coutumier et même de « *jus cogens* »[301], peut être

[298] Voy. UNHCR, *Note..., cit.*, par. 24. La position du HCR est confortée par les références jurisprudentielles citées dans les notes de bas de page n. 64 et 65 du document.

[299] *Principes directeurs sur la protection internationale n° 8*, *cit.*, par. 45 à 47.

[300] Voy. SALERNO F., « L'obbligo internazionale di *non-refoulement* dei richiedenti asilo », *Diritti umani e diritto internazionale*, vol. 4, n° 3, 2010, pp. 487-515, spéc. pp. 492-493.

[301] L'interdiction de l'esclavage a été formulée dans l'article 4 de la Déclaration universelle des droits de l'homme de 1948. Comme le rappelle le professeur Sudre, « [l]a prohibition de cette forme d'exploitation et d'avilissement de l'homme figure dans toutes les conventions à portée générale (PIDCP, art. 8 ; CEDH, art. 4 ; CADH, art. 6, CADHP, art. 5), et est renforcée

invoquée pour soustraire l'enfant à certaines pratiques traditionnelles préjudiciables.

L'étendue de la notion d'esclavage soulève de nombreux problèmes juridiques, puisqu'au concept d'esclavage traditionnel se sont ajoutées différentes sortes de « pratiques analogues à l'esclavage » et, depuis quelques temps, la catégorie assez hétérogène des « formes contemporaines d'esclavage ».

Sans entrer dans les détails d'un débat complexe[302], nous allons prendre en considération ci-après les pratiques analogues à l'esclavage qui touchent les enfants.

L'expression « pratiques traditionnelles préjudiciables » ne fait pas partie de la terminologie des textes onusiens relatifs à l'esclavage, mais le mariage forcé et l'exploitation des enfants sous couvert d'adoption, qui sont des pratiques préjudiciables d'origine traditionnelle, rentrent aussi dans la catégorie des pratiques assimilées à l'esclavage.

A l'époque de la Société des Nations, ces deux phénomènes avaient été retenus dans une liste établie en 1924 par la Commission temporaire de l'esclavage, et ultérieurement approuvée par le Conseil de l'Organisation. La liste mentionnait en particulier, parmi les « pratiques restrictives de la liberté des personnes ou tendant à l'acquisition d'un droit de contrainte sur les personnes, en les plaçant dans une situation analogue à l'esclavage : a) L'acquisition de jeunes filles par achat déguisé sous forme de remise de dot,

---

par de nombreuses conventions spécifiques (Convention de Genève du 25 septembre 1926 relative à l'esclavage, Convention pour la répression de la traite des êtres humains et de l'exploitation de la prostitution d'autrui du 21 mars 1950, Conventions de l'OIT n° 29 concernant le travail forcé du 28 juin 1930 et n° 105 concernant l'abolition du travail forcé du 25 juin 1957, Convention internationale des droits de l'enfant du 20 novembre 1989), in SUDRE F., *Droit européen et international des droits de l'homme*, *op. cit.*, pp. 312-313. La protection contre la pratique de l'esclavage a été utilisée par la Cour internationale de Justice pour éclairer la notion d'obligation *erga omnes* dans l'arrêt Barcelona Traction *(Barcelona Traction, Light and Power, Limited, arrêt du 5 février 1970, C.I.J. Recueil 1970*, p. 33, par. 34). La « réduction en esclavage » figure en 1998 parmi les crimes contre l'humanité visés par le Statut de la Cour pénale internationale : elle est définie à l'art. 7, paragraphe 2, c) comme « le fait d'exercer sur une personne l'un quelconque ou l'ensemble des pouvoirs liés au droit de propriété, y compris dans le cadre de la traite des être humains, en particulier des femmes et des enfants ». Il convient enfin de rappeler que dans l'arrêt *Siliadin c. France* du 26 juillet 2005, la Cour européenne des droits de l'homme a affirmé que l'interdiction de l'esclavage et de la servitude (la mineure togolaise dont il était question était maintenue dans un état de servitude, et non pas d'esclavage) est « l'une des valeurs fondamentales des sociétés démocratiques » et que « les enfants et autres personnes vulnérables ont droit à la protection de l'Etat (…) les mettant à l'abri de formes aussi graves d'atteinte à l'intégrité de la personne » (par. 81-82).

[302] CAVALLO M., « Formes contemporaines d'esclavage, servitude et travail forcé : le TPIY et la CEDH entre passé et avenir », *Droits fondamentaux*, n° 6, janvier – décembre 2006, disponible sur le site Internet de la Revue, à la page http://www.droits-fondamentaux.org/spip.php?article130 (consultée pour la dernière fois le 26 octobre 2011).

étant entendu que l'on n'a pas en vue les coutumes matrimoniales régnantes [et] b) L'adoption d'enfants, de l'un ou de l'autre sexe, faite en vue de les asservir ou de disposer de leur personne »[303].

Ces formes d'esclavage ou de servitude domestique auraient du être mentionnées dans la Convention relative à l'esclavage élaborée au milieu des années 20[304] mais, durant les négociations, un désaccord se manifesta sur la nature de certaines pratiques et sur l'opportunité de les insérer dans le texte.

L'article premier retenait en effet une conception assez large d'esclavage, en le définissant comme « l'état ou la condition d'un individu sur lequel s'exercent les attributs du droit de propriété *ou certains d'entre eux* »[305] : cette reconnaissance implicite des manifestations particulières de l'esclavage fit écarter toute référence expresse aux situations d'esclavage d'enfants « déguisées » sous forme de mariage et d'adoption, et le traité se limita à imposer la suppression complète de l'esclavage *sous toutes ses formes*[306].

Le processus d'évolution du droit international relatif à l'esclavage connaît un essor important avec l'adoption de la *Convention supplémentaire relative à l'abolition de l'esclavage, de la traite des esclaves et des institutions et pratiques analogues à l'esclavage*, en 1956[307].

Cette Convention n'amende pas la définition de l'esclavage donnée à l'article premier de la Convention de 1926, mais l'élargit en imposant expressément l'abolition d'un certain nombre de pratiques « analogues à l'esclavage », qui ne sont pas sans rappeler celles contenues dans la liste de la Société des Nations :

Les Etats parties doivent prendre « toutes les mesures, législatives et autres, qui seront réalisables et nécessaires pour obtenir progressivement et aussitôt que possible l'abolition complète ou l'abandon des institutions et pratiques suivantes, là où elles subsistent encore, qu'elles rentrent ou non dans la définition de l'esclavage qui figure à l'article premier de la

---

[303] *Rapport de la Commission temporaire de l'esclavage au Conseil de la Société des Nations* (A.17.1924.VI.B), 1924, cité in NATIONS UNIES, Groupe de travail sur les formes contemporaines d'esclavage, *Examen actualisé de l'application et du suivi des conventions relatives à l'esclavage*, Commission des Droits de l'Homme, Sous-commission de la promotion et de la protection des droits de l'homme, cinquante-deuxième session, E/CN.4/SUB.2/2000/3, 26 mai 2000.

[304] Convention relative à l'esclavage, signée à Genève le 25 septembre 1926, entrée en vigueur le 9 mars 1927.

[305] C'est nous qui soulignons

[306] Article 2, alinéa *b* (italique ajouté).

[307] Convention supplémentaire relative à l'abolition de l'esclavage, de la traite des esclaves et des institutions et pratiques analogues à l'esclavage, signée à Genève le 7 septembre 1956, entrée en vigueur le 30 avril 1957.

Convention relative à l'esclavage signée à Genève le 25 septembre 1926 : c) toute institution ou pratique en vertu de laquelle (...) une femme est, sans qu'elle ait le droit de refuser, promise ou donnée en mariage moyennant une contrepartie en espèces ou en nature versée à ses parents, à son tuteur, à sa famille ou à toute autre personne ou tout autre groupe de personnes ; [et] ... d) toute institution ou pratique en vertu de laquelle un enfant ou un adolescent de moins de 18 ans est remis, soit par ses parents ou par l'un d'eux, soit par son tuteur, à un tiers, contre paiement ou non, en vue de l'exploitation de la personne, ou du travail dudit enfant ou adolescent[308].

Ce procédé, alternatif au choix qui avait été fait en 1926, est toutefois compliqué par la petite phrase de l'article premier, qui dit que les pratiques analogues à l'esclavage doivent être abolies même s'il ne s'agit pas d'esclavage au sens strict (« qu'elles rentrent ou non dans la définition de l'esclavage qui figure à l'article premier de la Convention »).

Les opinions doctrinales sont partagées entre ceux qui concluent à une extension *sic et simpliciter* de la notion d'esclavage en droit international public[309], et ceux qui au contraire écartent l'affirmation expresse d'une identité entre l'esclavage comme défini en 1926, et la nouvelle catégorie des « institutions et pratiques analogues à l'esclavage »[310], qui relèvent plutôt de la notion de servitude[311].

Tout ce qu'on peut dire est que, malgré l'absence de consensus sur la détermination exacte de leur nature, les rédacteurs de la Convention supplémentaire ont assimilé à l'esclavage certaines institutions et pratiques traditionnelles, dont les mariages forcés des femmes (y compris les mariages

---

[308] Article 1, alinéas *c* et *d* (extraits).

[309] Voy. par exemple ALLAIN J., « On the Curious Disappearance of Human Servitude from General International Law », *Journal of the History of International Law* 11 (2009), p. 304 ; LENZERINI F., « L'evoluzione contemporanea del concetto di schiavitù nel diritto internazionale consuetudinario », *Studi Senesi*, 4/2000, pp. 477 et 519-521.

[310] En ce sens voy. CAVALLO M., *op. cit.*, p. 6 ; FISCHER G., « Esclavage et droit international », *RGDIP*, 1957/1, pp. 71-101 ; SCHREIBER M., « Convention supplémentaire des Nations Unies relative à l'abolition de l'esclavage, de la traite des esclaves et des institutions et pratiques analogues à l'esclavage, *AFDI*, vol. 2, 1956, pp. 547-557. Ce dernier affirme notamment que la Convention supplémentaire avait pour objectif de combler « les lacunes apparues à la lumière de l'évolution des trente dernières années en créant certaines obligations internationales nouvelles et en étendant expressément les engagements pris à certaines institutions et pratiques analogues à l'esclavage dont il n'était pas certain que la Convention de 1926 ait visé les effets », question qui d'ailleurs « ne semble pas avoir été tranchée » (p. 553).

[311] Voy. à ce propos l'intéressant article de Jean Allain, qui démontre que la Convention de 1956, laissant de côté la servitude, alors que la Déclaration universelle des droits de l'homme l'interdisait au même titre que l'esclavage (Article 4 : Nul ne sera tenu en esclavage ni en servitude) a conduit à une fragmentation du droit international : ALLAIN J., « On the Curious Disappearance... », *op. cit.*, pp. 303-332.

que ce statut est régi, au plan universel, par la Convention sur les réfugiés adoptée sous les auspices des Nations Unies[279].

Cet instrument a été conçu, il y a soixante ans, essentiellement pour faire face au problème des réfugiés politiques dans l'Europe d'après-guerre, mais a évolué depuis : d'abord par le biais d'un Protocole qui en a supprimé les limites géographiques[280], et ensuite grâce à l'œuvre interprétative du Haut Commissariat des Nations Unies pour les réfugiés[281].

En 2007, le Comité Exécutif du Programme du Haut Commissaire des Nations Unies pour les réfugiés (ci-après Comité exécutif), organe subsidiaire de l'Assemblée générale mais qui est élu par le Conseil économique et social[282], a adopté une *Conclusion sur les enfants dans les situations à risque* dans laquelle les mutilations génitales féminines sont reconnues comme des « formes de persécution spécifiques à l'enfant »[283].

Quoique non contraignantes, les *Conclusions* du Comité exécutif influencent l'interprétation de la Convention et des obligations qui en découlent pour les Etats parties.

Dans son activité de supervision de l'application de la Convention de 1951, le Haut Commissariat a également contribué à élargir la portée du traité à des persécutions dont peuvent être victimes les enfants touchés par des pratiques traditionnelles néfastes. Le HCR a adopté un *Guide sur les procédures et les critères à appliquer pour déterminer le statut de réfugié*[284]

---

[279] Convention relative au statut des réfugiés, adoptée à Genève le 28 juillet 1951 par la Conférence de plénipotentiaires des Nations Unies sur le statut des réfugiés et des apatrides (réunie par l'Assemblée générale conformément à la résolution 429 (V) du 14 décembre 1950), entrée en vigueur le 22 avril 1954. Il n'est pas inutile de rappeler que le droit de chercher asile avait été affirmé à l'article 14 de la Déclaration universelle des droits de l'homme, ainsi libellé : « Devant la persécution, toute personne a le droit de chercher asile et de bénéficier de l'asile en d'autres pays » (par. 1).

[280] Protocole relatif au statut des réfugiés, signé à New York le 31 janvier 1967, entré en vigueur le 4 octobre 1967. Le but de ce traité est d'élargir la portée de la Convention en ce qui concerne les personnes auxquelles elle s'applique.

[281] Les fonctions du Haut Commissaire sont définies dans le *Statut de l'Office du Haut Commissaire des Nations Unies pour les réfugiés* annexe à la résolution de l'Assemblée générale 319 A (IV) du 3 décembre 1949, ainsi que dans diverses résolutions adoptées ultérieurement par cet organe.

[282] Pour plus de détails, voy. la résolution 1166 (XII) de l'Assemblée générale du 26 novembre 1957 et la résolution 672 (XXV) du Conseil économique et social du 30 avril 1958.

[283] Comité Exécutif, *Conclusion sur les enfants dans les situations à risque*, n° 107 (LVIII) – 2007. Disponible in UNHCR, Lexique des Conclusions du Comité Exécutif, Genève, 4e éd., août 2009, ou bien sur Internet à la page http://www.unhcr.org/cgi-bin/texis/vtx/refworld/rwmain?docid=471897325 (consultée le 27 octobre 2011).

[284] Voy. UNHCR, *Guide des procédures et critères à appliquer pour déterminer le statut de réfugié au regard de la Convention de 1951 et du Protocole de 1967 relatifs au statut des réfugiés* (UNHCR 1979, Réédité), Genève, 1992. Consultable à la page http://www.unhcr.org/refworld/pdfid/3ae6b32b0.pdf (dernier accès : 27 octobre 2011).

qui a été progressivement complété par des « principes directeurs sur la protection internationale ».

Les Principes directeurs de 2008, consacrés à « la persécution liée au genre » et à « l'appartenance à un certain groupe social », ainsi que ceux de 2009 sur « les demandes d'asile d'enfants »[285], fournissent des indications précieuses pour l'application aux femmes et aux filles des critères positifs de la définition de réfugié, contenue à l'article 1 A (2) de la Convention de 1951[286]. Il s'agit de la crainte fondée d'une persécution[287], de l'existence d'un motif de persécution prévu par la Convention, du fait de se trouver hors du pays dont on a la nationalité et du refus de protection de ce pays. Par ailleurs, une récente *Note d'orientation sur les demandes d'asile relatives aux mutilations génitales féminines*[288] vient aider les Etats dans les procédures de détermination du statut de réfugié pour risque de MGF.

Nous nous limiterons à évoquer quelques dispositions pertinentes de ces textes, en vertu desquelles les filles à risque de MGF devraient accéder plus facilement à la protection étatique au titre de l'asile, si elles prouvent que l'Etat dont elles ont la nationalité ne peut ou ne veut les protéger.

En effet, le droit international des réfugiés demande désormais de prendre en compte l'âge et le genre quand il s'agit d'interpréter les différents éléments constitutifs du statut de réfugié, contenus à l'article 1 A (2) de la Convention. En particulier, une fille qui a subi ou risque de subir des MGF dans son pays d'origine devrait être éligible au statut de réfugiée sans avoir à

---

[285] Voy. UNHCR, *Principes directeurs sur la protection internationale n° 1 : « La persécution liée au genre » dans le cadre de l'article 1A (2) de la Convention de 1951 et/ou son Protocole de 1967 relatifs au Statut des réfugiés*, HCR/GIP/02/01/Rev.1, 8 juillet 2008 ; UNHCR, *Principes directeurs sur la protection internationale n° 2 : « L'appartenance à un certain groupe social » dans le cadre de l'article 1A(2) de la Convention de 1951 et/ou son Protocole de 1967 relatifs au Statut des réfugiés*, HCR/GIP/02/02, 7 mai 2002, réédités le 8 juillet 2008 ; UNHCR, *Principes directeurs sur la protection internationale n° 8 : « Les demandes d'asile d'enfants » dans le cadre de l'article 1A(2) et de l'article 1(F) de la Convention de 1951 et/ou son Protocole de 1967 relatifs au Statut des réfugiés*, HCR/GIP/09/08, 22 décembre 2009.

[286] L'article 1 A (2) de la Convention est libellé comme suit : « Doit être considérée comme réfugiée toute personne qui, craignant avec raison d'être persécutée du fait de sa race, de sa religion, de sa nationalité, de son appartenance à un certain groupe social ou de ses opinions politiques, se trouve hors du pays dont elle a la nationalité et qui ne peut, ou, du fait de cette crainte, ne veut se réclamer de la protection de ce pays ».

[287] De l'article 33 de la Convention de 1951, on peut déduire que des menaces à la vie ou à la liberté pour des raisons de race, de religion, de nationalité, d'opinions politiques ou l'appartenance à un certain groupe social sont toujours des persécutions. D'autres violations graves des droits de l'homme constituent également des persécutions. Voy. UNHCR, *Guide… cit.*, par. 51.

[288] La *Note d'orientation sur les demandes d'asile relatives aux mutilations génitales féminines* a été adoptée à Genève en mai 2009 par le Haut Commissariat des Nations Unies pour les Réfugiés (Section de la politique de protection et des conseils juridiques, Division de la protection internationale). A l'instar des Principes directeurs, il s'agit de documents dans le domaine public qui sont disponibles sur le site Internet Refworld du HCR (http://www.refworld.org).

précoces et forcés des filles) et les pratiques de « confiage » visant l'exploitation des enfants.

Par la suite, ces deux pratiques ont connu une évolution différente en droit international, trouvant consécration la première en droit international des droits de l'homme, par le biais de la non-discrimination dans le cadre de la famille, et la deuxième en droit international du travail.

D'abord, les prescriptions de la Convention de 1956 visant à mettre fin aux mariages fondés sur le versement de la dot, ou d'une contrepartie quelconque[312], ont été largement reprises par la Convention de 1962 sur le consentement au mariage, l'âge minimum du mariage et l'enregistrement des mariages[313]. Ensuite, la plupart des traités onusiens relatifs aux droits de l'homme ont inclus des dispositions relatives au libre consentement des époux, donc à la fixation d'âges nubiles appropriés, et à l'enregistrement des mariages, comme nous l'avons déjà constaté[314].

Quant à la question de l'exploitation économique des enfants, elle a fait l'objet d'une attention croissante au sein de l'ONU, allant bien au-delà de l'hypothèse prévue à l'article 1, lettre d) de la Convention supplémentaire[315].

En imposant aux Etats l'abandon ou l'abolition complète des pratiques traditionnelles par lesquelles l'enfant était séparé de sa famille, et exposé à un travail domestique assimilable à l'esclavage, le législateur international avait démontré l'importance accordée aux facteurs socio-culturels qui perpétuent l'exploitation des enfants.

Mais, au fur et à mesure que la lutte contre le travail des enfants s'est imposée en tant qu'objectif global de la communauté internationale,

---

[312] Au sens de l'article 2, les Etats s'engagent à fixer des âges minimums pour le mariage, à recourir à des procédures facilitant l'expression du libre consentent des futurs époux au mariage, et à encourager l'enregistrement des mariages.

[313] Convention sur le consentement au mariage, l'âge minimum du mariage et l'enregistrement des mariages, ouverte à la signature et à la ratification par l'Assemblée générale des Nations Unies dans sa résolution 1763 A (XVII) du 7 novembre 1962, entrée en vigueur le 9 décembre 1964.

[314] Voy. PIDCP, art. 23 ; PIDESC, art. 10 ; CEDAW, art. 16.

[315] Cette norme, qui s'applique expressément aux enfants, visait implicitement la pratique des « pseuso-adoptions » c'est-à-dire la situation d'une famille, généralement en proie à des difficultés financières, qui 'confie' ou vend un enfant à une famille plus aisée, officiellement pour qu'elle l'adopte et se charge de l'éducation de l'enfant, mais où, en réalité, l'enfant travaillera sans bénéficier du même statut ni du même traitement que les enfants de la maisonnée. La pratique du confiage d'enfants et celle similaire des enfants *talibés* ont connu des dérives, si bien que des millions d'enfants se trouvent actuellement employés comme domestiques à demeure – en majorité des fillettes – ou utilisés aux fins de mendicité par des marabouts sans scrupules. Voy. DAVID WEISSBRODT ET LA SOCIETE ANTI-ESCLAVAGISTE INTERNATIONALE pour le HCDH, *Abolir l'esclavage et ses formes contemporaines*, HR/PUB/02/4, New York et Genève : Nations Unies, 2002, spéc. p. 43 et note 222.

l'attention s'est focalisée sur les facteurs économiques, laissant dans l'ombre l'aspect culturel.

Le *standard setting* au niveau universel s'est fait alors dans le cadre de l'Organisation internationale du Travail, et cela à partir de la Convention n° 138 sur l'âge minimum[316], qui contient le principe de l'abolition effective du travail des enfants (il faut tout de même reconnaître que le droit international des droits de l'homme consacre le droit des enfants d'être protégés contre l'exploitation économique)[317].

C'est justement à l'OIT qu'on doit la dernière étape de l'évolution des normes internationales relatives à l'esclavage. En effet, la Convention n° 182 de 1999[318] demande aux Etats d'éliminer les pires formes de travail des enfants, y compris

toutes les formes d'esclavage ou pratiques analogues, telles que la vente et la traite des enfants, la servitude pour dettes et le servage ainsi que le travail forcé ou obligatoire, y compris le recrutement forcé ou obligatoire des enfants en vue de leur utilisation dans des conflits armés[319].

En réalité, la Convention de l'OIT étend la définition de l'esclavage à des phénomènes que le droit international conventionnel n'avait pas encore considérés comme des pratiques « esclavagistes », et qui forment désormais une catégorie *sui generis :* les « formes contemporaines d'esclavage ».

S'agit-il d'une opportune reconnaissance de l'évolution du phénomène esclavagiste (par ailleurs souhaitée par le Groupe de travail sur les formes contemporaines d'esclavage de l'ancienne Sous-Commission de la lutte contre les mesures discriminatoires et de la protection des minorités) ou bien d'une démarche qui affaiblit la notion d'esclavage telle qu'elle est établie en droit international ? Le débat est aussi ouvert en doctrine qu'il est vivace au sein de l'ONU.

Nous nous limitons à constater que la notion de « formes contemporaines d'esclavage » n'a pas trouvé au niveau du droit international une consécration juridique en bonne et due forme[320]. Pourtant, elle englobe un

---

[316] Convention concernant l'âge minimum d'admission à l'emploi, signée à Genève le 26 juin 1973, entrée en vigueur le 19 juin 1976.

[317] Par exemple, la Convention relative aux droits de l'enfant consacre le droit de l'enfant d'être protégé contre l'exploitation économique et de ne pas être astreint à un travail comportant des risques ou susceptible de compromettre son éducation ou de nuire à sa santé ou à son développement physique, mental, spirituel, moral ou social.

[318] Convention concernant l'interdiction des pires formes de travail des enfants et l'action immédiate en vue de leur élimination, signée à Genève le 17 juin 1999, entrée en vigueur le 19 novembre 2000.

[319] *Idem*, art. 3 a.

[320] Voy. en ce sens CAVALLO, *op. cit.*

catalogue de pratiques de plus en plus vaste : aux pratiques esclavagistes citées à l'article 3 de la Convention n° 1999 de l'OIT s'ajoutent la mutilation sexuelle des enfants de sexe féminin, la prostitution enfantine, la pornographie impliquant des enfants, le trafic et la traite d'êtres humains et la vente d'organes humains, l'exploitation de la prostitution et certaines pratiques des régimes d'*apartheid* et coloniaux[321].

Ayant examiné les traités internationaux relatifs aux droits de l'homme les plus pertinents, ainsi que deux importantes conventions de droit international général, qui protègent indirectement l'enfant victime, ou à risque de subir une pratique traditionnelle préjudiciable, nous pouvons mieux apprécier la nature complexe de ces phénomènes dont l'élimination demande aux Etats un effort global et parfois concerté.

Il faut maintenant analyser le texte essentiel, la Convention internationale relative aux droits de l'enfant (CIDE) et ses importantes dispositions.

Section 2. Un sujet transversal dans la CIDE

La Convention de New York de 1989 sur les droits de l'enfant est le premier instrument international – et le seul existant au niveau universel – qui s'intéresse à la protection de l'enfant vis-à-vis des pratiques traditionnelles néfastes. Si son article 24, paragraphe 3, est à saluer en tant que disposition spécifique en la matière, malgré les limites que nous verrons (§ 1), il est opportun de l'interpréter dans le contexte plus large du traité et de ses quatre principes fondamentaux (§ 2).

§ 1. La conventionnalisation du droit de l'enfant d'être protégé contre les « pratiques traditionnelles préjudiciables » et ses limites

Quelques remarques introductives sur la genèse des droits de l'enfant sont utiles (A), si l'on veut saisir la « révolution sociale et peut-être anthropologique que signifie la proclamation des droits de l'enfant »[322]. Par ailleurs, le statut spécial de l'enfant et sa dépendance des adultes font qu'il a beaucoup de mal à se prévaloir de ses droits et à obtenir réparation en cas de violation (B)[323].

---

[321] Voy. Haut Commissariat aux Droits de l'Homme, Fiche d'information n° 14 : Formes contemporaines d'esclavage, 2004, p. 1. Consultable à la page : http://www2.ohchr.org/french/about/publications/docs/fs14_fr.htm. Dernier accès : 27 octobre 2011.

[322] YOUF D., « La Convention internationale des droits de l'enfant : ses raisons d'être », *Petites affiches*, Numéro spécial, 7 octobre 2010, n° 200, pp. 3-6, spéc. p. 3.

[323] Sur la question de la jouissance et de la justiciabilité des droits de l'enfant, voy. *infra*, Titre 2, Chapitre 2, Section 2.

A. L'importance de l'affirmation de la subjectivité juridique de l'enfant

Avant l'adoption de la CIDE, dans la plupart des sociétés, sinon toutes, les enfants étaient considérés comme des êtres en devenir, dépendants des adultes au plan matériel et ayant besoin de leur protection. Comme le relève le Comité des droits de l'enfant dans son Observation générale n° 7[324], l'enfant est pensé dans son incapacité, n'a aucun poids et reste muet et invisible au sein de la famille et dans la société : « [d]ans beaucoup de pays et de régions, au nom des valeurs traditionnelles, on met l'accent sur le fait que le jeune enfant a besoin d'apprendre et de se socialiser. Il est considéré comme sous-développé et dépourvu des capacités élémentaires de compréhension, de communication et de décision »[325].

Avant que la logique des droits de l'homme ne s'applique à l'enfant, la soumission de ce dernier à l'autorité parentale, voire paternelle, a été la règle.

En droit traditionnel africain, c'est-à-dire selon les diverses coutumes africaines auxquelles on peut reconnaître un caractère juridique, l'enfant n'est toujours pas considéré comme un titulaire de droits, mais comme l'objet de la puissance paternelle et l'avenir de la lignée[326].

Dans le passé, même dans nos cultures occidentales imprégnées de droit romain et de philosophie grecque, on estimait que l'enfant n'avait pas besoin de droits car, comme l'affirme Aristote, les parents chérissent leurs enfants comme étant quelque chose d'eux-mêmes et recherchent naturellement leur bien[327]. La conception aristotélicienne, selon laquelle il n'y a pas altérité ni distinction d'intérêts entre sujets de droits au sein de la famille, n'a été abandonnée qu'au milieu du XXe siècle.

La Déclaration des droits de l'enfant proclamée par l'ONU en 1959[328], précédée par une première Déclaration internationale adoptée par la Société des Nations en 1924[329], ouvre une brèche dans la toute-puissance du *pater*

[324] CRC, Observation générale n° 7 : Mise en œuvre des droits de l'enfant dans la petite enfance, 20 septembre 2006.

[325] *Idem*, par. 14.

[326] KERE G., « Les difficultés d'application par les Etats africains de la Convention internationale des droits de l'enfant du 20 novembre 1989, in RUBELLIN-DEVICHI J., FRANK R. (dir.), *L'enfant et les conventions internationales*, Lyon : Presses universitaires de Lyon, 1996, pp. 151-162, spéc. p. 151.

[327] ARISTOTE, *Ethique à Nicomaque*, trad. fra. TRICOT J., Paris : Librairie Philosophique Vrin, 1983, vol. 10, p. 1134.

[328] La Déclaration des droits de l'enfant a été adoptée par l'Assemblé générale le 20 novembre 1959. Elle se compose d'un Préambule et de 10 principes, dont le dernier affirme : « L'enfant doit être protégé contre les pratiques qui peuvent pousser à la discrimination raciale, à la discrimination religieuse ou à toute autre forme de discrimination ».

[329] La Déclaration de Genève affirme que « l'humanité doit donner à l'enfant ce qu'elle a de meilleur » et reconnaît en cinq articles les besoins fondamentaux de l'enfant : ceux-ci sont

familias, bien que l'accent soit mis davantage sur la protection, l'éducation et le bien-être de l'enfant que sur l'attribution de droits à celui-ci.

Si on retrouve déjà affirmés les principes de l'intérêt supérieur et celui de non-discrimination entre enfants – d'où l'abstention de l'Afrique du Sud lors du vote – il n'est pas question de reconnaître des droits à l'enfant ni de le faire participer aux décisions qui le concernent. A titre anecdotique, on rappellera qu'en 1959 le délégué français à la Commission des droits de l'homme pensait que « the child was not in a position to exercise his own rights. Adults exercised them for the child... A child had special legal status resulting from his inability to exercise his rights »[330].

Trente ans plus tard, la Convention relative aux droits de l'enfant marque l'avènement d'une ère nouvelle, puisqu'elle consacre la subjectivité juridique de l'enfant : celui-ci cesse d'être le prolongement de ses parents, ou pire un objet à leur disposition, et devient un individu habilité à faire valoir et à exercer ses droits fondamentaux[331].

Evidemment, l'importance de la relation parents-enfants n'est pas niée, mais la nouveauté de la CIDE, c'est de dissoudre l'identité entre les intérêts des parents et ceux de l'enfant.

Désormais, pour le droit international des droits de l'homme, l'enfant est une personne à part entière, a des préoccupations, des opinions et des intérêts qui lui sont propres, différents de tout autre, et doit être considéré comme un membre actif de la famille, de la communauté et de la société[332]. L'enfant est sujet de droits, et l'Etat, en tant que débiteur auquel le droit peut être opposé[333], a des obligations juridiques vis-à-vis de chaque enfant. Comme l'a souligné le Comité dans son Observation générale n° 5, « [l]a mise en œuvre des droits fondamentaux des enfants ne doit pas être perçue comme un acte de charité envers eux »[334].

---

toutefois formulés moins en termes de droits qu'en termes de responsabilités et devoirs des adultes.

[330] Cité in FREEMAN M. D. A. (ed.), *Children's Rights*, vol. I, Aldershot, Hants : Ashgate Dartmouth, 2004, p. xiii.

[331] Sur la contribution de la CIDE au changement des conceptions de l'enfance et à la fixation de l'âge de la majorité à 18 ans, voy. CITARELLA L., « L'articolo 1 della CRC : la definizione di fanciullo », in CITARELLA L., ZANGHI' C. (dir.), *20° anniversario della Convenzione delle Nazioni Unite sui diritti del fanciullo. Il diritto d'ascolto del minore*, Roma : Teseo Editore, 2009, pp. 77-90, spéc. pp. 85-86.

[332] CRC, Observation générale n° 7, *cit.*, par. 5.

[333] Le professeur Meyer-Bisch précise que « l'Etat, classiquement considéré comme premier débiteur, est en réalité le dernier garant, celui qui doit assurer que tous les acteurs jouent leur role ». Voy. MEYER-BISCH P., « Méthodologie pour une présentation systémique des droits humains », in BRIBOSIA E., HENNEBEL L. (dir.), *Classer les droits de l'homme*, Bruxelles : Bruylant, 2004, p. 66.

[334] CRC, Observation générale n° 5 : Mesures d'application générales de la Convention relative aux droits de l'enfant (art. 4, 42 et 44, par. 6), 27 novembre 2003, par. 12.

L'article 24, paragraphe 3, de la Convention engage les Etats parties à prendre « toutes les mesures efficaces appropriées en vue d'abolir les pratiques traditionnelles préjudiciables à la santé des enfants ». C'est là une obligation juridique claire, qui correspond à un droit de l'enfant d'être protégé des pratiques traditionnelles qui lui sont préjudiciables.

Nous allons donc examiner la portée exacte de ce droit (ou de cette obligation), qui complète le cadre normatif international en matière de protection de l'enfant.

B. Les difficultés intrinsèques et celles liées à la formulation de l'article 24, paragraphe 3

La disposition en question souffre d'une double limite. L'une, pour ainsi dire intrinsèque, tient au fait que l'enfant, en particulier le jeune enfant, exerce les droits qui lui sont accordés par l'intermédiaire d'autres sujets, généralement les parents, qui sont toutefois, souvent, ceux qui le soumettent aux pratiques traditionnelles néfastes. L'autre, limite majeure, dépend des choix techniques qui ont été faits au moment de la rédaction de la norme.

La Convention n'ignore pas la situation de dépendance initiale qui est celle des enfants, leur immaturité et leur vulnérabilité au début de la vie. Mais la singularité des enfants, est celle d'acquérir *progressivement* des connaissances, des compétences, notamment la capacité de comprendre et d'être conscients de leurs droits. Ainsi, la Convention demande-t-elle aux parents ou, le cas échéant, aux membres de la famille élargie ou de la communauté, de protéger, conseiller et soutenir les enfants dans l'exercice de leurs droits, d'une façon qui permette de tenir compte de leur avis et du développement de leurs capacités[335].

Si la dépendance affective et matérielle, qui caractérise notamment la petite enfance, est normale et transitoire par définition, elle constitue un obstacle à la réalisation des droits fondamentaux lorsque les enfants sont victimes de pratiques traditionnelles contraires à la dignité et à l'intégrité physique.

En effet, des études ont démontré que les pratiques préjudiciables ont lieu surtout dans le cercle de la famille ou au sein de petites communautés – c'est le cas du 'confiage', des discriminations dirigées contre les enfants dits

[335] Voy. entre autres, les articles 3, 5, 12 et 18, ainsi que l'Observation générale du CRC n° 7, *cit.*, par. 2 et 27, dans lesquels le Comité explique que les mesures que les Etats parties sont tenus de prendre doivent être adaptées au stade de développement de l'enfant, d'une manière qui corresponde au « développement de ses capacités ». Ce concept doit être vu comme un processus constructif et qui favorise l'évolution de l'enfant, sa maturation, son autonomie, aussi bien que la compréhension de ses droits et de la meilleure manière de les réaliser.

sorciers, mais aussi des mariages d'enfants – c'est-à-dire dans les milieux qui devraient concourir le plus à l'épanouissement des enfants.

Dans le cadre de la Convention, les Etats sont tenus, en vertu de l'article 37, de veiller à ce que « nul enfant ne soit soumis à la torture, ni à des peines ou traitements cruels, inhumains et dégradants », alors que l'article 19 leur fait obligation de prendre « toutes les mesures législatives, administratives, sociales et éducatives appropriées pour protéger l'enfant contre toute forme de violence, d'atteinte ou de brutalités physiques ou mentales, d'abandon ou de négligence, de mauvais traitements ou d'exploitation, y compris la violence sexuelle, pendant qu'il est sous la garde de ses parents ou de l'un d'eux, de son ou ses représentants légaux ou de toute autre personne à qui il est confié »[336].

Le Comité a souligné qu'il n'y a pas de conflit entre le respect par l'Etat du rôle primordial des parents, pour ce qui est d'assurer le développement et le bien-être de l'enfant, et l'obligation de « veiller à ce que la dignité humaine et l'intégrité physique des enfants (...) bénéficient d'une protection entière dans la famille[337] ».

Pour que les pratiques traditionnelles attentatoires à la dignité humaine ne passent pas inaperçues et puissent être efficacement combattues par les autorités, il est nécessaire que les enfants aient accès à des mécanismes de plainte.

Mais comment peuvent-ils défendre leur cause, s'ils ne connaissent pas leurs droits et sont amenés à croire que ce qui leur arrive est normal ? On sait que certaines pratiques traditionnelles jouissent d'une large acceptation sociale, et d'ailleurs le Comité ne cesse de demander aux Etats africains l'abolition des conceptions de l'enfance incompatibles avec les droits reconnus par la Convention[338].

---

[336] Article 19, premier paragraphe.

[337] CRC, Observation générale n° 8 : Le droit de l'enfant à une protection contre les châtiments corporels et les autres formes cruelles ou dégradantes de châtiments (art. 19, 28 (par. 2) et 37, entre autres), 2 mars 2007, par 26.

[338] Le Comité constate par exemple dans ses observations finales que « la population [de l'Angola] est toujours peu disposée à considérer les enfants comme des sujets de droits et à tenir compte de leurs opinions même dans les décisions et les mesures les concernant » (CRC/C/AGO/CO/2-4, 19 octobre 2010, par. 32) ; en Mauritanie, « les enfants ont rarement la possibilité d'exprimer leurs vues et (...) les attitudes sociales traditionnelles limitent l'importance donnée à ces vues, que ce soit dans la communauté, à l'école ou au sein de la famille » (CRC/C/MRT/CO/2, 17 juin 2009, par. 34) ; en République Démocratique du Congo, « l'enfant est perçu comme un objet plutôt que comme un sujet de droit, titulaire de droits » (CRC/C/COD/CO/2, 10 février 2009, par. 49). En lisant les Rapports périodiques que les Etats africains ont soumis au CRC, on apprend en outre qu'au Niger, « en vertu des conceptions traditionnelles, l'enfant doit passivement suivre la voie tracée par l'adulte » (CRC/C/NER/2, 20 novembre 2008, par. 158) ; qu'en Tanzanie, « due to tradition and customs, a child is the last member of the family to speak and be heard in the clan until he/she

En outre, il est peu probable qu'un enfant affecté par une pratique traditionnelle néfaste dénonce les auteurs des faits aux autorités publiques car, dans la plupart des cas, il ne souhaite pas la poursuite des ses parents ou d'autres membres de la famille proche.

Les indications données par le Comité à propos de la lutte contre les châtiments corporels sont facilement transposables aux pratiques traditionnelles néfastes :

Le statut de dépendance des enfants et l'intimité spécifiques unissant les membres d'une famille exigent que la décision de poursuivre les parents, ou d'intervenir officiellement dans la famille selon d'autres modalités, soit prise avec le plus grand soin. Dans la plupart des cas, il est improbable que l'ouverture de poursuites contre les parents soit dans l'intérêt supérieur de leurs enfants. Le Comité est d'avis que l'ouverture de poursuites et d'autres types d'interventions officielles (par exemple, l'éloignement de l'enfant ou l'éloignement de l'auteur des faits répréhensibles) ne devraient être envisagés que si pareille mesure apparaît nécessaire pour protéger l'enfant contre un préjudice notable et conforme à l'intérêt supérieur de l'enfant affecté. (...) L'article 9 de la Convention dispose qu'un enfant ne doit être séparé de ses parents que si cette séparation est nécessaire dans l'intérêt supérieur de l'enfant et qu'une décision dans ce sens doit faire l'objet d'un examen par l'autorité judiciaire, conformément au droit et aux procédures applicables, avec toutes les parties intéressées représentées, y compris l'enfant. Quand la séparation se justifie, des solutions autres que le placement de l'enfant en dehors de sa famille devraient être envisagées, notamment l'éloignement de l'auteur des faits en cause, une condamnation à une peine avec sursis, etc.[339]

En définitive, la reconnaissance par la CIDE d'une personnalité juridique, limitée, aux enfants est certes un pas important vers leur protection contre les pratiques traditionnelles néfastes, d'autant plus qu'une possibilité de recours individuel contre les violations des droits garantis par la Convention semble s'ouvrir devant le Comité[340]. Mais les difficultés pour ainsi dire intrinsèques liées au statut de l'enfant dans la famille et la société ne sont pas faciles à surmonter.

---

is an adult » (CRC/C/70/Add.26, 24 août 2005, par. 136) ; qu'au Burkina Faso « les droits de l'enfant tels que prévus par la CDE sont contraires aux concepts coutumiers et traditionnels de l'enfant qui n'a pas de point de vue à donner » (CRC/C/BFA/3-4, 30 mars 2009, par. 382).

[339] CRC, Observation générale n° 8, *cit.*, par. 41-42.

[340] Voy. *infra*, Titre 2, à propos du nouveau Protocole facultatif à la CIDE établissant une procédure de présentation de communications.

L'analyse juridique de l'article 24, paragraphe 3, de la Convention nous révèle comment le droit de l'enfant d'être protégé contre les pratiques traditionnelles néfastes a été conçu.

La CIDE est le premier et, à ce jour, le seul instrument universel relatif aux droits de l'homme qui demande à l'Etat de protéger l'enfant des pratiques traditionnelles néfastes[341]. Le troisième paragraphe de l'article 24 est ainsi libellé :

Les Etats parties prennent toutes les mesures efficaces appropriées en vue d'abolir les pratiques traditionnelles préjudiciables à la santé des enfants.

Ces choix rédactionnels particulièrement prudents démontrent que les parties contractantes ont eu du mal à s'entendre sur cette disposition.

En premier lieu, la norme crée une obligation pour l'Etat, au lieu d'attribuer directement un droit à l'enfant. Deuxièmement, il s'agit d'une obligation de moyens et non pas de résultat, car la disposition demande seulement d'adopter des mesures en vue d'une abolition progressive des pratiques préjudiciables[342]. Troisièmement, on ne retrouve pas de définition des actes et comportements à abolir.

En réalité, ces trois limites sont à relativiser. Pour ce qui est de le technique rédactionnelle, il s'agit essentiellement d'un problème cosmétique, puisqu'il est bien connu qu'en droit international des droits de l'homme, l'obligation étatique est le revers du droit subjectif, opposable au débiteur[343].

---

[341] Sur le continent africain, la Charte africaine des droits et du bien-être de l'enfant (CADBE) de 1990 consacre un article à la « Protection contre les pratiques négatives sociales et culturelles », l'article 21, qui est ainsi libellé : « 1. Les Etats parties à la présente Charte prennent toutes les mesures appropriées pour abolir les coutumes et les pratiques négatives, culturelles et sociales qui sont au détriment du Bien-être, de la dignité, de la croissance et du développement normal de l'enfant, en particulier : a) les coutumes et pratiques préjudiciables à la santé, voire à la vie de l'enfant ; b) les coutumes et pratiques qui constituent une discrimination à l'égard de certains enfants, pour des raisons de sexe ou autres raisons. 2. Les mariages d'enfants et la promesse de jeunes filles et garçons en mariage sont interdits et des mesures effectives, y compris des lois, sont prises pour spécifier que l'âge minimal requis pour le mariage est de 18 ans et pour rendre obligatoire l'enregistrement de tous les mariages dans un registre officiel ». Pour un aperçu du système africain de protection de l'enfant, voy. MURRAY R., *Human rights in Africa : From the OAU to the African Union*, Cambridge : Cambridge University Press, 2004, spec. pp. 163-184 ; BOUKONGOU J.-D., « Le système africain de protection des droits de l'enfant. Exigences universelles et prétentions africaines », in *Cahiers de la Recherche sur les Droits Fondamentaux*, n° 5 (L'enfant), Caen : Presses universitaires de Caen, 2006.

[342] Pour plus de détails, voy. TOBIN J., « The International Obligation to Abolish Traditional Practices Harmful to Children's Health : What Does It Mean and Require of States ? », *Human Rights Law Review*, 9 (3), 2009, pp. 373-396.

[343] « Tout droit exige la réunion de trois éléments : un sujet déterminé, un objet précis et un débiteur auquel le droit puisse être opposé », RIVERO J., *Libertés publiques*, Paris : PUF, 1983, p. 108.

Quant au contenu exact de l'obligation, les organes conventionnels onusiens ont, à plusieurs reprises, invité à ne pas interpréter les obligations juridiques incombant aux Etats d'une manière qui les priverait de tout contenu effectif[344]. D'ailleurs, même si le plein respect des droits économiques et sociaux (la disposition sur les pratiques traditionnelles préjudiciables figure est un paragraphe de l'article 24, consacré au droit à la santé) demande une action progressive de la part de l'Etat, cela n'exclut nullement des obligations à effet immédiat.

En ce qui concerne l'absence de définition des « pratiques traditionnelles préjudiciables à la santé des enfants » à abolir, là aussi l'organe de surveillance a progressivement clarifié le sens des mots, et a établi une liste des pratiques préjudiciables (*infra*).

Mais pourquoi la Convention a-t-elle utilisé une notion qui n'était pas très claire au niveau international, sans chercher à la contextualiser[345] ?

L'explication est à rechercher dans les travaux préparatoires, qui démontrent bien que la question des pratiques traditionnelles préjudiciables a fait l'objet de long débats au sein du Groupe de travail à composition non limitée chargé de l'élaboration de la Convention, notamment entre 1986 et 1987[346]. L'article 24, paragraphe 3, est le fruit d'un compromis entre la volonté de certains pays occidentaux (notamment le Royaume-Uni et les Etats-Unis) de lutter efficacement contre les « pratiques traditionnelles », et en premier lieu les MGF, et la position réaliste, voire prudente, du Sénégal, qui craignait les risques d'une prohibition explicite de pratiques culturelles largement répandues et acceptées.

La version initiale de cette disposition fut proposée par l'ONG Radda Barnen International en 1986 en tant que paragraphe à ajouter à l'article de la Convention traitant du droit à la santé[347] ; sponsorisée par le groupe des ONG pour la Convention relative aux droits de l'enfant, elle constitua la base de discussion pour la session tenue par le Groupe de travail en 1987.

En cette occasion, le Sénégal proposa une nouvelle version révisée de l'article, en net recul par rapport à la première : la nécessité d'*éradiquer* les

---

[344] Voy. notamment les Observations générales du CESCR n° 3 et 9 ; l'Observation générale du CCPR n° 31 et l'Observation générale du CRC n° 5.

[345] Voy. *supra*, Chapitre 1.

[346] Les documents pertinents sont reproduits in DETRICK S. (compiled and edited by), *The United Nations Convention on the Rights of the Child : a guide to the "Travaux préparatoires"*, Dordrecht : Martinus Nijhoff Publisher, 1992, pp. 350-352.

[347] Le projet du cinquième paragraphe à ajouter à l'article 12, proposé par Radda Barnen, était le suivant : « The State Parties to the present Convention shall seek to eradicate traditional practices harmful to the health of children and shall take all appropriate action including necessary legislative, administrative, social and educational measures to ensure that children are not subject to such practices ». Pour plus de détails, voy. *Considerations 1986 Working Group*, E/CN.4/1986/39, pp. 10-11.

pratiques traditionnelles *préjudiciables* à la santé des enfants était diluée dans l'engagement à *prendre, dans toute la mesure du possible, des mesures pour combattre* les pratiques traditionnelles qui *affectent* la santé des enfants.

Les débats investirent quasiment chaque mot de la disposition, et se focalisèrent notamment sur l'opportunité de nommer expressément la « circoncision féminine », considérée par les Etats-Unis comme « the traditional practice of greatest concern »[348]. Par ailleurs, une ONG africaine[349] attira l'attention sur une autre pratique ayant cours sur le continent et également néfaste, à savoir la préférence pour le fils, qui s'exprime à travers la nourriture, plus abondante que celle fournie à la fille.

La délégation sénégalaise était farouchement opposée à l'introduction de toute référence explicite à la circoncision féminine dans le texte, et prête à faire des concessions sur un certain nombre de termes en discussion, pourvu qu'on laisse l'expression « pratiques traditionnelles » dans le vague. Surtout, elle « counselled prudence when dealing with issues that entailed differences in cultural values, and emphasized the dangers of forcing practices into clandestinity if they were prohibited by State legislation »[350].

Différents Etats occidentaux, dont le Canada et les Pays Bas, finirent par appuyer la position du Sénégal, avec le résultat que ce pays africain influença, plus que tout autre, le libellé de ce qui devint l'article 24 paragraphe 3.

Toutefois, si l'opportunité politique contingente a empêché d'affirmer dans le texte de la Convention que la MGF est bien une pratique traditionnelle préjudiciable aux enfants, les travaux successifs du Comité ont permis de combler largement cette lacune. En effet, dans son activité de contrôle des rapports étatiques, l'organe de surveillance s'est toujours démontré sensible à cette pratique coutumière qui viole les droits des filles.

En outre, l'analyse des pratiques traditionnelles les plus disparates lui a permis d'aborder d'autres questions controversées, comme le mariage et le travail des enfants, le contenu et la durée de l'éducation, la circoncision des enfants mâles, et de préciser au fur et à mesure sa position sur la culture et les droits de l'enfant.

Ainsi, les situations que les attitudes traditionnelles déterminent pour les enfants ont-elles été passées au crible de la conception moniste ou universaliste qui est celle de la CIDE, selon laquelle partout dans le monde,

---

348 *Considerations 1987 Working Group…, cit.*, par. 25. Il est à noter que tous les représentants étatiques se réfèrent à la circoncision féminine au lieu d'utiliser l'expression « mutilation génitale féminine ». La terminologie officielle change en effet au sein des Nations Unies quelques années plus tard.

349 "The International Movement for Fraternal Union Among Races and Peoples".

350 *Considerations 1987 Working Group…, cit.*, par. 29.

les enfants doivent jouir des mêmes droits[351]. Le Comité a progressivement clarifié quelles sont les pratiques traditionnelles à abolir. Nous verrons que son interprétation extensive et évolutive de l'art. 24, paragraphe 3, a abouti sur une liste officielle des pratiques nuisibles, contenue dans l'Observation générale n° 13 de 2011.

§ 2. Les avantages de l'interprétation extensive des droits et des principes généraux reconnus dans la Convention.

Il convient d'analyser l'interprétation que le Comité des droits de l'enfant donne de l'article 24 de la Convention, et sur lequel une nouvelle observation générale est d'ailleurs à l'étude, depuis 2011 (A), avant de nous pencher sur les quatre droits garantis par la CIDE qui en sont devenus désormais des principes généraux (B).

A. L'interprétation de l'article 24

L'Observation générale n° 4 de 2003 sur la santé et le développement de l'adolescent dans le contexte de la Convention vise entre autres à « définir les principaux droits de l'homme qu'il convient de promouvoir et de protéger afin de permettre aux adolescents d'atteindre le niveau de santé le plus élevé possible, de se développer de façon équilibrée et d'être correctement préparés à entrer dans l'âge adulte et à assumer un rôle décisif dans leurs communautés respectives et dans la société au sens large »[352].

Il convient d'abord de noter que les constatations de cet organe au sujet des pratiques traditionnelles affectant la santé des enfants s'inspirent largement de celles des deux autres comités onusiens qui ont analysé le droit à la santé, tel que garanti, respectivement, « à toute personne » par l'article 12 du PIDESC (Observation générale n° 14 du CESCR) et à la « femme » par l'article 12 de la CEDAW (Recommandation générale n° 24 du CEDAW).

La première obligation incombant aux Etats parties est celle de prendre des mesures adéquates pour faire cesser les actes et activités qui menacent le droit à la vie des adolescents[353]. Le Comité se réfère expressément à l'article 19 de la Convention, qui a par la suite fait l'objet d'une Observation générale en 2011 (*infra*). Le lien entre pratiques traditionnelles préjudiciables et violence à l'encontre des enfants est désormais établi

---

[351] FREEMAN M. D. A. (ed.), *Children's Rights…*, *op. cit.*, p. x.

[352] CRC, Observation générale n° 4 (2003) : La santé et le développement de l'adolescent dans le contexte de la Convention relative aux droits de l'enfant, 1er juillet 2003, Introduction.

[353] *Idem*, par. 24.

officiellement, puisque l'organe de surveillance a inclus les premières parmi les formes de violence contre les enfants. Pour la première fois, une liste est fournie qui énumère les « pratiques préjudiciables » aux droits de l'enfant. On retrouve les pratiques « traditionnelles » suivantes, ainsi que les châtiments corporels et les autres peines cruelles ou dégradantes :

Les mutilations génitales féminines ;
Les amputations, le bandage, la scarification, les brûlures et le marquage ;
Les rites initiatiques violents et dégradants, le gavage des filles, l'engraissage, la vérification de la virginité (inspection des parties génitales des filles) ;
Le mariage forcé et le mariage précoce ;
Les crimes « d'honneur », les actes de violence commis à titre de représailles (lorsque les conflits entre deux groupes sont reportés sur les enfants des parties en conflit), les violences et les décès liés à la dot ;
Les accusations de sorcellerie et les pratiques préjudiciables y relatives, comme l'exorcisme ;
L'ablation de la luette et l'extraction de dents[354].

En deuxième lieu, le Comité des droit de l'enfant insiste sur la nécessité de garantir aux enfants l'accès aux informations nécessaires, tel que prévu par l'article 17 de la CIDE, qui est « un aspect fondamental de l'obligation qui incombe aux Etats parties de… [protéger les enfants] contre les pratiques préjudiciables à leur santé, comme les mariages précoces et les mutilations sexuelles féminines »[355]. Comme l'avaient déjà constaté les autres *treaty bodies*, l'un des meilleurs moyens de protéger les enfants, c'est de les informer d'une façon appropriée sur les risques auxquels ils sont exposés : grossesses précoces, pratiques d'avortement, VIH/sida et autres maladies sexuellement transmissibles, etc.

L'information spécifique au sujet des pratiques traditionnelles préjudiciables à la santé doit être dispensée dans le cadre des campagnes de sensibilisation, des programmes d'éducation et des dispositions législatives visant à faire évoluer les mentalités et à modifier les rôles traditionnellement dévolus aux hommes et aux femmes et les stéréotypes qui favorisent la persistance de pratiques traditionnelles préjudiciables à la santé ; le Comité va jusqu'à conseiller aux Etats parties de « favoriser la mise en place de centres d'information et de conseils pluridisciplinaires concernant les dangers de certaines pratiques traditionnelles, y compris les mariages précoces et les mutilations sexuelles féminines »[356].

[354] CRC, Observation générale n° 13, *cit.*, par. 29.
[355] CRC, Observation générale n° 4, *cit.*, par. 10.
[356] *Idem*, par. 24.

Enfin, le Comité affirme d'une manière très explicite que, dans leurs efforts pour garantir aux adolescents l'exercice de leur droit à la santé et à l'épanouissement, les Etats « doivent toujours tenir pleinement compte des quatre principes généraux de la Convention »[357], à savoir le droit à la non-discrimination de l'enfant (art. 2), l'intérêt supérieur de l'enfant (art. 3, par. 1), le droit à la vie, à la survie et au développement (art. 6) et le droit de l'enfant d'être entendu et de voir ses opinions dûment prises en considération (art. 12).

Cette liste crée une sorte de hiérarchie parmi les droits de l'enfant : le Comité leur accorde un rôle privilégié dans les rapports analysés et dans les Observations finales.

Or les pratiques traditionnelles préjudiciables sont incompatibles avec plusieurs et parfois avec la totalité de ces dispositions, qui ont été mises en évidence à partir de la première session du Comité en 1991, à l'occasion de l'élaboration des premières Directives générales concernant les rapports étatiques[358], et qui ont ensuite été constamment réaffirmées en tant que principes généraux de la Convention[359].

Il nous semble pouvoir démontrer que l'abolition de ces pratiques s'impose aux Etats parties, non seulement en vertu de l'article 24, paragraphe 3, mais surtout eu égard à l'obligation qu'ils ont de se conformer à ces principes généraux de la Convention.

B. L'interprétation des quatre principes généraux de la Convention

Chaque principe a des incidences sur les droits de l'enfant et doit être lu conjointement avec les autres pour saisir l'idéal onusien en matière de dignité et de bien-être de l'enfant : égalité dans la jouissance des droits – article 2 – (1), primauté de l'intérêt « supérieur » – article 3 – (2), garantie de la vie, de la survie et du développement harmonieux – article 6 – (3), respect de l'opinion de l'enfant – article 12 – (4). Les pratiques traditionnelles néfastes sont incompatibles avec ces principes, ainsi qu'au droit de l'enfant à jouir du meilleur état de santé possible.

---

[357] *Idem*, par. 39.

[358] Voy. Directives générales concernant la forme et le contenu des rapports initiaux que les Etats parties doivent présenter conformément au paragraphe 1 a) de l'article 44 de la Convention, CRC/C/5, 15 octobre 1991.

[359] Voy. notamment CRC, Observation générale n° 5, *cit.*, spéc. par. 12 : « L'émergence d'une démarche fondée sur les droits de l'enfant (…) est nécessaire si l'on veut appliquer d'une manière effective et intégralement la Convention, en particulier, dans l'optique des dispositions suivantes qui ont été mises en évidence par le Comité en tant que principes généraux… ».

1) Non-discrimination et « pratiques traditionnelles néfastes »

Un des objectifs de l'Obligation générale n° 7 sur la mise en œuvre des droits de l'enfant dans la petite enfance[360] est de « mettre en évidence le fait que les attentes et attitudes à l'égard des enfants varient suivant les cultures et, notamment, selon les *coutumes et pratiques locales qui doivent être respectées, sauf si elles sont contraires aux droits de l'enfant*[361]».

En particulier, le Comité encourage les Etats à tenir compte « de la situation au plan local et de l'évolution des pratiques, et à respecter les valeurs traditionnelles pour autant que celles-ci ne soient pas discriminatoires (art. 2 de la Convention), ne portent pas préjudice à la santé et au bien-être des enfants (art. 24, par. 3) et ne soient pas contraires à leur intérêt supérieur (art. 3) »[362].

Or, on sait bien que les enfants sont victimes de discrimination parce qu'ils sont des enfants et que, souvent, ils ne sont pas considérés comme des personnes.

La discrimination *de jure* est particulièrement répréhensible, mais la discrimination *de facto* qui découle de conceptions et valeurs traditionnelles n'est pas moins grave.

Le Comité, tout comme plusieurs autres organes des Nations Unies[363], accorde une attention particulière aux filles, qu'il considère comme un groupe d'enfants vulnérables aux pratiques préjudiciables, notamment celles qui comportent une alimentation insuffisante, une mutilation génitale et une privation d'accès à l'éducation[364]. A ce propos, le Comité a affirmé, dès sa première Observation générale sur les buts de l'éducation[365], que les filles doivent pouvoir bénéficier de l'éducation sans discrimination aucune.

Souvent, le fait d'être à la fois un enfant et un handicapé (ce qu'on appelle la « double discrimination ») expose l'enfant à des traitements particulièrement cruels et en compromet les perspectives de survie : les enfants albinos et ceux qui naissent avec une malformation font l'objet de discrimination, voire de meurtres, dans plusieurs pays d'Afrique[366].

---

360 CRC, Observation générale n° 7, *cit.*

361 *Idem*, par. 2, e (italiques ajoutés).

362 *Idem*, par. 8.

363 En particulier le CEDAW, la Commission de la condition de la femme et le Secrétaire général de l'ONU.

364 CRC, Obligation générale n° 7, *cit.*, par. 11.

365 CRC, Observation générale n° 1 : Les buts de l'éducation (Paragraphe 1 de l'article 29), 17 avril 2001.

366 Voy. *infra*, Seconde partie, Chapitre 2.

2) Intérêt supérieur de l'enfant et « pratiques traditionnelles néfastes »

L'intérêt supérieur de l'enfant est probablement le principe général de la Convention le mieux connu et celui qui reçoit l'application la plus vaste par les juges nationaux[367] et, depuis quelques temps, régionaux[368]. La notion est assez complexe, pouvant faire l'objet de deux approches qui se conjuguent. L'intérêt de l'enfant peut d'abord donner lieu à une appréciation abstraite, valable pour l'ensemble des enfants. Il en est ainsi de l'intérêt de l'enfant de ne pas subir de mauvais traitements[369] ou de ne pas être séparé de ses parents. Cette détermination abstraite de l'intérêt de l'enfant évolue cependant en fonction des conceptions éducatives et morales. Ensuite, l'intérêt de l'enfant peut correspondre à une appréciation concrète d'une situation précise[370].

Le Comité prend en considération ce double aspect. D'une part, il pose en principe l'intérêt de l'enfant d'être protégé contre toutes les formes de violence ; d'autre part, il donne des indications aux acteurs concernés pour apprécier l'intérêt supérieur d'un enfant *in concreto*.

Malgré le fait que l'article 3, paragraphe 1, de la Convention s'adresse aux instances étatiques gouvernementales, parlementaires et judiciaires, leur demandant de se conformer systématiquement au principe de l'intérêt supérieur de l'enfant dans leurs décisions et actes, le Comité a dégagé de cette disposition un principe général crucial, qui s'applique dans n'importe quel contexte, à savoir « l'obligation (...) de faire de l'intérêt supérieur de l'enfant une considération primordiale dans toutes les décisions qui concernent les enfants »[371].

Les références textuelles multiples à l'intérêt supérieur de l'enfant dans le cadre familial éclairent la conception des rapports parents-enfants.

---

[367] Voy. entre autres l'affaire jugée en 2006 par la *High Court of Kenya* de Nairobi : *RM v Attorney-General*, civil case 1351 of 2002, 1 December 2006. Le juge invoque à plusieurs reprises le principe de l'intérêt supérieur de l'enfant (« best interest of the child »), tel qu'énoncé à l'article 3, mais également à l'article 18, par. 1, de la CIDE, ainsi qu'à l'article 4 de la CADBE (par. 50, 52, 61, 72, 77 et 81). L'arrêt est reproduit dans le *African Human Rights Law Report 2006*, Pretoria : Pretoria University Law Press (PULP), 2008, pp. 256-280.

[368] Depuis l'arrêt *Mubilanzila Mayeka et Kaniki Mitunga c. Belgique* du 12 octobre 2006, la Cour européenne des droits de l'homme utilise le principe de « l'intérêt supérieur de l'enfant garanti par l'article 3 de la CIDE » dans toutes les affaires concernant les relations parents-enfants.

[369] Voy. à ce propos l'intéressante affaire jugée à Strasbourg en 1993, *Costello-Roberts v. Royaume-Uni*, dans laquelle la Commission européenne des droits de l'homme renvoyait à l'article 19 de la CIDE pour affirmer la responsabilité de l'Etat eu égard à l'obligation de prévenir et de punir les mauvais traitements infligés à un enfant de 9 ans par son père.

[370] GOUTTENOIRE A., « Le domaine de l'article 3-1 de la CIDE : la mise en œuvre du principe de primauté de l'intérêt supérieur de l'enfant », *Petites affiches*, Numéro spécial, 7 octobre 2010, n° 200, pp. 24-27, spéc. p. 24.

[371] CRC, Observation générale n° 8, *cit.*, par. 26.

La Convention dispose (...), en son article 18, que les parents doivent être guidés avant tout par l'intérêt supérieur de l'enfant. L'interprétation de l'intérêt supérieur de l'enfant doit toutefois être compatible avec l'ensemble de la Convention, en particulier l'obligation de protéger l'enfant contre toutes les formes de violence et la nécessité de prendre dûment en considération les opinions de l'enfant eu égard à son âge et à son degré de maturité ; l'intérêt supérieur ne saurait servir à justifier certaines pratiques, dont les châtiments corporels et autres formes cruelles de châtiments, attentatoires à la dignité humaine de l'enfant et au droit à l'intégrité physique de sa personne[372].

En d'autres termes, le droit international respecte le rôle et les responsabilités de la famille, mais impose la primauté de l'intérêt supérieur de l'enfant, qui s'apprécie eu égard à l'ensemble de la Convention.

Ainsi compris, ce principe est un garde-fou destiné à éviter tout abus.

Puisque l'intérêt supérieur de l'enfant implique le respect des autres droits garantis par la Convention, les parents ne peuvent justifier le maintien de pratiques discriminatoires ou préjudiciables à la santé des enfants sous prétexte qu'il est dans l'intérêt de l'enfant de se conformer à la tradition[373]. Comme l'a confirmé tout récemment le CRC, « [l]'appréciation de l'intérêt

---

[372] *Ibidem.*

[373] Dans son Observation générale n° 8 (par. 28 et 29), le CRC précise les droits et devoirs incombant à la famille en matière de protection des enfants contre les châtiments corporels : « En vertu de l'article 5 de la Convention, les Etats sont tenus de respecter la responsabilité, le droit et le devoir qu'ont les parents de donner à leur enfant, d'une manière qui corresponde au développement de ses capacités, l'orientation et les conseils appropriés à l'exercice des droits que lui reconnaît la Convention. Là encore, l'interprétation de l'expression « l'orientation et les conseils appropriés » doit être compatible avec l'ensemble de la Convention et ne laisse pas la moindre place à une quelconque justification de formes de discipline violentes ou d'autres formes de discipline cruelles ou dégradantes. Certains avancent des arguments liés à la foi pour justifier les châtiments corporels, faisant valoir que certaines interprétations des textes religieux non seulement justifient leur usage mais imposent le devoir d'en faire usage. Le Pacte international relatif aux droits civils et politiques (art. 18) garantit à chacun la liberté de conscience religieuse, mais la pratique d'une religion ou d'une conviction doit être compatible avec le respect de la dignité humaine et de l'intégrité physique d'autrui. La liberté de pratiquer sa religion ou ses convictions peut être légitimement restreinte dans le souci de protéger les libertés et droits et fondamentaux d'autrui. Le Comité a relevé que dans certains Etats des enfants, parfois dès un très jeune âge ou à compter du moment où ils sont considérés comme pubères, sont susceptibles d'être condamnés à des châtiments d'une violence extrême, notamment la lapidation et l'amputation, que prescrivent certaines interprétations du droit religieux. Pareils châtiments sont à l'évidence contraires à la Convention et aux autres instruments internationaux relatifs aux droits de l'homme, comme l'ont aussi souligné le Comité des droits de l'homme et le Comité contre la torture, et doivent être interdits ».

supérieur d'un enfant par un adulte ne peut primer l'obligation de respecter tous les droits de l'enfant reconnus par la Convention »[374].

3) Vie, survie et développement de l'enfant et « pratiques traditionnelles néfastes »

On en vient ainsi au troisième principe général de la Convention, selon lequel les Etats « reconnaissent que tout enfant a un droit inhérent à la vie » et assurent « dans toute la mesure possible la survie et le développement de l'enfant »[375].

Non seulement il n'y a pas de cloison étanche entre les différents droits garantis par l'article 6, mais ce dernier est étroitement lié à d'autres normes et principes de la Convention.

Nous essayerons de démontrer que la lecture extensive que le Comité fait de l'article 6 renforce et complète la protection des enfants des pratiques traditionnelles néfastes, telle qu'elle résulte de l'article 24, paragraphe 3 : les pratiques *préjudiciables à la santé* des enfants sont à abolir, à l'instar de celles qui en menacent la vie et la survie (infanticides rituels, accusations de sorcellerie, prélèvement d'organes d'albinos), ou qui entravent le développement psychosocial de l'enfant sans forcément nuire à sa santé physique (mariages/grossesses précoces et forcées, privation d'accès à l'éducation, diverses formes de discrimination).

Le terme « développement » englobe en effet celui de santé, si on l'interprète selon les indications de l'organe conventionnel, à savoir « au sens le plus large et en tant que concept global, embrassant le développement physique, mental, spirituel, moral, psychologique et social » de l'enfant[376].

Le Comité a opportunément précisé que la notion de développement de l'enfant est influencée par le contexte dans lequel il vit et dépend d'un grand nombre de facteurs : « La croissance et le développement des jeunes enfants varient selon leur nature, leur sexe, leurs conditions de vie, leur structure familiale, le cadre de prise en charge et le système éducatif [et] … sont fortement influencés par les conceptions culturelles quant à leurs besoins, à la façon dont il convient de les traiter et à leur rôle actif au sein de la famille et de la communauté »[377].

---

[374] CRC, Observation générale n° 13, *cit.*, par. 61. Le Comité avait déjà fait des considérations similaires dans son Observation générale n° 8 sur le droit de l'enfant à une protection contre les châtiments corporels (par. 26).

[375] Convention relative aux droits de l'enfant, article 6, paragraphes 1 et 2.

[376] CRC, Observation générale n° 5, *cit.*, par. 12.

[377] CRC, Observation générale n° 7, *cit.*, par. 6, lettres f) et g).

Le développement optimal de l'enfant demande à l'Etat un large éventail de mesures positives[378] pour le protéger et prévenir les violations irréversibles de son droit à l'épanouissement. Selon une partie de la doctrine, favoriser le développement de l'enfant, c'est aussi préserver ses droits en puissance (*rights-in-trust*) ou droits à un futur ouvert (*right to an open future*), qui pourront être exercés une fois l'âge adulte atteint[379] : or la presque totalité des pratiques traditionnelles préjudiciables interfèrent négativement sur l'enfant, en le privant du droit à l'intégrité physique, des capacités sexuelles et reproductives et en définitive des possibilités de s'épanouir dans la vie[380].

Il résulte de plusieurs dispositions de la Convention, et notamment de l'article 18[381], que le rôle primordial dans la croissance et le développement de l'enfant revient aux parents, et plus généralement aux adultes qui ont la

---

[378] Le Comité en a suggérées plusieurs, dans son Observation générale n° 7 (par. 10) : « Les Etats parties sont exhortés à prendre toutes les mesures possibles pour améliorer les soins périnatals aux mères et aux nourrissons, réduire la mortalité infanto-juvénile et créer des conditions propres à assurer le bien-être de tous les jeunes enfants pendant cette période décisive de leur vie. (...) Assurer la survie et protéger la santé publique sont certes des priorités, mais les Etats parties doivent garder à l'esprit que l'article 6 englobe tous les aspects du développement et que la santé et le bien-être psychosocial du jeune enfant sont interdépendants à maints égards. L'une et l'autre peuvent être compromis par des conditions de vie difficiles, la négligence, l'indifférence, les mauvais traitements et des possibilités limitées d'épanouissement. (…) Le Comité rappelle aux Etats parties (et aux autres parties prenantes) que le droit à la survie et au développement ne peut être réalisé que de manière holistique, en mettant en œuvre toutes les autres dispositions de la Convention, notamment droits à la santé, à une alimentation adéquate, à la sécurité sociale, à un niveau de vie suffisant, à un environnement sain et sûr et à l'éducation et aux loisirs (art. 24, 27, 28, 29 et 31), ainsi qu'en respectant les responsabilités des parents et en assurant une aide et des services de qualité (art. 5 et 18) ».

[379] Voy. FEINBERG J., « A Child's Right to an Open Future », in AIKEN W., LA FOLLETTE H. (eds.), *Whose Child ? Parental Rights, Parental Authority and State Power*, Totowa, New Jersey : Littlefield, Adams, and Co., 1980, pp. 124-153, ainsi que ARCHARD D. W., « Children's rights », *The Stanford Encyclopedia of Philosophy* (Summer 2011), disponible à la page http://plato.stanford.edu/entries/rights-children/ (consultée pour la dernière fois le 25 octobre 2011).

[380] Depuis l'adoption de la CIDE, la Cour européenne des droits de l'homme tend à faire prévaloir l'intérêt objectif du mineur à recevoir une éducation sur les convictions philosophiques et religieuses des parents qui vont dans le sens contraire. Voy. pour des exemples jurisprudentiels RUSSO D., « Diritti dei minori e diritti dei genitori nelle scelte relative all'istruzione », *Rivista di diritto internazionale*, Vol. XCII, 2009, pp. 94-109.

[381] 1. Les Etats parties s'emploient de leur mieux à assurer la reconnaissance du principe selon lequel les deux parents ont une responsabilité commune pour ce qui est d'élever l'enfant et d'assurer son développement. La responsabilité d'élever l'enfant et d'assurer son développement incombe au premier chef aux parents ou, le cas échéant, à ses représentants légaux. Ceux-ci doivent être guidés avant tout par l'intérêt supérieur de l'enfant. 2. Pour garantir et promouvoir les droits énoncés dans la présente Convention, les Etats parties accordent l'aide appropriée aux parents et aux représentants légaux de l'enfant dans l'exercice de la responsabilité qui leur incombe d'élever l'enfant et assurent la mise en place d'institutions, d'établissements et de services chargés de veiller au bien-être des enfants (…).

charge d'un enfant) ; l'Etat doit veiller à ce que ces derniers élèvent et guident l'enfant ayant toujours à l'esprit la réalisation de ses droits, son intérêt supérieur, ainsi que les opinions que celui-ci est capable d'exprimer[382].

Le Comité a souligné depuis sa première Observation générale sur les buts de l'éducation qu'il existe un lien indissociable entre développement de l'enfant et respect du droit à l'éducation. Cette dernière, qui englobe l'enseignement scolaire aussi bien que les expériences de vie et les processus d'apprentissage qui permettent aux enfants de se développer, doit être « axée sur l'enfant, adaptée à ses besoins et autonomisante »[383].

Le lien entre éducation et développement est explicité à l'article 29, par. 1 : « Les Etats parties conviennent que l'éducation de l'enfant doit viser à : a) favoriser l'épanouissement de la personnalité de l'enfant et le développement de ses dons et de ses aptitudes mentales et physiques, dans toute la mesure de leurs potentialités ». Dans l'Observation générale n° 1 sur les buts de l'éducation, il est expliqué que l'objectif est de « développer l'autonomie de l'enfant en stimulant ses compétences, ses capacités d'apprentissage et ses autres aptitudes, son sens de la dignité humaine, l'estime de soi et la confiance en soi » et de le faire d'une façon qui soit axée sur l'enfant, adaptée à ses besoins et qui reflète les droits et la dignité inhérente de l'enfant[384].

Il convient enfin de rappeler que le Comité recommande aux Etats d'enregistrer tous les enfants à la naissance, l'enregistrement étant la « première étape pour garantir le droit à la survie, au développement et à l'accès à des services de qualité pour tous les enfants (art. 6) »[385].

4) Respect de l'opinion de l'enfant et « pratiques traditionnelles néfastes »

Si la Convention fait du droit de l'enfant d'être entendu et d'être pris au sérieux un principe fondamental, c'est parce qu'elle reconnaît que l'enfant est capable d'avoir des opinions, des intérêts, et doit donc participer aux décisions qui le concernent[386].

A l'instar du droit à la liberté d'expression, énoncé à l'article 13, le principe du respect de l'opinion de l'enfant est une nouveauté en droit

---

[382] Voy. *infra*, sur l'article 12 de la CIDE.
[383] CRC, Observation générale n° 1, *cit.*, par. 2.
[384] Voy. entre autres CRC, Observation générale n° 7, *cit.*, par. 28.
[385] *Idem*, par. 25.
[386] TURKI BEN CHEIKH H., « Is children's participation a right or a favour ? », *Mediterranean Journal of Human Rights*, Vol. 11, No 1, pp. 219-236.

international des droits de l'enfant[387], et reflète la volonté des rédacteurs de la CIDE d'en finir avec l'approche purement paternaliste des problèmes relatifs à la tutelle du mineur[388].

La lecture de l'article 12 suggère des considérations relatives à la portée et au but de ce droit de participation[389].

En premier lieu, le droit de l'enfant d'être entendu se dédouble en un droit d'être consulté sur les questions l'intéressant et en un droit à ce que les opinions exprimées soient dûment prises en considération. Le fait d'associer l'enfant aux processus de prise de décision des pouvoirs publiques le rend « participant actif à la protection et à la surveillance de ses propres droits (...). Le fait d'écouter les enfants ne doit pas être considéré comme un objectif en soi mais plutôt comme un moyen pour les Etats de faire en sorte que leur interaction avec les enfants et leur action en leur faveur soient davantage axées sur l'application des droits de l'enfant »[390].

Notons à ce propos la différence avec l'article 13 de la CIDE, qui ne demande pas un tel engagement ou une telle réponse de la part des Etats, leur imposant essentiellement de s'abstenir de toute ingérence dans l'expression des opinions de l'enfant[391].

Deuxièmement, le principe énoncé à l'article 12 trouve application dans les contextes les plus divers : si le second paragraphe évoque notamment « la possibilité [pour l'enfant] d'être entendu dans toute procédure judiciaire ou administrative l'intéressant », les choix rédactionnels du premier paragraphe [392], ainsi que plusieurs autres dispositions de la Convention, indiquent qu'il revient à la famille de créer les conditions pour que l'enfant

---

[387] Par exemple, ces droits ne figurent pas dans la Déclaration onusienne des droits de l'enfant de 1959.

[388] ATTANASIO M., PITRONE A., « L'articolo 12 e l'interpretazione del diritto d'ascolto nel quadro dell'attività del Comitato delle Nazioni Unite sui diritti dell'infanzia », in CITARELLA L., ZANGHI' C. (dir.), *20° anniversario della Convenzione delle Nazioni Unite sui diritti del fanciullo. Il diritto d'ascolto del minore*, Roma : Teseo Editore, 2009, pp. 115-145, spéc. p. 117.

[389] Surtout dans la littérature anglophone, les droits garantis par la Convention sont souvent regroupés en trois grandes catégories appelées les « 3p » : protection, prestations et participation.

[390] CRC, Observation générale n° 5 , *cit.*, par. 12.

[391] Voy. pour plus de détails, CRC, Observation générale n° 12 (2009) : Le droit de l'enfant d'être entendu, 20 juillet 2009, par. 81.

[392] Une première version de l'article 12 (appuyée par la Pologne, l'Australie et les Etats-Unis) consacrait le droit du mineur d'exprimer son opinion sur les questions l'intéressant telles que le mariage, les traitements sanitaires, l'éducation, les loisirs. Toutefois, cette façon de limiter le droit de l'enfant d'être entendu rencontra l'opposition de plusieurs délégations au sein du Groupe de travail chargé de la rédaction de la CIDE, et la liste contenue à l'article 12 fut effacée. L'actuel article 12 (paragraphe 1) est ainsi libellé : « Les Etats parties garantissent à l'enfant qui est capable de discernement le droit d'exprimer librement son opinion sur toute question l'intéressant, les opinions de l'enfant étant dûment prises en considération eu égard à son âge et à son degré de maturité ».

exprime librement ses opinions. « Milieu naturel pour la croissance et le bien-être » de l'enfant[393], celle-ci doit fonctionner comme un modèle participatif de société, et les parents doivent fournir l'orientation et les conseils appropriés aux capacités de l'enfant, afin de contribuer à son développement harmonieux[394].

On en vient ainsi à la troisième caractéristique du droit au respect de l'opinion de l'enfant : la progressivité. Même si la Convention ne fait pas de différence *a priori* entre bébés et adolescents, elle suggère néanmoins d'apprécier les opinions qui sont exprimées sur la base de l'âge et du degré de maturité de l'enfant. En d'autres mots, au « développement des capacités » (*evolving capacities*, en anglais) de l'enfant correspond la « courbe descendante de l'influence des adultes »[395].

Concrètement, quel est le but de l'article 12 et pourquoi imposerait-il à l'Etat l'abolition des pratiques traditionnelles néfastes et lesquelles ?

Il convient de s'entendre sur le sens profond de cette disposition, qui risque de susciter la réprobation générale, et notamment celle des africains, si elle est interprétée comme une affirmation de l'« enfant roi » ou du « *child power* »[396]. Les droits dont il est question dans les deux paragraphes de l'article 12 ne reconnaissent à l'enfant ni un droit à l'autodétermination, ni la pleine autonomie ; ils n'attribuent pas aux enfants le pouvoir de contrôle sur toutes les décisions qui les concernent, quelles qu'en soient les conséquences pour eux-mêmes et pour les autres, mais garantissent seulement la participation responsable des enfants capables de discernement aux processus décisionnels qui les intéressent[397].

Contre la maxime ancienne selon laquelle « les enfants doivent être regardés et non pas écoutés »[398], le Comité prône la participation, à savoir « des processus continus, qui comprennent le partage d'informations et le dialogue entre enfants et adultes, sur la base du respect mutuel, et par

---

393 Préambule de la CIDE, cinquième alinéa.

394 Par ailleurs, le Comité souligne, dans son Observation générale n° 12 (précitée), l'importance du lien entre l'article 12 et l'article 5 : voy. spéc. par. 69, et 90 à 96.

395 Voy. en ce sens les déclarations de M. Jean Zermatten (vice-président du CRC à l'époque) lors du discours introductif sur les trois thèmes « Dignité, Développement et Dialogue » à l'occasion du vingtième anniversaire de la Convention relative aux droits de l'enfant, Genève, 8 octobre 2009.

396 Voy. les discussions entre le Comité des droits de l'enfant et la délégation du Burkina Faso, CRC/C/SR.136, 12 avril 1994, notamment par. 51 : (Mme Santos Pais) « It was important, in striving to implement the Convention's provisions, to promote the true spirit of that instrument to the effect that it was not a question of seeking "child power" but of showing that upholding the rights of the child strengthened the rights of the entire family, and that, with regard to parenthood, the emphasis should not be on authority but responsibility ».

397 ATTANASIO M., PITRONE A., *op. cit.*, p. 132.

398 HART S. N., « Making Sure the Child's Voice is Heard », *International Review of Education/Revue Internationale de l'Education*, Vol. 48 (3-4), juillet 2002, pp. 251-258, spéc. p. 253 ; LANSDOWN G., *Promouvoir la participation des enfants au processus décisionnel démocratique*, Firenze : UNICEF-Centro di Ricerca Innocenti, 2001, p. 1.

lesquels les enfants peuvent apprendre comment leurs vues et celles des adultes sont prises en compte et influent sur le résultat de ces processus »[399].

Au vu de ces considérations, nous estimons que l'article 12, et la Convention dans son ensemble, s'opposent radicalement à toutes les idées traditionnellement acceptées, aux attitudes et pratiques coutumières qui ignorent la dignité et le point de vue personnel des enfants et les empêchent de jouer un rôle actif dans leur vie quotidienne.

Le droit fondamental des enfants de participer aux processus décisionnels qui les concernent est bafoué dans les situations où les filles subissent des mutilations génitales, sont gavées de force ou soumises à l'inspection des parties génitales pour en vérifier la virginité ; quand les enfants ne peuvent se soustraire aux rites initiatiques, y compris violents et dégradants, ayant cours dans leur société ; et quand des choix aussi décisifs pour leur avenir que ceux de la personne à épouser et du moment du mariage leur sont imposés.

Pour permettre véritablement l'application de l'article 12, le Comité invite les Etats à démanteler tous les obstacles juridiques, politiques, économiques, sociaux et culturels qui empêchent les enfants d'être entendus aussi souvent qu'il devraient l'être et de participer aux décisions les concernant[400]. En particulier, le Comité insiste sur les mesures préventives appropriées pour « sensibiliser et éduquer la société au sujet de l'impact négatif de ces attitudes et pratiques » et pour aider les filles à exercer ce droit[401].

Tout en figurant dans une seule disposition de la Convention relative aux droits de l'enfant, l'abolition des pratiques traditionnelles néfastes est un objectif qui découle implicitement de l'ensemble des droits et des principes du traité.

En effet, dans la plupart des sociétés, le statut de l'enfant ainsi que les relations adultes/enfants doivent changer. La reconnaissance de droits aux enfants n'implique nullement la limitation des responsabilités et de l'autorité des parents. Ce que la Convention demande en revanche, c'est une collaboration plus étroite entre adultes et enfants, fondée sur le respect de la dignité et de l'individualité de l'enfant.

Si les adultes doivent aider les enfants à exercer tous les droits énoncés dans la CIDE, y compris le droit à la santé, auquel l'abolition des pratiques traditionnelles nocives est liée, et l'ensemble des principes généraux, il n'y a

---

[399] CRC, Observation générale n° 12, *cit.*, par. 3.

[400] *Idem*, par. 135.

[401] C'est pourquoi le Comité recommande aux Etats parties « d'accorder une attention particulière au droit des filles d'être entendues, d'être aidées, si nécessaire, à exprimer leur opinion et à voir leur opinion dûment prise en considération, alors que les stéréotypes sexistes et les valeurs patriarcales compromettent et restreignent grandement l'exercice par les filles des droits consacrés par l'article 12 ». Observation générale n° 12, *cit.*, par. 76-77.

pas de place pour les pratiques traditionnelles qui sont discriminatoires, violent l'intérêt supérieur de l'enfant ou entravent son développement et son droit de participer.

Conclusion du Chapitre 2

A la lecture de l'ensemble des instruments internationaux des droits de l'homme, il semble évident que, si la conciliation entre les pratiques traditionnelles et les droits universellement garantis n'est pas possible, l'Etat doit tout mettre en œuvre pour abolir les pratiques nuisibles.

Non seulement il est responsable, par le biais d'obligations conventionnelles multiples, des MGF et des autres pratiques traditionnelles néfastes commises par des particuliers sur son territoire, mais il est parfois tenu d'accueillir les enfants étrangers qui seraient à défaut soumis à des pratiques assimilables à la torture.

Conclusion du Titre 1

La dispersion des normes internationales relatives à la protection des enfants vis-à-vis des pratiques traditionnelles préjudiciables, sans compter les nombreux instruments non contraignants (recommandations, plans d'action, déclarations interinstitutions), peut sans doute apparaître comme une production inflationniste. Mais c'est le système onusien de protection des droits de l'homme lui-même qui est complexe, non sans raison, comme le démontre l'échec de toute tentative de le réformer en profondeur.

Chaque traité a ses objectifs et est proposé à l'acceptation des Etats, avec en plus les possibilités d'acceptation « à géométrie variable » que représentent les réserves, mais aussi les éventuels protocoles additionnels, y compris ceux qui établissent les mécanismes de contrôle sur lesquels nous allons maintenant nous pencher.

Titre 2. Les contrôles organisés dans le système onusien de protection des droits de l'homme

Le système de protection onusien des droits de l'homme comporte deux grandes typologies de contrôles : les contrôles non contentieux (Chapitre 1) et les contrôles contentieux (Chapitre 2).

Si ceux qui appartiennent à la première catégorie sont bien établis et fonctionnent depuis plusieurs décennies au sein de l'ONU, la protection (quasi)juridictionnelle, qui était assez exceptionnelle au niveau universel, a récemment connu un important essor, y compris en ce qui concerne les droits de l'enfant.

Chapitre 1. Des contrôles non contentieux bien établis

Le système onusien de protection des droits de l'homme offre une panoplie de procédures non contentieuses qui ont pour but de contrôler que les Etats observent leurs engagements internationaux, tout en développant le dialogue constructif.

Les mécanismes qui actuellement permettent à l'Organisation de surveiller le respect de l'interdiction de soumettre les enfants à des pratiques traditionnelles néfastes peuvent être distingués en deux typologies, qui se complètent utilement.

D'une part, les Etats qui ont accepté les principaux traités en matière de protection des droits de l'homme sont soumis au contrôle périodique, par voie de rapports, des *treaty bodies* chargés de veiller à la mise en œuvre des conventions respectives (Section 1).

D'autre part, tous les Etats membres de l'ONU sans exception sont soumis, en vertu de la Charte institutive, aux procédures de contrôle organisées au sein du Conseil des droits de l'homme et des organes spéciaux indépendants que ce dernier a créés (Section 2).

Section 1. Le contrôle conventionnel sur rapports

La procédure de surveillance de l'application des traités de protection des droits de l'homme repose, d'une part, sur l'obligation faite aux Etats parties de rendre compte, par le biais de rapports périodiques, de la mise en œuvre des dispositions conventionnelles et, d'autre part, sur l'examen contradictoire de ces rapports qui a lieu devant les comités compétents.

La première étape du contrôle se présente donc comme un « examen de conscience », qui est à la fois acceptable pour l'Etat et essentiel pour l'efficacité du système (§ 1). Le dialogue qui s'instaure ensuite entre l'organe de surveillance et l'Etat partie ressemble à un « grand oral », mais qui devient de plus en plus constructif et étendu dans le temps grâce à de nouvelles procédures (§ 2).

§ 1. Une règle du jeu unique : l'obligation étatique de faire rapport

Le système de contrôle onusien basé sur les rapports repose sur une règle simple, qui est commune aux neuf principaux traités relatifs aux droits de l'homme : chaque Etat partie à une convention doit périodiquement soumettre un rapport à l'organe chargé de la surveillance de la convention.

Alors que les Etats parties peuvent accepter ou rejeter d'autres techniques de surveillance de l'application du traité, le contrôle sur rapports est obligatoire.

Au sein de l'ONU, les normes conventionnelles qui prescrivent cette obligation étatique en matière d'établissement des rapports présentent de grandes similitudes, et quelques différences. La préparation d'un rapport, d'un point de vue formel et substantiel, est soumise également à des règles et pratiques qui se sont développées au sein de chaque comité et qu'on essaie aujourd'hui d'harmoniser.

Dans un premier temps, nous passerons en revue les dispositions qui prévoient l'obligation d'établissement des rapports, en analysant les caractéristiques de cette étape du contrôle particulièrement respectueuse de la souveraineté de l'Etat (A). Ensuite, nous étudierons la manière dont les comités onusiens ont précisé les normes conventionnelles relatives à la forme et au contenu des rapports, pour obtenir des Etats un maximum de coopération (B).

A. Les assurances d'impartialité offertes à l'Etat sur qui pèse l'obligation de faire rapport

A l'ONU, la création des mécanismes conventionnels, non contentieux, de contrôle sur rapports est allée de pair avec l'énonciation de nouveaux droits.

Dès le départ, on a obligé les Etats à rendre compte de l'application des traités relatifs aux droits de l'homme auxquels ils étaient parties par le biais de rapports périodiques, alors que le contrôle de nature juridictionnelle n'était pas encore envisagé – tout comme dans le système de protection africain des droits de l'homme que nous avons connu jusqu'aux années 2000[402] – ou bien était purement facultatif[403].

Le fondement juridique de cette obligation de faire rapport se trouve toujours dans le traité. Les dispositions conventionnelles pertinentes[404] sont claires et concises ; nous allons les reproduire ci-dessous, pour nous convaincre à la fois de l'omniprésence du contrôle sur rapport et de la grande similitude de la terminologie utilisée.

Le PIDCP dispose dans les deux premiers paragraphes de l'article 40 que

---

[402] EVANS M., MURRAY R., « The State Reporting Mechanism of the African Charter », in *Idem* (eds), *The African Charter on Human and Peoples' Rights : the system in practice, 1986-2006*, 2nd ed., Cambridge : Cambridge University Press, 2008, pp. 49-75.

[403] C'est le choix retenu dans le Protocole de 1966 se rapportant au PIDCP, mais aussi dans l'article 14 de la CERD de 1965 : ces deux traités ont été pendant longtemps les seuls, au niveau universel, à autoriser le dépôt de plaintes individuelles contre les Etats parties.

[404] Nous prendrons exclusivement en considération ici les dispositions des traités, analysés dans le premier titre, qui peuvent protéger l'enfant des pratiques traditionnelles néfastes.

1. Les Etats parties au présent Pacte s'engagent à présenter des rapports sur les mesures qu'ils auront arrêtées et qui donnent effet aux droits reconnus dans le présent Pacte et sur les progrès réalisés dans la jouissance de ces droits (...).
2. Tous les rapports (...) devront indiquer, le cas échéant, les facteurs et les difficultés qui affectent la mise en œuvre des dispositions du présent Pacte.

Les Etats parties au PIDESC s'engagent, aux termes de l'article 16 du Pacte, à présenter « des rapports sur les mesures qu'ils auront adoptées et sur les progrès accomplis en vue d'assurer le respect des droits reconnus dans le Pacte ».

L'article 18 de la CEDAW précise que :

1. Les Etats parties s'engagent à présenter au Secrétaire général de l'Organisation des Nations Unies, pour examen par le Comité, un rapport sur les mesures d'ordre législatif, judiciaire, administratif ou autre qu'ils ont adoptées pour donner effet aux dispositions de la présente Convention et sur les progrès réalisés à cet égard (...).
2. Les rapports peuvent indiquer les facteurs et difficultés influant sur la mesure dans laquelle sont remplies les obligations prévues par la présente Convention.

La CAT prévoit, au premier paragraphe de l'article 19, que « [l]es Etats parties présentent au Comité (…) des rapports sur les mesures qu'ils ont prises pour donner effet à leurs engagements en vertu de la présente Convention ».

L'article 44 de la CIDE établit enfin que

1. Les Etats parties s'engagent à soumettre au Comité (...) des rapports sur les mesures qu'ils auront adoptées pour donner effet aux droits reconnus dans la présente Convention et sur les progrès réalisés dans la jouissance de ces droits (...).
2. Les rapports établis en application du présent article doivent, le cas échéant, indiquer les facteurs et les difficultés empêchant les Etats parties de s'acquitter pleinement des obligations prévues dans la présente Convention. Ils doivent également contenir des renseignements suffisants pour donner au Comité une idée précise de l'application de la Convention dans le pays considéré.

Une lecture conjointe des ces dispositions conventionnelles suggère quelques réflexions : d'une part, l'obligation étatique d'établissement de rapports apparaît indissociablement liée à l'obligation de donner effet aux normes conventionnelles ; d'autre part, le système de contrôle sur rapports s'avère fortement institutionnalisé, puisque des organes internationaux spécifiques veillent au respect des droits garantis[405].

Si les Etats parties aux principaux traités universels en matière de droits de l'homme ont opté pour ce type de contrôle, c'est parce qu'il présente suffisamment de garanties pour la souveraineté étatique : en effet, la mise en œuvre des obligations conventionnelles antérieurement consenties par les Etats est surveillée par des organes indépendants (1) et d'une manière systématique (2).

1) L'indépendance des organes de surveillance conventionnels

Même s'il faut garder à l'esprit que les organes principaux des Nations Unies (l'Assemblée générale en premier lieu, mais aussi le Conseil économique et social[406]) interviennent dans la procédure de contrôle sur rapports, il n'en demeure pas moins que leur rôle est marginal. En effet, ces organes politiques ne font que recevoir les rapports annuels sur les travaux des comités conventionnels, sans pouvoir réviser les conclusions auxquelles les experts sont parvenus[407] ; donc, les véritables destinataires des rapports étatiques sont les organes de surveillance créés en vertu des traités respectifs.

En réalité, l'institutionnalisation du système conventionnel de protection est telle qu'on ne peut dissocier l'obligation étatique en matière de présentation du rapport de l'organe ayant compétence pour recevoir et examiner le rapport.

---

[405] Selon le professeur Kerbrat, l'institutionnalisation se définit comme « l'existence d'entités internationales distinctes des Etats chargées de contrôler le respect » d'un régime de protection internationale des droits de l'homme. KERBRAT Y., « Comité des droits de l'homme et autres comités mis en place par les conventions conclues dans le cadre de l'ONU », *JurisClasseur Libertés*, fasc. 320, 2007, par. 1.

[406] Par exemple, au sens de l'article 45 du PIDCP, le Comité des droits de l'homme adresse chaque année à l'Assemblée générale des Nations Unies, par l'intermédiaire du Conseil économique et social, un rapport sur ses travaux. Voy. *Règlement intérieur du Comité des droits de l'homme*, CCPR/C/3/Rev.9, 13 janvier 2011, p. 12. Pour le Comité des droits de l'enfant, la soumission du rapport d'activité à l'Assemblée générale est biannuelle (art. 44, par. 5 de la CIDE). En revanche, le destinataire final des rapports du CESCR est le Conseil économique et social, qui garde « [d]es responsabilités dans les deux domaines suivants : contrôler la façon dont les Etats parties donnent suite à ces obligations et faciliter la réalisation des droits économiques, sociaux et culturels, conformément aux dispositions du Pacte » (CESCR, Observation générale n° 1 : Rapports des Etats parties, 24 février 1989, par. 1). La deuxième Observation générale précise que « certes la responsabilité visée à l'article 22 [du PIDESC] incombe au premier chef au Conseil économique et social, mais à l'évidence il appartient au Comité des droits économiques, sociaux et culturels de jouer un rôle actif dans ce domaine, en conseillant et en assistant le Conseil ». Voy. CESCR, Observation générale n° 2 : Mesures internationales d'assistance technique (art. 22 du Pacte), 2 février 1990, par. 1.

[407] WEBER A., *Les mécanismes de contrôle non contentieux du respect des droits de l'homme*, Paris : Pedone, 2008, p. 113.

Pourtant, le choix de créer un comité de surveillance propre à chaque nouveau traité adopté au sein de l'ONU n'allait pas de soi. La possibilité de confier le contrôle à un organe temporaire *ad hoc*, ou bien d'avoir recours à un organe préexistant, tant politique que technique, a été discutée plusieurs fois[408] ; mais les arguments en faveur de l'institution d'un nouveau comité pour contrôler l'application d'une nouvelle convention l'ont toujours emporté sur les craintes liées à la multiplication organique au sein de l'ONU. La récente proposition[409] de simplifier l'architecture institutionnelle onusienne en fusionnant les comités existants en un organe unique chargé du contrôle conventionnel (ou, du moins, de l'examen des rapports étatiques relatifs aux différents traités) a été abandonnée sans trop de discussion[410].

D'ailleurs, le système de surveillance confié par le PIDESC à un organe politique – une anomalie liée à la volonté de souligner la nature 'différente' des droits mis en cause – s'est vite démontré inadéquat : le Conseil économique et social s'est dessaisi du suivi du traité en 1987 et a créé un organe indépendant chargé de contrôler les rapports étatiques. Le Comité des droits économiques, sociaux et culturels, qui est formellement un organe subsidiaire de l'ECOSOC, est désormais considéré comme un « organe conventionnel »[411].

---

[408] *Idem*, pp. 90-92.

[409] Voy. notamment celle du Haut-Commissaire relative à la création d'un organe conventionnel permanent unifié, HRI/MC/2006/2, 22 mars 2006.

[410] L'expert du CCPR, M. Amor, a observé que « the idea of a single treaty body had offered the opportunity for a nice academic debate but the only real area for harmonisation was within the working methods of the committees. He stressed the importance of this in regard to the development of new treaty bodies, and whilst States freely accept the reporting obligations when ratifying, the committees need to be able to improve the reporting process », in *Treaty Body Monitor* (*Human Rights Monitor Series*), *Human Rights Committee 93rd session Dialogue on Working Methods, 14 July 2008*, p. 5. Disponible sur le site www.ishr.ch/hrm (consulté le 2 décembre 2011).

[411] En 1985, le groupe de travail de session créé par le Conseil économique et social pour l'assister dans l'examen des rapports présentés par les Etats parties (décision 1978/10 du Conseil économique et social en date du 3 mai 1978) a été réorganisé sur le modèle des organes conventionnels et renommé « Comité des droits économiques, sociaux et culturels » (résolution 1985/17 du Conseil économique et social du 28 mai 1985). Dans sa résolution 4/7 du 30 mars 2007, le Conseil des droits de l'homme a demandé que soit engagé « un processus visant à rectifier, conformément au droit international et en particulier au droit international des traités, le statut juridique du Comité des droits économiques, sociaux et culturels en vue de le mettre sur le même plan que tous les autres organes de suivi des traités ». A la fin de l'année, le Haut-Commissaire aux droits de l'homme a adopté un Rapport sur la rectification du statut juridique du Comité des droits économiques, sociaux et culturels (A/HRC/6/21, 7 novembre 2007, contenant des échanges de vues entre Etats ainsi qu'une contribution du Bureau des affaires juridiques). Depuis 2008, grâce au Protocole facultatif se rapportant au PIDESC, l'existence du Comité est formellement reconnue dans un instrument universel de protection.

Les autres comités conventionnels onusiens, organes subsidiaires de l'Assemblée générale, ont été établis selon un modèle bien précis, que le professeur Tavernier a qualifié de « référence institutionnelle » : le Comité des droits de l'homme[412] (le Comité pour l'élimination de la discrimination raciale le précède chronologiquement mais est calqué en réalité sur le modèle du CCPR, déjà défini par les travaux préparatoires du PIDCP, comme il a été justement observé[413]).

Leur impartialité et compétence, assurées par un certain nombre de caractéristiques communes, constituent une garantie indéniable pour les Etats contrôlés. Tout d'abord, les membres ou « experts » qui les composent, en nombre plus restreint que celui des Etats parties au traité qui les institue, représentent les différentes formes de civilisation et les principaux systèmes juridiques du monde, étant choisis selon des critères de répartition géographique équitable[414] ; il y aura donc des experts d'origine africaine.

Deuxièmement, ces comités sont composés d'experts indépendants, qui ne représentent pas ni n'agissent sur instruction de leur gouvernement. Bien qu'élus par les Etats parties, les membres des comités conventionnels se voient garantir l'indépendance dans leur fonction par une série de règles (conditions de « haute moralité » à remplir pour devenir membre et obligation d'abstention lors de l'examen du rapport et de l'adoption d'Observations finales concernant l'Etat partie qui les a proposés)[415] ; dans la pratique, le fait qu'ils ne soient pas ou peu payés pour la tâche[416], ni contraints de quitter une activité professionnelle compatible, élimine la « tentation » d'être complaisants avec l'Etat d'origine pour obtenir une réélection.

Enfin, les comités sont des organes permanents, ou « à vocation permanente », qui se réunissent à intervalles réguliers, et de plus en plus

---

412 TAVERNIER P., « Destin du Pacte international relatif aux droits civils et politiques vingt ans après son entrée en vigueur », in *Pouvoir et liberté : études offertes à Jacques Mourgeon*, Bruxelles : Bruylant, 1998, p. 486.

413 WEBER A., *Les mécanismes..., op. cit.*, p. 86.

414 Le nombre oscille entre dix (Comité contre la torture) et vingt-trois (Comité pour l'élimination de la discrimination à l'égard des femmes). Le Comité des droits de l'homme, le Comité des droits économiques, sociaux et culturels et le Comité des droits de l'enfant (depuis 2002) comptent dix-huit membres. Il convient ici d'évoquer le Sous-Comité pour la prévention de la torture, composé de vingt-cinq experts, tout en précisant qu'il ne fera pas l'objet d'analyse puisqu'il n'examine pas de rapports étatiques.

415 Pour plus de détails sur les règles propres à chaque comité, voy. KERBRAT Y., « Comité... » *op. cit.*, et EUDES M., « Les organes de surveillance des traités. Rapport général », in DECAUX E. (dir.), *Les Nations Unies et les droits de l'homme. Enjeux et défis d'une réforme*, Paris : Pedone, 2006, spéc. p. 267.

416 Les règles sont très variables, certains experts ne sont pas du tout rémunérés, d'autres perçoivent un émolument symbolique (un dollar pour les membres du CCPR) ; en général, leurs dépenses sont prises en charge par les Etats parties.

longuement et fréquemment[417] (malgré les difficultés financières), mais qui travaillent aussi en dehors des sessions officielles. Le professeur Kerbrat souligne, à ce propos, la tendance au « fonctionnement permanent des comités avec la constitution de groupes de travail de pré-session et la désignation de rapporteurs spéciaux, chargés de la préparation des séances d'examen des rapports étatiques »[418].

Si l'indépendance de l'organe de contrôle est une garantie fondamentale pour l'Etat qui établit le rapport, l'autre aspect essentiel est la neutralité des moyens et des méthodes utilisés.

2) La nature systématique du contrôle

Si les Etats sont tenus d' « honorer les obligations que leur imposent en matière de rapports les instruments des Nations Unies relatifs aux droits de l'homme »[419], ils savent que cela se fait dans le cadre d'un mécanisme respectueux de leur souveraineté.

En effet, non seulement le contrôle sur rapports s'exerce indistinctement à l'égard de toutes les parties à une convention, assurant l'égalité de statut entre Etats, mais l'approche volontariste est privilégiée, car les Etats sont maîtres du mécanisme, au stade de l'élaboration des rapports.

D'une part, comme l'affirme le professeur Charpentier, le système de surveillance reposant sur l'établissement de rapports a pour but d' « encadrer les Etats dans l'exécution d'obligations permanentes »[420] ; de ce fait, le contrôle « ne s'épuise pas en un seul exercice mais doit se renouveler au rythme de vérifications périodiques »[421]. Son caractère systématique garantit à chaque Etat contrôlé que sa situation interne soit examinée dans les mêmes conditions et avec la même fréquence que les autres Etats parties au traité.

La périodicité des rapports varie d'un instrument à l'autre. Dans la plupart des cas, le rythme du contrôle est imposé par la convention elle-même, qui fixe un véritable calendrier pour la soumission des rapports initiaux et des rapports périodiques, ce que l'on appelle habituellement la « périodicité » des rapports, en prenant pour point de départ la date d'entrée en vigueur de

---

[417] Selon les dernières estimations, « la durée totale du temps alloué pour les réunions consacrées aux travaux des organes conventionnels a augmenté au cours de la dernière décennie, passant de 51 semaines en 2000 à 72 semaines en 2011 », in *Mesures visant à améliorer encore l'efficacité, l'harmonisation et la réforme des organes de surveillance de l'application des traités*, A/66/344, 7 septembre 2011, par. 13.

[418] KERBRAT Y., « Comité... », *op. cit.*, par. 13.

[419] Résolution du Conseil des droits de l'homme, par. 8 a).

[420] CHARPENTIER J., « Le contrôle par les organisations internationales de l'exécution des obligations des Etats », *RCADI*, tome 182, 1983-IV, p. 196.

[421] *Idem*, p. 197.

l'instrument pour l'Etat partie considéré ; dans les cas où le traité n'a rien prévu, la périodicité des rapports a été établie par l'organe de contrôle.

Tableau n° 1 « Périodicité fixée pour la soumission des rapports »[422]

	Rapport initial à présenter dans un délai de	**Rapports périodiques à présenter tous les**
CCPR	1 an	4 ans†[423]
CESCR	2 ans	5 ans
CAT	1 an	4 ans
CEDAW	1 an	4 ans
CIDE	2 ans	5 ans

D'autre part, ce mécanisme de contrôle qui est déclenché par l'Etat lui-même, à travers la soumission du rapport à l'organe compétent, tire sa force de la (ou est, au contraire, condamné à la faiblesse par l'absence de) volonté de coopération des Etats : non seulement la présentation régulière des rapports est la condition indispensable pour un suivi systématique, mais l'intérêt de la procédure dépend largement des renseignements fournis dans les rapports[424].

Le choix de confier aux Etats eux-mêmes le soin d'évaluer leur propre performance en matière de droits de l'homme, par le biais d'un rapport qui rende compte de l'exécution d'obligations internationales volontairement souscrites, est respectueux de leur souveraineté, tout en étant utile en ce qu'il les livre à un effort de réflexion sur les mesures qu'ils ont arrêtées et sur le respect des obligations qui leur incombent.

Si le contenu de ce document fera l'objet d'un développement ultérieur *infra*, il convient d'insister ici sur l'intérêt pédagogique de la démarche de préparation du rapport, dont le premier bénéficiaire est l'Etat lui-même.

---

[422] Ce tableau est inspiré de celui figurant dans le *Rapport sur les méthodes de travail des organes conventionnels relatives au processus de présentation de rapports par les Etats parties*, HRI/ICM/2011/4, 23 mai 2011, p. 12.

[423] Périodicité moyenne. Le Comité des droits de l'homme fixe la date à laquelle le rapport suivant est attendu.

[424] ZAKANE V., « La présentation des rapports étatiques aux organes internationaux de protection des droits de l'Homme », in Agence intergouvernementale de la francophonie (dir.), *Structures gouvernementales et institutions nationales des droits de l'Homme : Expériences et perspectives*, Colloque international – Le Caire (Egypte), 10 et 11 mai 2003, Paris, Le Caire : Organisation internationale de la francophonie, 2004, p. 98.

Pour utiliser l'expression du professeur Decaux, cet « examen de conscience collectif que devrait constituer la présentation des rapports »[425] permet aux autorités nationales de renforcer leur capacité de collecte des données ; provoque un débat au sein de la société civile, y compris les ONG, autour de la mise en œuvre des droits protégés ; et pousse les Etats à faire le point sur l'état de l'application des normes internationales et à envisager des solutions aux problèmes qu'ils ont pu rencontrer.

Les jugements de valeur portés sur cette « technique de droit commun du contrôle de l'application des droits de l'homme »[426] sont très variables, allant de l'enthousiasme de Mme Anne Weber, qui a consacré sa thèse de doctorat aux mécanismes de contrôle non contentieux[427], au peu d'intérêt que le professeur Sudre réserve, dans son manuel, au contrôle sur rapports, défini « système paperassier à l'efficacité très relative »[428].

Il nous semble tout à fait approprié de qualifier le processus de présentation de rapports de « degré zéro de l'engagement international »[429], en ce sens que c'est un mécanisme d'auto-contrôle à la fois souple et irremplaçable pour l'Etat qui a pris « l'engagement de respecter, de protéger et de faire appliquer les droits consacrés dans les instruments auxquels il est partie »[430].

B. Les efforts demandés à l'Etat pour rendre compte de ses obligations conventionnelles

Cela fait plusieurs années que les Nations Unies tentent de simplifier, rationaliser et améliorer les procédures de présentation des rapports aux comités conventionnels.

En effet, le système impose une lourde charge de travail aux Etats, à cause du cumul des obligations en matière d'établissement des rapports[431], et

425 DECAUX E., « Rapport général » in *Idem* (dir.), *Les Nations Unies et les droits de l'homme. Enjeux et défis d'une réforme*, Paris : Pedone, 2006, p. 41.

426 DUPUY P.-M., *Droit international public*, Paris : Dalloz, 7e éd., 2004, n° 224.

427 Actuelle conseillère du Commissaire aux droits de l'homme du Conseil de l'Europe, Mme Weber a soutenu en 2006 une thèse en cotutelle dirigée par les Professeurs Giorgio Malinverni et Patrick Wachsmann, ensuite publiée aux éditions Pedone : *Les mécanismes de contrôle non contentieux..., op. cit.*

428 SUDRE F., *Droit européen..., op. cit.*, pp. 728 et 733.

429 DECAUX E., « Rapport... », *op. cit.*, p. 41.

430 *Compilation des directives générales concernant la présentation et le contenu des rapports à présenter par les Etats parties aux instruments internationaux relatifs aux droits de l'homme*, HRI/GEN/2/Rev.6, 3 juin 2009, par. 8.

431 La surcharge de travail au niveau du système conventionnel onusien s'explique par l'augmentation du nombre de traités en matière de droits de l'homme et du nombre de pays signataires de ces traités (selon des estimations récentes, plus de 75 % des Etats sont parties à au moins quatre traités de ce type : voy. *Compilation des directives générales..., op. cit.*, par.

engendre en même temps des problèmes de fonctionnement pour les organes onusiens chargés du contrôle.

Sans entrer dans les détails d'une question complexe, qui fait l'objet de débats de toute sorte aussi bien au sein de l'ONU[432] qu'en doctrine[433], nous verrons quelles sont concrètement les règles que l'Etat doit respecter dans la préparation du rapport.

L'optimisation de la procédure demande, inévitablement, un effort de rigueur aux autorités étatiques, appelées à contribuer, tout comme les organes de contrôle onusiens, au bon fonctionnement du système ; mais, une fois les signaux routiers compris, la circulation ne pourra que s'améliorer !

En général, les mesures d'application des conventions universelles de protection des droits de l'homme relèvent tant d'un point de vue quantitatif que qualitatif : l'Etat doit dresser un bilan de la situation, évaluer les progrès réalisés dans la jouissance des droits internationalement garantis et/ou les difficultés qui entravent la pleine application des normes. En outre, même si le processus d'établissement de rapports est du ressort de l'Etat, sa publicité et son ouverture à la société civile deviennent de plus en plus importants.

Le nouveau « système révisé de présentation des rapports » fournit un cadre cohérent et unifié pour le processus d'établissement de rapports, dont la forme a été à peu près standardisée (1). Quant au contenu des rapports, il y a bien sûr des traits communs, mais chaque instrument de protection privilégie des questions de fond et adopte des approches spécifiques (2).

1) La forme des rapports de plus en plus standardisée

Comme nous l'avons démontré, la soumission de rapports par les Etats parties à un traité est le corollaire automatique de l'obligation de prendre des

---

12). L'accroissement du nombre de rapports présentés n'est pas compensé par une hausse proportionnelle des crédits alloués aux comités conventionnels. En 2010, ceux-ci ont reçu au total 147 rapports d'Etats parties et en ont examinés 138. Pour l'année 2011, le nombre de rapports examinés est de 127 (voy. le *Nombre de rapports examinés chaque année* qui figure dans le tableau n° 1, HRI/ICM/2011/2, 18 mai 2011, p. 2).

432 Pour les comités, le nœud du problème est d'ordre financier, car l'efficacité coûte cher : face à une charge de travail accrue, des contraintes budgétaires imposant de réduire les dépenses ne peuvent que nuire à la qualité et à l'exhaustivité des travaux. Chez les Etats parties, il existe deux manières d'envisager le renforcement du système : s'il s'agit pour certains de fournir aux organes conventionnels les ressources dont ils ont besoin pour exécuter leur mandat, qui continue de s'élargir, pour d'autres il convient de rationaliser et de réduire les dépenses. Voy. sur cette question les débats au sein du CCPR, lors de la 103e session : compte rendu analytique de la partie publique de la séance, CCPR/C/SR.2833, 24 octobre 2011.

433 Voy. entre autres O' FLAHERTY M., « Reform of the UN Human Rights Treaty Body System : locating the Dublin Statement », *Human Rights Law Review*, 10 (2), 2010, pp. 319-335.

mesures afin de donner effet aux droits reconnus dans l'instrument de protection.

Quant à la forme de ces documents, les normes conventionnelles n'en disent rien. Les Etats parties sont, en principe, libres de présenter leur rapport comme ils l'entendent.

Néanmoins, les différents organes conventionnels ont progressivement précisé, par le biais de « directives générales », le genre de renseignements qu'ils attendent des Etats et la manière d'organiser les informations fournies. Les directives ne sont pas obligatoires et visent seulement « à conseiller les Etats parties sur la forme et le contenu de leurs rapports »[434] mais, inévitablement, elles ont fini par façonner la structure de ces derniers.

Ainsi, la forme des rapports varie-t-elle légèrement d'un comité à l'autre. Par exemple, si les informations sur la mise en œuvre des traités sont généralement présentées article par article, selon l'ordre des dispositions conventionnelles, dans les rapports présentés au CRC elles sont organisées en huit modules[435] ; quant à la longueur des rapports, certains organes conventionnels n'apprécient pas les rapports trop étoffés et les préfèrent ciblés[436], tandis que pour d'autres, un rapport trop bref et sans statistiques ne répondrait pas aux obligations conventionnelles[437].

La « standardisation » croissante des rapports étatiques à l'intérieur de chaque système conventionnel permet aux organes de surveillance, confrontés à des contraintes de temps et de ressources, de recevoir des documents bien structurés et uniformes, donc plus faciles à examiner.

On assiste depuis plusieurs années à un deuxième processus de « standardisation » des rapports, qui intéresse le système conventionnel

---

[434] « Le but des directives concernant l'établissement de rapports est de conseiller les Etats parties sur la forme et le contenu de leurs rapports, afin d'en faciliter l'élaboration et de veiller à ce que les rapports soient complets et présentés de manière uniforme par les Etats parties ». Voy. *Directives concernant les rapports spécifiques que les Etats parties doivent soumettre conformément aux articles 16 et 17 du Pacte international relatif aux droits économiques, sociaux et culturels*, E/C.12/2008/2, 24 mars 2009, par. 2.

[435] Les modules définis par le Comité regroupent les articles de la Convention de la façon suivante : mesures d'application générale (art. 4, 42 et 44, par. 6) ; définition de l'enfant (art. premier) ; principes généraux (art. 2, 3, 6 et 12) ; libertés et droits civils (art. 7, 8, 13 à 17 et 37 a)) ; milieu familial et protection de remplacement (art. 5, 9 à 11, 18, par. 1 et 2, 19 à 21, 25, 27, par. 4, et 39) ; santé et bien-être (art. 6, 18, par. 3, 23, 24, 26 et 27, par. 1 à 3) ; éducation, loisirs et activités culturelles (art. 28, 29 et 31) ; mesures de protection spéciales (art. 22, 30, 32 à 36, 37 b), c) et d), 38, 39 et 40).

[436] C'est notamment le cas du CCPR et du CAT, qui commencent à envoyer aux Etats des listes des points à traiter *préalables* à la soumission des rapports, à titre expérimental. Voy. *infra* sur les procédures facultatives.

[437] Voy. en ce sens le compte rendu analytique de la 46e séance du CESCR, tenue le 11 novembre 2010 : E/C.12/2010/SR.46, 19 novembre 2010, spéc. par. 10, 13 et 20 à 22.

onusien tout entier et va dans le sens d'un rapprochement des procédures d'établissement des rapports.

L'« harmonisation » et la « rationalisation » sont notamment à l'ordre du jour des réunions inter-comités et des réunions des présidents des organes créés en vertu d'instruments internationaux relatifs aux droits de l'homme. Le projet de « directives harmonisées » concernant l'établissement des rapports, élaboré par un groupe de travail technique inter-comités[438] et approuvé en juin 2006 par la cinquième réunion inter-comités, fournit des indications générales que les Etats parties ont été invités à mettre en œuvre[439].

La principale nouveauté est que, pour permettre aux rapports de se concentrer sur l'essentiel, certaines informations d'ordre général sont désormais retirées du « cœur » des rapports.

En effet, puisque les renseignements utiles pour comprendre la situation d'un pays donné (par exemple les informations d'ordre géographique, historique, socio-économique, mais également celles relatives au dispositif constitutionnel et au cadre général de la protection et de la promotion des droits de l'homme) sont souvent abstraits et peu sujets à évolution, les comités conventionnels ont décidé qu'ils seront inclus dans un « document de base commun » qui reste à la disposition de tous les organes de surveillance[440]. L'Etat partie doit le rédiger, en un nombre de pages préférablement compris entre 60 et 80, et le tenir à jour. Une fois ce devoir accompli, l'attention et les ressources destinées à la préparation de tout nouveau rapport, initial ou périodique, pourront être concentrées sur les seules informations qui présentent un intérêt pour l'instrument spécifique.

Les rapports présentés au titre du système révisé comporteront deux parties : le document de base commun et le document spécifique à un instrument[441].

---

[438] Les *Directives harmonisées concernant l'établissement des rapports destinés aux organes créés en vertu d'instruments internationaux relatifs aux droits de l'homme* figurent dans le document HRI/MC/2006/3, édité le 10 mai 2006. Elles ont été révisées une dernière fois en 2009 et incluses dans la « Compilation des directives générales concernant la compilation et le contenu des rapports à présenter par les Etats parties aux instruments internationaux relatifs aux droits de l'homme » (HRI/GEN/2/Rev.6, 3 juin 2009).

[439] Voy. la recommandation commune de juin 2006 de la cinquième réunion inter-comités et de la dix-huitième réunion des présidents des organes créés en vertu d'instruments internationaux relatifs aux droits de l'homme, HRI/MC/2006/6, par. 6 à 8.

[440] On peut télécharger le « Document de base faisant partie des rapports présentés par les Etats Parties » (jadis « Document de base constituant la première partie des rapports des Etats Parties ») de chaque pays l'ayant compilé, à partir du moteur de recherche du OHCHR : http://tb.ohchr.org/default.aspx, en sélectionnant l'entrée « core document ».

[441] *Directives harmonisées…*, *op. cit.*, par. 17.

Voilà la simplification : la scission des rapports en deux parties signifie en réalité que l'Etat en a une seule à rédiger, à savoir le document spécifique. Selon les directives harmonisées, 40 pages suffisent pour le rapport périodique (il en faut 60 pour le document initial spécifique à un instrument)[442]. Quant à la partie « standardisée », le document de base commun, il est tout prêt et l'Etat doit seulement l'actualiser, si besoin.

Il convient de noter que, bien qu'une trentaine de pays africains aient préparé un document de base, seuls trois Etats (la Zambie, le Sénégal et Maurice) ont mis à jour les renseignements généraux et factuels relatifs à l'application des instruments auxquels ils sont parties[443].

2) Le contenu des rapports tributaire de l'objectif de la procédure

La question du contenu des rapports étatiques est liée à celle de l'objectif de la procédure de contrôle sur rapports.

Il a été efficacement dit que le but de ce dialogue « is not only to take stock of the human rights record of a country, but to assist the country in improving its human rights performance »[444].

Le Comité des droits économiques, sociaux et culturels a invité les Etats, dès sa première observation générale, à ne pas commettre l'erreur de « ne voir dans les rapports (...) qu'une simple procédure, qui n'aurait pour but que de satisfaire l'obligation formelle de chaque Etat partie de faire rapport à l'organe international compétent »[445]. De même, la lecture des objectifs du système des rapports identifiés par le Comité, qui reflètent également les buts auxquels répond la présentation des rapports au titre d'autres traités sur les droits de l'homme, nous apprend beaucoup de choses sur l'étendue de cette obligation étatique :

- *faire en sorte que chaque Etat partie procède à une étude d'ensemble de ses lois, règlements, procédures et pratiques (premier objectif)*[446] *;*
- *veiller à ce que chaque Etat partie apprécie de façon régulière la réalité de la situation en ce qui concerne chacun des droits en question, et puisse ainsi déterminer dans quelle mesure ces divers droits peuvent – ou ne*

---

[442] *Idem*, par. 19.

[443] Depuis 2005, le HCDH a reçu les nouveaux documents de base de ces trois pays, auxquels s'ajoutent les rapports initiaux tardifs de l'Angola (HRI/CORE/AGO/2008,7 mai 2008), de l'Ethiopie (HRI/CORE/ETH/2008, 6 février 2009 : 178 pages !) et de Djibouti (HRI/CORE/DJI/2010, 4 février 2011).

[444] SYMONIDES J., *Human Rights : International Protection, Monitoring, Enforcement*, Hants (UK) : Ashgate/UNESCO Publishing, 2003, p. 65.

[445] CESCR, Observation générale n° 1 : Rapports des Etats parties, 24 février 1989, par. 1.

[446] *Idem*, par. 2.

peuvent pas – être exercés par tous les individus vivant sur son territoire ou relevant de son autorité (deuxième objectif)[447] *;...*
- dégager une base à partir de laquelle chaque Etat partie, ainsi que le Comité, peut effectivement évaluer l'importance des progrès réalisés vers l'exécution des obligations prévues (cinquième objectif)[448] *;*
- mettre les Etats parties en mesure de mieux comprendre les problèmes et les échecs rencontrés dans leurs efforts (sixième objectif)[449].

Si les rapports doivent illustrer l'efficacité des mesures adoptées en vue de l'application du traité, il n'est pas suffisant d'énumérer les législations nationales, règles administratives, procédures et institutions mises en place, mais un complément d'analyse, d'enquête et de (auto)critique est incontournable pour apprécier l'efficacité de ces mesures.

L'Etat doit, en d'autres termes, se livrer à une évaluation de nature *qualitative* de son propre comportement : le rapport se présentera ainsi comme une étude approfondie qui dresse un bilan des progrès réalisés dans la jouissance des droits reconnus et des difficultés qui affectent la mise en œuvre du traité.

C'est ce que demandent les directives harmonisées, qui montrent aux Etats comment « faire le point sur l'état de la protection des droits de l'homme sous leur juridiction » :

Les Etats parties devraient envisager le processus d'élaboration de leurs rapports destinés aux organes conventionnels non seulement comme un moyen de s'acquitter de leurs obligations internationales mais aussi comme une occasion (...) :
a) De procéder à un examen complet des mesures qu'il a prises pour harmoniser la législation et les politiques nationales avec les instruments relatifs aux droits de l'homme auxquels il est partie ;
b) De suivre les progrès accomplis s'agissant de promouvoir l'exercice des droits consacrés par les instruments dans le contexte de la promotion des droits de l'homme en général ;
c) De repérer les problèmes et les lacunes dans sa manière d'aborder l'application des instruments[450].

Puisque, comme nous le verrons, les Etats qui présentent un rapport s'apprêtent à engager un dialogue avec l'organe conventionnel, il est important que le document prenne en compte les opinions que l'organe en question a déjà exprimées. Le rapport doit, en premier lieu, chercher à suivre

---

[447] *Idem*, par. 3.
[448] *Idem*, par. 6.
[449] *Idem*, par. 8.
[450] *Directives harmonisées…*, *op. cit.*, par. 9.

les directives spécifiques relatives à l'instrument, en fournissant les informations demandées par l'organe conventionnel concerné ; en deuxième lieu, il faut le rédiger en tenant compte des Observations générales élaborées pour aider les Etats à honorer leurs obligations d'établissement des rapports ; enfin, dans le cas d'un rapport périodique, le comité doit obligatoirement être informé de la suite donnée à ses propres « Observations finales », recommandations et « sujets de préoccupation » relatifs au rapport précédent.

On comprend bien que ces trois éléments contribuent à différencier sensiblement le contenu des rapports étatiques, non seulement d'un comité à l'autre, mais aussi au sein de chaque comité. La standardisation croissante que nous avons étudiée relativement à la forme des rapports est donc moins nette quand il s'agit du contenu de ces documents.

Nous avons déjà analysé les Observations générales des différents comités qui portent sur les pratiques néfastes, ou certains aspects de ces dernières, et aurons l'occasion de voir, dans la deuxième partie de cet ouvrage, les Observations finales adressées aux Etats africains qui traitent des traditions nuisibles aux enfants. Reste à comprendre si, et dans quelle mesure, les directives adoptées par les différents comités imposent aux Etats d'inclure dans leurs rapports périodiques des informations sur les pratiques traditionnelles néfastes.

Le bilan est vite fait, car seul le Comité des droits de l'enfant précise que le rapport doit rendre compte des « mesures visant à interdire et à éliminer toutes les formes de pratiques traditionnelles préjudiciables, notamment les mutilations génitales féminines et les mariages précoces et forcés (art. 24, par. 3) »[451] et fournir des données ventilées sur le « nombre de cas signalés d'enfants victimes d[e] traitements ou peines cruels, inhumains ou dégradants ou d'autres formes de châtiments, y compris les mariages forcés et les mutilations génitales féminines »[452]. C'est donc la mise en œuvre du droit à la santé, à travers la protection vis-à-vis des pratiques néfastes (article 24, 3), et du droit de ne pas être soumis à la torture ou à de mauvais traitements, que le Comité entend surveiller par le biais des rapports périodiques.

Le Comité des droits de l'homme démontre aussi de l'intérêt pour les renseignements sur l'âge minimum du mariage et le mariage forcé, mais

---

[451] *Directives spécifiques à l'instrument concernant la forme et le contenu des rapports périodiques que les Etats parties doivent soumettre en application du paragraphe 1 b) de l'article 44 de la Convention relative aux droits de l'enfant*, CRC/C/58/Rev.2, 23 novembre 2010, par. 34.

[452] Voy. les *Directives générales concernant les informations statistiques et les données à inclure dans les rapports périodiques*, document figurant en annexe aux *Directives spécifiques..., cit.*, par. 10, b).

pour qu'ils servent de base à une étude méthodique de la mise en œuvre des articles 8 et 23, et non pas dans le cadre de l'article 24 sur la protection de l'enfant[453]. Les MGF, en revanche, relèvent de l'interdiction de la torture et des traitements cruels, inhumains ou dégradants, car c'est à propos de l'application de l'article 7 que l'Etat doit « décrire les mesures prises en ce qui concerne les coutumes et pratiques traditionnelles portant atteinte à la dignité et à l'intégrité physique des femmes et des filles, comme les mutilations génitales féminines »[454].

Le CRC et le CCPR indiquent donc explicitement aux gouvernements que le rapport doit contenir des informations sur les mesures adoptées pour lutter contre les pratiques traditionnelles néfastes.

Un dernier élément qu'il faut évoquer à propos du contenu des rapports est la source de l'information. Même si les obligations en matière d'établissement de rapports incombent aux Etats, il ne faut pas oublier les multiples acteurs de la société civile qui ont un rôle à jouer dans le processus et qui peuvent par là même influencer le contenu des rapports : selon une experte du CCPR, « les gouvernements se doivent de consulter les ONG afin que les rapports reflètent les préoccupations de la société dans son ensemble »[455]. Quelques comités ont fait savoir qu'ils apprécient les informations issues de consultations entre pouvoirs publics, institutions nationales œuvrant pour la promotion et la protection des droits de l'homme et ONG[456], alors que le Conseil des droits de l'homme a invité « instamment » les Etats à

encourager la société civile, y compris les organisations non gouvernementales et autres parties intéressées, dont les institutions nationales des droits de l'homme, à participer à l'élaboration des rapports[457].

---

[453] Voy. les *Directives concernant les rapports soumis par les Etats parties conformément à l'article 40 du Pacte international relatif aux droits civils et politiques*, CCPR/C/2009/1, 22 novembre 2010.

[454] *Idem*, par. 53.

[455] En ce sens Mme Majodina, qui invite gouvernements et ONG à développer des relations non conflictuelles et à être des alliés. Voy. Compte rendu analytique de la 2644e séance, CCPR/C/SR.2644, 12 juillet 2011, par. 102-103. Voy. également le par. 10 des *Directives harmonisées..., cit.* : « Le processus d'établissement de rapports devrait favoriser et faciliter, au niveau national, un contrôle public des politiques du gouvernement et un engagement constructif aux côtés d'acteurs concernés de la société civile dans un esprit de coopération et de respect mutuel, l'objectif étant de promouvoir la jouissance de tous les droits protégés par l'instrument concerné ».

[456] Voy. par exemple les directives générales du CAT de 2005, par. 4 (in HRI/GEN/2/Rev.6, 3 juin 2009, p. 75).

[457] Résolution 9/8 « Application effective des instruments internationaux relatifs aux droits de l'homme », adoptée sans vote le 24 septembre 2008, par. 8, g.

Il convient toutefois d'être vigilants à propos de ces « rapports parallèles » des ONG car, surtout quand elles sont nationales, car on ne peut exclure *a priori* une certaine influence voire un véritable contrôle de la part du gouvernement[458].

§ 2. Des règles procédurales au service du dialogue : l'examen contradictoire

L'originalité du contrôle sur rapports qui a lieu au sein des organes conventionnels réside dans l'échange fructueux entre l'organe de surveillance et l'Etat.

Avant de passer rapidement en revue les principales phases de ce dialogue, dont les deux piliers sont le « grand oral » et le « contrôle continu »[459], deux considérations introductives s'imposent.

D'abord, puisque la première étape de la procédure consiste en un « examen de conscience », il se peut que l'Etat s'auto-évalue avec bien plus de complaisance que la situation ne le mériterait. Il n'est pas inutile alors de rappeler que les organes de surveillance ne sont pas des récepteurs passifs des « produits » des Etats mais, bien au contraire, des « active and inquiring examiners »[460].

En deuxième lieu, l'examen auquel l'Etat est soumis est de nature contradictoire, et lui permet d'expliquer les positions exprimées dans le rapport, y compris lors de la session publique que les organes conventionnels organisent à Genève[461] à la présence des délégations étatiques. Les échanges sont d'autant plus instructifs que les représentants de l'Etat veulent, et savent, répondre aux questions des experts et tirer profit de leurs conseils.

Devant tous les comités, l'examen du rapport s'articule en trois phases. Le résultat de chacune d'entre elles est versé dans un document officiel des Nations Unies (presque toujours traduit au moins en anglais et/ou en français).

Premièrement, à la réception du rapport étatique, le comité informe le gouvernement des questions qu'il estime prioritaires (*liste des points à traiter*). Parfois, l'Etat doit y répondre par écrit avant de passer son « grand oral » (*réponses à la liste des points à traiter*)[462].

---

[458] COHEN-JONATHAN G., FLAUSS J.-F. (dir.), *Les organisations non gouvernementales et le droit international des droits de l'homme*, Bruxelles : Bruylant, 2005, spec. p. 59 ss.

[459] DECAUX E., « Rapport général » in *Idem* (dir.), *Les Nations Unies..., op. cit.*, p. 40.

[460] Voy. SYMONIDES J., *Human Rights..., op. cit.*, p. 59.

[461] Seuls le CCPR et le CEDAW se réunissent à New York et à Genève.

[462] Ce sont le CEDAW, le CESCR et le CRC qui le demandent. Le CAT et le CCPR « encouragent vivement » les Etats à leur soumettre des réponses écrites.

Ensuite, une date est fixée pour la séance d'examen public du rapport, à laquelle sont invités les représentants de l'Etat intéressé. Le comité engage un débat avec la délégation, appelée à présenter oralement le rapport puis à répondre à des questions spécifiques qui vont souvent au-delà de l'exposé oral et de la liste des points à traiter (compte rendu analytique, mieux connu comme SR : *summary record*). Pour donner un ordre d'idée, l'examen en séance peut durer de cinq (devant le CAT) à neuf heures (devant les comités qui surveillent l'application des deux Pactes internationaux[463]).

Enfin, le comité se prononce à huis clos sur la situation de l'Etat et lui recommande comment remédier aux éventuelles lacunes dans l'application du traité (*Observations finales*).

Des tendances s'observent dans l'évolution des méthodes de travail des comités, visant à tirer le meilleur parti possible du dialogue avec les Etats.

Souvent expérimentées avec succès au sein d'un organe pionnier puis exportées à d'autres comités, ces techniques modifient les règles procédurales en vue d'approfondir le dialogue (A), voire de contraindre l'Etat récalcitrant à s'y soumettre (B).

A. Des techniques perfectionnées pour approfondir le dialogue

L'amélioration du dialogue dépend de l'habileté de l'organe conventionnel à orienter la discussion vers les véritables problèmes que le rapport soulève, en plus de la qualité de la délégation, souvent louée par les *treaty bodies*. Il faut que l'Etat puisse connaître à l'avance les questions qui seront abordées pendant l'examen oral du rapport et préparer sa défense. Il est fondamental aussi que le dialogue ne se termine pas avec la clôture de la séance, mais qu'il puisse continuer par un suivi approprié des Observations finales.

1) Anticiper le dialogue pour mieux le cibler

La force et l'efficacité du système de contrôle dépendent en grande partie de la qualité des rapports étatiques soumis. Nous avons vu que les comités fournissent de plus en plus d'indications sur le contenu que ces documents doivent remplir.

Mais chaque Etat ayant une situation qui lui est propre, la meilleure façon d'orienter l'examen est d'anticiper le dialogue, en exploitant à fond le système des questions-réponses.

Certains comités encouragent l'établissement de rapports périodiques « ciblés », constitués à partir d'une liste des points à traiter qu'ils envoient à

---

[463] Voy. en ce sens les affirmations de M. Sadi in E/C.12/2010/SR.46, 19 novembre 2010, par. 20.

l'Etat avant la soumission du rapport et qui se fonde sur les Observations finales précédentes. Cette méthode est révolutionnaire, en ce qu'elle bouleverse la succession normale des phases : ce n'est plus l'organe de surveillance qui reçoit le rapport étatique et y réagit, mais c'est l'Etat qui attend les "instructions" pour rédiger son rapport.

Le Comité contre la torture a lancé cette procédure à titre d'essai en 2007, pour les rapports périodiques attendus en 2009 et 2010 ; compte tenu des réactions positives des Etats parties et de l'accueil favorable qu'ils ont réservé à la nouvelle procédure[464], le Comité a décidé en mai 2009 de la poursuivre régulièrement.

Au sein du Comité des droits de l'homme, la possibilité d'établissement des rapports sous la forme de réponses à une liste de points à traiter a été explorée en 2008 par l'expert irlandais M. O' Flaherty[465]. L'année suivante (97e session, octobre 2009), le CCPR a décidé d'adopter cette nouvelle procédure dans l'avenir ; en 2011, le comité a adopté lui aussi pour la première fois des listes de points à traiter établies préalablement à la soumission des rapports, ainsi que cinq listes de points à traiter établies conformément à la procédure ordinaire[466].

La 11e réunion inter-comités des organes créés en vertu d'instruments internationaux relatifs aux droits de l'homme, tenue en juin 2010, avait pour thème « l'établissement et l'analyse des listes de points à traiter, y compris les listes soumises avant l'élaboration des rapports (rapports ciblés) »[467].

Malgré ces évolutions, la plupart des comités gardent la procédure classique et explorent d'autres techniques pour aider les Etats, sinon à établir leur rapport, du moins à réussir le dialogue qui s'instaure pendant sa présentation orale.

Des efforts sont faits pour que la liste des points à traiter, qui identifie les problèmes qui existent dans l'Etat concerné, soit adoptée suffisamment à temps avant l'examen du rapport périodique, de façon à donner aux Etats parties la possibilité de préparer les réponses écrites[468].

---

[464] Un document adopté par le CAT en septembre 2011 confirme que le taux d'acceptation de la procédure est d'environ 73% : en effet, sur les 75 Etats parties dont les rapports étaient attendus entre 2009 et 2012, 55 ont accepté la procédure facultative, 3 ne l'ont pas acceptée et 17 n'ont pas répondu. Voy. *Etat de la procédure facultative du Comité contre la torture pour l'établissement des rapports et propositions en vue de sa révision*, CAT/C/47/2, 27 septembre 2011, p. 4.

[465] Voy. la 5e réunion informelle du CCPR avec les Etats parties au Pacte : Compte rendu analytique de la 2644e séance, CCPR/C/SR.2644, 12 juillet 2011, p. 13.

[466] Voy. le compte rendu analytique de sa 103e session, CCPR/C/SR.2833, 24 octobre 2011, par. 10.

[467] Le rapport complet sur la réunion figure dans le document publié sous la cote A/65/190.

[468] Voy. les affirmations de M. Iwasawa, président du Comité des droits de l'homme, in CCPR/C/SR.2644, 12 juillet 2011, par. 1.

Les comités travaillent en outre dans le sens de la simplification de la liste des points à traiter, à la fois par la réduction du nombre de questions et par la normalisation de certaines formulations pour des questions qui reviennent régulièrement[469].

Un effort important concerne par ailleurs l'amélioration des Observations finales, produit essentiel du contrôle sur rapport : elles sont maintenant plus précises, mieux adaptées aux pays et plus concrètes, parfois organisées en rubriques pour en faciliter la consultation et l'application, avec des questions et recommandations classées par ordre de priorité[470].

Les Etats, de leur côté, doivent répondre de la manière la plus complète possible aux questions de la liste afin que les comités puissent s'en tenir à l'essentiel lors du dialogue ; surtout, on attend d'eux l'actualisation de faits et statistiques qui figurent dans le rapport mais qui pourraient être dépassés à cause de l'allongement des temps du processus dû à l'arriéré des rapports[471].

Ce n'est pas le lieu ici de rendre compte des différences dans la procédure des questions-réponses[472], qui sont dues aux méthodes de travail des comités conventionnels. Toutefois, le rôle croissant du « rapporteur de pays » mérite d'être souligné : cet expert, désigné parmi les membres de l'organe de surveillance[473], étudie de façon approfondie le rapport et facilite le dialogue avec l'Etat soumis à l'examen. Cela est vrai avant (c'est lui qui établit les listes des points à traiter au sein du CAT), pendant (dans la plupart des comités, c'est au rapporteur qu'incombe principalement la responsabilité de poser des questions à la délégation de l'Etat partie pendant le dialogue constructif et de rédiger les Observations finales) et même après le débat.

Cette brève description du rôle des rapporteurs de pays nous conduit à nous pencher sur le rôle de plus en plus important du rapporteur chargé du suivi des Observations finales au sein du Comité des droits de l'homme et, plus en général, sur les nouvelles procédures de suivi.

---

[469] En ce sens Mme Bras Gomez du Comité des droits économiques, sociaux et culturels, in E/C.12/2010/SR.46, 19 novembre 2010, par. 36.

[470] Voy. pour le CEDAW, *Etat de la Convention sur l'élimination de toutes les formes de discrimination à l'égard des femmes*, A/66/99, 28 juin 2011, par. 18.

[471] A titre d'exemple, 4 à 5 ans sont nécessaires au CESCR pour analyser un rapport soumis en 2009.

[472] On renvoie à cet égard à la section C (Travaux préparatoires de pré-session : élaboration de listes de points à traiter et de questions) du *Rapport sur les méthodes de travail des organes conventionnels relatives au processus de présentation de rapports par les Etats parties*, HRI/MC/2009/4, 24 juin 2009.

[473] Sauf dans le cas du CEDAW et du CCPR, l'identité des rapporteurs de pays est rendue publique.

2) Suivre l'application des Observations finales issues du dialogue

Si l'on considère les Observations finales comme une contribution précieuse des organes de traité à l'application interne du droit international, il faut admettre aussi que l'absence d'une procédure de suivi des Observations finales a longtemps été un maillon faible de l'examen des rapports périodiques au sein de l'ONU[474].

Certes, les comités n'ont pas de pouvoirs exécutifs vis-à-vis des recommandations qu'ils adoptent, et qui sont d'ailleurs des actes sans effet obligatoire, mais ils se sont dotés de mécanismes pour prolonger le dialogue avec les Etats parties au-delà du « grand oral » : après un début plutôt hésitant, les procédures de suivi s'affirment désormais comme un instrument fondamental pour donner un caractère étendu et approfondi à la coopération qui s'instaure avec les Etats[475].

Plusieurs solutions ont été envisagées au fil du temps et au sein des différents comités pour permettre aux Etats de commenter l'issue de l'examen. Le CCPR et le CAT accueillent sur leurs sites Web, dans une colonne située à côté des Observations finales, les réponses de l'Etat au titre du suivi (*comments and follow-up responses*). Quelques comités organisent périodiquement des séminaires régionaux sur le suivi des Observations finales, qui permettent aux représentants des gouvernements, aux institutions nationales des droits de l'homme, à la société civile des pays concernés, ainsi qu'aux organes et institutions de l'ONU de réfléchir ensemble à la mise en œuvre des Observations finales des comités conventionnels[476].

Mais la procédure de suivi la plus importante est celle qui a été inaugurée en 2001 par le Comité des droits de l'homme : cet organe désigne un rapporteur spécial, choisi parmi ses membres, ayant

mandat de poursuivre le dialogue avec les Etats parties sur les questions soulevées dans les observations finales et sur lesquelles le Comité souhaiterait avoir davantage de renseignements. Le Comité demande des renseignements complémentaires sur les questions particulièrement graves et celles qui exigent une intervention rapide de l'Etat partie. Comme les réponses ne sont pas toujours apportées sans délai, le Comité adopte un

---

[474] SCHMIDT M., « L'amélioration technique des procédures des comités », in DECAUX E. (dir.), *Les Nations Unies et les droits de l'homme…, op. cit.*, p. 290.

[475] *Idem*, p. 291.

[476] Dans son article sur « L'amélioration technique… », *op. cit.*, pp. 291-292, M. Schmidt rappelle qu'un premier atelier régional sur le suivi des observations finales du CCPR a été organisé en aout 2002 à Quito (Equateur) pour les représentants de huit pays latino-américains. Les autres organes de traité ont emboîté le pas du Comité des droits de l'homme, si bien que de nombreux ateliers régionaux ont eu lieu sur le suivi des observations finales, principalement au sein du CRC (Damas 2003, Bangkok 2004, Doha et Buenos Aires 2005, Suva et San José 2006, Ouagadougou 2007), mais aussi du CEDAW et du CESCR.

système de rappels adressés aux Etats parties auxquels il demande des renseignements. La correspondance échangée entre le Comité et les Etats parties est publiée sur le site Web du Comité[477].

La procédure a été améliorée au fil du temps, grâce à la réflexion fructueuse du Comité et des différents rapporteurs[478], qui se sont attribués le droit de décider si les renseignements fournis sont ou pas satisfaisants. En particulier, la classification des réponses des Etats parties a surmonté la bipartition initiale, un peu artificielle, « complet-incomplet » et est maintenant axée sur les catégories suivantes : « réponse largement satisfaisante », « coopération mais renseignements incomplets », « recommandations non appliquées », « réception enregistrée » lorsque aucun renseignement pertinent n'a été donné, une dernière catégorie étant « pas de réponse »[479].

Aujourd'hui, non seulement les Etats peuvent rencontrer le rapporteur à chaque étape de la procédure, mais des visites de suivi figurent au programme du Comité : cette nouvelle possibilité permettra au rapporteur d'apprécier plus complètement la mise en œuvre de ses recommandations dans les Etats qui voudront l'inviter à effectuer de telles visites.

Suivant l'exemple du Comité des droits de l'homme, d'autres organes de traité se sont dotés d'une procédure de suivi semblable. Ainsi, le CAT et le CEDAW ont-ils désigné un rapporteur spécial chargé de mettre en œuvre cette procédure.

B. Des techniques nouvelles pour « contraindre » l'Etat au dialogue

Si la régularité de la soumission des rapports est la condition première du bon fonctionnement du système, il est évident que les retards en ce sens posent plusieurs problèmes et que l'absence de soumission menace l'ensemble de l'édifice[480]. Le tableau ci-dessous donne une idée de la façon dont les gouvernements s'acquittent de l'obligation de présenter leurs rapports aux comités conventionnels ; en particulier, il démontre que certains comités obtiennent plus facilement que d'autres les rapports initiaux des

---

[477] En ce sens les affirmations de Sir Nigel Rodley, ancien Rapporteur spécial chargé du suivi des observations finales du CCPR, à la cinquième réunion informelle avec les Etats parties au Pacte, CCPR/C/SR.2644, 12 juillet 2011, par. 10.

[478] Depuis 2002, cinq experts se sont succédés au poste de Rapporteur spécial chargé du suivi des observations finales : M. Yalden (2002-2004), M. Rivas Posada (2005-2007), Sir Nigel Rodley (2007-2009), M. Amor (2009-2011) et Mme Chanet (depuis 2011).

[479] Voy. Sir Nigel Rodley in CCPR/C/SR.2644, *op. cit.*, par. 11.

[480] TISTOUNET E., « Amélioration des procédures conventionnelles des Nations Unies en matière de droits de l'homme », *RUDH*, vol. 5, 1993, p. 148.

Etats, et qu'au moins devant le CCPR, le CESCR et le CAT, plus de la moitié des rapports en souffrance sont attendus des Etats africains.

Tableau n° 2 « Etat de soumission des rapports initiaux »[481]

	Nombre d'Etats n'ayant pas soumis de rapport initial	dont africains	Taux de soumission du rapport initial	parmi les Etats africains
CCPR	22	14	87%	73%
CESCR	39	24	76%	50%
CAT	30	20	80%	53%
CEDAW	12	3	94%	94%
CIDE	3	0	98%	100%

La seconde partie de ce travail nous permettra d'analyser le comportement des pays africains tel qu'il résulte du dialogue engagé au sein du système conventionnel de protection des droits de l'homme.

Il convient de rappeler ici que, face à l'inaction persistante des Etats, y compris africains, devant l'obligation de présenter leurs rapports, les organes de surveillance ont trouvé des remèdes : logiquement, les techniques pour réagir à l'absence de rapport étatique ne sont déployées qu'en dernier recours, quand celles incitant l'Etat à remédier à son retard ont échoué.

Avant d'examiner, d'une part, les techniques visant à solliciter le dialogue (1) et, d'autre part, les remèdes pour « contraindre » l'Etat à s'acquitter de son obligation (2), nous tenons à préciser que la séparation est moins artificielle qu'elle ne pourrait le paraître. Certes, c'est le passage du temps, et donc l'importance du retard accumulé, qui détermine la graduation de la réponse[482], mais les deux approches apportent chacune quelque chose de différent au « dialogue constructif » qui caractérise le système de contrôle. Si pression il y a dans les deux cas, il faut reconnaître que les techniques incitatives mises en œuvre par les organes de surveillance s'inscrivent encore dans une optique de coopération ; en revanche, le refus prolongé de coopérer de la part de l'Etat permet un examen non contradictoire de l'application du

[481] Le tableau se fonde sur les informations extraites des rapports annuels (biannuels pour le CRC) les plus récents des organes conventionnels, disponibles aussi bien sur les sites Web des comités qu'à partir de la base de données du Haut-Commissaire (http://tb.ohchr.org/default.aspx). Dernière mise à jour : 31 décembre 2011.

[482] Les comités tendent à être de plus en plus sévères avec les Etats fautifs. Entre autres, le CCPR « note avec préoccupation que la non-soumission de rapports l'empêche de s'acquitter des fonctions de contrôle qui lui incombent en vertu de l'article 40 du Pacte [...et] réaffirme que ces Etats manquent à leurs obligations » (*Rapport du Comité des droits de l'homme*, A/65/40 (Vol. I), 2010, par. 51).

traité, qui se rapproche moins d'une étape du dialogue que d'une mesure destinée à faire payer plus cher le non-respect et à sauvegarder l'intégrité du système. Dès lors, « tout autre choix serait absurde en ce sens qu'il permettrait à un Etat partie non respectueux de ses obligations de tourner les dispositions relatives à l'application »[483].

1) Solliciter la soumission du rapport en temps voulu

L'incitation des Etats à remplir leurs obligations en matière de soumission de rapports est une fonction importante que les comités onusiens organisent à travers des procédures spécifiques, détaillées dans leurs règlements intérieurs. Les nombreuses analogies résultent à la fois de l'harmonisation croissante du système et des problèmes communs dus à l'arriéré des rapports.

D'abord, tous les comités rendent publiques les « performances » des Etats en termes de respect des délais : cette transparence est d'autant plus utile que les documents officiels sont largement diffusés et facilement accessibles au public.

Une analyse comparée des rapports annuels présentés par les différents comités à l'Assemblée générale et/ou des documents *ad hoc* portant sur l'état de soumission des rapports étatiques permet de se faire une idée assez précise des retards accumulés.

Les techniques rédactionnelles utilisées ne sont pas identiques et, surtout, elles n'ont pas la même efficacité. Certains comités établissent des listes d'Etats retardataires d'où résulte clairement le nombre de rapports dus et non soumis, ainsi que le nombre d'années de retard[484]. D'autres préfèrent tenir à jour des tableaux qui classent les Etats parties par ordre alphabétique et fournissent tous les détails concernant l'état de soumission des rapports, ce qui oblige à faire un peu de calculs, tenant compte de la date d'entrée en vigueur du traité à l'égard de chaque Etat[485].

Il s'agit, en fin de compte, d'une pression exercée par les comités conventionnels à coups de transparence et dont l'efficacité dépend de la « volonté de plus en plus affichée des Etats de soigner leur image » [486].

---

[483] ALSTON P., *Rapport final sur les moyens d'améliorer l'efficacité à long terme du régime conventionnel mis en place par les Nations Unies dans le domaine des droits de l'homme*, E/CN.4/1997/74, 27 mars 1996, par. 46.

[484] C'est la technique utilisée par le CCPR, le CAT et le CEDAW.

[485] Voy. notamment les documents portant état de présentation des rapports devant le CESCR (E/C.12/46/2, 9 mars 2011) et le CRC (CRC/C/58/2, 9 septembre 2011).

[486] ZAKANE V., « La présentation des rapports étatiques… », *op. cit.*, p. 99.

En outre, quelques comités entretiennent des contacts officieux avec les Etats pour solliciter la présentation des rapports en souffrance.

Ainsi, les résultats de la procédure développée par le CAT, qui envoie des rappels aux Etats parties dont le rapport initial est attendu depuis trois ans ou plus, sont-ils encourageants : six rapports initiaux en souffrance ont été récemment soumis à la suite de ces appels[487].

Une pratique qui semble inciter les Etats à remplir l'obligation de rapporter est l'invitation de l'organe conventionnel à soumettre un rapport unique valant plusieurs rapports périodiques. Cette méthode présente le double avantage d'aider les organes de contrôle à résorber l'arriéré de rapports en attente d'examen et de permettre aux Etats qui ne respectent pas les échéances d'éponger le retard accumulé sans se dérober totalement de leurs engagements. A ce propos, M. Philip Alston, un expert de l'ONU, a observé que « si l'actuel système de surveillance peut fonctionner c'est parce qu'un grand nombre d'Etats ne présentent pas du tout de rapport ou ne le font qu'avec beaucoup de retard »[488].

Alors que le CCPR et le CESCR assouplissent les règles relatives à la périodicité[489], ce qui se traduit dans les faits par une fusion des rapports[490], le CEDAW profite du succès de cette initiative, qui lui a permis en 2011 d'examiner les rapports uniques de douze pays sur quinze qui le faisaient attendre depuis plus de dix ans ; d'ailleurs, « la plupart des rapports présentés sont des rapports uniques valant plusieurs rapports périodiques »[491].

Quant au CRC, le professeur Viljoen affirme que, sans aucun doute, « the Committee's practice of allowing combined reports and of setting deadlines beyond the scheduled reporting time contributed to reducing overdue reports[492] ». Paradoxalement, les retards s'avèrent bénéfiques pour tous les partenaires !

---

[487] Voy. Rapport du Comité contre la torture, A/65/44, 2010, par. 40-41.

[488] ALSTON P., *Rapport final sur les moyens d'améliorer..., op. cit.*, par. 48. A titre d'exemple, l'auteur de ce document a calculé que « si chaque Etat partie à la Convention relative aux droits de l'enfant présentait un rapport périodique tous les 5 ans comme il est tenu de le faire (...), chaque année le Comité devrait consacrer 112 séances à l'examen des rapports. A l'heure actuelle, si l'on tient compte des 9 semaines de réunion plénière et des 3 semaines de réunion de groupe de travail, il ne peut consacrer à l'examen de ces rapports que 54 séances. En conséquence, il faudrait au moins doubler le temps de réunion » (par. 50).

[489] Le CCPR a renoncé à la périodicité, initialement établie à 4 ans, et fixe la date de la présentation des rapports au cas par cas, en général de 3 à 5 ans après l'examen du dernier rapport.

[490] WEBER A., *Les mécanismes..., op. cit.*, p. 217.

[491] Voy. *Etat de la Convention sur l'élimination de toutes les formes de discrimination à l'égard des femmes*, A/66/99, 28 juin 2011, par. 16.

[492] VILJOEN F., *International Human Rights Law in Africa*, New York : Oxford University Press, 2007, p. 142.

2) Remédier à l'absence de rapport : la procédure dite de bilan

Quand le retard dans la soumission du rapport devient excessif, les organes de surveillance peuvent essayer de débloquer la situation par une technique d'incitation plus poussée.

Il s'agit d'une dernière « offre » de dialogue, que l'Etat a intérêt à saisir s'il ne veut pas subir un contrôle non contradictoire.

Cette possibilité d'aboutir à un examen *sans dialogue* au sein d'un mécanisme qui est, par définition, basé sur le dialogue, a été explorée à l'ONU à partir des années 90, notamment par le CERD, qui a fait œuvre de pionnier[493], afin d'éviter que la procédure de contrôle sur rapports ne soit discréditée par des Etats qui ne s'acquittent pas de leurs obligations en ce sens.

Aujourd'hui, la procédure d'examen en l'absence de rapport étatique, dite « de bilan » (en anglais, *review procedure*), existe au sein de chaque système conventionnel de protection des droits de l'homme[494].

Son fonctionnement est à peu près identique et consiste en deux phases. D'abord, le comité notifie à l'Etat partie récalcitrant son intention d'en examiner la situation interne et fixe une date butoir pour l'envoi du rapport. Ensuite, si l'Etat ne réagit pas[495], le comité procède à l'examen de la situation dont il contrôle le respect, en se fondant sur toutes les informations à sa disposition telles que les anciens rapports soumis, même à d'autres comités, les rapports établis par d'autres organes et institutions de l'ONU et les informations pertinentes provenant des ONG. L'Etat a la possibilité de se faire représenter par une délégation au débat, faute de quoi ce dernier se déroule, à huis clos, entre les membres du comité. Des observations finales sont adoptées et rendues publiques[496], si bien que l'examen non contradictoire qui a lieu en l'absence du rapport et des représentants de l'Etat aboutit à un document similaire, par structure et valeur, à celui résultant d'une procédure ordinaire[497].

Jusqu'à présent, la procédure de bilan n'a pas suffisamment retenu l'attention de la doctrine, sans doute parce qu'elle a été utilisée rarement par les comités conventionnels.

---

[493] Voy. pour plus de détails WEBER A., *Les mécanismes…*, *op. cit.*, p. 220.

[494] La seule exception est le Comité des droits des travailleurs migrants.

[495] Par exemple en informant le comité de la soumission imminente du rapport ou en lui demandant un report de la date prévue pour l'examen.

[496] Parfois des observations provisoires sont adressées à l'Etat, pour chercher à rétablir un dialogue constructif avant l'adoption des Observations finales définitives.

[497] Pour plus de détails, voy. le *Rapport sur les méthodes de travail des organes conventionnels relatives au processus de présentation de rapports par les Etats parties*, HRI/MC/2009/4, 24 juin 2009, pp. 28-29.

Pourtant, il n'est pas inutile de rappeler que cette procédure vise à rétablir un dialogue et une coopération avec l'Etat partie récalcitrant. A notre avis donc, l'intérêt de l'opération réside moins dans l'utilisation effective de la procédure que dans la menace de son utilisation, et donc dans son caractère dissuasif : les Nations Unies reconnaissent depuis quelques temps que « bien souvent, le simple fait que le comité notifie son intention d'examiner la situation sans qu'un rapport lui ait été présenté encourage l'Etat partie considéré à en produire un »[498].

C'est pour cette raison que les différents comités attachent autant d'importance aux examens qui se soldent par la soumission des rapports en souffrance, ou auxquels participe la délégation de l'Etat concerné, qu'aux situations pour ainsi dire pathologiques, dans lesquelles les Etats ne sont pas en mesure de présenter un rapport ou d'envoyer des représentants[499].

La pratique la plus dense est celle du Comité des droits de l'homme, qui a utilisé la procédure de bilan à partir de 2002, à quatre occasions : d'abord, en juillet 2004, il a rendu définitives et publiques les Observations finales sur la situation en Gambie et en Guinée équatoriale, toutes les deux précédemment examinées en l'absence du rapport et de la délégation de l'Etat[500] ; ensuite, la procédure a été utilisée à l'égard de Saint-Vincent-et-les-Grenadines et de la Grenade, qui ont participé à l'examen final respectivement par le biais d'une délégation et de réponses écrites, mais qui n'ont jamais fais parvenir au Comité leurs rapports initiaux, l'obligeant à leur adresser des Observations finales (mars 2008 et juillet 2009).

Dans toutes les autres situations (Suriname, République centrafricaine, Kenya, Barbade, Nicaragua, Saint-Marin et Rwanda[501]), le comité a suspendu la procédure de bilan puisqu'il a obtenu les rapports demandés dans les délais prescrits.

Quand les autres comités ont notifié leur intention d'examiner la situation dans des Etats parties dont les rapports étaient très en retard, ceux-ci ont presque toujours soumis leurs rapports.

Par exemple, le Comité des droits de l'enfant avait-il fait savoir, en 2004, qu'il examinerait la situation de dix Etats selon la procédure du bilan, mais ceux-ci ont présenté depuis les rapports initiaux réclamés.

---

[498] Voy. HRI/MC/2009/4, *cit.*, par. 86, mais également, et dans les mêmes termes, HRI/MC/2006/4, 17 mai 2006, par. 78-79.

[499] Pour l'expert du CCPR, M. Amor, il est encourageant que, sur 11 Etats ayant fait l'objet d'un examen en l'absence de rapports, 4 ont fini par soumettre un rapport, 4 autres ont envoyé une délégation et seuls 3 Etats n'ont pas coopéré avec le Comité. Voy. la 5e réunion informelle avec les Etats parties, CCPR/C/SR.2644, 12 juillet 2011, par. 7.

[500] En octobre 2008, le Comité a décidé de déclarer que les deux Etats parties ne s'étaient pas acquittés de leurs obligations au regard de l'article 40 du Pacte.

[501] Voy. pour plus de détails, *Rapport du Comité des droits de l'homme*, A/65/40 (Vol. I), 2010, pp. 14-18.

Le Comité contre la torture n'a pas non plus effectué d'examen en application de cette procédure, même si pour deux fois il s'est servi de son règlement intérieur pour contourner l'obstacle de l'absence des Etats parties pendant l'examen de leurs rapports, ce qui n'a pas été sans soulever des critiques[502].

En 2007, le Comité pour l'élimination de la discrimination à l'égard des femmes a adressé des lettres de rappel aux Etats parties dont le rapport initial était attendu depuis plus de dix ans, en demandant à ceux dont le rapport initial était attendu depuis plus de vingt ans de soumettre leurs rapports en souffrance en un seul document dans un délai donné.

Deux ans plus tard, il a examiné la mise en œuvre de la Convention concernant la Dominique, Etat dont le rapport initial était dû depuis 1982 et qui a envoyé une délégation à cette première procédure de bilan devant le CEDAW.

Depuis, beaucoup d'Etats retardataires ont soumis leurs rapports initiaux, y compris deux des trois pays africains défaillants (Comores et Seychelles) ; au 20 juin 2012, la République centrafricaine est, avec les Iles Salomon, le seul Etat à ne jamais avoir soumis de rapport initial au CEDAW et contre lequel une procédure de bilan est pendante[503].

Le Comité des droits économiques, sociaux et culturels a lui aussi commencé à appliquer la procédure d'examen de l'état d'application du Pacte en l'absence de rapports : les premiers à passer devant le comité en vertu de la procédure de bilan seront deux Etats africains : la République du Congo et la Guinée équatoriale, qui ont ratifié la Convention dans les années 80 sans jamais soumettre de rapports[504].

Le mécanisme de contrôle conventionnel sur rapport est une caractéristique du système de protection des droits de l'homme des Nations Unies. La plupart des Etats, y compris africains, se soumettent à ce type de

---

[502] Les Etats examinés étaient le Cambodge (2003) et le Yémen (2009). En cette dernière occasion, l'expert M. Wang Xuexian a observé que « the Committee's mandate required it to engage in a dialogue with States parties. It was therefore unacceptable, in his view, to proceed with a review of Yemen's compliance with the Convention in the absence of a delegation » : *Consideration of reports submitted by States parties under article 19 of the Convention – Second periodic report of Yemen*, CAT/C/SR.898, 17 novembre 2009, par. 3.

[503] La RCA devrait passer devant le comité à la fin de 2012, alors qu'en 2013 ce sera le tour des Iles Salomon, mais aussi du Sénégal et de Saint-Vincent-et-les-Grenadines, en retard avec leurs rapports périodiques. Ces informations figurent sur le site officiel du Comité http://www2.ohchr.org/french/bodies/cedaw/index.htm, consulté le 22 décembre 2011.

[504] Les deux « Non-reporting States » seront examinés en mai 2012, selon le timing affiché sur le site officiel du CESCR : http://www2.ohchr.org/french/bodies/cescr/index.htm, consulté le 22 décembre 2011.

contrôle parce qu'ils sont liés par les instruments universels et instaurent un dialogue fructueux avec les différents comités.

Nous verrons maintenant quelles sont les autres procédures que l'ONU a créées pour contrôler les comportements des Etats et si la situation des Etats africains se confirme.

Section 2. Le contrôle exercé au sein du Conseil des droits de l'homme

Outre les mécanismes de suivi mis en place au sein des comités créés en vertu des principaux traités relatifs aux droits de l'homme, les Nations Unies ont établi des mécanismes de contrôle du respect des droits de l'homme extraconventionnels (*non-treaty procedures* ou *Charter-based mechanisms*, en anglais). Ce système de surveillance multiforme est fondé sur la Charte des Nations Unies et fait appel à l'activité de l'organe qui a une compétence générale de discussion en matière de droits de l'homme : le Conseil des droits de l'homme.

Les procédures existantes sont très différentes selon que le contrôle est organisé directement par le Conseil, ou bien confié à un organe indépendant (individu ou groupe d'experts) nommé par le Conseil.

Nous allons ici aborder la principale procédure publique extra-conventionnelle à travers laquelle le Conseil surveille le respect universel des droits de l'homme, qui est aussi une intéressante expérience de contrôle géré par les Etats et ouvert à d'autres acteurs : l'Examen périodique universel (§ 1). Ensuite, nous nous pencherons sur le dialogue complexe qui se déroule entre les titulaires de mandats au titre des procédures publiques spéciales et les Etats membres de l'ONU (§ 2).

§ 1. Le dialogue interétatique institutionnalisé à travers le mécanisme d'Examen périodique universel (EPU)

La mise en place du mécanisme d'Examen périodique universel (EPU, en anglais *Universal Periodic Review* – UPR) a été présentée comme une mesure-phare de la réforme qui a vu la création du Conseil des droits de l'homme[505].

Alors que la crédibilité du principal organe onusien chargé de renforcer la promotion et la protection des droits de l'homme semblait liée à la réussite de cette expérience, certains auteurs invitaient à réfléchir à l'échec d'un

---

[505] Voy. CALLEJON C., *La réforme de la Commission des droits de l'homme des Nations Unies. De la Commission au Conseil*, Paris : Pedone, 2008, pp. 334-335.

précédent historique oublié au cours des négociations : le système de contrôle sur rapports de la Commission des droits de l'homme[506].

L'issue du premier cycle quadriennal de l'examen a dissipé la plupart des doutes relatifs à l'utilité et à l'efficacité de la procédure. L'EPU se présente non pas comme une mise en accusation, mais comme un mécanisme qui privilégie le dialogue et vise à instaurer un travail constructif avec les pays examinés.

Nous illustrerons les aspects les plus intéressants de ce nouveau système de surveillance, qui a permis aux Etats de discuter de la protection des enfants africains vis-à-vis des pratiques traditionnelles néfastes[507].

Il convient d'évoquer quelques considérations introductives autour de la nature de l'examen, pour éviter de l'assimiler trop rapidement à la nature « politique » de l'organe dont il dépend[508].

Evidemment, l'EPU se déroule au sein du Conseil des droits de l'homme, qui est un organe politique, composé de représentants d'Etats dont les intérêts ne sont pas forcément en ligne avec la protection des droits de l'homme[509]. Toutefois, l'examen en question est conçu comme étant « non-politique », c'est-à-dire soustrait à la confrontation et fondé sur le dialogue.

La volonté de dépolitiser l'EPU résulte très clairement de le résolution fondatrice de l'Assemblée générale (60/251), qui fait du « dialogue et de la coopération constructifs à l'échelle internationale » un principe qui doit guider l'action du Conseil et qui se réfère expressément à l'examen périodique universel comme à « une entreprise de coopération fondée sur un dialogue auquel le pays concerné est pleinement associé »[510]. Dans la même logique, la résolution 5/1 du Conseil précise que « l'examen périodique universel est un mécanisme coopératif reposant sur (...) le dialogue », et

---

[506] La procédure d'examen des rapports périodiques à la Commission des droits de l'homme, établie le 1er aout 1956 (sur recommandation de la Commission elle-même) par la résolution 624 B (XXII) du Conseil économique et social, et assujettie à une nouvelle périodicité par la résolution 1074 C (XXXIX) du 28 juillet 1965, a été supprimée dès 1981, après que l'Assemblée générale l'eut définie « obsolète et d'une utilité marginale » dans sa résolution 35/209 du 17 décembre 1980. Voy. pour une description succinte de la procédure, WEBER A., *Mécanismes..., op. cit.*, p. 131.

[507] Les *contenus* du dialogue feront l'objet de la seconde partie de cet ouvrage.

[508] L'ancien Haut Commissaire aux droits de l'homme, M. Sergio Vieira De Mello, commentait ainsi la critique de sélectivité et politisation au sein de la Commission des droits de l'homme : "most of the people in this room work for government or seek to affect the actions of government. That is politics. For some to accuse others of being political is a bit like fish criticizing each other for being wet". Voy. *Statement of the High Commissioner for Human Rights to the closing meeting of the 59th Session of the Commission on Human Rights*, 25 avril 2003.

[509] Significativement, toute tentative de faire du Conseil un organe d'experts a échoué.

[510] *Conseil des droits de l'homme*, A/RES/60/251, 15 mars 2006, par. 4 et 5 e).

qu'il doit « [ê]tre mené de façon objective (...), non politisée et sans confrontation »[511].

Comme le rappelle M. Fassassi, la volonté résolument marquée de faire de l'EPU un mécanisme coopératif se reflète dans toute la procédure, que ce soit dans la pluralité des documents sur lesquels est fondé l'examen ou dans les modalités pratiques de celui-ci[512]. En somme, le nouveau système est appelé à jouer un rôle dans la promotion et la protection des droits de l'homme, tout en évitant de reproduire les pratiques conflictuelles qui avaient cours au sein de la Commission des droits de l'homme[513].

L'autre difficulté majeure que les architectes de l'EPU ont dû gérer était le risque de duplication vis-à-vis des mécanismes de protection déjà existants. Même si, dans le domaine particulier des droits de l'homme, où la seule forme de sanction internationale contre les violations est le verdict de l'opinion publique, la logique du « more is better » est tentante[514], il fallait éviter que le nouveau mécanisme soit l'inutile écho des *treaty bodies*[515].

Dans les développements qui suivent, nous démontrerons que le caractère véritablement universel du mécanisme lui permet de compléter utilement les procédures conventionnelles de contrôle sur rapports (A).

En nous penchant sur les comportements des différents acteurs qui interviennent dans ce « lieu de dialogue » qu'est le Conseil des droits de l'homme, nous pourrons apprécier la valeur ajoutée d'un examen où le rôle prépondérant des Etats est contrebalancé par celui d'autres parties prenantes (B).

A. Un mécanisme de contrôle « universel » à un double point de vue

Dans un célèbre discours prononcé en 2005 devant la Commission des droits de l'homme, le Secrétaire général de l'ONU, M. Kofi Annan, avait proposé la création d'un nouveau conseil des droits de l'homme agissant

---

[511] *Mise en place des institutions du Conseil des droits de l'homme*, HRC/5/1, 18 juin 2007, Annexe (Partie I : Mécanisme d'Examen périodique universel), par. 3 b) et g).

[512] FASSASSI I., « L'examen périodique universel devant le Conseil des droits de l'homme des Nations Unies », *RTDH*, 79, 2009, p. 748.

[513] Il a été observe que « the introduction of a UPR is the most dramatic answer to years of criticisms of the work of the Commission when dealing with situations of violations of human rights in specific countries, in a bid to overcome its alleged politicization », DOMINGUEZ-REDONDO E., « The Universal Periodic Review of the UN Human Rights Council : An Assessment of the First Session », *Chinese Journal of International Law*, vol. 7 (3), 2008, p. 722.

[514] A ce propos, voy. RODLEY N., « The United Nations Human Rights Council... », *op. cit.*, p. 54.

[515] GAER F. D., « A Voice Not an Echo : Universal Periodic Review and the UN Treaty Body System », *Human Rights Law Review*, 2007, 7 (1), pp. 109-139.

comme une « chambre d'examen collégial » dont la principale tâche serait d' « évaluer la manière dont *tous les Etats* s'acquittent de *toutes leurs obligations* en matière de droits de l'homme, concrétisant ainsi le principe selon lequel les droits de l'homme sont universels et indivisibles »[516].

Les négociations qui ont été à l'origine de la création du Conseil des droits de l'homme, et de son mécanisme d'Examen périodique universel, ont permis de donner forme au souhait de M. Annan : désormais, tous les Etats sont interrogés au sujet de tous les droits internationalement reconnus.

L'atout principal de l'examen universel, est d'avoir une portée plus large que celle des mécanismes institués par les conventions onusiennes relatives aux droits de l'homme. Alors que les garanties mises en place par ces derniers ne concernent que les Etats ayant ratifié les conventions[517], l'EPU est conçu de façon à « assurer la couverture universelle »[518], dans le respect du principe de l'égalité de traitement de tous les Etats membres des Nations Unies (1). En outre, la compétence *ratione materiae* du Conseil est particulièrement étendue, tout en n'étant pas identique pour tous les Etats (2).

1) La soumission de tous les Etats à l'examen

L'idée de soumettre tous les Etats membres, sans exception, à un examen identique, en vertu des mêmes critères, répond à la nécessité de remédier à la politisation et à la sélectivité des travaux de la défunte Commission des droits de l'homme.

Depuis longtemps, en effet, on dénonçait la pratique des Etats de se faire élire à la Commission pour bloquer le contrôle de la situation des droits de l'homme à leur égard[519] ; surtout, la critique de traitements inégaux entre les

---

[516] C'est nous qui soulignons. Voy. *Allocution du Secrétaire général devant la Commission des droits de l'homme* (Genève, 7 avril 2005), en annexe à l'ouvrage dirigé par M. Decaux, *Les Nations Unies et les droits de l'homme…*, *op. cit.*, p. 339.

[517] Anne Weber rappelle à ce propos que les Etats « ont la possibilité, à certaines conditions, d'émettre des réserves, et de soustraire par conséquent certaines dispositions d'un traité à tout contrôle », in *Les mécanismes…*, *op. cit.*, p. 125.

[518] Voy. la résolution intitulée *Mise en place des institutions du Conseil des droits de l'homme*, HRC/5/1, 18 juin 2007, Annexe (Partie I : Mécanisme d'Examen périodique universel), par. 3, c.

[519] L'appel pour une fonction d'examen collégial a été lancé notamment par l'organisation non gouvernementale *Human Rights Watch* afin que les Etats élus au Conseil des droits de l'homme soient eux-mêmes soumis à un examen. Le professeur Vincent Chetail rapporte que cette ONG a salué la création de l'Examen périodique universel comme étant « la plus importante innovation du Conseil des droits de l'homme » car « pour la première fois, le bilan en matière de droits de l'homme de tous les Etats membres de l'ONU, quelles que soient leur taille, leur richesse ou leur puissance militaire ou politique, sera examiné par un mécanisme commun », in CHETAIL V., « Le Conseil des droits de l'homme des Nations Unies : l'an I de la réforme », *Refugee Survey Quarterly*, vol. 26, n° 4, 2007, p. 116.

Etats, « namely that the powerful could avoid being the target of international attention or action over their human rights problems and violations but weaker states could not »[520], était si lourde qu'elle avait compromis la crédibilité et la réputation de la Commission, comme l'admet lui-même le Secrétaire général de l'Organisation[521].

La solution de soumettre tous les Etats membres de l'ONU à une évaluation périodique a été privilégiée dès le départ, car elle présentait l'avantage incontestable de mettre ces derniers sur un pied d'égalité et d'assurer qu'aucun d'entre eux n'échappe au contrôle : comme l'a souligné Sir Nigel Rodley, le mécanisme de l'EPU « was precisely [...what] was seen as a key innovation in addressing the political selectivity charge. Since UPR was something that would apply to all UN member states, it would be impossible to argue that the Council was applying double standards. Universality is the opposite of selectivity »[522].

Des discussions ont eu lieu concernant la périodicité de l'examen. Si la plupart des Etats se sont déclarés favorables à une périodicité allant de quatre (Argentine, Brésil, Chili, Mexique, Suisse) à cinq ans (Etats-Unis d'Amérique, Chine, Cuba, Inde, Iran, Fédération de Russie, Philippines, Thaïlande), on a enregistré aussi la curieuse proposition du Pakistan consistant à fonder la fréquence de l'examen « sur le niveau de développement, de telle sorte que les pays développés seraient examinés tous les sept ans et les pays en voie de développement tous les trois ans »[523].

Finalement, le Conseil des droits de l'homme a décidé, dans sa résolution 5/1 du 18 juin 2007, que la périodicité de l'examen pour le premier cycle

---

[520] BOYLE K. (ed), *New Institutions for Human Rights Protection*, New York : Oxford University Press, 2009, p. 5.

[521] M. Kofi Annan a admis, dans une déclaration prononcée à l'Assemblée générale le 21 mars 2005, que « l'aptitude [de la Commission des droits de l'homme] à s'acquitter de ses tâches souffre de plus en plus de l'effritement de sa crédibilité et de la baisse de son niveau de compétence professionnelle » : voy. le Rapport du Secrétaire général, *Dans une liberté plus grande : développement, sécurité et droits de l'homme pour tous*, A/59/2005, 24 mars 2005, par. 182, téléchargeable à partir de la page Web http://www.un.org/french/largerfreedom (consultée la dernière fois le 9 janvier 2012).

[522] RODLEY N., « The United Nations Human Rights Council, Its special Procedures, and Its Relationship with the Treaty Bodies : Complementarity or Competition ? », in BOYLE K. (ed), *New Institutions..., op. cit.*, p. 53.

[523] Dans son article intitulé « Le Conseil des droits de l'homme des Nations Unies : un mécanisme d'affaiblissement ou de renforcement des procédures de contrôle ? », *Etudes internationales*, vol. 39 (3), 2008, Mamoud Zani rappelle que la proposition a été rejetée, car contraire au principe de l'égalité de traitement de tous les Etats (p. 448). Par ailleurs, une contribution écrite de l'Organisation de la Conférence Islamique (OCI) du 2 août 2006 (révisée le 5 septembre 2006) contenait une proposition presque identique de cycles à périodicité variable : 3 ans pour les 35 pays développés ; 5 ans pour les 106 pays en développement et 7 ans pour les 50 pays les moins développés : in OHCHR, Secretariat of the Human Rights Council, *Updated compilation of proposals and relevant information on the Universal Periodic Review*, 5 avril 2007, pp. 90-91.

serait de quatre ans[524] ; à sa sixième session tenue à la fin de 2007, il a déterminé par tirage au sort l'ordre de passage des Etats pour 2008-2011.

Pour le deuxième cycle d'examen, qui débute en mai 2012, la périodicité passe à quatre ans et demi, alors que l'ordre d'examen est maintenu[525].

Une sorte de préséance est accordée, ou plutôt imposée, aux Etats représentés dans l'organe intergouvernemental[526] en vertu de la résolution 5/1, qui prévoit que tous les Etats membres du Conseil des droits de l'homme feront l'objet d'un examen pendant qu'ils y siègent[527].

L'idée qui sous-tend cette disposition est d'éviter que les Etats se fassent élire au Conseil « non pas pour défendre les droits de l'homme, mais pour se soustraire aux critiques, ou pour critiquer les autres » comme c'était le cas à l'ère de la Commission[528].

Selon certains auteurs, soumettre les membres du Conseil à l'EPU durant leur mandat représente, du moins en théorie, un moyen d'assainir la composition de l'organe[529]. Même si nous avons peu de recul au sujet des élections d'Etats siégeant au Conseil, la sélection ne semble pas plus rigoureuse qu'auparavant[530]. D'ailleurs, à l'occasion du renouvellement partiel du Conseil, en 2009, le vice-directeur de l'OHCHR a affirmé, en des termes qui méritent d'être reproduits,

"We would like to get away from the idea that there are good guys and bad guys. Today, there were 18 human rights violators elected to the Human

---

[524] *Mise en place des institutions du Conseil des droits de l'homme*, HRC/5/1, 18 juin 2007, Annexe (Partie I : Mécanisme d'Examen périodique universel), par. 14.

[525] Voy. la résolution 16/21 adoptée par le Conseil le 25 mars 2011, par. 2 à 4. Dans une décision ultérieure du 17 juin 2011 (17/119, *Follow-up to the Human Rights Council resolution 16/21 with regard to the universal periodic review*), le Conseil a précisé que chaque session durera un jour de plus et que trois heures et demi (au lieu de trois heures) seront consacrées à l'examen de chaque Etat.

[526] On notera que le groupe des Etats africains est bien représenté au Conseil, disposant de 13 sièges sur 47.

[527] *Mise en place des institutions du Conseil des droits de l'homme*, HRC/5/1, 18 juin 2007, Annexe (Partie I : Mécanisme d'Examen périodique universel), par. 8.

[528] Voy. le Rapport du Groupe de personnalités de haut niveau sur les menaces, les défis et le changement : *Un monde plus sûr : notre affaire à tous*, A/59/565, 2 décembre 2004, par. 283.

[529] « Dorénavant, les Etats doivent intégrer que la qualité de membre implique l'examen, durant leur mandat, de leur bilan en termes de droits de l'homme. Ils seront donc comptables devant leurs pairs de la manière dont ils s'acquittent de leurs obligations. Ceci serait de nature, dit-on, à dissuader les Etats les moins scrupuleux en la matière de se porter candidats » : in FASSASSI I., « L'examen périodique… », *op. cit.*, pp. 744-745.

[530] Jusqu'au 31 décembre 2012, siègeront au Conseil des pays tels que l'Angola, la Chine, Cuba, la Libye (qui a été suspendue par l'Assemblée générale du 1er mars au 18 novembre 2011), la Mauritanie, la Russie, l'Ouganda. Voy. pour un commentaire relatif à la première élection (mai 2006), ainsi qu'au renouvellement du tiers du Conseil (mai 2007), WEBER A., *Les mécanismes…, op. cit.*, pp. 327-328.

Rights Council", stressing that all 192 United Nations Member States had serious human rights problems[531] ».

Quoi qu'il en soit, l'universalité est le maître mot de ce nouvel Examen périodique universel, auquel aucun Etat ne s'est soustrait au cours du premier cycle. De façon encore plus frappante, l'EPU permet de débattre de tous les droits de l'homme garantis au plan universel, grâce à sa base normative très étendue.

2) La base normative singulièrement étendue de l'examen

Parmi les six éléments identifiés en 2006 par le Facilitateur du Groupe de travail sur l'examen périodique universel[532], M. Mohammed Loulichki (ambassadeur du Maroc à l'ONU), figurait la question de la base juridique sur laquelle évaluer la situation des pays examinés[533].

En effet, si l'Assemblée générale avait décidé que le Conseil examine le « respect par chaque Etat de ses obligations et engagements en matière de droits de l'homme »[534], encore fallait-il résoudre la question de savoir quels instruments seraient pris en compte : déclaratoires ou contraignants ? Et quele valeur auraient, par ailleurs, la coutume et les traités non ratifiés par un Etat ?

Un premier problème était celui d'éviter de faire double emploi avec l'activité des *treaty bodies*, ce qui suggérait que l'examen ne pouvait se limiter au contrôle de l'application des instruments conventionnels ratifiés par les Etats. Le risque de pénaliser les Etats qui avaient accepté d'être liés par un grand nombre d'instruments était trop évident : comme l'affirme Mme Nadia Bernaz, « the fewer standards, the less likely it is that the violations of those standards will be pointed out. This would in the end mean that states that did not ratify human rights treaties would be judged less severely than those who did, a rather awkward situation to say the least »[535].

En deuxième lieu, s'il paraissait logique d'étendre l'EPU aux engagements volontairement pris par les Etats, notamment lorsqu'ils se font

[531] Craig Mokhiber, *Press Conference on Human Rights Council Election*, Department of Public Information – News and Media Division, New York, 2 mai 2009. Consulté le 11 janvier 2012 à partir de la page Web http://www.un.org/fr/unpress/.

[532] Le groupe a été établi conformément à la décision 1/103 du Conseil en date du 30 juin 2006.

[533] A/HRC/4/CRP3, 13 mars 2007, par. 4.

[534] *Conseil des droits de l'homme*, A/RES/60/251, 15 mars 2006, par. 5 e).

[535] Cet argument est développé dans l'article de Nadia Bernaz, « Reforming the UN Human Rights Protection Procedures : A Legal Perspective on the Establishment of the Universal Periodic Review Mechanism », in BOYLE K. (ed), *New Institutions…, op. cit.*, p. 81.

élire au Conseil des droits de l'homme[536], on voyait néanmoins la difficulté d'utiliser la *soft law* en tant que paramètre d'évaluation[537].

En juin 2007, à l'issue d'une année de négociations au sein du Groupe de travail, un consensus s'est formé sur les éléments composant le champ de l'examen. La résolution 5/1 du Conseil, traduisant les termes lapidaires de la résolution 60/251 de l'Assemblée générale, prévoit que l'EPU se fonde sur :

la Charte des Nations Unies ;
la Déclaration universelle des droits de l'homme ;
les instruments internationaux relatifs aux droits de l'homme auxquels l'Etat est partie ;
les obligations et engagements souscrits volontairement par les Etats, notamment quand ils présentent leur candidature à l'élection au Conseil des droits de l'homme[538].

En outre, il faudra prendre en considération le « droit international humanitaire applicable »[539].

Cette solution, fruit d'un compromis équilibré, permet d'évaluer la situation des droits de l'homme dans chaque Etat membre des Nations Unies à la lumière des standards universels.

C'est le cas, en particulier, en ce qui concerne le droit de l'enfant d'être protégé contre les pratiques traditionnelles néfastes, auquel se rattachent plusieurs normes contenues dans les textes généraux (DUDH, Pactes internationaux) et spécifiques (CAT, CEDAW, CIDE)[540].

Nous verrons que le problème des mutilations génitales féminines et des mariages d'enfants, ainsi que des violations des droits de l'enfant liées à d'autres pratiques traditionnelles, est souvent reproché aux Etats africains dans le cadre de l'EPU.

Par exemple, la Somalie, qui n'est toujours pas partie à la CEDAW ni à la CIDE, a dû rendre compte des mesures prises pour lutter contre les MGF[541]. Quant au Soudan du Sud, qui est devenu le 193e membre de l'ONU en juillet 2011, il a fait l'objet d'un examen *sui generis*, en parallèle avec celui mené

---

[536] Sur les engagements volontaires des Etats dans le cadre de l'élection au Conseil, voy. CALLEJON C., *La réforme de la Commission…, op. cit.*, pp.87 à 95.
[537] BERNAZ N., « Reforming the UN Human Rights… », *op. cit.*
[538] Résolution 5/1 du Conseil des droits de l'homme, 18 juin 2007, par. 1, a), b) c) et d).
[539] Pour un point de vue critique sur l'opportunité de la référence au droit international humanitaire, nous renvoyons à l'article de CHETAIL V., « Le Conseil des droits de l'homme… », *op. cit.*, p. 117.
[540] Voy. Partie I, Titre I.
[541] Sur la page Web consacrée à la 11e session de l'EPU de mai 2011, voy. les documents clés pour la Somalie : http://www.upr-info.org/-Somalie-.html (dernière consultation : 12 janvier 2012).

par le Groupe de travail en mai 2011 à l'égard du Soudan[542] ; le deuxième cycle de l'EPU sera sans doute[543] l'occasion de faire un bilan de l'acceptation des traités internationaux relatifs aux droits de l'homme par ce nouvel Etat[544].

La compétence *ratione materiae* particulièrement large attribuée au Conseil pour l'EPU de 2008-2011 a été reconfirmée pour les cycles suivants, en vertu de la résolution 16/21 du Conseil en date du 25 mars 2011[545]. Il convient de réfléchir brièvement sur chaque élément qui compose la base juridique de l'examen.

Les deux premiers textes cités dans la résolution 5/1 du Conseil, à savoir la Charte des Nations Unies et la Déclaration universelle des droits de l'homme, assurent que l'examen des Etats au titre de l'EPU porte sur l'ensemble des droits de l'homme universellement reconnus.

D'une part, le cadre normatif défini par la Charte s'impose aux Etats membres de l'Organisation, qui ont proclamé dès le préambule leur « foi dans les droits fondamentaux de l'homme, dans la dignité et la valeur de la personne humaine, dans l'égalité de droits des hommes et des femmes »[546],

---

[542] Un comité représentant le Gouvernement du Sud-Soudan a entrepris l'élaboration d'un rapport spécial sur le Sud-Soudan, sur la base duquel des recommandations lui ont été adressées. La France a saisi l'occasion pour demander au gouvernement d'« adhérer à la Convention relative aux droits de l'enfant et à ses deux Protocoles facultatifs » : A/HRC/18/16, par. 85. Pour plus de détails, voy. la résolution du Conseil 18/114 B : *Outcome of the Universal Periodic Review : South Sudan*, adoptée le 23 septembre 2011 ; voy. également A/HRC/18/2, chapitre VI.

[543] Bien que le site officiel de l'EPU (http://www.upr-info.org/-UPR-.html) annonce que le 2e cycle concernera chacun des 193 Etats membres de l'ONU, au 31 janvier 2012 le « calendrier officiel » n'inclut pas encore le Sud-Soudan.

[544] Dans un document daté 30 juin 2011, *Amnesty International* et *Human Rights Watch* ont demandé à la République de Soudan du Sud de « déclarer officiellement, lors de son indépendance, qu'elle devient partie aux traités relatifs aux droits humains ratifiés par le Soudan dans le cadre de la succession d'Etats » et de ratifier d'autres traités internationaux et régionaux, tels que la CAT, la CEDAW et la CADBE. Voy pour plus de détails : http://www.amnesty.org/fr/library/asset/AFR65/001/2011/fr/88446e61-6f0d-45e5-8d65-2ed7f4974245/afr650012011fr.pdf.

[545] Le premier paragraphe de la résolution intitulée *Réexamen des activités et du fonctionnement du Conseil des droits de l'homme* est ainsi formulé : « La base, les principes et les objectifs de l'Examen périodique universel, tels qu'ils sont décrits aux paragraphes 1, 2, 3 et 4 de l'annexe de la résolution 5/1 du Conseil des droits de l'homme, seront réaffirmés ».

[546] Les droits de l'homme figurent au nombre des buts des Nations Unies énumérés à l'article 1, et l'article 55 prévoit que les Nations Unies favoriseront « la solution des problèmes internationaux dans les domaines économique, social, *de la santé publique* (… et) le respect universel et effectif des droits de l'homme et des libertés fondamentales pour tous, sans distinction de race, de sexe, de langue ou de religion ». Il convient de citer également l'engagement pris dans le Préambule de la Charte, pour « favoriser le progrès social et instaurer des conditions de vie dans une liberté plus grande », ainsi que la compétence expressément reconnue à l'ECOSOC par l'article 62 de « faire ou provoquer des études et des rapports sur des questions internationales dans les domaines économique, social, de la culture intellectuelle et de l'éducation, *de la santé publique* et autres domaines connexes et peut

si bien qu'on admet depuis plusieurs décennies que « mere discussion of a state's human rights performance is not precluded under the Charter's non-intervention rule »[547].

D'autre part, la valeur désormais contraignante de la Déclaration universelle de 1948 rend très vaste le champ concret de l'examen, parce que son contenu recoupe et parfois dépasse celui des Pactes de 1966, ainsi que des autres traités adoptés par la suite : comme il a été rappelé, la Déclaration universelle des droits de l'homme assure un « fonds commun de droits civils, politiques, économiques et sociaux », au respect duquel aucun Etat ne pourrait se soustraire, indépendamment du fait qu'il ait ratifié ou non tel ou tel traité[548].

Les deux autres éléments qui composent la base juridique de l'examen, cités à la lettre *c* (traités internationaux auxquels l'Etat est partie) et à la lettre *d* (engagements volontaires) de la résolution 5/1, nous conduisent à nous poser la question du champ différencié de l'EPU en fonction de l'Etat examiné.

En d'autres termes, puisque tous les Etats n'ont pas ratifié les principaux instruments relatifs aux droits de l'homme (en dehors même du problème des réserves), ni n'ont souscrit aux mêmes engagements, devrait-on conclure à un examen périodique à géométrie variable ?

D'une part, il est incontestable que seul le droit international des droits de l'homme applicable à chaque Etat est pris en compte comme base juridique. D'ailleurs, les Etats africains ont bien insisté sur le fait que « [n]o state can be held accountable for obligations pertaining to a treaty that they have not ratified »[549]. Mais l'interprétation du mot "applicable" prête à discussion : par exemple, la pratique de ce premier cycle d'EPU démontre que même le respect des délais dans la présentation des rapports aux organes conventionnels, l'effective application des Observations finales de ces derniers, ainsi que la mise en œuvre des recommandations des procédures spéciales du Conseil des droits de l'homme peuvent faire l'objet du dialogue[550].

---

adresser des recommandations sur toutes ces questions à l'Assemblée générale, aux Membres de l'Organisation et aux institutions spécialisées intéressées ». Italiques ajoutés par nos soins.

547 A ce propos, Sir Nigel Rodley cite les idées pionnières de Sir Hersch Lauterpacht et de M. René Cassin : RODLEY N., « The United Nations Human Rights Council… », *op. cit.*, p. 51.

548 FASSASSI I., « L'examen périodique universel… », *op. cit.*, p. 746.

549 Voy. la déclaration du représentant algérien s'exprimant au nom du groupe africain, in OHCHR, Secretariat of the Human Rights Council, *Updated compilation…*, *op. cit.*, p. 10.

550 C'est justement la valeur ajoutée dont parlait la Commission internationale de juristes dans un document de 2005 : « peer review would only add value to the existing work of the United Nations system if it were an intergovernmental review of the *implementation* of evaluations, observations and recommendations made by the treaty bodies, special procedures, OHCHR and previous Commission/Council resolutions » : in Commission internationale de juristes,

Mme Bernaz a observé de manière pertinente que « the review will not focus so much on the treaty obligations as such but rather, on reservations and follow-up of the treaty bodies' work », mais que cela « would mean that the universal periodic review is not based on substantive legal obligations arising from treaties to which states have adhered »[551].

Aussi bien de la part des négociateurs que de la doctrine, des perplexités ont été exprimées quant à l'opportunité de baser l'examen sur des textes non contraignants, y compris les engagements volontaires des Etats. Ainsi, pouvons-nous conclure que la base normative si étendue de l'EPU permettra d'accorder le poids voulu aux engagements internationaux des Etats en matière de droits de l'homme : en effet, « one positive result of the voluntary commitments, such as those made by states when standing for election to the Council, arises when the commitment made is to become party to human rights treaties »[552].

B. Un mécanisme coopératif aux multiples atouts

Le mécanisme de contrôle mis en place au sein du Conseil des droits de l'homme a le mérite d'offrir une possibilité de dialogue régulière autour d'un thème particulièrement sensible pour les Etats : le respect des droits de l'homme. Les critiques qui sont le plus souvent adressées à l'EPU concernent la politisation de l'organe qui le conduit, ainsi que le risque de faire « double emploi » avec les autres procédures existantes.

Nous avons discuté de la pertinence de ces remarques quand nous avons illustré le caractère universel de l'EPU. Néanmoins, il est nécessaire d'évaluer la principale procédure de contrôle *politique* des droits de l'homme sous un autre angle, pour en saisir la valeur ajoutée.

Puisque l'EPU est un mécanisme intergouvernemental géré par un organe éminemment « politique », au lieu de l'accuser d'être ce qu'il est, mieux vaut se demander ce qu'il apporte à l'œuvre onusienne de promotion des droits de l'homme dans le pays examiné.

A notre avis, la technicité qui caractérise la procédure est un remarquable remède à la politisation de l'organe. Le Conseil des droits de l'homme a appris la leçon de l'échec de l'ancien système de contrôle basé sur les rapports et a su bâtir un mécanisme bien structuré, véritablement voué à faire dialoguer les Etats entre eux (1).

Reforming the Human Rights System : A Chance for the United Nations to Fulfill its Promise, juin 2005, cité par CALLEJON C., *La réforme…*, *op. cit.*, p. 341.

[551] BERNAZ N., « Reforming the UN Human Rights… », *op. cit.*, spéc. p. 81.

[552] En ce sens voy. K. BOYLE in *New Institutions…*, *op. cit.*, p. 4, ainsi que, dans le même volume, BERNAZ N., « Reforming the UN Human Rights… », *op. cit.*, p. 84.

Toutefois, il ne s'agit pas d'un simple examen par les pairs (en anglais, *peer review*), comme il en est dans d'autres organisations internationales[553] : en effet, un des plus grands atouts de l'EPU est d'avoir opportunément donné un rôle aux autres acteurs intéressés au processus, dont les institutions nationales des droits de l'homme et les ONG (2).

1) Un forum de discussion interactive ouvert à tous les Etats membres de l'ONU

Tel qu'il a été conçu par le Conseil, l'EPU est un mécanisme où les Etats jouent un rôle prépondérant ; on pourrait dire qu'ils animent eux-mêmes la procédure, mais selon des règles strictes qui sont dictées, et mises à jour, par l'organe intergouvernemental et dont la technicité contribue à éviter l'excessive politisation des débats.

Tout d'abord, alors que l'Etat examiné décrit dans un rapport la situation des droits l'homme sur son territoire, deux autres documents provenant de sources différentes servent de base à l'examen : il s'agit d'une part de la compilation des Observations finales des organes conventionnels[554] et des recommandations des procédures spéciales relatives au pays, et d'autre part du résumé des informations émanant des parties prenantes à EPU, tous les deux établis par le Haut-Commissariat aux droits de l'homme[555].

Ensuite, dans la phase du dialogue interactif minutieusement réglementée, les échanges ont lieu au sein d'un Groupe de travail composé des 47 Etats membres du Conseil des droits de l'homme, avec la participation d'Etats observateurs ; les autres parties intéressées (agences onusiennes, organisations intergouvernementales et société civile) peuvent y assister mais sans pouvoir prendre la parole.

Les Etats sont libres de faire des déclarations, de poser des questions, d'exprimer des critiques et de louer les politiques en matière de droits de

---

[553] Sur la recommandation initiale d'un examen universel par les pairs, voy. CALLEJON C., *La réforme…*, *op. cit.*, p. 335 ss. D'autres *peer reviews* existent, sous diverses variantes, au sein du Conseil de l'Europe, de l'Organisation internationale du travail, de l'Organisation de coopération et de développement économiques, ou encore de l'Union africaine, dans le cadre du NEPAD. Le professeur Chetail estime que c'est une méthode de contrôle répandue en droit international « parce qu'elle favorise la coopération sans heurter de manière trop frontale la souveraineté de l'Etat, comme peut l'être un règlement strictement juridictionnel ». CHETAIL V., « Le Conseil des droits de l'homme... », *op. cit.*, p. 116.

[554] Ce qui a récemment encouragé les *treaty bodies*, et notamment le Comité des droits de l'homme, à « déterminer les priorités pour chaque Etat partie dans les Observations finales qu'il adopte après l'examen du rapport » : voy. en ce sens Mme Chanet in CCPR/C/SR.2644, par. 108.

[555] Les directives générales pour la préparation des trois rapports servant de base à l'EPU figuraient dans la décision 6/102 du Conseil du 27 septembre 2007 ; elles ont été légèrement modifiées par la décision 17/119 du 17 juin 2011 (partie II), destinée à s'appliquer au deuxième cycle de l'EPU, afin de mettre l'accent sur la mise en œuvre des recommandations.

l'homme de l'Etat examiné ; ce dernier dispose du tiers du temps consacré à l'examen[556] pour illustrer et défendre sa position.

En réalité, le dialogue est, en bonne partie, préparé à l'avance car un groupe de trois rapporteurs (troïka) tirés au sort parmi les membre du Conseil[557] transmet une liste de questions écrites à l'Etat examiné ; celui-ci est libre de repartir son temps d'intervention entre la présentation orale du rapport national et les réponses aux questions préliminaires ; ensuite, il doit répondre aux questions posées par les membres du groupe de travail[558].

Comme le démontre le cycle d'examen qui vient de se conclure, un grand nombre d'Etats interviennent lors du dialogue interactif[559] et expriment leur point de vue sur le comportement de l'Etat examiné. Evidemment, les Etats adoptent des rôles variables lors de l'examen, selon leur conception des questions relatives aux droits de l'homme mais aussi selon des intérêts, de nature politique, qui sont parfois contraires à l'esprit de l'EPU : c'est la pratique des Etats « amis »[560].

Les Etats qui participent au débat soumettent des recommandations à l'Etat examiné lui suggérant les mesures à prendre pour améliorer la situation des droits de l'homme[561].

Le pays qui fait l'objet de l'examen ne peut empêcher les autres Etats d'exprimer leur position ni bloquer la publication des recommandations qui le dérangent. Toutefois, il peut les rejeter publiquement.

Cette possibilité de remettre en question les conclusions de l'EPU a suscité beaucoup d'appréhension au sein des organes conventionnels onusiens, dont les recommandations inspirent souvent celles formulées dans le cadre de l'Examen ; en réalité, la crainte qu'une Observation finale d'un comité conventionnel puisse être fragilisée au cours de l'EPU n'est pas

---

[556] Une heure sur trois, pendant le premier cycle de l'EPU ; 70 minutes sur trois heures et trente minutes, à partir du deuxième (voy. la décision du Conseil 17/119, 17 juin 2011, Partie III).

[557] Le processus de sélection est, en réalité, plus complexe car les trois membres du Conseil doivent appartenir à des groupes régionaux différents, et ne doivent pas être considérés comme hostiles par les Etats.

[558] Pour plus de détails sur la formation de la liste des orateurs et sur les temps de parole, on renverra à la décision 17/119 précitée, Partie IV.

[559] Durant le premier cycle, le temps de l'examen était calculé de manière à permettre à environ 45 Etats de prendre la parole pendant 2-3 minutes.

[560] L'expression est de M. Idris Fassassi. La tendance de certains Etats à former des alliances pour se soutenir mutuellement est souvent dénoncée par la société civile : « il arrive que des Etats ayant le même état d'esprit tentent de protéger l'Etat examiné contre les critiques d'autres intervenants en utilisant le plus de temps possible pour louer ou soutenir l'Etat examiné ». JACOBSEN A. F., *Focus sur l'Examen périodique universel : Une introduction*, Institut danois des droits de l'homme : Copenhague, 2010, p. 22.

[561] A partir du deuxième cycle de l'EPU, les recommandations devraient être regroupées par thème, ce qui en facilitera la consultation. Voy. la résolution 16/21 du Conseil des droits de l'homme.

justifiée, car le pays examiné rejette la recommandation émanant d'un ou de plusieurs Etats, et non pas l'opinion exprimée par le *treaty body* à l'issue d'un mécanisme de contrôle bien différent.

Selon une pratique bien établie, la réponse de l'Etat aux recommandations s'articule en deux étapes, qui correspondent *grosso modo* aux deux documents produits par l'EPU.

Dans les deux jours qui suivent le débat, l'Etat indique, parmi les recommandations reçues, celles qui recueillent son appui, celles qu'il examinera par la suite et celles qui ne recueillent pas son assentiment. Le rapport adopté par le Groupe de travail contient ainsi le résumé factuel des débats et les recommandations émanant des Etats[562], dans des listes séparées, selon qu'elles aient été acceptées ou non par l'Etat.

Pendant le temps qui s'écoule entre l'adoption de ce rapport et la session ordinaire du Conseil des droits de l'homme, l'Etat examine les recommandations et communique par écrit au Conseil sa position au sujet de chacune d'entre elles[563]. C'est à ce moment qu'il formule les « opinions, réponses et engagements volontaires » qui figureront dans l'*Additif* au rapport.

Enfin, la Conseil réuni en séance plénière consacre un débat, auquel participent tous les Etats intéressés mais aussi d'autres parties prenantes (*infra*), à l'adoption formelle du document final issu de l'examen, selon une formule devenue rituelle dans les décisions relatives à l'EPU[564].

Le dialogue intergouvernemental implique ainsi un grand nombre d'Etats et vise à responsabiliser l'Etat examiné, qui est encouragé à appliquer les recommandations qu'il accepte et qui doit, en revanche, se justifier au regard des recommandations qu'il rejette.

Puisque la coopération active et entière d'un nombre maximum d'Etats est essentielle à l'efficacité du mécanisme de l'EPU, aussi bien dans la phase du débat interactif que dans celle du suivi, des mesures ont été prises pour faciliter la participation des Etats au processus.

Il convient de citer les deux « fonds de contributions volontaires » mis en place par le Haut-Commissariat pour aider les Etats examinés aux ressources

---

562 Les changements concernant les recommandations peuvent être apportés seulement pas les Etats les ayant formulées et uniquement oralement, durant l'adoption du rapport au sein du groupe de travail.

563 Résolution 16/21, par. 16.

564 La décision du Conseil 11/109 du 11 juin 2009, *Outcome of the universal periodic review : Senegal*, nous sert de modèle : « The Human Rights Council (...) adopts the outcome of the universal periodic review on Senegal which is constituted of the report of the Working Group on the review of Senegal, together with the views of Senegal concerning the recommendations and/or conclusions, as well as its voluntary commitments and its replies presented before the adoption of the outcome by the plenary to questions or issues that were not sufficiently addressed during the interactive dialogue in the Working Group ».

limitées à respectivement faire venir leurs délégations à Genève et mettre en œuvre les recommandations[565].

Bien que de nature très différente, la disposition qui autorise le Conseil des droits de l'homme, « après avoir épuisé tous les efforts pour encourager un Etat à coopérer à la procédure d'examen périodique universel », à se pencher « sur les cas de non-coopération persistante », contribue également à assurer la participation la plus large des Etats au processus de l'EPU[566]. Aucun Etat ne s'est soustrait à l'examen lors du premier cycle, achevé en octobre 2011.

2) La prise en compte des informations émanant d'autres parties intéressées

Le rôle accordé par le mécanisme de l'EPU aux « parties prenantes » (ou parties intéressées) est bien mince, si on le compare au rôle que jouent les Etats. Toutefois, la possibilité offerte à la société civile de prendre part à l'examen de la situation nationale des droits de l'homme, dans une tribune si importante, ne doit pas être négligée.

D'une part, les ONG et les institutions nationales des droits de l'homme (INDH) peuvent profiter de la grande visibilité dont jouit le processus pour dénoncer les failles dans les systèmes nationaux de protection des droits de l'homme. D'autre part, certains Etats tiers sont prêts à soutenir les positions des ONG lorsque celles-ci peuvent être combinées avec leurs propres priorités.

La résolution du Conseil des droits de l'homme 5/1 relative à la mise en place des institutions mentionne le devoir pour l'EPU de « garantir la participation de toutes les parties prenantes, y compris des organisations non gouvernementales et des institutions nationales des droits de l'homme »[567] et demande à ces dernières de fournir des « informations crédibles et dignes de foi », destinées à faire partie de la documentation de l'examen[568]. Certes, les renseignements ne figurent pas tels quels, puisqu'ils sont le résultat d'un travail de synthèse du HCDH imposé par la contrainte des dix pages[569] ; néanmoins, cette source-clé de documentation permet de répandre le point de

[565] Sur le « Fonds de contributions volontaires pour la participation à l'Examen périodique universel » et le « Fonds de contributions volontaires pour l'assistance financière et technique », voy. la décision 17/119 précitée, Partie V.
[566] Résolution 5/1 du Conseil des droits de l'homme, 18 juin 2007, par. 38.
[567] *Idem*, par. 3, m).
[568] *Idem*, par. 15, c).
[569] Pour un aperçu des enjeux relatifs à l'exercice de synthèse confié au bureau du Haut Commissaire, voy. CALLEJON C., *La réforme de la Commission…*, *op. cit.*, p. 342.

vue indépendant et varié des acteurs impliqués sur le terrain[570], aussi bien sur des questions concernant la protection des droits de l'homme dans le pays que sur la suite donnée au précédent examen de l'EPU[571].

En particulier, selon les nouvelles directives du Conseil, les institutions nationales des droits de l'homme accréditées dans l'Etat examiné conformément aux Principes de Paris[572] disposeront d'une section distincte du « résumé » pour soumettre leurs contributions[573].

Il ne faut pas oublier que la société civile a aussi un rôle à jouer dans l'établissement du document quantitativement plus important, le rapport rédigé par l'Etat concerné : en effet, si la résolution 5/1 encourage ce dernier à « procéder à des consultations de grande envergure au niveau national avec toutes les parties prenantes pour rassembler » les renseignements utiles [574], la résolution 16/21 suggère de telles consultations au titre du suivi de l'examen[575].

Dans les faits, l'effective prise en compte des sources d'information indépendantes et extérieures à l'apparat de l'Etat concerné dépend de la place qu'il entend accorder aux autres parties intéressées, et en définitive de la volonté politique d'améliorer, et de rendre compte de l'évolution de la situation des droits de l'homme.

Nous avons précisé, en décrivant les modalités de l'examen, que les parties intéressées sont autorisées à assister au débat interactif mais non à y participer, et que les questions et surtout les recommandations listées dans le rapport du Groupe de travail émanent exclusivement d'Etats.

Toutefois, cela ne veut pas dire que le rôle de la société civile est limité à la collecte et à la soumission des informations : dresser un panorama réaliste de la situation, décrédibilisant éventuellement le rapport national, est un exercice utile et peut pousser les autres Etats à aborder des sujets sensibles.

A travers le canal diplomatique, les acteurs de la société civile, et notamment les grandes ONG qui ont des contacts, voire un bureau, à Genève, font du lobbying auprès des représentations d'autres Etats afin que ceux-ci reprennent leurs positions dans les recommandations formulées lors

---

[570] Outre les ONG internationales et nationales, des instituts de recherche, des universités et des organisations régionales ont soumis des communications. Les textes originaux peuvent ne pas être modifiés mais, s'ils sont nombreux, le HCDH procède à les résumer, tout en plaçant le texte intégral sur son site Internet en libre consultation.

[571] Voy. la résolution 16/21, par. 8. On pourra également consulter le guide à l'intention des parties prenantes publié (en anglais) sur le site Internet du HCDH : *Universal Periodic Review : information and guidelines for relevant stakeholders' written submissions*.

[572] Voy. le statut des institutions nationales pour la promotion et la protection des droits de l'homme figurant dans l'annexe de la résolution 48/134 de l'Assemblée générale du 20 décembre 1993.

[573] Résolution 16/21, par. 9.

[574] Résolution 5/1, par. 15, a.

[575] Résolution 16/21, par. 17.

de l'examen par le Groupe de travail. Une récente étude du Child Rights Information Network (CRIN) révèle que cette pratique a déjà donné des résultats et cite à ce propos les déclarations de quelques ONG internationales :

"Our Geneva representative lobbied 16 missions in Geneva, choosing to focus on 3 or 4 issues from our reports. More than that is unmanageable. Our representative selected particular States for each issue. We will try and be even more strategic in the future. We know which States are strong on the issues we are trying to push, and for one in particular, we use our country office in that country to lobby the State to put our case across. It has proved very successful"[576].

A cette possibilité indirecte des parties prenantes d'influencer le dialogue intergouvernemental s'ajoute la possibilité, pour les ONG dotées du statut consultatif auprès de l'ECOSOC, d'intervenir lors de la séance plénière du Conseil consacrée à l'adoption du document final de l'examen. Dans ce cadre, à partir du deuxième cycle de l'EPU, « l'institution nationale des droits de l'homme de l'Etat examiné satisfaisant aux Principes de Paris sera habilitée à prendre la parole immédiatement après l'Etat »[577].

§ 2. La surveillance exercée par les procédures spéciales publiques à l'égard des Etats : entre dialogue constructif et condamnation

Ces dernières années, plusieurs titulaires de mandat au titre des procédures spéciales[578] du Conseil des droits de l'homme se sont intéressés aux pratiques traditionnelles néfastes, notamment à la MGF, et au rapport complexe existant entre culture et droits de l'homme.

L'impact des conférences organisées et des études menées par l'ancien Rapporteur spécial de la Sous-Commission sur les pratiques traditionnelles affectant la santé des femmes et des fillettes[579] a fait l'objet d'analyse dans le titre I de la présente partie.

---

[576] CRIN, *Universal Periodic Review : The Status of Children's Rights. An Analysis of trends / Review of NGO Participation*, London, 2010, p. 41.

[577] Résolution 16/21, par. 13.

[578] Nous les appellerons indifféremment procédures spéciales ou rapporteurs spéciaux, sachant que la différence de qualification (« rapporteur spécial », « expert indépendant » ou « groupe de travail ») ne s'explique pas forcément par une différence dans la nature du mandat. Il convient par ailleurs de noter qu'il existe des « représentants du Secrétaire général » des Nations Unies (qui peuvent parfois être des représentants « spéciaux ») et des experts indépendants nommés par le HCDH qui ont des fonctions similaires mais qui, hiérarchiquement, ne dépendent pas du Conseil des droits de l'homme.

[579] Son poste a été supprimé en 2005, ce qui est tout à fait exceptionnel, eu égard à la croissance continue des procédures thématiques de la Commission des droits de l'homme et

Il convient d'étudier maintenant le rôle qu'ont joué, et que peuvent encore jouer, les autres titulaires de mandat pour la protection des enfants à l'égard des pratiques traditionnelles néfastes.

A cet effet, des remarques préliminaires sur l'origine, les caractéristiques et les modes de fonctionnement de ces organes subsidiaires et non permanents de l'ONU s'imposent.

Les procédures spéciales publiques tirent leur origine de la célèbre résolution 1235 de l'ECOSOC de 1967[580] et se sont ensuite « développées de manière totalement empirique, au coup par coup »[581].

Malgré la précarité inhérente à leur mandat, elles ont connu une certaine « systématisation » à partir de la Conférence de Vienne de 1993[582]. La réforme récente qui a conduit à la mise en place du Conseil des droits de l'homme a définitivement reconnu le « système des procédures spéciales », sans par ailleurs apporter de modifications significatives au rôle et aux modes de fonctionnement de celles-ci[583].

Avant d'entrer dans le vif du sujet, deux aspects relatifs aux organes qui nous occupent méritent d'être soulignés.

Tout d'abord, si les titulaires des procédures spéciales sont des experts indépendants, tout comme les membres des *treaty bodies*, on ne peut nier la dimension politique de leur travail[584].

En deuxième lieu, il convient d'expliquer pourquoi nous estimons que ce système de contrôle du respect des droits de l'homme a un caractère

---

de son organe subsidiaire, la Sous-Commission pour la promotion et la protection des droits de l'homme.

580 Résolution 1235 (XLII), 6 juin 1967.

581 FROUVILLE O. de, « Les organes subsidiaires de la Commission. Rapport général », in DECAUX E. (dir.), *Les Nations Unies et les droits de l'homme. Enjeux et défis d'une réforme*, Paris : Pedone, 2006, p. 172.

582 World Conference on Human Rights, 14-25 juin 1993, *Vienna Declaration and Programme of Action*, A/CONF.157/23, par. 95 : « The World Conference on Human Rights underlines the importance of preserving and strengthening the system of special procedures, rapporteurs, representatives, experts and working groups of the Commission on Human Rights and the Sub-Commission on the Prevention of Discrimination and Protection of Minorities, in order to enable them to carry out their mandates in all countries throughout the world ».

583 Les procédures publiques spéciales sont régies par les résolutions 5/1 et 5/2 du Conseil des droits de l'homme, cette dernière contenant un *Code de conduite pour les titulaires de mandat au titre des procédures spéciales du Conseil des droits de l'homme*, et par d'autres documents, dont le *Manuel des procédures spéciales des droits de l'homme de l'ONU,* adopté par les titulaires de mandats eux-mêmes en juin 2008.

584 Selon le sénégalais M. Doudou Diène, ancien Rapporteur spécial de la Commission des droits de l'homme sur le racisme, la xénophobie, la discrimination raciale et l'intolérance qui y est associée, cette dimension politique résulte de « l'exercice initial de nomination des rapporteurs [qui] est un exercice politique ». Voy. DIENE D., « Le rôle des rapporteurs thématiques », in DECAUX E. (dir.), *Les Nations Unies…*, *op. cit.*, p. 217.

politique, et non pas (quasi)judiciaire, contrairement à une partie de la doctrine[585].

Notre position est confortée, d'une part, par le *Code de conduite*, qui parle de « caractère non judiciaire des rapports et des conclusions » que les titulaires de mandat sont appelés à rédiger[586]. D'autre part, c'est le système onusien lui-même qui semble ne pas reconnaître les rapporteurs spéciaux comme des organes capables d'adopter une « décision »[587] ; ainsi, le Comité des droits de l'homme n'a-t-il pas exclu sa compétence dans une affaire qui allait être examinée par le Rapporteur spécial sur les exécutions extrajudiciaires, sommaires ou arbitraires, démontrant clairement que l'exception de litispendance internationale prévue à l'article 5 (2) (a) du Protocole facultatif au PIDCP ne s'applique pas aux titulaires de mandat au titre des procédures spéciales[588].

Ces éléments nous suggèrent donc que les fonctions d'analyse, d'alerte, d'examen des plaintes[589], d'enquête et d'établissement de faits attribuées à la

---

[585] Le professeur Sudre considère les procédures spéciales comme étant « à mi-chemin entre les procédures politiques et les procédures judiciaires (ou quasi-judiciaires) », in *Droit européen et international…, op. cit.*, p. 738. D'autres auteurs attribuent clairement un pouvoir quasi-judiciaire aux procédures spéciales : entre autres, l'ancien Rapporteur spécial pour les droits de l'homme au Cambodge, M. Surva P. Subedi, a écrit que « the rapporteurs are a special UN mechanism of a quasi-judicial nature », in SUBEDI S. P., « Protection of Human Rights through the Mechanism of UN Special Rapporteurs », *Human Rights Quarterly*, vol. 33 /1, 2011, p. 203 ; Mme Ingrid Nifosi, qui a consacré sa thèse de doctorat aux procédures spéciales, conclut que « on-site visits turned SPs into quasi-judicial bodies » et que « despite political contraints, SPs developed as quasi-judicial bodies and have not hesitated from attributing responsibility for human rights violations to states, from tackling individual cases, from addressing sensitives issues », in NIFOSI I., *The UN Special Procedures in the Field of Human Rights*, Oxford : Intersentia, 2005, pp. 162 et 164.

[586] Art. 8, c.

[587] Le critère de l'« absence de décision » vaut pour toutes les procédures publiques, à l'exception du Groupe de travail sur la détention arbitraire. Il convient de citer à propos de cette procédure thématique la jurisprudence de la Cour européenne des droits de l'homme, qui dans la récente affaire *Peraldi c. France*, du 7 avril 2009, considère le Groupe comme un organe « d'enquête et de règlement ».

[588] Communication n° 146/1983, *John Khemraadi Baboeram et consorts c. Suriname*, 4 avril 1985, par. 9. Voy. aussi Communication n° 328/1988, *Myriam Zelaya Dunaway c. Nicaragua*, 20 juillet 1994. Sur la notion d'« instance internationale d'enquête ou de règlement » voy. DHOMMEAUX J., « Le forum shopping devant les organes conventionnels des Nations Unies », in FLAUSS J.-F., TOUZE S., *Contentieux international des droits de l'homme et choix du forum : Les instances internationales de contrôle face au forum shopping*, Bruxelles : Bruylant, pp. 24-29 ; LARRALDE J.-M., « La concurrence de procédures dans le contentieux international des droits de l'homme », in KERBRAT Y. (dir.), *Forum shopping et concurrence des procédures contentieuses internationales*, Bruylant, 2011, pp. 119-125 ; RODLEY N., « The United Nations … », *op. cit.*, pp. 63-64.

[589] C'est l'expression utilisée par M. Olivier de Frouville dans son ouvrage sur *Les procédures thématiques. Une contribution efficace des Nations Unies à la protection des droits de l'Homme*, Paris : Pedone, 1996.

plupart des rapporteurs sont exercées au sein d'un mécanisme de surveillance international du respect des droits de l'homme original, qui est dépourvu du caractère (quasi)judiciaire sans être pour autant purement politique : il a été rappelé que « independent experts provide a certain guarantee of impartiality and independence »[590] et que ce contrôle présente, en définitive, un but « humanitaire ou juridique : le redressement d'une situation qui est réputée contraire au droit international des droits de l'homme »[591].

Nous allons maintenant concentrer notre attention sur les quelques procédures qui ont contribué à faire progresser le débat sur les pratiques traditionnelles nuisibles aux enfants.

Parmi les trente-cinq mandats thématiques qui existent en ce moment au sein du Conseil des droits de l'homme, une demi-douzaine se sont penchés sur les pratiques traditionnelles néfastes.

Quant aux mandats géographiques, une bonne partie ont été supprimés et il ne reste actuellement que trois experts indépendants s'occupant de pays africains, sur un total de dix procédures par pays[592] : il s'agit de l'expert indépendant sur la situation des droits de l'homme en Somalie, établi en 1993, de l'expert indépendant sur la situation des droits de l'homme au Soudan, institué en 2005 avec le titre de Rapporteur spécial et qui a changé de nom en 2009, et de l'expert indépendant sur la situation des droits de l'homme en Côte d'Ivoire, créé en juin 2011. Puisque la contribution de ces titulaires de mandat n'est pas déterminante pour notre sujet, car ils s'intéressent davantage à des questions liées au conflit ou bien aux désordres post-électoraux qu'à la protection des enfants contre les pratiques traditionnelles néfastes, nous nous limitons à évoquer leur existence.

Les mandats thématiques utilisent leur fonction générale d'analyse pour aborder des aspects des pratiques traditionnelles nuisibles aux enfants, voire y consacrer des études entières (A). Mais la fonction la plus importante des rapporteurs spéciaux, qui est celle de surveillance, ne peut s'exercer qu'avec la coopération des Etats (B).

---

[590] Voy. TOMUSCHAT C., « Origins and History of UN Special Procedures – An Overview from Their Inception to June 2007 », *Human Rights Law Journal*, 2008, vol. 29, p. 31.

[591] PASTOR RIDRUEJO J. A., « Les procédures publiques spéciales de la Commission des droits de l'homme des Nations Unies », *RCADI*, t. 228, 1991, p. 257.

[592] Au 31 janvier 2012, il existe donc 45 procédures spéciales. Pour une liste à jour des titulaires de mandat, nous renvoyons au site Internet du HCDH.

A. L'apport de certains titulaires de mandat à la discussion sur les « pratiques traditionnelles néfastes »

Un observateur a récemment affirmé que « the great advantage of thematic mandates remains that they may bring to public attention issues that underlie the entire edifice of human rights law »[593].

L'importance de la publicité des rapports des titulaires de mandat, dont la présentation au Conseil des droits de l'homme et parfois à d'autres organes onusiens (notamment à l'Assemblée générale, à la Commission de la condition de la femme, ou au Conseil de sécurité[594]) suscite des discussions, ne cesse d'être soulignée.

Ces activités ont un impact positif « not only as a channel of information but also as a tool to exercise pressure over States and other concerned actors »[595] ; elles contribuent à l'évolution du droit international public[596] ; en outre, elles s'exercent potentiellement à l'égard de tous les Etats de la planète, et cela en dehors des obligations conventionnelles qu'ils ont souscrites[597].

Comme nous l'avons vu dans le titre précédent, les études de la Rapporteuse spéciale sur les pratiques traditionnelles affectant la santé des femmes et des enfants, Mme Halima Warzazi, ont constitué des documents

---

593 TOMUSCHAT C., « Origins and History... », *op. cit.*, p. 31.

594 A part les auditions des titulaires de mandats par pays à l'occasion de crises particulièrement graves (Iraq, ex-Yougoslavie, Rwanda, Burundi, RDC), on peut citer le lien particulièrement étroit entre le Représentant spécial du Secrétaire général pour les enfants et les conflits armés et le Conseil de sécurité, qui est à l'origine de la première résolution thématique de ce dernier (résolution 1261 de 1999 sur les enfants et les conflits armés). Pour une vision panoramique des rapports entre Conseil de sécurité et procédures spéciales, voy. BREEN C., « Revitalising the United Nations Human Rights Special Procedures Mechanisms as a Means of Achieving and Maintaining International Peace and security », *Max Planck Yearbook of United Nations Law*, vol. 12, 2008, pp.177-203.

595 DOMINGUEZ-REDONDO E., « UN Public Special Procedures under Damocles' Sword – Two Particular Innovations : Mechanism for the Appointment of Mandate-holders, and the Adoption of a Code of Conduct for Special Procedures Mandate-holders of the Human Rights Council », *Human Rights Law Journal*, vol. 29, 2008, p. 37.

596 En ce sens, voy. NIFOSI I., *The UN Special Procedures ...*, *op. cit.*, notamment pp. 64-65 et p. 163 sur l'interprétation des normes de *soft law* et la construction d'une *opinio iuris* au sein du Conseil.

597 Le champ d'application géographique universel des procédures extraconventionnelles (thématiques) n'est pas à confondre avec le droit applicable aux différents Etats : il est clair que les titulaires de mandat ne peuvent se prononcer sur la mise en œuvre d'un traité qu'au regard des Etats qui y sont parties. Voy. pour ces questions DOMINGUEZ-REDONDO E., « UN Public Special Procedures... », *op. cit.*, p. 37 et FROUVILLE O. de, « Les organes subsidiaires... », *op. cit.*, pp. 176-178. Les deux auteurs expliquent que, jusqu'à l'offensive cubaine de 1996 à la Commission des droits de l'homme, le Groupe de travail sur la détention arbitraire appliquait le PIDCP à tous les Etats, parties ou non parties.

de base très importants pour l'élaboration des stratégies visant à éliminer les pratiques en question[598].

Puisque son mandat appartient au passé, tout comme l'organe qui l'avait créé, la Sous-Commision, il convient de se demander quels autres titulaires de mandat ont contribué, et peuvent toujours contribuer, à l'avancement du discours onusien sur les pratiques traditionnelles néfastes.

Le *Rapporteur spécial sur la torture et autres peines ou traitements cruels, inhumains ou dégradants*, un des plus anciens mandats thématiques de la Commission des droits de l'homme[599], a considéré dès son premier rapport de 1986 que la question des mutilations génitales féminines relevait de son mandat, car

the authorities' passive attitude regarding customs broadly accepted in a number of countries (i.e. sexual mutilations and other tribal traditional practices) might be considered as "consent or acquiescence" particularly when these practices are not prosecuted as criminal offences under domestic law, probably because the State itself is abandoning its functions of protecting its citizens from any kind of torture[600].

Un rapport récent de M. Manfred Nowak confirme que les MGF et d'autres pratiques dites traditionnelles (comme les violences liées à la dot, la crémation des veuves, etc.), ainsi que les pratiques à caractère esclavagiste, sont des formes de violence assimilables à la torture ou à des traitements cruels, inhumains et dégradants[601].

Le *Rapporteur spécial sur la violence contre les femmes, ses causes et ses conséquences*, dont le mandat existe depuis dix-huit ans[602], soulève régulièrement le problème des pratiques traditionnelles néfastes, notamment depuis l'étude de Mme Radhika Coomaraswamy consacrée aux « pratiques culturelles au sein de la famille qui constituent des formes de violence contre les femmes »[603]. L'accent a surtout été mis sur les mutilations génitales féminines, même si plusieurs pratiques traditionnelles ont retenu l'attention de ce titulaire de mandat ; par ailleurs, un intéressant rapport de 2007 dédié

---

[598] Selon Olivier de Frouville, celles de la Rapporteuse Warzazi figurent parmi les « bonnes études » menées au sein de la Sous-Commission : in « Les organes subsidiaires... », *op. cit.*, pp. 187-188.

[599] Le mandat du Rapporteur spécial sur la torture a été créé par la résolution 1985/33 de la Commission des droits de l'homme du 13 mars 1985. Mme Nifosi lui consacre une section de son ouvrage *The UN Special Procedures...*, *op. cit.*

[600] Voy. E/CN.4/1986/15, 19 février 1986, par. 38.

[601] A/HRC/7/3, 15 janvier 2008, notamment par 50 à 55.

[602] Résolution 1994/45 de la Commission des droits de l'homme.

[603] E/CN.4/2002/83, 31 janvier 2002.

aux relations entre culture et violence soulève l'épineuse question des « pratiques » occidentales... non traditionnelles nuisibles aux enfants[604].

Le problème du mariage précoce et forcé a été traité, sous des angles différents, par le Rapporteur spécial sur la violence contre les femmes et par deux autres rapporteurs thématiques.

D'une part, le *Rapporteur spécial sur la vente d'enfants, la prostitution des enfants et la pornographie impliquant des enfants*[605] a attiré l'attention sur les raisons socio-culturelles qui poussent les parents à donner leurs enfants en mariage, ainsi que sur le problème des fillettes recrutées de force pour devenir esclaves sexuelles ou épouses des soldats dans des situations de conflit armé[606]. D'autre part, le *Rapporteur spécial sur les droits fondamentaux des victimes de la traite des êtres humains, en particulier des femmes et des enfants*[607] a étudié le phénomène des mariages forcés d'enfants dans le contexte de la traite[608].

En l'absence d'un organe spécifique chargé de la surveillance des conventions internationales relatives à l'esclavage, les travaux du *Rapporteur spécial sur les formes contemporaines d'esclavage, ses causes et ses conséquences*, qui a remplacé en 2007 le Groupe de travail des formes contemporaines d'esclavage[609], ont été importants pour faire connaître la condition des enfants encore soumis à des pratiques esclavagistes, notamment dans certains pays du continent africain. La Rapporteuse arménienne Mme Shahinian a souligné le lien entre mariages forcés d'enfants et servitude domestique, en expliquant que certaines pratiques coutumières (le système *restavèk* en Haïti ou le *confiage* en Afrique de l'Ouest et centrale) contribuent à réduire les enfants à la condition d'esclaves domestiques[610].

D'autres études provenant de différents experts du Conseil des droits de l'homme ont contribué à faire progresser le débat sur l'exploitation des enfants, y compris l'utilisation des jeunes garçons aux fins de mendicité, et la non scolarisation des filles, phénomènes aux causes multiples mais qui

---

[604] Voy. *Relations entre culture et violence à l'égard des femmes*, A/HRC/4/34,17 janvier 2007, spéc. par. 32-34.

[605] Résolution 1990/68 de la Commission des droits de l'homme.

[606] Voy. notamment le Rapport E/CN.4/1999/71, 27 janvier 1999 (p. 16), et celui de J. M. Petit A/HRC/4/31, 26 décembre 2006.

[607] Résolution 2004/110 de la Commission des droits de l'homme.

[608] A/HRC/4/23, 24 janvier 2007.

[609] Voy. la résolution 6/14 du Conseil des droits de l'homme intitulée *Rapporteur spécial sur les formes contemporaines d'esclavage*, 28 septembre 2007.

[610] A/HRC/15/20, 28 juin 2010, par. 35 à 46.

s'expliquent aussi par le maintien, et parfois la dérive, de pratiques enracinées dans la tradition[611].

B. La coopération des Etats, nécessaire pour améliorer la jouissance des droits de l'homme

La portée et l'efficacité des travaux des procédures spéciales sont largement tributaires de la volonté des Etats de coopérer avec les experts en question.

La fonction de surveillance, qui s'accomplit à travers l'examen des plaintes et les visites dans les pays, est particulière en ce qu'elle se fonde sur la relation bilatérale entre le titulaire de mandat et l'Etat concerné, mais « with a view to informing the action of a multilateral body... [and of] permitting the Council to understand certain phenomena on a comparative and global basis »[612].

En effet, les communications[613] adressées par les experts aux Etats où des violations des droits de l'homme sont en cours, pourraient se produire (« appels urgents ») ou se seraient déjà produites (« lettres d'allégations ») visent à obtenir non seulement des clarifications ou l'adoption de mesures concernant le cas concret, mais aussi une amélioration de la manière dont chaque Etat s'acquitte de ses obligations et engagements en matière de droits de l'homme[614].

---

[611] Parmi les rapports les plus intéressants, nous signalons ceux du *Rapporteur spécial sur le droit à l'éducation*, E/CN.4/2006/45, 8 février 2006, et du *Rapporteur spécial sur la liberté de religion ou de conviction*, E/CN.4/2002/73/Add.2, 5 avril 2002. L'*Experte indépendante dans le domaine des droits culturels* ne s'est intéressée que marginalement aux pratiques traditionnelles néfastes, mais elle a quand même insisté plusieurs fois sur la nécessité que toute pratique « culturelle » soit compatible avec les droits de l'homme internationalement reconnus. Il convient de noter qu'en 2010 un *Groupe de travail chargé de la question de la discrimination à l'égard des femmes, dans la législation et dans la pratique* a été créé par le Conseil des droits de l'homme (résolution 15/23, 8 octobre 2010) ; ce groupe a tenu trois sessions depuis juin 2011 et a effectué une première visite au Maroc (février 2012), mais il n'y a apparemment pas de travaux disponibles ; pour plus de détails, voy. le site Internet http://www.ohchr.org/EN/Issues/Women/WGWomen/Pages/WGWomenIndex.aspx (dernier accès : 8 mars 2012).

[612] Voy. RODLEY N., « The United Nations Human Rights Council... », *op. cit.*, pp. 57-58, qui insiste sur les différences entre les *treaty bodies* et les procédures spéciales.

[613] A ne pas confondre avec le terme « communication » qui désigne la plainte individuelle envoyée au titulaire de mandat pour lui faire part de violations des droits de l'homme.

[614] Parmi les rares communications où il est question d'enfants, on citera l'appel urgent envoyé par la Rapporteuse spéciale sur la violence contre les femmes et le Rapporteur spécial sur la torture à la RCA concernant la situation d'une fille accusée de sorcellerie ; la lettre d'allégation à la Côte d'Ivoire pour viol d'enfants, MGF et mariages forcés subis par des fillettes (voy. A/HRC/14/22/Add.1, 2 juin 2010, respectivement p. 21 et p. 24) ; la lettre d'allégation adressée par la Rapporteuse spéciale sur la violence contre les femmes au Pakistan au regard de la situation de trois fillettes mariées de force, et la lettre d'allégation

De même, les visites *in situ* permettent une lecture critique et comparée des réalités nationales, contribuant ainsi à faire avancer le débat et à diffuser de bonnes pratiques au regard de sujets précis.

Dès lors, cette approche bi-multilatérale rend la coopération des Etats absolument nécessaire au bon fonctionnement du système. La réticence à fournir des informations aux experts dans le cadre de leur mandat, et surtout le refus de répondre aux rapporteurs au sujet de cas individuels et d'en autoriser les visites, vide de sens la finalité de la procédure, qui est celle du redressement des situations de violations des droits de l'homme[615].

Alors que les titulaires de mandat et les observateurs ne cessent de dénoncer l'absence (ou le peu) de coopération de la part de certains gouvernements[616], on s'interroge sur les véritables enjeux d'un processus de « rationalisation » des procédures spéciales qui risque de les affaiblir[617].

En particulier, si le Conseil des droits de l'homme affiche son intention de « renforcer la coopération entre les gouvernements et les titulaires de mandat essentielle au bon fonctionnement du système »[618], l'adoption d'un Code de

---

conjointe destinée à la Somalie et relative à la lapidation d'une fille de 13 ans pour adultère (voy. A/HRC/11/6/Add.1, 26 mai 2009, respectivement p. 81 et p. 97). Pour l'anecdote, il est facile de reconnaître dans la situation qui a fait l'objet de l'appel urgent envoyé par la Rapporteuse spéciale sur la violence contre les femmes et le Rapporteur spécial sur la torture à l'Irlande en novembre 2008 (A/HRC/11/6/Add.1, *cit.*, p. 55 ss.) les protagonistes de l'affaire *Pamela Izevbekhai c. Irlande*, que la CEDH a déboutées le 17 mai 2011 avec la motivation redoutable que la famille des plaignantes « is in a financially and socially privileged position in Nigeria (...) notwithstanding the applicants' considerable familial and financial resources, no attempt was made by them to relocate (using available State and State-supported protection mechanisms as necessary) to northern Nigeria » (requête n° 43408/08, par. 80).

[615] PASTOR RIDRUEJO J. A., « Les procédures publiques spéciales... », *op. cit.*, spéc. pp. 252-254.

[616] Pour Christian Tomuschat, « it emerges from the reports of the different rapporteurs, notwithstanding the cautious language employed to play down their dissatisfaction, that cooperation with national governments is more than often than not very difficult », in TOMUSCHAT C., « Origins and History... », *op. cit.*, p. 30. M. Philip Alston souligne également que "A major weakness of the system flows from its inability to compel any particular state to cooperate either with a given mandate-holder or with the system as a whole. (...) At one end of the spectrum is a group that remain largely impervious to international pressures, and that are especially unlikely to agree to visits by those mandate-holders whose mandates go to the heart of the violations of which they stand accused. Thus, Zimbabwe has rejected nine requests for visits over the past twelve years. Eritrea and North Korea have comparable records, and Iran has permitted no visits since 2005. At the other end of the spectrum, there are governments which decide that it is in their interests for a variety of reasons to adopt a policy of avowed openness to visits". ALSTON P., « Hobbling the Monitors : Should U.N. Human Rights Monitors be Accountable ? », *Harvard International Law Journal,* vol. 52/2, 2011, p. 575.

[617] Voy. ALSTON P., « Hobbling the Monitors... », précité, ainsi que EUDES M., « De la Commission au Conseil des droits de l'homme : vraie réforme ou faux-semblant ? », *AFDI*, 52, 2006, spéc. p. 613.

[618] Voy. un des *considérants* de la résolution 5/2 du Conseil des droits de l'homme du 18 juin 2007.

conduite qui ne fait aucune mention de la responsabilité des Etats de respecter le mandat des rapporteurs spéciaux paraît totalement incohérente[619].

1) Le devoir des Etats de coopérer avec les titulaires de mandat à l'examen des plaintes

L'autre point sensible du travail des rapporteurs est le traitement des allégations, qui demande une réaction des gouvernements. Sachant que les pratiques traditionnelles néfastes peuvent faire l'objet de plaintes individuelles envoyées aux rapporteurs spéciaux[620], nous allons voir comment se déroule la procédure d'examen des plaintes.

Lorsque les titulaires de mandat envoient aux gouvernements intéressés des communications alléguant des violations des droits de l'homme, une réponse est attendue de leur part, notamment quand il s'agit d'appels urgents. Selon la teneur de la plainte, l'Etat est invité à empêcher la violation, y mettre fin, et/ou enquêter sur le cas, tout en veillant à faire part des mesures adoptées au titulaire de mandat ; les échanges entre les deux acteurs restent confidentiels jusqu'à la publication du rapport annuel du titulaire de mandat.

C'est grâce à cette publicité que les organes subsidiaires du Conseil peuvent faire pression sur les Etats, conformément au caractère humanitaire et préventif de leur mandat.

Malgré cela, la coopération des gouvernements fait souvent défaut. Selon les statistiques officielles, pas plus du tiers des communications envoyées aux gouvernements attirent l'attention de ces derniers sur les violations alléguées[621]. En outre, quand bien même les Etats acceptent le dialogue, les informations et explications fournies et les mesures prises pour se conformer

---

[619] CHETAIL V. « Le Conseil des droits … », *op. cit.*, p. 122. C'est en effet dans la résolution précitée (1er paragraphe), et non pas dans le Code lui-même, que le Conseil « demande instamment à tous les Etats de coopérer avec les procédures spéciales et de les aider dans leur tâche, de fournir toutes les informations en temps voulu et de répondre sans retard excessif aux communications qu'elles leur transmettent ».

[620] Selon un rapport récent du Secrétaire général, « ces pratiques ont fait l'objet de plusieurs plaintes individuelles ». Voy. *Mettre fin aux mutilations génitales féminines*, E/CN.6/2010/6, 3 décembre 2009, par. 23.

[621] En 2009, 32% des 689 communications adressées aux gouvernements ont obtenu une réponse. En 2010, le pourcentage est de 35%, sur un total de 604 communications envoyées. Sources : HCDH, *Procédures spéciales des Nations Unies. Quelques faits et chiffres marquants en 2010*, Genève, avril 2010, ainsi que *Idem*, *Procédures spéciales des Nations Unies. Quelques faits et chiffres marquants en 2009*, Genève, 2009, disponibles sur le site Internet du Haut-Commissariat des Nations Unies aux droits de l'homme, www.ohchr.org.

aux conclusions et recommandations des experts ne sont pas toujours satisfaisantes.

En outre, selon la plupart des observateurs, le Code de conduite est un moyen ultérieur de limiter l'action des rapporteurs spéciaux, en particulier au regard de la fonction d'examen des plaintes. Mme Domínguez-Redondo a écrit que

the approval of a Code of Conduct represents another success for countries reticent to this practice especially with the introduction of "criteria of admissibility"(...). It is regrettable that mandate-holders are required to address all their communications through diplomatic channels. This may have, inter alia, a negative impact on expediting the delivery of urgent appeals. However, the most important restriction introduced with those criteria is the requirement that communications can only be considered if they are submitted by victims of the human rights violations or by persons or groups "claiming to have direct or reliable knowledge of those violations"[622].

Cette position paraît confirmée par les critiques qui ont entouré le projet de Code de Conduite présenté par l'Algérie, au nom du Groupe africain, le 13 mars 2007, adopté sans modifications significatives trois mois plus tard par le Conseil des droits de l'homme, et accusé de mener à une restriction sévère de la fonction préventive des rapporteurs[623].

2) Le devoir des Etats d'autoriser les visites *in situ* des experts

Si les visites dans les pays sont, pour les titulaires de mandat, « le moyen par excellence d'obtenir des informations directes et de première main concernant les violations des droits de l'homme (...) et de faire prendre conscience, à l'échelon national, régional et international, des problèmes spécifiques abordés »[624], la faiblesse de cette méthode réside dans son conditionnement au consentement préalable de l'Etat : sans invitation, le titulaire de mandat ne peut se rendre sur place.

---

622 DOMINGUEZ-REDONDO E., « UN Public Special Procedures... », *op. cit.*, p. 38. Les dispositions clés auxquelles se réfère l'auteur sont les artiche 9 d) et 14 du Code de conduite.

623 Voy. notamment la *Note by the Special Procedures' Coordination Committee in Response to Discussions on a Code of Conduct and Annex : Possible Elements of a Code of Conduct*, téléchargeable à partir de la page http://www2.ohchr.org/english/bodies/chr/special/docs/note_code_of_conduct.pdf (dernière consultation le 25 janvier 2012). Le Code de conduite figure en annexe à la résolution 5/2 du Conseil du 18 juin 2007.

624 Voy. la version du *Manuel des procédures spéciales des droits de l'homme de l'ONU* adoptée par les titulaires de mandats en juin 2008, par. 52 et 54.

La difficulté de convaincre le gouvernement à accepter une visite *in situ* est particulièrement ressentie en Afrique, le continent qui a adressé le plus petit nombre d'« invitations permanentes » aux titulaires de mandat (à peine huit Etats africains[625] l'ont fait, sur un total de quatre-vingt-neuf pays).

En réalité, l'accord pour le déroulement d'une visite peut être négocié au cas par cas, en l'absence d'une invitation permanente. Ainsi, plusieurs rapporteurs dont ceux qui s'intéressent aux pratiques traditionnelles ont-ils pu se rendre dans des pays africains et s'entretenir sur le sujet avec les autorités compétentes, la société civile, les ONG et parfois les victimes.

Par exemple, le Rapporteur spécial sur la torture a visité le Nigéria et le Togo (en 2007) et s'est occupé, entre autres, du problème des MGF[626] ; le Rapporteur spécial sur la violence contre les femmes, ses causes et ses conséquences s'est rendu au Ghana (en 2007), où il a dénoncé les MGF et la pratique culturelle du *trokosi*, puis en Zambie (2010) et en Somalie (fin 2011), pays qui connaissent de nombreuses pratiques socio-culturelles nuisibles aux enfants[627] ; la Rapporteuse spéciale sur les formes contemporaines d'esclavage a effectué une visite en Mauritanie (en 2009) qui lui a permis de révéler au monde que les enfants sont toujours victimes de pratiques analogues à l'esclavage dans ce pays (mariages précoces et forcés, mendicité, traite des personnes et servitude domestique)[628] ; la Rapporteuse spéciale sur la vente d'enfants, la prostitution des enfants et la pornographie impliquant des enfants s'est rendue au Sénégal (en 2009) où elle a pu constater que les pratiques traditionnelles de migration et la pratique courante de placement des enfants chez des membres de la famille élargie (*confiage*) sont parmi les causes de l'esclavage moderne[629] ; enfin, le Rapporteur spécial sur les droits fondamentaux des victimes de la traite des êtres humains, en particulier des femmes et des enfants a dénoncé, au terme d'une visite en Egypte (en 2010) que des fillettes sont contraintes de subir des mariages forcés dits « temporaires » ou « saisonniers »[630].

---

[625] Il s'agit de l'Afrique du Sud, de la Sierra Leone, du Ghana, de la Zambie, de la Guinée-Bissau, du Rwanda, de Madagascar et de la Tunisie. Une douzaine de pays d'Asie ont envoyé leurs invitations permanentes. Voy. les dernières données disponibles (au 15 septembre 2011) sur le site Internet du Haut Commissariat aux droits de l'homme, à la page http://www2.ohchr.org/english/bodies/chr/special/invitations.htm (consultée le 25 janvier 2012).

[626] Voy. A/HRC/7/3/Add.4, 22 novembre 2007, et A/HRC/7/3/Add.5, 6 janvier 2008. L'autre pays africain visité a été la Guinée équatoriale, en 2008.

[627] Voy. pour les trois missions, les rapports A/HRC/7/6/Add.3, 21 février 2008 et A/HR/17/26/Add.4, 2 mai 2011 ; les déclarations de la Rapporteuse suite à la visite en Somalie, contenues dans le « Statement » disponible à la page http://www.ohchr.org/en/News Events/Pages/DisplayNews.aspx?NewsID=11719&LangID=E (dernier accès 6 mars 2012). Parmi les pays africains, la RDC et l'Algérie ont également fait l'objet de visites en 2007, et la Rapporteuse s'est ultérieurement rendue en Algérie en 2010.

[628] A/HRC/15/20/Add.2, 24 août 2010.

[629] A/HRC/16/57/Add.3, 28 décembre 2010.

[630] A/HRC/17/35/Add.2, 15 avril 2011.

Comme le démontrent ces exemples, tirés des rapports de mission ayant eu lieu en Afrique dans la période 2008-2011, les titulaires de mandat ont souvent jeté un regard critique sur l'existence de pratiques traditionnelles néfastes dans les pays africains où ils se sont rendus.

Dès lors, il peut paraître surprenant que la plupart des Etats continuent d'accéder à leurs demandes de visite.

La réponse réside, sûrement, dans un calcul coûts-bénéfices[631], mais aussi dans la capacité de persuasion dont font preuve maints rapporteurs, faite à la fois d'écoute du gouvernement et de pression pour faire avancer les choses, dans l'intérêt des populations et des victimes[632].

Les mécanismes qui viennent d'être analysés illustrent bien comment le Conseil des droits de l'homme exerce sa compétence générale de surveillance en matière de droits de l'homme. Un deuxième cycle de l'EPU s'ouvre lorsque nous écrivons et les rapporteurs spéciaux ne perdent aucune occasion de se prononcer sur des questions ayant trait à leurs mandats.

L'attention portée à ces procédures est grande, mais leur efficacité reste très variable, au-delà du mérite qu'elles ont de porter un regard critique sur les droits de l'homme dans les différents Etats de la planète.

Conclusions du Chapitre 1

L'absence de contestation relative à une quelconque violation des droits de l'homme et, surtout, l'absence de décision[633] juridiquement contraignante des organes onusiens au titre des procédures que nous venons de décrire favorisent le dialogue constructif et la coopération avec les Etats.

Le comportement des acteurs impliqués dans le contrôle et la volonté des Etats d'avancer dans l'œuvre de promotion et de protection des droits des enfants deviennent alors déterminants pour faire du dialogue non pas une fin en soi, mais un moyen efficace de prévenir et éliminer les violations.

Il convient désormais de se demander si, lorsque les Etats ne respectent pas les obligations souscrites au bénéfice des enfants, d'autres mécanismes sont disponibles, et efficaces, pour remédier à des violations alléguées, en cours ou sur le point de se produire.

---

[631] Mme Nifosi observe que « as the costs [of non-cooperation] are continuously increasing with a detrimental effect on states' international reputations, the governments tend to allow the visits », in *The UN Special Procedures…*, *op. cit.*, p. 65.

[632] M. Diène explique bien la complexité du dialogue qu'il faut instaurer avec les gouvernements. Voy. « Le rôle des rapporteurs… », *op. cit.*

[633] Ces deux critères sont utilisés par Mme Weber afin d'identifier les mécanismes de contrôle non contentieux : WEBER A., *Les mécanismes…*, *op. cit.*, p. 30.

Chapitre 2. La tendance amorcée vers le contrôle contentieux

La protection (quasi)juridictionnelle des droits de l'homme connaît un succès sans précédent. Aussi bien au niveau universel qu'au plan régional, des cours et organes investis d'une fonction de règlement des différends voient le jour, et des procédures sont mises en place pour permettre ou renforcer l'accès de l'individu aux mécanismes de contrôle internationaux.

Bien que, en théorie, le contrôle du respect des droits de l'homme puisse être déclenché par un Etat qui estime qu'une autre Partie contractante ne s'acquitte pas de ses obligations conventionnelles, aucun comité onusien n'a jamais reçu de communication étatique, et très peu d'affaires ont été introduites par des Etats devant les juridictions régionales spécialisées dans la protection des droits de l'homme[634] : sans qu'il soit nécessaire de s'attarder sur ces procédures, qui répondent à des intérêts de nature politique, nous nous tournons vers le recours (quasi)juridictionnel ouvert à l'individu, qui seul est susceptible de l' « émanciper vis-à-vis de son propre Etat »[635].

Depuis une quinzaine d'années, le système africain évolue vers un modèle juridictionnel de protection des droits de l'homme, notamment grâce à la création de la CourADHP[636]. Les Cours européenne et inter-américaine ont enregistré d'importants progrès au regard du *jus standi*[637], ou du moins du *locus standi in judicio*[638] accordé au pétitionnaire individuel.

---

[634] Une seule communication a été introduite dans le système africain (n° 227/99 *RDC c. Burundi, Ouganda et Rwanda*) et seize requêtes interétatiques ont été portées devant les organes européens de protection des droits de l'homme en plus de cinquante ans, pour des raisons essentiellement politiques (il suffit de penser aux requêtes dirigées contre la Grèce des colonels, à celles de Chypre contre la Turquie et de la Géorgie contre la Russie, depuis 2007), fort peu aboutissant devant la Cour.

[635] L'expression, désormais célèbre, est du juge A. A. Cançado Trindade, qui a affirmé que "we are in the midst of a historical process of strengthening of the emancipation of the individual vis-à-vis his or her own State". Voy. CIDH, arrêt du 8 juillet 2004, *Gomez-Paquiyauri Brothers c. Pérou*, Opinion individuelle, par. 26 à 29.

[636] La littérature sur le développement d'un modèle juridictionnel de protection des droits de l'homme en Afrique est abondante. On renverra, entre autres, à MUBIALA M., « La Cour africaine des droits de l'homme et des peuples : mimétisme institutionnel ou avancée judiciaire ? », *RGDIP*, n° 3, 1998, pp. 765-780 ; SACCUCCI A., « Il Protocollo istitutivo della Corte africana dei diritti dell'uomo e dei popoli : un primo confronto con le altre Corti regionali », *Rivista di diritto internazionale*, n° 4, 2004, pp. 1036-1065 ; QUILLERE-MAJZOUB F., « Le Protocole à la Charte africaine des droits de l'homme et des peuples relatif aux droits de la femme en Afrique : un projet trop ambitieux ? », *RTDH*, 73/2007, pp. 127-161 ; NIYUNGEKO G., « La Cour africaine des droits de l'homme et des peuples : défis et perspectives », *RTDH*, 79/2009, pp. 731-738. Voy. pour une mise à jour régulière TURGIS S., « Actualité du système africain de protection des droits de l'homme », dans la rubrique *Horizons* de *L'Europe des Libertés* (depuis 2008). Il convient en outre de rappeler que le Comité africain d'experts sur les droits et le bien-être de l'enfant peut connaître des communication soumises par les enfants ou en leur nom.

[637] En Europe, le Protocole n° 11 à la CEDH a rendu obligatoire pour toutes les Parties contractantes le droit de recours individuel devant la Cour. Dans le cadre de la Charte sociale européenne, une procédure de réclamations a été introduite en 1995 par le Protocole

Le système onusien de protection des droits de l'homme n'est pas resté étranger à la tendance vers le règlement juridictionnel des différends : la « double digit age »[639] dans laquelle sont entrés les comités conventionnels est caractérisée par l'essor des mécanismes de plaintes individuelles.

Nouvellement créées ou en cours de création[640], les procédures contentieuses devant les *treaty bodies* présentent certaines caractéristiques principales d'un mode de règlement juridictionnel : le particulier est informé de la suite donnée à la communication, l'organe instruit l'affaire dans le respect de l'égalité des moyens et du contradictoire entre l'individu et l'Etat défendeur, et a un pouvoir de décision sur la plainte. Ces caractéristiques, qui rendent unique le contrôle contentieux devant les comités conventionnels, mais font défaut aux mécanismes extra-conventionnels disponibles dans le système onusien[641], permettent de compléter et de renforcer l'œuvre protectrice de ces organes internationaux spécialisés dans la protection des droits de l'homme.

---

additionnel, mais il s'agit de réclamations collectives sur lesquelles statue le Comité européen des droits sociaux.

[638] Sur le *locus standi in judicio* des pétitionnaires individuels dans le système interaméricain, voy. CANÇADO TRINDADE A. A., « The Consolidation of the Procedural Capacity of Individuals in the Evolution of the International Protection of Human Rights : Present State and Perspectives at the Turn of the Century », *Columbia Human Rights Law Review*, 1998, pp. 1-27 ; GIALDINO R. E., « Le nouveau règlement de la Cour interaméricaine des droits de l'homme », *RTDH*, n° 64, 2005, spéc. pp. 979-985. Sur le *locus standi in judicio* des individus devant les juridictions internationales (avec un commentaire du nouveau règlement de la CIDH approuvé en novembre 2009), voy. DI STASI A., « La personalità internazionale dell'individuo : contenuto e limiti di una possibile soggettività attiva nell'ordinamento internazionale », in *Scritti in onore di Claudio Zanghì*, Torino : Giappichelli, 2011, vol. I (Diritto internazionale), pp. 191-222. Plus en général, sur ce système de protection régionale, voy. HENNEBEL L., *La convention américaine des droits de l'homme. Mécanismes de protection et étendue des droits et libertés*, Bruxelles : Bruylant, 2007, ainsi que HENNEBEL L., TIGROUDJA H. (dir.), *Le particularisme interaméricain des droits de l'homme. En l'honneur du 40e anniversaire de la Convention américaine des droits de l'homme*, Paris : Pedone, 2009.

[639] SALAMA I., « With the establishment of a tenth committee, treaty bodies enter the double digit age », *Human Rights Treaty Division Newsletter* No. 14, October – November – December 2011, p. 1.

[640] Voy. pour une étude complète et à jour, DHOMMEAUX J., « Les recours individuels devant les neuf organes conventionnels des Nations Unies : étude comparative », in *Mélanges en hommage à Jean-François Flauss*, à paraître fin 2012.

[641] Il convient de citer en particulier la procédure confidentielle des communications individuelles devant le Conseil des droits de l'homme dite « procédure 1503 », la procédure mise en place il y a plus de soixante ans devant la Commission de la condition de la femme et la procédure des communications de l'UNESCO établie par la décision 104EX/3-3 du Conseil exécutif de l'Organisation en 1978. Voy. ZANI M., « La Convention des Nations Unies relative aux droits de l'enfant : A propos de l'opportunité d'une procédure de plaintes individuelles », *Revue de droit international, de science diplomatiques et politiques*, vol. 87, n° 2, mai-août 2009, spéc. pp. 119-122.

Ce chapitre fait le bilan des progrès, mesurés en termes quantitatifs et qualitatifs, dans les procédures de communications actuellement disponibles (Section 1) et analyse les deux nouveaux protocoles internationaux qui parachèvent le processus de juridictionnalisation du contrôle sur plainte (Section 2) pour évaluer l'impact réel du contentieux international sur la protection des enfants.

Section 1. L'évolution des mécanismes de contrôle sur plainte existants

Tout en restant sensiblement moins développée que celle de l'Europe, la pratique contentieuse au sein des comités onusiens évolue quantitativement et qualitativement, contribuant ainsi à renforcer la justiciabilité des droits de l'homme universellement reconnus : si certaines conditions sont remplies, l'individu dispose d'un recours devant un organe international pour faire respecter le droit qui a été violé par l'Etat.

D'un côté, les possibilités de saisine des organes conventionnels onusiens en cas de violation des droits garantis s'élargissent, sous l'effet conjugué de l'acceptation, par les Etats, des instruments établissant le droit de recours individuel[642] et de l'utilisation plus importante de ces mêmes recours par les individus (§ 1). D'un autre côté, on assiste à une amélioration des procédures de plainte individuelle, qui évoluent décidément vers un modèle de contrôle juridictionnel (§ 2).

§ 1. La diffusion des procédures de communication déclenchées par les individus

Le professeur Kerbrat écrivait en 2007 que « sur les quatre comités compétents pour recevoir des plaintes individuelles, le CCPR et le CAT ont vu le nombre de communications enregistrées augmenter sensiblement en conséquence de l'augmentation du nombre d'Etats ayant accepté le droit de recours individuel, mais aussi de la publicité faite autour de cette voie de recours et de l'amélioration des mécanismes de suivi »[643].

Actuellement, nous pouvons tirer les mêmes conclusions au regard de l'activité contentieuse du CEDAW, dont le Protocole établissant le droit de

[642] Nous renvoyons à l'annexe 3 pour un récapitulatif de l'état de l'acceptation, par les Etats africains, du droit de recours individuel tel que prévu par les différents traités universels.
[643] KERBRAT Y., « Aspects de droit international général dans la pratique des comités établis au sein des Nations Unies dans le domaine des droits de l'homme (2006-2007) », *AFDI*, vol. 53, 2007, spéc. pp. 584-585.

recours individuel est de mieux en mieux accepté[644]. Si dans les premiers temps d'exercice de la compétence contentieuse, le Comité n'avait examiné qu'une douzaine de plaintes individuelles, ces trois dernières années la jurisprudence du CEDAW s'est enrichie de 9 décisions supplémentaires, dont 6 ont été adoptées en 2011[645].

Il convient de comparer rapidement ces trois procédures existantes, qui pourront être utilisées davantage faire valoir le droit des enfants à la protection vis-à-vis des pratiques traditionnelles néfastes.

En effet, si les Etats acceptent de plus en plus le droit de recours individuel devant les comités CCPR, CAT et CEDAW (A), l'augmentation exponentielle de l'activité contentieuse de ces organes prouve que les individus s'approprient progressivement ce moyen d'action (B).

A. Une plus large acceptation du droit de recours individuel par les Etats

Pour qu'un individu puisse saisir un comité onusien pour faire valoir des droits conventionnellement protégés, il faut que l'Etat concerné ait consenti non seulement à être lié par le traité, mais aussi à la compétence du comité pour connaître d'éventuelles violations.

Cette aceptation spécifique du droit de recours individuel est exprimée soit par la ratification d'un Protocole (pour le Comité des droits de l'homme et le Comité pour l'élimination de la discrimination à l'égard des femmes[646]), soit en reconnaissant explicitement et par une déclaration unilatérale l'article de la convention qui prévoit la compétence de l'organe de surveillance (solution retenue pour le CAT[647]).

---

644 En ce qui concerne le CERD, qui ne fera pas l'objet de notre étude pour les mêmes raisons énoncées dans le Titre 1 sur les textes internationaux, on soulignera que sa jurisprudence est peu abondante et n'a jamais concerné les droits de l'enfant.

645 Pour les statistiques citées, nous n'avons pu utiliser le tableau intitulé « CEDAW-Optional Protocol. Status of registered cases, as of 2 March 2011 » figurant sur le site Internet du HCDH à l'adresse http://www2.ohchr.org/english/bodies/complaints.htm, car ce tableau n'est pas à jour. On se reportera en revanche à la page du site officiel du CEDAW consacrée à sa propre jurisprudence, non sans prévenir que toutes les décisions n'y figurent pas : http://www2.ohchr.org/english/law/jurisprudence.htm (consultée la dernière fois le 24 février 2012).

646 Respectivement, Protocole facultatif se rapportant au PIDCP, du 16 décembre 1966, entré en vigueur le 23 mars 1976, et Protocole facultatif à la CEDAW, du 6 octobre 1999, entré en vigueur le 20 décembre 2000.

647 En vertu de l'article 22 de la CAT, « Tout Etat partie à la présente Convention peut (...) déclarer à tout moment qu'il reconnaît la compétence du Comité pour recevoir et examiner des communications présentées par ou pour le compte de particuliers relevant de sa juridiction qui prétendent être victimes d'une violation, par un Etat partie, des dispositions de la Convention ». L'article 14 de la CERD de 1965 contient des dispositions semblables.

Si le nombre d'Etats ayant consenti à la juridiction obligatoire des comités est encore sensiblement inférieur à celui des Etats parties au traité principal, force est de reconnaître que le taux d'acceptation des instruments et dispositions permettant le droit de recours individuel croît à un rythme soutenu. Faire un peu de calculs permet de se faire une idée de l'étendue de l'engagement étatique, tout en sachant que les chiffres ne sont comparables qu'en apparence [648].

Pour dresser le bilan de l'acceptation du droit de recours individuel, nous avons organisé les données disponibles dans le système onusien selon deux critères : temporel (la période analysée est comprise entre avril 2007 et avril 2012) et géographique (tous Etats confondus / Etats africains).

Les informations résumées dans le tableau ci-dessous nous suggèrent deux constatations.

Tableau n° 3 « Tendance dans l'acceptation du recours individuel par les Etats »

	Nombre d'Etats ayant accepté le droit de recours individuel		Hausse	Nombre d'Etats africains ayant accepté le droit de recours individuel		Hausse
	avril 2007	avril 2012	%	avril 2007	avril 2012	%
CCPR	109	114	4,6	32	33	3,1
CAT	56	65	16,1	10	10	0,0
CEDAW	87	104	19,5	13	24	84,6

Premièrement, au plan universel l'acceptation du recours individuel est de plus en plus large, notamment dans le système de la CEDAW et de la CAT, mais elle progresse aussi à l'égard du PIDCP. Les Etats africains ne s'insèrent que partiellement dans cette tendance, car si d'une part onze d'entre eux ont ratifié le Protocole facultatif à la CEDAW depuis 2007, d'autre part le nombre d'Etats parties au Protocole au PIDCP s'est accru d'une seule unité, alors qu'il est resté inchangé au regard de l'acceptation de la compétence contentieuse du CAT.

Deuxièmement, il serait erroné d'interpréter la faible hausse dans l'acceptation des mécanismes de communication individuelle devant le

[648] Comme le rappelle le professeur Dhommeaux, « le nombre n'est pas un critère fiable dans la mesure où il convient aussi de tenir compte des Etats parties et non parties. Il est difficile de considérer que les ratifications de Tuvalu, Nauru et Monaco compenseraient les absences de ratifications de la Chine, de l'Inde et des USA ! » in DHOMMEAUX J., « Les recours individuels… », *op. cit.*

CCPR et le CAT comme un signe de désintérêt de la part des Etats africains : en effet, le nombre d'Etats qui permettent le recours individuel n'est pas faible.

Le taux d'acceptation du Protocole facultatif au PIDCP est, depuis longtemps, dans la moyenne des Etats de la planète : 60% des Etats africains[649] peuvent être attaqués devant le CCPR par un individu, contre 59% du total.

La proportion baisse légèrement pour le Protocole facultatif à la CEDAW (malgré la hausse spectaculaire de ces 5 dernières années) : sur les 51 Etats africains liés par le traité principal, seuls 45% ont consenti au recours individuel, contre 54% de tous les Etats parties à la CEDAW.

Par contre, l'Afrique est en majorité réticente face au contrôle sur plaintes prévu par la CAT : le recours individuel n'est possible qu'à l'égard de 10 Etats sur les 43 du continent liés par le traité principal, mais il faut dire aussi que seuls 65 pays dans le monde (33%) ont accepté la compétence du CAT en la matière.

B. Une plus large utilisation du droit de recours par les individus

En l'état actuel, les mécanismes de communication individuelle sont assez bien acceptés, y compris en Afrique. Mais les organes de contrôle ne peuvent jouer leur rôle que si les particuliers utilisent effectivement cette voie de recours.

Autrement dit, la quantité de communications adressées aux organes conventionnels est un élément décisif pour le succès des mécanismes existants. Evidemment, le volume de l'activité contentieuse dépend d'une série de facteurs tels que l'information du public autour des possibilités offertes par les procédures internationales, la disponibilité d'autres procédures similaires au niveau régional, le respect (*compliance*) des décisions de l'organe par l'Etat concerné, etc.

1) Bilan de la pratique contentieuse

Devant les organes onusiens, la tendance à l'augmentation du contentieux est indéniable. Les trois organes qui nous occupent ont tous déployé une intense activité ces dernières années et ont été saisis plus fréquemment que dans le passé. Certes, comme le relèvent plusieurs auteurs [650], les disparités

---

[649] Parmi les grands Etats qui ne permettent toujours pas le recours individuel devant le Comité des droits de l'homme figurent l'Egypte, l'Ethiopie, le Kenya, le Maroc, le Nigéria, le Soudan, la Tanzanie.

[650] Voy. entre autre DHOMMEAUX J., « Les recours individuels… », *op. cit.*, ainsi que KERBRAT Y., « Aspects de droit international général dans la pratique des comités institués

entre les organes habilités à recevoir les plaintes sont très marquées : alors que le CCPR traite en moyenne quatre-vingt communications individuelles par an (mais il en enregistre entre soixante-dix et deux cents[651]), le CAT n'en examine qu'une vingtaine et le CEDAW quelques unes seulement.

L'explication de ce déséquilibre dans le contentieux intra-onusien réside moins dans l'ancienneté du mécanisme[652] que dans l'extrême spécialisation des traités CAT et CEDAW face à la concurrence du Comité des droits de l'homme : ce dernier peut sanctionner une palette beaucoup plus large de violations et offre donc aux requérants une meilleure chance d'être entendus[653].

Par ailleurs, il n'est pas inintéressant de souligner que la jurisprudence du Comité de Genève s'avère bien plus libérale que celle de la Cour européenne des droits de l'homme, puisqu'environ 43% des communications donnent lieu à des constatations[654], alors que l'organe de contrôle de Strasbourg examine sur le fond à peine 5% des requêtes[655].

Le bilan global se résume comme suit : en 35 ans d'activité, le Comité des droits de l'homme a reçu 2.076 saisines individuelles concernant 86 Etats parties, et a prononcé 882 constatations dont 731 violations[656] ; depuis 1989, le CAT a enregistré 462 communications relatives à 29 Etats parties, et a prononcé 181 constatations dont 60 violations[657] ; quant au CEDAW, en huit

par les Nations Unies dans le domaine des droits de l'homme (2008-2009) », *AFDI*, vol. 55, 2009, p. 559.

651 Voy. les derniers rapports annuels du CCPR à l'Assemblée générale, notamment A/65/40 (Vol. I) et A/66/40 (Vol. I).

652 La pratique contentieuse devant le CERD est presque inexistante, bien que le mécanisme fonctionne depuis 1984.

653 KERBRAT Y, « Aspects de droit international… », *op. cit.*, p. 560.

654 Ce chiffre est le résultat du rapport entre les 882 constatations rendues et les 2.076 saisines totales (au 29 juillet 2011). Le professeur Sudre écrivait en 2006 qu' « environ 45% des communication sont déclarées recevables » : SUDRE F., *Droit européen et international…*, *op. cit.*, p. 713. En réalité, le taux d'irrecevabilité ne correspond pas à la différence entre 100% et 45% car un grand nombre de communications sont classées ou suspendues. D'après les dernières données disponibles, il est d'environ 27% (569 communications irrecevables sur les 2.076 saisines) et c'est ce pourcentage-ci qu'il va falloir comparer avec celui de 95% de requêtes irrecevables dans le système de la CEDH.

655 Voy. le *Guide pratique sur la recevabilité*, mis à jour le 31 mars 2011 et disponible sur le site du Conseil de l'Europe à la page http://www.echr.coe.int/NR/rdonlyres/39C0A2D9-82BA-45EE-97D9-64014FC1CD09/0/Guide_pratique_FRE.pdf. Dernière consultation 20 février 2012.

656 Au 29 juillet 2011, date du dernier rapport A/66/40 (Vol.1).

657 Au 6 juin 2011, date du dernier rapport A/66/44. Voy. également le tableau « Status of communications dealt with by CAT under art. 22 procedure », disponible à la page Internet http://www2.ohchr.org/english/bodies/cat/docs/CATSURVEY46.xls, consultée le 28 février 2012.

ans il a traité 27 communications et constaté 8 cas de violation de la Convention[658].

2) Exemples de contentieux concernant les enfants

Une partie de ce contentieux concerne les droits des enfants, bien qu'aucune plainte n'ait jamais été directement déposée par ces derniers[659].

En particulier, une véritable jurisprudence s'est développée dans le cadre du Pacte international sur les droits civils et politiques, dont l'article 24 est très protecteur envers les enfants[660]. En s'appuyant sur cette disposition, le Comité des droits de l'homme a eu la possibilité de statuer de manière incidente dans des domaines tels que l'expulsion et son impact sur l'unité familiale[661], le droit de visite et de garde[662], l'identité personnelle[663] et la protection des enfants des travaux forcés, de la prostitution, de la violence et des mauvais traitements[664]. D'autres articles offrant des perspectives de

---

[658] Pour consulter le texte (de la plupart) des constatations, on se reportera à l'adresse Internet http://www2.ohchr.org/english/law/jurisprudence.htm (dernier accès le 20 février 2012). Toutefois, la section du site officiel du CEDAW consacrée à sa propre jurisprudence est incomplète.

[659] ZANI M., « La Convention des Nations Unies relative aux droits de l'enfant : A propos de l'opportunité d'une procédure de plaintes individuelles », *Revue de droit international, de science diplomatiques et politiques*, vol. 87, n° 2, mai-août 2009, p. 116.

[660] Pour une étude du champ d'application de l'article 24 riche en exemples de jurisprudence, voy. HENNEBEL L., *La jurisprudence du Comité des droits de l'homme des Nations Unies*, Bruxelles : Bruylant, Collection Droit et Justice, 2007, pp. 289 à 295.

[661] Le meilleur intérêt de l'enfant empêche l'expulsion de la famille dans les affaires *Winata c. Australie*, 2001, comm. n° 930/2000 et *Madafferi c. Australie*, 2004, comm. n° 1011/2001 et impose au contraire le regroupement familial dans l'affaire *El Dernawi c. Libye*, 2007, comm. n° 1143/2002. Mais la décision d'expulsion ne constitue pas une immixtion arbitraire dans la vie de famille susceptible de violer l'intérêt supérieur de l'enfant à défaut de circonstances particulières (*Sahid c. Nouvelle Zélande*, 2003, comm. n° 893/1999, et *A., B., C., D., et E. c. Australie*, 2008, comm. n° 1429/2005) ou au regard d'un père qui ne soumet la communication qu'en son nom propre (*Byahuranga c. Danemark*, 2004, comm. n° 1222/2003, et *Noël Léopold Dumont de Chassart c. Italie*, 2006, comm. n° 1229/2003).

[662] Voy. parmi d'autres *Balaguer Santacana c. Espagne*, 1994, comm. n° 417/1990 ; *N. T. c. Canada*, 2007, comm. n° 1052/2002 ; *E. B. et consorts c. Nouvelle Zelande*, 2007, comm. n° 1368/2005 ; *El-Hichou c. Danemark*, 2010, comm. n° 1554/2007.

[663] Voy. *Monaco de Gallicchio c. Argentine*, 1995, comm. n° 400/1990, par. 10.5, pour une application du droit de l'enfant au nom et à l'enregistrement après la naissance.

[664] En 2007 le Comité a examiné une plainte introduite par une ONG contre la Serbie, au nom d'un mineur âgé de 10 ans victime d'abus sexuels, en alléguant la violation des articles 7 et 24 du Pacte, mais la communication *Jovanovic c. Serbie* n° 1355/2005 a été déclarée irrecevable : voy. ZANI M., « La Convention ... », *op. cit.*, p. 118. M. Hennebel rappelle en outre que le droit de l'enfant aux mesures de protection qu'exige sa condition de mineur a été appliqué dans le cadre d'une affaire de détention de mineurs immigrants (*Bakhtiyari c. Australie*, 2003, comm. n° 1069/2002) : in *La jurisprudence du Comité...*, *op. cit.*, p. 290. Voy. également la plainte déposée par des parents iraniens et leurs deux enfants placés dans

protection plus spécifiques l'ont conduit à s'occuper du droit à la vie et à la sécurité des enfants[665] et du traitement des jeunes délinquants[666].

Même si les pratiques traditionnelles néfastes en tant que telles n'ont jamais fait l'objet d'une communication devant le CCPR, une décision récente et très intéressante a été rendue dans l'affaire *Kaba c. Canada*. Il y était question du renvoi d'une femme africaine et de sa fille mineure (la plainte était présentée en son nom aussi) vers la Guinée, où la fille risquait d'être exposée à une excision. Le Comité invite le Canda à ne pas expulser les deux femmes, car le traitement que l'enfant risque de subir « constituerait une violation de l'article 7 et du paragraphe 1 de l'article 24 du Pacte, lus conjointement »[667]. Malgré les critiques qui ont visé la décision, notamment de la part de M. Amor, membre du Comité, auteur d'une opinion dissidente, la décision doit être saluée car, comme il a été justement observé « le Comité adopte une perspective et un raisonnement qui prennent de la hauteur et... examin[e] en droit le risque réel et personnel pour l'intéressée d'être exposée à un mauvais traitement en cas d'expulsion »[668]. Sans arriver à imaginer que cette jurisprudence puisse servir de précédent pour obliger les Etats tiers à accueillir toutes les filles africaines qui risquent de subir des mutilations génitales dans leur pays d'origine, il est intéressant d'observer que la Cour européenne des droits de l'homme a été récemment investie d'un certain nombre d'affaires concernant justement ces questions[669].

Le Comité contre la torture n'a jamais été saisi par des personnes qui alléguaient une violation directe de la Convention du fait d'une mutilation génitale, ni qui craignaient un tel traitement en cas d'expulsion. Néanmoins, dans plusieurs affaires l'organe de surveillance de la CAT a eu l'occasion de

---

un centre de rétention isolé pendant trois ans : *D., E. et leurs deux enfants c. Australie*, 2006, comm. n° 1050/2002.

[665] Voy. pour des affaires de disparition forcée *Celis Laureano c. Pérou*, 1996, comm. n° 540/1993, et *Monaco de Gallicchio c. Argentine*, 1995, comm. n° 400/1990.

[666] Violation de l'article 10 du Pacte dans les affaires *Thomas c. Jamaïque*, 1999, comm. n° 800/1998, *Wilson c. Philippines*, 2003, comm. n° 868/1999 et *Brough c. Australie*, 2006, comm. n° 1184/2003.

[667] *Kaba c. Canada*, 2010, comm. n° 1465/2006, par. 10.3.

[668] HENNEBEL L., « Chronique des décisions du Comité des droits de l'homme des Nations Unies (2007-2010) », *RTDH*, n° 87, 2011, p. 575.

[669] Les deux décisions d'irrecevabilité pertinentes sont datées 7 mars 2007, *Collins et Akaziebie c. Suède*, requête n° 23944/05 et 17 mai 2011 *Izevbekhai et al. c. Irlande*, requête n° 43408/08. Il était question de femmes nigérianes avec leurs filles craignant une MGF en cas d'expulsion. On évoquera également la décision du 20 septembre 2011 dans l'affaire *Omeredo c. Autriche.* Pour un examen plus approfondi des décisions de la CEDH concernant l'expulsion de femmes et filles africaines risquant de subir des pratiques traditionnelles néfastes, voy. le deuxième chapitre de la seconde partie de cet ouvrage.

statuer sur des cas d'éloignement et d'expulsion d'enfants constituant une violation de leurs droits fondamentaux[670].

En ce qui concerne la pratique contentieuse du Comité pour l'élimination de la discrimination à l'égard des femmes, on signalera la deuxième décision de cet organe, qui porte de manière incidente sur la protection des enfants de la violence dans le contexte familial[671], et surtout la toute récente décision *T. P. F. c. Pérou*, présentée au nom de L. C., une mineure victime d'abus sexuels qui s'est vue refuser un avortement thérapeutique et a de ce fait subi des préjudices irréversibles pour sa santé physique et mentale. Le Comité conclut que « l'Etat partie ne s'est pas acquitté de ses obligations (de protection) et a par conséquent violé les droits reconnus à L. C. » en matière de santé et droits de procréation[672]. Le fait que l'auteur de la communication rappelle à plusieurs reprises la décision du Comité des droits de l'homme dans l'affaire *Karen Noelia Llantoy Huamán* c. *Pérou*[673], concernant également le rejet, par le Pérou, d'une demande d'avortement thérapeutique, démontre qu'une véritable jurisprudence s'établit au niveau universel, qui n'est peut-être pas spécifique aux enfants mais qui permet de relever des violations par les Etats des droits de l'enfant.

§ 2. La juridictionnalisation des procédures de communication individuelle

La nature des mécanismes onusiens de contrôle sur plainte individuelle est si particulière qu'on a pris l'habitude de les classer dans une catégorie *sui generis* à mi-chemin entre les techniques juridictionnelles et celles purement politiques : celle des modes de règlement quasi-juridictionnels.

N'ayant pas l'ambition de trancher le débat à propos de cette qualification, nous nous limitons à constater que le Comité des droits de l'homme lui-même ajoute à l'ambigüité quand il observe, d'une part, que la fonction qui lui est conférée « pour examiner des communications émanant de particuliers n'est pas en soi celle d'un organe judiciaire » mais d'autre part

---

670 Voy. par exemple les communications de deux femmes, bengalaise et rwandaise, avec leurs enfants dont l'expulsion aurait constitué une violation de l'article 3 de la Convention : affaires *T. A. c. Suède*, 2005, communication n° 226/2003, et *C. T. et K. M. c. Suède*, 2006, communication n° 279/2005.

671 En constatant une violation de la CEDAW par la Hongrie dans l'affaire *A. T. c. Hongrie*, 2005, comm. n° 2/2003, le Comité recommande à l'Etat de prendre des mesures immédiates et efficaces pour garantir l'intégrité physique et mentale d'A.T. *et de sa famille ;* b) Offrir à A.T. un lieu sûr pour y vivre *avec ses enfants*, veiller à ce qu'elle reçoive une pension alimentaire et l'aide juridique voulue assorties d'une indemnisation proportionnelle aux dommages physiques et mentaux qu'elle a subis et à la gravité des violations de ses droits dont elle a été victime. C'est nous qui soulignons.

672 *T. P. F. c. Pérou*, 2011, comm. n° 22/2009, par. 9.

673 CCPR, *Karen Noelia Llantoy Huamán* c. *Pérou*, 2005, comm. n° 1153/2003.

que « les constatations qu'il adopte en vertu du Protocole facultatif présentent certaines caractéristiques principales d'une décision judiciaire »[674].

Au lieu de nous appesantir sur les indices qui révèlent ou contredisent le caractère juridictionnel de la procédure des communications, aussi bien devant le CCPR que devant les autres organes investis d'une telle compétence contentieuse, nous préférons nous concentrer sur la tendance évolutive de ces mécanismes, c'est-à-dire leur juridictionnalisation.

Au fond, ce qui intéresse véritablement les plaignants est l'efficacité de la procédure. Deux éléments deviennent de plus en plus importants dans la « jurisprudence » des organes onusiens : le pouvoir qui s'attribue l'organe d'indiquer, voire imposer, des mesures conservatoires à l'Etat concerné (A) et le « caractère déterminant de ses décisions »[675], qui commencent à être perçues par la plupart des Etats et de la doctrine comme étant obligatoires (B).

A. Le caractère obligatoire reconnu des mesures conservatoires

Avant de se prononcer sur le bien-fondé de la communication, il peut s'avérer nécessaire d'éviter qu'un préjudice irréparable ne soit causé à la victime de la violation alléguée ; comme d'autres juridictions internationales, les organes conventionnels peuvent demander à l'Etat de prendre des mesures intérimaires ou provisoires (*interim / provisional measures*, en anglais).

Cette possibilité, qui n'était pas prévue dans les normes conventionnelles reconnaissant la compétence contentieuse du Comité des droits de l'homme et du Comité contre la torture, a été affirmée par voie jurisprudentielle avant d'être incluse dans les règlements intérieurs des deux organes[676]. Ces derniers ont notamment fait valoir que, dans des

---

674 Observation générale n° 33 : Les obligations des Etats parties en vertu du Protocole facultatif se rapportant au Pacte international relatif aux droits civils et politiques, 31 octobre 2008. Pour une intéressante analyse de cette auto-« rétrogradation parmi les modes non-juridictionnels de règlement des différends » opérée par le CCPR, qui a « pourtant souvent fait preuve d'audace dans l'interprétation des instruments qu'il applique », voy. KERBRAT Y., « Aspects de droit international général dans la pratique des comités institués par les Nations Unies dans le domaine des droits de l'homme (2008-2009) », *AFDI*, vol. 55, 2009, spéc. pp. 560-563.

675 L'expression est utilisée par le CCPR au paragraphe 11 de l'Observation générale précitée.

676 Actuellement, ce sont les articles 92 du Règlement intérieur du Comité des droits de l'homme (CCPR/C/3/Rev.9, 13 janvier 2011) et l'article 114 du Règlement du Comité contre la torture (CAT/C/3/Rev.5, 21 février 2011), qui dictent la discipline des mesures provisoires. En illustrant sa décision dans une affaire récente, le CAT a fait observer que « c'est la Convention elle-même (article 18) qui lui donne compétence d'établir son règlement intérieur

affaires impliquant des conséquences irréversibles[677] pour la personne concernée, telles que l'exécution d'une sentence de mort ou l'expulsion dans certaines conditions, l'Etat qui refuse de suspendre sa décision dans l'attente de l'examen de la communication non seulement risque de compromettre définitivement le droit de l'individu, mais surtout « rend l'action du Comité sans objet et l'expression de ses constatations sans valeur et de nul effet »[678].

Le CCPR et le CAT, régulièrement confrontés à des cas d'éloignement, extradition et expulsion, considèrent désormais que les Etats parties qui ne se conforment pas aux mesures intérimaires violent leurs obligations au titre, respectivement, du premier Protocole facultatif du PIDCP[679] et de l'article 22 de la CAT[680].

S'appuyant sur une pratique désormais abondante et convergente, le Protocole facultatif à la CEDAW a conventionnalisé le pouvoir de l'organe d'imposer des mesures intérimaires : l'article 5 dispose en effet que le Comité chargé d'examiner les communications individuelles peut « soumettre à l'urgente attention de l'Etat Partie intéressé une demande tendant à ce qu'il prenne les mesures conservatoires nécessaires pour éviter qu'un dommage irréparable ne soit causé aux victimes de la violation présumée »[681]. Les conditions sont toujours les mêmes : outre le préjudice irréversible pour l'individu, on citera la liberté du Comité de décider si des mesures intérimaires s'imposent et à quel moment, et l'absence d'effets sur la décision au fond.

---

qui dès lors est indissociable de la Convention [… et qui] vise précisément à donner un sens et une portée aux articles 3 et 22 de la Convention qui autrement n'offriraient aux demandeurs d'asile invoquant un risque sérieux de torture qu'une protection simplement relative sinon théorique », in CAT, 1 mai 2007, *Tebourski c. France*, comm. n° 300/2006, par. 8.6.

[677] CCPR, 1 novembre 1996, *Stewart c. Canada*, comm. n° 538/1993, par. 7.7.

[678] CCPR, 19 octobre 2000, *Piandiong c. Philippines*, n° 869/99, par. 5.2. La doctrine souligne également ce double objectif : « to secure the rights of the individual concerned pending finalization of the communication and uphold the integrity of the body that will take the final decision » : VILJOEN F., *International Human Rights Law in Africa*, New York : Oxford University Press, 2007, p. 326.

[679] CCPR, 3 avril 2003, *Weiss c. Autriche*, comm. n° 1086/2002.

[680] Sur ce sujet, la jurisprudence du Comité est très abondante. On rappellera, entre autres, les décisions suivantes : 25 novembre 2011, *Kalinichecko c. Maroc*, comm. n° 428/2010 (par. 13) ; 16 novembre 2007, *Bachan Singh Sogi c. Canada*, comm. n° 297/2006 ; 11 mai 2007, *Nadeem Ahmad Dar c. Norvège*, comm. n° 249/2004 ; *Tebourski c. France… cit.* (par. 8 et 9) ; 17 mai 2005, *Brada c. France*, comm. n° 195/2002 (par. 6.1 et 6.2) ; 16 mai 2000, *T.P.S. c. Canada*, comm. n° 99/1997 (par. 15.6) ; 10 novembre 1998, *Núñez Chipana c. Venezuela*, comm. n° 110/1998 (par. 8).

[681] Voy. également l'art. 63 du Règlement intérieur du CEDAW. Le Professeur Dhommeaux recense dans un récent article la première demande de mesures conservatoires de la part de la CEDAW : il s'agit de l'affaire *V. K c. Bulgarie* du 25 juillet 2011, comm. n° 20/2008. In DHOMMEAUX J., « Les recours individuels… », *op. cit.*

Même si la base juridique pour l'adoption des mesures provisoires des *treaty bodies* est fournie par les règlements intérieurs ou bien, dans les traités les plus récents, par les dispositions conventionnelles établissant le droit de recours individuel[682], aucun de ces textes ne précise la nature des actes en question. Nous avons vu que les organes conventionnels affirment avec force le caractère obligatoire des mesures intérimaires et n'hésitent pas à conclure que le non respect de celles-ci constitue un fait illicite autonome imputable à l'Etat[683].

Il reste à évaluer si cette position arrêtée, qui résout une fois pour toutes le débat sur la nature (« recommandatoire » ou obligatoire) des mesures intérimaires, est acceptée par la doctrine et, bien sûr, par les Parties contractantes, acteurs décisifs des mécanismes de contrôle conventionnels.

Nous avons constaté que la plupart des auteurs reconnaissent que les Etats ont l'obligation juridique de coopérer de bonne foi avec les organes conventionnels, y compris en ce qui concerne l'exécution des mesures conservatoires indiquées par ces derniers[684].

Quant aux Etats, ils sont parfois récalcitrants quand il s'agit d'appliquer ces mesures (le professeur Pasqualucci a publié une étude où il affirme que « *[m]any States have not yet accepted the view that interim measures specified by international quasi-judicial bodies also are binding on*

---

682 Outre le Protocole facultatif à la Convention pour l'élimination de toutes les formes de discrimination à l'égard des femmes, déjà évoqué, il convient de mentionner le Protocole facultatif à la Convention sur les droits des personnes handicapées (ratifié au 20 février 2012 par 66 Etats) et l'article 31 de la Convention pour la protection de toutes les personnes contre les disparitions forcées (accepté par 13 Etats). En outre, on rappellera que l'article 77 de la Convention sur la protection des droits des travailleurs migrants et des membres de leur famille n'est toujours pas en vigueur car seuls deux Etats l'ont accepté. Sur les importants Protocoles (non encore en vigueur) établissant des mécanismes de communications individuelles devant le CESCR et le CRC, voy. *infra*.

683 Plusieurs membres du Comité des droits de l'homme, s'exprimant dans des contextes académiques, ont réaffirmé cette position. Voy. par exemple CHANET C., « Le système des communications et l'avenir du contentieux », in DECAUX E. (dir.) *Les Nations Unies et les droits de l'homme. Enjeux et défis d'une réforme*, Paris : Pedone, 2006, p. 273, et KLEIN E., « Some Thoughts on the Value of Individual Complaint Mechanisms on the Universal Plane », *Human Rights Law Journal*, vol. 29, 2008, p. 41.

684 KRETZMER D., « Commentary on Complaint Processes by Human Rights Committee and Torture Committee Members » in BAYEFSKY A. F. (ed.), *The UN Human Rights Treaty System in the 21st Century*, The Hague : Kluwer Law International, 2000, p. 163 ss. ; TOMUSCHAT C., *Human Rights. Between Idealism and Realism*, New York : Oxford University Press, 2008, p. 179 ss. ; KERBRAT Y., « Aspects de droit international général dans la pratique des comités établis au sein des Nations Unies dans le domaine des droits de l'homme (2006-2007) », *AFDI*, 2007, pp. 591-593.

States »[685]) et, dans quelques occasions isolées, ils en ont contesté le caractère obligatoire[686].

Mais les exemples de mesures intérimaires suivies d'effets sont à foison[687].

B. Le caractère obligatoire incertain des constatations

Une des questions cruciales dans le débat sur la juridictionnalisation des procédures de communication individuelle concerne la nature des décisions des comités onusiens.

Actes non juridictionnels et dépourvus de l'autorité de la chose jugée, les « décisions » ou constatations (en anglais, *views*)[688] n'ont pas le même caractère obligatoire que celui que, par exemple, la CEDH confère aux arrêts de la Cour européenne des droits de l'homme. Néanmoins, il serait « irrationnel de tenir pour simplement recommandatoires les constatations sur le fond »[689].

---

685 PASQUALUCCI J. M., « Interim Measures in International Human Rights : Evolution and Harmonization », *Vanderbilt Journal of Transnational Law*, vol. 38, 2005, pp. 1-49.

686 Comme le rappelle Mme Catarina de Albuquerque (Présidente-rapporteuse du *Groupe de travail à composition non limitée chargé d'examiner les options en ce qui concerne l'élaboration d'un Protocole facultatif se rapportant au Pacte international sur les droits économiques, sociaux et culturels*), pendant les discussions sur les mesures intérimaires « Norway and Sweden proposed adding 'bearing in mind the voluntary nature of requests for interim measures'at the end of the paragraph. However, other delegations opposed this proposal because 'the views and requests of treaty bodies[…] were non-binding and voluntary in nature' », in ALBUQUERQUE C. de, « Chronicle of an Announced Birth : The Coming into Life of an Optional Protocol to the International Covenant on Economic, Social and Cultural Rights – The Missing Piece of the International Bill of Human Rights », *Human Rights Quarterly*, 2010, p. 170. Le professeur Dhommeaux cite le Rapport du CAT de 2011, A/66/44, où le Comité fait part de la préoccupation des certains Etats qui estiment que les mesures provisoires sont trop systématiques « en particulier lorsque l'expulsion est imminente, alors qu'il n'y a pas suffisamment d'éléments factuels pour justifier une telle demande. Le Comité prend cette préoccupation au sérieux. Et il est disposé à en discuter avec les Etats parties », par. 93 : in DHOMMEAUX J., « Les recours individuels… », *op. cit.*

687 Voy. pour des exemples KERBRAT Y., « Aspects de droit international… », *op. cit. AFDI*, vol. 53, 2007, spéc. pp. 591-593.

688 Le Comité des droits de l'homme utilise à plusieurs reprises le terme "décision" pour décrire ses constatations, le Comité contre la torture a expressément invité à considérer ses constatations comme des décisions dans son règlement intérieur, le Comité pour l'élimination de la discrimination à l'égard des femmes transmet ses constatations (*findings*), « éventuellement accompagnées de ses recommandations, aux parties concernées » (article 7.3 du Protocole facultatif), ce qui revient à exclure la nature recommandatoire des constatations.

689 KERBRAT Y., « Aspects de droit international… », *op. cit.*, p. 563.

Initialement, les comités avaient reçu mandat de statuer sur des communications au fond en se prononçant sur la licéité du comportement étatique censé avoir enfreint un droit conventionnellement garanti.

Comme il a été souvent rappelé, la terminologie utilisée n'implique pas que l'acte qui clôt la procédure soit juridiquement contraignant pour l'Etat visé[690]. Malgré ces éléments textuels, le Comité des droits de l'homme a vite considéré que la raison d'être de la procédure de communication individuelle est moins d'établir une vérité objective quant à l'existence des violations commises que d'amener les Etats à donner exécution aux obligations conventionnelles.

Dans l'importante décision *Denzil Roberts c. Barbade* du 19 juillet 1994, le Comité a indiqué que « l'Etat partie est tenu de prendre les mesures appropriées pour donner un effet juridique aux constatations du Comité concernant l'interprétation et l'application du Pacte dans des cas particuliers soumis au titre du Protocole facultatif »[691]. L'argument qui illustre le raisonnement (ensuite repris par d'autres comités onusiens) est que le PIDCP et son premier protocole sont des traités et doivent être appliqués de bonne foi par les Etats parties, y compris en ce qui concerne « l'obligation juridique de donner effet à leurs dispositions »[692].

Depuis lors, une jurisprudence abondante confirme que l'obligation étatique de coopérer avec le Comité, y compris en acceptant ses décisions, découle des obligations qui lient l'Etat en vertu du Pacte et du Protocole : en effet, « tout dispositif d'une décision constatant une violation mentionne d'une part qu'en adhérant au Protocole facultatif l'Etat partie a reconnu la compétence du Comité pour déterminer s'il y a eu ou non violation et, d'autre part, qu'en application de l'article 2 du Pacte l'Etat s'est engagé à garantir à tous les individus relevant de sa juridiction les droits reconnus dans le Pacte et à assurer un recours utile et exécutoire lorsqu'une violation est établie »[693].

---

690 Au contraire, le pouvoir de recommandation attribué aux organes conventionnels devait donner l'impression qu'un dialogue constructif entamé avec l'Etat serait à même de résoudre les problèmes soulevés par l'auteur de la communication ; en outre, selon le Professeur Tomuschat, « terminological downgrading of complaints to the level of mere communications has served to make acceptance of the relevant control mechanism easier for states ». Voy. *Human Rights…*, *op. cit.*, p. 193.

691 CCPR, 19 juillet 1994, *Denzil Roberts c. Barbade*, comm. n° 504/1992, par 6.3.

692 *Ibidem*.

693 CHANET C., « Le système des communications… », *op. cit.*, p. 273. Voy. également sur ces questions POCAR F., « Legal value of the Human Rights Committee's Views », *Canadian Human Rights Yearbook*, 1991-1992, p. 119 ; STEINER H. J., « Individual Claims in a World of Massive Violations : What role for the Human Rights Committee ? », in ALSTON P., CRAWFORD J. (eds.), *The future of UN Human Rights Treaty Monitoring*, Cambridge : Cambridge University Press, 2000, p. 30.

On en vient à l'obligation pour l'Etat de remédier à la violation constatée, autre domaine dans lequel la fonction des comités se rapproche progressivement de celle des organes judiciaires. Ne se limitant plus à statuer sur l'existence d'une violation, les organes conventionnels indiquent dans leurs décisions les moyens que les Etats doivent adopter pour mettre fin au comportement illicite et/ou réparer les conséquences dommageables de la violation constatée.

A ce sujet, les comités (notamment le CCPR et le CAT) se montrent audacieux[694] et arrivent à déterminer des modalités de réparation qui restreignent significativement la marge de liberté des Etats parties.

La doctrine paraît globalement souscrire à cette « interprétation dynamique et finaliste qui a consisté à lier respect des constatations des comités et respect des conventions de protection des droits de l'homme »[695], d'autant plus que

« there exist a presumption in favour of substantive correctness of such views. No better expertise as to the scope and meaning of any of the human rights treaties can be found than in the expert bodies set up to monitor their observance by states »[696].

Mais il y a un nombre significatif d'Etats qui ne donnent pas suite aux constatations des comités, voire les contestent ouvertement. Si, grâce à la procédure de suivi mise en place par le CCPR, on s'est aperçu que la plupart des Etats africains ne se conforment pas aux décisions du Comité[697], il faut savoir aussi que la France « n'a jamais pris en compte, dans ses décisions, les constatations du Comité des droits de l'homme »[698] et s'est obstinément

---

[694] Pour des exemples récents, voy. KERBRAT Y., « Aspects de droit international général dans la pratique des comités établis au sein des Nations Unies dans le domaine des droits de l'homme (2006-2007) », *op. cit.*, p. 602.

[695] Voy. DUPUY P.-M., KERBRAT Y., *Droit international public*, Paris : Dalloz, 10e édition, 2010, p. 262. Pour une panoramique des positions les plus accréditées jusqu'à la fin des années 90, voy. GHANDI P. R., *The Human Rights Committee and the Right of Individual Communication. Law and Practice*, Aldershot : Ashgate/Dartmouth, 1998, spéc. pp. 329-335.

[696] TOMUSCHAT C., *Human Rights. Between Idealism and Realism…*, *op. cit.*, p. 220.

[697] En 2007, le professeur Viljoen a fait le bilan de l'effectivité des procédures de communication individuelle, notamment celle établie par le Protocole facultatif au PIDCP, et a affirmé que « without doubt, most African states do not comply with the views issued by the HRC » : VILJOEN F., *International Human Rights Law in Africa…*, *op. cit.*, p. 117.

[698] CHANET C., « Le système des communications… », *op. cit.*, p. 274. Voy. également, du même auteur, la Préface au récent Commentaire du PIDCP dirigé par le professeur DECAUX E., *Le Pacte international relatif aux droits civils et politiques. Commentaire article par article*, Paris : Economica, 2010, pp. v à vii.

opposée (avec l'Allemagne et la Turquie, qui ont même fait une réserve[699]) à sa jurisprudence relative à l'article 26 du Pacte[700].

D'autres Etats, heureusement, lui réservent une suite reconnue acceptable ou satisfaisante : entre 25% et 30% des constatations du Comité des droits de l'homme sont respectées[701].

Malgré les limites intrinsèques qui sont celles de la mise en œuvre des décisions[702], l'impact indirect d'une jurisprudence qui est souvent reprise et relayée par d'autres juges n'est pas à négliger : en effet, la « fécondation croisée »[703] des normes et des jurisprudences internationales contribue à l'émulation entre différents organes de contrôle des droits de l'homme.

---

[699] A propos de la réserve allemande à la juridiction du Comité, ce dernier n'en a pas examiné la validité lors de l'affaire *Schmidl* c. *Allemagne* (communication n° 1516/2006, décision adoptée le 31 octobre 2007).

[700] Voy. les constatations adoptées en 1987 dans les affaires *Broeks, Danning* et *Zwaan-de Vries c. Pays Bas*, où le Comité des droits de l'homme considère pour la première fois que toute discrimination, y compris sur le plan des droits sociaux, est contraire au Pacte, et dans l'affaire *Gueye c. France* (1989), dont la solution n'a d'ailleurs pas été suivie par le Conseil d'Etat français. Pour plus de détails, on renverra à DHOMMEAUX J., « L'article 26 du Pacte relatif aux droits civils et politiques et le droit des pensions », *Revue française de droit administratif*, 1996, pp. 1239-1241, ainsi qu'à l'encadré « Indigènes » du même auteur dans le fascicule « Les mécanismes internationaux de protection des libertés et droits fondamentaux », in RENOUX T. (dir.), *Protection des libertés et droits fondamentaux*, 2e éd., La Documentation française, 2011.

[701] Les données du secrétariat du CCPR sont citées par Eckart Klein in « Some Thoughts on the Value of Individual Complaint Mechanisms… » *op. cit.*, p. 42. Pour le suivi des quelques cinquante affaires sur lesquelles le dialogue reste « ouvert », voy. le dernier rapport annuel du CCPR disponible : A/66/40, vol 1, 2011, p. 129 ss.

[702] Le problème de l'exécution des arrêts et décisions des organes internationaux spécialisés dans la protection des droits de l'homme n'épargne aucun système régional. A ce propos, il convient de se référer à une intéressante étude du professeur sud-africain Frans Viljoen, qui analyse l'efficacité des décisions adoptées par la Commission africaine des droits de l'homme et des peuples, en termes de mise en œuvre par les Etats concernés. La Commission, à l'instar du Comité des droits de l'homme, est un organe non juridictionnel qui surveille l'application d'une convention à portée générale, y compris en examinant des plaintes individuelles. L'étude de la « jurisprudence » de cet organe démontre qu'il existe un lien entre le contenu des recommandations adressées aux Etats et la propension de ces derniers à mettre en œuvre les recommandations : les Etats sont plus disposés à suivre les décisions de la Commission qui leur demandent de *respecter* les droits que celles qui les encouragent à protéger ou à réaliser les droits. Par ailleurs, « the nature of the remedies required by the Commission is closely linked to the nature of the violations it had found » et comme le constate la Commission elle-même dans des communications jointes contre le Soudan, « to change so many laws, policies and practices will of course not be a simple matter ». Voy. VILJOEN F., LOUW L., « State Compliance with the Recommendations of the African Commission on Human and Peoples' Rights, 1994-2004 », *American Journal of International Law*, vol. 101, 1, 2007, spec. pp. 18 à 23.

[703] L'expression est de Mme Sandrine Turgis, auteure d'un volume qui vient de paraître dans la Collection des « Publications de l'Institut international des droits de l'homme » : *Les interactions entre les normes internationales relatives aux droits de la personne*, Paris : Pedone, 2012 (version légèrement révisée de sa thèse de doctorat intitulée *Recherches sur l'interaction entre les normes internationales relatives aux droits de la personne*, dirigée par

A l'échelle internationale et sous-régionale, on assiste donc à la construction d'une « jurisprudence mondiale sur les droits de l'homme » pour laquelle les solutions élaborées par les comités spécialisés onusiens « serve as the most authoritative source for universally applicable human rights standards »[704].

Certes, « at the end of the day, everything is depending on the States as the addressees of the relevant obligations and their willingness to learn [but] demonstrating concrete failures in individual cases is a very helpful instrument to contribute to this process of learning »[705].

Le système des plaintes individuelles a donc le mérite de donner voix au chapitre aux victimes et de permettre aux organes internationaux de contrôle de « dénoncer » les violations étatiques, tout en dialoguant ave les Etats.

C'est dans cette même logique que l'ONU essaie à présent d'introduire la procédure de communication individuelle auprès du Comité des droits économiques, sociaux et culturels ainsi que du Comité des droits de l'enfant.

Section 2. Les potentialités des nouveaux mécanismes de recours individuel

Une preuve ultérieure de la juridictionnalisation croissante des systèmes de contrôle onusiens est l'adoption de deux nouveaux Protocoles qui établissent le droit de recours individuel en cas de violation des droits reconnus par le PIDESC et par la CIDE et ses deux Protocoles facultatifs du 25 mai 2000, concernant respectivement la vente d'enfants, la prostitution des enfants et la pornographie mettant en scène des enfants, et l'implication d'enfants dans les conflits armés.

Il convient d'étudier séparément ces deux traités internationaux qui, une fois en vigueur, pourraient contribuer à parachever le mouvement international favorable à la justiciabilité des droits de l'homme, et de l'enfant.

Les éléments les plus importants pour l'avenir du contentieux international en matière de droits économiques, sociaux et culturels et de droits de l'enfant dépendent de la teneur des Protocoles adoptés par l'Assemblée générale des Nations Unies, mais on n'a pas fini de s'interroger sur les enjeux et les effets attendus de ces deux mécanismes de communications individuelles qui viennent compléter le système de protection onusien.

---

le Professeur Jean-François Flauss et soutenue le 29 septembre 2009 à l'Université Panthéon-Assas Paris 2).

704 TOMUSCHAT C., *Human Rights. Between Idealism and Realism…*, *op. cit.*, p. 223.

705 KLEIN E., « Some Thoughts on the Value of Individual Complaint Mechanisms… », *op. cit.*, p. 42.

§ 1. Vers la justiciabilité internationale des droits reconnus dans le Pacte international sur les droits économiques, sociaux et culturels

Il serait trop long de faire l'historique de l'élaboration du Protocole facultatif au Pacte international relatif aux droits économiques, sociaux et culturels[706], dont l'idée remonte à la Conférence mondiale de Vienne sur les droits de l'homme de 1993[707]. Il suffit de retenir que les deux questions centrales qui ont occupé le débat sur l'opportunité, et ensuite sur les modalités, du Protocole facultatif ont été celles de la « justiciabilité » des droits économiques, sociaux et culturels d'une part, et celle des obligations dites « internationales » des Etats parties, d'autre part[708].

Après avoir illustré la teneur des solutions retenues par le traité (A), nous nous pencherons sur les effets attendus en matière de protection des enfants, compte tenu du contentieux international en matière de droits économiques, sociaux et culturels (B).

A. Les solutions retenues par le Protocole de 2008

Le résultat de 15 ans de négociations autour d'un Protocole facultatif au PIDESC a été, selon la plupart des auteurs, un compromis équilibré[709]. La preuve de l'obtention d'un consensus entre les Etats membres de l'ONU,

---

[706] On renverra pour cela aux articles de WILSON B., « Quelques réflexions sur l'adoption du Protocole facultatif se rapportant au Pacte international relatif aux droits économiques, sociaux et culturels des Nations Unies », *RTDH*, 78, 2009, pp. 295-317 ; CHENWI L., « Correcting the historical asymmetry between rights : The Optional Protocol to the International Covenant on Economic, Social and Cultural Rights », *African Human Rights Law Journal*, 9/1, 2009, pp. 23-51 ; et ALBUQUERQUE de C., « Chronicle of an Announced Birth : The Coming into Life of an Optional Protocol… », *op. cit.*

[707] Au paragraphe 75 de sa Déclaration et Programme d'action, la Conférence mondiale a encouragé « la Commission des droits de l'homme à poursuivre, en coopération avec le Comité des droits économiques, sociaux et culturels, l'étude de protocoles facultatifs se rapportant au Pacte international relatif aux droits économiques, sociaux et culturels ».

[708] Voy. entre autres, TEXIER P., « L'enjeu de la justiciabilité et le projet de protocole additionnel au Pacte relatif aux droits économiques, sociaux et culturels », in DECAUX E. (dir.) *Les Nations Unies et les droits de l'homme. Enjeux et défis d'une réforme*, Paris : Pedone, 2006, pp. 277-281, et SCHUTTER O. de, « Le Protocole facultatif au Pacte international relatif aux droits économiques, sociaux et culturels », *Revue Belge de Droit International*, 2006/1, p. 7 ss. Parmi les (rares) voix critiques, DENNIS M., STEWART D., « Justiciability of economic, social and cultural rights : Should there be an international complaints mechanism to adjudicate the rights to food, water, housing and health », *American Journal of International Law*, 98, 2004, pp. 462-515.

[709] Voy. les articles précités de WILSON B., DE ALBUQUERQUE C. et CHENWI L. Mais, *contra*, VANDENBOGAERDE A., VANDENHOLE W., « The Optional Protocol to the International Covenant on Economic, Social and Cultural Rights : An *Ex Ante* Assessment of its Effectiveness in Light of the Drafting Process », *Human Rights Law Review*, 10 (2), 2010, pp. 207-237.

représentés au sein des organes qui nous occupent, est que les résolutions cruciales ont été adoptées sans vote[710].

A en juger par le rythme des ratifications, dans un avenir proche[711] les individus (et enfants) ressortissant d'un certain nombre de pays, dont l'Argentine, la Bosnie-Herzégovine, la Slovaquie et l'Espagne, qui s'estiment victimes de violations d'un des droits reconnus dans le Pacte pourront se prévaloir du mécanisme de communication individuelle devant le CESCR.

Le Protocole précise d'une part les conditions de la saisine et, d'autre part, les critères dont le Comité se servira pour déterminer si une violation s'est produite.

L'article 2 autorise la présentation d'une communication par « des particuliers ou groupes de particuliers ou au nom de particuliers ou groupes de particuliers relevant de la juridiction d'un Etat Partie qui affirment être victimes d'une violation ». L'*actio popularis* demeure exclue (solution qui est d'ailleurs en conformité avec les dispositions textuelles et la pratique développée par d'autres organes du système de protection onusien), malgré l'assouplissement de la condition relative à la notion de victime directe[712]. En revanche, deux nouveaux critères de recevabilité figurent respectivement aux articles 3 et 4 : un délai (douze mois à compter de l'épuisement des recours internes) et un seuil d'importance (désavantage notable), ce dernier inspiré du Protocole 14 à la CEDH.

L'auteur de la communication doit s'estimer victime de la violation « d'un des droits économiques, sociaux et culturels énoncés dans le Pacte ». L'invocabilité de l'ensemble des dispositions du Pacte (*approche globale*) n'allait pas de soi car, durant les travaux préparatoires, la possibilité d'une acceptation à géométrie variable (*approche à la carte*) a été sérieusement considérée[713].

---

[710] Mme DE ALBUQUERQUE rappelle en particulier les efforts diplomatiques déployés pour adopter par consensus la résolution 2003/18 de la Commission des droits de l'homme, du 22 avril 2003, qui établissait un *Groupe de travail à composition non limitée chargé d'examiner les options qui s'offrent en ce qui concerne l'élaboration d'un protocole facultatif se rapportant au Pacte international relatif aux droits économiques, sociaux et culturels*, et celle du 18 juin 2008 (résolution 8/2), par laquelle le Conseil des droits de l'homme a adopté le projet de protocole facultatif (ensuite la Troisième Commission de l'Assemblée générale, se prononçant sans vote le 18 novembre, a recommandé à l'Assemblée plénière l'adoption du Protocole, ce qu'elle a fait – sans vote – le 18 décembre 2008 au cours de sa soixante-troisième session, par la résolution A/RES/63/117) : « Chronicle of an Announced Birth : The Coming into Life of an Optional Protocol… », *op. cit.*

[711] Conformément à son article 18, le Protocole entrera en vigueur trois mois après la date de dépôt du dixième instrument de ratification ou d'adhésion. Il manque donc encore deux ratifications pour que cela soit possible.

[712] Voy. SCHUTTER O. de, « Le Protocole facultatif au Pacte… », *op. cit.*, p. 42.

[713] Voy. notamment WILSON B., « Quelques réflexions sur l'adoption du Protocole… », *op. cit.*, pp. 312-315 et SCHUTTER O. de, « Le Protocole facultatif au Pacte… », *op. cit.*, pp. 46-49.

En ce qui concerne la procédure devant le Comité, deux éléments méritent d'être soulignés : d'une part, la conventionnalisation des mesures provisoires opérée par l'article 5 (malgré les réticences du Japon qui, bizarrement, avait du mal à imaginer la nécessité de telles mesures, compte tenu de la nature des droits en question ![714]) et, d'autre part, la clarification du processus de prise de décision du Comité à travers les dispositions de l'article 8.4 :

[l]orsqu'il examine les communications qu'il reçoit en vertu du présent Protocole, le Comité détermine le caractère approprié des mesures prises par l'Etat Partie, conformément aux dispositions de la deuxième partie du Pacte. Ce faisant, il garde à l'esprit le fait que l'Etat Partie peut adopter un éventail de mesures pour mettre en œuvre les droits énoncés dans le Pacte[715].

On appréciera l'importance du critère du « caractère approprié » (*reasonableness*, en anglais) des mesures prises par l'Etat partie en parcourant les débats qui ont eu lieu durant les travaux préparatoires. Il s'agissait d'imaginer quelle latitude l'organe de surveillance aurait laissé aux autorités nationales en statuant sur la violation d'un droit économique, social ou culturel : fallait-il évoquer la marge d'appréciation de l'Etat, et le Comité devait-il effectuer un test de *reasonableness* ou bien d'*unreasonableness* ?

Comme il a été récemment observé, « the inclusion of assessment criteria testifies to the fundamental mistrust of some States parties in the judgment of the Committee, but reflects also the more fundamental ideological concerns about the justiciability of ESC rights »[716].

En fin de compte, la solution retenue paraît satisfaisante, car le Comité se livrera à déterminer le caractère raisonnable des mesures sans laisser une marge d'appréciation absolue à l'Etat : « the language that was finally agreed upon[717] (…) provides the necessary reassurance that the Committee will not adopt a position suggesting that in cases where resource allocation or social policy priorities are involved, it will simply defer to the decision of the state party »[718].

[714] Rapport de la troisième session du Groupe de travail, par. 66.

[715] C'est nous qui soulignons.

[716] VANDENBOGAERDE A., VANDENHOLE W., « The Optional Protocol… », *op. cit.*, p. 223.

[717] Langage qui a été inspiré de la célèbre affaire *Grootboom* décidée par la Cour constitutionnelle de l'Afrique du Sud en 2001, comme le rappelle ALBUQUERQUE de C., « Chronicle of an Announced Birth… », *op. cit.*, p. 175.

[718] *Ibidem.*

B. Les effets attendus en matière de protection des enfants

On peut donc imaginer que le Comité, sollicité par des communications internationales alléguant des violations du Pacte, soit en mesure d'exercer un contrôle efficace sur le respect des droits économiques, sociaux et culturels des individus placés sous la juridiction des Etats parties au Protocole.

Ce qui est sans doute plus difficile est de prévoir l'impact que la procédure de communication individuelle aura sur la protection des enfants : quand bien même les Etats ratifient l'instrument établissant le mécanisme de contrôle contentieux, rien n'encourage à penser que les enfants s'en serviront. Néanmoins, des effets positifs indirects sont attendus.

D'une part, précisant le concept de « réalisation progressive » des droits consacrés par le Pacte, le Comité a dépassé la distinction traditionnelle entre les obligations négatives et positives découlant des deux catégories de droits (droits civils et politiques d'un côté, et droits économiques, sociaux et culturels de l'autre) et a considéré que tous les droits entraînent des obligations négatives et positives pour l'Etat. Des trois types ou niveaux d'obligations identifiées, à savoir respecter, protéger et réaliser/donner effet, il convient de réfléchir à l'obligation de protéger : celle-ci requiert des Etats qu'ils empêchent des particuliers ou des groupes de particuliers de faire obstacle à l'exercice des droits, par exemple en demandant aux « autorités d'empêcher que des particuliers imposent aux femmes et aux jeunes filles des pratiques traditionnelles qui sont néfastes pour leur santé »[719]. Il s'agit d'une obligation qui peut être exécutée immédiatement, et qui correspond donc à un droit directement applicable. Tout individu, y compris un enfant, pourra demander au CESCR de veiller à ce que ses droits ne soient pas violés par des tiers.

D'autre part, la possibilité qu'un organe international se prononce sur les comportements d'un Etat dans les domaines économique, social et culturel, en constatant éventuellement une violation des droits des enfants, n'est pas hypothétique. Cela arrive déjà, aussi bien au sein d'organes régionaux spécifiquement consacrés à la protection des droits économiques, sociaux et culturels que devant le Comité des droits de l'homme.

Depuis 1999, le Comité européen des droits sociaux a enregistré 80 réclamations et a rendu plus de soixante décisions sur le bien-fondé[720], dont au moins une douzaine concernent les enfants. Les réclamations collectives présentées en leur nom portaient notamment sur l'interdiction du travail des enfants[721], les châtiments corporels à la maison, à l'école et au sein d'autres

---

[719] Voy. sur ces questions WILSON B., « Quelques réflexions... », *op. cit.*, p. 302.

[720] Pour des données à jour, voy. la base de jurisprudence sur le site Internet du CEDS, à l'adresse http://www.coe.int/t/dghl/monitoring/socialcharter/Complaints/complaints_fr.asp, consultée la dernière fois le 28 février 2012.

[721] *Commission Internationale de Juristes c. Portugal*, n° 1/1998.

institutions[722], l'assistance médicale aux enfants étrangers[723], le droit à l'éducation sans discrimination[724].

Enfin, si la doctrine insiste depuis longtemps sur la non parfaite, voire illusoire, distinction entre droits civils et politiques, et droits économiques, sociaux et culturels[725], un certain nombre de décisions du Comité des droits de l'homme démontrent que les droits dits « de deuxième génération » sont également pris en compte par cet organe.

Outre qu'il a confirmé que l'article 24 du Pacte traite des droits économiques, sociaux et culturels en ce qu'il impose d'adopter des mesures *économiques et sociales* susceptibles d'améliorer le bien-être des enfants[726], le Comité a par exemple constaté que la détention ou l'expulsion d'enfants ont aussi des effets négatifs sur leur instruction, ou que l'enseignement obligatoire de la religion catholique, à certaines conditions, compromet la

---

[722] Voy. décisions sur les réclamations collectives n° 17/2003 *Organisation mondiale contre la torture (OMCT) c. Grèce*, n° 18/2003 *OMCT c. Irlande* et n° 21/2003 *OMCT c. Belgique*. Dans deux autres décisions, le Comité a statué que les décisions de la Cour suprême en Italie et au Portugal étaient conformes : n° 19/2003, *OMCT c. Italie* et n° 20/2003, *OMCT c. Portugal*. Une autre requête a été déposée contre le Portugal en 2006, la Cour suprême de ce pays ayant prononcé un arrêt tolérant le châtiment corporel, en contradiction avec ses décisions précédentes. A l'unanimité, le CEDS a retenu la violation en affirmant que : « pour se conformer à l'article 17 [de la Charte sociale révisée], le droit national doit interdire et pénaliser toute forme de violence contre les enfants, c'est-à-dire actes ou comportements susceptibles d'affecter leur intégrité physique, leur dignité, leur développement ou leur bien-être psychologique » (n° 34/2006, *OMCT c. Portugal*). On remarquera que les mêmes termes pourraient etre repris pour une MGF.

[723] Dans la réclamation n° 14/2003 *Fédération internationale des ligues des droits de l'homme (FIDH) c. France*, le Comité conclut à une courte majorité – sept voix contre six – à la violation de l'article 17 dans la mesure où, d'une part, les mineurs étrangers vivant en France n'ont droit à l'assistance médicale qu'en cas d'urgence mettant en cause le pronostic vital, et, d'autre part, parce que les enfants d'immigrants en situation irrégulière ne sont admis au bénéfice du système d'assistance médicale qu'après une certaine durée de présence sur le territoire. Voy. également *Défense des Enfants International c. Belgique*, comm. n° 69/2011, déclarée recevable le 7 décembre 2011.

[724] Voy. *Autism-Europe (IAAE) c. France*, comm. n° 13/2002 ; *Mental Disability Advocacy Centre c. Bulgarie*, n° 41/2007 ; *International Centre for the Legal Protection of Human Rights (INTERIGHTS) c. Croatie*, n° 45/2007.

[725] La littérature est abondante sur cette question. Voy. entre autres MEYER-BISCH P., « Méthodologie pour une présentation systémique des droits humains », in BRIBOSIA E., HENNEBEL L. (dir.), *Classer les droits de l'homme*, Bruxelles : Bruylant, 2011, pp. 47-85.

[726] Observation générale n° 17 : Les droits de l'enfant, 7 avril 1989, par. 3 : « toutes les mesures possibles devraient être prises dans les domaines économique et social pour réduire la mortalité infantile, faire disparaître la malnutrition chez les enfants et éviter que ceux-ci ne soient victimes d'actes de violence ou de traitements cruels et inhumains, ou qu'on ne les exploite en les obligeant à exécuter un travail forcé ou à se livrer à la prostitution, ou en les utilisant pour le trafic illicite de stupéfiants, ou de toute autre façon. *Dans le domaine culturel*, tout devrait être fait pour favoriser l'épanouissement de la personnalité des enfants et leur assurer un degré d'instruction qui leur permette d'exercer les droits visés par le Pacte, notamment la liberté d'opinion et d'expression ». C'est nous qui soulignons.

liberté de religion des enfants aussi bien que leur droit d'être éduqués dans une école publique[727].

§ 2. Vers la justiciabilité internationale des droits reconnus dans la Convention des droits de l'enfant

L'élaboration du Protocole facultatif à la Convention relative aux droits de l'enfant établissant une procédure de présentation de communications a été possible grâce à un important travail de mobilisation internationale et à l'implication d'un grand nombre d'ONG.

Maintenant qu'un tel instrument est ouvert à la signature et à la ratification, il paraît utile de réfléchir aux solutions techniques adoptées par le traité (A) et de s'interroger sur les effets que ce dernier pourra avoir sur la protection des enfants, y compris à l'égard des pratiques traditionnelles néfastes (B).

A. Les solutions retenues par le Protocole de 2011

Le 17 juin 2011, le Conseil des droits de l'homme a adopté par consensus et sous le patronage de 39 Etats une résolution[728] demandant à l'Assemblée générale des Nations Unies de consacrer la compétence du Comité des droits de l'enfant à recevoir et examiner des plaintes individuelles pour violation des droits de l'enfant. Le 19 décembre 2011, le troisième Protocole facultatif à la CIDE a été adopté, consacrant définitivement la juridictionnalisation des mécanismes onusiens de protection des droits de l'homme. Vingt Etats ont signé le Protocole lors de la cérémonie d'ouverture à la signature, tenue à Genève le 28 février 2012, et deux autres l'ont signé par la suite (Malte et l'ex-République yougoslave de Macédoine).

Le traité vise à rendre justiciables, au plan universel, l'ensemble des droits garantis par la CIDE et par ses deux autres Protocoles facultatifs (OPAC et OPSC).

Il aura donc l'effet de permettre des plaintes pour violation des droits des enfants, renforçant et complétant ainsi les mécanismes nationaux et régionaux déjà existants, et d'aider le Comité des droits de l'enfant à mieux s'acquitter de ses fonctions de surveillance du respect des obligations découlant de la Convention.

---

[727] Voy. par exemple *Winata c. Australie*, 2003, et *Leirvag c. Norvège*, 2004.

[728] A/RES/17/36, Rapport du Groupe de travail à composition non limitée sur sa deuxième session.

D'une part, le mécanisme mis en place est plutôt familier, car le Protocole reprend, dans une large mesure, les formulations adoptées par des protocoles facultatifs aux autres instruments relatifs aux droits de l'homme en vigueur.

Parmi d'autres questions, celle de la représentation a occupé de longues discussions mais a été finalement résolue sans grande originalité : l'article 5 prévoit en effet que « [l]es communications peuvent être présentées par des particuliers ou des groupes de particuliers ou au nom de particuliers ou de groupes de particuliers relevant de la juridiction d'un Etat partie, qui affirment être victimes d'une violation » de la CIDE et des Protocoles facultatifs, pourvu que l'Etat les ait ratifiés.

Un deuxième paragraphe précise qu'« une communication ne peut être présentée au nom de particuliers ou de groupes de particuliers qu'avec leur consentement à moins que l'auteur puisse justifier qu'il agit en leur nom sans un tel consentement » (sur les raisons de cette disposition, *infra*). L'*actio popularis*, tout comme dans le nouveau Protocole au PIDESC, n'a donc pas été retenue, bien que la plupart des experts et le Comité lui-même fussent largement favorables aux communications collectives[729].

A l'instar d'autres instruments récents établissant le droit de communication individuel, le Protocole prévoit que le Comité soumette « à l'urgente attention de l'Etat partie intéressé une demande tendant à ce qu'il prenne les mesures provisoires qui s'avèrent nécessaires dans des circonstances exceptionnelles pour éviter qu'un préjudice irréparable ne soit causé à la victime » (article 6).

De façon significative, l'article 10.4 reprend la terminologie de l'article 8.4 du Protocole au PIDESC (*supra*) pour statuer que le Comité « évalue le caractère raisonnable des mesures prises par l'Etat partie [...et] garde à l'esprit que l'Etat partie peut adopter différentes mesures de politique générale pour mettre en œuvre les droits économiques, sociaux et culturels ».

Il est enfin à regretter que l'instrument ne suive pas le modèle de la CEDAW, dont le protocole facultatif n'autorise aucune réserve (article 17),

---

[729] Lors d'une consultation d'experts organisée les 21 et 22 juin 2010 à Genève par le Haut-Commissariat des Nations Unies aux droits de l'homme et la Commission internationale de juristes, sous la présidence de Mme Yanghee Lee et de M. Jean Zermatten, respectivement vice-présidente et président du Comité des droits de l'enfant, la majorité des participants estimaient qu' « [i]l serait souhaitable que le protocole facultatif prévoie la possibilité de présenter une plainte collective ; différentes modalités pourraient être envisagées, notamment le modèle de la Charte sociale européenne » ; en outre, le Comité des droits de l'enfant avait fait des commentaires sur la proposition relative à un projet de protocole facultatif élaborée par le Président-Rapporteur en se disant « favorable à la mise en place d'une procédure de présentation de communications collectives. Il souligne les difficultés particulières auxquelles se heurtent nécessairement certains enfants en matière d'accès à la justice, notamment pour ce qui est de se prévaloir des recours internes, difficultés qui ne peuvent que s'accentuer lorsqu'il s'agit d'accéder au Comité, instance éloignée qui siège à Genève [... et] estime qu'il ne serait pas opportun de limiter les ONG pouvant soumettre des communications collectives à celles qui sont dotées du statut consultatif auprès du Conseil économique et social ». Voy. A/HRC/WG.7/2/3, 13 octobre 2010, par. 3 d) et 13-14.

mais reste silencieux à l'instar des autres traités établissant des procédures de communication individuelle.

D'autre part, l'intégration des grands principes de la Convention a influencé la teneur du Protocole et a donné lieu à des solutions techniques intéressantes qu'il convient de regarder de plus près.

En particulier, le principe de « l'intérêt supérieur de l'enfant » devient d'application générale dans le cadre de l'examen, par le Comité, de communications en vertu du protocole facultatif : non seulement ce dernier affirme à plusieurs reprises que l'intérêt supérieur de l'enfant est un des principes généraux guidant l'exercice des fonctions du Comité[730], mais il charge le Comité d'adopter des règles de procédure spécifiquement adaptées à la situation de vulnérabilité des enfants. Au titre du deuxième paragraphe de l'article 3,

[l]e Comité inclut dans ses règles de procédure des garanties visant à empêcher que l'enfant ne soit manipulé par ceux qui agissent en son nom et peut refuser d'examiner une communication s'il considère qu'elle ne sert pas l'intérêt supérieur de l'enfant.

Lue conjointement avec le deuxième paragraphe de l'article 5 précité, que le Comité a accueilli favorablement[731], qui refuse le consentement tacite de l'enfant opérant un renversement de la charge de la preuve, cette disposition est révélatrice d'une singulière méfiance vis-à-vis des communications présentées « au nom de l'enfant » : le soupçon de la manipulation de l'enfant de la part de l'auteur de la communication plane sur la procédure. Dès lors, en présence d'un possible conflit d'intérêts, le Comité refusera de se prononcer si l'examen de la communication n'est pas dans l'intérêt supérieur de l'enfant, y compris dans les cas où il n'a pas été clairement établi que l'enfant ou les enfants concernés ont donné leur consentement.

L'autre principe général de la CIDE dont il faut tenir compte au cours de la procédure est le respect de l'opinion de l'enfant, dont le « poids » varie en fonction de l'âge et du degré de maturité. En vertu de l'article 2, le Comité doit garantir que les règles de procédure, et donc les procédure elles-mêmes, soient adaptées aux enfants. La participation effective de l'enfant est favorisée par un certain nombre de clauses (les articles 3 et 5.2 déjà commentés sont pertinents, ainsi que les mesures de protection disposées par

---

[730] Voy. le septième *considérant* du préambule : « dans l'exercice des voies de recours en cas de violation des droits de l'enfant, l'intérêt supérieur de l'enfant devrait primer », ainsi que l'article 2 sur les principes généraux : « Dans l'exercice des fonctions qui lui sont conférées par le présent Protocole, le Comité est guidé par le principe de l'intérêt supérieur de l'enfant. Il prend aussi en considération les droits et l'opinion de l'enfant, en accordant à celle-ci le poids voulu en fonction de l'âge et du degré de maturité de l'enfant. »

[731] A/HRC/WG.7/2/3, *cit.* , par. 12.

l'article 4 contre les mauvais traitements ou l'intimidation à l'égard des plaignants). Néanmoins, quelques conditions de recevabilité restrictives ont soulevé de justes critiques : si le Protocole reconnaît, dès le préambule, que « les enfants peuvent avoir de grandes difficultés à se prévaloir des recours disponibles en cas de violation de leurs droits », il n'en précise pas moins que les communications doivent être présentées par écrit et dans un délai temporel bien court : douze mois suivant l'épuisement des recours internes[732]. La proposition des ONG et des experts de rendre la procédure « *child-sensitive* » a été rayée du texte final.

B. Les effets attendus en matière de « pratiques traditionnelles néfastes »

Même en admettant que le Protocole facultatif à la CIDE établissant le droit de recours direct de l'enfant entre en vigueur, le Comité des droits de l'enfant ne pourra jouer pleinement son rôle d'organe quasi-judiciaire que si certaines conditions sont remplies.

L'analyse conjuguée de la jurisprudence internationale en matière de protection des droits de l'enfant et du nouvel instrument conventionnel, dont nous avons examiné les principaux enjeux, nous amène à réfléchir sur un certain nombre de difficultés qu'il faudra surmonter afin que les enfants saisissent eux-mêmes le Comité, avec la conviction de pouvoir améliorer leur situation, y compris à l'égard des pratiques traditionnelles néfastes.

En premier lieu, il convient de considérer que dans les systèmes conventionnels (notamment la CEDH et le PIDCP) où la saisine d'un organe international par les enfants est déjà permise, elle demeure exceptionnelle. Cela tient au fait que, si les enfants sont titulaires de droits procéduraux en vertu des normes internationales, cela peut ne pas être le cas au niveau interne.

Certes, l'absence de remèdes juridictionnels (ou autres) pour faire valoir des droits devant les autorités nationales n'est pas un obstacle absolu, car les procédures internationales ne demandent que l'épuisement des recours internes disponibles et efficaces pour l'enfant. Mais, concrètement, on imagine mal qu'un enfant qui ne peut pas invoquer un droit devant un tribunal interne ait les compétences et les moyens pour investir un organe international d'un différend qui le voit opposé à son propre Etat.

En définitive, le défi est justement celui d'obtenir des Etats qu'ils appliquent la Convention dans sa totalité, y compris en assurant

[732] Article 7, lettre b) et h).

l'invocabilité des droits qu'elle reconnaît à l'enfant[733] : d'ailleurs, comme l'a affirmé le CRC il y a bien des années, « pour que les droits aient un sens il faut pouvoir disposer de moyens de recours utiles pour obtenir réparation en cas de violation »[734].

En deuxième lieu, bien que le recours devant le Comité des droits de l'enfant soit ouvert à toute personne agissant au nom de l'enfant, on admettra facilement que l'intérêt de la procédure réside en ce qu'elle peut être actionnée directement par un enfant. A ce propos, nous avons vu que la terminologie du troisième Protocole facultatif à la CIDE révèle une certaine méfiance vis-à-vis de possibles manipulations de l'enfant. Quelques précédents jurisprudentiels très intéressants démontrent une attitude similaire de la part du Comité des droits de l'homme : dans l'affaire *Santacana c. Espagne*, le Comité a examiné la recevabilité de la communication et s'est demandé

« si l'auteur avait qualité pour agir au nom de sa fille puisqu'il n'en avait pas la garde. Il a pris note du fait que de toute évidence la fille de l'auteur ne pouvait soumettre elle-même de communications au Comité et estimé en outre que les liens unissant un père à sa fille ainsi que la nature des allégations formulées en l'espèce suffisaient à justifier que l'auteur représente sa fille »[735].

Mais, en examinant une autre plainte déposée par un père au nom de ses deux filles, le Comité a relevé que le père n'avait pas sollicité au préalable l'autorisation de ses enfants pour introduire la plainte en leur nom et, puisque les intéressées avaient exprimé le souhait de ne pas rester en contact avec leur père, il a conclu que ce dernier n'était pas en droit d'invoquer la violation de l'article 24 du Pacte[736].

Il est utile d'ajouter que la Cour européenne des droits de l'homme, qui est la seule juridiction internationale qui permet aux enfants victimes de déposer une requête contre un Etat partie, a eu à connaître plusieurs affaires qui manifestaient un conflit d'intérêt entre les enfants plaignants et leurs parents. Cela concerne les châtiments corporels de la part d'un beau-père (*A.*

---

[733] Sur l'applicabilité de la CIDE en droit interne, nous nous permettons de renvoyer à NAPOLI C., « Le caractère auto-exécutoire de la Convention internationale relative aux droits de l'enfant. Réflexions générales et situation française (à l'occasion du 20ème anniversaire de la ratification) », *Revue Juridique de l'Ouest*, n° 3, 2010, pp. 335-357.

[734] CRC, Observation générale n° 5 : Mesures d'application générales de la Convention relative aux droits de l'enfant (art. 4, 42 et 44, par. 6), 2003, par. 24.

[735] *Balaguer Santacana c. Espagne*, 1994, comm. n° 417/1990, par. 6.1.

[736] Voy. *E. B. et consorts c. Nouvelle-Zélande*, 2007, comm. n° 1368/2005, commentée par ZANI M., « La Convention des Nations Unies… », *op. cit.*, p. 117.

c. Royaume-Uni[737]), l'accouchement sous X et le refus de révéler à l'enfant l'identité de ses parents biologiques (*Odièvre c. France*[738]), la dilapidation du patrimoine de l'enfant de la part de ses parents (*Stagno c. Belgique*[739]). Ces quelques exemples démontrent que les enfant peuvent efficacement veiller au respect, par les tiers, de leurs droits et demander à l'Etat de les protéger contre les violations.

La troisième, et dernière, réflexion concerne spécifiquement l'hypothèse d'un recours pour violation du droit de l'enfant d'être protégé contre les pratiques traditionnelles néfastes. Il a été déjà demandé au Comité des droits de l'homme et, récemment, à la Cour européenne de se prononcer à propos d'affaires d'expulsion de jeunes filles vers des pays africains où elles risquaient d'être mutilées[740] ; mais il s'agissait justement de violations par ricochet du droit de ne pas torturer.

Qu'en est-il de la responsabilité de l'Etat qui permet que des pratiques traditionnelles aient lieu, au détriment des droits des enfants ?

Une fois le Protocole à la CIDE en vigueur, les enfants pourront se servir de la nouvelle procédure de communication devant le CRC pour dénoncer des violations qui résultent du non respect par l'Etat de l'obligation d'abolir progressivement les pratiques traditionnelles néfastes, y compris en adoptant des mesures efficaces et appropriées[741]. Toutefois, il ne faut pas négliger les raisons pratiques qui poussent un individu à exercer son droit de recours individuel : l'amélioration de sa condition, avant et peut-être plus que l'obtention d'une décision de condamnation de l'Etat.

Or il nous semble difficile que les enfants aient *envie* de poursuivre en justice (ou que l'Etat sanctionne suite à une condamnation internationale) ceux qui les contraignent à subir une pratique traditionnelle néfaste, si cela risque de compromettre leur vie de famille et les relations avec la communauté qui perpétue de telles traditions[742]. En revanche, un recours

---

[737] CEDH, arrêt du 23 septembre 1998, *A. c. Royaume Uni*, requête n° 25599/94.

[738] CEDH, arrêt du 13 février 2003, *Odièvre c. France*, requête n° 42326/98.

[739] CEDH, arrêt du 7 juillet 2009, *Stagno c. Belgique*, requête n° 1062/07.

[740] Le CCPR a conclu à une violation dans *Kaba c. Canada*, 2010, comm. n° 1465/2006, alors que la CEDH a déclaré irrecevables les requêtes précitées *Izevbekhai et al. c. Irlande* et *Collins et Akaziebie c. Suède*. Voy. également la récente décision du 20 septembre 2011, *Omeredo c. Autriche*, où il est question d'une femme célibataire nigériane craignant subir une MGF en cas de retour dans son pays (la requête est irrecevable). Voy. *supra*.

[741] Sur la nature de l'obligation étatique découlant de l'article 24.3 de la CIDE, voy. TOBIN J., « The International Obligation to Abolish Traditional Practices Harmful to Children's Health : What Does It Mean and Require of States ? », *Human Rights Law Review*, 9 (3), 2009, spéc. pp. 375-377.

[742] La méfiance des enfants vis-à-vis des solutions répressives est démontrée par plusieurs affaires traitées par les cours internes. Un exemple parmi d'autres est celui des trois filles

devant un organe international qui aboutisse à une meilleure protection des droits des enfants vis-à-vis des aspects nuisibles des pratiques traditionnelles servirait réellement les intérêts des enfants.

Après avoir analysé les potentialités et les limites de ces deux nouvelles procédures de communication individuelle, il reste à voir comment elles seront utilisées lorsque et *si* les instruments respectifs entrent en vigueur. En effet, la mobilisation internationale qui a accompagné l'adoption du Protocole facultatif au PIDESC ne s'est pas traduite en une ratification massive du traité (trente-deux signatures et huit ratifications au 1er juin 2012). De même, si l'adoption du troisième Protocole facultatif à la CIDE par l'Assemblée générale était prévisible, en raison du travail qui a été fait entre janvier 2009 et décembre 2011, encore faut-t-il voir si les 22 Etats (dont deux africains, le Mali et le Maroc) qui ont signé le traité jusqu'à maintenant le ratifieront vite, et quelle sera l'attitude des autres Etats parties à la CIDE.

Conclusion du Chapitre 2

L'acceptation des Protocoles facultatifs, ou des dispositions des traités, qui attribuent un droit de recours devant les trois comités onusiens qui nous intéressent s'améliore, de même que l'utilisation effective des procédures de communication individuelle, y compris au nom des enfants.

La récente ouverture à la signature et à la ratification du Protocole se rapportant au PIDESC et, surtout, l'adoption d'un Protocole à la CIDE qui établit le droit de recours individuel sont également à saluer, car la diffusion du contentieux international, là où les systèmes nationaux font défaut, a des effets positifs pour les victimes, tout en contribuant à faire évoluer les comportements des acteurs impliqués.

Toutefois, le contexte socio-culturel dans lequel les pratiques traditionnelles néfastes se produisent est tellement particulier qu'il pourrait décourager la saisine d'un comité basé à Genève (après épuisement des recours internes) et susciter les réticences de l'Etat appelé à donner effet aux « constatations » d'un tel comité.

Maasai en Tanzanie qui, après avoir fui le foyer pour échapper à une MGF imminente et avoir ainsi contribué à la dénonciation de leur père, sont rentrées chez elles et ont refusé de collaborer avec la justice, en niant avoir subi par la suite (malgré l'évidence du contraire) et même avoir craint subir de telles mutilations. L'affaire a été médiatisée par le LHRC (Legal and Human Rights Centre) dans l'ouvrage *The Legal Process – Can it save girls from FGM ? "A Case of the Three Maasai Girls in Morogoro". A report on the enforcement of the FGM Law*, Dar-Es-Salaam : LHRC, 2004.

Conclusion du Titre 2

Le contrôle de l'application des droits de l'homme au plan universel connaît depuis quelques années d'importants changements. La tendance vers la juridictionnalisation s'approfondit, alors même que les mécanismes non contentieux s'améliorent.

Nous avons suffisamment démontré les avantages et aussi les limites des différentes techniques ; la rationalisation du système, qu'on vise toujours à l'ONU, pourra certes bénéficier aux individus, mais à condition que les contrôles existants soient mieux harmonisés et non pas affaiblis ou supprimés.

L'étude des pratiques traditionnelles néfastes à l'égard de l'enfant nous a convaincu de ce qu'il faut soulever le problème, rappeler les obligations des Etats et discuter avec eux dans toutes les enceintes disponibles, car la « duplication » des contrôles ne peut nuire à la protection des enfants.

Conclusion de la Première Partie

Non seulement les Nations Unies ont élaboré des textes, des traités qui affirment les droits de l'enfants face à toute pratique traditionnelle néfaste, mais elles ont établi des organes et des procédures pour contrôler le respect des normes universelles. Les textes et les procédures sont proposés à l'acceptation des Etats, ils constituent en quelque sorte « l'offre » des Nations Unies. Ce n'est que lorsque les Etats consentent à être liés que le contrôle peut s'exercer.

Les différents organes chargés du contrôle instaurent normalement un dialogue avec l'Etat, car le dialogue encourage, en amont, l'acceptation des obligations et favorise, en aval, la coopération constructive entre 'surveillant' et 'surveillé'. La confrontation n'est pas totalement exclue, notamment au sein des organes intergouvernementaux plus politisés, mais, globalement, le système de protection des droits de l'homme est consensuel et coopératif.

Pour comprendre l'attitude des Etats vis-à-vis des problèmes qui nous intéressent, nous allons maintenant nous plonger dans le dialogue ayant lieu au sein de l'ONU.

SECONDE PARTIE. LE DIALOGUE AU SEIN DES NATIONS UNIES RELATIF AUX « PRATIQUES TRADITIONNELLES NEFASTES »

Face à des normes universelles assez exigeantes et largement acceptées par les Etats, l'étendue et la gravité des pratiques traditionnelles néfastes auxquelles sont encore soumis les enfants africains soulèvent des questionnements. Quelle est l'attitude des Etats face aux instruments qui leur imposent d'éliminer les pratiques traditionnelles néfastes ? Que font-ils concrètement pour lutter contre ces phénomènes ?

Les réponses sont à rechercher dans la réalité du dialogue qui s'instaure entre les Etats et les organes de contrôle onusiens. L'ensemble des documents officiels résultant des multiples échanges nous éclairent, d'une part, sur ce que pensent les Etats et, d'autre part, sur ce qu'ils font, ou prétendent faire. Dans un premier temps, nous chercherons à comprendre le point de vue des pays africains qui sont directement concernés par les pratiques traditionnelles néfastes (Titre 1). Ensuite, il nous faudra examiner les actions concrètes de ces Etats africains, mais également des Etats que nous considérons comme « tiers » parce qu'ils sont, au départ, étrangers à ces phénomènes culturels, mais qui finissent par en être touchés (Titre 2).

Titre 1. Le point de vue des Etats africains

Sans doute peut-il sembler curieux, voire prétentieux, de vouloir résumer *le* point de vue des Etats africains, qui sont si nombreux et si profondément différents qu'ils ont certainement *des* points de vue distincts sur les pratiques traditionnelles néfastes, comme sur n'importe quel autre sujet.

Mais nous avons choisi dès le départ de considérer l'Afrique comme un ensemble cohérent, une planète à part, elle aussi, comme l'Europe, « unie dans sa diversité ».

Notre choix est par ailleurs conforté par les logiques de bloc qui sous-tendent les relations internationales, y compris à l'ONU. En particulier, les analogies dans les comportements des pays africains sont très marquées quand il s'agit de discuter des pratiques traditionnelles néfastes devant le Conseil des droits de l'homme (Chapitre 1). Les nuances dans la façon d'interpréter ces pratiques apparaissent davantage dans le dialogue bilatéral avec les organes conventionnels, mais on perçoit sans difficulté la réaction globalement cohérente de l'Afrique (Chapitre 2).

Chapitre 1. Un comportement ambigu lors de l'EPU

Les caractéristiques et les règles procédurales de l'Examen périodique universel (EPU) en font un mécanisme qui privilégie les vertus du dialogue entre 'pairs' à l'analyse approfondie des questions qui y sont abordées.

Nous verrons que, au sein de cet important mécanisme de contrôle universel des droits de l'homme, les Etats africains concernés par les pratiques traditionnelles néfastes évitent de susciter ou de nourrir le débat sur ces questions (Section 2), mais se montrent coopératifs et, sauf exceptions, de bonne volonté, quand la discussion est néanmoins soulevée par d'autres Etats (Section 1).

Section 1. L'adhésion des Etats aux objectifs universels de protection de l'enfant

Il y a plusieurs éléments qui permettent de comprendre le comportement de l'Etat sujet à examen. La composition de la délégation, bien qu'influencée par des considérations pratiques et des contraintes financières, est un premier signe de l'importance attachée à ce « grand oral » : il paraît que la plupart des Etats africains se font représenter par un ou plusieurs ministres au lieu de se servir exclusivement du personnel en poste dans leur mission permanente à Genève[743].

La qualité du rapport national et l'implication (réelle) de la société civile dans son élaboration sont d'autres éléments révélateurs d'une volonté de coopérer au bon fonctionnement du mécanisme.

Mais les deux questions véritablement cruciales pour la réussite de l'EPU sont la disponibilité à traiter d'un sujet, en amont, et l'acceptation des remarques relatives au sujet même, en aval.

L'étude des rapports nationaux et des rapports adoptés par les différents groupes de travail lors du premier cycle de l'EPU démontre que la grande majorité, sinon la totalité, des Etats africains examinés considère les droits de l'enfant comme une question prioritaire (§ 1). Pour ce qui concerne en particulier la protection de l'enfant vis-à-vis des pratiques traditionnelles néfastes, nous avons trouvé que le taux d'acceptation des recommandations

---

743 M. Abebe, lui-même un diplomate (éthiopien) à Genève, relève à propos des deux premières sessions de l'EPU que « [a]mong African countries, Tunisia, Morocco, Algeria, and Ghana were represented at ministerial level. Gabon and South Africa were represented by their missions in Geneva. Perhaps not to embarrass their colleagues in Geneva, no diplomat raised the issue of level of participation by the state under review during the interactive dialogue » : ABEBE A. M., « Of Shaming and Bargaining : African States and the Universal Periodic Review of the United Nations Human Rights Council », *Human Rights Law Review*, 2009, 9 (1), p. 12.

formulées au cours de l'EPU est remarquablement élevé, preuve d'une adhésion presque inconditionnée aux objectifs de lutte internationaux (§ 2).

§ 1. Les droits des enfants, une question prioritaire

Les Etats africains englobent systématiquement dans leurs rapports nationaux des informations relatives à la protection des enfants, consacrant souvent des développements aux pratiques traditionnelles néfastes qui ont cours sur leur territoire. Le ton est plus ou moins franc, les difficultés dans la mise en œuvre des standards internationaux sont parfois évoquées, mais, en général, l'autocritique n'est pas très abondante.

En effet, les Etats utilisent l'EPU surtout comme une opportunité de mettre en valeur les progrès qu'ils ont réalisés dans la mise en œuvre de l'ensemble des droits des enfants.

Parfois, une section du rapport national est expressément consacrée à ces droits catégoriels et regroupe les mesures juridiques et les outils de planification que les gouvernements ont adoptés en vue de leur consolidation. Parmi les références et dispositions spécifiques de textes nationaux[744] et internationaux relatifs à l'enfant, celles qui semblent avoir une place privilégiée sont les normes constitutionnelles ainsi que les deux conventions internationales sur les droits de l'enfant applicables en Afrique, c'est-à-dire la CIDE et la Charte africaine sur les droits et le bien-être de l'enfant (CADBE)[745].

D'autres Etats préfèrent démontrer leur attachement à la cause des enfants en abordant la situation spécifique de ces derniers dans les sections les plus variées du rapport : alors que des sujets se prêtent naturellement à une analyse centrée sur l'enfant (enregistrement des naissances, scolarisation), d'autres questions sont traitées aussi du point de vue des enfants : le travail dangereux, la traite et les conditions de détention en sont des exemples.

En somme, qu'il s'agisse d'un nouvel instrument juridique qui renforce la protection et sanctionne les violations des droits de l'enfant, d'un plan d'action stratégique récemment adopté, d'un « Parlement d'enfants » mis sur pied, ou encore de statistiques qui démontrent bien les avancées dans ce domaine, les occasions sont nombreuses pour les Etats africains d'illustrer leurs efforts vers l'amélioration de la condition des enfants.

---

[744] Des textes législatifs de caractère global sur les droits de l'enfant, dénommés « Code de l'enfant » ou bien « Code de protection de l'enfance », existent désormais dans la plupart des pays africains.

[745] Nous rappelons que la CIDE lie l'ensemble du continent, sauf la Somalie ; quant à la CADBE, elle a obtenu 46 ratifications au 20 juin 2012 (seuls la RCA, la RDC, São Tomé-et-Principe, la Somalie, le Swaziland et la Tunisie manquent à l'appel – plus le Maroc, qui ne fait pas partie de l'Union Africaine).

Le sujet est traité volontiers dans le rapport national où les Etats présentent spontanément leurs arguments et qui est destiné à servir de base pour l'Examen par les pairs au sein du Groupe de travail. Des travaux récents sur l'EPU ont mis en lumière l'intérêt affiché des Etats membres de l'ONU, toutes régions confondues, pour les droits des enfants, qui sont ainsi parmi les sujets les plus touchés par l'examen (*infra*).

Mais il convient de s'arrêter quelques instants sur l'adhésion enthousiaste des pays du continent africain aux principes et engagements universels relatifs à l'enfant : pour ceux qui connaissent les spécificités de la conception africaine des droits de l'homme, cette insistance affichée pour les *droits* de l'enfant peut sembler étrange.

Nous ne voulons pas nier par là la place importante qu'occupe l'enfant dans la conception africaine des droits de l'homme, bien au contraire. C'est justement parce que les africains se préoccupent des droits et du bien-être de l'enfant qu'ils possèdent un instrument régional de protection, la Charte africaine sur les droits et le bien-être de l'enfant.

Mais la CADBE offre aussi l'occasion de revendiquer une spécificité africaine, puisque la reconnaissance de la « place unique et privilégiée que l'enfant occupe dans la société africaine » n'est pas sans rappeler « les vertus de l'héritage culturel [des Etats africains], leur passé historique et les valeurs de la civilisation africaine qui devraient inspirer et guider leur réflexion en matière de droits et de protection de l'enfant »[746].

Or dans les discours engagés au sein de l'EPU, on ne trouve aucune trace de cette spécificité ; il n'est pas question pour les Etats africains de rappeler les valeurs positives de leurs traditions, ni d'évoquer la diversité culturelle, ni *a fortiori* les responsabilités de l'enfant, bien qu'ils soient convaincus que « l'idée de droit ne va jamais sans l'idée de devoir »[747].

On assiste, en d'autres termes, à un alignement des gouvernements d'Afrique sur l'attitude des autres pays du monde ; il n'appartient pas à la présente analyse de dire si cela est l'effet d'une adhésion ou mieux d'une aspiration à l'universalité, ou plutôt de considérations de *realpolitik* liées à la recherche du consensus.

L'essentiel, c'est que les Etats d'Afrique acceptent les objectifs internationaux de protection des enfants, y compris sur des questions sensibles qui touchent aux règles, coutumes et traditions de la communauté où se développe l'enfant.

---

[746] Préambule de la Charte africaine sur les droits et le bien-être de l'enfant.

[747] MBAYE K., *Les droits de l'homme en Afrique*, 2e édition, Paris : Pedone, 2002, p. 188. Voy. également HUARAKA T., « Les fondements des droits de l'homme en Afrique », in LAPEYRE A., TINGUY F. de, VASAK K. (dir.), *Les dimensions universelles des droits de l'homme*, publié avec le concours de l'UNESCO, Bruxelles : Bruylant, 1990, pp. 237-249.

Comme nous l'avons vu dans la première partie de cette étude, la discussion qui a lieu lors de l'Examen périodique universel est entièrement gérée par les Etats : même si des documents provenant de sources différentes fournissent du matériel pour l'EPU, celui-ci porte en grande partie sur les questions prioritaires mises en avant par l'Etat examiné, à travers son rapport national et son exposé oral, et par les Etats qui interviennent au débat.

Une intéressante analyse effectuée par le CRIN, un réseau mondial indépendant sur les droits de l'enfant, a évalué la part qu'ont jouée les problématiques relatives à l'enfant lors du premier cycle de l'EPU. Le rapport sur le statut de l'enfant dans l'EPU, dont la version anglaise *Universal Periodic Review : The Status of Children's Rights. An Analysis of trends / Review of NGO Participation* est disponible en ligne [748], démontre qu'un cinquième environ des points abordés dans le processus de l'EPU sont ciblés sur les droits de l'enfant [749].

Compte tenu de la transversalité des sujets traités, et de la difficulté du classement, que nous avons nous-mêmes expérimentée [750], les chiffres ne peuvent que révéler partiellement des tendances ; mais, au fur et à mesure que la recherche se développe, nous pouvons les comparer et dresser un bilan.

Ainsi, une étude développée par le professeur américain Mc Mahon à partir des quelques 6.000 recommandations formulées pendant les cinq premières sessions de l'Examen (avril 2008 à mai 2009) apporte-t-elle une autre preuve qui confirme que, au sein du Groupe de travail sur l'EPU, les questions liées aux droits des enfants sont régulièrement soulevées.

---

[748] Les résultats de l'étude figurent dans ce rapport, publié à Londres (siège de l'équipe du CRIN) en novembre 2010, qui est basé sur les sept premières sessions de l'EPU (112 Etats examinés). En octobre 2011, pour célébrer la fin du premier cycle du processus, un deuxième rapport a été publié qui résume les découvertes essentielles du rapport de 2010 et présente des statistiques à jour : les dix premières sessions (159 Etats) sont couvertes. Chaque fois que cela est possible, nous prenons en considération les données plus récentes du rapport de 2011. Les deux textes peuvent être consultés à partir du site Internet du CRIN, respectivement à la page, http://www.crin.org/docs/Status_of_Children's_Rights_in_the_UPR_2010_22ndnov.pdf et http://www.crin.org/docs/UPR_Summary_OCT11FINAL.pdf. Dernier accès le 14 mars 2012.

[749] "Approximately one fifth of all points made across the UPR process are children's rights focused" : voy. *Universal Periodic Review : The Status of Children's Rights* Rapport 2010, pp. 15-16 et Rapport 2011, p. 2.

[750] Par exemple, quand il est question de scolarisation ou d'exploitation du travail domestique dans certains contextes, les enfants sont concernés au plus haut degré ; mais il est plus difficile de savoir si des coutumes relatives au mariage ou des superstitions liées à la sorcellerie ont un impact important sur les enfants ou affectent exclusivement les droits des hommes et femmes adultes. Voy. *infra*, sur les recommandations relatives aux pratiques traditionnelles nuisibles aux enfants.

En effet, M. Mc Mahon examine la grande masse de recommandations issues de l'EPU[751], en se posant les questions suivantes :

a) what issues are raised most frequently, and
b) what regional dynamics are at play in the selections of recommendations[752].

Il découvre que celui des « enfants » est le troisième thème le plus touché par l'EPU (avec 14 % du total des recommandations), précédé seulement par les « instruments internationaux » et les « femmes » (touchés respectivement par 18 % et 16 % des recommandations).

Ce qui rend l'analyse de M. Mc Mahon encore plus intéressante, c'est qu'il a organisé les remarques formulées lors de l'EPU selon un critère géographique : on sait ainsi que, jusqu'en mai 2009, la plus grande partie de toutes les recommandations relatives aux enfants, à savoir 39%, avaient été adressées au groupe des Etats d'Afrique[753], contre 24% adressées au groupe des Etats d'Asie, 14% au groupe des Etats d'Amérique latine et des Caraïbes (GRULAC), 12% au groupe des Etats d'Europe orientale (EEG), et 11% au groupe des Etats d'Europe occidentale et autres Etats (WEOG)[754].

Sans anticiper un discours qui sera approfondi dans le prochain paragraphe, il convient néanmoins de noter qu'à l'origine des nombreuses recommandations faites aux Etats africains il y a des Etats non africains : 44% des Etats qui en ont formulées appartiennent aux Etats du WEOG, et 10% seulement au groupe africain[755].

Donc, si tous les Etats rendent spontanément des comptes devant le Conseil des droits de l'homme sur la façon dont ils protègent et promeuvent

---

[751] Il convient de préciser que la classification des recommandations par thème a été l'œuvre d'une ONG basée à Genève, appelée « UPR Info » et spécifiquement consacrée à étudier et médiatiser l'Examen Périodique Universel. Sur la liste disponible à partir de l'adresse Internet http://www.upr-info.org/database/ figurent 54 thèmes, dont on peut trouver les critères de classification dans le document « UPR Info Database-Explanation of the Issue categorisation » (http://www.upr-info.org/IMG/pdf/Database_Issues_explanation.pdf). M. Mc Mahon affirme dans son article avoir identifié 56 (*sic*) thèmes, pour lesquels il renvoie à la base de données du site de l'UPR Info.

[752] MC MAHON E. R., « Herding Cats and Sheep : Assessing State and Regional Behavior in the Universal Periodic Review Mechanism of the United Nations Human Rights Council », juillet 2010, p. 27. Disponible à l'adresse Internet http://www.upr-info.org/IMG/pdf/McMahon_Herding_Cats_and_Sheeps_July_2010.pdf, consultée la dernière fois le 13 mars 2012.

[753] Les groupes mentionnés ci-dessus, avec leurs sigles, correspondent aux groupes régionaux officieux qui se sont formés au fil des années au sein de l'Assemblée générale. On peut consulter la composition des groupes à la page Internet http://www.un.org/wcm/content/site/citizenambassadors/home/thecontest/contest2010/regional_groups (dernier accès 15 mars 2012).

[754] MC MAHON E. R., « Herding Cats and Sheep... », *op. cit.*, tableau 15 à p. 28.

[755] *Idem*, tableau 16 à p. 29.

les droits des enfants, cela est particulièrement vrai dans le cas des Etats africains. Ces derniers attirent volontiers l'attention de leurs pairs sur des thèmes liés aux enfants, à travers le rapport national qui sert de base à l'EPU, et obtiennent que la communauté internationale dans son ensemble s'intéresse au sort de l'enfant africain.

Nous allons maintenant étudier les positions et les réactions des Etats examinés lorsque le discours se focalise sur les pratiques traditionnelles nuisibles aux enfants.

§ 2. La protection des droits des enfants, un objectif partagé

Dans la plupart des cas, les Etats africains ont accepté les recommandations relatives aux pratiques traditionnelles nuisibles aux enfants, démontrant avec cela l'intention de progresser dans la lutte contre ces violations des droits de l'enfant (B). En général, il est vrai que l'attitude de ces Etats se révèle bien plus coopérative que celle d'Etats appartenant à d'autres groupes régionaux, dont le WEOG par exemple ; tout en se réjouissant de ce que l'Afrique est particulièrement disposée à endosser les résultats globaux de l'EPU, il convient de s'interroger sur les raisons et la sincérité de ce comportement (A).

A. L'acceptation large des recommandations formulées

Les premiers travaux de collecte et d'analyse des documents de l'EPU, réalisés en 2010 par le professeur Mc Mahon et par l'équipe du CRIN, et confirmés depuis, démontrent qu'environ deux recommandations sur trois reçoivent l'appui de l'Etat examiné [756].

Le groupe des Etats d'Afrique affiche des résultats meilleurs que ceux des autres régions, puisque les recommandations formulées par les délégations intervenant à l'EPU sont acceptées dans 74% des cas[757]. Ce n'est pas pour mettre en doute la bonne volonté des Etats du continent à améliorer leur situation des droits de l'homme, mais pour mieux comprendre ce comportement, que nous allons analyser deux éléments cruciaux dans la dynamique de l'EPU.

---

[756] M. Mc Mahon évalue à 66% le taux d'acceptation pendant les *cinq* premières sessions (voy. « Herding Cats and Sheep… », *op. cit.*, tableau 6, à p. 16) ; le CRIN, sur la base des *sept* premières sessions, estime le taux moyen d'acceptation à 67,4 % : voy. le tableau 4 à p. 19 « Summary of Received Recommendations (All Human Rights Recommendations) ».

[757] Nous avons calculé ce chiffre à partir des données sur le taux d'acceptation des recommandations, ventilées selon le groupe d'Etats qui les reçoit et qui les formule. Voy. MC MAHON E. R., *op. cit.*, pp. 20-26.

D'abord, la teneur des recommandations conditionne indéniablement la réaction de l'Etat destinataire. Or si les Etats africains acceptent respectivement 92% et 95% des recommandations formulées par des délégations africaines et asiatiques, mais seulement 64% et 56% des recommandations provenant des Etats WEOG et EEG[758], c'est sans doute parce qu'il est plus facile d'accueillir les 'friendly recommendations' « in reviews of third world states touching upon such issues as technical assistance and capacity building »[759].

En effet, les Etats africains ont une approche assez 'soft' en ce qui concerne l'utilisation du processus de l'EPU, assimilable seulement à celle des Etats du groupe asiatique, et qui consiste soit à louer les progrès réalisés par le gouvernement, en lui suggérant de persévérer dans les actions entreprises, soit à formuler des observations vagues et générales, sans compter les recommandations qui appellent à l'assistance internationale et ne comportent donc aucune action de la part de l'Etat examiné[760].

En d'autres termes, les solidarités régionales que plusieurs auteurs ont déjà dénoncées[761] joueraient un rôle important dans l'assouplissement de l'EPU de plusieurs Etats africains ; pour l'anecdote, on citera la recommandation faite par l'Angola à la Namibie, et formellement incluse parmi celles qui recueillent le soutien du pays examiné :

Les pratiques et les coutumes culturelles traditionnelles ne sont ni préjudiciables aux femmes ni à effet discriminatoire, puisque pendant la lutte

---

[758] *Ibidem.*

[759] ABEBE A. M., « Of Shaming and Bargaining… », *op. cit.*, p. 16.

[760] M. Mc Mahon et l'ONG UPR Info classent les recommandations en 5 catégories, selon le niveau d'action demandé à l'Etat examiné (SuR : State under Review) ; la numérotation progressive suggère le coût potentiel croissant que l'Etat doit supporter, en termes financier, personnel, physique et/ou politique, pour mettre en œuvre la recommandation. Les statistiques élaborées par le professeur Mc Mahon démontrent que les Etats africains formulent surtout des recommandations du type 1, 2 et 4. Nous renvoyons pour plus de détails à l'article précité, « Herding Cats and Sheep… », pp. 7 à 16, mais reproduisons ici la liste des catégories avec leur brève description : "Category 1 – Recommendations directed at non-SuR states, or calling upon the SuR to request financial or other assistance from, or share information with, non-SuR states ; Category 2 – Recommendations emphasizing continuity in actions and/or policies (other verbs in this category include continue, persevere, maintain) ; Category 3 – Recommendations to consider change (consider, reflect upon, review, envision) ; Category 4 – Recommendations of action that contains a general element (take measures or steps towards, encourage, promote, intensify, accelerate, engage with, respect, enhance) ; Category 5 – Recommendations of specific action (undertake, adopt, ratify, establish, implement, recognize –in international legal sense)".

[761] "Clear regional alliances were particularly visible during the review of African States", selon Mme DOMINGUEZ-REDONDO E. : « The Universal Periodic Review of the UN Human Rights Council : An Assessment of the First Session », *Chinese Journal of International Law*, vol. 7 (3), 2008, pp. 731 ; voy. également, pour des exemples tirés des EPU d'Etats africains, ABEBE A. M., « Of Shaming and Bargaining : African States and the Universal Periodic Review », … *op. cit.*, p. 20.

de libération nationale namibienne, les femmes se sont battues, aux côtés des hommes et sur un pied d'égalité avec eux, pour l'indépendance du pays et qu'elles ont obtenu la reconnaissance et l'attention nécessaires au sein de la société[762].

Probablement, le facteur le plus important dans l'accueil ou le rejet d'une recommandation est la conception que l'Etat a de l'EPU, et plus largement des mécanismes de contrôle internationaux : le comportement d'un Etat qui s'engage avec légèreté, pour améliorer son image sur la scène internationale, n'est pas forcément meilleur que celui d'un Etat qui n'accepte que les recommandations qu'il estime pouvoir mettre en œuvre.

Découvrant que les Etats WEOG accueillent positivement à peine 41% des recommandations qu'ils reçoivent, et 45% de celles intra-WEOG[763], et comparant ce chiffre aux taux d'acceptation africain (74%) et intra-africain (92%) des recommandations de l'EPU, on peut supposer que les Etats africains ne font pas toujours preuve de réalisme et ne sont pas aussi exigeants que les Etats WEOG dans les réponses qu'ils donnent lors du processus.

B. L'acceptation des recommandations relatives aux « pratiques traditionnelles néfastes »

La tendance des Etats africains à accepter les remarques qui leur sont faites en matière de pratiques traditionnelles préjudiciables aux enfants nous a immédiatement semblé évidente. Puisqu'aucune étude n'existait à ce sujet, il nous a fallu construire notre propre modèle, en analysant sur ce problème précis le comportement des 53 pays africains examinés lors du premier cycle de l'EPU.

La recherche visait à comprendre l'attitude des Etats appelés à se prononcer sur certains aspects d'une ou plusieurs pratiques traditionnelles préjudiciables aux enfants. Evidemment, les mutilations génitales féminines et les mariages précoces et/ou forcés nous intéressaient, même si dans leurs débats les Etats, à tort, faisaient exclusivement le lien avec les droits des femmes ; quant aux autres pratiques traditionnelles, nous avons pris en considération celles susceptibles d'avoir des effets préjudiciables pour les enfants : les tabous nutritionnels et certaines superstitions liées à la sorcellerie, par exemple, mais non le lévirat ou la polygamie.

[762] *Rapport du Groupe de travail sur l'Examen périodique universel, Namibie*, A/HRC/17/4, 24 mars 2011, par. 96.32.

[763] Nos calculs à partir des tableaux fournis par MC MAHON E. R., « Herding Cats and Sheep… », *op. cit.*, pp. 21 à 26.

D'emblée, nous avons exclu du champ de l'analyse les 17 Etats qui n'avaient pas été interrogés sur les pratiques traditionnelles nuisibles aux enfants. Les 36 Etats restants, à savoir deux tiers du continent, qui avaient en revanche fait l'objet de recommandations sur ces pratiques, ont alors retenu notre attention. Il s'agissait de découvrir si, et dans quelle mesure, les gouvernements avaient accepté les remarques de leurs pairs sur ces questions.

Comme nous le savons, les règles procédurales permettent aux Etats d'accepter ou de rejeter immédiatement les recommandations qui sont formulées au sein du Groupe de travail sur l'EPU, de manière à inclure leur réponse dans le Rapport de celui-ci, mais aussi de prendre le temps de réfléchir et de donner leurs vues sur les dites recommandations avant l'adoption du document final par le Conseil des droits de l'homme. Parfois, d'ailleurs, ce n'est que lors de la discussion finale en séance plénière que les Etats clarifient leur position au sujet des recommandations reçues.

Nous avons donc étudié, pour chaque Etat examiné, le rapport du Groupe de travail chargé de l'EPU, ainsi que d'éventuels rapports « additifs » ultérieurement communiqués par l'Etat examiné[764] et, si la réponse de ce dernier n'était pas encore claire, nous l'avons reconstruite grâce au résumé des vues exprimées par l'Etat examiné lors de la session du Conseil consacrée à l'adoption du document final[765].

Les résultats de notre analyse figurent dans le tableau ci-dessous : lorsque des recommandations au sujet des pratiques traditionnelles nuisibles aux enfants ont été présentées par les délégations participant à l'Examen

---

[764] Intitulés « Observations sur les conclusions et/ou recommandations, engagements et réponses présentés par l'Etat examiné ».

[765] Depuis 2008, l'« Examen des documents finals de l'Examen périodique universel » figure dans la deuxième partie (chapitre VI) des Rapports du Conseil des droits de l'homme consacrés à ses sessions. Il convient par ailleurs de noter que les décisions du Conseil intitulées « Document final de l'EPU : [*nom du pays*] », toujours adoptées sans vote et par une formule standardisée, ne présentent aucun intérêt, sinon pour l'indication des références des documents adoptés lors de l'examen. En voici un exemple : *Décision 10/111, Document final de l'Examen périodique universel* : Burkina Faso. « Le Conseil des droits de l'homme, agissant dans le cadre du mandat que lui a confié l'Assemblée générale dans sa résolution 60/251, en date du 15 mars 2006, et de la résolution 5/1 du Conseil, en date du 18 juin 2007, et conformément à la déclaration du Président PRST/8/1 sur les modalités et les pratiques relatives à l'Examen périodique universel, en date du 9 avril 2008, Ayant procédé à l'examen du Burkina Faso le 9 décembre 2008, conformément à toutes les dispositions pertinentes de la résolution 5/1 du Conseil, adopte le document final de l'Examen périodique universel portant sur le Burkina Faso, qui regroupe le rapport du Groupe de travail chargé de l'Examen périodique universel du Burkina Faso (A/HRC/10/80 et A/HRC/10/80/Corr.1), les observations du Burkina Faso sur les recommandations et/ou conclusions, ainsi que les engagements que le Burkina Faso a pris volontairement et les réponses qu'il a apportées, avant l'adoption du document final en plénière, aux questions ou aux points qui n'avaient pas été suffisamment traités pendant le dialogue au Groupe de travail » (A/HRC/10/29, chap. VI). 30e séance, 19 mars 2009 [Adoptée sans vote].

périodique universel, l'Etat examiné les a soit acceptées (A) soit rejetées (R) ; dans une troisième catégorie, nous avons classé les réponses non claires et les acceptations partielles (P).

Tableau n° 4 « Réponse des Etats africains aux recommandations reçues relatives aux pratiques traditionnelles nuisibles aux enfants »

	Recommandation(s)		Bilan
	Acceptée(s)	**Rejetée(s)**	**A, R, P**
AFRIQUE DU SUD			
ALGERIE			
ANGOLA	X		A
BENIN	X		A
BOTSWANA		X	R
BURKINA FASO	X		A
BURUNDI	X		A
CAMEROUN	X		A
CAP-VERT			
COMORES	X		A
CONGO			
COTE D'IVOIRE	X		A
DJIBOUTI	X	?	P
EGYPTE	X		A
ERYTHREE	X		A
ETHIOPIE	X		A
GABON		?	P
GAMBIE	X	?	P
GHANA	X		A
GUINEE	X		A
GUINEE-BISSAU	X	X	P
GUINEE EQUATORIALE			
KENYA	X		A
LESOTHO		X	R
LIBERIA	X	?	P
LIBYE			
MADAGASCAR			
MALAWI		X	R
MALI		X	R
MAROC			
MAURICE			
MAURITANIE	X		A
MOZAMBIQUE	X		A

NAMIBIE			
NIGER	X		A
NIGERIA	X		A
OUGANDA	X		A
RCA		X	R
RDC	X		A
RWANDA			
SAO TOME-ET-PRINCIPE			
SENEGAL	X		A
SEYCHELLES			
SIERRA LEONE	X		A
SOMALIE	X		A
SOUDAN	X		A
SWAZILAND			
TANZANIE	X	X	P
TCHAD	X		A
TOGO	X		A
TUNISIE			
ZAMBIE			
ZIMBABWE			
Total	**Total A : 25**	**Total P : 6**	
		Total R : 5	

La première colonne du tableau permet de repérer les Etats qui ont accepté toutes les recommandations spécifiques dans la matière qui nous intéresse ; dans la seconde colonne, les Etats qui ont rejeté une ou plusieurs recommandations sont marqués par un X, alors que le signe « ? » indique un refus probable ou partiel.

Les leçons qu'on peut tirer de cette étude sont les suivantes.

La grande majorité des Etats africains dont l'attention a été attirée sur les problèmes qui touchent les enfants victimes de pratiques traditionnelles néfastes se sont déclarés d'accord avec les délégations intervenant à l'EPU : 25 sur 36 Etats visés par ces recommandations spécifiques, cela correspond à plus de deux Etats sur trois.

A ce groupe nombreux d'Etats, qui ont accepté l'ensemble des remarques formulées, il faudra ajouter la Guinée-Bissau et la Tanzanie, qui ont accepté mais aussi rejeté des recommandations, ainsi que quatre Etats dont la position est ambigüe, mais non totalement contraire à celle exprimée par la communauté internationale.

Enfin, cinq Etats, soit un sur sept visés par des recommandations en matière de pratiques traditionnelles néfastes, en ont refusé une ou plusieurs.

Alors que les acceptations, pour ainsi dire, se ressemblent toutes, il est intéressant de regarder de plus près les cinq cas de refus ainsi que les six positions, un peu déroutantes, de refus *et* acceptation.

Il est vite apparu qu'aucun pays, en rejetant les recommandations, ne perdait l'occasion de s'en justifier. En général, les Etats précisent qu'elles sont infondées car il n'y a pas de pratiques traditionnelles chez eux.

Répondant à l'Argentine, qui lui demande de «[p]rendre des mesures pour mettre fin à la persistance de traditions préjudiciables aux droits des femmes, notamment des mariages arrangés dès un âge précoce et la polygamie », le Botswana affirme ne pas accepter cette recommandation car « il n'y a pas de tradition préjudiciable aux droits des femmes dans le pays »[766].

Pour les mêmes raisons, les recommandations relatives à l'éradication de la pratique des mutilations génitales féminines[767] ne recueillent pas l'aval du Lesotho : Mme Mpeo Mahase-Moiloa, Ministre de la justice, des droits de l'homme et des affaires juridiques et constitutionnelles du Gouvernement du Royaume du Lesotho, ainsi que chef de la délégation, a d'abord

> *« déclaré que, pour autant qu'elle le sache, le Lesotho ne pratiquait pas les mutilations génitales féminines [et ensuite] ... réfuté l'idée qu'il se pratiquerait au Lesotho des mutilations génitales féminines... impliquant des enfants. Pour ce qui était de l'égalité des hommes et des femmes, le Lesotho se considérait comme l'un des pays au bilan le plus satisfaisant de la région »*[768].

Le Malawi rejette en bloc la demi-douzaine de recommandations qui l'invitent à modifier ou à éliminer les pratiques et les stéréotypes culturels néfastes : d'une part, il affirme ne pas connaître « le problème des mutilations génitales féminines car celles-ci n'avaient jamais été pratiquées dans le pays » et, d'autre part, il ignore visiblement les remarques concernant les mariages précoces : « [q]uant à l'âge du mariage, la Constitution disposait à ce sujet que nul ne pouvait se marier avant l'âge de 15 ans sans l'accord de ses parents »[769].

---

[766] Voy. *Rapport du Groupe de travail sur l'Examen périodique universel, Botswana*, A/HRC/10/69, 13 janvier 2009, par. 92.11, ainsi que *Rapport du Groupe de travail sur l'Examen périodique universel, Botswana, Additif*, A/HRC/10/69/Add.1, 17 mars 2009, p. 5.

[767] Voy., dans le *Rapport du Groupe de travail sur l'Examen périodique universel, Lesotho*, A/HRC/15/7, 16 juin 2010, les recommandations formulées par l'Allemagne, l'Argentine et le Soudan aux par. 99.1, 99.2 et 99.5.

[768] *Idem*, par. 62 et 95.

[769] *Rapport du Groupe de travail sur l'Examen périodique universel, Malawi*, A/HRC/16/4, 4 janvier 2011, par. 77 et 62, respectivement.

La République centrafricaine ne répond pas, lors du dialogue interactif au sein du Groupe de travail, aux recommandations relatives aux MGF[770], mais elle soutient, non sans contradiction, devant le Conseil des droits de l'homme réuni en séance plénière que

female genital mutilations were not practiced on its territory and were prohibited by law. However, cultural beliefs and practices and the interests of practitioners made its full implementation challenging[771].

Enfin, la délégation malienne rejette immédiatement une recommandation de la Slovénie qui vise à mettre fin à toutes les pratiques esclavagistes, en faisant valoir que l'esclavage n'existe pas dans son pays[772].

La RCA et le Mali sont les seuls, parmi les cinq pays récalcitrants, qui admettent qu'au moins une des pratiques traditionnelles sur lesquelles on les interroge constituent un problème pour la sécurité et le bien-être des enfants. Néanmoins, la solution indiquée par les autres délégations n'est pas la bonne.

Ainsi, quand la question de la sorcellerie est soulevée par différents Etats européens, dont la France, qui demandent à la RCA de supprimer du Code pénal toute référence au crime de sorcellerie[773], le gouvernement confirme bien que la sorcellerie « est une réalité en Afrique centrale »[774], mais indique que, « s'agissant d'un problème culturel, il est impossible de la décriminaliser, ce qui laisserait place à la justice privée »[775].

Le Mali, pour sa part, refuse résolument d'aller vers l'interdiction légale des mutilations génitales féminines[776], car il affirme « privilégi[er] la sensibilisation et l'éducation des populations à l'adoption de mesures répressives dont l'application sur le terrain ne sera garantie sans l'adhésion de l'ensemble des composantes de la société... La démarche pédagogique

---

[770] Notamment celles de l'Espagne et de la Suède, contenues dans la liste des recommandations qui « seront examinées par la République centrafricaine ». Voy. *Rapport du Groupe de travail sur l'Examen périodique universel, République centrafricaine*, A/HRC/12/2, 4 juin 2009, par. 75.27 et 75.28.

[771] *Rapport du Conseil des droits de l'homme sur sa douzième session*, A/HRC/12/50, 25 février 2010, Partie II, Chapitre VI, p. 95, par. 221. C'est nous qui soulignons.

[772] *Rapport du Groupe de travail sur l'Examen périodique universel, Mali*, A/HRC/8/50, 13 juin 2008, par. 2.

[773] *Rapport du Groupe de travail sur l'Examen périodique universel, République centrafricaine..., cit.*, par. 75.30.

[774] *Rapport du Conseil des droits de l'homme sur sa douzième session..., cit.*, par. 222.

[775] *Rapport du Groupe de travail sur l'Examen périodique universel, République centrafricaine..., cit.*, par. 46.

[776] Huit recommandations en ce sens formulée par des pays WEOG, et une par le Mexique. Voy. *Rapport du Groupe de travail sur l'Examen périodique universel, Mali*, A/HRC/8/50/Add.1, 25 août 2008.

suivie par le Gouvernement a permis la régression du taux d'excision qui est passé de 94 à 85 pourcent entre 1996 et 2006 »[777].

Mises à part ces quelques rares situations où les Etats n'ont clairement pas accepté les recommandations, il y a un cas isolé de non réponse : il s'agit du Gabon, dont aucun document ne permet de savoir s'il a accepté la proposition de la République tchèque de « porter à 18 ans l'âge minimum légal du mariage pour les filles »[778]. Il y a en outre cinq autres cas un peu curieux, où les pays examinés font leur tri quand il doivent s'exprimer sur des recommandations relatives aux pratiques traditionnelles néfastes. Nous allons maintenant prendre en considération ces Etats dont le comportement figure parmi les situations d'acceptation/refus partiel.

Dans le cas de la Guinée-Bissau, les perplexités résultent du fait que cet Etat accueille les nombreuses remarques par lesquelles on l'invite à lutter contre les pratiques culturelles et les stéréotypes discriminatoires et à adopter une loi sur les MGF, mais refuse en même temps et sans explications ultérieures une recommandation de la Norvège pas très différente de celle qu'il venait d'accepter (émanant également de la Norvège) :

Interdire les mutilations génitales féminines et renforcer les actions de sensibilisation et d'éducation visant à mettre un terme à cette pratique et aux justifications culturelles qui la sous-tendent (acceptée) ;Intensifier les efforts visant à améliorer les droits fondamentaux des femmes, et prendre des mesures pour lutter contre les pratiques traditionnelles préjudiciables relevant du droit coutumier, comme les mariages précoces et les mariages forcés, la traite, la polygamie et le lévirat (refusée)[779].

La Tanzanie n'a pas de problèmes à accepter les recommandations visant d'une manière générale les « pratiques traditionnelles néfastes » et les « attitudes stéréotypées conduisant à une discrimination à l'égard des

---

[777] *Rapport du Groupe de travail sur l'Examen périodique universel, Mali,... cit.*, par. 57.2 et 57.3.

[778] Voy. la neuvième des recommandations formulées dans le *Rapport du Groupe de travail sur l'Examen périodique universel, Gabon*, A/HRC/8/35, 28 mai 2008, non reprise dans le *Rapport du Conseil des droits de l'homme sur sa huitième session*, A/HRC/8/52, 1 septembre 2008, Partie II, Chapitre VI.

[779] Voy. le *Rapport du Groupe de travail sur l'Examen périodique universel, Guinée-Bissau*, A/HRC/15/10, 16 juin 2010, par. 65.62 et 67.4 ; les autres recommandations pertinentes (acceptées) figurent aux pages 15 à 17. On relèvera par ailleurs que la recommandation d'Israël (abroger ou modifier la législation discriminatoire à l'égard des personnes et des enfants handicapés, en vue de mettre un terme à la pratique consistant à tuer les nouveau-nés handicapés, d'empêcher la violence de la part des membres de la famille ou de la société en général, et de garantir l'égalité d'accès à tous les transports et bâtiments publics) ne recueille pas l'appui de l'Etat car « [e]n ce qui concerne les enfants, en particulier les enfants handicapés, ils sont protégés par les dispositions du Code pénal, ainsi que par des institutions spécifiques rattachées soit au Ministère de la justice soit au Ministère chargé de la protection de la famille » (par. 48).

femmes », mais quand le Danemark lui demande explicitement de « [m]odifier le droit relatif au mariage de façon à relever l'âge minimum du mariage pour les filles comme pour les garçons à 18 ans », la réponse est négative :

The recommendation does not enjoy our support. The minimum age of marriage crosses traditional, cultural and religious practices[780].

De même, si les recommandations assez vagues incitant le Libéria à « s'attaquer au problème » de la MGF et du mariage précoce et à sensibiliser la population à cet effet[781] sont acceptées, d'autres plus précises provoquent la (non)réponse suivante du gouvernement :

On the issues of FGM (...) Liberia explained that these are deeply-rooted traditional practices and that discussions of these issues are often strongly resisted. It was added that notwithstanding the foregoing, practitioners of FGM (...) who have caused harm to others have been held accountable under existing penal laws. Additionally, the Government is taking steps to engage the local communities and determine best ways to address these issues. However, the process is ongoing and therefore Liberia is currently unable to accept or reject all recommendations relating to these issues[782].

Les réponses de Djibouti et de la Gambie sont une bonne illustration du comportement ambigu et de la faible volonté des Etats à s'engager trop loin dans la protection des droits des enfants. En effet, le gouvernement de Djibouti est en mesure d'accepter, dès la discussion devant le Groupe de travail de l'EPU, les recommandations des Pays-Bas (prendre d'autres mesures pour lutter activement contre la pratique des mutilations génitales féminines) et du Burundi, cette dernière formulée avec une prudence sans doute excessive :

[p]oursuivre ses efforts, lentement mais sûrement, pour lutter contre le poids des traditions en supprimant progressivement la pratique des mutilations génitales féminines[783].

---

[780] Il est nécessaire de consulter le *Rapport du Groupe de travail sur l'Examen périodique universel, République-Unie de Tanzanie, Additif*, A/HRC/19/4/Add.1, 12 mars 2012, p. 4, car l'examen de la question avait été reporté. Voy. pour les autres recommandations acceptées dès le début, *Rapport du Groupe de travail sur l'Examen périodique universel, République-Unie de Tanzanie*, A/HRC/19/4, 8 décembre 2011.

[781] Voy. *Rapport du Groupe de travail sur l'Examen périodique universel, Libéria*, A/HRC/16/3, 4 janvier 2011, p. 17.

[782] *Draft report of the Human Rights Council on its sixteenth session*, A/HRC/16/L.41, 6 avril 2011, Chap. VI, par. 349. C'est nous qui soulignons.

[783] Voy. *Rapport du Groupe de travail sur l'Examen périodique universel, Djibouti*, A/HRC/11/16, 5 octobre 2009, par. 67.18 et 67.22. C'est nous qui soulignons.

Néanmoins, il demande du temps pour réfléchir sur d'autres recommandations plus précises concernant la mise en œuvre effective de la loi interdisant les mutilations génitales féminines[784].

Sa réponse n'était pas parvenue à l'époque de la discussion devant le Conseil des droits de l'homme, bien que la délégation de Djibouti reconnût que :

during the review, many delegations had taken the floor and that the recommendations covered a wide range of areas dealing with integration of women ; combating female genital mutilation ; ... the protection of children... Before the adoption of the outcome of the review, and in compliance with paragraph 32 of Council resolution 5/1, Switzerland invited Djibouti to clarify the status of the eight recommendations listed in paragraph 68 and for which responses were to be provided by Djibouti during the plenary session. The representative of Djibouti confirmed that the concerned noted recommendations were being carefully considered and reviewed by the authorities and that substantive responses would be provided in the future[785].

Les mêmes hésitations se retrouvent dans l'EPU de la Gambie, qui accepte immédiatement la recommandation de l'Angola (continuer de promouvoir les efforts de lutte contre les MGF) ; refuse, renvoyant à des consultations nationales tenues avec les parties prenantes, les recommandations qui lui demandent des mesures juridiques pour éliminer les pratiques des MGF et des mariages précoces, car « the outcome of such consultations revealed that legislation was not the answer now, although there was an urgent need for continued public education on the dangers of this practice and for a national study » ; mais concède que la suggestion du Soudan de « prendre des mesures complémentaires pour mettre fin aux violations des droits fondamentaux des femmes et des enfants, en particulier la violence familiale et les mariages précoces et forcés » mérite de l'attention car elle s'inscrit dans l'effort de protection des droits des femmes et des enfants[786].

---

[784] Voy. notamment les recommandations formulées par la Slovénie, le Royaume-Uni et l'Italie : *Rapport du Groupe de travail sur l'Examen périodique universel, Djibouti*, *cit.*, par. 68.3.

[785] *Rapport du Conseil des droits de l'homme sur son onzième session*, A/HRC/14/L.10, 18 juin 2010, Chapitre VI, par. 207 et 240.

[786] Pour plus de détails, voy. les recommandations formulées par l'Angola, l'Italie, la Norvège, la Côte d'Ivoire et le Soudan dans le *Rapport du Groupe de travail sur l'Examen périodique universel, Gambie*, A/HRC/14/6, 24 mars 2010, ainsi que les réponses de l'Etat examiné in *Rapport du Conseil des droits de l'homme sur sa quatorzième session*, A/HRC/14/L.10, 18 juin 2010, Chapitre VI, par. 599-600.

La lecture de l'ensemble des documents issus du premier cycle de l'EPU nous permet de tirer des leçons précieuses sur les rapports entre droits de l'homme, culture et activité diplomatique multilatérale. Le comportement des pays africains qui se voient reprocher la persistance des pratiques traditionnelles nuisibles aux enfants est assez satisfaisant, car la plupart d'entre eux accueillent favorablement les critiques et promettent de faire tout le possible pour résoudre les problèmes. Mais cette attitude cache une arrière-pensée, à en juger par la réticence que ces mêmes Etats ont à intervenir dans les EPU qui ne les concernent pas directement.

Section 2. La réticence du groupe africain à débattre des « pratiques traditionnelles néfastes »

Si nous nous mettons dans la perspective non plus des Etats soumis à l'EPU, mais des Etats intervenant dans l'examen, nous constatons que la participation du groupe africain aux débats relatifs aux pratiques traditionnelles néfastes est quasiment nulle.

Les raisons sont probablement à rechercher dans la commune appartenance au bloc régional : les Etats africains tendent à éviter la critique envers le voisin, *a fortiori* s'il s'agit de questions culturellement sensibles (§ 1).

Le résultat est que les Etats du continent concernés par des pratiques traditionnelles préjudiciables aux enfants sont interrogés presque exclusivement par des pays tiers, appartenant à d'autres groupes régionaux, qui s'expriment certes au nom et en défense de valeurs universelles, mais sans forcément apporter grand-chose à l'avancement du débat (§ 2).

§ 1. Le poids des alliances régionales et l'absence de criticisme intra-africain

Avant d'analyser le comportement des Etats africains qui interviennent dans le processus de l'EPU, il convient de se demander si leur présence en tant qu'examinateurs est importante. A cet effet, il faut tenir compte du poids numérique considérable du bloc africain à l'ONU, environ 28% des Etats membres, mais aussi des moyens financiers et humains limités dont disposent ces Etats pour faire entendre leur voix dans les enceintes internationales.

Déjà lors des négociations sur le mécanisme de l'EPU, et en prévision des coûts de l'opération, des craintes avaient été exprimées sur l'effective capacité des pays en développement à participer au processus. Grâce à l'insistance des Etats du groupe africain, la résolution 5/1 du Conseil des droits de l'homme a prévu qu'une assistance technique et des ressources financières soient fournies à cet effet, notamment aux pays les moins avancés[787] ; le Haut-Commissariat aux droits de l'homme a ensuite mis en place un Fonds de contributions volontaires destiné à aider les Etats qui souhaitent faire partie de la troïka[788].

En réalité, l'impact de cet instrument est très limité car tous les Etats africains membres du Conseil des droits de l'homme ont une mission permanente à Genève[789] et ne sont donc pas éligibles à l'aide du Fonds ; les Etats non membres du Conseil se portent rarement candidats pour participer aux troïkas.

Malgré les coûts que les Etats doivent supporter pour envoyer leurs diplomates à l'EPU, les Etats africains ont choisi de jouer un rôle actif dans le processus, intervenant dans les débats et assurant une présence des rapporteurs conforme au poids de leur groupe régional[790].

Toutefois, dès les premières sessions de l'EPU, les observateurs ont relevé une anomalie : la participation au débat ne se traduit pas nécessairement par une prise de position destinée à en conditionner le résultat. En particulier, les Etats africains formulent très peu de recommandations. M. Abebe écrivait en 2009 que

Compared with the great number of general statements made by African states during the interactive dialogue, the number of recommendations that were put forward by African delegations was minimal[791].

---

[787] La disposition pertinente a été incorporée dans une note de bas de page, signe du compromis difficile entre les délégations : *Mise en place des institutions du Conseil des droits de l'homme*, HRC/5/1, 18 juin 2007, Annexe, par. 18, a), note : « Il conviendrait de mettre en place un fonds de contributions volontaires pour l'examen périodique universel afin de permettre aux pays en développement, en particulier aux pays les moins avancés, de participer au mécanisme ».

[788] Une note envoyée le 2 avril 2008 par le HCDH aux pays members, intitulée *Voluntary Fund for participation in the UPR Mechanism*, statue que « The Voluntary Trust Fund […] is established as a financial mechanism to provide : i) funding for the travel of official representatives of developing countries, and in particular the least developed countries, to Geneva to present the national report, take part in the ensuing inter-active dialogue and be involved in the adoption of the report in the UPR Working Group sessions during which their country is considered ; and ii) funding for the travel of official representatives of developing countries, and in particular the least developed countries which are members of the Human Rights Council and which do not have a permanent mission in Geneva, to act as Rapporteur (i.e. member of the 'troika') ». Voy. également la décision 17/119 du Conseil, du 17 juin 2011.

[789] ABEBE A. M., « Of Shaming and Bargaining : African States and the Universal Periodic Review… », *op. cit.*, p. 25.

[790] Pour ce qui concerne les examens des 53 pays africains, toutes les troïkas constituées sauf trois (Djibouti, Ethiopie et Ghana) comprenaient un pays africain.

[791] ABEBE A. M., *op. cit.*, p. 16.

Le professeur Mc Mahon calculait en 2010 que les recommandations faites par le groupe d'Afrique ne dépassaient pas 15% du total, alors que celles des Etats WEOG s'élevaient à 40%.

Ce déséquilibre dans la distribution géographique des recommandations est un signe qui traduit le fait que les alliances régionales jouent bien un rôle dans l'EPU (A). Nous verrons ensuite que l'absence ou l'insuffisance de criticisme intra-africain est particulièrement lamentable en ce qui concerne les pratiques traditionnelles néfastes (B).

A. Une mauvaise interprétation de l'esprit coopératif du mécanisme

L'attitude partisane du groupe africain a fait l'objet de nombreuses critiques, depuis la toute première session de l'EPU : en effet, plus de la moitié des 54 Etats qui se sont prononcés sur le Maroc et 50 sur les 65 qui ont pris la parole lors de l'examen de la Tunisie étaient africains et/ou représentés au sein de l'Organisation de la Conférence Islamique (OCI) et louaient parfois scandaleusement les pays examinés[792]. Comme le rappelait M. Abebe,

the sharpest criticism and question during the review of African countries came from countries of the Western Group. This, however, does not mean that there were no serious questions put by African states to other African countries under review. Numerous substantively significant questions were raised during the review of African countries. For example, Angola and Zambia raised questions about the restrictions on freedom of expression in Tunisia. The Democratic Republic of Congo criticized the report of Gabon for lack of information on people living with HIV/AIDS and requested additional information on the situation of minorities such as pygmies in the country[793].

En somme, l'impression laissée par ces premières expériences faisait craindre que le processus périodique de contrôle de la situation des droits de l'homme en Afrique, voire l'EPU tout entier, ne se transforme en un "pat-on-the-back and mutual congratulation exercise"[794].

---

[792] DOMINGUEZ-REDONDO E., « The Universal Periodic Review… », *op. cit.*, p. 730.

[793] ABEBE A. M., « Of Shaming and Bargaining… », *op. cit.*, pp. 20-21.

[794] L'expression est utilisée par Mme Elvira Domínguez Redondo ainsi que par M. Abebe dans les articles précités. Outre leurs points de vue critiques, on peut lire les commentaires de l'ONG *Human Rights Watch* à propos de l'EPU de l'Algérie : « UN : Mixed Results for New Review Process. States Avoid Serious Discussions of Rights in Algeria, Tunisia » in Human Rights News, Geneva, 18 April 2008 (http://hrw.org/english/docs/2008/04/18/global18606.htm, page consultée le 20 mars 2012) : « There was a marked contrast in the strength of criticism faced by some countries under review, with, for instance, the Czech

Bien que les sessions suivantes aient été moins influencées par des logiques de bloc, nous pouvons dégager des traits communs et en tirer quelques conclusions.

D'une part, les Etats africains sont ceux qui affichent le plus d'intérêt pour les examens qui concernent les pays du même groupe régional : presque 40% de toutes les recommandations formulées par les pays africains ont comme destinataires d'autres pays africains, alors que les autres groupes (à l'exception notable de l'Asie) participent aux sessions de l'EPU d'une façon bien plus équilibrée : par exemple, seulement 15% des recommandations des Etats WEOG s'adressent à leur propre région[795].

D'autre part, l'utilisation géographiquement orientée de l'EPU par les Etats africains s'explique sans doute par une volonté de se protéger mutuellement : si les improbables louanges appelées 'friendly recommendations' sont tant critiquées, c'est parce qu'elles nuisent à l'efficacité du mécanisme en détournant le temps précieux du dialogue des véritables problèmes.

En définitive, le comportement tenu par la plupart des Etats africains semble confirmer la prévision de M. Abebe, à savoir que « African countries may easily be tempted to equate the cooperative nature of the new mechanism with the absence of any genuine criticisms »[796].

Il s'agit maintenant de vérifier si, au cours du premier cycle de l'EPU et relativement au sujet qui nous intéresse, la tendance générale des Etats africains à intervenir nombreux dans les débats intéressant leurs pairs et à formuler des 'friendly recommendations' est bien confirmée.

B. Un questionnement insuffisant sur les pratiques préjudiciables aux enfants

Il s'agit donc d'abord d'évaluer le niveau de participation des Etats africains d'un point de vue quantitatif.

L'étude que nous avons effectuée sur les documents officiels de l'EPU nous a permis d'isoler les recommandations adressées aux Etats africains par

---

Republic facing detailed questioning regarding the treatment of Roma, while on the other hand, few states challenged Tunisia and Algeria on their records. Other African states avoided talking about human rights problems in those two countries, instead congratulating both for their alleged achievements (…). Algeria's interventions on Tunisia, Bahrain, and the United Kingdom provide a good example of the double standards applied by some. The Algerian ambassador trod softly with regard to both Tunisia and Bahrain, noting the difficulties the Tunisian government faced protecting human rights while combating terrorism and asking only if Tunisia believed it would be "a good idea to have a seminar" on that subject ».

[795] Voy. les statistiques fournies par MC MAHON E. R., *op. cit.*, tableau 3 "Distribution of Recommendations by Region", à p. 14.

[796] ABEBE A. M., « Of Shaming and Bargaining… », *op. cit.*, p. 20.

des gouvernements du même groupe régional de l'ensemble des recommandations formulées à leur encontre.

Le tableau ci-dessous affiche, pour chaque Etat examiné, les noms des Etats africains auteurs de recommandations, ainsi que la présence (indiquée par un X) d'autres recommandations provenant d'un groupe générique d' 'Etats tiers'.

Tableau n° 5 « Origine géographique des recommandations relatives aux pratiques traditionnelles préjudiciables aux enfants »

Etat examiné	Etats africains auteurs de recommandations	Recommandations formulées par des Etats tiers
AFRIQUE SUD		
ALGERIE		
ANGOLA		X
BENIN	Mauritanie	X
BOTSWANA		X
BURKINA F.	Gabon	X
BURUNDI		X
CAMEROUN	Botswana	X
CAP-VERT		
COMORES		X
CONGO-B		
COTE D'IV.	Angola, Egypte, Sénégal	X
DJIBOUTI	Burundi	X
EGYPTE		X
ERYTHREE	Algérie	X
ETHIOPIE	Angola, Egypte	X
GABON		X
GAMBIE	Angola, Côte d'Ivoire, Soudan	X
GHANA		X
GUINEE	Côte d'Ivoire	X
GUINEE-B.	Angola, Egypte, Sénégal	X
GUINEE EQ.		
KENYA		X
LESOTHO	Soudan	X
LIBERIA	Sénégal	X

LIBYE		
MADAGASCAR		
MALAWI	Egypte	X
MALI		X
MAROC		
MAURICE		
MAURITANIE	Burkina Faso, Ghana, Sénégal	X
MOZAMBIQUE		X
NAMIBIE		
NIGER		X
NIGERIA		X
OUGANDA	Burkina Faso	X
RCA		X
RDC		X
RWANDA		
SAO TOME ET PR.		
SENEGAL	Botswana	X
SEYCHELLES		
SIERRA L.	Sénégal	X
SOMALIE		X
SOUDAN		X
SWAZILAND		
TANZANIE	Cap-Vert, Egypte, Djibouti, Namibie, Ouganda	X
TCHAD		X
TOGO		X
TUNISIE		
ZAMBIE		
ZIMBABWE		

Le bilan est vite fait : trente-six Etats en Afrique, soit deux Etats sur trois, ont fait l'objet de recommandations précises sur les pratiques traditionnelles nuisibles aux enfants, mais un seul Etat sur trois (c'est-à-dire 50% des Etats visés) a été interrogé par un Etat appartenant au même groupe régional.

Dans la plupart des cas (12 sur 18), l'intervention africaine a été isolée, noyée au milieu d'autres remarques en provenance de pays tiers[797] ; seuls 6 Etats (Côte d'Ivoire, Ethiopie, Gambie, Guinée-Bissau, Mauritanie et Tanzanie) se sont vu adresser des recommandations par un ou plusieurs Etats africains.

Les pays intervenants, outre qu'ils sont en nombre extrêmement faible, n'ont pris la parole que rarement : trois Etats sont relativement réactifs sur ce sujet (le Sénégal est intervenu 5 fois, l'Angola et l'Egypte ont formulé 4 recommandations chacun), alors qu'une douzaine d'autres Etats ne se sont prononcés que de manière absolument sporadique (deux fois le Botswana, le Burkina Faso, la Côte d'Ivoire et le Soudan, une seule fois les 9 autres Etats qui figurent dans la deuxième colonne du tableau).

Quant aux trente-sept pays restants, c'est-à-dire 70% du continent, ils ont toujours évité de recommander quoi que ce soit en matière de pratiques traditionnelles néfastes, y compris lorsque ces dernières sévissent sur leur propre territoire et qu'ils se proclament attentifs aux droits des enfants[798]. Sans doute, ont-ils considéré que le seul fait d'évoquer des traditions et des coutumes contraires au bien-être de l'enfant crée de l'embarras à la délégation du pays examiné et est donc, en quelque sorte, un comportement hostile à la solidarité régionale africaine.

Dans cette logique, le silence des pays concernés, lors de l'examen d'autres pays qui doivent faire face aux violations des droits de l'enfant liées aux traditions néfastes, paraît donc plus *friendly* que ne le sont les 'friendly recommendations'. Inévitablement, le contenu de ces (rares) interventions laisse à désirer, car elles sont formulées soit d'une manière très vague, soit dans le but d'encourager l'Etat à « poursuivre » des actions déjà mises en œuvre.

Tout cela n'est pas sans conséquences sur l'efficacité du dialogue, qui est en définitive essentiellement géré par des Etats non africains, qui ont une connaissance superficielle des problèmes traités.

---

[797] Ne voulant pas appesantir la recherche avec des statistiques inutiles, nous nous limitons à observer que dans tous les groupes régionaux il y a des Etats sensibles à ces questions : nous citons, parmi d'autres, la Slovénie, l'Italie, la France, le Japon, le Canada, le Brésil, le Chili, l'Argentine, l'Indonésie, la Malaisie, le Bangladesh, ainsi que le Saint-Siège (observateur).

[798] Nous avons choisi de prendre en considération l'ensemble des recommandations formulées, mais de ne pas tenir compte des déclarations et/ou questions faites lors du dialogue interactif au sein du Groupe de travail qui ne se traduisent pas en une recommandation. Quelques Etats ont en effet soulevé le problème, mais n'ont pas souhaité que l'Etat examiné réponde, ni ne se sente engagé par les positions exprimées : par exemple, le Congo a encouragé le Burkina Faso à « poursuivre la mise en œuvre des mesures visant à lutter contre les mutilations génitales féminines », le Soudan a « demandé à Djibouti de communiquer ses données d'expérience en matière de lutte contre les mutilations génitales féminines ».

§ 2. Les limites d'un débat essentiellement géré par des Etats tiers

Dans bien des cas, il n'y a que les pays tiers qui soulèvent des questions et font des recommandations sur les MGF, les mariages précoces et forcés et d'autres pratiques qui commencent à être assez connues (*trokosi*, gavage, sorcellerie, enlèvement d'épouse, etc.).

Même lors des Examens (17 sur 35, selon le tableau n° 5) où les Etats africains sont interrogés par un ou plusieurs Etats africains sur les pratiques traditionnelles néfastes, ce sont les Etats tiers qui formulent la plus grande partie des recommandations en la matière, dictant ainsi la teneur du débat.

Or ces Etats sont parfois étrangers aux problèmes sur lesquels ils demandent des comptes (les mutilations génitales féminines ne sont pas pratiquées en Amérique latine, et il n'existe pas d'enfants au Saint-Siège), ou bien ils sont touchés par ces phénomènes à travers les communautés d'immigrés (Italie, France, Canada), mais en aucun cas ils ne sont confrontés aux mêmes situations que les Etats africains.

Donc, les effets positifs de la prise en compte de ces questions lors des débats publics sont mitigés, car l'enjeu de l'acceptation et du rejet des recommandations prévaut sur la discussion constructive et l'échange de bonnes pratiques (A). En outre, il est gênant de relever d'importantes anomalies dans le traitement des Etats examinés : si certains s'entre eux sont longuement interrogés, d'autres (l'Afrique du Sud, l'Egypte, le Zimbabwe et les pays du Maghreb), bien que concernés par certaines traditions néfastes, ne sont pas inquiétés (B).

A. Le traitement superficiel des violations des droits de l'enfant liées aux traditions

Globalement, les Etats intervenant à l'EPU ont manifesté une sensibilité remarquable pour les pratiques traditionnelles ayant cours en Afrique, mais on enregistre à la fois une sélectivité inopportune dans le choix des problèmes soulevés, et une certaine superficialité dans la façon de traiter ces derniers.

Quant au premier point, il paraît évident que la problématique des MGF est celle qui attire le plus d'intérêt, sans doute pour ses multiples connexions avec les droits des femmes, en plus de ceux des enfants, et en conséquence de la grande attention dont le phénomène a bénéficié ces trente dernières années[799]. Durant l'Examen d'un certain nombre de pays, des pratiques traditionnelles nuisibles moins répandues sur le continent, mais désormais connues du grand public, ont fait l'objet de dénonciations : le débat interactif a par exemple porté sur le *trokosi* au Ghana, sur le gavage dont sont victimes

---

[799] Voy. le premier Titre de la Première partie.

les fillettes mauritaniennes, ou encore sur les croyances liées à la sorcellerie qui menacent la vie des enfants dans plusieurs pays d'Afrique centrale et méridionale. En revanche, très peu de délégations ont insisté sur la pratique traditionnelle néfaste du mariage d'enfants, qui touche pourtant la plupart des pays d'Afrique.

Quels que soient les facteurs (la médiatisation de la pratique, l'action de lobbying menée à Genève) qui poussent les Etats à soulever un problème plutôt qu'un autre dans ce forum de dialogue qu'est l'EPU, il n'y a pas d'uniformité dans le traitement des différentes violations des droits de l'enfant africain.

En deuxième lieu, les remarques formulées en matière de traditions nuisibles aux enfants sont dans la plupart des cas redondantes : les pays tiers insistent invariablement sur l'adoption, la modification et/ou la mise en œuvre de mesures *législatives*[800], alors que les pays africains qui font entendre leur voix se limitent à recommander des « efforts », on ne peut plus vagues, voire la « poursuite » d'actions déjà entamées[801]. Bref, sauf dans quelques situations exceptionnelles[802], le mécanisme de l'EPU ne fournit pas de suggestions dans ce domaine mais se limite à rappeler aux Etats qu'ils doivent se mettre en conformité avec les normes internationalement acceptées.

La troisième limite d'un débat qui vise des problèmes africains, tout en étant animé par des pays non-africains, est sa large décontextualisation. Si, dans le domaine particulier qui nous intéresse, la « culture agit comme une barrière majeure à la mise en œuvre des droits des enfants sur le continent »[803], le défi est précisément, pour la plupart des pays africains, celui de résoudre le dilemme qui consiste à savoir comment

> *"to achieve this balance of values : how to uphold national human rights standards while resolving the apparent conflict between them and the*

---

[800] L'insistance sur la nécessité de légiférer s'exprime tout particulièrement au regard des pays qui n'ont toujours pas de lois en matière de MGF : voy. les EPU du Mali, de la Sierra Leone et du Libéria.

[801] Selon nos calculs, les quelques 26 recommandations formulées par les Etats africains en ce domaine dans 10 cas ont un contenu vague et général, dans 9 cas encouragent à la « poursuite » d'efforts, actions et réformes (tout aussi vagues), et dans 7 cas évoquent une ou plusieurs mesures pour lutter contre les pratiques traditionnelles néfastes (dont 4 invitations à adopter ou à renforcer des lois).

[802] On peut rappeler la recommandation adressée au Bénin par la Mauritanie (« scolariser les filles pour contribuer à l'éradication des MGF »).

[803] Notre traduction d'un extrait de l'article de HIMONGA C., « Implementing the rights of the child in African legal systems : The Mthembu journey in search of justice », *The International Journal of Children's Rights*, vol. 9, 2002, p. 90.

dominant cultural traditions of the constituent communities within the state"[804].

Autrement dit, les aspects négatifs des pratiques traditionnelles doivent être éliminés, par toutes les mesures utiles y compris législatives, mais sans naïveté et toujours en recherchant l'appropriation populaire de l'œuvre de promotion des droits des enfants. Il faudrait notamment remettre les débats, et les recommandations qui en découlent, dans leur contexte, pour éviter de laisser des vides ou de faire échouer une législation ouvertement en conflit avec les règles qui dictent la vie de millions de personnes sur le continent[805].

La distraction voire le désengagement des Etats africains lors des discussions au sein de l'EPU sont d'autant plus regrettables qu'ils privent le mécanisme intergouvernemental de son plus grand atout : l'échange de données d'expérience et des bonnes pratiques qui se sont démontrées efficaces pour faire avancer la lutte contre les pratiques traditionnelles néfastes, dans des situations comparables.

B. Le traitement déséquilibré des Etats concernés

Le retranchement des Etats africains derrière une sorte de solidarité régionale a aussi un autre effet sur les débats au sein du Conseil des droits de l'homme : ne sollicitant pas trop leurs pairs en matière de traditions néfastes, les Etats du groupe d'Afrique laissent les autres Etats maîtres du dialogue interactif. Or il y a eu des anomalies importantes dans le traitement des Etats examinés, des oublis et des incohérences, bref des « doubles standards » qui risquent de brouiller et de dévaluer les résultats du processus aux yeux des Etats et des parties prenantes.

En effet, la plupart des Etats africains ont été longuement interrogés sur les pratiques ayant cours chez eux, selon les priorités qu'on vient de voir, mais quelques-uns n'ont pas du tout été sollicités sur ces questions. L'exemple le plus significatif est celui de l'Egypte, où nous savons que la mutilation génitale féminine est très répandue, malgré les efforts du gouvernement, ainsi que le sont les mariages précoces et forcés. Ce pays a fait l'objet d'une seule recommandation, formulée par le Bhoutan, qui vise à « poursuivre [l]es efforts pour éradiquer les mutilations génitales féminines

---

[804] IBHAWOH B., « Between Culture and Constitution : Evaluating the Cultural Legitimacy of Human Rights in the African State », *Human Rights Quarterly*, vol. 22, n° 3, 2000, p. 839.

[805] Sur les effets anthropologiques de l'interdiction de la circoncision au Kenya, voy. DROZ Y., « Circoncision féminine et masculine en pays kikuyu : rite d'institution, division sociale et droits de l'Homme », *Cahiers d'Etudes Africaines*, vol. 40, Cahier 158 (2000), pp. 215-240. Pour des passerelles entre droits de l'homme et anthropologie, on renverra aux articles de M. Bonny Ibhawoh et de la professeure sud-africaine Mme Chuma Himonga, cités ci-dessus.

et renforcer l'application des lois et décisions administratives sanctionnant les auteurs »[806].

Aucune délégation ne s'est manifestée quand l'Afrique du Sud a passé son Examen, bien qu'on sache très bien que dans ce pays existent encore des rites de passage nuisibles aux enfants[807].

La RDC a exclusivement été interrogée au sujet des « enfants sorciers »[808], mais rien ne lui a été reproché à propos des autres pratiques traditionnelles préjudiciables aux enfants qui persistent sur son territoire[809].

Enfin, on s'étonnera de savoir que les pays du Maghreb n'ont fait l'objet d'aucune recommandation relative aux mariages précoces et forcés, une pratique traditionnelle néfaste encore répandue, parfois avec l'aval de la loi (l'article 475 du code pénal marocain permet à un homme qui a violé une jeune fille de l'épouser pour échapper aux poursuites[810]).

Les logiques sous-jacentes à l'EPU restent donc souvent obscures, et le traitement déséquilibré à la fois des thèmes abordés et des Etats examinés laisse soupçonner une certaine politisation des débats, qui n'aide certainement pas à traiter le problème d'une manière constructive.

En définitive, le premier cycle de l'EPU ne permet pas de découvrir dans le détail la façon dont les Etats interprètent et remplissent leurs obligations en matière de pratiques traditionnelles préjudiciables, mais met bien en évidence les dynamiques de « bloc » présentes : en s'abstenant des débats en la matière, les Etats africains démontrent ne pas vouloir déranger le voisin sur des questions culturellement sensibles qui les embarrassent eux-mêmes.

---

[806] La Finlande a timidement posé une question, mais n'a finalement pas fait de recommandations à ce sujet : voy. *Rapport du Groupe de travail sur l'Examen périodique universel, Egypte*, A/HRC/14/17, 26 mars 2010.

[807] Mme Himong a affirmé que "Press reports that children die from wounds sustained in circumcision rituals are quite common in South Africa. For example, it was reported by SABC Channel 3 on 29 July [2001] on the evening News bulletin that in a group of children who had gone for initiation in one season, 35 had died and 250 were hospitalised for ailments related to the circumcision wounds" : « Implementing the rights of the child in African legal systems… », *op. cit.*, p. 89. Voy. également HINZ M. O., HANGULA M., « "A man is not a man unless..." : Male circumcision – A legal problem ? », in RUPPEL O. C. (ed.), *Children's Rights in Namibia*, Windhoek : Macmillan Education, 2009, pp. 267-282.

[808] Voy. les recommandations de l'Italie, de la Belgique et du Mexique, ainsi que les déclarations de la Suisse et du Saint-Siège in *Rapport du Groupe de travail sur l'Examen périodique universel, République démocratique du Congo*, A/HRC/13/8, 4 janvier 2010.

[809] Voy. *infra.*

[810] Ce qui continue à provoquer des suicides chez les jeunes filles données en mariage à leur ravisseur. Voy. pour une affaire récente qui a mobilité la société civile et la presse nationale et internationale, http://www.avaaz.org/en/forced_to_marry_her_rapist_b/?cl=1674916006&v=13345 (page consultée le 22 mars 2012).

Conclusion du Chapitre 1

A première vue, le comportement des Etats africains lors de l'EPU peut surprendre l'observateur puisque les acteurs ont porté leur attention aux pratiques traditionnelles néfastes quand ils faisaient l'objet de l'Examen mais l'ont détournée quand ils s'agissait d'interroger les autres Etats du continent.

En réalité, l'influence du groupe régional et une interprétation mal comprise de l'esprit coopératif du mécanisme ont empêché les Etats africains de critiquer, voire même de discuter ouvertement des pesanteurs culturelles et des traditions qui continuent d'entraver la mise en œuvre des droits des enfants sur le continent.

C'est en revanche le mérite des Etats 'tiers' d'avoir mis le problème des pratiques traditionnelles préjudiciables à l'enfant africain au cœur du dialogue interactif ; mais, faute d'une connaissance approfondie de la culture juridique et du contexte africains, les remarques sont restées trop vagues et générales, en limitant ainsi l'impact des engagements pris au sein de l'Examen périodique universel.

Après avoir vu l'ambiguïté des débats dans le cadre de l'EPU, nous allons aborder le dialogue des Etats africains avec les comités conventionnels, qui se révèle assez franc à bien des égards.

Chapitre 2. Un dialogue franc avec les organes conventionnels

Le *reporting process* offre une perspective privilégiée pour analyser la façon dont les Etats africains interprètent leurs obligations en matière de pratiques traditionnelles néfastes et expliquent les difficultés dans l'application des normes. Non seulement les rapports élaborés par les gouvernements, mais aussi les autres documents issus du dialogue entre ces derniers et les comités onusiens conventionnels (réponses aux listes des points à traiter, comptes rendus analytiques des séances) contiennent des informations précieuses. Périodiquement soumis à examen par des organes techniques où siègent de nombreux experts d'origine africaine, la plupart des gouvernements jouent le jeu et acceptent de parler aussi bien des avancées que des difficultés dans la lutte contre les pratiques nuisibles.

S'il n'a pas été possible de couvrir toute l'Afrique, ni même tous les comités conventionnels, nous avons néanmoins essayé d'identifier les 'dialogues suivis'[811] des dix dernières années d'où nous pouvions tirer des enseignements sur les pratiques traditionnelles nuisibles aux enfants. La première section, essentiellement basée sur les travaux menés au sein du CCPR, du CESCR, du CEDAW et du CRC (et à titre secondaire du CAT), aborde le thème des mutilations génitales féminines (Section 1) ; la deuxième section sur les mariages d'enfants a été élaborée à partir des échanges des Etats africains avec le CRC et, dans une moindre mesure, le CCPR (Section 2) ; enfin, la réalisation de la troisième section, très hétérogène car englobant toutes les autres pratiques traditionnelles néfastes, a été facilitée par le bon balisage du chemin par le CRC (Section 3).

Section 1. Les mutilations génitales féminines

Au fil des années, les Etats africains touchés par le phénomène des mutilations génitales féminines ont perçu la nécessité de protéger les filles et de lutter contre cette pratique néfaste légitimée par la tradition. L'acceptation des principaux traités internationaux généraux et catégoriels, qu'il s'agisse de l'enfant ou de la femme, leur a permis de nouer un dialogue fructueux avec les organes conventionnels qui s'intéressent aux MGF.

Il convient d'apprécier l'étendue de l'engagement des Etats africains notamment *a contrario*, à partir des rares réserves qui limitent les obligations souscrites (§ 1). L'ensemble des documents officiels issus de l'examen périodique des Etats devant les comités nous permet de découvrir des traits

[811] L'expression est du professeur Paul Tavernier : voy. « Avant-propos », in TAVERNIER P. (dir.), *Recueil juridique des droits de l'Homme en Afrique (2000-2004)*, vol. 2, Bruxelles : Bruylant, 2005.

communs dans la façon dont les gouvernements décrivent et perçoivent les MGF (§ 2).

§ 1. L'acceptation des normes internationales en la matière

Comme nous l'avons vu dans la première partie, aucun traité de droit international des droits de l'homme élaboré au sein des Nations Unies ne vise expressément les MGF ; toutefois, ce sujet est couvert par un certain nombre de dispositions relatives à l'interdiction de la torture, au droit à la santé et à l'élimination des pratiques traditionnelles néfastes, qui ont été largement acceptées par les Etats africains.

Si la communauté internationale dans son ensemble est tenue de respecter les normes impératives de droit international sur l'interdiction de la torture, il convient de noter que tous les Etats africains ne sont pas liés par les normes conventionnelles visant les traitements cruels, inhumains ou dégradants[812].

Deux petits Etats insulaires, les Comores et São Tomé-et-Principe, n'ont ratifié ni la Convention contre la torture ni le Pacte international sur les droits civils et politiques, dont l'article 7 interdit de soumettre une personne à la torture et aux mauvais traitements.

Le Botswana est dans une situation absolument particulière car il a souscrit aux deux traités, mais en formulant des réserves générales, renvoyant à la législation nationale, qui font douter de sa volonté de s'acquitter de ses obligations en ce domaine. Malgré les objections (de l'Italie et des Pays-Bas) dont a fait l'objet la réserve à l'article 7 du PIDCP, et en dépit de l'avis du Comité des droits de l'homme, qui l'a explicitement déclarée « contraire à des normes impératives du droit international, y compris l'interdiction de la torture, [et] pas compatible avec l'objet et le but du Pacte »[813], le Botswana maintient sa position : lors du dialogue devant le CCPR, la délégation a affirmé n'avoir pas l'intention d'abolir des châtiments corporels autorisés par la Constitution et « which, although it had elements of torture, was an established and highly beneficial practice that kept people out of prison »[814] ! On remarquera par ailleurs que le Comité contre la torture

---

[812] Nous renvoyons au premier titre de la première partie pour une vue d'ensemble sur l'interdiction universelle de la torture.

[813] Observations finales, CCPR/C/BWA/CO/1, 24 avril 2008, par. 14.

[814] C'est la réponse que la délégation a donnée à M. O' Flaherty, membre du CCPR, qui avait observé que « Botswana's reservation to article 7 of the Covenant was worded so broadly and vaguely that it appeared to refer to an area of *jus cogens*, making it automatically void, and gave the impression that the Government was claiming the right to perpetrate torture with impunity. High priority should be given to withdrawing the reservation in order to remove an unnecessary stain on the nation's reputation », in CCPR/C/SR.2516, 14 avril 2008, par. 45.

n'a pas encore eu l'occasion d'exprimer son avis sur la réserve émise par le Botswana[815], car il attend le rapport initial de cet Etat depuis 2001.

Quant aux 50 autres Etats du continent, ils ont tous accepté l'article 7 du PIDCP ; toutefois, huit d'entre eux (l'Angola, l'Erythrée, la Gambie, la Guinée-Bissau, la RCA, le Soudan, la Tanzanie, le Zimbabwe, plus les Comores et São Tomé-et-Principe, déjà mentionnés) ne sont pas parties à la CAT.

Quelle conclusion faut-il en tirer au regard de la protection des filles vis-à-vis des mutilations génitales ? Les trois pays non liés par les normes internationales conventionnelles et deux parmi ceux qui n'ont pas souscrit à la CAT – l'Angola et le Zimbabwe – ne connaissent pas le phénomène[816] ; quant aux six pays qui ne sont pas parties à la CAT mais qui se sont engagés, à travers la ratification du Pacte, à garantir à toute personne le droit de ne pas être soumis à la torture, ils sont appelés à rendre compte périodiquement de l'application de l'article 7 devant le Comité des droits de l'homme.

Nous avons vu que le Pacte international sur les droits économiques, sociaux et culturels offre aussi une protection aux enfants dont le droit à la santé serait compromis par des pratiques traditionnelles néfastes comme les MGF. La plupart des Etats d'Afrique sont liés par cet important traité, et par son article 12 notamment[817], mais deux grands pays restent absents (le Mozambique et l'Afrique du Sud, qui totalisent environ 75 millions d'habitants), auxquels il faut ajouter le Botswana et les deux pays insulaires déjà mentionnés.

Enfin, presque tous les Etats africains sont liés par les normes de la CEDAW et de la CIDE qui imposent d'éliminer les pratiques, comme la MGF, qui portent atteinte aux droits des filles.

Le premier de ces instruments catégoriels aborde les pratiques culturelles dans le contexte des rapports de genre inégaux, et demande aux Etats parties (article 5) de

prendre toutes les mesures appropriées (...) pour modifier les schémas et modèles de comportement socio-culturel de l'homme et de la femme en vue de parvenir à l'élimination des préjugés et des pratiques coutumières, ou de tout autre type, qui sont fondés sur l'idée de l'infériorité ou de la supériorité de l'un ou l'autre sexe ou d'un rôle stéréotypé des hommes et des femmes.

---

815 Réserve faite lors de la signature et confirmée lors de la ratification : « Le Gouvernement (...) se considère lié par l'article premier de la Convention dans la mesure où le terme "torture" vise la torture et d'autres peines ou traitements inhumains ou dégradants interdits par l'article 7 de la Constitution de la République du Botswana ».

816 Voy. le tableau n° 6 sur la prévalence de la MGF en Afrique, *infra*.

817 Les Etats parties au présent Pacte reconnaissent le droit qu'a toute personne de jouir du meilleur état de santé physique et mentale qu'elle soit capable d'atteindre (premier paragraphe).

A part le Soudan et la Somalie, qui n'ont même pas signé la CEDAW, l'ensemble du continent est lié par ce traité. Toutefois, quelques Etats ont cherché à se soustraire à l'application de l'article 5 par le jeu des réserves.

Le Niger est actuellement le seul pays africain qui conserve une réserve explicite sur l'article 5, *a*)[818], à laquelle s'ajoute une réserve relative aux dispositions des articles 2, alinéas *d* et *f*[819], ainsi qu'une déclaration où le gouvernement explique pourquoi le droit interne, voire la pratique interne et les valeurs actuelles de la société, prévalent sur les dispositions de la Convention : « les dispositions des articles 2, alinéas *d* et *f* ; 5, *a*) … ne peuvent faire l'objet d'application immédiate en ce qu'elles sont contraires aux coutumes et pratiques actuellement en vigueur, qui de par leur nature ne se modifient qu'au fil du temps et de l'évolution de la société, et ne sauraient, par conséquent, être abrogées d'autorité ».

Les réserves du Niger ont, heureusement, suscité les objections de la France et des Pays-Bas, même si le faible nombre de réactions est étonnant.

On peut considérer que la Mauritanie, malgré sa réserve générale mentionnant de façon globale le droit religieux et la Constitution de l'Etat, est liée par l'article 5, car l'opinion prévalente est que la *charia* islamique n'impose ni n'autorise les MGF[820].

Enfin, le Malawi avait émis puis a retiré, quatre ans après l'adhésion à la CEDAW, sa réserve en vertu de laquelle « [c]ertaines coutumes et pratiques traditionnelles étant profondément enracinées, le Gouvernement ne se considérera pas, pour le moment, lié par les dispositions de la Convention exigeant l'abolition immédiate de ces coutumes et pratiques ».

L'autre instrument catégoriel qui contient une disposition pertinente en matière de MGF est la Convention relative aux droits de l'enfant, qui fait référence aux "pratiques traditionnelles nuisibles" dans le contexte du droit de l'enfant à jouir de la meilleure santé possible. Son article 24, paragraphe 3, oblige les Etats à prendre

> *toutes les mesures efficaces appropriées en vue d'abolir les pratiques traditionnelles préjudiciables à la santé des enfants.*

---

[818] La réserve à l'article 5, alinéa a, se lit comme suit : « [l]e Gouvernement de la République du Niger émet des réserves en ce qui concerne la modification des schémas et modèles de comportement socio-culturels de l'homme et de la femme ».

[819] « Le Gouvernement de la République du Niger émet des réserves à l'égard des alinéas d et f de l'article 2 relatifs à la prise de mesures appropriées pour abroger toute coutume et pratique qui constituent une discrimination à l'endroit de la femme ; en particulier en matière de succession ».

[820] Voy. *infra* pour la condamnation des MGF faite par les oulémas mauritaniens. Aux termes de la réserve générale à la CEDAW, le Gouvernement mauritanien approuve la Convention "en toutes et chacune de ses parties non contraires à la Charia islamique et conformément à [la] Constitution". La France et l'Irlande ont opposé des objections à cette réserve.

A l'exception de la Somalie, qui n'a pas ratifié la CIDE, tous les Etats africains ont accepté cette disposition sans émettre de réserve spécifique.

La réserve générale formulée par la Mauritanie ne semble pas exonérer l'Etat de l'obligation d'agir pour éliminer la MGF, car cette dernière n'a rien à voir avec la religion[821].

En revanche, il n'était pas clair si les 'valeurs traditionnelles' invoquées par Djibouti pour refuser l'application des dispositions conventionnelles incompatibles étaient susceptibles de restreindre le champ d'application de la Convention ; en tout cas, la réserve a été retirée en décembre 2009[822].

Il convient à ce propos de rappeler que le Sénégal a joué un rôle majeur dans la rédaction de cet article de la Convention. Durant les travaux préparatoires, et notamment entre 1985 et 1987, il fut décidé que l'art. 24 sur les soins de santé devait imposer aux Etats l'éradication des pratiques traditionnelles préjudiciables à la santé des enfants : on pensait notamment aux MGF.

La délégation sénégalaise alors « counselled prudence with dealing with issues that entailed differences in cultural values, and emphasized the dangers of forcing practices into clandestinity if they were prohibited by State legislation »[823]. Les observations du Sénégal furent prises au sérieux notamment par les délégations de pays occidentaux, et le groupe de travail finit par adopter la proposition de texte telle qu'amendée par l'Etat africain : ainsi, l'article 24, 3 prévoit-il l'abolition des « pratiques traditionnelles préjudiciables », mais ne définit pas ce que sont ces pratiques.

En définitive, si l'intervention du Sénégal a eu l'effet d'affaiblir la protection mise en place par la CIDE en matière de MGF, elle a sans doute facilité l'acceptation par les Etats africains d'une norme universelle qui les engage, tout de même, à lutter contre des pratiques traditionnelles nuisibles encore répandues.

Il convient enfin de rappeler que les Etats africains ont élaboré, après la CEDAW et la CIDE, deux instruments conventionnels régionaux qui renforcent la protection des filles au regard des MGF : la Charte africaine des droits et du bien-être de l'enfant et le Protocole à la CADHP relatif aux droits de la femme en Afrique. La majorité des pays membres de l'UA ont désormais ratifié ces traités, respectivement en vigueur depuis 1999 et 2005.

---

[821] Voy. *supra*. La réserve se lit comme suit : « [e]n signant cette importante Convention, la République islamique de Mauritanie formule des réserves à l'égard des articles ou dispositions susceptibles d'aller à l'encontre des croyances et des valeurs de l'Islam, religion du Peuple et de l'Etat ».

[822] La réserve retirée est la suivante : « le Gouvernement de la République de Djibouti ne se considère pas lié par les dispositions ou articles incompatibles avec sa religion et ses valeurs traditionnelles ».

[823] Voy. notamment E/CN.4/1987/25, par. 29.

En particulier, 46 Etats ont adhéré à ce jour à la CADBE[824], dont l'article 21 énonce que :

les Etats parties prennent toutes les mesures appropriées pour abolir les coutumes et les pratiques négatives, culturelles et sociales qui sont au détriment du bien-être, de la dignité, de la croissance et du développement normal de l'enfant, en particulier : a) les coutumes et pratiques préjudiciables à la santé, voire à la vie de l'enfant ; b) les coutumes et pratiques qui constituent une discrimination à l'égard de certains enfants, pour des raisons de sexe ou autres raisons.

Quant au Protocole relatif aux droits de la femme en Afrique, qui est le seul traité international en vigueur qui mentionne expressément les MGF[825], il a été ratifié par 32 pays[826]. Seule la Gambie avait formulé une réserve, ensuite retirée[827], sur son article 5, *b)* qui demande aux Etats d'interdire

par des mesures législatives assorties de sanctions, toutes formes de mutilation génitale féminine, la scarification, la médicalisation et la para-médicalisation des mutilations génitales féminines et toutes les autres pratiques néfastes.

§ 2. La description et la perception de la pratique

Les Etats africains devraient inclure dans leurs rapports périodiques au CRC les données et statistiques nécessaires pour illustrer la mise en œuvre de l'article 24, paragraphe 3. En outre, le « nombre de cas signalés d'enfants victimes (…) de mutilations génitales féminines » devrait figurer explicitement parmi les données concernant la violation du droit de ne pas

---

[824] Voy. l'Annexe 1 pour l'état des ratifications.

[825] Il convient de mentionner la Convention du Conseil de l'Europe sur la prévention et la lutte contre la violence à l'égard des femmes et la violence domestique, adoptée le 11 mai 2011 mais non encore en vigueur (au 30 mars 2012, elle avait été signée par dix-sept pays, dont la France, et venait d'être ratifiée par la Turquie) : son article 38 traite des mutilations génitales féminines.

[826] Les derniers Etats à avoir ratifié le Protocole de Maputo sont la Côte d'Ivoire (mars 2012), la Guinée équatoriale (juillet 2011), le Kenya (octobre 2010) et l'Ouganda (juillet 2010). Les seuls Etats membres de l'UA qui n'ont pas signé cet instrument sont le Botswana, l'Erythrée, l'Egypte et la Tunisie.

[827] Dans l' '*Instrument of ratification*', du 25 mai 2005, on lit que l'Assemblé nationale a consenti « to the ratification of the Protocol, with reservations on Articles 5, 6, 7 and 14 ». En mai 2006, le gouvernement a levé toutes les réserves émises.

être soumis à la torture ou à d'autres traitements ou peines cruels, inhumains ou dégradants[828].

Pourtant, les Etats ne connaissent pas toujours l'étendue des MGF qui sont pratiquées chez eux, non seulement parce que les données relatives à la population ne sont pas adéquates, mais surtout parce qu'il s'agit de « pratiques secrètes et donc difficiles à documenter »[829].

Grâce aux bases de données mondiales de l'UNICEF, qui recense désormais les pays du monde entier, les Nations Unies et tous les spécialistes disposent d'informations assez fiables et actualisées en la matière [830]. Nous n'avons pas constaté d'écarts sensibles entre ces données et les taux de prévalence que les Etats indiquent parfois dans leurs rapports. Le tableau ci-dessous, réalisé pour accompagner la lecture de ce paragraphe, classe les Etats africains où les mutilations génitales sont présentes par taux de prévalence (HAUT : la majorité des femmes/filles sont mutilées ; MOYEN : entre 20% et 50% des femmes/filles sont mutilées ; BAS : le phénomène ne touche que certaines régions/ethnies) et, à l'intérieur de chaque catégorie, par ordre alphabétique. Il permet en outre de comparer les données officielles de l'UNICEF de 2012, sur lesquelles est basé notre classement, avec celles fournies par les Etats eux-mêmes aux organes de traité. La dernière colonne à droite contient des informations sur les lois ou dispositions spécifiques en matière de MGF (oui-non), sur l'année où ces normes ont été introduites en droit interne et sur la prévision de sanctions (OUI-NON).

---

[828] Voy. les *Directives générales concernant les informations statistiques et les données à inclure dans les rapports périodiques*, document figurant en annexe aux *Directives spécifiques à l'instrument concernant la forme et le contenu des rapports périodiques que les Etats parties doivent soumettre en application du paragraphe 1 b) de l'article 44 de la Convention relative aux droits de l'enfant*, CRC/C/58/Rev.2, 23 novembre 2010, par. 10, b).

[829] Comme l'a affirmé le Cameroun in CRC/C/SR.1464, 20 janvier 2010, par. 33.

[830] Voy. notamment les données rassemblées dans les "Tableaux statistiques" sur la protection de l'enfant figurant dans les différents Rapports annuels de l'UNICEF intitulés *La situation des enfants dans le monde.*

Tableau n° 6 « Prévalence de la MGF en Afrique et législations nationales en la matière »

Pays	Taux de prévalence des MGF	Taux de MGF UNICEF 2012	Interdiction spécifique MGF, année, SANCTION
(millions d'habitants)	(source, si non étatique, année)	chez les femmes âgées de 15-49 ans ; chez leurs filles	
	HAUT	HAUT	
Burkina Faso (16,5)	40% 0-15 ans (OMS, 2002)	73% ; 25%	oui, 1996, OUI
Djibouti (0,9)	98% ; 75,5 % jeunes filles (2006) ; 45% filles 7 ans (2007)	93% ; 49%	oui, 1995, OUI
Egypte (81,1)	79% (2000) ; 50% 10-18 ans (2007)	91% ; 24%	oui, 2008
Erythrée (5,3)		89% ; 63%	oui, 2007
Ethiopie (8,9)	taux partiels fournis	74% ; 38%	oui, 2005, OUI
Gambie (1,7)		78% ; 64%	non
Guinée (10)		96% ; 57%	oui, 2006
Libéria (4)		58% ; …	non
Mali (15,4)	92% (2001)	85% ; 69%	non
Mauritanie (3,5)	71%	72% ; 66%	oui, 2005, OUI
Sierra Leone (5,9)	non fourni	91% ; 33%	non
Somalie (9,3)		98% ; 46%	partielle, 2011
Soudan (43,6)	90% (1999)	(89% ; 43%)[831]	partielle, 2008
	MOYEN	MOYEN	
Côte d'Ivoire (19,7)	45% (2010)	36% ; 9%	oui, 1998
Guinée-Bissau (1,5)	44,5% 15-46 ans (MICS 2006)	50% ; 39%	oui, 2011
Kenya (40,5)	une femme sur trois (2006)	27% ; …	oui, 2001,

[831] Nous utilisons les données du rapport de l'UNICEF de 2011, car en 2012 rien n'est dit pour les deux Etats qui correspondent à l'ancien Soudan.

			OUI
Nigéria (158,4)	non fourni	30% ; 30%	partielle, 2000
RCA (4,4)	inexistent	26% ; 7%	oui, 1996
Sénégal (12,4)	non fourni	28% ; 20%	oui, 1999, OUI
Tchad (11,2)	45% (2004 Statistiques sanitaires)	44% ; …	oui, 2002, NON
	BAS	**BAS**	
Bénin (8,8)		13% ; 2%	oui, 2003
Cameroun (19,6)	1,4% jeunes filles (50% ds 2 régions)	1% ; 1%	non
Congo (4)	certaines communautés de l'Af.Ouest		non
Ghana (24,4)		4% ; 1%	oui, 1994, OUI
Malawi (14,9)	certains groupes ethniques		non
Niger (15,5)	2,3% dont 55% excisées avant 1 an (2006)	2% ; 1%	oui, 2003, OUI
Ouganda (33,4)		1% ; ...	oui, 2009, OUI
RDC (65,9)	faible		oui, 2006
Tanzanie (44,8)		15% ; 3%	oui, 1998, OUI
Togo (6)	0,8 % enfants 0-18 ans	4% ; 0%	oui, 1998, OUI
Zambie (13)		1% ; …	oui, 2005

Que les Etats utilisent les données rassemblées par l'UNICEF ou qu'ils en collectent d'autres, ils ne trichent pas sur les chiffres ; par contre, il arrive qu'ils refusent de fournir des informations.

Nous pensons par exemple au Nigéria, pays le plus peuplé d'Afrique, où le taux de prévalence s'établit selon l'UNICEF autour de 30%, ce qui veut dire que, potentiellement, environ 24 millions de filles ont subi une MGF[832]. Le CRC a examiné le rapport de cet Etat et, en le trouvant défaillant à ce sujet, a demandé en vain des informations à la délégation[833] ; à la fin, il n'a

[832] La population est de 158 millions d'habitants, selon le dernier *World Population Prospects : The 2010 Revision*, publié par la Division de la Population de l'UNDESA – Département des Affaires Economiques et Sociales de l'ONU à l'adresse http://esa.un.org/unpd/wpp/index.htm.

[833] « M. Filali (Rapporteur pour le Nigéria) dit qu'il aimerait avoir plus de détails sur le problème des MGF », in CRC/C/SR.1505, 31 mai 2010, par. 55.

pu que regretter que, malgré le pourcentage élevé de femmes qui ont subi des mutilations génitales, l'Etat partie n'ait pas donné de renseignements [834].

Heureusement, la tendance observée en Afrique est plutôt celle d'une ouverture constructive au dialogue avec les comités conventionnels. En effet, l'ensemble des documents qui ont fait l'objet de la présente étude nous ont dévoilé l'interdépendance que les Etats perçoivent entre les facteurs démographiques, géographiques et sociaux associés à la MGF (A), mais aussi les justifications et les explications que les autorités nationales donnent du phénomène (B).

A. Les facteurs démographiques et socio-géographiques associés à la mutilation génitale des filles

Dans la plupart des cas, les Etats touchés par la pratique des MGF cherchent à mettre les organes de contrôle, et le CRC notamment, au courant de ce qui se passe sur le territoire.

Si la démarche est souvent descriptive, parfois les Etats révèlent qu'il existe un lien entre la diffusion des MGF et des facteurs démographiques et socio-géographiques tels que le lieu (urbain ou rural) ou la région de résidence, l'appartenance à une certaine ethnie, le niveau d'instruction. Parfois ces informations de première main prouvent que le taux de prévalence, calculé sur l'ensemble du territoire national, n'est pas un indicateur très significatif.

A en croire les Etats africains, la perpétuation de la pratique dépend surtout de l'ethnie et du lieu de résidence.

En Mauritanie, où près des trois quarts des femmes de 15 à 49 ans sont excisées, la prévalence varie fortement selon le groupe ethnique (92 % des femmes Soninkés sont excisées contre 72 % des femmes pulaar, 71 % des femmes arabes, mais seulement 28 % des femmes wolofs) et selon que les femmes vivent en milieu urbain ou rural (respectivement 45 % et 77 %)[835].

Le Kenya, où plus d'une femme sur quatre a subi une MGF, l'appartenance ethnique et la zone de résidence paraissent des facteurs décisifs.

Les mutilations des organes génitaux de la femme (...) sont encore pratiquées par certains groupes ethniques et sont très répandues, particulièrement dans les zones rurales. L'enquête démographique et

[834] Observations finales, CRC/C/NGA/CO/3-4, 21 juin 2010, par. 65.
[835] Rapport, CRC/C/MRT/2, 30 juillet 2008, par. 135.

sanitaire conduite au Kenya en 2003 indique que, dans la province située au nord-est du pays, 98,8 % des femmes subissent de telles mutilations[836].

Au Togo aussi, le taux de prévalence varie d'une région à l'autre.

Le taux le plus élevé est constaté dans la région de Centrale (56,3 %) et il est le plus bas à Lomé et ses environs (0,4 %)[837].

Même si le Niger affiche une faible proportion de femmes excisées (2,3 %, selon les données fournies par le Gouvernement) et en baisse au plan national, la MGF continue d'y être pratiquée dans trois zones, y compris la communauté urbaine de Niamey, et est « très forte dans les ethnies gourmantché et peuhle qui affichent des proportions de 65,8 % et 12,8 % »[838].

Au Cameroun, malgré le faible taux global de prévalence (environ 1,4%), il y a deux régions où plus d'une fille sur deux est mutilée.

L'étude menée sur la violence à l'égard des femmes (...) a permis de déterminer les zones de prédominance (...) des mutilations génitales féminines dans les régions du Sud-Ouest vers Mamfé et de l'Extrême-Nord (Logone et Chari). Ces pratiques touchent plus de 50 % des jeunes filles de la région et se matérialisent principalement à travers l'excision et l'infibulation. Cette étude a également permis de constater au delà de ces zones frontalières de prédominance du phénomène (frontière avec le Tchad et frontière avec le Nigéria) qu'il touche environ 1,4 % de jeunes filles dans l'ensemble du territoire national[839].

Le Mali aussi révèle que l'incidence de la pratique est très variable selon les zones :

[l]'excision est le moins pratiquée dans le nord du pays (34 %) et le plus a Mopti (88 %), Kayes (98 %) et Bamako (93 %)[840].

Au Ghana, la quasi-totalité des mutilations génitales féminines ont lieu dans les régions du nord[841].

Des 22 régions qui composent la Tanzanie, 13 sont faiblement touchées par la pratique (la prévalence est inférieure à 5%), alors que les 9 autres

[836] Rapport, CEDAW/C/KEN/6, 16 octobre 2006, par. 24.
[837] Rapport, CRC/C/TGO/3-4, 20 mai 2011, par. 319.
[838] Rapport, CRC/C/NER/2, 20 novembre 2008, par. 185.
[839] Réponses à la liste des points à traiter, CRC/C/CMR/Q/2/Add.1, 8 décembre 2009, par. 19.
[840] Rapport, CRC/C/MLI/2, 11 avril 2006, par. 153.
[841] Rapport, CRC/C/65/Add.34, 14 juillet 2005, par. 205.

affichent des taux allant d'un minimum de 18 % (Morogoro) à un maximum de 81% (Manyara). Dans la région de la capitale, Arusha, 54 % des filles sont mutilées[842].

Quelques Etats évoquent d'autres facteurs liés à la perpétuation des MGF et donnent leur point de vue sur la façon dont la pratique semble évoluer.

Le Rapport de l'Erythrée, par exemple, renvoie aux « études consacrées à ce problème depuis l'examen du rapport initial [qui] ont permis de faire le point sur les connaissances qu'en ont les membres de la communauté et sur les croyances, attitudes et pratiques prédominantes, et ainsi mettre en évidence une corrélation entre les mutilations génitales féminines et les niveaux socioéconomique et d'instruction des femmes[843] ».

Le Togo affirme également que :

[l]e niveau de prévalence est inversement proportionnel au niveau d'instruction des femmes dans les milieux d'excision (41,2 % des femmes non instruites excisées contre 14,3 % des femmes instruites excisées). De même, pour toutes les ethnies confondues la prévalence chez les femmes analphabètes est de 15,7 % alors qu'elle est de 6,1 % chez les femmes de niveau primaire et de 4,0 % chez les femmes de niveau secondaire et plus[844].

Les statistiques fournies par Djibouti semblent aussi démontrer que la scolarisation des filles peut contribuer à l'éradication de la pratique : alors que plus de 75 % des fillettes sont affectées[845], une enquête menée en 2007 trouve que seulement 45 % des filles de 7 ans qui fréquentent l'école ont subi une mutilation[846].

L'Ethiopie conclut, à l'inverse, que :

[l]e lieu de résidence (en ville ou en milieu rural), le niveau d'instruction et la situation professionnelle n'influent pas de façon notable sur la pratique de l'excision. Cette dernière est légèrement moins répandue chez les femmes plus jeunes[847].

---

[842] Réponses à la liste des points à traiter, CCPR/C/TZA/Q/4/Add.1, 24 juin 2009, question n° 7.

[843] Rapport, CRC/C/ERI/3, 23 octobre 2007, par. 184.

[844] Rapport, CRC/C/TGO/3-4, 20 mai 2011, par. 319.

[845] Source citée : enquête scolaire du FNUAP 2006.

[846] Voy. Rapport, CRC/C/DJI/2, 11 décembre 2007, par. 212, ainsi que CRC/C/SR.1347, par. 6.

[847] Voy. Rapport CRC/C/129/Add.8, 28 octobre 2005, par. 158.

En somme, puisque le phénomène est souvent localisé dans une ou plusieurs régions de l'Etat, il semble hors de doute qu'il existe un lien direct entre la pratique et l'appartenance à une communauté donnée.

En revanche, les discours des Etats ne permettent pas de tirer des conclusions univoques quant à l'influence d'autres facteurs. Si on considère par exemple le lieu de résidence, les villes sont globalement moins touchées par les MGF que les campagnes, et pourtant des taux de prévalence extrêmement hauts persistent dans certaines capitales, comme celles du Mali et du Niger.

D'autres éléments, évoqués par les Etats au cours du dialogue avec les comités conventionnels des Nations Unies, permettent d'approfondir la connaissance de la pratique traditionnelle des MGF. Plusieurs Etats africains affirment par exemple que la MGF est pratiquée dans les premières années de vie de la fille.

Le Niger fournit un tableau précieux à cet égard, qui résume les résultats d'une enquête menée en 2006[848] sur l'âge des jeunes filles victimes des MGF. Les femmes excisées ont déclaré dans 55 % des cas que la mutilation a été effectuée dans la petite enfance ; celles qui ont pu situer avec plus de précision le moment de l'opération ont dit avoir été excisées lorsqu'elles avaient entre 0 et 1 an dans 2 % des cas, entre 2 et 4 ans dans 9 % des cas, et entre 5 et 9 ans dans 17 % des cas.

A en croire les résultats de l'enquête, la MGF a eu lieu, pour 85 % des fillettes nigériennes excisées, avant la dixième année de vie ; pour 12 % des femmes seulement, la mutilation a été effectuée à un âge plus tardif[849].

Le Tchad relate que, dans les régions où sévissent les MGF, la grande majorité des femmes sont excisées entre 5 et 14 ans[850].

Au Mali, l'excision « se pratique très tôt : 8 % des femmes ont déclaré qu'elles ont été excisées quand elles avaient entre 0 et 1 an et 7% lorsqu'elles avaient entre 2 et 4 ans (EDSIII)»[851].

En outre, pour différentes raisons, l'âge auquel l'opération est effectuée tend à baisser.

---

848 Enquête Démographique et de Santé à Indicateurs Multiples 2006, EDSN/MICS-III. Le document est disponible dans sa version intégrale à l'adresse http://www.measuredhs.com/pubs/pdf/FR193/FR193-NI06.pdf, consultée le 1 juin 2011. Le tableau est tiré par le graphique 17.1 à p. 281.

849 Une faible proportion de femmes ont déclaré ne pas connaitre l'âge auquel elles ont été excisées.

850 Rapport, CRC/C/TCD/2, 26 juin 2007, par. 209.

851 Rapport, CRC/C/MLI/2, 11 avril 2006, par. 413.

Le Togo a réalisé une étude en 2007 qui révèle que le phénomène se pratique de plus en plus sur les enfants de bas âge. Les obstacles majeurs rencontrés dans la lutte contre les MGF sont liés à la résistance de certaines communautés, notamment les Peuhls,

dont chaque maman est une exciseuse potentielle : la petite fille est excisée par la maman à la naissance[852].

Le Burkina Faso dénonce également une tendance à la baisse de l'âge de l'excision :

elle se passe généralement dans la première semaine de la naissance, ce qui contribue à rendre la dénonciation plus difficile[853].

B. Les explications et justifications de la pratique

En général, les Etats africains condamnent la MGF et adhèrent au consensus international sur la nécessité de lutter contre une pratique discriminatoire et violente à l'égard des filles, nuisible à la santé et entraînant d'autres conséquences négatives en termes de droits de l'enfant[854]. Une lecture attentive des documents permet de saisir les nuances des discours officiels des Etats, qui oscillent entre explications neutres et justifications plus complaisantes du phénomène. L'accent est surtout mis sur les traditions et les coutumes africaines (1), alors que la religion musulmane continue de jouer un rôle, quoique mineur, dans la perpétuation des mutilations génitales féminines (2).

1) L'influence déterminante des traditions et des coutumes

Les Etats qui reconnaissent que la perpétuation des MGF est due aux traditions n'ont pas forcément une approche critique vis-à-vis de celles-ci. Le Soudan, par exemple, qui considère la MGF « une pratique relevant des

---

852 Rapport, CRC/C/TGO/3-4, 20 mai 2011, par. 330.

853 Rapport, CRC/C/BFA/3-4, 30 mars 2009, par. 216.

854 En 2003 déjà, un auteur étudiant « the evidence from the initial State Party Reports and the ensuing dialogue between the Committee and the various States Parties » en concluait que « there would appear to be a clear consensus among the States Parties that FGM violates the Convention and accordingly must be eradicated. Of the twenty-four states in which FGM has been identified as a continuing problem, Lesotho stands alone in attempting to defend the practice ». Voy. HARRIS-SHORT S., « International Human Rights Law : Imperialist, Inept and Ineffective ? Cultural Relativism and the UN Convention on the Rights of the Child », *Human Rights Quarterly*, vol. 25/1, 2003, p. 138.

traditions africaines, liée en rien à la religion »[855], la banalise en la définissant « une habitude » dont l'abandon passe par l'éthique communautaire et les principes respectés par tous les membres de la société[856]. D'une façon encore plus évidente, le Mali hésite entre reconnaissance de l'excision comme une pratique néfaste à la santé de la femme et de l'enfant[857] et légitimation de celle-ci, en tant que rite traditionnel : les fêtes organisées lors des circoncisions figurent parmi les « loisirs du secteur traditionnel intimement liés à la vie quotidienne, au sexe et aux groupes d'âges », à côté des manifestations pour les naissances, mariages et décès[858].

Il est intéressant aussi de voir que certains Etats ont récemment pris conscience de la gravité de cette pratique. Dans son dernier rapport au CRC, l'Egypte affirme « considér[er] *désormais* ce phénomène, *contrairement à ce qu'il en était auparavant*, comme une pratique culturelle et sociale violant les droits fondamentaux de la fille égyptienne, nuisible à sa santé et contraire aux préceptes de la religion »[859] ; encore au début des années 2000, l'excision était autorisée « dans le cadre du traitement de certaines maladies et sur demande expresse du médecin »[860].

L'attitude la plus commune est celle des Etats qui expliquent aux organes conventionnels, d'une façon neutre, pourquoi la pratique des MGF est toujours répandue dans le pays et pourquoi la population s'y conforme.

Au Kenya, où la pratique culturelle des mutilations génitales féminines est « profondément ancrée dans beaucoup de communautés »[861],

> *[c]es mutilations sont fréquemment institutionnalisées par la culture et la tradition (...), continuent à être pratiquées et sont exécutées clandestinement dans de nombreuses régions du pays à cause de solides coutumes traditionnelles*[862].

---

[855] CRC/C/SR.1561, 27 septembre 2010, par. 57.

[856] « En examinant les expériences réussies en matière d'élimination de pratiques similaires dans le monde, et en se basant sur les objectifs de développement du troisième millénaire, la possibilité d'accélérer la transformation sociale positive pour renoncer à cette habitude en l'espace d'une génération a été prouvée ». Rapport, CRC/C/SDN/3-4, 24 février 2010, par. 174.

[857] Rapport, CRC/C/MLI/2, 11 avril 2006, par. 414. Le pays n'a toujours pas adopté de législation spécifique l'interdisant.

[858] *Idem*, par. 545.

[859] Rapport, CRC/C/EGY/3-4, 3 septembre 2010, par. 151. C'est nous qui soulignons.

[860] Rapport, CRC/C/65/Add.9, 11 novembre 1999, par. 128. En 2001, le CRC jugeait insuffisant le « décret ministériel interdisant cette pratique dans les services du Ministère de la santé », nonobstant les mesures prises pour sensibiliser les populations aux préjudices de cette pratique : voy. Observations finales, CRC/C/15/Add.145, 21 février 2001, par. 45.

[861] Mme Dzombo in CRC/C/SR.1203, 8 février 2007, par. 82.

[862] Rapport, CEDAW/C/KEN/6, 16 octobre 2006, par. 24.

Le Burkina Faso considère également les MGF comme étant « basées principalement sur la coutume, avec différents motifs : la fille non excisée est volage, n'est pas propre et au moment de l'accouchement le clitoris tuerait l'enfant s'il le touchait »[863].

Le Tchad évoque la « forte influence des coutumes et traditions »[864], alors que, pour le Niger,

[l]a culture et la pauvreté sont les principaux déterminants de la persistance de la violence sur les enfants. S'agissant spécifiquement de la culture, les mutilations génitales féminines (...) doivent leur existence à leur consécration par certaines coutumes, en rites initiatiques. Pour illustrer la force des déterminants culturels sur les violences sur les enfants, on peut noter qu'alors que la proportion des femmes excisées est en baisse au plan national, elle reste très forte dans les ethnies gourmantché et peuhle qui affichent des proportions de 65,8 % et 12,8 %[865].

Le Ghana affirme que la force des croyances explique non seulement le phénomène lui-même, mais aussi la difficulté de l'éliminer et de poursuivre les coupables :

Les médias contribuent efficacement à diffuser des messages sur la question [mais] la force des croyances traditionnelles, l'analphabétisme généralisé et le faible niveau d'instruction dans les régions du nord (où ont lieu la quasi-totalité des mutilations génitales féminines) expliquent la rareté des poursuites. Il reste qu'il y a des progrès et que le niveau de sensibilisation est en hausse[866].

Quelques Etats dénoncent le conformisme qui imprègne certaines sociétés, y compris des groupes minoritaires, où les filles non excisées risquent d'être rejetées par leur propre communauté. Le Kenya tend à considérer les mutilations génitales féminines comme

un problème d'égalité entre les sexes qui touche les relations entre femmes, hommes, garçons et filles ; il s'agit d'une question sociale puisque elle implique l'approbation par la société de l'image sociale des femmes ; [c'est aussi] une question culturelle, car une personne appartenant aux communautés qui pratiquent ces mutilations pourrait ne pas être acceptée si elle ne se conforme pas à la norme. [Des programmes sont en cours] visant

---

[863] Rapport initial du Burkina Faso sur la mise en œuvre de la Charte africaine des droits et du bien-être de l'enfant 1999-2005, p. 138.
[864] Rapport, CRC/C/TCD/2, 26 juin 2007, par. 23.
[865] Rapport, CRC/C/NER/2, 20 novembre 2008, par. 185.
[866] Rapport, CRC/C/65/Add.34, 14 juillet 2005, par. 205.

à aider les jeunes filles rejetées par les communautés autochtones qui pratiquent les mutilations des organes génitaux de la femme[867].

Les échanges entre la délégation de la Tanzanie et le Comité des droits de l'homme apportent des éléments précieux pour la compréhension des mentalités :

Les mutilations génitales sont à l'origine un rite de passage pratiqué dans certaines sociétés, que la femme doit avoir subi pour être respectée et pouvoir se marier. Cette pratique est si profondément ancrée dans la société qu'aujourd'hui encore des filles s'enfuient de chez leurs parents pour aller volontairement subir l'opération[868].

En Ethiopie, une enquête démontre que les femmes elles-mêmes soutiennent les MGF :

[i]l semble que l'excision soit une pratique largement approuvée par les Ethiopiennes. A la question qui leur était posée de dire si cette pratique devait être maintenue, 60 % des femmes ont répondu qu'elles la soutenaient. Ce soutien dépend largement du lieu de résidence et du niveau d'instruction. Les femmes en milieu rural sont deux fois plus susceptibles de soutenir cette pratique que les citadines. Les femmes vivant dans les régions d'Addis-Abeba, du Tigray et de Gambella sont comparativement moins prêtes à approuver son maintien[869].

Enfin, devant le Comité pour l'élimination de la discrimination à l'égard des femmes, le Tchad mentionne la discrimination qui a lieu entre femmes :

Certaines pratiques, aujourd'hui considérées comme une violence faite aux personnes au regard des instruments internationaux en matière des droits de l'homme, sont toujours admises dans certaines régions et créent une discrimination entre les individus. Il s'agit par exemple des mutilations génitales féminines (MGF), pourtant interdites par l'article 9 de la loi n° 006/PR/2002 du 15 avril 2002 portant promotion de la santé de reproduction, aux termes duquel : « Toutes les formes de violences telles que les mutilations génitales féminines, les mariages précoces, les violences domestiques et les sévices sexuels sur la personne humaine sont interdites ». Les femmes excisées se considèrent supérieures à celles qui ne sont pas

[867] Rapport, CEDAW/C/KEN/6, 16 octobre 2006, par. 42 et 61.
[868] M. Chikawe in CCPR/C/SR.2628, 26 août 2009, par. 70.
[869] Rapport, CRC/C/129/Add.8, 28 octobre 2005, par. 159.

passées par ces rites et n'admettent pas non plus ces dernières dans leur cercle[870].

Une minorité d'Etats ne se limitent pas à décrire les traditions ou à expliquer les motivations de ceux qui les perpétuent, mais souscrivent pleinement au discours onusien sur les MGF, reconnaissant notamment leurs effets nuisibles pour la santé des enfants.

Le Mali est conscient du fait que « l'excision contribue de façon significative à l'augmentation des taux de mortalité et de la morbidité maternelle et infantile et participe grandement aux difficultés d'accouchement et souvent à des handicaps irréversibles (fistules vésico-vaginales) »[871].

Le Kenya admet que, en plus d'être un problème d'égalité entre les sexes, il s'agit d'une « question sanitaire, car ces mutilations affectent négativement la santé des femmes et des jeunes filles qui les ont subies »[872].

On remarquera que même la question de la circoncision des petits garçons, décidemment non prioritaire pour les Nations Unies, retient l'attention de certains Etats qui en soulignent les risques sanitaires. Ainsi, la Sierra Leone observe-t-elle que :

some people in Sierra Leone had asked why the campaign had focused only on female genital mutilation since circumcision could also be classed as torture[873].

La Zambie reconnaît dans son rapport au CRC que « les circoncisions des enfants pratiquées dans de mauvaises conditions d'hygiène posent problème, en particulier dans les régions rurales »[874].

---

[870] Réponses à la liste des points à traiter, CEDAW/C/TCD/Q/4/Add.1, 15 septembre 2010, par. 40.
[871] Rapport, CRC/C/MLI/2, 11 avril 2006, par. 152.
[872] Rapport, CEDAW/C/KEN/6, 16 octobre 2006, par. 42.
[873] Mme Vamboi in CRC/C/SR.1331, 6 juin 2008, par. 41.
[874] Rapport, CRC/C/11/Add.25, 19 novembre 2002, par. 314. Le Comité des droits de l'enfant lui recommande par conséquent de « veiller à la santé des petits garçons en les protégeant contre les pratiques de circoncision à risque ». Voy. Observations finales, CRC/C/15/Add.206, 2 juillet 2003, par. 47.

2) Le rôle incertain de la religion

De façon significative, certains Etats précisent que la religion *n'est pas* une cause des MGF. En outre, les Etats islamiques ou à majorité musulmane tiennent à informer les Nations Unies du fait que les autorités religieuses ont condamné la pratique.

L'Egypte revendique ainsi avec fierté son « rôle majeur dans le processus de transformation des attitudes et comportements par rapport à cette pratique sur le continent africain, et plus particulièrement concernant l'évolution du discours religieux islamique »[875]. Elle rappelle au CRC que :

[l]a maison de la Fatwa d'Egypte a pris une position décisive en interdisant la pratique de la mutilation génitale féminine, dans le cadre des recommandations formulées à l'issue de la « Conférence mondiale des Oulémas sur l'interdiction de la violation du corps de la femme » qui s'est tenue en novembre 2006. Cette conférence a réuni de grands savants musulmans et a conclu ses travaux par la recommandation suivante : « La mutilation génitale féminine est une coutume ancienne qui a existé dans certaines sociétés humaines, et qui a été reprise par certains musulmans dans plusieurs régions par simple tradition, sans se fonder, pour la justifier, sur aucun texte du Coran ni sur aucun Hadith authentique » ; en foi de quoi, ils ont appelé les musulmans à mettre fin à cette pratique, conformément aux préceptes de l'Islam qui interdisent de porter préjudice à l'être humain sous quelque forme et de quelque manière que ce soit.

L'Eglise copte orthodoxe en Egypte a également affirmé son opposition à la pratique de la mutilation génitale féminine... qu'elle consid[ère] comme une pratique violant le corps et la dignité de la jeune fille, à laquelle il n'est nulle fait allusion dans la bible[876].

La Mauritanie souligne que les oulémas mauritaniens ont condamné cette « pratique néfaste sur la santé [qui] n'a rien à voir avec la religion » ; par ailleurs, d'après le gouvernement, les Imams contribuent aux campagnes de sensibilisation pour faire connaître les risques que les mutilations génitales féminines présentent pour la santé des filles[877].

Djibouti a reconnu que :

[875] Rapport, CRC/C/EGY/3-4, 3 septembre 2010, par. 161.
[876] *Idem*, par. 158-159.
[877] Rapport, CRC/C/MRT/2, 30 juillet 2008, par. 261.

la pratique des MGF était une violation des droits humains des fillettes et des femmes et qu'aucune base confessionnelle ne justifiait sa perpétuation[878].

Au cours du débat devant le Comité, la délégation soudanaise a rapporté également que :

une fatwa émise par un comité composé d'oulémas indique clairement que l'islam n'autorise pas les mutilations génitales : il s'agit là d'une pratique relevant des traditions africaines liée en rien à la religion[879].

Nonobstant les condamnations officielles provenant des chefs religieux de différents pays, quelques contradictions subsistent et on a l'impression que certains groupes continuent de perpétuer la pratique des MGF dans la conviction qu'elle corresponde aux prescriptions de la religion. Les affirmations de la Ministre du travail et du bien-être humain de l'Erythrée sont fort intéressantes :

The issue of female genital mutilation... was of great concern to the Government and had been condemned nationally. There was a programme to create awareness among women who performed the practice, which was often carried out in the privacy of the home at the request of mothers, based on Christian, as well as Muslim, religious beliefs. However, all the religious leaders had made it clear that the practice had no basis in religion. Nevertheless, the elimination of female genital mutilation in Eritrea would take time, as attitudes and beliefs had to be changed[880].

Les Etats africains sont presque tous liés par les normes internationales qui imposent d'abolir les pratiques néfastes. D'une manière cohérente, ils admettent que les MGF constituent une grave violation des droits des enfants et renouvellent leur engagement à les éradiquer, y compris en luttant contre les conceptions et coutumes auxquelles leurs propres populations sont attachées.

Section 2. Les mariages précoces et forcés

Quasiment tous les Etats africains connaissent le phénomène des mariages précoces et/ou forcés.

---

[878] Rapport, CRC/C/DJI/2, 11 décembre 2007, par. 11.
[879] Voy. Mme Habani, Secretary General of the National Council for Child Welfare, in CRC/C/SR.1561, 27 septembre 2010, par. 57.
[880] Mme Menkerios in CRC/C/SR.1335, 13 juin 2008, par. 29.

L'action de protection des droits de l'enfant en ce domaine se heurte au « caractère dualiste des sociétés du continent, qui vivent entre tradition et modernité » et n'acceptent ni ne connaissent parfois les droits positifs actuels[881].

Bien que la plupart des gouvernements africains aient accepté les normes internationales qui interdisent le mariage d'enfants (§ 1), le dialogue qu'ils entretiennent avec les organes de contrôle conventionnels nous donne un aperçu des difficultés que les Etats éprouvent quand il s'agit d'expliquer l'ampleur de ce problème (§ 2).

§ 1. L'acceptation des normes internationales en la matière

Dans quelle mesure les normes internationales conventionnelles relatives aux droits de l'homme[882] obligent-elles les Etats africains à protéger les enfants des mariages précoces et forcés ?

Nous avons vu que le droit international coutumier n'interdit pas totalement le mariage de l'enfant car il n'impose pas d'âge minimum nubile. Mais l'article 16 de la Déclaration universelle des droits de l'homme fixe d'importants principes en la matière :

1) A partir de l'âge nubile, l'homme et la femme, sans aucune restriction quant à la race, la nationalité ou la religion, ont le droit de se marier et de fonder une famille. Ils ont des droits égaux au regard du mariage, durant le mariage et lors de sa dissolution ;

2) Le mariage ne peut être conclu qu'avec le libre et plein consentement des futurs époux.

Nous allons brièvement examiner l'étendue des engagements auxquels les Etats africains ont souscrit, eu égard non seulement aux normes universelles spécifiquement destinées aux enfants, mais aussi à celles qui régissent la conclusion du mariage entre l'homme et la femme.

L'article 23 du PIDCP reprend presque littéralement ces dispositions de la DUDH. Ses deuxième et troisième paragraphes affirment que :

2) Le droit de se marier et de fonder une famille est reconnu à l'homme et à la femme à partir de l'âge nubile.

---

[881] MUBIALA M., *Le système régional africain de protection des droits de l'homme*, Bruxelles : Bruylant, 2005, pp. 115-116.

[882] Le cadre juridique a fait l'objet d'un long développement dans la première partie (titre premier) de cet ouvrage.

3) Nul mariage ne peut être conclu sans le libre et plein consentement des futurs époux.

Les 51 Etats africains parties au PIDCP[883] se sont donc engagés à reconnaître à toute personne le droit de se marier « à partir de l'âge nubile » et sur la base d'un consentement plein et libre. Les deux éléments sont liés et, bien que le Pacte n'établisse pas de seuil minimum d'âge, le Comité a précisé que « l'âge nubile devrait être fixé en fonction de la capacité des futurs époux de donner leur libre et plein consentement personnel dans les formes et les conditions prescrites par la loi »[884].

Malgré la très large ratification de cet instrument sur le continent africain, il convient de regarder de plus près ce que les Etats ont réellement accepté. Le statut personnel semble en effet poser quelques problèmes à certains Etats musulmans.

D'un côté, on peut se demander si les réserves à portée générale formulées par l'Algérie et l'Egypte restreignent les obligations internationales relatives à l'interdiction des mariages forcés d'enfants. Par exemple, il n'est pas sûr que le Code de la famille algérien, qui prévoit que la femme « conclut son mariage en présence d'un *wali* qui peut être son père ou un proche parent », soit compatible avec les engagements souscrits par le gouvernement en vertu du Pacte[885] ; en outre, le Comité se méfie du fait que l'Egypte « considère que la charia est compatible avec le Pacte » et prie l'Etat de préciser la portée de sa déclaration ou de la retirer, vu son « caractère général et équivoque »[886].

Un problème subsiste en outre au regard des importantes dispositions du quatrième paragraphe de l'art. 23, qui engage les Etats à prendre les « mesures appropriées pour assurer l'égalité de droits et de responsabilités des époux au regard du mariage, durant le mariage et lors de sa dissolution » : la Mauritanie ne semble pas prête à les mettre en œuvre, à en

---

[883] Tout le continent, à l'exception de São-Tomé et Principe et des Comores.

[884] Voy. CCPR Observation générale n° 19 : Article 23 (Protection de la famille), 7 juillet 1990, par. 4. En outre, le Comité « tient à rappeler que ces dispositions légales doivent être compatibles avec le plein exercice des autres droits garantis par le Pacte ; ainsi, par exemple, le droit à la liberté de pensée, de conscience et de religion implique que la législation de chaque Etat prévoie la possibilité à la fois du mariage civil et du mariage religieux. De l'avis du Comité, toutefois, le fait qu'un Etat exige qu'un mariage célébré conformément à des rites religieux soit également célébré ou prononcé ou enregistré par des autorités civiles n'est pas incompatible avec le Pacte. Les Etats sont également priés d'inclure des informations à ce sujet dans leurs rapports ».

[885] Voy. notamment les échanges entre un représentant de l'Algérie et M. Amor, membre du Comité des droits de l'homme, lors de l'examen du troisième rapport périodique de cet Etat : in CCPR/C/SR.2494, 24 janvier 2008, spéc. par. 16 et 37.

[886] Observations finales, CCPR/CO/76/EGY, 28 novembre 2002, par. 5.

juger par la déclaration interprétative – en réalité une véritable réserve – que le gouvernement a émise en 2004 lors de l'adhésion au PIDCP[887].

La CEDAW contient à l'article 16, alinéas *a* et *b* du premier paragraphe, des dispositions similaires à celles de l'art. 23 du PIDCP, qui concrétisent l'obligation étatique d'éliminer la discrimination à l'égard des femmes dans les questions découlant du mariage et dans les rapports familiaux. Sont notamment assurés sur la base de l'égalité homme/femme :

a) Le même droit de contracter mariage ;
b) Le même droit de choisir librement son conjoint et de ne contracter mariage que de son libre et plein consentement.

Mais la Convention va plus loin que le Pacte de New York, en garantissant par exemple à l'homme et à la femme les mêmes droits et responsabilités au cours du mariage et lors de sa dissolution (alinéa *c*), les mêmes droits et responsabilités pour les questions se rapportant à leurs enfants (alinéa *d*), les mêmes droits de décider librement et en toute connaissance de cause du nombre et de l'espace de naissance (alinéa *e*), les mêmes droits sur les biens de la famille (alinéa *h*).

Surtout, la CEDAW consacre explicitement le deuxième paragraphe de l'article 16 aux mariages d'enfants et aux mesures nécessaires pour les abolir :

Les fiançailles et les mariages d'enfants n'auront pas d'effets juridiques et toutes les mesures nécessaires, y compris des dispositions législatives, seront prises afin de fixer un âge minimal pour le mariage et de rendre obligatoire l'inscription du mariage sur un registre officiel.

Si tous les Etats africains (sauf la Soudan et la Somalie) sont parties à cet instrument, le bilan de son acceptation doit nécessairement prendre en compte les nombreuses réserves émises sur l'article 16, ainsi que des réserves générales concernant d'autres dispositions fondamentales de la Convention, qui visent toutes à faire prévaloir le droit interne sur celle-ci.

C'est le cas de l'Egypte, qui invoque les « profondes convictions religieuses qu'on ne saurait transgresser » pour écarter les dispositions relatives à l'égalité de l'homme et de la femme pour toutes les questions

---

[887] « Le Gouvernement mauritanien interprète les dispositions de l'alinéa 4 de l'article 23 relatives aux droits et responsabilité des époux au regard du mariage comme ne portant en aucun cas atteinte aux prescriptions de la chari'a islamique ». La France a formulé une objection qui se lit ainsi : « En subordonnant l'interprétation de l'article 23, alinéa 4 du Pacte aux prescriptions de la Chari'a islamique, le Gouvernement mauritanien formule, en réalité, des réserves d'une portée générale et indéterminée telles qu'elles ne permettent pas d'identifier les modifications des obligations du Pacte qu'elles sont destinées à introduire ».

découlant du mariage, au cours du mariage et lors de sa dissolution, et plus en général subordonne l'ensemble des dispositions de l'article 2, fondamentales pour l'élimination progressive de la discrimination contre les femmes, aux prescriptions de la *chari'a* musulmane[888].

C'est le cas aussi de la Mauritanie, disposée à approuver la Convention des Nations Unies « en toutes et chacune de ses parties non contraires à la Charia islamique et conformément à [sa] Constitution »[889].

Or si la charia paraît imposer le consentement des époux pour conclure le mariage[890], elle n'exclut pas forcément les unions précoces.

Les réserves visant quelques dispositions seulement de la Convention, et notamment celles contenues au premier paragraphe de l'article 16, n'en font pas moins douter de l'engagement réel des Etats à l'égard de l'objet et du but de la Convention.

Ainsi, la Tunisie ne se considère-t-elle pas liée, en autres, par l'alinéa *c* de l'article 16[891].

Le Niger figure, lui, parmi les Etats ayant formulé le plus grand nombre de réserves sur les dispositions de la CEDAW relatives aux rapports familiaux, y compris en matière de droits et responsabilités des époux et du droit de décider librement et en toute connaissance de cause du nombre et de l'espace de naissance (notamment les articles 2-*d* et 2-*f* ; 5-*a*, 5-*b* ; 15-4 ; 16-1-*c*, 16-1-*e* et 16-1-*g*), dispositions qui « ne peuvent faire l'objet d'application immédiate en ce qu'elles sont contraires aux coutumes et pratiques actuellement en vigueur, qui de par leur nature ne se modifient qu'au fil du temps et de l'évolution de la société, et ne sauraient, par conséquent, être abrogées d'autorité ».

La France considère que les réserves nigériennes relatives aux dispositions précitées « vise[nt] à faire prévaloir de façon générale le droit interne, voire la pratique interne et les valeurs actuelles de la société, sur les dispositions de la Convention », de façon à « vide[r] l'engagement de la République du Niger de tout contenu »[892].

---

[888] Voy. les réserves aux articles 2 et 16.

[889] Extrait de la réserve générale.

[890] Voy. le Rapport du Nigéria au CRC, notamment son par. 1.2.1 : « Dans la célèbre affaire *Karimatu Yakubu c. Alh. Paiko* (recours n° CA/K/80s/85 – décision non publiée, Cour d'appel de Kaduna), la Cour d'appel, division de Kaduna, jugeant en faveur de l'adolescente appelante, a répété que 'son père ne pouvait pas l'obliger à épouser un homme qu'elle n'avait pas choisi en lui déniant le droit de consentir à son mariage. La Cour a clairement indiqué qu'en vertu du droit de la famille de la charia, la nécessité du consentement d'une fille à son mariage est à la fois une condition indispensable et un droit contractuel ou, à tout le moins, un droit souhaitable'. Cette décision est tout à fait compatible avec le principe général de l'intérêt supérieur et du bien-être de l'enfant ».

[891] Et par bon nombre d'autres dispositions, sa réserve concernant les alinéas *c, d, f, g*, et *h*, de l'article 16.

[892] La France fait objection à cette réserve car « les dispositions visées ne concernent pas seulement les relations familiales mais aussi les relations sociales dans leur ensemble. En particulier, l'article 2 paragraphe d, fait obligations aux autorités publiques et aux institutions

Si nous avons souligné les limites de l'engagement de quelques Etats musulmans, il convient aussi d'apprécier à sa juste valeur l'avancée que constitue la levée des réserves visant à la perpétuation des traditions et pratiques traditionnelles nuisibles aux femmes et aux filles. Retournant opportunément sur ses pas quatre ans après la ratification de la CEDAW, le Malawi a retiré sa réserve qui affirmait que « [c]ertaines coutumes et pratiques traditionnelles étant profondément enracinées, le Gouvernement de la République du Malawi ne se considérera pas, pour le moment, lié par les dispositions de la Convention exigeant l'abolition immédiate de ces coutumes et pratiques ».

Bien que le droit régional des droits de l'homme ne fasse pas l'objet de notre analyse, il est intéressant de remarquer que les normes contenues dans les deux traités de l'UA qui interdisent expressément les mariages d'enfants sont largement acceptées.

Il s'agit, d'une part, de l'article 21 (par. 2) de la CADBE sur le mariage des enfants[893], qui lie les 46 Etats parties au traité, moins les deux Etats (l'Egypte et le Soudan) qui ont émis des réserves spécifiques sur cette disposition.

L'autre traité est le Protocole de Maputo, dont l'article 6 (b) prévoit que « l'âge minimum de mariage pour la fille est de 18 ans ». La Tunisie et le Soudan avaient manifesté leur volonté d'émettre une réserve sur cette disposition[894], puis ont fini par ne pas ratifier le Protocole. Par contre, la Namibie et l'Afrique du Sud ont assorti leur ratification de réserves, visant l'enregistrement des mariages, qui ont été accusées de contribuer au maintien de la pratique des mariages d'enfants[895].

---

publiques de se conformer à l'interdiction de toute acte ou pratique discriminatoire, l'article 2, paragraphe f, établit l'obligation de prendre les mesures appropriées, notamment législatives, pour empêcher les discriminations à l'égard des femmes y compris dans les relations entre particuliers. Parce qu'elle méconnaît ces obligations, la réserve est manifestement contraire à l'objet et au but du traité ».

[893] « Les mariages d'enfants et la promesse de jeunes filles et garçons en mariage sont interdits et des mesures effectives, y compris des lois, sont prises pour spécifier que l'âge minimal requis pour le mariage est de 18 ans et pour rendre obligatoire l'enregistrement de tous les mariages dans un registre officiel ».

[894] Voy. les réserves présentées lors de la réunion des ministres qui adoptait le *Draft Protocol* à Addis Abeba, en mars 2003 : UA Doc MIN/WOM.RTS/DRAFT. PROT (II)Rev. 5, 28 mars 2003.

[895] La seule réserve émise par la Namibie concerne l'article 6 *d*) : « until legislation regarding the recording and registration of customary marriages is enacted ». Le gouvernement de l'Afrique du Sud, auteur de plusieurs réserves, a pour sa part défendu son *Customary Marriage Act* (1998) selon lequel « failure to register a customary marriage does not affect the validity of that marriage and is considered to be a protection for women married under customary law » ; mais la Commission de Banjul n'a pas accepté ces explications et a recommandé, à l'issue de l'examen du rapport périodique de l'Etat, que « the State party considers lifting the reservation made on Article 6(d) of the Protocol to the African Charter on

Pour compléter ce bref survol du corpus des normes applicables en Afrique en matière de mariages d'enfants, il n'est pas inutile d'évoquer un instrument qui entend contribuer à « favoriser le respect universel et effectif des droits de l'homme et des libertés fondamentales pour tous »[896] : la Convention sur le consentement au mariage, l'âge minimum du mariage et l'enregistrement des mariages de 1962. Ouverte à la signature et à la ratification par l'Assemblée générale en 1962[897] et entrée en vigueur deux ans avant l'adoption des Pactes internationaux, elle reprend en les améliorant les normes, déjà citées, contenues dans la DUDH dont le respect suffirait à exclure le mariage forcé (nécessité du consentement valablement exprimé[898]) et précoce (fixation d'un âge minimum approprié[899] et enregistrement des mariages).

Ce traité n'a pas eu beaucoup de succès sur le continent africain : 12 Etats [900] seulement l'ont ratifié, sur un total de 55 Etats parties, sans émettre de réserves (la France est le dernier Etat à avoir déposé son instrument de ratification, en octobre 2010, ne l'ayant pas pu faire plus tôt à cause de la situation juridique à Mayotte).

Il y a enfin un traité international, datant de 1956, qui a pris en considération la situation de la femme victime de mariage forcé[901] et imposé

Human and Peoples' Rights on the rights of women in Africa » : voy. le 31e paragraphe des *Concluding Observations and Recommendations on the First Periodic Report of the Republic of South Africa*, made at the 38th Ordinary Session of the African Commission on Human and Peoples' Rights 21 November - 5 December 2005, Banjul, The Gambia, disponible à partir de la page http://www.chr.up.ac.za/index.php/documents-by-country-database/south-africa.html. Dernier accès 29 mars 2012.

896 Voy. le Préambule, qui rappelle également la résolution 843 (IX) du 17 décembre 1954 de l'Assemblée générale de l'ONU selon laquelle « certaines coutumes, anciennes lois et pratiques intéressant le mariage et la famille étaient incompatibles avec les principes énoncés dans la Charte des Nations Unies et la Déclaration universelle des droits de l'homme ».

897 Dans sa résolution 1763 A (XVII) du 7 novembre 1962.

898 Article 1, par. 1 : « Aucun mariage ne pourra être contracté légalement sans le libre et plein consentement des deux parties, ce consentement devant être exprimé par elles en personne, en présence de l'autorité compétente pour célébrer le mariage et de témoins, après une publicité suffisante, conformément aux dispositions de la loi ».

899 L'article 2 de la Convention affirme : « Les Etats parties à la présente Convention prendront les mesures législatives nécessaires *pour spécifier un âge minimum pour le mariage*. Ne pourront contracter légalement mariage les personnes qui n'auront pas atteint cet âge, à moins d'une dispense d'âge accordée par l'autorité compétente pour des motifs graves et dans l'intérêt des futurs époux ». La Recommandation, non obligatoire, qui accompagne cet instrument prévoit un âge minimum non inférieur à 15 ans.

900 Afrique du Sud, Bénin, Burkina Faso, Côte d'Ivoire, Guinée, Libéria, Lybie, Mali, Niger, Rwanda, Tunisie, Zimbabwe.

901 L'article premier affirme que « Chacun des Etats parties à la présente Convention prendra toutes les mesures, législatives et autres, qui seront réalisables et nécessaires pour obtenir progressivement et aussitôt que possible l'abolition complète ou l'abandon des institutions et pratiques suivantes, là où elles subsistent encore, qu'elles rentrent ou non dans la définition de l'esclavage qui figure à l'article premier de la Convention relative à l'esclavage signée à

aux Etats des obligations de moyen pour l'abolition complète ou l'abandon des institutions et pratiques analogues à l'esclavage, dont « toute institution ou pratique en vertu de laquelle (…) une femme est, sans qu'elle ait le droit de refuser, promise ou donnée en mariage moyennant une contrepartie en espèces ou en nature versée à ses parents, à son tuteur, à sa famille ou à toute autre personne ou tout autre groupe de personnes »[902] : la Convention supplémentaire relative à l'abolition de l'esclavage, de la traite des esclaves et des institutions et pratiques analogues à l'esclavage. Selon l'article 2 de ce traité, « les Etats parties s'engagent à fixer, là où il y aura lieu, des âges minimum appropriés pour le mariage, à encourager le recours à une procédure qui permette à l'un et l'autre des futurs époux d'exprimer librement leur consentement au mariage en présence d'une autorité civile ou religieuse compétente et à encourager l'enregistrement des mariages ».

Il est intéressant de remarquer que cette Convention, globalement bien ratifiée, a été acceptée sans réserves par 32 pays africains[903], y compris tous ceux qui allaient ensuite émettre les réserves à la CEDAW qu'on vient d'étudier.

En somme, l'abandon du mariage forcé à travers l'acceptation du principe du consentement libre et mutuel des époux ne semble pas poser de problèmes de principe aux Etats africains.

Par contre, le concept de mariage « précoce » reste flou. Les instruments internationaux relatifs aux droits de l'homme se limitent à imposer la fixation d'un âge minimum. La CEDAW elle-même contribue à l'ambigüité car, tout en ne conférant pas d'effets juridiques aux fiançailles et mariages d'enfants, elle laisse aux Etats eux-mêmes le soin de fixer un âge minimal pour le mariage.

Nous verrons que, même avec l'adoption de la CIDE, la question de la définition de l'enfant et donc de l'âge légal pour le mariage n'a pas été résolue.

Tous les Etats africains connaissent le phénomène des mariages précoces et/ou forcés. Leur dialogue avec les organes de contrôle nous donne un aperçu de l'ampleur de ce phénomène, ainsi que de la façon dont les Etats le perçoivent.

Genève le 25 septembre 1926 : (…) c) Toute institution ou pratique en vertu de laquelle : i) Une femme est, sans qu'elle ait le droit de refuser, promise ou donnée en mariage moyennant une contrepartie en espèces ou en nature versée à ses parents, à son tuteur, à sa famille ou à toute autre personne ou tout autre groupe de personnes ».

902 Article premier, alinéas *c* et *i*.

903 Algérie, Cameroun, Congo, Côte d'Ivoire, Djibouti, Egypte, Ethiopie, Ghana, Guinée, Libye, Lesotho, Madagascar, Malawi, Mali, Maroc, Maurice, Mauritanie, Niger, Nigéria, Ouganda, RCA, RDC, Tanzanie, Rwanda, Sénégal, Seychelles, Sierra Leone, Soudan, Togo, Tunisie, Zambie, Zimbabwe. Au 20 juin 2012, 123 Etats sont parties à la Convention (dont la France, depuis 1964).

§ 2. La description et la perception de la pratique

Il est difficile pour les Etats africains de calculer combien d'enfants sont victimes de mariages précoces et forcés, comme le leur demande en particulier le CRC[904].

Toutefois, ils s'efforcent de plus en plus d'évaluer l'étendue de cette pratique (le taux de prévalence est calculé comme le pourcentage de mariages précoces/forcés sur le total des mariages célébrés à l'échelle nationale et/ou locale).

Ainsi, Djibouti a-t-il mené une enquête à indicateurs multiples (EDIM) qui a révélé la proportion de mariages précoces ayant lieu avant que les filles aient 18 ans (9,5%) et même avant leurs 15 ans (2,8%)[905].

D'après les données de 2007, l'Ethiopie aurait un taux de prévalence de mariages précoces de 21,4%[906].

Au Tchad, le pourcentage dépasserait même 70%. L'enquête EDST-II de 2004 a démontré que :

50 % des femmes de 25-49 ans ont contracté une union à 15,9 ans, ce qui est resté quasiment identique par rapport à la situation de 1996-1997. Par ailleurs, 71 % des femmes sont mariées avant l'âge de 18 ans (65 % en milieu urbain, 74 % en milieu rural). A 17 ans, 42 % des jeunes femmes ont déjà un enfant ou sont enceintes pour la première fois[907].

L'enquête démographique sur la santé, conduite au Libéria en 2007, a établi que, parmi les femmes âgées de 25 à 49 ans, près de la moitié (46 %) étaient mariées à l'âge de 18 ans[908].

---

[904] Les *Directives générales concernant les informations statistiques et les données à inclure dans les rapports périodiques* (Annexe aux *Directives spécifiques à l'instrument..., op. cit.*) prévoient que les informations relatives aux mariages forcés (« nombre de cas signalés d'enfants victimes ») soient explicitement incluses dans les données concernant la violation du droit de ne pas être soumis à la torture ou à d'autres traitements ou peines cruels, inhumains ou dégradants. Quelques Etats s'y sont conformés, mais les chiffres avancés paraissent franchement peu convaincants : 76 cas de mariages forcés d'enfants de 12 à 17 ans enregistrés entre 2009 et 2011 au Togo (CRC/C/TGO/Q/3.4/Add.1, 2 novembre 2011, par. 68) et seuls 4 mariages forcés ayant eu lieu au Ghana entre 2002 et 2005 (voy. le tableau qui figure dans les Réponses à la liste des points à traiter, CRC/C/GHA/Q/2/Add.1, 11 janvier 2006, p. 11).

[905] Voy. Rapport, CEDAW/C/DJI/1-3, 16 avril 2010, par. 572.

[906] Rapport, CEDAW/C/ETH/6-7, 19 avril 2010, par. 32.

[907] Rapport, CRC/C/TCD/2, 26 juin 2007, par. 47 et 48.

[908] Rapport, CRC/C/LBR/2-4, 9 novembre 2011, par. 268.

De nombreux pays informent les organes de contrôle de l'âge auquel les enfants se marient. Cela permet d'apprécier l'écart entre législation et réalité ; surtout pour les filles, l'âge minimum effectif peut être en effet extrêmement bas, en coïncidant avec la puberté.

Le Sénégal fixe la majorité matrimoniale à un âge différent selon le sexe (16 ans pour la fille et 20 pour le garçon), mais estime que l'âge médian minimum de mariage s'établit autour de 16,6 ans[909].

Dans certaines régions de la Mauritanie, 26% de filles se marient avant l'âge de 15 ans[910].

Le Congo ne semble pas exclure qu'un enfant de 13 ans puisse s'émanciper par le mariage[911].

En Erythrée également,

des lois coutumières font que de nombreux enfants, en particulier les filles, sont mariés à un âge compris entre 13 et 15 ans[912].

Au Tchad, la coutume selon laquelle l'enfant est marié très jeune se trouve confirmée par le droit pénal, qui n'incrimine que les mariages conclus avant l'âge de 13 ans[913]. Mais l'Etat minimise, et refuse de donner des renseignements sur une affaire évoquée par le CCPR. Il s'agissait notamment d'une mineure tchadienne, Khadidja Oumane Mahamat, qui a avait été forcée à un mariage précoce à l'âge de 13 ans, avec un homme âgé de 70, et par la suite accusée d'avoir empoisonné son mari. Incarcérée en 2004 et toujours en l'attente d'un jugement, elle a été violée par un responsable de prison des œuvres duquel elle a eu un enfant, et continue d'être victime d'abus sexuels[914].

---

909 Rapport, CRC/C/SEN/2, 10 avril 2006, par. 93.

910 Réponses à la liste des points à traiter, CRC/C/MRT/Q/2/Add.1, 22 avril 2009, p. 11.

911 « Il n'est pas prévu de circonstances aggravantes lorsque ce crime a été commis (…) sur la personne d'un enfant âgé de plus de 13 ans, mais non émancipé par le mariage », in Rapport, CRC/C/COG/1, 6 avril 2006, par. 471.

912 Observations finales, CRC/C/ERI/CO/3, 23 juin 2008, par. 62.

913 Rapport, CRC/C/TCD/2, 26 juin 2007, par. 63. On se reportera en outre au paragraphe 264 du Rapport présenté au CCPR : CCPR/C/TCD/1, 6 juin 2008 : « L'âge nubile au mariage et le consentement des futurs époux se heurtent à la persistance de certaines coutumes. C'est pourquoi le Code pénal tchadien intervient pour réprimer le mariage des filles de moins de 13 ans en édictant, en son article 277, que 'la consommation d'un mariage coutumier avant que la fille n'ait atteint l'âge de 13 ans est assimilée au viol et punie comme tel' ».

914 Voy. CCPR/C/SR.2635, 23 juillet 2009, par. 51.

Une affaire semblable ayant fait l'objet de débats pendant l'examen d'un rapport étatique est celle de la fille nigériane âgée de 15 ans qui a été sauvée du lynchage après avoir tué son mari[915].

Au Malawi, où des lois coutumières autorisent le mariage précoce, la Constitution elle-même l'admet implicitement. Selon l'article 22, alinéa 8, l'Etat doit « décourager » les mariages de personnes dont l'une est âgée de moins de 15 ans[916] ; cela veut dire, *a contrario*, qu'il ne peut l'empêcher. D'ailleurs,

> *[t]his provision has led several commentators to state that there is no minimum age for marriage since where there is parental consent, a fifteen-year-old child may get married. In addition, where both parties or either one of them is under fifteen, the State can only discourage and has no powers to forbid the marriage*[917].

Si ces quelques exemples, tirés du dialogue entre les Etats et les comités conventionnels, nous donnent une idée plus précise de l'étendue et de la gravité des mariages précoces et forcés qui continuent d'avoir lieu sur le continent, il convient maintenant de concentrer l'attention sur l'explication que l'Afrique donne de ce phénomène. Les commentaires fournis par les délégations étatiques nous révèlent que la persistance de certaines coutumes, souvent liées à une conception assez traditionnelle de la sexualité féminine, sont à la base des mariages forcés (A). Si les Etats ne condamnent pas forcément ces pratiques en tant que telles, ils semblent néanmoins conscients des conséquences préjudiciables des mariages d'enfants, notamment sur le bien-être des filles (B).

A. Les multiples facteurs conduisant au mariage d'enfants

Les Etats devraient considérer que le mariage d'un enfant de moins de 18 ans (mariage précoce) est par définition un mariage forcé, puisqu'un enfant ne peut valablement y consentir.

Mais les choses ne sont pas si simples en Afrique, et les gouvernements cherchent à expliquer aux organes d'experts de l'ONU que la pauvreté vient s'ajouter, en ce domaine, à des traditions bien enracinées (1). Mais il y a aussi un certain nombre de situations où l'enfant se marie, indépendamment de sa volonté, pour se conformer à des règles sociales ou familiales qui puisent leur origine dans la culture et les valeurs africaines (2).

---

[915] CRC/C/SR.1507, 25 mars 2011, par. 62-63.

[916] Dans le cadre de la révision de la Constitution, il a d'ailleurs été proposé que cet âge minimum soit fixé à 16 ans.

[917] Rapport, CRC/C/MWI/2, 17 juillet 2008, par. 12.

1) Le cercle vicieux liant la pauvreté aux traditions néfastes

Si la pauvreté n'explique pas, en elle-même, la pratique traditionnelle des mariages précoces et forcés, il est indéniable qu'elle peut influencer les choix d'une famille vis-à-vis de l'avenir de ses enfants : la décision de marier une fille en bas âge peut être perçue comme plus « rentable » que celle de la scolariser, voire de la faire travailler dans le cercle familial.

Par exemple, le Bénin rapporte que le « mariage par échange » menace encore les enfants issus de milieux défavorisés[918]. Le rapport alternatif au CRC permet de comprendre que, dans certaines régions, « les familles pauvres commercialisent les fillettes aux prétendants sur le système des enchères aux plus offrants, en les assimilant ainsi à des esclaves »[919].

Le Soudan explique au Comité que la préférence pour la scolarisation du fils, en tant que mâle, a pour conséquence d'accélérer le mariage des filles, traditionnellement autorisé dès la puberté.

Les mariages précoces touchent uniquement les zones rurales pauvres et reculées, où traditionnellement, les parents font le choix de donner leurs filles en mariage et de favoriser l'éducation de leurs fils. Le Gouvernement soudanais tente de sensibiliser la population à l'importance de scolariser les filles, dans le cadre d'une stratégie qui cible en particulier les populations nomades et prévoit notamment de former des instituteurs disposés à les suivre durant la saison des parcours[920].

[En revanche] la pratique des mariages précoces est quasi-inexistante dans les villes et l'âge moyen du mariage recule grâce à l'éducation des femmes[921].

Des études menées au Nigéria ont montré que :

les mariages d'enfants continuent d'être contractés dans les situations de pauvreté, les parents y voyant un moyen pour l'enfant et toute la famille de sortir de cette pauvreté. La culture, les traditions, la religion, une interprétation erronée des droits de l'enfant ou la non-sensibilisation à ces droits sont d'autres facteurs associés au mariage d'enfants[922].

Récemment, l'Egypte a dû rendre compte au CRC du phénomène des mariages « touristiques » et/ou « temporaires » conclus moyennant une

---

[918] Rapport, CRC/C/BEN/2, 24 novembre 2005, par. 437.

[919] Rapport alternatif au Comité des Nations Unies des droits de l'enfant sur la mise en œuvre de la Convention relative aux droits de l'enfant au Bénin, 43e session, septembre 2006, p. 24.

[920] Voy. Mme Habani in CRC/C/SR.1561, 27 septembre 2010, par. 19.

[921] CRC/C/SR.1561, *cit.*, par. 34.

[922] Rapport, CRC/C/NGA/3-4, 5 janvier 2009, par. 5.6.1, d).

somme d'argent entre de jeunes filles égyptiennes et des hommes d'affaires étrangers[923].

2) Les justifications de la pratique liées au contexte africain

Parmi les nombreuses causes que les Etats évoquent pour expliquer aux organes onusiens la persistance des mariages précoces et forcés, le poids des coutumes est sans doute la plus importante. Pour comprendre la logique qui est à la base du droit familial africain, il faut oublier les conditions de fond de notre conception occidentale actuelle du mariage (consentement entre époux, âge minimum nubile, possibilité d'émancipation de l'enfant par le mariage avec l'accord des parents) et considérer qu'en Afrique, les unions peuvent encore être arrangées par les parents et simplement 'subies' par les enfants. Voici quelques illustrations.

En Sierra Leone, où la coutume est considérée comme « le produit de la sagesse présumée des aînés des communautés »[924] et réglemente la vie d'environ 80 % de la population,

[l]e terme de « consentement » est tout à fait relatif, étant donné que le consentement de l'un des parents (en particulier du père) et/ou du gardien peut être considéré comme une condition suffisante à la célébration du mariage. Bien souvent, le consentement des enfants (en particulier des filles) n'est absolument pas nécessaire. En outre (...) l'âge du mariage est considéré comme atteint sur la base de critères physiques (la puberté pour les filles) ou des rites d'initiation menés par des sociétés secrètes[925].

Au Bénin, le consentement de la future épouse est nécessaire pour le mariage à l'état civil mais pas pour le mariage ayant pour base légale les coutumes et traditions séculaires des différentes communautés, où la dot constitue la preuve de validité du mariage. Le consentement de la fille est en effet « présumé en raison de l'acceptation de la dot »[926].

Maurice a conscience du phénomène des mariages précoces et forcés qui touchent « certains enfants, surtout des filles, mariés à 16 ans contre leur volonté, sur pression de leurs parents »[927].

---

[923] Le Comité demande des renseignements à l'Etat et notamment des données statistiques sur les enquêtes menées et les poursuites engagées, in Liste des points à traiter, CRC/C/EGY/Q/3-4, 14 mars 2011, III partie, par. 1, c).
[924] Rapport, CRC/C/SLE/2, 8 septembre 2006, par. 83.
[925] *Idem*, par. 93.
[926] Rapport, CCPR/C/BEN/2004/1, 16 février 2004, par. 235-236.
[927] CRC/C/SR.1105, 27 janvier 2006, par. 40.

Au Malawi aussi, des enfants de 15 ans sont *donnés* en mariage[928]. Le Niger affirme de manière assez nette que :

en droit coutumier, l'âge de la majorité est une notion totalement inconnue ; l'enfant n'acquiert son indépendance à l'égard de ses parents qu'après son premier mariage[929].

Il est intéressant de remarquer que, si la nécessité de respecter les coutumes ou de suivre les traditions est omniprésente dans les explications fournies par les Etats, certains d'entre eux donnent des justifications plus précises et détaillées de ce que la société impose aux enfants en matière de mariage.

La RDC révèle par exemple que le renforcement des liens dans la communauté ou entre communautés favorise les mariages forcés : en effet, il existe des coutumes en vertu desquelles les fillettes sont mariées de force avec un membre de la famille élargie. En particulier, c'est l'oncle âgé qui devient le mari de nombreuses fillettes au Bas-Congo[930].

Le « rapport unique condensé » des Comores au CEDAW, attendu depuis 15 ans, explique que :

[l]es mariages arrangés continuent d'être pratiqués et justifiés par la volonté des parents de préserver le patrimoine lignager et de concourir ainsi à la cohésion sociale. Les personnes concernées, parfois des personnes mineures, se voient imposé un partenaire au motif de la préservation de l'honneur de la famille – un partenaire qui, le plus souvent, appartient à un groupe de parenté proche[931].

De même, au Burkina Faso, le renforcement des liens d'amitié ou de parenté entre familles peut être une raison suffisante pour conclure une union, indépendamment de la volonté des futurs époux. L'Etat explique en outre que :

la différence d'âge [souvent constatée et légale] entre fille et garçon tient compte des réalités sociales. En effet, lorsque les filles ne vont pas à l'école ou l'ont quittée très tôt, elles ont tendance à se marier ou à être mariées[932].

---

[928] Réponses à la liste des points à traiter, CRC/C/MWI/Q/2/Add.1, 9 janvier 2009, par. 21.
[929] Rapport, CRC/C/NER/2, 20 novembre 2008, par. 96.
[930] Voy. CRC/C/SR.1385, 30 janvier 2009, par. 9.
[931] Rapport, CEDAW/C/COM/1-4, 21 septembre 2011, par. 266.
[932] Rapport, CRC/C/BFA/3-4, 30 mars 2009, par. 59.

La religion n'est généralement pas évoquée parmi les facteurs qui contribuent à la perpétuation des mariages précoces et forcés. Pourtant, il est clair qu'elle influence les mentalités et s'applique dans certains pays, en tant que droit, aux questions relatives à la famille.

La Tanzanie, qui reconnaît l'existence de "cultural practices which favour early and often forced marriages (that promote young girls to run away from rural village to urban centres)"[933], explique que :

50 per cent of the Tanzanian population was Muslim ; the remaining 50 per cent was Christian or followers of traditional religions. While both common law and sharia law applied, the sharia was invoked in marriage and family-related matters that concerned Muslims only. The coexistence of the two legal systems made it difficult to set standards applicable to all children[934].

La préservation de la virginité de la fille, en outre, est une condition essentielle pour le mariage, notamment pour les croyants de l'Islam.

Le Burkina Faso affirme que, bien que la charia ne soit pas une source de droit,

les prescriptions de la religion musulmane sont ancrées dans la culture. Il est notamment primordial dans la société burkinabè que la jeune fille soit vierge avant le mariage[935].

Les raisonnements développés par le gouvernement camerounais dans son deuxième rapport périodique au CRC démontrent toute l'appréhension que la précocité sexuelle suscite dans les sociétés traditionnelles : c'est « un fait, une réalité qu'il va falloir gérer ».

Elle devient par ailleurs un important problème à la suite de la publicité sur les préservatifs comme moyen de lutte contre le VIH/sida et de son alternative qui est la fidélité. Ceci provoque chez les adolescents, à défaut des mariages précoces, unanimement condamnés, une tendance au libertinage et à la dépravation dans les domaines des mœurs et de la sexualité[936].

---

933 Rapport, CRC/C/70Add.26, 24 août 2005, par. 285.

934 Mme Simba in CRC/C/SR.1134, 6 juin 2006, par. 44.

935 Mme Tamini in CRC/C/SR.1463, 7 septembre 2010, par. 12.

936 Rapport, CRC/C/CMR/2, 22 octobre 2009, par. 43. C'est nous qui soulignons.

Le Togo, tout en déclarant lutter contre les mariages précoces, admet que ces derniers seraient une solution « pour éviter le vagabondage sexuel de la jeune fille »[937].

C'est pour prévenir la tendance des jeunes filles au libertinage sexuel que quelques ethnies (en Afrique du Sud ou au Zimbabwe[938], par exemple) soumettent les filles à des « tests de virginité » obligatoires avant le mariage. Il s'agit d'une pratique néfaste dont nous traiterons dans la section suivante, mais qui est évidemment en lien avec le phénomène des mariages forcés.

Les Etats admettent parfois les limites du droit moderne face à la prévention de ces pratiques.

Le Code pénal de la RDC laisse implicitement subsister le mariage forcé, puisqu'il réprime seulement

l'imposition à une personne d'un partenaire au mariage, faite par tout individu autre que les père, mère, tuteur, ou toute personne qui exerce en droit l'autorité sur elle (article 336)[939].

Le Mali figure parmi les quelques pays africains où cette pratique néfaste à la santé de l'enfant est interdite par les lois (Code du mariage et Code de protection de l'enfance) ; toutefois, « dans la pratique, plusieurs ethnies continuent de marier leurs filles avant l'âge de 14 ans »[940]. Le gouvernement confirme

l'absence de mesures particulières pour empêcher les mariages précoces dans certains groupes ethniques, en particulier la communauté Peulh, qui autorise les filles à se marier dès 11 ans[941].

Il y a enfin un dernier cas de figure, souligné par quelques Etats où, en vertu de traditions particulières, les parents se sentent contraints de donner leurs enfants (et notamment leurs filles) en mariage à quelqu'un qui exerce un pouvoir sur eux.

D'une part, la contrainte peut être le fait d'un chef religieux qui impose le "sacrifice" d'un enfant comme seul moyen de sauver l'honneur et le bien-être de sa famille.

---

[937] Voy. Réponses à la liste des points à traiter, CRC/C/TGO/Q/3-4/Add.1, 2 novembre 2011, par. 68, ainsi que CRC/C/SR.1679, 30 janvier 2012, par. 62.

[938] Voy. les récents examens des rapports périodiques devant le CEDAW.

[939] Rapport, CCPR/C/COD/2005/3, 3 mai 2005, par. 249. C'est nous qui soulignons.

[940] Rapport, CRC/C/MLI/2, 11 avril 2006, par. 412.

[941] Voy. les affirmations de Mme Diallo M'Bodji Sène, in CRC/C/SR.1207, 18 décembre 2009, par. 76.

Ainsi, le Ghana rapporte-t-il d'une pratique traditionnelle dite *trokosi* qui s'apparente au mariage forcé : de jeunes filles vierges sont vouées à une sorte d'esclavage dans des lieux saints pour expier les péchés ou les crimes qu'auraient commis des membres de leur famille. Selon les informations fournies par le gouvernement, il y aurait encore dans le pays au moins deux mille filles victimes de cette pratique[942].

Le Togo évoque des pratiques semblables, telles que « les servitudes rituelles marquées par le placement des petites filles dans les couvents des fétichistes », parmi les obstacles à la promotion des femmes[943].

D'autre part, il se peut qu'un tiers inconnu par la famille use de la violence physique sur la fillette pour la déshonorer et la contraindre à un mariage 'réparateur', avec la complicité de sa propre famille. Dans beaucoup de pays africains, en effet, on pousse les filles enlevées et/ou violées à épouser leur ravisseur. Il s'agit des « mariages par enlèvement » ou « mariages par rapt ».

En Ethiopie notamment, l'enlèvement reste une des grandes causes de mariage précoce et forcé et « représente l'une des formes les plus courantes de violence exercée contre les femmes et les filles, en particulier en milieu rural » [944]. Il s'agit d'une « tradition très ancienne dans la plupart des régions de l'ouest et du sud de l'Ethiopie »[945].

D'après le gouvernement, les choses sont en train de changer et si la prévalence nationale des enlèvements en vue d'un mariage forcé est en baisse (elle a chuté de 23,3 %, en 1997, à 12,7 % en 2007)[946], une enquête réalisée en 2006-2007 indique que la conclusion d'un mariage suite à un enlèvement n'est plus tolérée et est désormais sévèrement punie[947].

Le Tchad reconnaît que « cette pratique est profondément ancrée dans la tradition »[948] et que, dans la plupart des cas, « le mariage forcé est le fait des parents eux-mêmes »[949]. Par ailleurs,

[l]e rapt se trouve implicitement admis dans la mesure où l'alinéa 2 de l'article 289 du Code pénal prévoit que lorsqu'une mineure enlevée ou détournée aura épousé son ravisseur, celui-ci ne peut-être poursuivi que sur la plainte des personnes qui ont qualité pour demander l'annulation et ne peut être condamné qu'après cette annulation. Or ceux qui ont qualité pour

---

942 Voy. notamment Rapport, CRC/C/65/Add.34, 14 juillet 2005, par. 206.
943 Rapport, CEDAW/C/TGO/1-5, 18 mars 2004, p. 42.
944 Rapport, CCPR/C/ETH/1, 22 octobre 2009, par. 227.
945 Rapport, CEDAW/C/ETH/6-7, 19 avril 2010, par. 33.
946 *Ibidem.*
947 Rapport, CCPR/C/ETH/1, *cit.*, par. 227.
948 En ce sens voy. M. Djasnabaille, in CCPR/C/SR.2635, 23 juillet 2009, par. 44.
949 M. Djasnabaille in CCPR/C/SR.2636, 25 septembre 2009, par.17.

demander l'annulation du mariage sont souvent co-auteurs ou complices du détournement du mineur ou du mariage par rapt[950].

B. La reconnaissance des effets préjudiciables de la pratique

Les Etats africains reconnaissent que, pour différentes raisons, la pratique traditionnelle des mariages d'enfants est préjudiciable à ces derniers.

Toutefois, quand ils évoquent les conséquences négatives associées aux mariages précoces, notamment pour la santé et l'éducation des filles, ils les considèrent moins en termes d'effets sur *l'exercice des droits* des enfants qu'en termes de *risques* pour les enfants.

Le Soudan admet par exemple que les mariages précoces ont une incidence sur la mortalité maternelle[951].

Le Burkina Faso estime que « la conséquence directe est sans nul doute l'existence de grossesses précoces »[952], avec de possibles difficultés au cours de la grossesse et de l'accouchement ; les mariages d'enfants peuvent également provoquer des traumatismes psychiques[953].

Le mariage précoce entraîne la déscolarisation précoce des filles, et dans certains cas une totale exclusion du procès d'apprentissage.

Au Tchad, où plus de 60% des filles se marient avant 16 ans, beaucoup d'entre elles abandonnent l'école à cause des mariages précoces. L'Etat en est conscient :

About 41 per cent of children completed primary school ; the other 59 per cent dropped out essentially for reasons of poverty (...) In addition, many girls left school because of early marriages[954].

La RDC reconnaît que le fait de marier les filles si jeunes peut même empêcher complètement leur scolarisation :

Le faible niveau d'instruction de la femme [est] dû au fait que les familles préfèrent scolariser les garçons plutôt que les filles, qui sont prédestinées aux mariages précoces[955].

---

950 Rapport, CRC/C/TCD/2, 26 juin 2007, par. 63.

951 Rapport, CRC/C/SDN/3-4, 24 février 2010, par. 147.

952 Rapport initial du Burkina Faso sur la mise en œuvre de la Charte Africaine des Droits et du Bien-être de l'Enfant (1999-2005), p. 137.

953 *Idem*, section 8. c) : Les initiatives prises pour promouvoir les valeurs, traditions et pratiques culturelles positives et décourager celles qui sont incompatibles avec les droits, les devoirs et obligations énoncés dans la Charte des enfants.

954 CRC/C/SR.1375, 26 janvier 2009, par. 50.

Le Kenya affirme que dans certaines communautés,

[l]e mariage précoce continue d'être fréquent dans le pays en raison des lois coutumières qui permettent le mariage d'enfants, en particulier après certains rites de passage comme la circoncision. Après la circoncision féminine, beaucoup de filles sont encouragées à abandonner l'école et à se marier. Les lois contradictoires mentionnées plus haut (cadre juridique et politique) aggravent la situation.

« J'avais une bonne amie. Depuis que l'école s'est terminée en avril, elle n'est jamais revenue. On nous a dit qu'elle avait été mariée ». Amina Godana, 17 ans, Moyale, Isiolo[956].

Au Nigéria, reconnaissant la corrélation qui existe entre l'instruction des filles et l'âge du mariage, certains Etats fédérés s'emploient à maintenir les enfants à l'école :

[l]eurs efforts portent leurs fruits : on a constaté une augmentation de 10 à 15 % des inscriptions de filles dans les écoles primaires dans certains Etats du nord du pays, tandis que les taux de retrait des écoles ont baissé[957].

La Tanzanie évoque le problème des filles "renvoyées de l'école pour cause de mariage ou et de grossesse précoces", qui est l'un des motifs de l'abandon scolaire, notamment à Zanzibar, et révèle que :

[p]our remédier à ce problème, le Ministère de l'éducation et de la formation professionnelle, en collaboration avec l'UNICEF, le FNUAP, Save the Children et l'Alliance pour la jeunesse africaine (AYA), inculque aux jeunes des compétences de base, dans le cadre de clubs et de programmes d'apprentissage par les pairs, tant dans le milieu scolaire qu'en dehors. Beaucoup d'écoles restent cependant touchées par ce problème, dans les régions urbaines comme dans les régions rurales[958].

Enfin, dans certains contextes, les Etats constatent que les enfants préfèrent la fugue à l'acceptation de la situation insupportable découlant d'un mariage précoce et forcé : leur désobéissance, qui risque d'aggraver leur misère et isolement, les expose toutefois à de nouvelles violations de leur droits.

---

[955] Rapport, CCPR/C/COD/2005/3, 3 mai 2005, par. 51.
[956] Rapport, CRC/C/KEN/2, 4 juillet 2006, par. 101.
[957] Rapport, CRC/C/NGA/3-4, 5 janvier 2009, par. 5.6.1, d).
[958] Réponses à la liste des points à traiter, CRC/C/TZA/Q/2/Add.1, 20 avril 2006, p. 44.

La Tanzanie affirme dans son rapport que, pour échapper aux mariages précoces et forcés, des jeunes filles fuient de la campagne vers les centres urbains[959].

Le Niger rapporte que des adolescentes issues des familles rurales nouvellement installées à la périphérie des centres urbains « se prostituent en réaction au mariage précoce ou forcé dont elles ont été victimes »[960].

Le Burkina Faso fait également état du phénomène des filles qui fuient le mariage forcé, et cherche à favoriser leur accueil et prise en charge, notamment par les structures religieuses[961].

Un groupe minoritaire, mais important, d'Etats africains ont des problèmes à accepter les normes internationales qui interdisent le mariage d'enfants, car ils expliquent que le concept d'âge minimum et parfois même de libre consentement au mariage sont inconnus (et difficiles à imposer) notamment dans les régions rurales. Néanmoins, la plupart des pays sont convaincus de la nécessité d'imposer, par la loi et par d'autres mesures, l'interdiction des mariages précoces et forcés.

Nous allons nous occuper maintenant des autres pratiques traditionnelles néfastes.

Section 3. Les autres « pratiques traditionnelles néfastes »

Les Etats africains sont assez ouverts au dialogue en ce qui concerne les pratiques traditionnelles néfastes autres que les MGF et les mariages précoces. Bien qu'à titre secondaire et de manière non systématique, des aspects touchant ces différentes pratiques sont abordés par plusieurs comités onusiens.

Si l'étude de l'ensemble des documents officiels se révèle précieuse pour mieux cerner les dynamiques qui sont à la base de la perpétuation des pratiques traditionnelles et des effets préjudiciables sur les enfants, c'est souvent l'échange entre les délégations étatiques et les comités qui offre au lecteur les points de vue les plus intéressants. En effet, les membres africains des *treaty bodies*[962] interviennent nombreux pour demander des renseignements et formuler des remarques sur des questions parfois

[959] Rapport, CRC/C/70Add.26, 24 août 2005, par. 285.

[960] Rapport, CRC/C/NER/2, 20 novembre 2008, par. 413.

[961] Rapport, CRC/C/BFA/3-4, 30 mars 2009, par. 61.

[962] L'équilibre géographique parmi les membres des comités est plus ou moins respecté (les experts africains sont 5 sur 18 au CRC, dont deux vice-présidents, 4 sur 18 au CCPR, dont la Présidente, mais seulement 4 sur 23 au CEDAW, par exemple), mais il convient de noter que depuis toujours l'Afrique du Nord a été plus représentée que les autres sous-régions de l'Afrique subsaharienne au sein de ces organes.

inconnues même des experts des droits de l'homme provenant d'autres cultures.

Comme nous le verrons en analysant l'étendue des engagements étatiques, les Etats doivent rendre compte de l'application de normes contenues dans plusieurs des principaux traités en matière de droits de l'homme (§ 1). Dans la grande majorité des cas, ils décrivent et perçoivent les pratiques traditionnelles néfastes comme des entraves à la réalisation des droits des enfants contre lesquelles il convient de lutter (§ 2).

§ 1. L'acceptation des normes internationales en la matière

Il convient, d'abord, de faire le point sur les normes internationales relatives aux droits de l'homme que les Etats africains doivent appliquer pour protéger les enfants des pratiques néfastes peu répandues.

L'instrument le plus pertinent est la *Convention relative aux droits de l'enfant*, dont l'article 24, troisième paragraphe, vise spécifiquement les pratiques traditionnelles nuisibles aux enfants. L'ensemble des pays africains (sauf la Somalie) se sont engagés, en acceptant cette disposition[963], à prendre « toutes les mesures efficaces appropriées en vue d'abolir les pratiques traditionnelles préjudiciables à la santé des enfants » et doivent par conséquent en rendre compte devant le CRC.

Mais le cadre juridique mis en place par l'ONU est riche en dispositions qui offrent une protection à toute personne, et donc à l'enfant, vis-à-vis d'actes ou comportements nuisibles.

En ce qui concerne la tutelle des enfants de sexe féminin, on rappellera l'article 5 (a) de la *Convention sur l'élimination de toutes les formes de discrimination à l'égard des femmes*, qui impose aux Etats de « prendre les mesures appropriées pour modifier les schémas et modèles de comportement socioculturels qui créent une discrimination envers les femmes »[964].

[963] Aucune réserve spécifique n'a été formulée sur l'article 24,3. Le seul pays qui garde une réserve à caractère général, qui pourrait avoir l'effet de restreindre la portée de ses engagements vis-à-vis des enfants, et qui a été d'ailleurs fortement critiquée par le CRC (voy. CRC/C/MRT/CO/2, 17 juin 2009, par. 9-10), est la Mauritanie : « La République islamique formule des réserves à l'égard des articles ou dispositions susceptibles d'aller à l'encontre des croyances et des valeurs de l'Islam, religion du Peuple et de l'Etat ». Mais, à notre connaissance, l'Etat n'a jamais invoqué sa réserve pour se soustraire à l'obligation d'abolir progressivement les pratiques traditionnelles néfastes.

[964] Dans sa Recommandation générale n° 19, le Comité pour l'élimination de la discrimination à l'égard des femmes indique que « les attitudes traditionnelles faisant de la femme un objet de soumission ou lui assignant un rôle stéréotypé perpétuent l'usage répandu de la violence ou de la contrainte, notamment les violences et les sévices dans la famille, les mariages forcés, les meurtres d'épouses pour non-paiement de la dot, les attaques à l'acide, l'excision. De tels préjugés et de telles pratiques peuvent justifier la violence fondée sur le

A part le Soudan et la Somalie, qui n'ont pas ratifié la CEDAW, et le Niger, qui par le jeu des réserves a exclu l'application immédiate de cette disposition qui est « contraire aux coutumes et pratiques actuellement en vigueur », les cinquante autres Etats africains se sont obligés à éliminer progressivement les pratiques discriminatoires envers les filles[965].

Tous les Etats (50) qui sont liés par l'article 7 du PIDCP, et *a fortiori* ceux (43) qui ont également ratifié la CAT, sont tenus, en vertu des normes conventionnelles et coutumières à garantir que les enfants ne soient pas soumis à des pratiques traditionnelles assimilables à la torture ou à des traitements cruels, inhumains et dégradants[966].

Enfin, il n'est pas inutile de rappeler que les Etats africains doivent, en vertu d'obligations internationales librement consenties, mais aussi de normes coutumières impératives[967], reconnaître et respecter la dignité des enfants, leur droit à la vie et à l'intégrité physique, puisque ces derniers sont inhérents à la personne humaine, fondamentaux et indérogeables.

§ 2. La description et la perception des pratiques

Le dialogue des Etats avec les organes des Nations Unies fait la lumière sur un grand nombre de pratiques traditionnelles préjudiciables aux enfants qui ont cours en Afrique. Nous passerons brièvement en revue celles qui ont fait l'objet d'attention lors des examens des rapports périodiques, soit parce que les Etats ont spontanément dénoncé ces phénomènes, en fournissant des détails et des explications, soit parce que les *treaty bodies* ont souhaité insister sur ces questions.

Les sections qui suivent correspondent aux trois sous-catégories dans lesquelles ces pratiques ont été regroupées, en tenant compte de leurs conséquences préjudiciables sur les enfants[968] : il s'agira d'analyser, dans l'ordre, les pratiques qui portent atteinte à la vie (A), celles qui

---

sexe comme forme de protection ou de contrôle sur la femme. Cette violence qui porte atteinte à l'intégrité physique et mentale des femmes les empêche de jouir des libertés et des droits fondamentaux, de les exercer et d'en avoir connaissance au même titre que les hommes ». Le Comité s'est également déclaré préoccupé par les pratiques qui font passer la défense de la culture avant l'élimination de la discrimination.

[965] Voy. la section précédente, où nous avons commenté les réserves du Niger ayant effet sur la pratique des mariages précoces et forcés.

[966] Nous renvoyons à la première section de ce chapitre.

[967] Entre autres, les articles 1 et 3 de la DUDH et le Préambule et art. 6 du PIDCP.

[968] Il se peut qu'un ou plusieurs effets nuisibles aient été, pour ainsi dire, subordonnés à celui qui paraissait principal : par exemple, l'infanticide des bébés handicapés est certainement une pratique meurtrière, mais aurait pu également être cataloguée parmi les pratiques discriminatoires. C'est un risque inhérent à la classification, qui ne veut pas cacher mais plutôt aider à comprendre la complexité et les interconnexions de ces phénomènes.

compromettent la santé et l'épanouissement des enfants (B) et celles qui créent une discrimination entre enfants (C).

A. Les pratiques traditionnelles meurtrières liées à la sorcellerie

Des croyances encore répandues dans quelques pays d'Afrique, font que certains enfants sont éloignés de la famille et tués, dans les cas les plus extrêmes, sous prétexte qu'ils portent malheur : c'est le fléau des prétendus « enfants sorciers » (1). Un phénomène relativement récent, qui se répand dans certaines régions de l'Afrique australe est la « chasse » aux enfants albinos, exposés à d'horribles tortures voire au meurtre du fait de l'utilisation du sang et des organes pour la sorcellerie (2).

1) La stigmatisation des enfants « sorciers »

Les caractéristiques physiques et les situations qui nourrissent les superstitions africaines contre les enfants sont les plus diverses, allant des facteurs casuels liés à l'enfantement (la gémellité, la position du bébé durant l'accouchement, la naissance en un jour « néfaste », etc.) jusqu'à la perception négative du handicap.

Au Bénin, la pratique de l'infanticide des nouveau-nés présentant des caractéristiques particulières ou de ceux dont la mère est morte en couches n'a pas complètement disparu. Elle persiste notamment dans le nord du pays, et vise les enfants considérés sorciers du fait qu'ils sont malformés, naissent en présentant le siège ou, une fois nourrissons, font leur première dent sur la mâchoire supérieure[969].

Dans un rapport étatique soumis au CADBE mais qui présente d'évidentes analogies avec celui élaboré pour le Comité des droits de l'enfant des Nations Unies[970], le Burkina Faso raconte que :

dans certaines communautés, il existe encore des infanticides commis sur les enfants présentant une malformation quelconque. C'est notamment le cas

---

[969] Bien que le gouvernement affirme que « les pratiques rituelles et l'élimination ou la mise à mort de certains enfants malformés selon certaines considérations religieuses ou traditionnelles sont du passé » (in Réponses à la liste des points à traiter, CRC/C/BEN/Q/2/Add.1, 14 août 2006, p. 34), devant le CRC le Ministre de la Justice et chef de la délégation, M. Zinzindohoue, est obligé d'admettre que : « il n'est pas impossible que la pratique d'infanticides subsiste dans le pays mais que l'Etat a tout mis en œuvre pour réprimer les infractions contre les enfants dits « sorciers » par exemple des enfants nés en ne se présentant pas par la tête, qui peuvent être tués dans des communautés du nord du Bénin » in CRC/C/SR.1181, 21 novembre 2006, par. 27.

[970] Rapport initial du Burkina Faso sur la mise en œuvre de la Charte Africaine des Droits et du Bien-être de l'Enfant, *cit*.

des enfants encéphalopathes ou privés d'une partie du corps. Dans d'autres communautés, l'enfant qui perd sa mère au moment de l'accouchement est considéré comme un « porte malheur » et doit de ce fait mourir pour épargner les autres membres de la famille du malheur[971].

Le Mali dénonce également la pratique néfaste de l'infanticide des orphelins et des enfants naturels[972].

A Madagascar, les parents appartenant à l'ethnie antambahoaka ne peuvent garder leurs enfants jumeaux puisque la coutume en prescrit l'abandon[973].

En RDC, les accusations de sorcellerie correspondent à une pratique courante et bien installée, qui viole non seulement le principe de non-discrimination, mais également ceux relatifs à l'intérêt supérieur de l'enfant, au droit à la vie, à la survie et au développement, et celui relatif à la participation. Le fait que ce sont souvent les parents qui qualifient de sorciers leurs enfants, qui les expulsent de l'environnement familial et parfois même les assassinent, rend cette pratique particulièrement cruelle.
L'Etat fournit des chiffres impressionnants : 90% des enfants en rupture familiale sont taxés de sorcellerie, ce qui veut dire qu'il y a plus de 30.000 enfants « sorciers » vivant dans les rues des sept provinces enquêtées, dont Kinshasa[974]. Le rapport au CRC explique que des facteurs culturels tels que l'influence des médias, en particulier les médias audiovisuels, l'héritage des traditions africaines et l'influence de certaines « églises de réveil », qui mettent souvent à l'index « les enfants dits sorciers », sont à l'origine de ce fléau[975]. Les conséquences pour les enfants sont extrêmement graves : refus catégorique de certaines familles de reprendre les enfants sorciers, à qui sont imputés tous les malheurs de la famille, enfermement dans les églises, jeûne forcé, maltraitances, torture et, dans certains cas, meurtre sous couvert d'exorcisme.

En Angola, les accusations de sorcellerie dirigées contre des enfants ont pris de l'ampleur et ont généré une vague de violence à leur encontre, d'abord dans certaines provinces septentrionales puis dans l'ensemble du pays. Le gouvernement s'est penché sur le phénomène et en a conclu que,

---

971 *Idem*, p. 143.

972 Voy. la longue liste de pratiques néfastes à la santé de la femme et de l'enfant in Rapport, CRC/C/MLI/2, 11 avril 2006, par. 150.

973 CRC/C/SR.1677, 27 janvier 2012, par. 47.

974 Rapport, CRC/C/COD/2, 24 juillet 2008, par. 139.

975 *Idem*, par. 134, spéc. lettre d. Les « églises de réveil » sont liées à la diffusion des mouvements évangélistes et à la perte de confiance dans les églises traditionnelles. Elles prennent pied surtout en RDC, au Rwanda, au Cameroun et au Nigéria.

dans la plupart des cas, les enfants font face à une « double victimisation » : vulnérabilisés (par la perte de leurs parents, la maladie, l'abandon, etc.) et ayant déjà subi des atteintes à leurs droits fondamentaux, ils sont accusés de sorcellerie et rejetés par leur famille.

Une étude de 2007 sur l'impact des accusations de sorcellerie visant les enfants angolais révèle les facteurs qui protègent les enfants contre le risque d'être accusés de sorcellerie, ou, au contraire, accentuent ce risque :

a) facteurs de risque : être orphelin ; être séparé de sa mère ; être hors du système scolaire ; être atteint de tuberculose, épilepsie, énurésie ou d'autres troubles ; appartenir à des familles qui n'ont pas accès aux services médicaux, qui fréquentent des églises accréditant ces accusations, qui vivent dans des circonstances angoissantes, connaissent des difficultés économiques ou sont en mauvaise santé ; appartenir à des familles nucléaires séparées pour cause de déplacement ou de migration ; subir la destruction du réseau de soutien de la famille élargie ;

b) facteurs de protection : vivre dans des familles et communautés informées des manifestations liées aux différents stades du développement psychoaffectif de l'enfant ; vivre dans des familles élargies servant de réseau de soutien, abritant les enfants orphelins et les intégrant ; disposer de comités et réseaux de protection et promotion des droits de l'enfant dans les collectivités et les provinces ; avoir accès à la scolarité et se maintenir dans le système scolaire ; disposer de programmes d'aide aux enfants non scolarisés ; disposer d'un soutien et d'une assistance aux familles vulnérables.

Au moins deux Etats appartenant à la Fédération du Nigéria connaissent le problème de la stigmatisation des enfants « sorciers ». Le gouvernement estime que la pauvreté, l'ignorance, l'influence de certaines églises et même de l'industrie cinématographique incitent à croire en la sorcellerie ; les accusations peuvent résulter aussi de tensions et jalousies au sein des familles polygames.

Concerning the issue of children accused of witchcraft, it was poverty and ignorance that led some parents to believe that their children engage in the practice. Ill-intentioned individuals within churches (...) took advantage of parents' credulity. [T]he problem of accusations of witchcraft emerged not only among poor families, but also in polygamous families, where one wife might accuse the child of another wife of witchcraft[976].

[976] Voy. notamment les affirmations de la délégation nigériane in CRC/C/SR.1507, 25 mars 2011, par. 53 et 57.

2) Les menaces pesant sur les enfants albinos

Dans plusieurs pays d'Afrique et en particulier dans la partie centrale et méridionale du continent, la vie des enfants albinos est menacée du fait que leur peau décolorée et certains de leurs organes sont considérés comme ayant des pouvoirs magiques et sont donc recherchés par des individus sans scrupules. Le lien entre les meurtres d'enfants albinos et les croyances traditionnelles conduit les Etats à inclure ce phénomène parmi les pratiques traditionnelles néfastes.

La délégation burundaise assure que des mesures sont prises pour protéger les albinos, mais ne fournit pas de détails au CRC sur les massacres d'enfants albinos à Ruyigi et Cankuzo, qu'elle ne nie pas pour autant[977].

La Tanzanie, au contraire, s'attarde sur ce motif de persécution : « à ce jour, 43 meurtres d'albinos ont été signalés », dont l'origine traditionnelle reste à démontrer. D'une part, en effet, le gouvernement explique que les enfants sont tués pour "their parts and limbs which are believed by some section of society, are good material for preparation of charms for enrichment" et précise que « la persécution des albinos est le fait de personnes qui croient *encore* aux *vieilles* superstitions et à la sorcellerie »[978]. D'autre part, le chef de la délégation et Ministre de la Justice tanzanien, auditionné par le Comité des droits de l'homme, affirme qu'il s'agit d'un phénomène récent et que de toute façon « [n]o group, tribe or religion in Tanzania condoned the practice of albino killings. The acts in question had been committed by certain misguided individuals »[979].

Au Malawi aussi, ont été signalés des meurtres d'enfants en vue de prélèvements d'organes utilisés pour la sorcellerie. En revanche, les victimes ne sont pas nécessairement des albinos.

In certain instances, child abduction cases are compounded by the murder of the child with different body parts removed. It has been reported that these body parts are used in witchcraft. Perpetrators can only be tried for abduction and murder since the Witchcraft Act does not recognize the practice of witchcraft as an offence[980].

---

[977] Voy. Observations finales, CRC/C/BDI/CO/2, 20 octobre 2010, par. 33 et 34, faisant état des massacres d'enfants albinos à Ruyigi et Cankuzo.
[978] Voy. Réponses à la liste des points à traiter, CCPR/C/TZA/Q/4/Add.1, 24 juin 2009, par. 12 ainsi que les affirmations de M. Chikawe, in CCPR/C/SR.2628, 26 août 2009, par. 11 (c'est nous qui soulignons).
[979] CCPR/C/SR.2629, 17 juillet 2009, par. 53
[980] Rapport, CRC/C/MWI/2, 17 juillet 2008, par 181.

B. Les pratiques préjudiciables à la santé et au bien-être de l'enfant

La plupart des pratiques traditionnelles néfastes non meurtrières portent atteinte aussi bien à l'intégrité et au bien-être physique qu'au développement mental harmonieux de l'enfant. Ceci étant, nous allons les étudier dans deux paragraphes distincts, dont le premier se concentre sur les pratiques qui comportent essentiellement des effets nuisibles, immédiats ou sur le long terme, sur la santé physique et mentale de l'enfant (1), et le deuxième illustre les conceptions traditionnelles sur le rôle de l'enfant dans la société qui sont à l'origine de rites initiatiques et de situations d'exploitation préjudiciables à son épanouissement personnel (2).

1) Les pratiques affectant la santé de l'enfant

Parmi les pratiques traditionnelles ayant cours en Afrique et qui ont des conséquences préjudiciables pour le bien-être de l'enfant, on rappellera celles liées à l'alimentation (tabous nutritionnels, gavage) ainsi que les altérations volontaires pratiquées sur la peau ou sur certaines parties du corps.

Le pays où la plus grande proportion de filles connaît le gavage est la Mauritanie : un peu plus d'une femme – de 15 à 49 ans – sur cinq est ou a été gavée. Le rapport étatique récemment soumis au CRC contient des informations précieuses sur l'étendue de cette pratique selon la zone de résidence, l'ethnie et le niveau de scolarisation. Le gouvernement founit un définition de la pratique :

Le gavage (...) est une pratique qui consiste à forcer les fillettes et les adolescentes à consommer les aliments de façon exagérée afin qu'elles prennent plus de poids et deviennent obèses. (...) Cette pratique a presque exclusivement cours chez les populations arabes. Les proportions les plus élevées de femmes gavées se retrouvent dans les zones du centre (30 %) et du sud (36 %), en milieu rural (24 %) et chez les femmes non scolarisées (39 %)[981].

Au Mali également, la pratique du gavage persiste ainsi que des « traditions culturelles imposant une diète excessive aux jeunes filles avant leur mariage », bien qu'elles soient toujours moins observées[982].

---

[981] Rapport, CRC/C/MRT/2, 30 juillet 2008, par. 136.

[982] Comme l'affirme Mme Diallo M'Bodji Sène, interrogée sur le point par le Comité des droits de l'enfant, in CRC/C/SR.1206, 24 janvier 2007, par. 57.

Le Burkina Faso s'est engagé à lutter contre les tabous alimentaires, considérés comme des pratiques traditionnelles néfastes à la santé de la mère et de l'enfant. Dans un rapport étatique présenté au CADBE[983], l'Etat détaille ce qu'il avait seulement évoqué dans le rapport soumis au CRC, et donne des informations complémentaires sur

le gavage systématique du nouveau-né, avec pour arguments de l'alimenter, le soigner et le fortifier. Parmi les conséquences, on relève : la distension de l'estomac, la malnutrition, la destruction de l'odorat, les risques d'asphyxie et la mort ;
les tabous et interdits alimentaires dans certaines régions : ne pas manger d'œufs au risque de devenir voleur, ne pas manger de poulet tant que le père vit (pour le premier fils) ; cela prive l'enfant d'importantes sources de protéines et peut occasionner la malnutrition et l'anémie[984].

En Ethiopie, l'enquête initiale réalisée par le Comité national en 1998 sur les pratiques traditionnelles préjudiciables a démontré que les enfants sont, avec les femmes, ceux qui pâtissent le plus des pratiques traditionnelles comme les interdits alimentaires.

L'Erythrée reconnaît les effets néfastes des tabous qui font que certains types d'aliments nutritifs sont réservés aux hommes[985].
Le Ghana, enfin, considère les tabous alimentaires dictés par les croyances et pratiques socio-culturelles comme l'un des obstacles majeurs rencontrés par le Service sanitaire national[986].

D'autres pratiques préjudiciables à l'intégrité physique des enfants sont plus ou moins répandues en Afrique.
Le Cameroun est le seul pays concerné par une pratique connue comme « repassage des seins » (pression avec des pierres chauffées de la poitrine des adolescentes pour en limiter le développement) et visant à contrôler la sexualité des jeunes filles par la violence. La Ministre des Affaires sociales, Mme Bakang Mbock, affirme que :

les autorités camerounaises prennent très au sérieux la violence faite aux enfants et suivent avec préoccupation la question du repassage des seins des jeunes filles. (...) Il ne s'agit toutefois pas d'une pratique répandue[987].

---

[983] Rapport initial du Burkina Faso sur la mise en œuvre de la Charte Africaine..., *cit.*
[984] *Idem*, section 8. c) : Les initiatives prises pour promouvoir les valeurs, traditions et pratiques culturelles positives et décourager celles qui sont incompatibles avec les droits, les devoirs et obligations énoncés dans la Charte des enfants.
[985] Rapport, CRC/C/ERI/3, 23 octobre 2007, par. 182.
[986] Rapport, CRC/C/65/Add.34, 14 juillet 2005, par. 199.
[987] CRC/C/SR.1466, 25 janvier 2010, par. 45.

Les tatouages sont parfois considérés par les Etats comme des pratiques traditionnelles préjudiciables. Le Nigéria affirme à ce propos que :

some progress had already been made. Facial scars were currently seen less as beauty marks, and mothers were less inclined to force it on their daughters[988].

Le Soudan révèle que des « expériences réussies » ont conduit à l'abandon des mutilations du visage (cicatrices au visage) et des tatouages[989].

En Ethiopie, une enquête réalisée par le Comité national en 1998 a retenu six grandes pratiques traditionnelles préjudiciables aux enfants, parmi lesquelles l'uvulectomie (84 %), le fait de recouvrir le nombril des nouveau-nés de sable, l'extraction des dents de lait (89 % des enfants) et les incisions[990] et tatouages cicatriciels.

Une liste extrêmement longue de pratiques néfastes à la santé de la femme et de l'enfant a été établie par le Mali à la suite des investigations menées par le CNAPN/PNLE dans les différentes zones socio-culturelles. Voici quelques-unes des (16) pratiques considérées comme néfastes à la santé de la femme et de l'enfant :

les scarifications ; le limage des dents ; l'ablation de la luette ; le tatouage ; les saignées ; l'utilisation de produits aphrodisiaques par les femmes ; la dépigmentation[991].

Certaines de ces pratiques néfastes ont également cours en Erythrée, notamment :

les saignées en cas de forte fièvre, les uvulectomies ou encore la lourde charge de travail que doivent traditionnellement assumer les femmes (y compris les femmes enceintes)[992].

Au Kenya, l'accès même des enfants au système de santé peut être nié à cause de la tradition :

[c]ertains groupes religieux ont des croyances et des pratiques qui violent les droits des enfants. Par exemple il existe des sectes religieuses qui

---

988 Mme Anenih in CRC/C/SR.1507, 25 mars 2011, par. 52.
989 Rapport, CRC/C/SDN/3-4, 24 février 2010, par. 171.
990 Rapport, CRC/C/129/Add.8, 28 octobre 2005, par. 222.
991 Rapport, CRC/C/MLI/2, 11 avril 2006, par. 149-150.
992 Rapport, CRC/C/ERI/3, 23 octobre 2007, par. 182.

interdisent à leurs membres de se faire soigner à l'hôpital quand ils tombent malades[993].

2) Les pratiques violentes ou comportant l'exploitation de l'enfant

Si les différentes formes de violence infligée aux enfants, qu'elle prenne la forme d'abus commis dans le cercle familial ou de rites initiatiques imposés par la communauté, ne tendent pas à être qualifiées de pratiques traditionnelles néfastes par les Etats[994], elles n'en dépendent pas moins de la culture dominante et de l'attitude générale de tolérance manifestée par la société.

Le Niger banalise ainsi la pratique des châtiments corporels :

[L]es châtiments corporels en tant que tels ne sont pas visés par le Code pénal – où il n'est question que de mauvais traitements – dans la mesure où ils s'inscrivent dans une certaine culture et certaines traditions du pays. En Afrique, donner une fessée à un enfant qui s'est mal comporté n'est pas forcément considéré comme un mauvais traitement[995].

Le Kenya raconte que de nombreux enseignants continuent de recourir aux châtiments corporels pour inculquer la discipline, et rapporte le témoignage d'un enfant de 15 ans :

« On fouette volontiers les enfants, et les enseignants les tournent en ridicule. D'autres châtiments peuvent consister en corvées de fauchage de 6 heures du matin à 7 heures du soir, ramassage de bouses de vache, séjour au soleil pendant plusieurs heures avec une couverture sur la tête, coups de tuyau la tête sous la table, gifles, corvée de clôture du périmètre de l'école, dessouchage, exclusions injustifiées et propos injurieux »[996].

Le Mozambique a mené des enquêtes sur la perception des pratiques traditionnelles qui accordent aux femmes et aux filles un statut très inférieur à celui des hommes, en découvrant que :

[l]'acceptation de la violence familiale en particulier est commune chez les femmes, l'âge ou le statut marital faisant peu ou pas de différence (plus

---

[993] Rapport, CRC/C/KEN/2, 4 juillet 2006, par. 202, 1.

[994] En sens contraire, voy. le Rapport de la Rapporteuse spéciale sur la violence contre les femmes, ses causes et ses conséquences, Yakin Ertürk, *Relations entre culture et violence à l'égard des femmes*, A/HRC/4/34, 17 janvier 2007, spéc. par. 33.

[995] Voy. Mme Gnandou in CRC/C/SR.1414, 30 juin 2009, par. 23.

[996] Rapport, CRC/C/KEN/2, 4 juillet 2006, par. 416.

d'une femme mozambicaine sur deux âgée de 15 à 49 ans reconnaît au moins une raison pour que son mari la batte). Cette attitude est plus répandue dans les zones rurales (58 pour cent) que dans les villes (48 pour cent), et dans certaines provinces plus que dans d'autres – la fréquence la plus haute se trouvant dans les provinces de Gaza et de Tete (68 pour cent), et la plus basse dans la ville de Maputo (31 pour cent). L'enquête de 2003 révèle aussi que 35 pour cent de femmes âgées de 15 à 49 ans accepteraient que leur mari les batte si elles refusaient d'avoir un rapport sexuel avec lui. Il est intéressant de noter que la moitié des hommes, à égalité avec les femmes, jugent acceptable que la femme qui refuse un rapport sexuel soit battue[997].

Parfois, les conceptions négatives que la société a de la femme et de l'enfant se reflètent dans les rites et les pratiques traditionnelles qu'elle impose à ses membres.

Par exemple, le Malawi fait état de rites d'initiation forcés impliquant des relations sexuelles pour les filles ayant atteint la puberté[998]. Les rites initiatiques qui ont cours au Mozambique conduisent aussi à des comportements sexuels précoces et nuisibles[999].

D'après le CRC, il existe à Madagascar une pratique traditionnelle néfaste appelée *Jiro mena*, qui ressemble à une « fête qui se termine la plupart du temps par des viols d'enfants »[1000].

En Sierra Leone, les rites initiatiques forcés sont organisés par des sociétés secrètes, à l'âge de la puberté pour les filles et de maturité physique pour les garçons[1001].

Enfin, le sentiment, répandu en Afrique selon lequel l'enfant doit contribuer au bien-être matériel de la famille et rester passivement soumis aux décisions de celle-ci peut favoriser l'exploitation des plus jeunes, sinon des formes contemporaines d'esclavage, comme la vente d'enfants, le travail forcé ou la servitude enfantine.

Les Etats admettent rarement que des pratiques esclavagistes ont cours chez eux, mais quelques situations qu'ils évoquent s'en rapprochent.

---

[997] Voy. Rapport, CRC/C/MOZ/2, 23 mars 2009, notamment par. 332-333.

[998] Le Rapport du Malawi parle notamment de "practices as forced sexual intercourse with young girls during initiation ceremonies upon reaching puberty" (CRC/C/MWI/2, 17 juillet 2008, par. 18).

[999] Observations finales, CRC/C/MOZ/CO/2, 4 novembre 2009, par. 65.

[1000] Mme Al-Asmar, membre du CRC, évoque le problème dans CRC/C/SR.1677, 27 janvier 2012, par. 78, mais la délégation refuse de donner des informations sur cette pratique.

[1001] Rapport, CRC/C/SLE/2, 8 septembre 2006, par. 83.

Le phénomène des filles séparées de leur famille, avec ou sans le consentement des parents, et qui deviennent esclaves et concubines prend différentes formes, aussi bien traditionnelles (par exemple la servitude rituelle des filles ou *trokosi* au Ghana, déjà évoquée) que modernes : c'est le fléau des filles recrutées de force par des groupes armés pour en faire des esclaves sexuelles, dénoncé dans un grand nombre de pays africains touchés par les conflits[1002].

Dans bien des cas, la pauvreté, couplée à des traditions contestables, est à l'origine de véritables ventes ou cessions d'enfants. Dans certaines régions du Nord du Malawi, de jeunes filles sont traitées comme des marchandises, mises en gage pour garantir un prêt[1003] ou vendues par leurs propres parents

to wealthy people as sex slaves in remote areas in the northern border districts of Karonga and Chitipa. Some parents are giving away their daughters to pay off debts. In the northern region of Malawi, a traditional custom known as Kupimbira is practiced by the Nyakyusa and Ngonde, who live along the shores of Lake Malawi, along the Tanzanian border, and in the Misuku Hills. Under this tradition, girls are held in perpetual bondage and are often subject to abuse[1004].

De même, le Mozambique relate une pratique traditionnelle néfaste qui consiste à faire don d'un enfant en règlement d'une dette ou pour mettre un terme à un différend entre familles[1005].

Nombreux sont les Etats qui reconnaissent que le travail des enfants est un phénomène qui est d'autant plus difficile à éradiquer qu'il s'inscrit dans les conceptions traditionnelles africaines[1006].

1002 Sur la question du recrutement forcé des enfants, y compris des filles, dans le contexte des conflits africains, nous nous permettons de renvoyer à notre « Les valeurs partagées du Partenariat. L'exemple de la protection des enfants soldats africains », in IBRIGA L. M. (dir.), *Le Partenariat Europe-Afrique et les intégrations régionales,* Bruxelles : Bruylant, 2012, pp. 81-91.

1003 Réponses à la liste des points à traiter, CRC/C/MWI/Q/2/Add.1, 9 janvier 2009, par. 22.

1004 Rapport, CRC/C/MLI/2, *cit.*, par. 325.

1005 CRC/C/SR.1430, 16 novembre 2009, par. 62.

1006 En effet, les discours des Etats devant les organes conventionnels donnent l'impression que le travail des enfants pour les besoins de la famille fait partie de la culture et que, dans les mentalités africaines, l'école n'est toujours pas une priorité, en particulier pour les filles. Quelques exemples suffisent à illustrent la position officielle de la plupart des gouvernements : « Au Sud-Soudan, les enfants sont censés contribuer à la prise en charge de la famille, que ce soit par l'acquisition d'un revenu ou par l'aide apportée à l'acquisition par la famille de sa subsistance quotidienne. Ces activités comprennent l'agriculture, le pâturage, la cuisine, le transport de bois, de sable et d'eau, l'aide aux travaux ménagers, le travail dans les étables et les restaurants, la vente de thé, le broyage des fruits, et le travail en tant que domestique. Souvent, le travail comme domestique se fait au détriment de l'école » (Rapport, CRC/C/SDN/3-4, *cit.*, par. 308) ; au Burundi, où « le secteur informel échappe à tout

Dans beaucoup de pays, les enfants travaillent comme domestiques pour des familles prospères, parfois dès leur plus jeune âge et dans des conditions très dures. Les pratiques traditionnelles du *confiage* et celle des enfants *vidomégon*, ayant fait l'objet de dérives, contribuent à aggraver ces situations.

La réalité de la *kafalah*, qui concerne plus de filles que de garçons, paraît également susciter des interrogations à cet égard[1007], même si les Etats africains évitent d'en parler.

Le Bénin décrit la pratique des employés domestiques ou vidomégon, consistant à placer les enfants auprès d'un tiers (souvent un oncle) dans le cadre d'un arrangement d'assistance mutuelle ou de solidarité familiale ou communautaire ; apparemment, cette pratique traditionnelle évolue aujourd'hui avec les changements socio-économiques et, dans certains cas, une contrepartie en argent est demandée. Ainsi, au lieu d'être éduqués par la personne à laquelle ils sont confiés, les enfants sont-ils en réalité vendus et soumis au travail forcé[1008].

Le Cameroun connaît aussi la pratique traditionnelle du confiage, mais préfère la présenter comme étant dans l'intérêt de l'enfant, car consistant à confier momentanément ce dernier à un proche parent, ami ou relation[1009].

En revanche, au Burkina Faso, où le confiage est aussi très répandu, il est considéré « an unregulated cultural practice » dont l'abandon est visé par l'action de lutte du gouvernement, conscient des abus auxquels les enfants sont exposés et des entraves à leur scolarisation[1010].

---

contrôle », « la plupart des enfants accompagnent leurs parents aux travaux des champs mais (…) on ne saurait parler d'exploitation car le travail effectué est à la mesure de leurs capacités. (...) En revanche, il est préoccupant que des enfants soient parfois employés comme domestiques en dessous de l'âge légal…[D]e nombreux enfants abandonnent leurs études primaires pour travailler, souvent encouragés par leurs parents qui ont besoin d'un complément de revenu. Dans le cas des petites filles, c'est pour aider leur mère aux tâches ménagères ou élever la fratrie qu'elles quittent généralement l'école, et par la suite, parce qu'elles sont elles-mêmes enceintes » (Mme Nahayo et M. Ntahomvukiye in CRC/C/SR.1555, 22 septembre 2010, par. 15-16 et 44) ; le Tchad estime que 73,9 % des enfants effectuent des tâches domestiques et que « 65,5 % des enfants sont considérés comme travailleurs (…), les enfants dans les zones rurales ont beaucoup plus de risque de travailler que ceux des zones urbaines, [en] conséquence de la nature même des emplois ruraux de type traditionnel (travaux liés à l'agriculture, faire paître les animaux, etc.) qui ne requièrent pas de qualification particulière » (Rapport, CRC/C/TCD/2, 26 juin 2007, par. 276-278).

[1007] Voy. DHOMMEAUX J., « La conception des droits de l'homme dans les différents Etats de l'espace méditerranéen », in FERRE-ANDRE S. (dir.), *Vers la création d'un ordre juridique pour la Méditerranée. Bilans et perspectives d'une civilisation commune*, Bruxelles : Bruylant, 2012, pp. 40-42.

[1008] Rapport, CRC/C/BEN/2, 24 novembre 2005.

[1009] Rapport, CRC/C/CMR/2, 22 octobre 2009, par. 97.

[1010] Voy. les affirmations de Mme Tamini in CRC/C/SR.1463, 7 septembre 2010, par. 39.

Alors que le travail dans le cadre domestique peut, à certaines conditions, être compatible avec le développement harmonieux de l'enfant, il y a des situations qui exposent ce dernier aux pires formes de travail.

Parmi les cas les plus graves on peut citer l'exploitation des enfants *bouviers* (c'est-à-dire des enfants des milieux ruraux recrutés pour la garde des troupeaux moyennant la promesse d'une récompense en nature : bœuf, chameau, etc.), identifiée comme une forme de traite des enfants (Tchad[1011]) ainsi que comme une pratique culturelle nuisible (Kenya[1012]).

Un phénomène impliquant le trafic et la traite des enfants avait cours en Mauritanie, d'où un grand nombre de jeunes garçons étaient illicitement transférés aux Emirats arabes unis pour servir de *jockeys* dans les courses de chameaux. L'Etat affirme avoir réussi un « ambitieux programme » de rapatriement, d'insertion et de d'indemnisation des enfants jockeys[1013].

Il convient enfin de signaler le problème des enfants mendiants et celui des enfants de la rue, commun à la quasi-totalité des pays africains, et aggravé par certaines conceptions traditionnelles[1014]. En particulier, la mendicité des enfants placés chez un maître coranique (appelés talibés) s'écarte de plus en plus de la pratique socialement légitimée (l'aumône quotidienne permettant de participer aux activités éducatives) pour devenir une forme d'exploitation gérée par les marabouts : l'apprentissage du Coran relégué en deuxième plan, ces enfants mendiants s'habituent à la rue, avec de lourdes conséquences en termes de protection et de santé[1015].

Le Burkina Faso, outre la mendicité forcée sous le couvert de la religion des enfants dits « garibous », connaît également le phénomène de l'utilisation des jumeaux par leur mère pour mendier au nom de la coutume[1016].

C. Les pratiques traditionnelles discriminatoires envers les filles

Dans un continent où la préférence pour le fils mâle est encore une réalité, la discrimination à l'égard des filles est implicite dans maintes pratiques d'origine religieuse, traditionnelle ou coutumière.

[1011] Rapport, CRC/C/TCD/2, 26 juin 2007, par. 294 à 300.

[1012] Rapport, CRC/C/KEN/2, 4 juillet 2006, par. 416.

[1013] 463 anciens enfants jockeys auraient été indemnisés à hauteur d'un million cinquante mille dollars US. Voy. l'Allocution du chef de délégation du Gouvernement mauritanien, à l'occasion de l'examen du rapport étatique par le CRC, 28 mai 2007.

[1014] Rapport, CRC/C/MLI/2, *cit.*, par. 175.

[1015] Voy., entre autres, M. Issouffou (Niger) in CRC/C/SR.1414, 30 juin 2009, par. 55.

[1016] Rapport, CRC/C/BFA/3-4, 30 mars 2009, par. 346-347.

Un grand nombre de pays accordent un traitement plus favorable aux garçons qu'aux filles en matière d'héritage et d'accès à l'éducation.

Au Burundi, la discrimination est évidente surtout en matière de successions, les filles n'héritant pas au même titre que leurs frères[1017] : cela est l'effet des lois coutumières mais aussi du Code des personnes et de la famille, qui prévoit des restrictions des droits des filles en matière de succession[1018]. Le Gouvernement burundais affiche néanmoins sa volonté

d'élaborer une loi régissant les questions de succession afin de permettre aux filles d'hériter dans les mêmes conditions que leurs frères. Les inégalités en matière d'héritage et de succession sont surtout criantes dans les campagnes où les terres sont transmises en priorité aux garçons. Dans les villes, les tribunaux s'attachent déjà à ce que garçons et filles héritent à part égale[1019].

Au Tchad, l'application du droit coutumier en matière civile par les tribunaux pose un réel problème de protection des droits de l'enfant et de la femme, notamment le droit à l'héritage, et favorise la discrimination entre les enfants. En effet, la législation récemment adoptée prévoit que :

« lorsque les parties sont de statuts civils différents, les successions sont régies par la coutume du défunt ». Or l'on sait que dans la plupart des coutumes, (...) la fille n'hérite que la moitié de la part du garçon[1020].

Le Kenya reconnaît que « les efforts déployés pour faire reculer certaines attitudes culturelles ou religieuses qui violent les droits de l'enfant, par exemple les questions (…) d'héritage en ce qui concerne les enfants, ont rencontré des résistances »[1021].

Le Malawi signale également des « discriminatory inheritance practices between the girl and boy child » en vertu desquelles « [u]nder the current law, upon marriage, a daughter inherits less than a son »[1022].

Même en Tunisie, où ni la pratique des MGF, ni les mariages précoces et forcés ne posent problème, le droit musulman appliqué en matière d'héritage a des conséquences défavorables pour les filles. La justification donnée par le gouvernement mérite qu'on s'y arrête :

1017 Rapport, CRC/C/BDI/2, 7 janvier 2010, par. 110.
1018 Voy. Observations finales, CRC/C/BDI/CO/2, 20 octobre 2010, par. 9.
1019 Mme Ntakaburimvo in CRC/C/SR.1555, 22 septembre 2010, par. 55.
1020 Rapport, CRC/C/TCD/2, 26 juin 2007, par. 64.
1021 Rapport, CRC/C/KEN/2, 4 juillet 2006, par. 46,1.
1022 Rapport, CRC/C/MWI/2, *cit.*, par. 15.

[l]e Gouvernement tunisien serait favorable à l'adoption de règles visant à placer les frères et les sœurs sur un pied d'égalité en matière d'héritage, mais c'est tout à fait contraire aux traditions culturelles et à l'interprétation littérale de la charia et l'opinion publique ne semble pas prête à accepter un tel changement[1023].

Le très fort lien entre croyances traditionnelles et déscolarisation des enfants, et des filles notamment, est un point capital sur lequel nous insisterons dans le chapitre suivant sur les actions des Etats africains.

Il convient d'évoquer ici quelques justifications données par les Etats aux *treaty bodies*.

L'Egypte admet que « diverses formes de discrimination demeurent entres les enfants, comme par exemple la discrimination à l'égard des filles issues de familles pauvres et marginalisées qui sont chargées – qu'elles soient scolarisées ou non – de la plus grande partie des tâches ménagères auxquelles les garçons échappent [… et privées] de leurs droits fondamentaux d'accès à l'enseignement ». Le pays se dit fier du grand succès remporté par la campagne établissant un lien entre la privation du droit des filles à l'enseignement et les mariages précoces, intitulée « non aux pratiques nuisibles »[1024].

Le Tchad constate que seuls 41% des enfants terminent leurs études primaires, car

the other 59 per cent dropped out essentially for reasons of poverty. Most of those were from rural areas, where people lived on less than 1 US dollar per day. In addition, many girls left school because of early marriages[1025].

La Tanzanie est en train de lutter contre la discrimination à l'égard des filles dans le domaine de l'éducation, et cherche en particulier à admettre davantage de filles dans les établissements scolaires

afin de combler l'écart entre filles et garçons après qu'une étude [a] montré que, pour des raisons historiques, les filles étaient peu nombreuses à fréquenter l'école. La plupart des groupes ethniques estimaient que les filles, plutôt que de fréquenter l'école, devaient être mariées dès leur maturité afin de procurer une dot à leurs parents, raison pour laquelle le Gouvernement a

---

1023 CRC/C/SR.1529, 16 juin 2010, par. 53.
1024 Rapport, CRC/C/EGY/3-4, 3 septembre 2010, spéc. par. 86 et 95.
1025 CRC/C/SR.1375, 26 janvier 2009, par. 50.

adopté des mesures d'action positive visant à permettre aux filles de jouir de leur droit à l'éducation[1026].

Le Soudan a connu de longues années de conflit, pendant lesquelles les filles n'avaient pas le droit d'aller à l'école (seule une fille sur 100 a terminé le niveau de l'enseignement de base au cours de la guerre civile). Le gouvernement constate aujourd'hui que cette pratique continue d'exister et que l'éducation des filles n'est pas considérée comme une priorité, ces dernières étant destinées au mariage :

le sud du Soudan affiche les indicateurs les plus bas au monde en ce qui concerne l'éducation des filles, qui demeure un sujet controversé, en particulier dans les zones rurales. Dans la culture de plusieurs de ces communautés, nous constatons que la jeune fille a une valeur au sein de la famille et qu'elle est considérée comme une source de richesse quand elle se marie[1027].

D'autres pratiques discriminatoires continuent enfin d'être perpétuées au détriment de la dignité des filles, au nombre desquelles figurent les « tests de virginité » pratiqués avant le mariage, et parfois très tôt[1028], ainsi que les « test de grossesse » répétés, imposés dans certaines écoles de filles[1029].

Lorsque les Etats africains décrivent et expliquent les « autres » pratiques néfastes, ils nous fournissent des informations de première main sur des phénomènes peu connus et pourtant extrêmement graves et nuisibles au bien-être des enfants. Il est nécessaire de les connaître, moins pour stigmatiser les cultures et traditions qui véhiculent ces pratiques que pour en comprendre et essayer d'éliminer les causes, ainsi que pour reconnaître le risque lorsqu'un enfant africain devait se présenter à nos frontières en

---

1026 CRC/C/SR.1529, 16 juin 2010, par. 35.

1027 Rapport, CRC/C/SDN/3-4, *cit.*, par 250-251.

1028 L'Afrique du Sud se voit reprocher les tests de virginité *dès trois ans* (Observations finales, CEDAW/C/ZAF/CO/4, 4 février 2011. par. 22) Le gouvernement admet qu'il s'agit là d'une « forme de discrimination sexuelle encore pratiquée (…) surtout dans les secteurs ruraux » mais rassure le CEDAW sur le fait qu'ils sont désormais interdits par la Loi sur l'égalité. « S'il est vrai que les tests de virginité sont culturellement sanctionnés et plus acceptables historiquement, ils sont devenus problématiques compte tenu de la nouvelle constitution démocratique et des nouveaux cadres législatifs de l'Afrique du Sud, ainsi que des engagements que ce pays a pris vis-à-vis des instruments internationaux et régionaux qui promeuvent les doits des femmes en tant que droits fondamentaux. Les tests de virginité (…) continuent à priver les femmes et les petites filles d'une protection et du contrôle de leur corps et de leur bien-être général tandis qu'elles sont qualifiées de prostituées, indignes du mariage et infectées par le VIH et le sida, et finalement aussi bannies de la société par la communauté » : in Rapport, CEDAW/C/ZAF/2-4, 24 mars 2010, p. 194.

1029 Le Kenya déplore cette « expérience humiliante » imposée par l'administration aux élèves : Rapport, CRC/C/KEN/2, 4 juillet 2006, p. 49.

demandant de la protection. Nous pensons par exemple aux albinos persécutés qui ont récemment obtenu l'asile en Espagne et en Israel[1030].

Conclusion du Chapitre 2

L'adhésion de l'Afrique au cadre normatif et aux objectifs universels de lutte contre les pratiques traditionnelles nuisibles à l'enfant est quasiment achevée, et il s'agit en plus d'un domaine où l'Union africaine pourrait montrer l'exemple, grâce aux dispositions spécifiques très avancées de la Charte africaine des droits et du bien-être de l'enfant et du Protocole à la Charte africaine des droits de l'homme et des peuples relatif aux droits de la femme en Afrique.

Mais l'application effective des normes bute sur le problème fondamental de leur acceptation, voire de leur compréhension : le travail d'analyse des documents officiels résultant du dialogue entre les gouvernements africains et les *treaty bodies* révèle les résistances que les droits de l'enfant, tels que consacrés par les textes internationaux, rencontrent dans les milieux traditionnels africains.

Conclusion du Titre 1

Au fil du temps, les Etats africains ont démontré avoir une approche somme toute équilibrée et critique vis-à-vis des pratiques traditionnelles néfastes à l'égard des enfants.

Même s'ils cherchent parfois à se justifier du sort subi par de nombreux enfants, invoquant les traditions et les coutumes qu'ils devraient pourtant eux-mêmes abolir, le dialogue est souvent sincère et a déjà permis d'obtenir des succès : en effet, le point de vue des classes dirigeantes est presque partout en ligne avec celui des organes onusiens, ces derniers comprennent mieux les réalités africaines et les enjeux de la lutte et, surtout, les initiatives se multiplient à toutes les échelles pour l'éradication de ces phénomènes.

Nous allons donc aborder dans notre dernier titre l'action des Etats sous l'influence de l'ONU.

[1030] Voy. les articles parus en ligne aux adresses Internet suivantes : http://www.rfi.fr/contenu/20091223-malien-premier-albinos-obtenir-le-statut-refugie-espagne et http://israelnouvelles.wordpress.com/2011/09/20/israel-accorde-l%E2%80%99asile-a-la-famille-ivoirienne-d%E2%80%99une-fillette-albinos/ (consultées le 5 avril 2012).

Titre 2. Les actions des Etats sous l'influence des Nations Unies

Les Etats africains ont un rôle fondamental à jouer dans la lutte contre les pratiques traditionnelles néfastes et il convient désormais d'analyser l'ensemble des actions mises en place à cette fin (Chapitre 1). Mais le droit international des droits de l'homme lie également les Etats « tiers », tiers par rapport à l'Afrique[1031] et à ses traditions mais non (plus) étrangers aux effets de ces phénomènes. Il est alors nécessaire de voir comment les Etats tiers occidentaux se sont progressivement associés à l'action mondiale de lutte (Chapitre 2).

[1031] On pourrait également imaginer que des Etats africains soient « tiers » par rapport à une pratique qu'ils ne connaissent pas.

Chapitre 1. Le combat pragmatique des Etats africains pour l'éradication des « pratiques traditionnelles néfastes »

Depuis plusieurs décennies, les Nations Unies ont mis les pratiques traditionnelles néfastes au cœur du dialogue avec les Etats concernés. Tout le monde s'accorde à reconnaître que les violations ne sont pas le fait des autorités étatiques, mais que l'Etat a un rôle fondamental à jouer dans la solution du problème.

Alors que, dans le passé, les gouvernements africains tentaient de se dédouaner de leurs responsabilités en expliquant aux organes onusiens que la persistance de mentalités favorables à ces pratiques rendait la lutte difficile, ils ont ensuite progressivement cédé aux pressions internationales allant dans le sens d'une interdiction juridique expresse de ces pratiques.

Mais l'adoption des lois est plus facile que leur application, sur un continent où les coutumes sont encore généralement acceptées comme étant le « droit ». Les Etats, impliqués dans l'effort de faire évoluer les normes sociales, les systèmes de valeurs et le statut de l'enfant, considèrent, à raison, que la sensibilisation est un moyen décisif dans la lutte.

Dans l'étude des actions des Etats africains, il convient de voir séparément les deux volets tout en sachant qu'ils sont indissociablement liés. En effet, l'approche fondée sur le droit répond directement aux exigences de transposition du droit international mais son efficacité est variable, en raison des spécificités africaines (Section 1). L'approche fondée sur la sensibilisation mérite également qu'on s'y arrête, puisqu'elle fournit des réponses appropriées aux défis qui restent à relever (Section 2).

Section 1. Le succès relatif de l'approche fondée sur le droit

Les Etats africains sont conscients de ce que le droit international leur impose d'éliminer les traditions et pratiques néfastes dont sont victimes les enfants. En particulier, ils doivent faire en sorte que leur droit coutumier soit compatible avec les obligations auxquelles ils ont souscrit en matière de droits de l'homme et sont tenus, en vertu des différentes conventions universelles, d'informer les *treaty bodies* sur les moyens utilisés pour appliquer les normes internationales.

En ce qui concerne en particulier la CIDE, tous les Etats africains (sauf la Somalie) sont liés par la disposition contenue à l'article 24, paragraphe 3[1032], et doivent fournir au Comité des droits de l'enfant des informations

[1032] « Les Etats parties prennent toutes les mesures efficaces appropriées en vue d'abolir les pratiques traditionnelles préjudiciables à la santé des enfants. »

pertinentes et actualisées sur « les mesures visant à interdire et à éliminer toutes les formes de pratiques traditionnelles préjudiciables, notamment les mutilations génitales féminines et les mariages précoces et forcés »[1033].

C'est pourquoi les rapports périodiques des Etats aux organes onusiens et notamment au CRC et, en général, les échanges qui ont lieu en leur sein sont précieux pour évaluer ce que font *concrètement* les Etats concernés pour abolir les pratiques traditionnelles néfastes, en droit et dans les faits.

Sur le continent africain, l'effort de mise en conformité des ordres juridiques internes avec la CIDE est de plus en plus important (§ 1). Mais l'adoption de mesures législatives n'est qu'un premier pas vers l'effectivité du droit, compte tenu des obstacles liés aux spécificités juridiques africaines et de la faible adhésion des populations au droit moderne (§ 2).

§ 1. La mise en conformité des droits internes avec le droit international

Il est indéniable que, sous la pression du droit international (et régional) des droits de l'homme, les droits nationaux africains deviennent plus protecteurs et prennent davantage en considération les droits des enfants. Les pratiques traditionnelles néfastes commencent à faire l'objet d'interdictions formelles dans les ordres juridiques internes. Cela est vrai aussi bien au plan constitutionnel (A) qu'au niveau des lois ordinaires (B).

A. L'intégration des droits des enfants dans les principes constitutionnels

Sur le modèle des constitutions occidentales, la plupart des Etats africains intègrent aujourd'hui dans leur chartes constitutionnelles les principes consacrant le caractère sacré de la personne humaine et ses droits fondamentaux : droit à la vie, à la santé, droit au respect de l'intégrité physique et mentale.

La protection spécifique due à l'enfance est souvent reconnue[1034], ainsi que le sont les droits culturels, sociaux et/ou économiques des enfants[1035].

[1033] *Directives spécifiques à l'instrument concernant la forme et le contenu des rapports périodiques que les Etats parties doivent soumettre en application du paragraphe 1 b) de l'article 44 de la Convention relative aux droits de l'enfant*, CRC/C/58/Rev.2, 23 novembre 2010, par. 34.

[1034] D'une manière générale, la Constitution du Mali de 1992 (préambule) proclame la détermination du peuple « à défendre les droits de l'enfant » et les Constitutions du Burundi de 2005 (article 19) et du Sénégal de 2001 (préambule) incorporent les droits fondamentaux garantis par les principaux textes internationaux, dont la CIDE. En ce qui concerne

Il existe enfin des textes suprêmes qui remettent en cause les pratiques traditionnelles préjudiciables comme les mutilations génitales. Il convient d'analyser de plus près les principaux exemples de garanties constitutionnelles.

La Constitution du Ghana de 1992, dont il est dit expressément qu'elle prime sur toutes les autres lois, prescrit l'abolition des pratiques traditionnelles qui nuisent à la santé et au bien-être des enfants[1036].

La Constitution de la République démocratique du Congo de 2006, en son article 41, vise spécifiquement la protection des enfants contre les violences et la négligence et affirme que l'accusation de sorcellerie est prohibée et punie par la loi[1037].

---

spécifiquement la protection des enfants de la violence, les Constitutions du Burkina Faso, de la République démocratique du Congo et du Sud-Soudan interdisent respectivement les mauvais traitement et les punitions corporelles contre les enfants.

[1035] L'obligation scolaire figure dans quelques trente-quatre constitutions africaines (voy. le rapport du professeur ALLINNE J.-P., « La situation juridique des enfants au Kenya », Institut français de recherches en Afrique (IFRA) Nairobi, Mission de juillet-août 2011, disponible à l'adresse Internet http://www.ifra-nairobi.net/PDF%20ANR%20Enfants/ALLINNE_FR%20Situation%20juridiques%20des%20enfants%20Kenya.pdf, consultée le 10 mai 2012). Quant aux droits socio-économiques des enfants (droit à la nourriture, au logement, à l'éducation), ils ont été consacrés par l'Afrique du sud (article 28 de la Charte des droits sud-africaine de 1995) et par le Kenya, dans sa nouvelle constitution de 2010, mais sans en préciser les moyens.

[1036] Voy. CRC/C/65/Add.34, 14 juillet 2005, par. 294. Nous citons ci-dessous les passages pertinents :Chapitre 5, paragraphe 26 : (1) Chacun a le droit d'estimer, de pratiquer, de professer, d'entretenir et de promouvoir la culture, la langue, les traditions ou la religion de son choix, dans le cadre des dispositions de la présente Constitution. (2) Toute pratique coutumière qui déshumanise un individu ou porte atteinte à son bien-être physique ou psychique est interdite. Chapitre 6, paragraphe 39 : (1) Sous réserve des dispositions prévues à l'alinéa 2 du présent article, l'Etat agit en faveur de l'intégration des valeurs coutumières pertinentes dans la vie de la nation par l'éducation, au sein du système scolaire classique ou non, et la prise en compte délibérée de considérations culturelles dans les domaines appropriés de la planification nationale. (2) L'Etat veille à ce que les valeurs coutumières et culturelles pertinentes soient adaptées et développées en tant que partie intégrante des besoins croissants de la société dans son ensemble ; et en particulier à ce que les pratiques traditionnelles portant atteinte à la santé et au bien-être de la personne soient abolies.

[1037] Voy. Rapport, CRC/C/COD/2, 24 juillet 2008, par. 148. L'article 41 prévoit entre autres que l'enfant « a le droit de jouir de la protection de sa famille, de la société et des pouvoirs publics. L'abandon et la maltraitance des enfants, notamment la pédophilie, les abus sexuels ainsi que l'accusation de sorcellerie sont prohibés et punis par la loi. Les parents ont le devoir de prendre soin de leurs enfants et d'assurer leur protection contre tout acte de violence tant à l'intérieur qu'à l'extérieur du foyer. Les pouvoirs publics ont l'obligation d'assurer une protection aux enfants en situation difficile et de déférer, devant la justice, les auteurs et les complices des actes de violence à l'égard des enfants. »

Enfin, la Constitution de l'Ethiopie de 1994, qui prime toute loi ou pratique coutumière incompatible (article 9), protège les femmes et les fillettes des « coutumes néfastes »[1038].

Dans la plupart des Etats, ce sont toutefois les lois ordinaires qui proscrivent les pratiques traditionnelles nuisibles.

B. L'interdiction des « pratiques traditionnelles néfastes » par les lois ordinaires

Les Etats africains sont de plus en plus nombreux à avoir adopté des lois pour abolir les pratiques traditionnelles néfastes ; considérant lesdites pratiques, et notamment les MGF et les mariages précoces et forcés, comme des violations des droits de l'enfant, ces lois les interdisent et/ou les érigent en infractions pénales.

Le tableau récapitulatif ci-dessous offre une vue d'ensemble de l'état des droits africains vis-à-vis des pratiques du mariage d'enfants (dans la deuxième colonne, on trouve l'âge légal et les dérogations permises, éventuellement avec l'indication d'un deuxième âge minimum, signalées par un *) et des MGF (la troisième colonne spécifie si les Etats ont adopté des normes en la matière et à partir de quelle année) ; il fait également état des précédents jurisprudentiels (quatrième colonne).

Tableau n° 7 « Réponse législative et judiciaire aux pratiques traditionnelles néfastes »

Pays	Age légal mariage garçon/fille	Interdiction MGF – loi, année, SANCTION	Affaires jugées MGF, mariages préc/for, autre
Afrique du Sud		oui, 2005	
Algérie		non	
Angola	18 (16*) ; 18 (15*)	non	
Bénin	18 ; 18	oui, 2003, OUI	
Botswana		non	
Burkina Faso	20 ; 17 (15*)	oui, 1996, OUI	MGF

[1038] Bien que l'article 36 soit consacré aux droits des enfants, la disposition pertinente est celle sur les droits des femmes, à savoir l'article 35, par. 4 : « L'Etat fait respecter le droit des femmes de faire disparaître les influences des coutumes néfastes. Les lois, coutumes et pratiques qui oppriment les femmes ou leur font subir un préjudice corporel ou mental sont interdites. »

Burundi	21 ; 18	non	
Cameroun	18 ; 15	non	
Cap-Vert		non	
Comores		non	
Congo	non défini	non	
Côte d'Ivoire	20 ; 18	oui, 1998	
Djibouti	18 ; 18 (*)	oui, 1995, OUI	
Egypte	18 ; 18 (*)	oui, 2008	
Erythrée	18 ; 18 (16*)	oui, 2007	
Ethiopie	18 ; 18	oui, 2005, OUI	
Gabon		non	
Gambie		non	
Ghana	18 ; 18	oui, 1994, OUI	MGF (rares)
Guinée	18 ; 18	oui, 2006, OUI	
Guinée-Bissau	17 ; 17	oui, 2011, OUI	MGF (affaire récente)
Guinée équat.		non	
Kenya	18 ; 18	oui, 2001, OUI	MGF, mariages préc/for (rares)
Lesotho	18 ; 18	non	
Libéria	18 ; 18 (16*)	non	
Libye		non	
Madagascar	18 ; 18	non	
Malawi	15 ; 15 (*)	non	
Mali	18 ; 15	non	
Maroc	18 ; 18 (*)	non	
Maurice	16 ; 16	non	
Mauritanie	18 ; 18	oui, 2005, OUI	
Mozambique	18 ; 18	non	
Namibie	21 ; 21	non	
Niger	18 (16*) ; 15 (14*)	oui, 2003, OUI	
Nigéria	18 ; 18 (*)	partiel (plusieurs Etats), 2000	mariages forcés
Ouganda		oui, 2009, OUI	
RCA		oui, 1996	

RDC	18 ; 15	oui, 2006	
Rwanda	21 ; 21 (18*)	non	
São Tomé-et-Principe		non	
Sénégal	18 ; 16	oui, 1999, OUI	MGF (rares)
Seychelles		non	
Sierra Leone	18 ; 18	non	
Somalie		partiel (Puntland), 2011	
Soudan	rien de prévu	partiel (Kordofan), 2008	
Swaziland		non	
Tanzanie	18 ; 15	oui, 1998, OUI	MGF (affaires récentes)
Tchad	18 ; 17 (13*)	oui, 2002	mariages précoces
Togo	18 ; 18	oui, 1998, OUI	MGF
Tunisie	18 ; 18	non	
Zambie		oui, 2005, OUI	
Zimbabwe	18 ; 18 (16*)	oui, 2007	

Il faut analyser les données relatives à l'interdiction légale des MGF en tenant compte du fait qu'une vingtaine d'Etats seulement sont très ou assez touchés par ces pratiques[1039]. Donc, les cas de non-interdiction qui nous intéressent sont en réalité une demi-douzaine : il n'y a que quatre pays qui n'ont pas légiféré en la matière (la Gambie, le Libéria, le Mali, et la Sierra Leone), auxquels s'ajoutent trois Etats fédéraux (Nigéria, Somalie et Soudan) où des lois spécifiques existent sur une partie du territoire national.

En revanche, la quasi-totalité des Etats concernés (plus un certain nombre d'Etats non touchés ou peu touchés) ont pris des mesures législatives visant non seulement à interdire, mais aussi à criminaliser cette pratique (la prévision de sanctions pénales est signalée dans la troisième colonne par un 'OUI').

Il serait impossible de rendre compte de toutes les législations nationales qui s'attaquent aux MGF mais, puisque les analogies sont plus importantes que les différences, un bref survol des droits internes suffira à en donner un aperçu.

[1039] Voy. le tableau n° 6 sur la « prévalence de la MGF en Afrique » qui figure dans le chapitre précédent.

La loi béninoise de 2003[1040] définit clairement la pratique des mutilations génitales féminines (« toute ablation partielle ou totale des organes génitaux externes des personnes de sexe féminin ou toutes autres opérations concernant ces organes effectuées à des fins non médicales ») et punit non seulement l'auteur, mais toute personne qui n'aurait pas agi pour empêcher une mutilation génitale féminine (article 9)[1041].

La Tanzanie, qui comme le Bénin a un taux de prévalence bas, a mis en place un cadre juridique permettant de poursuivre et punir efficacement les auteurs des mutilations génitales ; l'infraction est punissable de cinq à quinze ans d'emprisonnement[1042].

FGM has been prohibited since 1998 with the adoption of Sexual Offences Special Provisions Act (SOSPA). Section 21 (1) and (2) of SOSPA outlaws FGM [and ads] a new section to section 169 of the Penal Code, 169A [which states that] : Any person who having the custody, charge or care of any person under eighteen years of age (...) causes FGM or procures that person to be assaulted, ill-treated, neglected or abandoned in a manner likely to cause him suffering or injury to or loss of (...) organ of the body or any mental derangement, commits the offence of cruelty to children health eighteen [and is therefore] liable on conviction to imprisonment for a term of not less than five years and not exceeding fifteen years or to a fine not exceeding three hundred thousand shillings or to both fine and imprisonment and shall be ordered to pay compensation of an amount determined by the court to the person in respect of whom the offence was committed for the injuries caused to that person[1043].

L'incrimination de la mutilation génitale féminine dans la législation égyptienne a été la conséquence de la loi n° 126 de 2008, qui a apporté des modifications au Code pénal : en vertu du nouvel article 242 bis, et

sans préjudice de toute autre loi prévoyant des peines plus sévères, sera puni d'une peine d'emprisonnement de 3 mois à 2 ans ou d'une amende de 1 000 livres à 5 000 livres quiconque se rend coupable d'une lésion corporelle réprimée en vertu des articles 241 et 242 du code pénal au titre de la mutilation génitale féminine[1044].

[1040] Loi n° 3 de 2003 portant répression de la pratique des mutilations génitales féminines.

[1041] NATIONS UNIES, Supplément au *Manuel de législation sur la violence à l'égard des femmes* : « Pratiques préjudiciables à la femme », New York, 2010, p. 24.

[1042] CCPR/C/SR.2628, 26 août 2009, par. 70.

[1043] Voy. Réponses à la liste des points à traiter, CCPR/C/TZA/Q/4/Add.1, 24 juin 2009, question n° 7.

[1044] Voy. Rapport, CRC/C/EGY/3-4, 3 septembre 2010, par. 154.

On rappellera encore la proclamation n° 158 de 2007 par laquelle l'Erythrée abolit les mutilations génitales, qui « violent les droits fondamentaux élémentaires de la femme en ce qu'elles portent atteinte à son intégrité physique et mentale, à son droit de ne pas subir de violence ni de discrimination et, dans le pire des cas, à sa vie ». Bien que cette loi ne prévoie pas de sanctions pour les transgresseurs, elle frappe d'une peine l'auteur de l'excision lorsqu'il s'agit d'un membre d'une profession médicale, en autorisant les tribunaux à suspendre son autorisation d'exercer pour une durée pouvant aller jusqu'à deux ans[1045].

Quant aux mariages précoces et forcés, l'interdiction est parfois expressément prévue par la loi, mais dans la plupart des cas elle résulte implicitement des normes relatives à l'âge minimum et à la nécessité du consentement pour contracter le mariage.

L'étude diachronique des rapports officiels des Etats aux comités conventionnels révèle que des changements importants sont intervenus dans les droits africains, qui ont relevé l'âge minimum pour le mariage, tant pour les garçons que pour les filles, en supprimant les normes discriminatoires en ce sens.

Ce n'est que depuis peu que le Niger a trouvé un compromis au sujet de l'âge légal du mariage, fixé par le nouveau Code de l'enfant [1046] à 18 ans. D'après le gouvernement, ce Code se conforme

aux principes des droits de l'homme ainsi qu'à l'esprit et à la lettre de la Convention relative aux droits de l'enfant, de la Charte africaine des droits et du bien-être de l'enfant et d'autres textes ratifiés par le Niger. Il a été élaboré à l'initiative du Gouvernement, en concertation avec les chefs religieux des confessions musulmane et chrétienne, les chefs coutumiers et la société civile (...). La démarche participative a été privilégiée pour que la population comprenne le bien-fondé du relèvement de l'âge du mariage[1047].

Au Nigéria, la loi sur les droits de l'enfant proscrit toutes les formes de violence physique et mentale contre les enfants, y compris le mariage d'enfants. Ses articles 21 à 23 protègent les enfants non seulement du mariage précoce et forcé, mais aussi des fiançailles forcées, établissant des peines pour les transgresseurs :

[1045] NATIONS UNIES, Supplément au *Manuel de législation..., op. cit.*, pp. 19 et 25.

[1046] Non encore en vigueur à l'époque de l'examen du rapport étatique devant le CRC (juin 2009).

[1047] M. Issouffou in CRC/C/SR.1413, 24 juin 2009, par. 54.

21) Nul n'est capable de contracter un mariage valide avant l'âge de 18 ans ; il s'ensuit qu'un mariage ainsi contracté est nul et non avenu et sans aucun effet ;
22) 1) Aucun parent, tuteur ou autre personne quelle qu'elle soit ne peut fiancer un enfant à une autre personne.
2) Les fiançailles organisées d'une façon contraire aux dispositions du paragraphe 1) du présent article sont nulles et non avenues.
23) Toute personne qui épouse un(e) enfant ou
a) à qui un(e) enfant est fiancé(e),
b) qui encourage le mariage d'un(e) enfant, ou
c) qui fiance un(e) enfant commet une infraction et est passible, sur condamnation, d'une amende de 500 000 naira ou d'une peine d'emprisonnement d'une durée de cinq ans, ou des deux[1048].

En Sierra Leone, la loi de 2007 relative aux droits de l'enfant est venue donner effet à la Convention relative aux droits de l'enfant pour ce qui est de l'interdiction des mariages d'enfants. Son article 34 dispose que l'âge nubile minimum pour tout type de mariage est de 18 ans révolus ; personne n'a le droit de forcer l'enfant à se fiancer, à faire l'objet d'une transaction dotale, ou à se marier.

En outre, une loi de 2009 relative à l'enregistrement des actes de mariage et de divorce donne au mariage coutumier le même statut juridique qu'aux mariages civil, chrétien et musulman ; elle crée ainsi une obligation d'enregistrement des mariages coutumiers et réaffirme l'interdiction du mariage forcé et du mariage d'enfants[1049].

Pour proscrire les mariages forcés, les Etats renforcent les règles exigeant le consentement mutuel des époux. Ainsi, le Togo assure-t-il au CCPR que

[l]e consentement des époux, même mineurs, est une condition nécessaire à la validité du mariage. (...) L'article 81 du Code des personnes et de la famille fait obligation à l'officier d'état civil de s'assurer du consentement des époux au moment de la célébration du mariage[1050].

Au Cameroun, même si le mariage d'enfants n'a pas été totalement aboli (l'âge nubile pour la fille est de 15 ans), on ne peut forcer un mineur à se marier car

le mariage est fondé sur la libre volonté d'un homme et d'une femme de s'unir l'un à l'autre comme époux. Aussi, le consentement libre et solennel

[1048] Rapport, CRC/C/NGA/3-4, 5 janvier 2009, par. 5.6.1.
[1049] NATIONS UNIES, Supplément au *Manuel de législation*..., *op. cit.*, pp. 19, 36 et 45-46.
[1050] Rapport, CCPR/C/TGO/4 17 octobre 2009, par. 233-234.

des futurs époux est-il essentiel à la validité du mariage. Il fait partie des mentions essentielles à figurer sur l'acte de mariage[1051].

Pour ce qui concerne les pratiques traditionnelles autres que les MGF et les mariages précoces, on remarquera que des mesures législatives sont adoptées pour protéger la liberté, l'intégrité physique et, surtout, la vie des enfants.

Par exemple, les Etats concernés ont affiché une capacité de réaction très rapide à l'égard du phénomène récent du meurtre d'enfants albinos.

Le Burundi a déterminé des peines sévères à infliger aux auteurs, coauteurs et complices des infractions contre les albinos, jusqu'à la peine de servitude pénale à perpétuité, et a décidé d'accélérer les procédures judiciaires concernant les présumés auteurs des crimes endéans 7 jours[1052].

La Tanzanie a prévu la peine capitale pour le meurtre d'albinos et a arrêté quatre-vingt-quatorze suspects et condamné, mais pas exécuté, semble-t-il[1053], au moins huit personnes à la pendaison depuis 2007.

Le Ghana a dénoncé la pratique du *trokosi* et adopté en juin 1998 une loi l'interdisant[1054].

Quelques Etats anglophones (Botswana, Cameroun, Afrique du Sud et Zimbabwe) condamnent la sorcellerie en tant que telle « on the assumption that belief in witchcraft is a superstition and not a matter of religious belief »[1055].

La délégation du Nigéria a récemment confirmé au CRC que le *Child Rights Act* de 2003 prohibe, outre les MGF et les mariages précoces, les accusations de sorcellerie dont sont victimes les enfants, ainsi que les tatouages. Elle a évoqué en outre les dispositions pertinentes de la *Akwa Ibom Childs Right Law* 2008 :

the practice of accusing children of witchcraft mostly involved Akwa Ibom State and (...) it was severely punished. The offence of accusation of child

---

[1051] Rapport, CRC/C/CMR/2, 22 octobre 2009, par. 41.

[1052] Réponses à la liste des points à traiter, CRC/C/BDI/Q/2/Add.1, 1 septembre 2010, p. 5.

[1053] Voy. le dépêche de presse de l'AFP du 22 novembre 2011 à l'adresse Internet http://www.peinedemort.org/document.php?choix=5763.

[1054] Rapport de la Rapporteuse spéciale sur la violence contre les femmes, ses causes et ses conséquences, Mme Radhika Coomaraswamy, présenté en application de la résolution 2001/49 de la Commission des droits de l'homme : *Pratiques culturelles au sein de la famille qui constituent des formes de violence contre les femmes*, E/CN.4/2002/83, 31 janvier 2002, p. 16.

[1055] VAN DER VYVER J. D., GREEN C. M., « Law, religion and human rights in Africa : Introduction », *AHRLJ*, vol. 8, n° 2, 2008, p. 340. Les auteurs précisent que "Under the Zimbabwean Witchcraft Suppression Act, enacted *in colonial times*, a person accusing someone else of an act of witchcraft can be brought to trial and punished".

witchcraft was liable to 10 years' imprisonment or a fine of 500,000 naira, while exorcism, subjecting a child to torture, abuse of a child suspected of witchcraft was liable to 10 years' imprisonment and, where appropriate, the seizure of the church where the offences took place[1056].

Malgré l'importance de ces normes incriminant les pratiques traditionnelles néfastes, force est de constater que, dans la plupart des pays, le droit demeure inappliqué et les poursuites sont encore l'exception.

§ 2. Les obstacles juridiques à l'application des législations internes

La mise en œuvre de la Convention au regard de ces questions spécifiques se heurte au fait que les lois visant à lutter contre les pratiques néfastes, si elles ne sont pas socialement acceptées, peuvent être contournées et même avoir des effets pervers.

Les pays qui ont interdit et sanctionné les mariages précoces et la MGF font valoir deux ordres d'obstacles juridiques rencontrés sur la voie de l'application des nouvelles normes. D'une part, ils invoquent – à tort [1057] – la difficulté à ordonner de manière satisfaisante la pluralité des ordres juridiques (coutumes ancestrales, droit musulman, droit moderne d'inspiration occidentale) qu'ils ne peuvent ou ne veulent éliminer (A). D'autre part, ils soulignent les contradictions et les possibles effets pervers de l'action répressive dans un domaine culturellement sensible ; heureusement, cela n'empêche pas la justice de commencer à suivre son cours dans certains Etats (B).

A. La difficulté de hiérarchiser des ordres juridiques pluriels

Tout d'abord, de nombreux Etats soutiennent qu'ils ont du mal à adopter et faire appliquer des règles valables pour tous les enfants relevant de leur juridiction.

En effet, non seulement plusieurs systèmes juridiques peuvent coexister au sein d'un Etat, le droit moderne se superposant à la coutume et parfois au droit religieux, sans les éliminer, mais le droit positif qui interdit les pratiques coutumières risque d'être perçu par la population comme un droit étranger.

[1056] CRC/C/SR.1507, 25 mars 2011, par. 52-54.

[1057] Le droit international affirme sa supériorité sur les droits internes, et les difficultés que les ordres étatiques peuvent rencontrer dans sa réception et application ne peuvent être valablement invoquées.

Surtout en matière de mariages, la tradition continue d'être suivie et les concept d'âge nubile ou de consentement des parties au mariage restent inconnus.

Tous les Etats n'accordent pas aux unions célébrées selon le rite religieux ou traditionnel la même valeur et les mêmes effets qu'aux mariages civils ; ainsi, les conditions nécessaires pour se marier peuvent-elles être très différentes à l'intérieur d'un même Etat.

Une ministre nigérienne a expliqué que, « au sujet de la définition de l'enfant, le problème du pluralisme de la source du droit se pose avec une acuité particulière : il n'y a pas de jurisprudence en matière de statut personnel et les coutumes, nombreuses et fortement islamisées, ne sont pas répertoriées… [I]l existe un écart considérable entre le droit positif et la réalité sur le terrain, et les moyens de contrôle font grandement défaut. Il est, par exemple, difficile d'empêcher un père de marier sa fille ou son fils qui n'a pas atteint l'âge légal »[1058].

Le rapport du Niger au CRC jette de la lumière sur la confrontation qui a lieu entre le droit étatique et le droit traditionnel, et qui « fait obstacle à l'instauration d'un ordre juridique susceptible de favoriser l'effectivité des dispositions des instruments juridiques internationaux et nationaux protecteurs de l'enfant » :

en matière de statut personnel, la législation consacre toujours le pluralisme juridique à travers l'application de la coutume et celle de la loi respectivement aux personnes qui ont opté pour le statut coutumier, et celles qui ont opté pour le statut légal. Ce dernier est constitué par l'ensemble des lois et règlements en vigueur lesquels se fondent sur la Constitution et les conventions internationales. En revanche, la coutume se compose en principe des règles orales traditionnelles nées de la pratique et qui à force d'être répétées sont devenues obligatoires. Ces règles coutumières sont fortement influencées voire supplantées sur plusieurs points par le droit musulman à telle enseigne qu'il y a en pratique confusion entre ce dernier et la coutume. La mise en œuvre du pluralisme juridique crée une situation de conflit des droits. (...) Le Niger, faut-il le rappeler, est majoritairement peuplé par une population rurale très attachée au système traditionnel d'organisation sociale dans lequel l'individu s'identifie à un groupe[1059].

Cette confrontation, de l'avis du gouvernement, « conduit en pratique à une application sélective des dispositions de la Convention [relative aux droits de l'enfant] en ce que chaque membre du corps social invoque, en fonction de la situation, le type de règles qui l'arrange »[1060].

[1058] Mme Gnandou, in CRC/C/SR.1413, 24 juin 2009, par. 39 à 46.
[1059] Rapport, CRC/C/NER/2, 20 novembre 2008, par. 51, a.
[1060] *Ibidem.*

Bien souvent, les règles en matière de mariage sont celles dictées par la religion suivie par les futurs époux ou par la coutume.

La Tanzanie, qui reconnaît l'existence de « cultural practices which favour early and often forced marriages »[1061], explique que :

50 per cent of the Tanzanian population was Muslim ; the remaining 50 per cent was Christian or followers of traditional religions. While both common law and sharia law applied, the sharia was invoked in marriage and family-related matters that concerned Muslims only. The coexistence of the two legal systems made it difficult to set standards applicable to all children[1062].

Le Kenya semble invoquer les lois coutumières et les pratiques ayant lieu dans certaines communautés pour justifier le non respect des lois, qu'il considère lui-même contradictoires : « le mariage précoce continue d'être fréquent dans le pays en raison des lois coutumières qui permettent le mariage d'enfants, en particulier après certains rites de passage comme la circoncision »[1063].

L'Erythrée assure chercher à mettre en œuvre la législation et à enrayer la pratique des mariages précoces. Mais la situation n'est absolument pas claire, à cause des lois coutumières, si bien que l'Etat a consacré une étude

à l'âge minimum du mariage dans les différents groupes ethniques en vue d'élaborer une méthode de sensibilisation adaptée aux différents contextes. Les lois coutumières érythréennes ne définissent pas spécifiquement la notion de « majorité légale ». En droit coutumier écrit, la majorité légale est déduite de l'âge du mariage ; par exemple, le Code coutumier Loggo Chewa [codifié en 1910 et révisé en 1935] indique 15 ans pour les femmes et 18 ans pour les hommes. La plupart des lois coutumières ne précisent pas l'âge minimum pour le mariage (...). Les lois coutumières non écrites déterminent la majorité civile en fonction de la maturité physique, des cérémonies culturelles et de l'aptitude à participer aux activités économiques. Dans la pratique, les lois coutumières non écrites l'emportent sur les lois coutumières écrites[1064].

Il est toutefois à remarquer que, d'après l'Erythrée, ce droit coutumier n'est pas en contradiction avec la CIDE, sauf pour ce qui est de la discrimination sexospécifique :

[1061] Rapport, CRC/C/70Add.26, 24 août 2005, par. 285.
[1062] Mme Simba in CRC/C/SR.1134, 6 juin 2006, par. 44.
[1063] Rapport, CRC/C/KEN/2, 4 juillet 2006, par. 101.
[1064] Rapport, CRC/C/ERI/3, 23 octobre 2007, par. 31.

Les lois coutumières écrites et non écrites de l'Erythrée sont compatibles avec l'exception prévue à l'article premier de la Convention aux termes duquel : « ... un enfant s'entend de tout être humain âgé de moins de 18 ans, sauf si la majorité est atteinte plus tôt en vertu de la législation qui lui est applicable ». Une incompatibilité réside en revanche dans le fait que les lois coutumières fixent la majorité à un âge différent selon le sexe[1065].

La réalité est que, dans bien des cas, les lois adoptées sont tout simplement contradictoires entre elles ou non adéquates et les Etats ne savent pas trop comment s'en justifier. Quoi qu'il en soit, l'effort qui reste à faire pour une harmonisation complète des législations nationales avec les standards internationaux est important.

L'Etat fédéral du Nigéria qui, comme nous l'avons vu, a récemment adopté une loi relative aux droits de l'enfant, laisse persister au niveau des Etats fédérés des lois et coutumes incompatibles. La délégation confirme que

l'âge de la majorité n'a pas encore été porté à 18 ans dans certains Etats du Nigéria et que l'Etat fédéral s'accommode de cette situation car il privilégie le dialogue et la sensibilisation dans le souci de ne pas contrarier ces Etats et ne pas les dissuader ainsi d'adopter la loi relative aux droits de l'enfant, qui est une priorité à court terme. Le nécessaire travail de sensibilisation au relèvement de l'âge de la majorité suivra[1066].

Le Tchad informe le CCPR de ce que le Code pénal intervient pour réprimer le mariage des filles de moins de 13 ans en édictant, en son article 277, que « la consommation d'un mariage coutumier avant que la fille n'ait atteint l'âge de 13 ans est assimilée au viol et punie comme tel » [1067]. Mais il reconnaît également que cette mesure n'est pas suffisante et que, de cette façon,

[l]a discrimination se trouve (...) légitimée à travers les dispositions législatives. En effet, pour nous limiter à quelques exemples, le Code pénal (...) fixe implicitement l'âge du mariage à 13 ans puisqu'il ne réprime que les mariages coutumiers conclus avant cet âge. De plus, le rapt se trouve implicitement admis dans la mesure où l'alinéa 2 de l'article 289 du Code pénal prévoit que lorsqu'une mineure enlevée ou détournée aura épousé son ravisseur, celui-ci ne peut-être poursuivi que sur la plainte des personnes qui ont qualité pour demander l'annulation et ne peut être condamné qu'après cette annulation. Or ceux qui ont qualité pour demander l'annulation du

---

[1065] *Ibidem.*
[1066] Mme Anenih in CRC/C/SR.1505, 31 mai 2010, par. 39. C'est nous qui soulignons.
[1067] Rapport, CCPR/C/TCD/1, 6 juin 2008, par. 264.

mariage sont souvent co-auteurs ou complices du détournement du mineur ou du mariage par rapt[1068].

Le Burkina Faso souligne les difficultés qu'il rencontre dans la lutte contre les MGF, mais force est de constater que « la faiblesse des sanctions prononcées par les juridictions et la non poursuite des parents pourtant complices » est le fait de ses propres organes[1069]. Par ailleurs, le pays admet que

[d]es unions forcées et/ou précoces sont pratiquées en dehors de l'administration à l'occasion des mariages coutumiers et religieux qui ne sont pas reconnus par la loi, mais ne sont pas non plus interdits[1070].

Le Malawi affiche sa volonté de modifier certaines lois coutumières qui autorisent le mariage précoce, ainsi que sa Constitution qui l'admet implicitement : l'alinéa 8 de son article 22 prévoit en effet que, quand les deux personnes ont moins de 15 ans, l'Etat doit décourager l'union, mais ne peut l'empêcher.

The Law Commission has also considered a submission regarding section 22 of the Constitution, which is unclear as to the absolute minimum age for marriage (...). The submissions received by the Law Commission in this regard recommends that the minimum age for marriage should be raised to eighteen years so as to ensure that "children" as defined by the CRC do not enter into marriage. The Law Commission therefore recommended that in keeping with the CRC, the International Covenant on Civil and Political Rights, the African Charter on Human and Peoples' Rights as well as the Convention on Consent to Marriage, Minimum Age for Marriage and Registration of Marriages, the minimum age for marriage with parental consent should be raised to eighteen years as above that age, a person ceases to be a child. Further, the Law Commission recommended that above the age of twenty-one years, marriage may be entered into without parental consent[1071].

[1068] Rapport, CRC/C/TCD/2, 26 juin 2007, par. 63.
[1069] Rapport, CRC/C/BFA/3-4, 30 mars 2009, par. 216.
[1070] *Idem*, par. 61.
[1071] Voy. Rapport, CRC/C/MWI/2, 17 juillet 2008, par. 12, ainsi que Réponses à la liste des points à traiter, CRC/C/MWI/Q/2/Add.1, 9 janvier 2009, par. 21.

B. La difficulté de sanctionner les violations

De nombreux Etats évoquent les difficultés liées à l'action répressive.

D'une part, le risque de pousser la pratique dans la clandestinité et/ou de la déplacer à l'étranger, à défaut de l'éliminer, freine la répression ; d'autre part, les autorités font état de la rareté des dénonciations, notamment contre les MGF que « les victimes ne considèrent pas comme une infraction mais comme un acte d'intégration sociale » [1072] (1).

Ces problèmes trouvent un écho même dans la jurisprudence que certains Etats pionniers ont commencé à développer (2).

1) Des résistances dans la dénonciation et la poursuite des coupables

Le risque de pratiques clandestines est fréquemment évoqué. Le Burkina Faso attire l'attention sur ce problème, « qui met davantage en danger la vie des enfants »[1073], alors que le Kenya affirme dans son rapport périodique au CEDAW que

[d]e nouveaux défis apparaissent et d'autres persistent (...). L'interdiction des mutilations des organes génitaux de la femme a fait passer ces pratiques dans la clandestinité[1074].

Plusieurs Etats ouest-africains s'inquiètent de ce que la répression encourage la pratique clandestine à l'étranger.

Au Togo, les résultats d'une étude réalisée en 2007 indiquent en effet que « la pratique de l'excision se fait en dehors du pays sur 15,1% des victimes. Le déplacement de nouvelles candidates à l'excision vers les autres pays répond à l'exigence d'échapper à la rigueur de la loi locale »[1075].

Les pays frontaliers concernés par ce phénomène sont, d'après le gouvernement, le Bénin, le Ghana, et le Burkina Faso. C'est pourquoi le Togo suggère « le développement d'un programme transfrontalier de lutte contre les MGF en collaboration avec les pays de la sous-région en vue de l'élimination des MGF »[1076].

Le Bénin signale de son côté un problème… d''exportation' des exciseuses, si bien qu'il collabore avec « les pays limitrophes afin

---

[1072] Voy. les affirmations de la délégation camerounaise au CESCR, in E/C.12/2011/SR.41, 1 décembre 2011, par. 51.

[1073] Rapport, CRC/C/BFA/3-4, *cit.*, par. 216.

[1074] Rapport, CRC/C/TGO/3-4, 20 mai 2011, par. 320.

[1075] *Idem*, par. 329.

[1076] Rapport, CEDAW/C/KEN/6, 16 octobre 2006, par. 5.

d'empêcher les exciseuses de passer outre l'interdiction en vigueur au Bénin en allant pratiquer l'excision dans les pays voisins »[1077].

Au Mali, en revanche, ce sont les filles et les femmes qui vont à l'étranger pour se faire exciser : la Ministre malienne de la promotion de la Femme, de l'Enfant et de la Famille, Mme Diallo M'Bodji Sène, affirme en effet :

Un léger recul de cette pratique a été constaté et le Mali a choisi de la combattre par l'éducation et la sensibilisation et non la répression pénale, car il a constaté que les lois adoptées à cet effet par certains pays voisins étaient difficilement applicables et incitaient les familles à faire pratiquer des excisions clandestines à l'étranger[1078].

Tout ceci montre l'importance de l'Etat tiers dans le processus d'éradication : non seulement au niveau sous-régional, mais aussi au niveau continental et international, l'existence d'un maillon faible dans la chaîne risque d'anéantir les efforts entrepris.

C'est la raison pour laquelle les *treaty bodies* et certains Etats proposent des formes de coopération inter-étatique pour faire face à des problèmes communs et encouragent les échanges de bonnes pratiques, y compris sur le plan juridique. Le Tchad, par exemple, a confirmé que :

the adoption of the Family Code would resolve many problems, and that the Government was continuing to collect information in order to produce the best draft possible. As part of those efforts, it was sending a mission to Senegal and Tunisia to learn from the experiences of other countries[1079].

En revenant à la difficulté de poursuivre les coupables, quelques pays africains signalent que les nouvelles lois ont un effet sur le moment où la mutilation a lieu, mais n'aident pas à l'abolir.

Ainsi, le Burkina Faso dénonce-t-il la diminution de l'âge de l'excision, qui se passe généralement dans la première semaine de la naissance, afin de rendre la dénonciation plus difficile[1080].

De même, une étude réalisée au Togo en 2007 révèle que la pratique a cours de plus en plus sur les enfants de bas âge, notamment chez « les Peuhls dont chaque maman est une exciseuse potentielle ; les petites filles sont excisées par la maman à la naissance »[1081].

[1077] M. Hounnouvi in CRC/C/SR.1183, 21 novembre 2006, par. 39.
[1078] CRC/C/SR.1206, 24 janvier 2007, par. 57.
[1079] Mme Ngarbatina in CRC/C/SR.1375, 26 janvier 2009, par. 19.
[1080] Rapport, CRC/C/BFA/3-4, *cit.*, par. 216.
[1081] Rapport, CRC/C/TGO/3-4, 20 mai 2011, par. 330.

Le Kenya s'inquiète, au contraire, des pressions qui s'exercent maintenant sur les femmes adultes pour qu'elles consentent… librement à subir des mutilations génitales[1082].

Même en Tanzanie, la pratique reste consentie sur les femmes de 18 ans révolus, l'idée étant qu'il faut protéger les fillettes car les adultes

are mature enough to consent or exercise rational decisions and research has shown that most of the victims are those who are below 18 or those who have attained their puberty age[1083].

Dans bien des cas, l'élimination de la MGF et la poursuite des coupables se heurtent à des résistances d'ordre culturel qui freinent toute dénonciation. Le Ghana estime que :

[l]es médias contribuent efficacement à diffuser des messages sur la question [mais] la force des croyances traditionnelles, l'analphabétisme généralisé et le faible niveau d'instruction dans les régions du nord (où ont lieu la quasi-totalité des mutilations génitales féminines) expliquent la rareté des poursuites[1084].

L'analyse faite par le Directeur de la protection de l'enfant du Niger, M. Issouffou, vaut peut-être pour la majorité des pays africains : d'après lui, un des obstacles principaux à la lutte contre les violences faites aux enfants est que :

la dénonciation n'est pas chose courante dans la société nigérienne et que les forces de police ou les magistrats ne peuvent agir tant qu'ils ne sont pas directement saisis d'une affaire[1085].

Ainsi, le gouvernement de Djibouti reconnaît-il que l'article du Code pénal qui réprime la pratique des mutilations génitales féminines n'a pour l'instant pas eu beaucoup d'effet :

La pénalisation de l'acte de mutilation date de 1995, ce qui fait de Djibouti un des premiers pays arabo-musulmans à avoir édicté un texte de cette nature. Malheureusement, malgré les actions de sensibilisation et la large diffusion des articles du Code pénal, y compris par le canal de la radio et de la télévision, aucune plainte n'a été déposée à ce jour[1086].

1082 Rapport, CEDAW/C/KEN/6, 16 octobre 2006, par. 5 et 23.
1083 Réponses à la liste des points à traiter, CCPR/C/TZA/Q/4/Add.1, *cit.*, question n° 7.
1084 Rapport, CRC/C/65/Add.34, 14 juillet 2005, par. 205.
1085 CRC/C/SR.1414, 30 juin 2009, par. 17.
1086 M. Abdi Ismael Hersi in CRC/C/SR.1348, 10 février 2009, par. 36.

Le Sénégal admet aussi que « tous les cas de pratiques qui se passent dans les familles ne sont pas dénoncés »[1087] et que la législation pénale reste à harmoniser, notamment du fait que la procédure d'auto saisine a rarement cours et que les organisations de la société civile peinent à se porter partie civile[1088].

L'action répressive n'est pas efficace quand elle se focalise sur le seul « coupable », selon une directrice du Ministère de la justice du Ghana :

although the 1998 Criminal Code Amendment Act prohibited female genital mutilation, many people had avoided prosecution because the law focused on the perpetrator. The Cabinet had given its approval to strengthen legislation in order to ensure that anyone involved in that practice could be prosecuted[1089].

La Tanzanie se penche sur d'autres difficultés rencontrées dans la lutte contre les pratiques traditionnelles nuisibles, et notamment sur le fait que les amendes ne semblent pas décourager les exciseuses :

penalties included imprisonment and fines, but fines had proved not to be an effective deterrent, as practitioners had simply asked the families for payment in order to pay the fines. Therefore, the imposition of prison sentences was increasing[1090].

En outre, au cours de l'examen du rapport étatique devant le Comité des droits de l'homme, la délégation affirme que :

la principale difficulté dans ce type d'affaire est qu'il est impossible de trouver des personnes disposées à témoigner. Le cadre juridique a été mis en place, mais il faudra encore changer les mentalités[1091].

Evidemment, la protection apportée par la loi n'est efficace que si le recours aux tribunaux est effectif, aussi bien en droit qu'en pratique.
Ainsi, le Burundi est-il appelé à agir pour remédier au fait que

les victimes de viol qui déposent plainte sont mal traitées par les policiers et que certaines sont contraintes d'épouser leur agresseur[1092].

[1087] Réponses à la liste des points à traiter, CRC/C/SEN/Q/2/Add.1, 10 août 2006, p. 20.
[1088] Rapport, CRC/C/SEN/2, 10 avril 2006, par. 93.
[1089] Mme Appiah in CRC/C/SR.1093, 23 janvier 2006, par. 56.
[1090] Mme Rugumyamheto in CRC/C/SR.1136, 31 mai 2006, par. 57.
[1091] CCPR/C/SR.2628, 26 août 2009, par. 70.
[1092] Voy. les affirmations de M. Koompraphant in CRC/C/SR.1553, 27 septembre 2010, par. 31.

Nous avons déjà évoqué la pratique des mariages par rapt, qui a cours au Tchad et qui est au fond implicitement admise par le Code pénal de ce pays, aux termes duquel l'auteur de viol peut être exonéré de sa peine s'il épouse sa victime[1093].

Il faut néanmoins signaler que quelques pays ont abrogé ce type de dispositions législatives, ce qui revient à sanctionner les mariages forcés. L'Egypte, par exemple, en adoptant la loi n° 14 de 1999, a supprimé le pardon qui était jusqu'alors accordé à l'auteur d'un rapt qui épousait sa victime[1094].

2) Un aperçu de la jurisprudence africaine en matière de « pratiques traditionnelles néfastes »

Les rares Etats, une demi-douzaine, qui commencent à avoir une jurisprudence en ce sens en parlent volontiers aux comités conventionnels[1095].

Le Burkina Faso affirme que le sujet des MGF n'est plus tabou et que des dénonciations par la population ainsique des jugements ont eu lieu :

126 cas d'excision ont connu l'intervention de la gendarmerie nationale de 2004 à 2006 dont un décès ; 41 cas ont été jugés entre 1999 et 2005 dont 13 auteurs (un homme agent de santé récidiviste), 28 complices (8 parents). Les condamnations vont de 6 mois assortis de sursis à 4 ans d'emprisonnement ferme, plus des peines d'amende[1096].

Au Kenya, toutes les pratiques traditionnelles préjudiciables sont interdites depuis l'entrée en vigueur de la loi sur l'enfance de 2001.

Le fait d'imposer à une fillette l'excision, un mariage précoce ou d'autres pratiques culturelles préjudiciables est puni d'un maximum de 12 mois d'emprisonnement ou d'une amende pouvant aller jusqu'à 50 000 shillings. (...). Les personnes coupables d'avoir forcé des fillettes à subir une excision ou des pratiques culturelles néfastes ou à se marier à un âge précoce sont arrêtées par la police et traduites en justice [mais] l'excision est une pratique profondément ancrée dans la culture et sera donc longue à

[1093] Rapport, CRC/C/TCD/2, 26 juin 2007, par. 63.
[1094] NATIONS UNIES, Supplément au *Manuel de législation..., op. cit.*, p. 36.
[1095] On notera par ailleurs que le tableau récapitulatif figurant plus haut dans cette section fait état d'un jugement récent en matière de MGF en Guinée-Bissau ; il s'agit de la première affaire où la loi de 2011 trouve application, elle date de janvier 2012 et n'a pas encore fait l'objet du dialogue avec les Nations Unies.
[1096] Rapport, CRC/C/BFA/3-4, *cit.*, par. 213-214.

éliminer. C'est pourquoi aussi les arrestations et les procès sont rares et sporadiques[1097].

Le Sénégal affirme que :

des condamnations fermes ont été prononcées par les tribunaux sur la base de la loi de janvier 1999 qui, modifiant certaines dispositions du code pénal, interdit et réprime les mutilations génitales[1098].

Au Togo, au moins un cas de violation a été jugé.

Il s'agit d'un cas de condamnation au tribunal de 1ère instance de 2e classe de Sokodé à l'audience publique du 28 juin 2000 de KANDJAO Mariama exciseuse et MAMA Sédou dit Fada père des filles excisées à 12 mois de prison et à cent mille (100 000) F CFA d'amende.
D'autres cas ont été signalés dans la préfecture de Badou où une fille a dénoncé son fiancé qui se préparait à la faire exciser où le juge a tout simplement séparé les fiancés par acte de justice. Il est à signaler que beaucoup de cas sont réglés à l'amiable chez les chefs traditionnels[1099].

La délégation note par ailleurs que :

[l]e silence est rompu : les cas des MGF pratiqués sur les nouveaux nés filles sont dénoncés au personnel médical. En juin 2009, une poursuite judiciaire en cours a été engagée contre des parents dénoncés sur la ligne verte « Allo 111 » pour l'excision sur leur nouveau né âgé de trois semaines[1100].

En Tanzanie, plusieurs affaires de MGF ont été portées devant les tribunaux, et il y a eu même des arrestations, mais les poursuites ont été entravées par des problèmes récurrents : preuves insuffisantes et difficulté de faire témoigner les personnes ayant connaissance des faits.
D'après le gouvernement, « the law has not been effectively enforced as the communities are not willing to come forward with information »[1101].
La délégation tanzanienne, auditionnée en 2006 par le CRC, affirmait que :

The imposition of prison sentences was increasing. Both the parents and the practitioner could be prosecuted. For example, in a recent case in the

[1097] Réponses à la liste des points à traiter, CRC/C/KEN/Q/2/Add.1, 28 novembre 2006, p. 35.
[1098] Rapport, CRC/C/SEN/2, *cit.*, par. 92.
[1099] Rapport, CRC/C/TGO/3-4, 20 mai 2011, par. 323-324.
[1100] *Idem*, par. 329.
[1101] Réponses à la liste des points à traiter, CCPR/C/TZA/Q/4/Add.1, par. 28.

Morogoro region, a number of girls had reported their parents, alleging that they had forced them to undergo female genital mutilation. Although the parents had not been convicted because of a lack of evidence, the case had raised awareness among parents of the possible consequences of that harmful practice[1102].

Plus récemment, à l'occasion de l'examen du rapport périodique devant le CCPR, trois autres affaires pertinentes ont été évoquées : dans *R. v. Mbwasa Madaru* (Criminal case no 261/1999, Dodoma District Court), les poursuites engagées contre le père d'une jeune fille, hospitalisée à cause des complications d'une MGF, ont été abandonnées faute de preuves, les témoins ne voulant pas témoigner contre le père. Dans une autre affaire concernant la mutilation d'une fillette de 7 ans, *R. v. Fatma Iddi and others* (Criminal case no 123/1990, Singida District Court), le dossier a été classé à la suite de pressions exercées par la famille de la victime et l'entourage[1103].

Enfin, dans la seule affaire jugée,

the case of R. versus Mussa Daudi and others, the accused persons were charged of an offence of causing female genital mutilation to a girl under 18 as per section 169A of the Penal Code as amended by section 21 of the Sexual Offences Special Provisions Act, 1998. The accused admitted to have committed the offence and was accordingly convicted. In sentencing the accused, the Court had this to say : "because of the ignorance of the existence of this new Act no 4 of 1998, the illiterate people in the rural areas are not at all conversant with the law. The Government and the Parliament have to educate and sensitize the community on this. As these are the first offenders, they are fined to pay ten thousand Tanzania Shillings each, in default of payment each to suffer 4 months in jail". The accused paid the fine immediately[1104].

Le Nigéria est le seul Etat qui fournit de la jurisprudence concernant le mariage forcé. Le juge a appliqué la charia, affirmant la compatibilité du droit de la famille islamique avec la CIDE.

Dans la célèbre affaire Karimatu Yakubu c. Alh. Paiko (recours n° CA/K/80s/85 – décision non publiée, Cour d'appel de Kaduna), la Cour d'appel, division de Kaduna, jugeant en faveur de l'adolescente appelante, a répété que 'son père ne pouvait pas l'obliger à épouser un homme qu'elle n'avait pas choisi en lui déniant le droit de consentir à son mariage. La

---

[1102] Mme Rugumyamheto in CRC/C/SR.1136, 31 mai 2006, par. 57.
[1103] Voy. CCPR/C/SR.2628, 26 août 2009, par. 35.
[1104] Voy. notamment Réponses à la liste des points à traiter, CCPR/C/TZA/Q/4/Add.1, *cit.*, par. 28.

Cour a clairement indiqué qu'en vertu du droit de la famille de la charia, la nécessité du consentement d'une fille à son mariage est à la fois une condition indispensable et un droit contractuel ou, à tout le moins, un droit souhaitable'. Cette décision est tout à fait compatible avec le principe général de l'intérêt supérieur et du bien-être de l'enfant[1105].

Le Tchad assure être en train de réviser le Code pénal pour pouvoir porter les MGF et les mariages précoces devant les tribunaux répressifs. Il ne fournit pas d'exemples, mais affirme que « déjà les tribunaux civils saisis d'affaires de mariages précoces prononcent l'annulation desdits mariages »[1106].

Nous venons d'examiner les avancées et les obstacles que rencontrent les Etats touchés par les pratiques traditionnelles néfastes dans leur effort de mise en conformité des législations internes avec les normes de droit international.

Aux yeux de l'ONU (et d'un observateur occidental), il est inconcevable que la loi n'interdise pas des actes aussi graves que la mutilation génitale, le mariage d'enfant, la persécution d'un albinos, l'infanticide, etc. Mais, pour les Etats africains, la réponse législative ne peut pas être dissociée de – et à la limite n'a aucune chance de résussir sans – l'action de sensibilisation.

Section 2. L'apport décisif des stratégies de sensibilisation

Directement concernés par les pratiques traditionnelles nuisibles aux enfants, et à connaissance de leurs causes profondes, ainsi que des tendances dans leur évolution, tous les Etats africains élaborent et mettent en œuvre des stratégies de lutte basées sur la sensibilisation.

Nous passerons brièvement en revue ces stratégies, par lesquelles les gouvernements appuient ou cherchent à engendrer la prise de conscience et les actions de lutte au niveau local. Si l'accent est surtout mis sur la nécessité de changer les mentalités et de convaincre les intéressés à abandonner les pratiques traditionnelles néfastes (§ 1), il s'agit aussi d'offrir des alternatives réalistes à ceux qui s'opposent au changement pour des raisons socio-économiques (§ 2).

[1105] Rapport, CRC/C/NGA/3-4, 5 janvier 2009, p. 21.

[1106] Rapport, CRC/C/TCD/2, 26 juin 2007, par. 292.

§ 1. La prise de conscience individuelle et collective à la source du changement

Que les Etats aient pris ou non des mesures législatives pour éradiquer les pratiques traditionnelles nuisibles, ils soulignent la nécessité d'agir sur la collectivité pour informer des conséquences préjudiciables, susciter la discussion sur des solutions alternatives, bref chercher à modifier les mentalités et les comportements. Cela est d'autant plus important s'il faut informer et sensibiliser sur les lois existantes.

Il y a plusieurs stratégies pour attirer l'intérêt de l'interlocuteur, mais normalement ce sont le travail au sein des communautés et l'œuvre d'éducation aux droits de l'homme qui font passer les messages clé pour la prise de conscience individuelle et collective. Les Etats insistent sur la nécessité que les modalités et le langage utilisés dans la sensibilisation soient culturellement adaptés (A). L'expérience démontre que les bonnes approches conduisent parfois aux décisions d'abandon collectif et à la création de rites de substitution, qui sont considérés comme les meilleurs moyens d'assurer le changement durable (B).

A. Des modalités de sensibilisation culturellement adaptées

Les Etats africains s'engagent, aussi bien directement qu'à travers les organisations de la société civile, à faire évoluer les normes sociales, les systèmes de valeurs et les comportements susceptibles de contribuer à la perpétuation des pratiques traditionnelles néfastes. Les stratégies de sensibilisation sont les plus diverses et s'adaptent aux spécificités et exigences locales. Elles peuvent s'adresser de manière indistincte aux communautés intéressées (1) ou bien cibler des catégories de personnes dont on considère que le statut social élevé, le métier ou le fait d'être victimes ou responsables matériels des pratiques en question leur attribue un rôle dans les dynamiques de changement (2).

1) Eduquer la population

Les moyens les plus différents sont utilisés pour instruire la communauté burkinabè :

réalisation au cours de la période 1999-2005 de : 269 formations ; 30 446 séances de causeries, 645 émissions radio ; 8958 séances de ciné et conférences (source : SP/CNLPE)[1107].

[1107] Rapport, CRC/C/BFA/3-4, *cit.*, par. 213.

Le Gouvernement du Kenya assure son soutien et son aide aux ONG qui s'emploient à réaliser l'objectif louable de changer des pratiques culturelles rétrogrades qui constituent des modes de vie profondément enracinés, dont la modification demandera certainement du temps[1108].

Les agents locaux de l'administration travaillent en collaboration étroite avec les ONG, et les organisations confessionnelles, communautaires et de la société civile pour préserver les filles et les protéger du mariage arrangé ou forcé précoce. Des efforts sont aussi fournis pour instruire les communautés des maux provoqués par les mutilations génitales féminines et proposer des solutions de rechange pour les cérémonies d'initiation des filles. Les filles préservées du mariage forcé précoce ou des mutilations génitales féminines sont suivies psychologiquement et renvoyées à l'école[1109].

La délégation tanzanienne, convaincue de ce que « le meilleur moyen de lutter contre cette pratique est d'éduquer la population et d'éliminer les croyances sur lesquelles elle repose », affirme que

beaucoup reste à faire dans ce domaine, et le travail effectué par les ONG est des plus précieux…[I]l est impossible de trouver des personnes disposées à témoigner. Le cadre juridique a été mis en place, mais il faudra encore changer les mentalités[1110].

L'Egypte a lancé « des campagnes d'information…[dont une] campagne établissant un lien entre la privation du droit des filles à l'enseignement et les mariages précoces, intitulée « non aux pratiques nuisibles » qui a remporté un grand succès populaire et a été couronné par des prix à l'échelle locale et internationale »[1111].

La sensibilisation est cruciale même pour les problèmes liés aux meurtres rituels d'enfants. Au Burundi, le Gouvernement a pris des mesures sociales pour protéger les albinos et

a fait des campagnes de sensibilisation à l'endroit de la population pour assurer la protection des albinos et en particulier des enfants. Une police de proximité a été mobilisée pour assurer la protection spéciale des albinos (accompagnement à l'école, dans les champs, etc.). Le Gouvernement a

---

[1108] Rapport, CEDAW/C/KEN/6, 16 octobre 2006, par. 61 et 63.
[1109] Rapport, CRC/C/KEN/2, 4 juillet 2006, par. 25.
[1110] CCPR/C/SR.2628, 26 août 2009, par. 70.
[1111] Rapport, CRC/C/EGY/3-4, 3 septembre 2010, par. 80. Au paragraphe 95, l'Etat affirme que « cet écho favorable auprès du public renforce l'idée qu'il ne suffit pas de légiférer pour faire disparaître toute forme de discrimination ; le processus de changement est une opération de longue haleine, mais les lois offrent cependant un cadre légal à ces efforts ».

agréé l'association de défense des droits des albinos dénommée « Albinos sans frontières »[1112].

En considération de l'attachement de certaines cultures locales aux pratiques traditionnelles, le Soudan considère primordiales la sensibilisation et l'évolution des mentalités, des comportements et des attitudes[1113].
L'action de sensibilisation peut donc être très large, et éventuellement faire passer des messages à travers la musique, le cinéma ou l'investissement personnel d'individus très connus, ce que fait d'ailleurs l'ONU elle-même avec ses « Ambassadrices de bonne volonté », parmi lesquelles figurent l'ancienne mannequin d'origine somalienne, Waris Dirie et la chanteuse béninoise Angélique Kidjo. Mais la sensibilisation peut aussi cibler une catégorie bien particulière de personnes.

2) Organiser des formations ciblées

Parmi les interlocuteurs privilégiés par les acteurs chargés de la sensibilisation il y a en premier lieu les parents, auxquels reviennent les choix fondamentaux pour la vie de leurs enfants.

Le Tchad a mobilisé les chefs traditionnels, en espérant qu'ils puissent faire comprendre aux femmes que les MGF contribuent à la diffusion du SIDA et ont des conséquences néfastes sur leur santé, ce qui finit par peser sur l'ensemble de la communauté :

working against female genital mutilation was no longer taboo in Chad. The Government had linked the campaign against female genital mutilation with HIV/AIDS and the campaign against fistula. Many women had fistula as a result of bearing children too young and of inadequate health care, and were often rejected as a result[1114].

Le Togo propose de convaincre aussi les pères des fillettes en âge d'être excisées :

[l]e renforcement de la sensibilisation et l'éducation des populations en particulier sur les effets néfastes des MGF et la loi portant son interdiction au niveau des poches de résistance identifiées. Dans cette optique, il faut tenir compte de la participation des hommes à ces sensibilisations car selon

[1112] Réponses à la liste des points à traiter, CRC/C/BDI/Q/2/Add.1, 1 septembre 2010, pp. 5-6.
[1113] Rapport, CRC/C/SDN/3-4, *cit.*, par. 358.
[1114] Mme Ngarbatina in CRC/C/SR.1375, 26 janvier 2009, par. 66-67.

les statistiques, ce sont les hommes qui décident plus d'exciser leurs filles[1115].

La délégation de Djibouti rapporte que les autorités mettent l'accent sur la sensibilisation et l'information et ont mené des actions auprès des filles et des femmes et auprès des exciseuses, mais que ces dernières n'ont pas eu d'effets positifs. Voici la conclusion tirée des expériences acquises : « on privilégie donc dorénavant les activités de sensibilisation auprès des parents »[1116].

Il peut être rentable de convaincre les centres de pouvoir traditionnel tels que les autorités religieuses ou les chefs coutumiers. C'est la solution adoptée par le Ghana, qui observe que :

customary practices had always posed challenges to developing countries. The existence of a legal basis for prohibiting harmful customary practices was not enough ; it was necessary to educate people, especially traditional rulers, in order to engineer a change in attitude to such customs[1117].

Le Niger est également convaincu que :

l'Etat doit adopter une démarche participative, faire intervenir les chefs religieux des confessions musulmane et chrétienne, les chefs coutumiers et la société civile, trouver un compromis pour s'assurer que la loi soit conforme aux préceptes et aux règles de l'islam mais aussi « aux principes des droits de l'homme ainsi qu'à l'esprit et à la lettre de la Convention relative aux droits de l'enfant, de la Charte africaine des droits et du bien-être de l'enfant et d'autres textes ratifiés par le Niger ». Par exemple, une fois l'âge légal du mariage établi à 18 ans, la concertation sera nécessaire pour que la population comprenne le bien-fondé du relèvement de l'âge du mariage[1118].

Le Burkina Faso, qui a une longue expérience dans les activités de sensibilisation auprès des collectivités locales, partage cette position :

[p]our ce qui est des pratiques et croyances traditionnelles qui freinent l'exécution des politiques en faveur de l'enfance, force est de reconnaître que la tradition reste très forte dans le pays, mais des efforts de sensibilisation sont menés auprès des chefs coutumiers et des autorités religieuses, qui sont systématiquement encouragés à participer à la mise en

---

[1115] Rapport, CRC/C/TGO/3-4, 20 mai 2011, par. 331.
[1116] CRC/C/SR.1348, 10 février 2009, par. 34.
[1117] Mme Appiah in CRC/C/SR.1091, 23 janvier 2006, par. 46. C'est nous qui soulignons.
[1118] Voy. Rapport, CRC/C/NER/2, 20 novembre 2008, p. 40 et CRC/C/SR.1413, 24 juin 2009, spéc. par. 54.

œuvre des politiques en faveur de l'enfance. Faire évoluer les mentalités est une démarche extrêmement longue mais le Burkina Faso ne doute pas qu'en intervenant auprès des personnes qui occupent une place stratégique au niveau local, il contribuera à faire recule les pratiques traditionnelles néfastes[1119].

Parfois, on cherche à convaincre les exciseuses des effets néfastes de la pratique. Le chef de la délégation et Ministre du travail et du bien-être humain de l'Erythrée rapporte que

[t]he issue of female genital mutilation...was of great concern to the Government and had been condemned nationally. There was a programme to create awareness among women who performed the practice, which was often carried out in the privacy of the home at the request of mothers, based on Christian, as well as Muslim, religious beliefs[1120].

B. Les bienfaits de la sensibilisation

La documentation analysée démontre que des progrès ont été réalisés, sur des périodes relativement brèves, dans le sens d'un abandon des pratiques traditionnelles néfastes dans les zones intéressées grâce à des actions de sensibilisation et des campagnes d'information. Les individus remettent de plus en plus en question les mérites de ces pratiques et sont prêts à les substituer s'ils perçoivent un processus de changement dans la communauté.

En particulier, l'importance des décisions publiques et collectives d'abandon (1) et des rites substitutifs (2) a été prouvée.

1) Les décisions collectives d'abandon

C'est presque devenu un truisme de dire que la solution au problème des pratiques traditionnelles néfastes réside dans leur abandon collectif.

Le Soudan l'explique bien dans son récent rapport au CRC, où il définit la MGF une « habitude » dont l'abandon passe par l'éthique communautaire et les principes respectés par tous les membres de la société :

l'opinion publique a été sensibilisée au caractère néfaste et à l'inutilité de cette pratique, mais la sensibilisation relative à la pratique elle-même a encore besoin d'une évolution dans les approches et méthodes afin que les décisions d'abandonner la pratique ne soient pas individuelles mais

[1119] Mme Tamini in CRC/C/SR.1461, 21 janvier 2010, par. 40.
[1120] Mme Menkerios in CRC/C/SR.1335, 13 juin 2008, par. 29.

collectives et cohérentes avec l'éthique communautaire et les principes respectés par tous les membres de la société soudanaise[1121].

L' Egypte met en avant les déclarations publiques de ses villages contre la mutilation génitale :

[l]es opérations menées sur le terrain dans le cadre du programme de lutte contre la mutilation génitale féminine dans 120 villages égyptiens ont abouti à la création de groupes locaux (composés de jeunes, de dignitaires religieux musulmans et chrétiens, de médecins, de leaders officiels et de représentants de la société civile) qui s'opposent à la mutilation génitale féminine. Avec le soutien des leaders officiels et des représentants de la société civile, ces groupes expriment librement leurs opinions dans les villages dans le cadre de l'élaboration d'un document incitant la population à lutter contre la mutilation génitale féminine, dans le cadre duquel une grande partie du village s'engage, après l'avoir signé, à abandonner cette pratique. 10 villages ont ainsi pris la décision d'abandonner la mutilation génitale féminine[1122].

Le Sénégal tient à signaler que :

dans le domaine de l'abandon des mutilations génitales féminines et des mariages précoces, un mouvement social et communautaire s'est développé pour aboutir aux déclarations publiques d'abandon. (...) Le Sénégal a comme objectif d'arriver à l'abandon total des mutilations génitales féminines et des mariages précoces d'ici 2015[1123]*. Le mouvement d'abandon de l'excision et des mariages précoces s'est accéléré à partir de l'année 2000. Entre 2000 et 2006, un total de 1.531 villages ont fait des déclarations d'abandon de cette pratique grâce à l'approche de l'éducation aux droits humains développée dans le cadre la mise en œuvre du Plan d'Action National pour l'Abandon de la Pratique des Mutilations Génitales Féminines et du partenariat avec l'UNICEF et l'ONG TOSTAN*[1124].

[1121] « En examinant les expériences réussies en matière d'élimination de pratiques similaires dans le monde, et en se basant sur les objectifs de développement du troisième millénaire, la possibilité d'accélérer la transformation sociale positive pour renoncer à cette habitude en l'espace d'une génération a été prouvée ». Rapport, CRC/C/SDN/3-4, *cit.*, par. 174.
[1122] Rapport, CRC/C/EGY/3-4, *cit.*, par. 157.
[1123] Réponses à la liste des points à traiter, CRC/C/SEN/Q/2/Add.1, 10 août 2006, p. 30.
[1124] *Idem*, p. 20.

2) La recherche de rites alternatifs

Dans les pays où la MGF est liée aux rites initiatiques, il faut trouver des alternatives, créer des rites de substitution pour que les gens se détournent des aspects néfastes de leurs traditions, sans avoir l'impression de trahir leur propre culture.

Cela donne parfois des résultats. C'est le cas du Kenya, dont l' « initiative du rite de passage de remplacement » est saluée par le Comité[1125]. Le gouvernement explique qu'il met en œuvre, avec différents partenaires, l'initiative du rite de passage avec le but de remplacer, et donc d'éliminer, les mutilations génitales féminines[1126].

Dans certaines régions, les mutilations ont été remplacées par une « circoncision verbale » qui célèbre le moment où une jeune fille devient une femme par des mots plutôt que par des mutilations[1127]. D'autres moyens novateurs ont été trouvés pour susciter un sentiment de compassion et l'engagement de protéger les droits fondamentaux des femmes. Un des projets qui ont été couronnés de succès est celui de rite de substitution instauré au Kenya. Il s'agit d'une initiative communautaire consistant à maintenir le rite de passage à la féminitude sans pratiquer de mutilation génitale. Un nouveau rite, appelé « circoncision par les mots », s'est substitué aux MGF. La cérémonie consiste en un programme d'orientation et de réjouissances qui s'étend sur une semaine. Les participantes y apprennent leur futur rôle de femme, de parent et d'adulte, et reçoivent une formation dans différents domaines : santé individuelle, questions relatives à la procréation, hygiène, techniques de communication, respect de soi et pression du groupe. Cette cérémonie permet à la fois de supprimer une pratique dangereuse et de maintenir la signification culturelle de la MGF. Ces rites de substitution se sont d'ores et déjà étendus à d'autres pays tels que la Guinée-Bissau et la Gambie[1128].

Mais on observe aussi une tendance à remplacer la MGF par d'autres pratiques, tout aussi nuisibles. L'exemple le plus marquant est offert par le Cameroun, engagé dans une lutte contre la « précocité sexuelle » et la « tendance au libertinage et à la dépravation des adolescent(e)s »[1129]. Le Comité des droits de l'enfant et le Comité pour l'élimination de la discrimination à l'égard des femmes ont formulé des préoccupations

[1125] Observations finales, CRC/C/KEN/CO/2, 19 juin 2007, par. 53.
[1126] Rapport, CRC/C/KEN/2, 4 juillet 2006, par. 124.
[1127] Rapport, CEDAW/C/KEN/6, 16 octobre 2006, par. 24.
[1128] Rapport de la Rapporteuse spéciale sur la violence contre les femmes, ses causes et ses conséquences, Mme Radhika Coomaraswamy : *Pratiques culturelles au sein de la famille qui constituent des formes de violence contre les femmes*, *cit.*, par. 118.
[1129] Voy. Rapport CRC/C/CMR/2, 22 octobre 2009, par. 43.

concernant la persistance de pratiques traditionnelles préjudiciables, dont les mutilations génitales féminines, et la diffusion de la nouvelle pratique du « repassage des seins » (pression de la poitrine des adolescentes pour en limiter le développement)[1130].

§ 2. Les mesures culturelles et socio-économiques pour accompagner le changement

Il y a toute une série de mesures sociales, culturelles et économiques que les Etats considèrent utiles dans la lutte contre les pratiques traditionnelles néfastes. Certaines touchent aux services publics (c'est le cas de la réhabilitation physique et psychologique que le Burkina Faso propose aux victimes des MGF[1131]), d'autres ont des effets limités du point de vue matériel et territorial.

Celles qui sont le plus régulièrement évoquées lors des dialogues avec les *treaty bodies* sont la scolarisation des filles (A) et, en ce qui concerne la pratique des MGF, la reconversion des exciseuses (B).

A. La scolarisation des filles

Si les Etats africains reconnaissent, en principe, l'importance de garantir l'accès de tous les enfants à l'éducation sans discrimination, ils commencent également à considérer la scolarisation des filles comme un moyen d'éviter les mariages précoces, ainsi que d'autres pratiques nuisibles comme les MGF et le 'confiage'.

En effet, non seulement l'école obligatoire joue un rôle protecteur par rapport au mariage précoce et forcé, notamment en repoussant l'âge nubile (quant à la MGF, elle pourrait être pratiquée pendant les vacances scolaires…), mais surtout elle permet à la fille d'acquérir une conscience de ses droits et jette les bases d'une autonomisation qui pourra la sortir de la pauvreté et de l'assujettissement.

Les dialogues entre les *treaty bodies* et les Etats africains démontrent que l'éducation est un véritable levier dans la lutte contre les traditions et les pesanteurs socio-culturelles qui entravent la jouissance des droits de l'enfant.

[1130] Voy. CRC/C/SR.1464, 20 janvier 2010, par. 51, ainsi que les Observations finales, CRC/C/CMR/CO/2, 18 février 2010, par. 59.

[1131] Le gouvernement affirme qu' « un mini bloc opératoire a été créé pour la prise en charge intégrale des victimes de séquelles » et que « de 1999 à 2006, 2.360 victimes de MGF ont bénéficié d'une prise en charge médicale et de réparation des séquelles, dont 285 enfants de 2 à 15 ans (entre 2003 et juin 2006) », in Rapport, CRC/C/BFA/3-4, *cit.*, par. 213-214.

Le Gouvernement du Libéria « encourage la scolarisation des enfants, en particulier des filles, qui constitue un moyen de les protéger contre les pratiques traditionnelles et culturelles préjudiciables »[1132].

Le Nigéria affirme que certains Etats ont adopté de lois qui interdisent de déscolariser les filles pour les marier.

Child marriage is still prevalent in the northern part of the country. International Agencies and NGOs are working in the Northern part of the country where the practice is endemic to keep children in school since a correlation exists between girls' education and age at marriage. This initiative is succeeding as there has been 10 to 15 per cent increase in girls' primary school enrolment in some Northern states while withdrawal rates have dropped[1133].

Le Ghana décrit ses efforts pour maintenir les jeunes filles enceintes à l'école :

L'enseignement est gratuit et ouvert à tous. Globalement, le fait que certains enfants n'y ont pas accès est imputable à la pauvreté et à la rigidité du système d'enseignement scolaire ; dans certains cas, il est imputable à des pratiques traditionnelles, comme le trokosi, (...) et aux mariages précoces. Les cas d'exclusion temporaire pour cause de grossesse ont diminué, les directives officielles prescrivant désormais d'admettre ces jeunes filles à l'école[1134].

Selon la délégation du Burkina Faso,

Confiage was an unregulated cultural practice, and the legislation adopted by the Government in order to punish violence towards children provided a means of fighting the abuse to which children entrusted to relatives in that way could be prey. The government policy of promoting the schooling of children should gradually lead parents to abandon the practice of confiage[1135].

[1132] Rapport, CRC/C/LBR/2-4, 9 novembre 2011, par. 269.
[1133] Réponses à la liste des points à traiter, CRC/C/NGA/Q/3-4/Add.1, 28 mai 2010, par. 64.
[1134] Rapport, CRC/C/65/Add.34, 14 juillet 2005, par. 282.
[1135] Mme Tamini in CRC/C/SR.1463, 7 septembre 2010, par 39.

B. La reconversion des exciseuses

Est-il sage de récompenser ceux qui renoncent à perpétuer une pratique traditionnelle néfaste à l'égard des enfants ?

Le Comité des droits de l'enfant semble convaincu de l'utilité de la reconversion professionnelle des exciseuses. Il recommande par exemple au Mali de « prendre des mesures en vue de dispenser aux personnes qui pratiquent les mutilations génitales féminines la formation nécessaire pour qu'ils puissent trouver d'autres sources de revenus »[1136].

Mais les expériences des Etats sont aussi divergentes que leurs opinions à ce sujet. Le Soudan affirme devant le CRC que

[r]écemment, près de 500 sages-femmes, dont le revenu dépendait en partie de la pratique de l'excision, ont prêté serment et se sont engagées à s'abstenir de pratiquer ce type de mutilations, moyennant quoi elles ont pu être intégrées au système de santé officiel[1137].

Dans l'attente d'introduire dans le Code pénal des mesures répressives des MGF, le Cameroun met en œuvre un Plan stratégique de lutte axé, entre autres, sur la prise en charge des exciseuses

à travers l'appui financier ou matériel à la reconversion en vue de l'exercice d'une activité génératrice de revenus, en guise de palliatif car la pratique des MGF s'est révélée être pour ces dernières une source de gain financier[1138].

Le Niger aussi estime que favoriser la reconversion des exciseuses est une action utile.

Les progrès enregistrés dans la lutte contre l'excision sont à mettre à l'actif des actions multiformes menées par les ONG avec l'appui de l'UNICEF. Parmi ces actions figure la mise en place d'un projet de reconversion des exciseuses. Ces dernières ont reçu des formations en gestion et à l'exercice d'activités génératrices de revenus. A l'issue de ces formations, des prêts leur ont été consentis pour mener des actions génératrices de revenus ; 92 exciseuses des régions de Diffa et Tillabéry se sont reconverties dans d'autres activités[1139].

[1136] Observations finales, CRC/C/MLI/CO/2, 3 mai 2007, par. 53.
[1137] Mme Habani in CRC/C/SR.1561, 27 septembre 2010, par. 57.
[1138] Rapport CRC/C/CMR/2, 22 octobre 2009, par. 149.
[1139] Rapport, CRC/C/NER/2, 20 novembre 2008, par. 177.

En revanche, quelques Etats sont réticents, voire se refusent, à récompenser les exciseuses qui se reconvertissent, non seulement car cela équivaut à en reconnaître l'activité, mais aussi suite à des échecs.

Djibouti rapporte par exemple que les couteaux ont été déposés… par des femmes qui n'avaient jamais excisé et que l'argent de la reconversion a engendré d'autres phénomènes :

[u]n programme d'activités génératrices de revenus avait été créé pour les inciter à abandonner leur pratique, mais on s'est rendu compte qu'aussitôt qu'une équipe de praticiennes bénéficiait de ce programme, une nouvelle vague d'exciseuses apparaissait pour la remplacer[1140].

Un problème de coûts-bénéfices s'est posé au Ghana, lorsque le gouvernement a choisi de payer les prêtres qui renonçaient à la tradition du *trokosi* impliquant de jeunes filles.

La Ministre des Affaires de la Femme et des Enfants, Mme Mahama, a rapporté au CRC que la plupart des sanctuaires où le *trokosi* se pratiquait ont été abolis et les prêtres qui s'en chargeaient récompensés[1141]. L'explication réside dans la nécessité pour les autorités d'obtenir le soutien des chefs dans la lutte contre cette pratique qui s'apparente à l'esclavage :

Mr. Siddiqui wished to know if the National House of Chiefs had in fact carried out and taken action on the evaluation it had been asked to make of harmful social customs. Reports suggested that the chiefs might be in favour of retaining practices like trokosi, the ritual enslavement of girls. (...) Ms. Mahama (Ghana) stated that chiefs did not always cling to customs that were detrimental to children's welfare ; some chiefs were championing the cause of children and campaigning for change[1142].

Cette brève étude des stratégies de sensibilisation et, pourrait-on dire, de persuasion visant à changer les mentalités et à modifier les choix individuels dans le sens indiqué par l'ONU était nécessaire pour comprendre dans quel contexte agissent les Etats africains qui luttent contre les pratiques traditionnelles préjudiciables. Leur pragmatisme est remarquable et, d'ailleurs, l'œuvre d'internalisation des normes universelles demande toujours une adaptation au contexte socio-culturel ; à l'inverse, les tentatives des gouvernements de laisser les normes internationales dans le tiroir sous

[1140] CRC/C/SR.1348, 10 février 2009, par. 34.

[1141] La SR en version anglaise rapporte que "the Government in cooperation with civil society organizations was making concerted efforts to eliminate the practice of Trokosi. The majority of the shrines involved in the practice had been abolished, and the priests in charge of them had been compensated". Voy. CRC/C/SR.1093, 23 janvier 2006, par. 11.

[1142] CRC/C/SR.1091, 23 janvier 2006, par. 45 et 47.

prétexte que ce sont les populations qui demandent que, par exemple, les filles soient excisées, doivent être fermement condamnées.

Conclusion du Chapitre 1

En définitive, le combat des Etats africains pour l'éradication des pratiques traditionnelles néfastes tourne autour de deux axes : la mise en conformité des droits internes avec les normes internationales de protection des droits de l'homme, et l'œuvre de sensibilisation aux effets néfastes de certaines traditions et coutumes.

Il y a encore des Etats qui se limitent à sensibiliser et refusent d'interdire en droit des pratiques que la population n'est pas prête à abandonner ; il y en a aussi qui adoptent des lois, tout en sachant qu'elles risquent de rester inappliquées, pour faire plaisir à la communauté internationale. Mais la plupart des Etats combinent désormais les efforts de réception et d'application interne des normes internationales avec des programmes holistiques fondés sur le changement social, dans la conviction que la réponse juridique présente un intérêt certain, dans la mesure où elle a un caractère pédagogique et dissuasif, mais que la sensibilisation constitue une arme de lutte meilleure que la répression.

Nous allons maintenant nous pencher sur la position des Etats tiers en ce domaine, au double point de vue des obligations en matière de respect des droits fondamentaux de l'enfant et de l'élimination des pratiques traditionnelles néfastes. L'éradication dépend aussi d'eux.

Chapitre 2. L'implication progressive des Etats tiers dans la lutte globale contre les « pratiques traditionnelles néfastes »

Si, depuis quelques temps, les organes conventionnels onusiens spécialisés dans la protection des droits de l'homme demandent aux pays occidentaux de rendre compte des mesures prises pour lutter contre les pratiques traditionnelles néfastes à l'égard des enfants, c'est parce qu'il est devenu nécessaire d'impliquer même les Etats non-africains dans l'action de lutte. Nous verrons d'abord les solutions qui ont été envisagées lors de ces dialogues (Section 1), et ensuite les autres actions nécessaires au regard du droit international des réfugiés (Section 2).

Section 1. Les solutions envisagées lors du dialogue

D'une manière de plus en plus systématique, les organes conventionnels onusiens vérifient que les Etats tiers adoptent des mesures appropriées pour prévenir et réprimer les pratiques traditionnelles néfastes et, si besoin, protéger et soigner les enfants qui en sont victimes.

Au fil des années, le sujet des mutilations génitales féminines et celui des mariages d'enfants a pris davantage de place dans le dialogue entre les Etats occidentaux et les comités conventionnels (CRC, CEDAW, CCPR et CESCR notamment), si bien que ces derniers ont mieux compris les défaillances étatiques et analysé les remèdes possibles.

Il est désormais largement admis que la solution passe par les législations internes des pays tiers, qui doivent tenir compte des menaces auxquelles sont soumis les enfants issus de l'immigration et être effectivement appliquées (§ 1). Les *treaty bodies* et les gouvernements reconnaissent en outre que la coopération internationale devrait être intensifiée pour résoudre les problèmes transfrontaliers qu'aucun Etat ne peut contrer tout seul (§ 2).

§ 1. Les législations internes visant à protéger les enfants des communautés immigrées

L'historique de la lutte contre les mariages précoces en France est une bonne illustration de l'évolution de l'attitude des organes de contrôle onusiens. Ainsi, le problème du l'âge minimum requis pour contracter mariage, qui était jusqu'à une date récente différent pour les filles (15 ans) et pour les garçons (18 ans), a été d'abord timidement souligné, puis carrément condamné par l'ONU.

Suite à l'examen du premier rapport français, en 1994, le Comité des droits de l'enfant « *suggère* à l'Etat partie *d'envisager de revoir* sa législation actuelle »[1143].

Le Comité des droits de l'homme réagit en 1997, à l'époque du troisième rapport périodique de la France : après des échanges de vues avec la délégation qui « étonnent » le Comité[1144], ce dernier se dit « préoccupé de ce que le Code civil institue, en ce qui concerne le mariage, un âge minimum différent pour les filles (15 ans) et pour les garçons (18 ans), et de ce qu'il institue un âge aussi bas pour les filles » et « recommande que l'âge minimum du mariage soit relevé pour les filles »[1145].

En juillet 2003, la question est soulevée par le CEDAW qui « incite vivement l'Etat à relever l'âge minimum légal du mariage pour les filles »[1146], après avoir longuement interrogé la délégation française sur le « phénomène inquiétant des mariages précoces ayant lieu dans le contexte d'immigration » :

> *les mariages contractés entre des jeunes femmes et des hommes plus âgés, notamment dans les milieux immigrés, sont souvent des mariages forcés... [et] sont utilisés pour obliger les jeunes femmes à réintégrer leur pays d'origine*[1147].

1143 Observations finales, CRC/C/15/Add.20, 25 avril 1994, par. 22. C'est nous qui soulignons.

1144 Un membre de la délégation française, Mme De Calan, précise que "The difference between the minimum marriageable age 15 years for girls and 18 years for boys was explained by objective considerations, puberty being earlier in the case of girls, but also by practical considerations. Clearly, a young man under 18 years of age would not be able to support a family", mais l'experte chilienne du Comité, Mme Medina Quiroga, n'apprécie pas cette explication, qui contredit les efforts faits par la France pour assurer l'égalité des hommes et des femmes dans le mariage : "In the light of the tremendous progress made by France in eliminating discrimination against women, she had been astonished at the reasons given to explain the difference in the minimum ages for marriage for men and women, namely 18 and 15 years respectively. Since men reached maturity before they were 18, the only real reason for the difference had to be economic : the man had to be 18 years of age to marry, because he was the breadwinner, whereas a young woman of 15 years of age could quite well stop studying and stay at home to raise children. That conception of the role of women amounted to a denial of the whole of France's policy for the elimination of discrimination against women" : in CCPR/C/SR.1600, 11 novembre 1997, par. 39 et 61.

1145 Observations finales, CCPR/C/79/Add.80, 4 août 1997, par. 25. Le CCPR se félicitera de l'alignement de l'âge légal du mariage pour l'un et l'autre sexe à l'occasion de l'examen du rapport suivant : voy. Observations finales, CCPR/C/FRA/CO/4, 31 juillet 2008, par. 9.

1146 Voy. Observations finales, in Rapport du Comité pour l'élimination de la discrimination à l'égard des femmes – Vingt-huitième session, 13-31 janvier 2003, par. 268.

1147 Mme Belmihoub-Zerdani in CEDAW/C/SR.615, 5 mai 2006, par. 43.

Enfin, dans les dernières observations finales rendues par le CRC avant la réforme de 2006[1148], « le Comité réaffirme sa préoccupation » face à la législation nationale française car, « [o]utre la discrimination fondée sur le sexe qu'elle établit et les conséquences qu'elle peut avoir sur la survie et le développement des jeunes filles, cette législation rend plus difficile la lutte contre les mariages forcés. Le Comité recommande à l'Etat partie (...) d'envisager de réexaminer l'âge minimum du mariage pour relever celui des filles de telle sorte qu'il soit le même que celui des garçons, créant ainsi des conditions favorables à la lutte contre les mariages forcés et garantissant dans toute la mesure possible le développement de l'enfant »[1149].

A l'instar de la France, une quinzaine de pays appartenant à l'Union européenne et quelques autres Etats occidentaux (Suisse, Norvège, Canada, Etats-Unis, Australie et Nouvelle-Zélande) ont adopté des mesures législatives pour combattre les mariages d'enfants et/ou les MGF au plan national ; il n'est pas inutile de rappeler que les Etats européens ont été incités à élaborer des mécanismes juridiques en ce domaine aussi bien par l'Union européenne que par le Conseil de l'Europe[1150].

Il convient de donner une vue d'ensemble des différentes solutions adoptées par ces pays tiers, tenant compte en particulier des changements intervenus en France (A). Il s'agira ensuite de concentrer l'attention sur l'application réelle des lois, domaine où la France peut être vue comme un modèle, car c'est l'un des rares pays où des exciseuses et des parents ont été poursuivis en justice (B).

A. Une vue d'ensemble des mesures législatives

Il convient de traiter séparément les solutions dégagées pour réprimer, dans toutes ses dimensions, le phénomène des mariages précoces et forcés (1), et les mesures pour lutter contre les mutilations génitales féminines (2).

[1148] La Loi n° 2006-399 du 4 avril 2006 renforçant la prévention et la répression des violences au sein du couple ou commises contre les mineurs a modifié l'article 144 du Code civil, qui établit désormais que « l'homme et la femme ne peuvent contracter mariage avant dix-huit ans révolus ».

[1149] Observations finales, CRC/C/15/Add.240, 30 juin 2004, par. 16 et 17.

[1150] Voy. notamment les deux résolutions du Parlement européen sur la lutte contre les mutilations sexuelles féminines pratiquées dans l'UE, du 20 septembre 2001 et du 24 mars 2009 respectivement, ainsi que la résolution 1247 (2001) du 22 mai 2001 de l'Assemblée parlementaire du Conseil de l'Europe sur les MGF.

1) La lutte contre le mariage d'enfants : entre droit civil et droit pénal

Dans les pays occidentaux, l'âge légal du mariage est aligné sur celui de la majorité civile, soit 18 ans révolus pour les filles comme pour les garçons, bien que des dérogations soient toujours possibles pour des motifs sérieux et sous certaines conditions (autorisation de l'autorité compétente, accord des parents). La nécessité absolue du consentement des futurs époux devrait empêcher la célébration de mariages forcés, mais en cas de violation, des actions civiles, comme une demande en nullité de mariage pour vice de consentement, et parfois pénales, peuvent être engagées : il se trouve peu de pays, en Europe, où le mariage forcé est réprimé spécifiquement mais, dans la plupart des législations pénales, il est poursuivi par le biais d'infractions qui s'apparentent aux infractions sexuelles.

Si la loi permet de lutter contre les mariages forcés, les efforts supplémentaires de sensibilisation et de protection des enfants, notamment des filles, se révèlent précieux en ce domaine.

La France, comme nous l'avons évoqué, a aligné assez tard sa législation sur les standards des autres pays occidentaux.

Indéniablement, la pression exercée au fil du temps par différents *treaty bodies* a joué un rôle important dans l'adoption de la loi n° 2006-399 du 4 avril 2006 renforçant la prévention et la répression des violences au sein du couple ou commises contre les mineurs.

Le gouvernement, qui jusqu'en 2004 hésitait encore sur les mesures que les comités lui indiquaient en matière d'âge légal du mariage, si bien qu'un membre de la délégation disait au CEDAW que :

> *[s]'agissant de l'âge du mariage, la loi française permet un certain degré d'inégalité, étant donné qu'il est fixé à 18 ans pour les garçons et à 15 ans pour les filles, pour des raisons historiques. Le Gouvernement examine la question, mais il n'est pas évident que l'âge du mariage sera modifié. Ce qui est toutefois très important, c'est le consentement autonome et la libre expression de la volonté*[1151].

Il a ensuite déclaré que l'article premier de cette loi « a donné satisfaction à la *sage recommandation* du Comité de porter à 18 ans l'âge minimum légal du mariage des filles, mettant fin à une inégalité inacceptable aujourd'hui », soulignant aussi que le but de ces mesures était certes de « rétablir l'égalité entre les sexes devant le mariage, *mais surtout de lutter plus efficacement contre les mariages contraints d'enfants mineurs* »[1152].

Le nouvel article 144 du Code civil, qui est applicable de plein droit dans tout le territoire français, y compris dans l'ensemble des DOM/ROM et

---

[1151] Mme Ameline in CEDAW/C/SR.615, 5 mai 2006, par. 47.
[1152] Rapport, E/C.12/FRA/3, 15 mars 2007, par. 51. C'est nous qui soulignons.

COM, prévoit désormais que « l'homme et la femme ne peuvent contracter mariage avant dix-huit ans révolus ».

Mais il faut rester vigilants car l'éradication complète des mariages précoces et forcés est encore loin d'être obtenue en France : il faudra, entre autres, assurer le consentement de la femme au mariage traditionnel à Mayotte, par l'abolition de la coutume du tuteur matrimonial[1153], et lutter contre les dimensions internationales du problème, par exemple en rapatriant sur le territoire français des femmes et jeunes filles victimes de mariage forcé dans un pays étranger[1154] (*infra*).

Bien d'autres pays tiers ont fait l'objet d'attention de la part des *treaty bodies* à cause de mariages d'enfants 'traditionnels' conclus par des personnes immigrées.

Le Royaume-Uni a pris d'importantes mesures en ce sens, en particulier « la mise en œuvre d'une politique de sensibilisation aux mariages forcés et à leurs conséquences »[1155] ; la prévision d'une action pénale s'ajoutant à celle civile, à travers les dispositions du *Forced Marriage (Civil Protection) Act* de 2007 ; et « un plan d'action de trois ans sur le mariage forcé et les crimes fondés sur l'honneur [qui] a été lancé en 2008, sensibilisant à une question qui demeure trop souvent cachée »[1156].

La Suisse, pour citer encore un autre exemple, a été sur la sellette lors de l'examen du dernier rapport périodique par le Comité des droits économiques, sociaux et culturels. Ce dernier s'est dit

préoccupé par le fait qu'il existe encore dans l'Etat partie des mariages forcés, malgré certaines mesures prises pour prévenir et combattre ce phénomène. Le Comité recommande à l'Etat partie de renforcer les mesures visant à empêcher les mariages forcés, y compris en légiférant pour les interdire (...), de lancer des campagnes de sensibilisation ciblées en vue d'empêcher les mariages forcés ...[et] de faire figurer dans son prochain rapport périodique des données statistiques complètes sur les mariages forcés, ventilées par origine, sexe et âge[1157].

[1153] Voy. les problèmes admis par la délégation française, et notamment par M. Juy-Birmann in CEDAW/C/SR.818, 16 avril 2008, pp. 8-9.

[1154] Voy. en ce sens l'article 34 de la Loi n° 2010-769 du 9 juillet 2010 relative aux violences faites spécifiquement aux femmes, aux violences au sein des couples et aux incidences de ces dernières sur les enfants.

[1155] Réponses à la liste des points à traiter, CRC/C/GBR/Q/4/Add.1, 10 septembre 2008, p. 42.

[1156] Voy. M. Dunworth et Mme Follett, respectivement in CEDAW/C/SR.844, 25 septembre 2008, par. 64. et CEDAW/C/SR.843, 25 septembre 2008, par. 9.

[1157] Observations finales, E/C.12/CHE/CO/2-3, 26 novembre 2010.

Tout en s'inquiétant de l'ampleur du mariage forcé en Belgique, le CEDAW a reconnu que :

depuis plusieurs années, l'Etat partie place au premier rang de ses préoccupations politiques la question du mariage forcé et a approuvé le 10 mars 2006 une loi punissant d'emprisonnement les personnes qui, par des violences ou des menaces, contraignent quelqu'un à conclure un mariage, et prévoyant l'annulation du mariage forcé[1158].

Alors que les mesures à adopter en matière de mariages d'enfants se présentent, sauf dans le cas significatif de la France avant la réforme de 2006, essentiellement comme des mesures d'accompagnement d'une législation déjà conforme au droit international, les instruments juridiques de lutte contre les mutilations génitales féminines sont relativement nouveaux dans le contexte occidental.

2) La lutte contre les mutilations génitales féminines : l'accent mis sur la criminalisation

Les Etats tiers doivent faire face aux difficultés engendrées par la très forte pression migratoire et à l'« importation » de pratiques attentatoires à la dignité et à la santé, telles que les MGF. Ne pouvant tolérer de justifications à ces crimes, les droits internes s'adaptent aux nouveaux défis de protection des droits fondamentaux des fillettes issues de l'immigration, y compris de deuxième génération.

Ainsi, l'engagement de l'Europe et des autres pays occidentaux, qui accueillent des communautés de migrants venues de pays où se pratique la MGF, est-il récent, mais bien établi : certaines anciennes puissances coloniales devenues pays d'immigration, comme la Grande Bretagne et la France (où on recense « approximativement 85.000 cas de mutilations génitales féminines chaque année »[1159]), mais aussi d'autres Etats à l'histoire coloniale peu importante, habités par des milliers de personnes originaires d'Afrique (par exemple, il y aurait 48.000 filles aux Etats-Unis, 4.300 en Allemagne, plus de 2.800 en Belgique, 5.000 en Italie, 8.000 en Autriche et 6 à 7.000 en Suisse qui ont déjà subi ou risquent de subir une mutilation sexuelle[1160]) ont légiféré ces trente dernières années.

[1158] Observations finales, CEDAW/C/BEL/CO/6, 7 novembre 2008, par. 43.

[1159] C'est la délégation française qui le révèle au CEDAW en 2008 (voy. Mme Létard in CEDAW/C/SR.817, 26 mars 2008, par. 58), mais ce chiffre semble exagéré.

[1160] Tous les chiffres cités sont tirés de l'étude de Mme Kerstin KRASA, « Human rights for women : the ethical and legal discussion about Female Genital Mutilation in Germany in comparison with other Western European countries », *Medicine, Healthcare and Philosophy*, 13/2010, pp. 269-278, sauf ceux relatifs aux Etats-Unis (JONES W. K. et al., « Female

Si la criminalisation de ces pratiques constitue le 'dénominateur commun' entre les régimes mis sur pied dans les pays occidentaux, ils convient de les examiner de plus près, en comparant la qualification juridique de l'acte (a) et la responsabilité pénale (b).

a) La qualification juridique du crime : éléments inclus et exclus

Une distinction importante concerne le « contenant » choisi par le législateur pour lutter contre les MGF : certains Etats ont adopté une législation spéciale pour prévenir, combattre et sanctionner de telles pratiques ; d'autres Etats ont préféré insérer dans le Code pénal une ou plusieurs dispositions interdisant expressément les mutilations sexuelles ; quelques Etats poursuivent les MGF pratiquées sur les fillettes grâce à des normes générales de droit pénal sur les coups et blessures (graves) ou à celles sur la maltraitance et la violence, y compris contre les enfants.

Le tableau qui suit résume les trois options choisies par 15 pays de l'UE plus 6 autres pays occidentaux, en indiquant l'année d'adoption de la première loi interne.

Tableau n° 8 « Nature et ancienneté des législations occidentales relatives aux MGF »

Etat	Loi spécifique	Dispositions spécif. Code Pénal	Dispositions gén. Code Pénal	Année (premières dispositions législatives)
Allemagne			X	
Australie		X		1996
Autriche		X		2002
Belgique		X		2000
Canada		X		1997

Genital Mutilation/Female Circumcision : Who Is at Risk in the U.S.? », *Public Health Reports*, vol. 112, 1997, p. 372), à la Belgique (résultats, au 1er janvier 2008, de l' « Etude de prévalence des femmes excisées et des filles à risque d'excision en Belgique » réalisée par le Service Public Fédéral et disponible à partir de l'adresse http://www.health.belgium.be/eportal/Myhealth/socialissues/excision/index.htm, p. 5, consultée le 20 avril 2012) et à l'Italie (ALLAM M. in *Repubblica* du 12 février 2000).

Danemark		X		2003
Espagne		X		2003
Etats-Unis		X		1996
Finlande			X	
France			X	
Grèce			X	
Irlande			X	1997
Italie	X	X		2006
Luxembourg			X	
Norvège	X			1995
Nouvelle-Zélande		X		1996
Pays-Bas			X	
Portugal		X		2007
Royaume-Uni	X			1985
Suède	X			1982
Suisse		X	X	1983

Comme le montre la première colonne, l'adoption de lois spécifiques et complètes contre la MGF reste l'exception. La Suède, il y a trente ans, est devenue le premier pays européen à légiférer en ce domaine, suivie de près par le Royaume-Uni, puis par la Norvège ; seule l'Italie l'a fait très récemment[1161].

La deuxième colonne indique que la plupart des Etats occidentaux ont modifié leurs codes pénaux pour ériger en infraction spécifique la mutilation de l'appareil génital féminin. Voici quelques définitions, données par les textes internes, de la pratique qui nous occupe.

Le Code criminel canadien précise que « l'excision, l'infibulation ou la mutilation totale ou partielle des grandes lèvres, des petites lèvres ou du

[1161] Pour une vue d'ensemble sur la situation en Italie et sur les tentatives de réforme ayant abouti à la loi de 2006, voy. RICCI C., « Mutilazioni genitali e diritti umani », *I diritti dell'uomo : cronache e battaglie*, XII, 2001, pp. 28-31.

clitoris d'une personne constituent une blessure ou une mutilation »[1162]. L'Italie a récemment modifié son Code pénal pour qualifier juridiquement la MGF : « [l]es pratiques de mutilation sexuelle féminine s'entendent de clitoridectomie, excision ou infibulation, ainsi que toutes autres pratiques provoquant des effets analogues »[1163].

A défaut d'une interdiction explicite de la pratique, le droit pénal général de quelques huit pays (signalés dans la 3e colonne du tableau), dont la France, l'Allemagne et les Pays-Bas, permet de poursuivre en justice les auteurs de MGF ; la Suisse attend l'entrée en vigueur (fixée pour le 1er juillet 2012) d'un amendement à son Code pénal, approuvé le 30 septembre 2011, qui lui fera rejoindre les autres Etats européens qui incriminent spécifiquement la MGF.

Les différences les plus marquées parmi les législations occidentales concernent le contenu des normes applicables en matière de mutilations génitales pratiquées sur les enfants.

Parfois une définition restreint le champ d'application de la loi, mais il faut en tout cas tenir compte des différents éléments du crime.

En règle générale, la loi affirme que le consentement de la victime n'est pas valablement donné, surtout quand la mutilation génitale est pratiquée sur une mineure.

Si, au sens de la loi norvégienne, « le consentement n'épargne pas à l'auteur de l'acte la peine prévue »[1164], au Canada il est dit clairement que « ne constitue pas un consentement valable le consentement à l'excision, à l'infibulation ou à la mutilation totale ou partielle des grandes lèvres, des petites lèvres ou du clitoris »[1165].

Quelques textes internes tiennent à préciser que la culture, les traditions ou les coutumes ne sauraient servir à justifier des actes contraires aux droits de l'homme.

Ainsi, la loi adoptée par la Nouvelle-Zélande en janvier 1996 pour amender le Code pénal et rendre illégal la MGF affirme-t-elle que « [i]n determining (...) whether or not any medical or surgical procedure is performed on any person for the benefit of that person's physical or mental health, no account shall be taken of the effect on that person of any belief on

---

[1162] Article 268, par. 3.

[1163] Art. 583-*bis* du Code pénal, tel que modifié par l'art. 6 de la Loi 9 janvier 2006, n° 7 « Dispositions relatives à la prévention et à l'interdiction de la pratique des mutilations génitales féminines ».

[1164] *Act relating to the prohibition of female genital mutilation* (loi n° 74 du 15 décembre 1995), Section 1.

[1165] Article 268 du Code criminel, alinéa 4, tel que modifié par la Loi C-27 du 27 avril 1997 (Loi modifiant le Code criminel (prostitution chez les enfants, tourisme sexuel impliquant les enfants, harcèlement criminel et mutilation d'organes génitaux féminins)).

the part of that person or any other person that the procedure is necessary or desirable as, or as part of, a cultural, religious, or other custom or practice »[1166].

Au Royaume-Uni, la loi dispose que « [p]our établir si des actes chirurgicaux sont justifiés par l'état de santé mentale de la patiente, on ne tiendra en aucun cas compte du fait qu'elle-même ou un tiers pourront les tenir pour obligatoires du fait de coutumes ou de rites donnés »[1167].

Le nouveau Code des Etats-Unis est encore plus explicite : « il ne sera tenu aucun compte de l'effet sur la personne sur laquelle l'opération doit être accomplie d'aucune croyance, de la part de cette personne ou de toute autre personne, que l'opération est nécessaire au motif d'une coutume ou d'un rituel »[1168].

Seule l'Irlande garde une disposition fort ambigüe, qui est à juste titre critiquée dans le récent plan d'action national visant à lutter contre les MGF :

According to the Department of Justice, the Non-Fatal Offences against the Person Act 1997 criminalises the practice of FGM in Ireland. This Act is intended to criminalise intentional harm to others. However, as noted by the Women's Health Council, this legislation is not particularly appropriate for FGM prosecution for three reasons. First, Article 3 states that a crime has not been committed if the act "is in the circumstances such as is generally acceptable in the ordinary conduct of daily life and the defendant does not know or believe that it is in fact unacceptable to the other person". This means that parents who subject their daughters to FGM could reasonably argue that they had not committed a crime because they did not know it was unacceptable in Ireland and is a normal part of their culture[1169].

A part les typologies de mutilations génitales prises en compte par l'OMS, il y a des opérations aussi bien traditionnelles que décidément « modernes », qui relèvent de ce qu'on commence à qualifier de chirurgie génitale 'esthétique' ou 'cosmétique'[1170], et dont on se demande si elles sont visées par les législations internes.

[1166] *Crimes Act* de 1961, Section 204A (alinéa 4) telle qu'insérée par la Section 3 du *Crimes Amendment Act* de 1995.

[1167] *Female Genital Mutilation Act*, 2003, art. 1, par. 5.

[1168] L'*Illegal Immigration Reform and Immigrant Responsibility Act* de 1996 a modifié le chapitre 7 du titre 18 du Code, par l'ajout de la nouvelle section 116 : « Mutilations génitales féminines ».

[1169] Voy. *Ireland's National Plan of Action to Address FGM*, p. 12.

[1170] Voy. le dossier « Mon corps, c'est comme je veux ! » dans le *Courrier de l'UNESCO* de juillet-août 2001 (pp. 20 à 59) et notamment l'article de M. Philippe LIOTARD, « Corps d'identité », pp. 22-24.

Des auteurs rappellent qu'une définition large aurait l'effet de rendre punissables, au même titre que les MGF pratiquées au nom des traditions, les modifications génitales animées par un projet esthétique (scarifications, piercing, étirements, reconstructions), si bien que les lois récentes visant les MGF

do not take into consideration cosmetic genital surgery, such as vaginal tightening or lifting/reduction of labia that are performed for non-therapeutic reasons. For example, Swedish law does not mention age or ethnic background in its content, and considers consent irrelevant. Consequently, the Swedish Act on FGM technically outlaws genital changes also in non-African women, and all gynaecologists or plastic surgeons performing such alterations to the genitalia for non-medical reasons could be prosecuted. [En revanche,] in Belgium, piercing and tattooing are explicitly mentioned in the preparatory works of the law as being excluded from the law. In the UK, these two forms are implicitly excluded as they are not included in the definition of offences constituting FGM, as per the UK FGM Act 2003. The new Italian law excludes "any other practice that causes effects of the same kind" as Type I, II and III[1171].

Ainsi, les lois deviennent-elles plus précises sur la qualification des actes incriminés et tendent à exclure les opérations chirurgicales qui n'ont pas de lien avec les traditions et sont pratiquées par des médecins.

En Nouvelle-Zélande, les peines prévues pour les actes de mutilation sexuelle féminine ne sont pas applicables « lorsque l'acte médical ou chirurgical (y compris les opérations de conversion sexuelle) est pratiqué sur une personne (i) dans l'intérêt de la santé physique ou mentale de cette personne ; et (ii) par un médecin habilité à exercer »[1172].

La loi canadienne précise que :

l'excision, l'infibulation ou la mutilation totale ou partielle des grandes lèvres, des petites lèvres ou du clitoris d'une personne constituent une blessure ou une mutilation au sens du présent article, sauf dans les cas suivants : (a) une opération chirurgicale qui est pratiquée, par une personne qui a le droit d'exercer la médecine en vertu des lois de la province, pour la santé physique de la personne ou pour lui permettre d'avoir des fonctions reproductives normales ou une apparence sexuelle ou des fonctions sexuelles

---

[1171] LEYE et al., « An analysis of the implementation of laws with regard to female genital mutilation in Europe », *Crime, Law and Social Change*, 47/2007, p. 8.

[1172] *Crimes Act* de 1961, Section 204A (alinéa 3, *a*) telle qu'insérée par la Section 3 du *Crimes Amendment Act* de 1995.

normales, (b) un acte qui, dans le cas d'une personne âgée d'au moins dix-huit ans, ne comporte pas de lésions corporelles[1173].

Au Royaume-Uni, la législation réprime « le fait d'exciser, infibuler ou mutiler d'une autre façon l'ensemble ou toute partie des grandes ou des petites lèvres ou du clitoris d'une personne de sexe féminin (...). Cependant, n'est pas constitutif d'une infraction le fait qu'une personne dûment autorisée effectue sur une personne de sexe féminin des actes chirurgicaux justifiés par l'état de santé physique ou mentale de l'intéressée »[1174].

b) La responsabilité personnelle pour la participation au crime

Evidemment, toutes les législations occidentales punissent les auteurs matériels des actes de mutilation génitale, en prévoyant très souvent comme circonstance aggravante le fait que les MGF soient commises sur un enfant[1175] et, plus rarement, par ses ascendants.

En Belgique, par exemple, le minimum des peines prévues par l'article 409 du Code pénal est doublé « [s]i la mutilation (...) a été pratiquée sur un mineur ou une personne qui, en raison de son état physique ou mental, n'était pas à même de pourvoir à son entretien, par ses père, mère ou autres ascendants, toute autre personne ayant autorité sur le mineur ou en ayant la garde, ou toute personne qui cohabite occasionnellement ou habituellement avec le victime ».

En France, les violences ayant entraîné une mutilation ou une infirmité permanente sont punies de vingt ans de réclusion criminelle lorsqu'elles sont commises sur un mineur de quinze ans par un ascendant légitime, naturel ou adoptif ou par toute autre personne ayant autorité sur le mineur[1176].

La plupart des textes incriminent également la tentative de pratiquer une mutilation génitale. En Belgique, quiconque cherche à mutiler les organes génitaux d'une personne risque « un emprisonnement de huit jours à un an »[1177]. La Suisse, après la toute récente modification du Code pénal, est encore plus sévère :

[1173] Article 268 du Code criminel, alinéa 3, tel que modifié par la Loi C-27 du 27 avril 1997 (Loi modifiant le Code criminel (prostitution chez les enfants, tourisme sexuel impliquant les enfants, harcèlement criminel et mutilation d'organes génitaux féminins)).

[1174] *Female Genital Mutilation Act*, 2003, art. 1, par. 2, a).

[1175] Les pays suivants prévoient des peines plus sévères dans ce cas : France, Italie, Grèce, Irlande, Luxembourg et Portugal.

[1176] Voy. les articles 222-9 et 222-10 du Code pénal.

[1177] Article 409 du Code pénal, tel que modifié par l'art. 29 de la Loi n° 35 du 28 novembre 2000.

Est puni d'une peine privative de liberté de cinq ans au plus ou d'une peine pécuniaire celui qui prend, conformément à un plan, des dispositions concrètes d'ordre technique ou organisationnel, dont la nature et l'ampleur indiquent qu'il s'apprête à passer à l'exécution d'[une] mutilation d'organes génitaux féminins[1178].

Il convient enfin de signaler la particularité du Code pénal suédois, qui non seulement considère « coupable au titre du chapitre 23 du Code pénal quiconque tente de commettre le crime » de mutilation sexuelle, mais aussi « toute personne » qui, en ayant connaissance, « s'abstient de le signaler »[1179].

Ce devoir de signalement pesant sur tout individu en Suède, qui vaut *a fortiori* pour le personnel médical (comme nous le verrons *infra*), nous conduit à aborder la question de la responsabilité pénale des parents et de ceux qui, ayant autorité sur l'enfant, facilitent ou rendent possible la mutilation génitale d'une fille.

Au moins six pays en Europe, dont la Belgique, le Royaume-Uni, l'Espagne, la Suède, la Norvège et la Suisse, sanctionnent expressément la complicité en ce sens (participation ou omission).

Au Royaume-Uni, par exemple, est une infraction pénale spécifique « le fait d'aider, encourager, pousser ou amener une personne de sexe féminin à procéder à une excision, une infibulation ou autre mutilation »[1180]. De même, en Norvège, « [q]uiconque aide ou encourage une autre personne à pratiquer une mutilation sexuelle féminine encourt les mêmes peines que l'auteur de l'acte lui-même »[1181].

En France, même en l'absence d'une disposition spécifique en ce sens, « les parents ou les personnes ayant la garde de l'enfant peuvent être et ont été poursuivis en tant que complices »[1182].

Le rôle et les responsabilités des professionnels de santé dans la prévention des MGF sont de plus en plus présents dans les législations européennes et nord-américaines, à double titre : non seulement l'interdiction de médicaliser la pratique s'accompagne de peines sévères pour les professionnels de santé qui y contreviennent, mais il y a aussi une

---

[1178] Art. 260*bis*, alinéa 1, lettre *c bis* (Modification du 30 septembre 2011, entrée en vigueur prévue en juillet 2012). On rappellera que l'article 124 établit l'infraction spécifique de « Mutilation d'organes génitaux féminins ».

[1179] Loi n° 316 de 1982 interdisant les mutilations sexuelles ('circoncision') des femmes, Section 2, telle que modifiée par la Loi n° 407 de 1998.

[1180] *Female Genital Mutilation Act*, 2003, art. 2.

[1181] Notre traduction de la Section 1 de la Loi n° 74 du 15 décembre 1995 : « A person who aids and abets another in the practice of female genital mutilation may be penalized in the same way ».

[1182] Notre traduction de LEYE E. et al., « An analysis of the implementation of laws ...», *op. cit.*, p. 4.

tendance à autoriser et même à imposer la levée du secret professionnel lorsqu'il s'agit de dénoncer les mutilations génitales pratiquées sur des personnes vulnérables, notamment des enfants.

Pour un exemple du premier type, on se reportera au Code pénal italien, qui prévoit désormais des peines accessoires d'interdiction d'exercer la profession (pour une période allant de trois à dix ans) pour les médecins qui effectuent une mutilation sexuelle pour des raisons non thérapeutiques[1183].

Pour ce qui concerne le devoir de prévention, il y a des pays, comme la France et la Belgique, où le secret professionnel peut être levé pour des personnes confrontées à des cas de mutilations sexuelles[1184] ; mais il y a aussi des législations qui imposent aux médecins de prévenir la commission d'une MGF. Un auteur souligne par exemple qu'en Suisse, depuis une décision du Swiss Federal Office of Justice du 4 février 1994, « [t]he Federal Ministry of Justice states that a physician who learns about FGM carried out in Switzerland is legally obligated, regardless of medical confidentiality, to inform the Courts of Custody about it under § 358ter [of the Swiss Criminal Code] »[1185].

En Norvège, c'est la loi qui prévoit, depuis 2004, que le personnel soignant et même les autorités religieuses encourent une peine s'ils ne remplissent pas leur obligation de prévention au regard d'une MGF :

1183 Art. 583-*ter* du Code pénal, tel que modifié par l'art. 6 de la Loi 9 janvier 2006, n° 7 *Dispositions relatives à la prévention et à l'interdiction de la pratique des mutilations génitales féminines* : « La condanna contro l'esercente una professione sanitaria per taluno dei delitti previsti dall'articolo 583-*bis* importa la pena accessoria dell'interdizione dalla professione da tre a dieci anni ».

1184 En France, une disposition récente (la seule du Code pénal qui se réfère explicitement à cette pratique traditionnelle) autorise la levée du secret professionnel lorsqu'il s'agit de mutilations génitales de filles, écartant l'application des normes qui incriminent la violation du secret. En effet, au sens de l'article 226-14 (tel que modifié par la Loi n° 2006-399 du 4 avril 2006 renforçant la prévention et la répression des violences au sein du couple ou commises contre les mineurs), les dispositions de l'article 226-13 ne sont pas applicables « [à] celui qui informe les autorités judiciaires, médicales ou administratives de privations ou de sévices, y compris lorsqu'il s'agit d'atteintes ou mutilations sexuelles, dont il a eu connaissance et qui ont été infligées à un mineur ». En Belgique, le délit de non-assistance à personne en danger s'applique à toute personne, professionnel ou simple citoyen, qui ne signale pas le danger qu'encourt une fillette menacée de mutilations sexuelles (art. 422 bis du Code pénal). En outre, le nouvel article 458*bis* du Code pénal, en vigueur depuis le 30 janvier 2012, prévoit que « toute personne qui, par état ou par profession, est dépositaire de secrets et a de ce fait connaissance d'une [mutilation]… qui a été commise sur un mineur *peut*, sans préjudice des obligations que lui impose l'article 422*bis*, en informer le procureur du Roi, soit lorsqu'il existe un danger grave et imminent pour l'intégrité physique ou mentale du mineur ou de la personne vulnérable visée, et qu'elle n'est pas en mesure, seule ou avec l'aide de tiers, de protéger cette intégrité, soit lorsqu'il y a des indices d'un danger sérieux et réel que d'autres mineurs ou personnes vulnérables visées soient victimes des infractions prévues aux articles précités et qu'elle n'est pas en mesure, seule ou avec l'aide de tiers, de protéger cette intégrité ».

1185 KRASA K., « Human rights for women… », *op.cit.*, p. 272.

« A fine or a prison sentence of up to one year may be imposed on practitioners of professions and employees in day care centres, child welfare services, health and social services, schools and out-of-school care schemes and religious communities who deliberately refrain from trying to prevent an act of genital mutilation by making a report or in other manner. The same applies to persons of authority in religious communities. The duty to prevent an act of genital mutilation applies without regard to duty of confidentiality. Omission to act is not punishable by law if the genital mutilation does not reach completion or a punishable attempt »[1186].

B. La rareté des poursuites pénales

Au cours de l'examen des rapports périodiques des Etats tiers, les organes conventionnels onusiens ont depuis longtemps manifesté une préférence marquée pour les solutions législatives nationales, en félicitant les gouvernements ayant pris des mesures en ce sens.

Toutefois, la question de l'effective application des normes en vigueur n'échappe pas aux *treaty bodies*, qui demandent souvent des précisions en ce sens ou s'inquiètent du peu de poursuites engagées contre les responsables et complices des pratiques traditionnelles nuisibles aux enfants.

Le CRC a récemment reproché à la Belgique « l'absence de condamnations », alors que

des centaines de filles vivant dans l'Etat partie ont été victimes de mutilations génitales féminines et que la loi interdisant ce type de pratiques demeure inconnue, même des travailleurs sanitaires[1187].

L'examen du Royaume-Uni devant le CEDAW a pris la même tournure :

Tout en se félicitant de la promulgation du Female Genital Mutilation Act (2003) et du Female Genital Mutilation Prohibition (Scotland) Act (2005), le Comité est préoccupé par le faible nombre de poursuites en application de ces lois ... [et] exhorte l'Etat partie à assurer la pleine application de la législation interdisant les mutilations génitales féminines, notamment en poursuivant les coupables, pour éliminer cette pratique traditionnelle néfaste[1188].

[1186] L'ancienne discipline en matière de MGF, contenue dans l'*Act relating to the prohibition of female genital mutilation* (loi n° 74 du 15 décembre 1995), a été modifiée par la Loi n° 33 du 28 mai 2004 (voy. Section 2).

[1187] Observations finales, CRC/C/BEL/CO/3-4, 18 juin 2010, par. 62.

[1188] Observations finales, CEDAW/C/UK/CO/6, 10 juillet 2008, par. 273-274.

Le CEDAW a également demandé « instamment » au Portugal et à l'Italie

de veiller à ce que la législation interdisant la pratique des mutilations génitales féminines soit pleinement appliquée et que les coupables soient poursuivis en justice afin d'éliminer cette pratique traditionnelle nocive[1189].

En effet, même si notre analyse comparative indique que l'accent a surtout été mis dans les pays occidentaux, sur le renforcement de l'interdiction des mariages d'enfants et sur la criminalisation des MGF, aux avancées législatives ne correspond qu'une répression limitée de ces phénomènes.

Il n'y a que peu de cas de poursuites intentées pour mariages précoces ou forcés, alors que les chiffres de ce fléau échappent la plupart du temps aux autorités elles-mêmes.

Il y a deux éléments supplémentaires qui rendent difficile tout bilan de l'effective application des législations occidentales sur l'âge minimum uniforme : d'une part, on ne peut pas évaluer l'impact de la répression sur la situation des enfants *africains* installés en Occident, puisque les mariages forcés semblent avoir lieu moins dans les communautés d'origine africaine que dans celles venues d'Asie[1190] ; d'autre part, les contours du problème sont incertains car il y a encore des régions en Occident, pauvres ou habitées d'autochtones, où les enfants sont traditionnellement soumis à des mariages précoces et/ou forcés[1191].

En revanche, la presque totalité des mutilations génitales sont pratiquées sur des africaines immigrées dans les pays occidentaux, ce qui justifie une recherche plus poussée en ce domaine. Or les poursuites sont rares et ne concernent qu'une demi-douzaine d'Etats, la jurisprudence française étant sans aucun doute la plus intéressante (*infra*).

Pour une série de raisons, la couverture médiatique du sujet et l'approche journalistique de celui-ci varie considérablement d'un pays à l'autre, comme le démontre une intéressante étude menée sur l'ensemble des articles de

---

[1189] Voy. les Observations finales sur le rapport du Portugal, CEDAW/C/PRT/CO/7, 7 novembre 2008, par. 31, et, dans des termes presque identiques, celles adressées à l'Italie : CEDAW/C/ITA/CO/6, 2 août 2011, par. 53 e).

[1190] Par exemple, au Royaume-Uni, "[r]esearch indicates that forced marriage is a problem that primarily affects women originating from the Indian sub-continent as well as *smaller numbers* of women originating from Iran, Afghanistan, Turkey, Armenia, Somalia, Eritrea and Sudan, and *Irish* traveler communities". In ANITHA S., GILL A., « Coercion, Consent and the Forced Marriage Debate in the UK », *Feminist Legal Studies*, vol. 17, 2009, p. 167. C'est nous qui soulignons.

[1191] Voy. l'article de DOUGLAS H. qui relate d'une affaire récente d'une fille enlevée en vue d'un mariage forcé dans le Nord de l'Australie, « 'She knew what was expected of her' : the white legal system's encounter with traditional marriage », *Feminist Legal Studies*, vol. 13, 2005, pp. 181-203.

presse parus depuis 2000 dans les quotidiens les plus influents de quatre pays européens[1192].

Les professionnels intéressés à ces questions (médecins, sociologues, spécialistes de droits de l'homme) ont également des opinions divergentes autour de la réponse judiciaire aux rites et traditions néfastes pratiqués en contexte d'immigration.

Il a été fréquemment souligné que la loi britannique, parmi les plus anciennes du monde, n'a jamais donné lieu à des procès, alors qu'en France, même en l'absence d'une législation spécifique en la matière, l'application jurisprudentielle du Code pénal a été efficace.

Des auteurs ont justement observé que « the number of prosecutions is only one outcome of the law enforcement process and is not the sole indicator of the legal response to FGM by a country »[1193].

D'autre part, il est difficile de nier que le faible risque de poursuite contre les auteurs de MGF, aussi bien en Europe qu'ailleurs, trahit un manque de volonté de porter devant les tribunaux des pratiques considérées comme ancrées dans la culture et les traditions de certains groupes d'immigrés[1194].

A notre avis, le fait de n'utiliser l'intervention judiciaire qu'en dernier recours, voire de ne pas l'utiliser, affaiblit l'effet dissuasif des lois disponibles et limite les possibilités de lutter efficacement contre les mutilations génitales féminines. Persuadés de l'impact important des condamnations prononcées, nous allons consacrer un bref développement aux (rares) exemples d'application efficace des lois occidentales : l'évolution de la jurisprudence française mérite d'être approfondie (1), mais il conviendra aussi de se pencher sur la judiciarisation naissante de la lutte contre les MGF dans d'autres Etats (2).

1) La France, précurseur dans la répression des MGF

L'histoire des poursuites judiciaires intentées en France pour mutilations génitales féminines remonte à la fin des années 70.

[1192] Il s'agit de l'Italie, de la Suisse, de l'Allemagne et du Royaume-Uni (l'auteur explique que la France a été exclue puisque les archives en ligne du *Monde* et du *Figaro* sont payantes). Voy. DE BORTOLI I., « Le mutilazioni genitali femminili nella stampa europea. Un'analisi comparativa dei quotidiani di 4 paesi, dal 2000 al 2010 », *Institut International des droits de l'enfant*, disponible à la page Internet http://www.childsrights.org/html/documents/programmes/101012_Media_e_MGF.pdf (dernier accès 24 avril 2012).

[1193] LEYE et al., « An analysis of the implementation of laws ...», *op. cit.*, p. 13.

[1194] Voy. MILLER M. J., « Réponses à la mutilation génitale des femmes/excision en Europe », in TRECHSEL S., SCHLAURI R. (dir.), *Les mutilations génitales féminines en Suisse*, Zurich : Comité suisse pour l'UNICEF, 2004, pp. 32-37.

Une première étape est franchie en 1983, quand la Chambre criminelle de la Cour de Cassation énonce que « l'ablation du clitoris et des petites lèvres de la vulve de l'enfant constitue une mutilation au sens de l'article 312-3 du Code pénal »[1195]. Après quelques procès en correctionnelle, un arrêt de la Cour d'appel de Paris du 10 juillet 1987 confirme que l'excision constitue une mutilation, donc un crime au sens du Code pénal, et est désormais passible de la Cour d'Assises et non du tribunal correctionnel.

Jusqu'au début des années 90, bien que les juridictions aient tendance à absoudre ou à prononcer des peines assorties de sursis[1196], quelques parents sont condamnés pour complicité. Quant aux auteurs matériels des actes, ils sont plus difficiles à identifier, mais il y a tout de même des procès célèbres : une malienne de 26 ans est condamnée à trois ans de prison avec sursis pour avoir excisé sa propre fille, âgée d'une semaine[1197] et une exciseuse de 47 ans, elle aussi malienne, qui a mutilé une vingtaine de fillettes dont une, âgée de 3 mois, décédée des suites d'une hémorragie, est condamnée à deux reprises[1198].

Les peines prononcées s'alourdissent désormais, les juges n'hésitant pas à condamner durement cette coutume : la Cour d'Assises de Paris lance un message à la fois ferme et pédagogique aux communautés africaines concernées par cette pratique quand elle condamne la gambienne Teneng Jahate à un an de prison pour avoir fait exciser ses deux filles[1199].

Enfin, un cap est franchi en 1999, lors d'un procès déclenché pour la première fois par la victime, une étudiante en droit d'origine malienne et de nationalité française, qui dépose une plainte contre ses parents, sur le point de faire exciser ses petites sœurs, et contre l'exciseuse qui l'a mutilée à Paris à l'âge de huit ans. Les peines sont exemplaires : l'exciseuse malienne dite « Maman Gréou » est condamnée à huit ans de prison pour avoir mutilé une cinquantaine de fillettes depuis quinze ans dans la région parisienne, la mère de la plaignante à deux ans d'emprisonnement et les autres parents, qui étaient également poursuivis pour complicité, à des privations de liberté de trois ans avec sursis[1200].

[1195] Cour de Cassation, Chambre criminelle, 20 août 1983, 83-92.616 (publié au bulletin).

[1196] Voy. JAILLARDON E., « Quel droit d'asile pour les femmes…? », in LANGEVIN L. (dir.), *Rapports sociaux de sexe/genre et droit : repenser le droit*, Paris : Editions des archives contemporaines et en partenariat avec l'Agence universitaire de la Francophonie (AUF), 2008, p. 44.

[1197] Cour d'Assises de Paris, 4 octobre 1989.

[1198] Aramata Keita a été condamnée à cinq ans de réclusion criminelle par un arrêt de la Cour d'Assises de Paris, 8 mars 1991, et à quatre ans de prison dont un avec sursis par un arrêt de la Cour d'Assises de Bobigny, 27 juin 1991.

[1199] Cour d'Assises de Paris, 8 janvier 1993. Cette mère déclara à la presse avoir l'impression de payer pour toutes les autres.

[1200] Cour d'Assises de Paris, 17 février 1999.

Des procès se tiennent sporadiquement[1201] en France, le dernier s'étant conclu le 1er juin 2012 devant la Cour d'Assises de Nevers avec la condamnation d'un couple d'origine guinéenne qui a fait exciser ses quatre jeunes filles en France[1202]. Si l'on considère que le chirurgien français Pierre Foldès, inventeur d'une technique pour réparer les MGF (situation unique au monde, cette chirurgie est remboursée en France !), a opéré à l'hôpital de Saint-Germain-en-Laye plus de 2.900 femmes, dont 564 mutilées en France, on se rend compte que le nombre de poursuites est très modeste par rapport à l'ampleur du phénomène[1203].

Mais l'importance des condamnations est certaine, et d'ailleurs on constate que d'autres pays occidentaux ont récemment commencé à en prononcer en matière de MGF.

2) Un aperçu des autres procès tenus en Occident

A partir de 2004, aux Etats-Unis et dans six pays européens (Danemark, Espagne, Pays-Bas, Suède, Suisse et Italie) les dispositions pénales permettant de réprimer les mutilations génitales des fillettes ont commencé à être invoquées dans des poursuites judiciaires. Sans-doute les prochains rapports de ces Etats aux organes conventionnels rendront-ils compte des avancées jurisprudentielles que nous allons ici brièvement parcourir, dans l'ordre chronologique des jugements rendus.

La première décision qui mérite d'être évoquée est celle d'un juge espagnol qui a imposé de retirer le passeport de deux sœurs gambiennes pour empêcher leur père de les ramener au pays pour les faire exciser. La prise de conscience grandissante du risque que courent les filles d'origine africaine, protégées par les lois des Etats européens, d'être emmenées à l'étranger pour y être excisées sera mieux illustrée dans le paragraphe suivant[1204].

En novembre 2006, un premier et émouvant procès s'est tenu aux Etats-Unis devant le Tribunal d'Atlanta (Géorgie), qui a condamné un homme

[1201] Voy., entre autres, la condamnation par la Cour d'Assises de Bobigny de deux maliens et de leurs épouses pour avoir excisé leurs sept filles, 15 mars 2002 ; la condamnation à cinq ans avec sursis par la Cour d'Assises de Paris d'un guinéen et de ses deux femmes pour l'excision de leurs filles en Guinée (mars 2004).

[1202] « France/procès de l'excision : 24 et 18 mois de prison pour les parents », publié sur Internet le 1er juin dernier par l'*AFP*.

[1203] Voy. CABUT S., « Réparer les femmes excisées », *Le Monde. Science & Techno*, 16 juin 2012, p. 2. Les données se réfèrent à la période 1998-2009.

[1204] Décision de la Cour de Sant Feliu de Guixols, Gérone, 13 mai 2004. Le juge a aussi décidé que le passeport sera rendu aux filles lorsqu'elles auront 18 ans.

d'origine éthiopienne à 10 ans de réclusion pour avoir excisé sa fille, âgée de deux ans[1205].

Alors que la Suède a été, il y a trente ans, le premier pays à adopter des lois spécifiques contre la mutilation génitale féminine, ce n'est que depuis 2006 que des auteurs de MGF ont été traduits devant ses tribunaux. Les deux affaires jugées regardent des femmes d'origine somalienne qui ont été forcées, très jeunes, par leurs parents à subir une excision ; une d'entre elles a obtenu 390,000 couronnes ($ 52,000) « for the exceptionally serious violation of her personal integrity »[1206].

Ce sont de nouveau des immigrés somaliens à l'origine de deux affaires suisses jugées en 2008, la première s'étant conclue par la condamnation d'une femme à six mois de prison et une mise à l'épreuve de deux années pour ne pas avoir protégé sa demi-sœur d'une excision ayant eu lieu en Somalie, et la deuxième ayant conduit à une peine de prison de deux ans pour des parents somaliens qui avaient fait pratiquer une mutilation traditionnelle sur leur fille, à leur domicile de Zurich[1207].

En janvier 2009, la première affaire de MGF est jugée au Danemark, où une femme d'origine africaine est condamnée à deux ans de prison pour avoir fait exciser ses deux filles aînées ; elle planifiait par ailleurs un voyage au Soudan pour y faire exciser son autre, fille, âgée de 5 ans[1208].

L'Italie, où la députée radicale Emma Bonino est à l'origine d'importantes campagnes nationales et internationales pour l'abolition de la MGF, la loi de 2006 a trouvé une première application lors d'un procès qui s'est conclu en octobre 2009 par la condamnation, peu sévère, de deux parents et d'une exciseuse d'origine nigériane. Les témoignages des inculpés, selon lesquels

---

[1205] Voy. pour un commentaire TOBIN J., « The International Obligation to Abolish Traditional Practices Harmful to Children's Health : What Does It Mean and Require of States ? », *Human Rights Law Review*, 9 (3), 2009, pp. 395-396.

[1206] Sur le procès de Göteborg de 2009, voy. l'article de Peter Vinthagen Simpson, publié le 26 mai 2009 sur le quotidien en ligne www.thelocal.se : « Girl receives damages for genital mutilation ». Pour un commentaire des deux affaires, voy. JOHNSDOTTER S., « The FGM Legislation Implemented : Experiences from Sweden », Malmö University, January 2009, disponible à l'adresse Internet http://www.uv.es/CEFD/17/Johnsdotter.pdf (consultée le 20 avril 2012).

[1207] Pour plus de détails, voy. l'article de Thomas Stephens du 16 novembre 2007, « First court case of genital mutilation », publié sur http://www.swissinfo.ch/eng/Home/Archive /First_court_case_of_genital_mutilation. html?cid=6256146, ainsi que l'étude de KRASA K., « Human rights for women… », *op. cit.*, p. 272.

[1208] Voy. le reportage de la 'BBC News' du 24 janvier 2009, à l'adresse http://news.bbc. co.uk/2/hi/europe/7848503.stm (dernier accès 21 avril 2012).

les fillettes non infibulées sont discriminées au pays d'origine, ont fait la une sur la presse nationale[1209].

Enfin, un procès s'est déroulé aux Pays-Bas, sous le regard vigilant des ONG, contre un père d'origine marocaine accusé d'avoir excisé sa fille, mais ni le Tribunal d'Haarlem (en 2009) ni la Cour d'appel d'Amsterdam (en décembre 2010) n'ont pu le condamner par manque de preuves, alors que l'homme invoquait à sa décharge le fait que la mutilation génitale féminine n'est pas pratiquée au Maroc[1210].

§ 2. La coopération inter-étatique pour une action de lutte plus efficace

Une action de lutte efficace contre les pratiques traditionnelles néfastes, notamment contre la MGF, implique nécessairement la prise en compte des aspects extérieurs des phénomènes. Les Etats tiers évoquent parfois, lors du dialogue avec les *treaty bodies*, les efforts d'harmonisation et de collaboration entrepris afin de combler les vides législatifs et poursuivre les auteurs des crimes par-delà les frontières nationales.

En effet, les communautés immigrées susceptibles de perpétuer les pratiques traditionnelles incriminées ne coupent pas les liens avec leurs pays d'origine, parfois y retournent et soumettent leurs enfants aux rites néfastes, là où l'impunité semble plus probable[1211].

Dès lors, la coopération internationale permet non seulement d'envoyer un message clair dans la lutte globale contre les pratiques traditionnelles néfastes, mais aussi d'assurer une véritable protection aux enfants résidant en Occident.

Nous donnerons quelques exemples des mesures préventives que les Etats occidentaux mettent en œuvre pour mieux protéger les enfants africains qui y vivent (A) et chercherons de dresser un bilan des mesures punitives prévues à l'encontre de ceux qui mutilent ou font mutiler les filles à l'étranger (B).

[1209] Voy. PRIANTE A., « 'Infibulazione o sarà discriminata'. Testimonianza-choc in tribunale », *Corriere della Sera*, 10 octobre 2009, ainsi que l'analyse de Mme De Bortoli, « Le mutilazioni genitali femminili nella stampa europea… », *op. cit.*, p. 5 à 13.

[1210] Voy. l'article publié le 23 décembre 2010 par *Radio Netherlands Worldwide* à l'adresse http://www.rnw.nl/english/bulletin/again-acquittal-dutch-genital-mutilation-case.

[1211] Les Etats africains, comme nous l'avons vu, dénoncent les mouvements transfrontaliers d'exciseuses et de victimes occasionnés par les divergences législatives. Ces dernières sont d'autant plus importantes entres les pays occidentaux et certains pays africains, si bien que l'Union européenne reconnaît désormais expressément la nécessité de protéger les filles qui risquent d'être mutilées au cours de vacances à l'étranger.

A. La prévention des violations ayant lieu en Afrique : le contrôle sur les « voyages au pays »

Conscients de ce que les parents peuvent profiter d'un voyage au pays d'origine, pendant les vacances d'été, pour soumettre leurs filles à des mutilations génitales, quelques Etats occidentaux entreprennent des actions et mesures préventives visant à exclure ou à restreindre la liberté de mouvement des enfants étrangers résidents, lorsqu'il existe un risque de ce type.

Nous avons déjà évoqué la décision d'un juge espagnol de retirer les passeports à deux filles originaires de la Gambie pour éviter que le père ne les fasse exciser pendant le séjour au pays ; il convient de rappeler que le juge a aussi décidé que « les filles devront être examinées par un médecin tous les six mois pour s'assurer qu'elles n'ont pas été excisées en Espagne »[1212].

Deux ans plus tard, la délégation du Royaume-Uni révélait au CEDAW que « [o]ne person had been prevented from leaving the country when suspected of intending to take a girl abroad for FGM »[1213].

En France, une loi récente[1214] prévoit l'interdiction temporaire de sortie du territoire pour le mineur menacé, sur ordonnance du juge des enfants, en plus de l'inscription de cette interdiction de sortie au fichier des personnes recherchées, par le procureur de la République. Ce dispositif a vocation à s'appliquer lorsque l'un des parents veut emmener une fille à l'étranger pour lui faire subir une MGF ou un mariage forcé.

Si les autorités de certains pays occidentaux commencent donc à limiter la liberté de mouvement de l'enfant en raison de la protection de son intérêt supérieur, il y en a aussi qui permettent les départs dans des situations potentiellement à risque, mais en prévenant les parents des sanctions qu'ils encourront au cas où leur(s) fille(s) reviendrai(en)t excisée(s) après le séjour à l'étranger[1215].

Si ces actions préventives restent encore rares, il est en revanche bien plus fréquent que les Etats tiers adoptent des mesures répressives visant expressément la commission des MGF à l'étranger.

1212 MILLER M. J., « Réponses à la mutilation génitale des femmes/excision en Europe… », *op. cit.*, p. 34.

1213 M. Dunworth in CEDAW/C/SR.843, 14 août 2008, par. 57.

1214 Loi n° 2010-769 du 9 juillet 2010 relative aux violences faites spécifiquement aux femmes, aux violences au sein du couple et aux incidences de ces dernières sur les enfants.

1215 LEYE et d'autres auteurs soulignent que, pour surmonter la difficulté de recueillir des preuves lorsque « FGM is committed abroad, (…) cross-border investigation requires international co-ordinated actions at judiciary level, not only among EU countries, but also between Europe and Africa » : in « An analysis of the implementation… », *op. cit.*, p. 27.

B. La poursuite des responsables des « pratiques traditionnelles néfastes » ayant lieu en Afrique : l'effet extraterritorial conféré aux lois pertinentes

Dans la plupart des pays occidentaux, les dispositions pénales, spécifiques ou générales, relatives aux MGF ont désormais un effet extraterritorial et s'appliquent donc, même si les actes incriminés sont commis à l'étranger, par et/ou sur un étranger.

C'est lors de l'examen devant le CEDAW que la France a affirmé que

[l]es actes de mutilation génitale féminine sont punissables en vertu du droit français, même lorsqu'ils sont pratiqués à l'étranger sur une fille dont le lieu de résidence habituel est en France[1216].

Le Royaume-Uni a également décrit au CRC les avancées importantes enregistrées depuis une dizaine d'années en matière de prévention des MGF :

La loi de 2003 sur les mutilations génitales féminines (qui a abrogé et remplacé la loi de 1985) a pour la première fois érigé en infraction pénale le fait pour les ressortissant britanniques ou des résidents permanents au Royaume-Uni de pratiquer la mutilation génitale féminine (MGF) à l'étranger ou d'aider, d'encourager, de conseiller ou de procurer cette pratique à l'étranger, même dans les pays où la pratique est légale. ...[En outre] la loi de 2005 sur l'interdiction de la mutilation génitale féminine (Ecosse) abroge les dispositions de la loi de 1985 et les remet en vigueur pour l'Ecosse, leur confère un effet extraterritorial[1217].

Par sa nouvelle loi (n° 7 du 9 janvier 2006) disposant en matière de prévention et d'interdiction de la pratique de la mutilation sexuelle féminine, l'Italie a prévu que

[e]n vertu du principe d'extraterritorialité, les dispositions [pénales] s'appliquent également quand l'infraction est commise à l'étranger par un ressortissant italien ou par un étranger résidant en Italie, ou à l'encontre d'un citoyen italien ou d'un citoyen étranger résidant en Italie. Dans ce cas, l'auteur est sanctionné sur demande du Ministère de la justice[1218].

Au moins treize pays occidentaux incriminent la mutilation génitale pratiquée à l'étranger, y compris la Belgique et la Nouvelle-Zélande, qui

---

[1216] CEDAW/C/SR.817, 26 mars 2008, par. 58.
[1217] Voy. Rapport, CRC/C/GBR/4, 25 février 2008, par. 18 à 21.
[1218] Rapport, CRC/C/ITA/3-4, 5 juillet 2010, par. 404.

répriment expressément les MGF dont sont victimes les mineures. Le tableau ci-dessous résume les caractéristiques principales de certaines législations ayant un effet extraterritorial.

Tableau n° 9 « Effet extraterritorial des dispositions législatives »

Etat	Qualité de la victime	Double incrimination	Punissabilité des actes préparatoires
Allemagne	Nationalité	Oui	
Autriche	Nationalité ou résidence	Oui (sauf si la victime et l'auteur sont des nationaux)	Oui
Belgique	Victime mineure	Non	Oui
Danemark	Nationalité ou résidence	Non	
Espagne		Non (depuis loi de 2005)	Oui
France	Nationalité ou résidence habituelle	Non	
Italie	Nationalité ou résidence	Non	
Norvège		Oui (si l'auteur est étranger)	
Nouvelle-Zél.	Victime mineure		Oui
Pays-Bas		Non	Oui
Royaume-Uni	Nationalité ou résidence permanente	Non	Oui
Suède		Non (depuis loi de 1999)	
Suisse		Non (loi en vigueur à partir de juillet 2012)	

Des conditions plus ou moins restrictives à l'applicabilité du principe d'extraterritorialité peuvent être posées par les droits internes. Dans les Etats ayant les législations les plus protectrices, on poursuit le crime commis sur les enfants étrangers qui résident (habituellement) dans le pays, et pas seulement sur les nationaux[1219].

[1219] Les deux articles pertinents du Code pénal français sont l'article 222-6-3 : « Dans le cas où le crime [contre une personne afin de la contraindre à contracter un mariage ou à conclure une union] est commis à l'étranger à l'encontre d'une personne résidant habituellement sur le territoire français, la loi française est applicable », et l'article 222-16-2 : « Dans le cas où [les

Un autre critère très important que la loi peut imposer est l'incrimination de la pratique dans le pays où elle est commise, soit la « double incrimination ». Quelques Etats gardent ce principe (Allemagne, Autriche), mais d'autres l'ont récemment effacé de leur législation (Pays-Bas, Suède, Suisse et Espagne).

Reste à ajouter, en matière d'extraterritorialité des lois et protection des victimes, le fait que quelques pays (Belgique, Pays-Bas, Royaume-Uni et Nouvelle Zélande) punissent non seulement l'acte matériel commis à l'étranger, mais aussi la participation à la préparation de l'acte, selon des qualifications juridiques variables.

Enfin, pour ce qui est de la qualité de l'auteur ou, éventuellement, du complice de l'acte de MGF, quelques Etats demandent une forme d'attache, allant de la nationalité ou de la résidence permanente (Italie, Autriche, Pays-Bas) à une plus vague « connexion avec le pays » (Suède), alors que d'autres ne prévoient aucune condition particulière pour punir le responsable, si la victime réside sur le territoire (France, Royaume-Uni). Ce deuxième cas de figure est plus intéressant, puisque les auteurs d'une MGF sont généralement de nationalité étrangère.

Il convient enfin de rappeler que les législations de plusieurs Etats (Allemagne, Belgique, Espagne, Suisse, entre autres) imposent que la personne qui a effectué ou participé à la mutilation se trouve sur le territoire national et n'est pas extradée. Par ailleurs, si on admet que les actes de mutilation génitale féminine sont une forme de torture, on pourrait parfaitement soutenir que tous les Etats occidentaux ont l'obligation juridique de poursuivre les exciseuses, y compris les africaines, à moins de les livrer à un autre Etat qui entende le faire, selon le principe *aut dedere aut iudicare.*

Le cadre législatif des pays occidentaux en matière de pratiques traditionnelles néfastes (et notamment de MGF et de mariages précoces et forcés) a beaucoup évolué ces vingt dernières années, sous l'impulsion de l'ONU mais aussi d'autres organisations régionales telles que le Conseil de l'Europe et l'Union européenne, impliquées chacune à sa façon dans la promotion et la protection des droits des enfants. Mais adopter une loi pour essayer de protéger les enfants (surtout africains) à risque est bien plus facile qu'en garantir l'application.

Bien que la France ait montré l'exemple dans l'action répressive, les procès qui continuent de s'y dérouler (le dernier s'étant conclus devant la Cour d'Assises de Nevers en juin 2012) prouvent, d'une part, que le risque

---

mutilations génitales] sont commis[es] à l'étranger sur une victime mineure résidant habituellement sur le territoire français, la loi française est applicable ».

existe encore, de nos jours et dans nos pays, et d'autre part que les poursuites sont extrêmement rares[1220].

Section 2. Les solutions négligées lors du dialogue : l'accueil des enfants africains

Bien que les débats au sein des *treaty bodies* touchent parfois des aspects des politiques de migration et d'asile des Etats tiers, de par leurs liens avec les droits conventionnellement garantis aux enfants, la question des pratiques traditionnelles néfastes n'a pas été prise en compte dans ce cadre.

Certes, les Conventions sur les réfugiés sont « orphelines, sans comité de suivi »[1221] et les Etats qui les ont acceptées restent maîtres du traitement qu'ils accordent aux étrangers. Mais l'arrivée d'un nombre sans précédent de personnes innocentes, y compris les enfants qui fuient leur pays d'origine pour se soustraire aux traditions gravement préjudiciables qui y ont cours, pose un défi important aux pays occidentaux.

Comme nous l'avons vu, un Etat africain peut lutter contre les pratiques traditionnelles néfastes, mais sans forcément parvenir à y mettre un terme pour cause des résistances que la société traditionnelle, voire la société toute entière, lui oppose : il n'en demeure pas moins que la protection de cet Etat n'est pas disponible pour l'individu, et *a fortiori* pour l'enfant, dont les droits fondamentaux sont menacés par des acteurs privés. L'Etat tiers est alors appelé à accorder l'asile à cet enfant, à adopter un acte politique qui a été défini comme « une affirmation de soi face à un autre sujet égal que l'on juge défaillant dans le devoir de protection qui lui incombe à l'égard de ses propres ressortissants »[1222].

Donc, l'admission d'une protection pour le ressortissant étranger découle de l'appréciation négative que l'Etat d'accueil fait de la situation des droits de l'homme dans le pays d'origine de l'étranger. Les tentatives actuelles de prédéterminer le caractère « sûr » des pays d'origine n'ont pas abouti à une rationalisation des procédures d'asile (1 §). En effet, toute demande de protection doit être examinée individuellement pour saisir la réalité et la

---

[1220] On a lu dans la presse, à l'occasion du procès de Nevers que, « reconnaissant qu'il était "très difficile" de se prononcer sur une peine, le représentant du ministère public a néanmoins relevé le caractère "historique" de ce procès ». Voy. entre autres l'article intitulé « Nevers : les requisitions du procès de l'excision » publié à la page http://bourgogne.france3.fr/info/nevers-les-requisitions-du-proces-de-l-excision-74182669. html le 1er juin 2012.

[1221] L'expression est du professeur Emmanuel Decaux : « Rapport général » in DECAUX E. (dir.), *Les Nations Unies et les droits de l'homme. Enjeux et défis d'une réforme*, Paris : Pedone, 2006, p. 41.

[1222] CHETAIL V., « Théorie et pratique de l'asile en droit international classique : étude sur les origines conceptuelles et normatives du droit international des réfugiés », *RGDIP*, vol. 115, 2011, p. 626.

gravité de la menace qui pèserait sur l'enfant en cas de retour dans son pays (2 §).

§ 1. La situation dans le pays d'origine de l'enfant, un critère insuffisant pour l'octroi d'une protection

Il est évident qu'un étranger ne peut se prévaloir du droit de chercher et de bénéficier de l'asile que si l'Etat dont il a la nationalité, ou dans lequel il avait sa résidence habituelle, s'il s'agit d'un apatride, ne veut ou ne peut le protéger contre des persécutions[1223].

Au vu de l'abondance d'informations concernant le respect des droits de l'homme au niveau national, y compris relativement à des droits spécifiques[1224], il semble logique de vouloir trouver des paramètres pour aider les autorités chargées du contentieux des étrangers à s'orienter dans les situations de risque, par exemple en établissant des « présomptions de persécution », réfragables, à l'égard des ressortissants de certains pays.

Dans la pratique, cela ne s'avère pas facile. Tout d'abord, même si on arrivait à classer les « bons » et les « mauvais » Etats sur la base d'un faisceau d'indices, l'opération serait politiquement déplaisante :

Une présomption saine veut qu'un Etat ne maltraite pas ses nationaux (...). Inverser la présomption d'un traitement correct et humain de ses propres nationaux par un Etat pourrait, entre autres, devenir source de complications diplomatiques ne favorisant pas la paix et la coexistence pacifique entre Etats[1225].

Une autre raison qui décourage sans doute les pays tiers d'établir des « canaux préférentiels » pour l'accueil des ressortissants étrangers provenant de pays « non sûrs », est le risque de voir augmenter démesurément les demandes de protection et les procédures judiciaires.

D'une part, s'il faut prendre acte des tentatives de créer des listes de pays « sûrs » au niveau régional et national, il convient aussi d'en mettre en

---

[1223] L'article 14 (paragraphe premier) de la Déclaration universelle des droits de l'homme prévoyait déjà ce droit dans les termes suivants : « Devant la persécution, toute personne a le droit de chercher asile et de bénéficier de l'asile en d'autres pays ».

[1224] Alors que l'EPU offre une vue d'ensemble, les dialogues entre les différents *treaty bodies* et les Etats fournissent les détails sur le niveau national de protection des droits de l'homme garantis par les conventions ratifiées.

[1225] KARAGIANNIS S., « Expulsion d'étrangers et Convention européenne des droits de l'homme. Le risque de mauvais traitements dans l'Etat de destination », *Anuario Colombiano de Derecho Internacional*, Vol. 3 Especial, 2010, p. 67 (disponible à partir du site de la revue : http://revistas.urosario.edu.co/index.php).

lumière les limites conceptuelles et opérationnelles (A). D'autre part, la notion même d'Etat « sûr » risque de perdre sa pertinence au vue d'une nouvelle tendance consistant à rechercher une « alternative de fuite interne » dans des portions du territoire national « non sûr » (B).

A. Les tentatives inachevées de prédéterminer les pays « sûrs » : entre échec de l'Union européenne et tâtonnements nationaux

Les tentatives de plusieurs Etats européens de désigner comme « sûrs » un certain nombre de pays d'origine, afin de faciliter les examens individuels des demandes de protection de leurs ressortissants, ont été inspirées par un acte législatif de la Communauté européenne : la directive du 1er décembre 2005 (2005/85/CE du Conseil, dite « directive sur les procédures ») relative à des normes minimales concernant la procédure d'octroi et de retrait du statut de réfugié dans les Etats membres.

Cette directive donnait une définition communautaire de pays d'origine sûrs (art. 31[1226]) et dictait les modalités pour l'adoption et la modification d'une « liste commune minimale de pays tiers considérés comme pays d'origine sûrs » (art. 29[1227]) ; les Etats membres gardaient par ailleurs la faculté de désigner comme pays d'origine sûrs, au niveau national, des pays tiers autres que ceux figurant sur la liste commune.

L'incapacité des Etats membres à s'entendre sur le contenu de la liste est confirmée par défaut : la liste n'a pu être intégrée, faute d'unanimité, en annexe de la directive comme initialement prévu, et encore en 2012, à plusieurs années de distance, elle n'a toujours pas été adoptée.

De leur côté, les institutions de l'Union européenne mettent progressivement en discussion la procédure de désignation, puis la notion même de pays d'origine sûr. D'une part, la Cour de justice a annulé les

---

[1226] Article 31, par. 1 : « Un pays tiers désigné comme pays d'origine sûr (…) ne peut être considéré comme tel pour un demandeur d'asile déterminé, après examen individuel de la demande introduite par cette personne, que si : a) ce dernier est ressortissant dudit pays, ou b) si l'intéressé est apatride et s'il s'agit de son ancien pays de résidence habituelle ; et si le demandeur d'asile n'a pas fait valoir de raisons sérieuses permettant de penser qu'il ne s'agit pas d'un pays d'origine sûr en raison de sa situation personnelle, compte tenu des conditions requises pour prétendre au statut de réfugié en vertu de la directive 2004/83/CE ».

[1227] On ne reproduit ici que les deux premiers paragraphes : « 1. Le Conseil, statuant à la majorité qualifiée sur proposition de la Commission, après consultation du Parlement européen, adopte une liste commune minimale de pays tiers que les Etats membres considèrent comme des pays d'origine sûrs conformément à l'annexe II. 2. Le Conseil, statuant à la majorité qualifiée sur proposition de la Commission, après consultation du Parlement européen, peut modifier la liste commune minimale par l'ajout ou le retrait de pays tiers, conformément à l'annexe II. La Commission examine toute demande du Conseil ou d'un Etat membre tendant à ce qu'elle soumette une proposition de modification de la liste commune minimale ».

dispositions relatives à l'adoption et à la modification des listes communes de pays sûrs, suite à la contestation du Parlement européen qui demande et obtient que le Conseil respecte la procédure de codécision[1228]. D'autre part, la Commission a proposé une refonte de la directive 2005/85/CE du Conseil qui tout simplement « supprim[e] la notion de liste commune minimale de pays d'origine sûrs »[1229].

Il convient aussi de noter que le Parlement européen et le Conseil, dans la nouvelle version de la « directive sur la qualification » (2011/95/UE du 13 décembre 2011), n'évoquent pas la possibilité d'évaluer les faits et circonstances d'une demande de protection internationale à l'aide d'une liste prédéterminée de pays sûrs, mais invitent à tenir compte au cas par cas (comme dans la précédente directive de 2004) de « tous les faits pertinents concernant le pays d'origine (...), y compris les lois et règlements du pays d'origine et la manière dont ils sont appliqués »[1230].

Au niveau national, toutefois, suite à la transposition et à la mise en œuvre de la directive de 2005, des listes de pays sûrs ont commencé à être établies.

Ne pouvant pas effectuer une analyse comparative des législations et procédures concernant les pays d'origine sûrs dans les différents Etats membres, nous nous limitons à citer un rapport récent de la Commission[1231] dans lequel sont soulignées les importantes divergences entre ces derniers. Il paraît que les « listes de pays d'origine sûrs n'ont réellement été adoptées que dans quelques Etats membres », dont l'Allemagne, l'Autriche, la France, le Luxembourg et le Royaume-Uni ; par ailleurs, le contenu de ces listes est très variable car, par exemple, l'Allemagne a désigné 2 pays tiers, la France 18 et le Royaume-Uni 26. Il y a une importante différence entre les pays qui considèrent le territoire de l'Etat tiers comme un tout, et ceux qui appliquent la notion de pays sûr même à une portion du territoire d'un pays.

En tout cas, comme le rappelle le professeur Carlier,

[1228] Voy. l'arrêt de la Cour dans l'affaire C-133/06, *Parlement/Conseil*, 6 mai 2008.

[1229] Voy. pour plus de détails la *Proposition de directive du Parlement européen et du Conseil relative à des normes minimales concernant la procédure d'octroi et de retrait de la protection internationale dans les Etats membres*, COM(2009) 554 final, 2009/0165 (COD), 21 octobre 2009.

[1230] *Directive du Parlement européen et du Conseil du 13 décembre 2011 concernant les normes relatives aux conditions que doivent remplir les ressortissants des pays tiers ou les apatrides pour pouvoir bénéficier d'une protection internationale, à un statut uniforme pour les réfugiés ou les personnes pouvant bénéficier de la protection subsidiaire, et au contenu de cette protection*, 2011/95/UE, art. 4, par. 3, lettre a).

[1231] *Rapport de la Commission au Parlement européen et au Conseil sur l'application de la directive 2005/85/CE du Conseil du 1er décembre 2005 relative à des normes minimales concernant la procédure d'octroi et de retrait du statut de réfugié dans les Etats membres* (établi conformément à l'article 42 de la directive), 8 septembre 2010, COM(2010) 465 final.

« [b]ien qu'importants, ni la liste ni les critères de détermination d'un pays sûr ne sont l'essentiel. L'essentiel demeure la sauvegarde du droit au non-refoulement pour la personne concernée : il ne faut pas qu'elle soit automatiquement exclue de la procédure de reconnaissance du statut de réfugié et il ne faut pas que la présomption de sûreté du pays d'origine conduise à un renversement excessif et discriminatoire de la charge de la preuve »[1232].

A ce jour, l'existence d'une liste comporte des conséquences exclusivement sur le plan procédural, puisque l'exigence de procéder à un examen individuel est généralement reconnue et la possibilité de réfuter la présomption de sûreté du pays est toujours possible.

Un bref regard sur la situation en France suffit à éclairer les limites opérationnelles de la liste de pays d'origine sûrs.

Le conseil d'administration de l'Office français de protection des réfugiés et apatrides (OFPRA) a exercé, depuis 2005, la compétence qui lui revient de l'inscription des pays qui veillent "au respect des principes de la liberté, de la démocratie et de l'état de droit, ainsi que des droits de l'homme et des libertés fondamentales" dans la liste des pays sûrs ; sa première décision du 30 juin 2005 a été complétée par quatre décisions ultérieures, dont la dernière date du 6 décembre 2011.

S'il est vrai que, depuis la fixation de la liste, les ressortissants d'un pays « sûr » sont dans une situation de fait différente des ceux originaires d'autres pays, car leurs demandes sont traitées en procédure prioritaire sur la base d'une « présomption de non-persécution », plusieurs garanties neutralisent le risque d'une protection amoindrie (notamment l'interdiction de tout refoulement automatique, l'exigence d'un examen individuel et la reconnaissance d'un droit de séjour provisoire dans l'attente de la notification de la décision)[1233].

En outre, le Conseil d'Etat a exercé un contrôle efficace sur les décisions de l'OFPRA relatives à la liste et a censuré, à deux reprises, le choix d'y inclure des Etats africains (le Niger, puis Madagascar et le Mali, ce dernier n'étant pas jugé sûr pour les ressortissantes, femmes et filles). On remarquera, non sans surprise, que d'autres pays africains, comme le Bénin, le Ghana, le Sénégal et la Tanzanie, figurent sur la liste malgré l'instabilité

[1232] CARLIER J.-Y., « Droit d'asile et des réfugiés. De la protection aux droits », *RCADI*, t. 332, 2007, p. 135.

[1233] TCHEN V., « Etrangers – Asile politique et apatridie », *JurisClasseur Administratif*, Fasc. 233-70, 2012, par. 202-203.

du contexte politique et d'autres situations contraires aux engagements internationaux qui leur incombent en matière de droits de l'homme[1234].

Mais, comme nous l'avons déjà souligné, l'utilité de la liste est sujette à caution, alors qu'on cherche à tous les niveaux (aussi bien au sein de l'Union européenne que sur le plan national) une « application plus cohérente de la notion de pays d'origine sûr, se fondant sur des exigences matérielles communes, des révisions régulières de la situation dans les pays considérés comme sûrs, et des garanties de procédure » équitables[1235].

B. L'interprétation restrictive des gouvernements défendeurs avalisée par la CEDH : la solution de la « réinstallation interne »

Quand un étranger étaye sa demande de protection, il ne suffit pas toujours qu'il démontre que son gouvernement n'est pas en mesure de le protéger : parfois, il doit également prouver qu'il n'a pas de véritable alternative de « fuite », de « protection » ou de « réinstallation » interne[1236].

En effet, un nombre croissant d'Etats occidentaux tendent à désigner préalablement comme sûre une portion du territoire d'un pays (la directive 2005/85/CE prévoit explicitement cette possibilité[1237]) et proposent la solution de la « fuite interne » lorsqu'ils estiment que celle-ci offre au requérant des garanties de vivre en sécurité (la « protection à l'intérieur du pays » est envisagée dans les deux directives sur la « qualification » de l'Union européenne susmentionnées[1238]).

[1234] La liste complète, au 30 avril 2012, comprend vingt Etats : Albanie, Arménie, Bangladesh, Bénin, Bosnie-Herzégovine, Cap-Vert, Croatie, Ghana, Inde, Kosovo, Mali (pour les hommes), Macédoine, Maurice, Moldavie, Mongolie, Monténégro, Sénégal, Serbie, Tanzanie, Ukraine.

[1235] Voy. la *Proposition de directive* COM(2009) 554 final, déjà citée, Section 4.

[1236] Sur les différences terminologiques et les nuances entre les expressions françaises et celles anglaises *flight alternative* ou *internal relocation alternative*, voy. CARLIER J.-Y., « Droit d'asile et des réfugiés... », *op. cit.*, pp. 138-139.

[1237] Voy. spéc. l'article 30, par. 3.

[1238] *Directive 2011/95/UE du Parlement européen et du Conseil du 13 décembre 2011 concernant les normes relatives aux conditions que doivent remplir les ressortissants des pays tiers ou les apatrides pour pouvoir bénéficier d'une protection internationale, à un statut uniforme pour les réfugiés ou les personnes pouvant bénéficier de la protection subsidiaire, et au contenu de cette protection* (refonte), Article 8. « Protection à l'intérieur du pays » : « 1. Dans le cadre de l'évaluation de la demande de protection internationale, les Etats membres peuvent déterminer qu'un demandeur n'a pas besoin de protection internationale lorsque dans une partie du pays d'origine : a) il n'a pas une crainte fondée d'être persécuté ou ne risque pas réellement de subir des atteintes graves ; ou b) il a accès à une protection contre les persécutions ou les atteintes graves au sens de l'article 7, et qu'il peut, en toute sécurité et en toute légalité, effectuer le voyage vers cette partie du pays et obtenir l'autorisation d'y pénétrer et que l'on peut raisonnablement s'attendre à ce qu'il s'y établisse. 2. Lorsqu'ils examinent si un demandeur a une crainte fondée d'être persécuté ou risque réellement de subir des atteintes graves, ou s'il a accès à une protection contre les persécutions ou les

Au niveau national, les précédents jurisprudentiels sont abondants, surtout dans les pays anglo-saxons (Royaume-Uni et, hors d'Europe, Australie, Canada et Nouvelle-Zélande) et en Allemagne. Des pays comme la France et la Belgique usent rarement, et depuis peu d'années, de la possibilité d'invoquer ce qu'ils appellent l'« asile interne » pour refuser leur protection aux étrangers menacés.

Le professeur Vincent Chetail soulignait, à propos de l'attitude française, que l'asile interne a été qualifié, lors de débats parlementaires, de « monstruosité juridique... qui sonne le glas du droit d'asile comme valeur originelle de la République française »[1239].

Au niveau régional, comme nous l'avons vu, l'Union européenne laisse une importante latitude procédurale aux Etats, notamment quand la persécution ou la violation n'est pas le fait d'agents étatiques. Dans le cas contraire, il y une présomption de persécution sur l'ensemble du territoire[1240].

Mais il y a une autre organisation régionale au sein de laquelle l'alternative de la fuite interne dans le pays d'origine est prise en compte quand il s'agit d'évaluer l'opportunité d'accorder une protection à l'individu : le Conseil de l'Europe.

La Cour européenne des droits de l'homme, qui en principe n'a pas à contrôler les problèmes relatifs au droit d'asile, a néanmoins été saisie, à plusieurs reprises, par des ressortissantes étrangers qui, sous le coup d'une mesure d'expulsion, alléguaient une violation de l'article 3 de la CEDH.

Dans un premier temps, la Cour avait catégoriquement refusé la solution de la fuite interne qui ne lui semblait pas offrir de garantie fiable devant un risque réel de violation des droits fondamentaux : les affaire *Chahal* et *Hilal* contre Royaume-Uni et *Salah Sheekh contre Pays-Bas* en attestent[1241]. Mais, dans des circonstances pas tout à fait identiques, la Cour a admis que le retour de l'individu dans une autre région de son propre pays n'était pas en soi contraire à l'article 3 de la CEDH [1242].

---

atteintes graves dans une partie du pays d'origine conformément au paragraphe 1, les Etats membres tiennent compte, au moment où ils statuent sur la demande, des conditions générales dans cette partie du pays et de la situation personnelle du demandeur, conformément à l'article 4. À cette fin, les Etats membres veillent à obtenir des informations précises et actualisées auprès de sources pertinentes, telles que le Haut-Commissariat des Nations unies pour les réfugiés et le Bureau européen d'appui en matière d'asile ».

[1239] CHETAIL V., « La réforme française de l'asile : prélude à la banalisation européenne du droit des réfugiés », *Journal du droit international* (*Clunet)*, 2004, n° 3, p. 851.

[1240] CARLIER J.-Y., « Droit d'asile et des réfugiés... », *op. cit.*, p. 152.

[1241] Voy. notamment *Chahal*, § 98, et *Hilal*, §§ 67-68.

[1242] Voy. la décision *Besse Damla c. Allemagne* du 26 octobre 2000 ainsi que, pour un exemple tout récent, *Hussein c. Suède* du 13 octobre 2011 : « Article 3 does not, as such, preclude Contracting States from placing reliance on the existence of an internal flight alternative in their assessment of an individual's claim that a return to his or her country of

Ensuite, des femmes et/ou filles qui risquaient, du fait d'une expulsion, d'être soumises à une pratique traditionnelle néfaste dans leur pays d'origine, ont commencé à saisir la Cour.

Nous avons recensé six affaires dans lesquelles des africaines invoquaient le risque de subir une pratique traditionnelle néfaste : une guinéenne qui allait être « transmise en héritage » à son beau-frère craignait le mariage forcé (*Xi c. France*[1243]), alors qu'une mineure tanzanienne (*Lingulli c. Suède* [1244]), une femme nigériane (*Omeredo c. Autriche*[1245]) et trois mères nigérianes agissant en leur nom propre et au nom de leurs filles (*Collins et Akaziebie c. Suède*, *Izevbekhai et al. c. Irlande* et *Ameh et al. c. Royaume-Uni*[1246]) affirmaient risquer une MGF.

Il est très intéressant de remarquer que, sauf dans les deux cas où les autorités des Etats concernés ont accordé une protection à la requérante avant, et sans doute pour éviter, que la Cour ne se prononce, la possibilité d'une réinstallation interne a toujours été invoquée par les défendeurs.

Depuis l'affaire *Collins et Akaziebie c. Suède* et jusqu'à la récente décision *Omeredo c. Autriche*, la Cour a régulièrement accueilli les arguments des Etats défendeurs et estimé qu'il est bien possible à des femmes nigérianes et à leurs filles de se soustraire au risque de mutilations génitales en acceptant d'aller vivre dans un Etat du Nigéria autre que celui d'où elles sont originaires. Toutes les affaires sont déclarées irrecevables car, selon une jurisprudence désormais bien établie,

it is not in dispute that subjecting any person, child or adult, to FGM would amount to ill-treatment contrary to Article 3 of the Convention (...). The Court notes that the domestic authorities found that the applicant's fear of being forced to undergo FGM in Nigeria was well-founded, but that she disposed of an internal flight alternative within the country[1247].

En définitive, les Etats européens et la Cour européenne des droits de l'homme interprètent d'une façon assez restrictive l'obligation d'empêcher les violations « par ricochet » du droit individuel de ne pas subir de torture ou de traitements inhumains ou dégradants : l'expulsion de l'étranger vers un Etat à risque n'est interdite que si cet Etat n'offre aucune possibilité de réinstallation interne.

origin would expose him or her to a real risk of being subjected to treatment proscribed by that provision » (par. 97).

1243 Requête n° 36144/08, décision de 2010.

1244 Requête n° 33692/02, décision de 2003.

1245 Requête n° 8969/10, décision du 20 septembre 2011.

1246 Requêtes n° 23944/05, décision du 7 mars 2007, et n° 43408/08, décision du 17 mai 2011, respectivement.

1247 Voy. *Omeredo c. Autriche*, requête n° 8969/10 précitée.

Cette solution n'est guère encourageante, du point de vue du droit international, car elle revient à admettre que l'Etat d'origine peut ne pas être en mesure de garantir l'application du droit positif, et donc le respect des droits fondamentaux, sur l'ensemble de son territoire.

Si la nationalité de l'enfant demandeur de protection constitue un critère important dans l'évaluation du risque qu'il court en retournant dans son pays, l'analyse des faits pertinents concernant le pays, voire la partie du territoire, dont il est originaire n'est pas suffisante pour lui accorder ou refuser la protection.

Il faut analyser la situation personnelle de l'enfant pour voir si le risque encouru dans le pays d'origine est suffisamment grave pour lui accorder une protection.

§ 2. La situation personnelle de l'enfant et les critères déterminants pour l'octroi d'une protection : l'exemple de la France

Le droit des réfugiés règlemente la pratique de l'asile et impose des obligations de nature coutumière et conventionnelle[1248] aux Etats d'accueil. Puisque tous les Etats occidentaux dont nous examinons l'attitude dans le présent chapitre sont parties à la Convention de Genève et à son Protocole[1249], les autorités nationales chargées du contentieux des étrangers sont d'abord appelées à contrôler si l'enfant est éligible au statut de réfugié au sens de la Convention (article 1) et, lorsque cela n'est pas le cas, vérifient s'il existe d'autres critères d'admission à une « protection subsidiaire ».

Nous verrons que la jurisprudence française en matière d'entrée et de séjour des étrangers est plutôt concordante à considérer les victimes potentielles des pratiques traditionnelles néfastes comme appartenant à un « groupe social » persécuté au sens de la Convention de Genève (A). Les MGF et les mariages forcés, en tant que violation des droits de l'enfant et actes constitutifs de traitements inhumains et dégradants, peuvent à défaut constituer des critères d'admission à la protection subsidiaire introduite en France par une loi de 2003 (B).

[1248] Sur la Convention de Genève et son Protocole de 1967, voy. le premier titre (chapitre 2) de la première partie de cet ouvrage.

[1249] Sauf les Etats-Unis, qui ont adhéré seulement au Protocole, en 1968, en acceptant ainsi l'essentiel des dispositions : en pratique, leurs obligations ne sont pas altérées car le Protocole reprend les définitions et les obligations de la Convention relative au statut des réfugiés de 1951 et retire les contraintes géographiques et temporelles.

A. Le refus de se soumettre aux « pratiques traditionnelles néfastes » comme motif d'octroi de l'asile

Selon une jurisprudence bien établie[1250], un individu qui refuse de se soumettre à certaines pratiques traditionnelles néfastes et qui de ce fait risque d'être persécuté dans son milieu d'origine peut se prévaloir de la qualité de réfugié en France.

Le problème de la discrimination contre les albinos en Afrique a donné lieu à quelques décisions isolées d'octroi du statut de réfugié[1251]. Dans la plupart des cas, toutefois, c'est la persécution liée au genre, et notamment l'imposition d'un mariage forcé ou d'une MGF, qui fait qu'une femme soit considérée comme appartenant à un groupe social dont la conduite est regardée comme transgressive.

Les nombreuses décisions en ce sens, rendues par la Commission des recours des réfugiés (CRR) puis par la Cour nationale du droit d'asile (CNDA) qui l'a remplacée, depuis janvier 2008, s'appuient toutes sur le lien de causalité qui existe entre le comportement des femmes qui, courageusement, transgressent les pratiques coutumières néfastes et les persécutions, de différente nature (violences, « crimes d'honneur », ostracisme, discrimination, enlèvement et excision forcée, etc.), qu'elles craignent avec raison de subir en cas de retour dans leur pays d'origine[1252].

Il est intéressant de noter que l'asile a été accordé non seulement à des femmes et filles africaines qui fuyaient un mariage forcé ou une mutilation génitale, ou qui voulaient en épargner leurs filles, mais aussi à celles qui, ayant *déjà* subi une de ces pratiques, risquaient néanmoins de subir d'autres persécutions à cause des actions « transgressives » qu'elles avaient entreprises par la suite.

Par exemple, des femmes qui avaient eu recours à la chirurgie réparatrice suite à des mutilations se sont vu reconnaître la qualité de réfugiées car leur

---

[1250] Il convient de rappeler que la France a été, en 1991, le premier pays occidental à reconnaître la MGF comme une forme de persécution ouvrant droit à l'asile pour la femme menacée (en l'occurrence, il s'agissait d'une malienne qui résistait à cette coutume : CRR, 17 juillet 1991, 164078, *Melle Diop Aminata*) ; avec les décisions *Farah et al.* (Immigration and Refugee Board of Canada, 10 mai 1994) et *In re Kasinga* (United States Board of Immigration Appeals, 13 juin 1996), deux autres grands pays d'accueil, le Canada et les Etats-Unis, ont commencé à accueillir des femmes à risque de MGF.

[1251] Une femme malienne ayant donné naissance à un enfant albinos et un jeune homme albinos ressortissant de la RDC ont obtenu ce statut dans le passé : respectivement, CRR, 29 septembre 2006, 453852, *Melle T*, et CNDA, 28 avril 2009, 629447, *K.*

[1252] La jurisprudence du Conseil d'Etat et de la Cour nationale du droit d'asile est disponible, depuis quelques années, dans des recueils annuels publiés sur le site Internet de la Cour (www.cnda.fr) : le dernier est intitulé « Contentieux des réfugiés : Jurisprudence du Conseil d'Etat et de la Cour nationale du droit d'asile – Année 2009 », 26 octobre 2010. Pour les décisions plus anciennes, on se reportera aux « Résumé[s] de la jurisprudence de la Commission des Recours des Réfugiés (CRR) sur les violences contre les femmes », disponibles à partir du site Internet du HCR : www.unhcr.org/refworld.

geste transgressif au regard des coutumes pouvait difficilement rester ignoré de la famille et de la communauté, les exposant à des persécutions[1253].

Pour ce qui concerne les femmes mariées de force, elles se heurtent à la difficulté de prouver que, d'une part, leur opposition au mariage forcé constitue une transgression des normes sociales dans leur pays d'origine et, d'autre part, que les autorités refusent ou sont incapables de les protéger. La tendance jurisprudentielle majoritaire leur accordait l'asile, en raison des violations ultérieures de leurs droits fondamentaux qu'elles subiraient dans leur pays, de la part de leur propre entourage, avec l'assentiment de la population et la complicité des autorités ; mais un arrêt du Conseil d'Etat est venu réaffirmer en 2009 la tendance inverse, qui limite l'application de la notion du groupe social[1254].

Pour ce qui nous intéresse plus spécifiquement, c'est-à-dire l'octroi du statut de réfugié à l'enfant victime d'une pratique traditionnelle néfaste, le problème principal réside dans la capacité qui lui est reconnue (ou pas) de transgresser, de combattre personnellement la situation qu'on veut lui faire subir.

Il nous semble évident que l'appartenance au groupe social, au sens conventionnel, a été interprétée moins comme un état de fait, reposant sur des caractéristiques innées, que comme un combat personnel, bien que non coordonné, des femmes contre des traditions ou des normes coutumières nuisibles. Mais, si le critère du comportement transgressif contribue à définir le groupe social, qu'en est-il des enfants trop jeunes pour s'exprimer ?

Ainsi que l'ont démontré des décisions récentes rendues par la CNDA, le statut de réfugié peut être refusé à une fillette de deux ans « qui ne peut, compte tenu de son jeune âge, manifester son refus de la pratique de l'excision »[1255] et accordé, au contraire, à une fille « âgée de quatorze ans,

---

[1253] D'après la CNDA, une guinéenne ayant bénéficié d'une opération de reconstruction suite à son excision « doit être regardée comme appartenant au groupe social des femmes entendant se soustraire aux mutilations génitales féminines pratiquées en Guinée » : décision du 6 juillet 2009, 635611/08016081, *Mme D. ép. K.* Par ailleurs, le risque d'une nouvelle mutilation n'est pas exclu pour une femme ayant subi une excision : CRR, 16 juin 2005, 492440, *Melle H.*

[1254] Dans le cas d'une femme de nationalité turque et d'origine kurde ayant refusé un mariage forcé (veuve, elle avait été séquestrée et maltraitée par sa belle-famille qui voulait la remarier avec son beau-frère), le Conseil d'Etat a affirmé qu'une femme soutenant appartenir à un groupe social formé des femmes qui refusent d'accepter un mariage forcé dans les régions rurales de l'Est de la Turquie n'avait pas la qualité de réfugiée (mais pouvait bénéficier de la protection subsidiaire) car elle était en réalité « confrontée à un conflit ayant un caractère individuel ne caractérisant pas l'appartenance à un groupe social victime de persécutions au sens de l'article 1er de la convention de Genève » : Conseil d'Etat, 3 juillet 2009, 294266, *Mme D.*

[1255] CNDA, Sections réunies, 12 mars 2009,639908, *Melle K.*

[qui] a été en âge de s'opposer à la pratique de l'excision, coutumière dans son pays »[1256].

Nous verrons que, dès lors que la mutilation génitale est constitutive d'un traitement inhumain ou dégradant, le bénéfice de la protection subsidiaire peut être accordé à l'enfant indépendamment de son âge.

Une dernière question qu'il convient d'évoquer ici est celle de la reconnaissance de la qualité de réfugié à la mère, ou aux parents, qui s'opposent à ce que la fille soit soumise à une MGF, allant ainsi à l'encontre de persécutions dans sa communauté d'origine.

Alors que la pratique des différents Etats occidentaux oscille entre l'attribution du statut de réfugié, à titre personnel, aux parents voulant soustraire leurs enfants à ces pratiques[1257] et la solution consistant à leur étendre la protection accordée à l'enfant afin d'en garantir l'intérêt supérieur, les juridictions françaises penchent plutôt pour la deuxième solution et ont en outre récemment nié toute protection aux mères de jeunes filles nées en France[1258].

B. Les menaces graves à l'intégrité physique et mentale comme critères d'admission à la protection subsidiaire

Lorsqu'il n'est pas possible d'identifier un motif de persécution permettant à l'enfant étranger d'être accueilli au titre de l'asile, une « protection subsidiaire »[1259] peut néanmoins être obtenue si la menace pesant sur lui dans le pays d'origine est suffisamment grave.

Comme le rappelle le professeur Chetail, « la différence essentielle entre la définition du réfugié et la protection subsidiaire réside dans la nature du risque encouru : (...) ce ne sont plus les motifs de persécution qui

---

1256 CNDA, 28 juillet 2009, 636210/08016675, *Melle D.*

1257 Voy. pour une étude comparative de la pratique des Etats-Unis et des autres pays anglo-saxons, CONROY M. A., « Refugees Themselves : The Asylum Case for Parents of Children at Risk of Female Genital Mutilation », *Harvard Human Rights Journal*, vol. 22, Winter 2009, pp. 109-131.

1258 Pour un commentaire du renversement de doctrine opéré par l'OFPRA en 2008, suite à l'« explosion » du nombre de demandes (apparemment, plus de 3.000 invoquant le risque d'excision ont été examinées en 2008 par l'Office), ainsi que de la série de décisions de la CNDA de mars 2009, voy. l'étude réalisée par FRANCE TERRE D'ASILE, « Le droit d'asile au féminin. Cadre législatif et pratiques », *Les cahiers du social*, n° 32, décembre 2011, pp. 46-47.

1259 Consacrée par la loi du 10 décembre 2003 comme un fondement alternatif au statut international des réfugiés, la protection subsidiaire vient se substituer à l'asile territorial introduit par la loi du 11 mai 1998.

déterminent le bien-fondé de la demande de protection subsidiaire, mais bien la nature des persécutions et le degré qu'elles atteignent »[1260].

Face à une menace directe, grave et individuelle contre la vie ou la personne d'un enfant, les organes compétents peuvent accorder le bénéfice de la protection subsidiaire, qui consiste en pratique en un titre de séjour de courte durée et renouvelable.

Il convient alors de voir si la crainte de subir des pratiques traditionnelles néfastes, telles que les MGF et le mariage précoce et/ou forcé, constitue une menace grave au regard de la loi française.

Le risque encouru par les femmes, y compris les filles, dans les pays de forte prévalence de la MGF est généralement reconnu en tant que persécution au sens de la Convention de Genève ; toutefois, quand l'interprétation restrictive des motifs conventionnels prévaut (comme dans le cas de fillettes trop jeunes pour s'opposer à cette pratique et donc ne pouvant pas être perçues comme appartenant à un groupe social), la protection subsidiaire est accordée contre une pratique qui constitue une forme de traitement inhumain ou dégradant[1261].

Pour ce qui concerne le mariage forcé, l'acte proprement dit, par exemple le seul fait d'être mariée à un homme contre sa volonté, n'équivaut pas à une persécution aux yeux des autorités françaises ; seules les représailles à un comportement d'opposition peuvent entrer dans cette catégorie [1262].

Désormais, la jurisprudence, qui s'était longtemps appuyée sur l'interprétation des motifs conventionnels pour accorder le statut de réfugié aux femmes entendant se soustraire à des mariages imposés et faisant ainsi l'objet de persécutions, avec l'assentiment général de la population, devient erratique et les décisions semblent glisser vers la protection subsidiaire. Dans plusieurs affaires, les juridictions compétentes pour le contentieux des étrangers ont en effet refusé le statut de réfugié lorsque le comportement des femmes s'opposant à un mariage imposé n'était pas perçu comme transgressif de l'ordre social, mais ont accordé la protection subsidiaire, car ces femmes « n'en demeurent pas moins susceptibles d'être exposées à des traitements inhumains ou dégradants au sens des dispositions de l'article L

[1260] CHETAIL V., « La réforme française de l'asile... », *op. cit.*, p. 857.

[1261] L'article L 712-1 du Code de l'entrée et du séjour des étrangers et du droit d'asile (Ceseda) prévoit que « le bénéfice de la protection subsidiaire est accordé à toute personne qui ne remplit pas les conditions pour se voir reconnaître la qualité de réfugié [...] et qui établit qu'elle est exposée dans son pays à l'une des menaces graves suivantes : (...) b) La torture ou des peines ou traitements inhumains ou dégradants ».

[1262] FRANCE TERRE D'ASILE, « Le droit d'asile au féminin... », *op. cit.*, p. 34.

712-1 b) du Code de l'entrée et du séjour des étrangers et du droit d'asile »[1263].

La MGF et le mariage forcé ont enfin été invoqués par des femmes étrangères comme motif justificatif d'une entrée ou d'un séjour irréguliers : pour mettre en cause la légalité des décisions administratives refusant un titre de séjour ou portant obligation de quitter le territoire français, les intéressées ont soutenu qu'un retour dans leur pays d'origine les re-exposerait à de telles pratiques et constituerait un traitement inhumain ou dégradant au sens de l'article 3 de la CEDH[1264] ou une atteinte disproportionnée au droit au respect de la vie privée et familiale, protégé par l'article 8 de la CEDH[1265].

En essayant de comprendre si, et dans quelle mesure, la crainte de l'enfant de subir des pratiques traditionnelles néfastes lui permet l'entrée et le séjour en Occident, nous ne voulons pas supposer que nos pays se chargent d'accueillir toutes les filles africaines qui risquent d'être excisées ou tous les enfants qui veulent se soustraire à un mariage forcé.

Pourtant, il semble nécessaire d'évaluer ces demandes de protection, qui s'inscrivent dans la tradition millénaire de l'asile, à l'aune des obligations que le droit international des droits de l'homme met à la charge des Etats.

Conclusion du Chapitre 2

Il convient donc de considérer globalement la réponse que les Etats tiers donnent aux nouveaux défis auxquels ils sont confrontés du fait des pratiques traditionnelles néfastes perpétrées chez eux, notamment par les communautés immigrées d'origine africaine.

D'une part, en mettant en œuvre les principaux traités en matière de droits de l'homme, même les Etats occidentaux commencent à prendre en compte les risques que les pratiques traditionnelles néfastes représentent pour les

---

[1263] Pour des décisions récentes rendues sur des cas similaires, mais avec une issue différente, voy. CNDA, 17 novembre 2010, 09023070, *Mme B*, et CNDA, 11 février 2011, 10000879, *Melle B*.
Nous avons déjà évoqué le revirement jurisprudentiel opéré par l'arrêt du Conseil d'Etat du 3 juillet 2009, qui remet en discussion le caractère plutôt stable du mariage forcé au regard du droit d'asile et le qualifie de "conflit ayant un caractère individuel ne caractérisant pas l'appartenance à un groupe social victime de persécutions au sens de l'article 1 de la Convention de Genève".

[1264] Cour administrative d'appel de Douai, 1ère chambre, formation à 3 (bis), 4 février 2010, n° 09DA00931, inédit au *Recueil Lebon*.

[1265] Cour administrative d'appel de Douai, Juge des reconduites à la frontière, 12 février 2009, n° 08DA01380, ainsi que Cour administrative d'appel de Bordeaux, 2e chambre, formation à 3, 17 novembre 2009, n° 09BX01592, les deux arrêts inédits au *Recueil Lebon*.

enfants issus de l'immigration et à adopter des mesures préventives et répressives pour lutter contre ces phénomènes.

D'autre part, les législations, politiques et pratiques nationales en matière d'accueil d'étrangers sont soustraites au contrôle des *treaty bodies*, sauf dans le cas où l'expulsion expose la personne au risque de mort ou de torture.

Si l'implication progressive des Etats occidentaux dans la lutte globale contre les MGF et contre les autres pratiques préjudiciables est à saluer, encore faut-il améliorer la coordination entre les acteurs qui opèrent à plusieurs niveaux.

Conclusion du Titre 2

Le dialogue onusien nous révèle donc ce que font les Etats, tous les Etats concernés, pour appliquer les normes universelles qu'ils ont acceptées.

On peut considérer que l'Afrique traverse à présent une 'phase de transition' où la réception du droit moderne ne s'accompagne pas forcément de son application effective, mais où des stratégies sont mises en œuvre pour guider la population vers le changement. L'ONU reconnaît la validité de cette démarche pragmatique et encourage les Etats du continent à ne pas ménager leurs efforts pour modifier les aspects des traditions qui sont incompatibles avec les droits des enfants.

Comme il a été justement affirmé, « si l'Afrique est libérée des mutilations sexuelles féminines, l'Europe et le reste du monde n'auront rien à craindre »[1266]. Lu *a contrario*, cela implique que tant que l'Afrique ne résout pas ses problèmes, l'Europe et le reste du monde ont bien un rôle à jouer dans la protection des enfants, y compris africains, vis-à-vis des pratiques traditionnelles néfastes. Les actions ne sont pas très différentes de celles qu'on promeut en Afrique : interdire, sensibiliser sur le territoire où la pratique a cours. Mais il y a aussi de délicats problèmes, moins juridiques que politiques, d'accueil des africains qui fuient leurs pays, qui sont dans l'impossibilité de les protéger.

[1266] En ce sens, Mme Berhane Ras Work, Directrice exécutive du Comité interafricain sur les pratiques traditionnelles affectant la santé des femmes et des enfants, à l'occasion de la réunion d'experts de l'UNICEF sur les droits de l'homme et l'abandon des mutilations sexuelles féminines/de l'excision dans les pays où elles ont cours et au sein des communautés immigrées. Voy. Rapport final, Genève, 2001.

Conclusion de la Seconde Partie

Les développements précédents ont mis en évidence la teneur et les contenus du « face à face » entre l'ONU et les Etats, permettant ainsi de dresser un bilan de ce contrôle international régulier et somme toute amical des progrès faits par le respect des droits de l'enfant africain.

Tous les Etats reconnaissent que les pratiques traditionnelles néfastes violent les droits fondamentaux des enfants et doivent être éliminées. Mais ils mettent aussi en avant les difficultés qu'ils rencontrent dans l'action de lutte, notamment les pesanteurs socio-culturelles et les contraintes économiques.

Le rôle joué par les organes et les comités conventionnels onusiens est alors capital, puisqu'en connaissant les données de fait, en sachant par les rapports étatiques ce que les Etats ont fait (ou n'ont pas fait) pour se conformer aux obligations assumées, ils stimulent le progrès des droits de l'enfant partout dans le monde et dans les différents contextes culturels et contribuent à diffuser les bonnes pratiques que certains Etats ont positivement expérimentées.

En vue de franchir une dernière étape, il faut désormais évaluer si, concrètement, les résultats rendus possibles par le droit des Nations Unies et par le dialogue onusien ont été utiles à l'enfant africain.

Conclusion générale

Les questionnements formulés dans l'introduction ont reçu des réponses plus ou moins nuancées au cours des développements.

Le système juridique international est en place. Il existe de nombreux instruments à vocation universelle, généraux ou particuliers, largement ratifiés par les Etats africains, qui protègent l'enfant des violations multiples de ses droits que comportent les pratiques traditionnelles néfastes. L'offre est donc abondante, quoique fragmentée, et l'acceptation prometteuse.

Les institutions onusiennes qui contrôlent ces conventions, ainsi que les procédures de surveillance sont, elles aussi, nombreuses et variées. Certes l'EPU, lié à la nature politique du Conseil des droits de l'homme, a pu susciter quelques interrogations. Il est vrai aussi que la procédure qui obtient le moins de succès est celle des recours individuels, moins universellement acceptés et encore moins mis en œuvre.

Mais les Etats, pour la plupart, acceptent ce cadre normatif et, lors du dialogue, font preuve de bonne volonté, même si celle-ci reste parfois de surface, comme nous l'avons constaté dans les rapports et examens successifs qui ne montrent aucune amélioration malgré les promesses[1267].

Il existe, en outre, des réticences à l'égard des conventions, qui se traduisent par de nombreuses réserves suscitant des objections assez nombreuses, émanant pour la quasi-totalité d'une quinzaine d'Etats européens. Certaines de ces réserves vident de leur substance les acceptations quand elles imposent, par exemple, que la charia ou le droit interne priment sur le droit international. Quelques modifications intéressantes ont été faites, par le biais de retraits de réserves, sous la pression des organes onusiens et des Etats contestant leur validité ; le principe *pacta sunt servanda* retrouve alors toute sa signification.

Le principal apport des organes conventionnels a été de préciser la nature de ces « pratiques traditionnelles néfastes » en tant que manquement à des obligations essentielles, appartenant pour la plupart à la catégorie des droits indérogeables.

Tout est donc en place pour que ces traitements inhumains, ou les autres atteintes à la dignité de l'enfant, cessent. Or elles subsistent.

Quels sont dès lors les points d'achoppement ?

Ils sont de deux ordres : les problèmes institutionnels et les problèmes de société.

En ce qui concerne les premiers, le système juridique est souvent insuffisant. Une question essentielle se pose et est généralement posée parce que la réponse n'est pas toujours claire : concrètement, les traités sont-ils

[1267] Cette attitude n'est pas propre aux Etats africains !

applicables ? De plus, ces traités sont-ils publiés aux Journaux Officiels et sont-ils invoqués devant les juridictions internes ? Les juges les connaissent-ils, les droits concernés sont-ils considérés comme justiciables ? Les réponses sont souvent évasives et montrent l'existence, au mieux, d'un contentieux peu abondant.

Par ailleurs, s'agissant de l'incorporation du droit international des droits de l'homme, on aperçoit souvent des difficultés, voire des refus d'adopter des lois et mesures internes nécessaires. En outre, et surtout, se pose le problème de la conciliation entre le droit moderne et le droit coutumier, qui semble parfois l'emporter. Le code pénal est-il bien adapté et le principe de la légalité des délits et des peines respecté ? Il doit y avoir une pénalisation de ces pratiques, et des poursuites doivent être entreprises.

Par ailleurs, le système juridictionnel mis en place souffre souvent de difficultés de fonctionnement, faute de moyen. Des questions aussi sensibles que ces « pratiques traditionnelles néfastes » à l'égard des enfants impliquent sans doute une écoute nécessitant la présence de femmes au sein des organes chargés de juger ces actes. Or, l'absence de féminisation des tribunaux est souvent regrettée par les organes de contrôle. Il en va de même au stade antérieur du dépôt de la plainte dans les commissariats de police : la parole de l'enfant risque de ne pas être entendue, dans des sociétés où les conflits se règlent en famille, où l'aide juridictionnelle est peu accessible et où les justiciables (*a fortiori* les enfants) ne connaissent pas leurs droits.

On le voit, le système juridique mis en place ne répond pas toujours aux exigences des engagements internationaux de l'Etat. L'Etat invoque alors souvent des « ressources disponibles » insuffisantes ou revendique le caractère progressif de son action. Si, effectivement, cette condition est posée dans la CIDE à propos des droits économiques, sociaux et culturels, elle ne concerne évidemment pas les traitements inhumains. En outre, même pour ces droits sociaux et culturels, il y a lieu de rappeler que tous les droits, quels qu'ils soient, impliquent une application minimale incontournable, et pourrait-on dire, indérogeable. Il est donc totalement exclu qu'un Etat se réfugie derrière un manque de ressources. Tous les Comités ont également reconnu que la progressivité a des limites et que l'Etat a des obligations de moyens, sinon de résultats immédiats, et qu'il doit agir de bonne foi [1268].

[1268] A titre d'illustration, on citera l'Observation générale n° 3 (1990) du CESCR : *La nature des obligations des Etats parties*, où le Comité affirme que « le fait que le Pacte international relatif aux droits économiques, sociaux et culturels prévoit une démarche qui s'inscrit dans le temps, autrement dit progressive, ne saurait être interprété d'une manière qui priverait l'obligation en question de tout contenu effectif. D'une part, cette clause permet de sauvegarder la souplesse nécessaire, compte tenu des réalités du monde et des difficultés que rencontre tout pays qui s'efforce d'assurer le plein exercice des droits économiques, sociaux et culturels ; d'autre part, elle doit être interprétée à la lumière de l'objectif global, et à vrai dire de la raison d'être du Pacte, qui est de fixer aux Etats parties des obligations claires en ce qui concerne le plein exercice des droits en question. Ainsi, cette clause impose l'obligation

Si l'attitude de l'Etat directement concerné est en cause, celle de l'Etat tiers l'est également. Cela implique qu'il n'y ait pas de chaînon faible, voire manquant, dans les systèmes juridiques, cela implique une perception et une prise en considération des problèmes posés par des populations immigrées qui perpétuent des pratiques ancestrales qui sont parfois en voie de régression dans leur pays d'origine. C'est un marqueur de la société dans laquelle elles vivent. Nous avons vu que les réactions occidentales sont relativement récentes. Le cas de la France est symptomatique : après une longue période de désintérêt, ce fut la correctionnalisation des MGF puis leur criminalisation. Du côté des Etats africains, des accords de coopération se mettent en place mais, en définitive, le principe de juridiction universelle reste rare.

A ces questions purement institutionnelles s'ajoutent les problèmes de société.

Il est vrai que, dans un bon nombre d'Etats, certaines des pratiques évoquées, et à titre principal les MGF, sont le fait de minorités et de tribus éloignées et pas nécessairement nombreuses. Dès lors, l'Etat n'a pas la possibilité ou la volonté de prendre des mesures.

Dans d'autres situations, où le caractère « traditionnel » revêt tout son sens, le problème réside dans l'effective capacité de l'Etat à mettre un terme à des pratiques ancestrales, alors même que les ordres juridiques sont duaux et que les autorités risquent de désorienter les populations, surtout lorsqu'à la coutume s'ajoutent de prétendues exigences religieuses.

Ici, comme les Nations Unies et les Etats africains ne cessent de le répéter, l'information et l'éducation doivent jouer pleinement leur rôle. Elles sont le fait de l'Etat, mais aussi de la société civile. Il y a lieu de faire comprendre aux corps intermédiaires, aux chefs coutumiers, aux enseignants, aux parents et à tous les individus que ces rites de passage et ces traditions, dont certaines remontent à la plus haute antiquité, sont dangereux, n'ont pas de fondement rationnel et n'ont rien à voir avec la religion, même si elle est souvent invoquée. Peut-être déjà le vocabulaire devrait-il être clarifié. Parler de circoncision féminine, au lieu d'excision, par exemple, ne prête-t-il pas à confusion ? Certes les progrès peuvent être lents, quand il s'agit de changer les mentalités, la pénalisation ne sera efficace qu'au bout d'un certain temps et, en outre, on sent bien que plusieurs pratiques, telles que le gavage des fillettes, les discriminations alimentaires, les scarifications ou l'ablation de la luette, sont destinées à rester « privées » puisqu'on permettra difficilement à l'Etat de s'immiscer dans de telles situations.

Il faut que ces différents sujets ne soient plus tabous.

---

d'oeuvrer aussi rapidement et aussi efficacement que possible pour atteindre cet objectif » (par. 12).

Tout ceci s'inscrit dans un contexte plus large de discrimination sexiste – puisque l'essentiel touche les filles – aggravée du fait qu'il s'agit d'enfants. C'est sans doute cette discrimination, qui est la chose du monde la mieux partagée, qui sera la plus difficile à éradiquer.

Globalement, c'est donc l'Etat lui-même qui est en cause. A-t-il les moyens de peser sur une société composite, parfois plurinationale, dispersée sur un territoire important ? N'estime-t-il pas qu'il a des problèmes plus importants à résoudre ?

Bibliographie

I. Documents officiels

1. Documents des Nations Unies
2. Documents relatifs au contrôle international non contentieux
3. Documents des autres organisations internationales
4. Jurisprudence universelle, régionale, nationale

II. Doctrine

1. Dictionnaires, encyclopédies, cours, commentaires, manuels
2. Ouvrages collectifs, actes de colloques
3. Monographies
4. Articles, contributions

III. Divers

I. Documents officiels

1. Documents des Nations Unies

Documents des treaty bodies

CCPR

Règlement intérieur du Comité des droits de l'homme, CCPR/C/3/Rev.9, 13 janvier 2011.

Directives concernant les rapports soumis par les Etats parties conformément à l'article 40 du Pacte international relatif aux droits civils et politiques, CCPR/C/2009/1, 22 novembre 2010.

Observation générale n° 33 : Les obligations des Etats parties en vertu du Protocole facultatif se rapportant au Pacte international relatif aux droits civils et politiques, octobre 2008.

Observation générale n° 31 : La nature de l'obligation juridique générale imposée aux Etats parties au Pacte, 29 mars 2004.

Observation générale n° 28 : Egalité des droits entre hommes et femmes (article 3), 29 mars 2000.

Observation générale n° 20 : Article 7 (Interdiction de la torture et des peines ou traitements cruels, inhumains ou dégradants), 10 mars 1992.

Observation générale n° 19 : La protection de la famille, le droit au mariage et l'égalité entre époux (article 23), 27 juillet 1990.

Observation générale n° 17 : Les droits de l'enfant (article 24), 7 avril 1989.

CESCR

Observation générale n° 21 : Droit de chacun de participer à la vie culturelle (art. 15, par. 1 a), du Pacte international relatif aux droits économiques, sociaux et culturels), 21 décembre 2009.

Directives concernant les rapports spécifiques que les Etats parties doivent soumettre conformément aux articles 16 et 17 du Pacte international relatif aux droits économiques, sociaux et culturels, E/C.12/2008/2, 24 mars 2009.

Observation générale n° 16 : Droit égal de l'homme et de la femme au bénéfice de tous les droits économiques, sociaux et culturels (art. 3 du Pacte), 11 août 2005.

Observation générale n° 14 : Le droit au meilleur état de santé susceptible d'être atteint (art. 12 du Pacte), 11 août 2000.

Observation générale n° 3 : La nature des obligations des Etats parties (art. 2, par. 1, du Pacte), 1990.

Observation générale n° 2 : Mesures internationales d'assistance technique (art. 22 du Pacte), 2 février 1990.

Observation générale n° 1 : Rapports des Etats parties, 24 février 1989.

CAT

Etat de la procédure facultative du Comité contre la torture pour l'établissement des rapports et propositions en vue de sa révision, CAT/C/47/2, 27 septembre 2011.

Règlement intérieur du Comité contre la torture, CAT/C/3/Rev.5, 21 février 2011.

Observation générale n° 2 : Application de l'article 2 par les Etats parties, 24 janvier 2008.

Observation générale n° 1 : Application de l'article 3 de la Convention contre la torture (Refoulement) dans le contexte de l'article 22 (Communications), 21 novembre 1997.

CEDAW

Recommandation générale n° 28 concernant les obligations fondamentales des Etats parties découlant de l'article 2 de la Convention sur l'élimination de toutes les formes de discrimination à l'égard des femmes, 16 décembre 2010.

Recommandation générale n° 24 : Article 12 de la Convention (Les femmes et la santé), 5 février 1999.

Recommandation générale n° 21 : Egalité dans le mariage et les rapports familiaux, 4 février 1994.

Recommandation générale n° 19 : Violence à l'égard des femmes, 29 janvier 1992.

Recommandation générale n° 14 : L'excision, 2 février 1990.

CRC

Observation générale n° 13 (2011) : Le droit de l'enfant d'être protégé contre toutes les formes de violence, 18 avril 2011.

Directives spécifiques à l'instrument concernant la forme et le contenu des rapports périodiques que les Etats parties doivent soumettre en application du paragraphe 1 b) de l'article 44 de la Convention relative aux droits de l'enfant, CRC/C/58/Rev.2, 23 novembre 2010.

Observation générale n° 12 : Le droit de l'enfant d'être entendu, 20 juillet 2009.

Observation générale n° 8 : Le droit de l'enfant à une protection contre les châtiments corporels et les autres formes cruelles ou dégradantes de châtiments (art. 19, 28 (par. 2) et 37, entre autres), 2 mars 2007.

Observation générale n° 7 : Mise en œuvre des droits de l'enfant dans la petite enfance, 20 septembre 2006.

Observation générale n° 5 : Mesures d'application générales de la Convention relative aux droits de l'enfant (art. 4, 42 et 44, par. 6), 27 novembre 2003.

Observation générale n° 4 : La santé et le développement de l'adolescent dans le contexte de la Convention relative aux droits de l'enfant, 1er juillet 2003.
Observation générale n° 1 : Les buts de l'éducation (Paragraphe 1 de l'article 29), 17 avril 2001.
Directives générales concernant la forme et le contenu des rapports initiaux que les Etats parties doivent présenter conformément au paragraphe 1 a) de l'article 44 de la Convention, CRC/C/5, 15 octobre 1991.

Documents adoptés par les organes de l'ONU

Secrétaire général

Mettre fin aux mutilations génitales féminines, Rapport du Secrétaire général, E/CN.6/2010/6, 3 décembre 2009.
Dans une liberté plus grande : développement, sécurité et droits de l'homme pour tous, Rapport du Secrétaire général, A/59/2005, 24 mars 2005.

Assemblée générale

Intensification de l'action mondiale visant à éliminer les mutilations génitales féminines, A/RES/67/146, 20 décembre 2012.
Mesures visant à améliorer encore l'efficacité, l'harmonisation et la réforme des organes de surveillance de l'application des traités, A/RES/66/344, 7 septembre 2011.
Tenir les promesses : unis pour atteindre les objectifs du Millénaire pour le développement, A/RES/65/1, 19 octobre 2010.
Les filles, A/RES/64/145, 18 décembre 2009.
Droits de l'enfant, A/RES/64/146, 18 décembre 2009.
Adoption du Protocole facultatif se rapportant au Pacte international relatif aux droits économiques, sociaux et culturels, A/RES/63/117, 10 décembre 2008.
Conseil des droits de l'homme, A/RES/60/251, 15 mars 2006.
Document final du Sommet mondial de 2005, A/RES/60/1, 16 septembre 2005.
Un monde plus sûr : notre affaire à tous, Rapport du Groupe de personnalités de haut niveau sur les menaces, les défis et le changement, A/59/565, 2 décembre 2004.
Un monde digne des enfants, résolution A/RES/S-27/2, 10 mai 2002.
Pratiques traditionnelles ou coutumières préjudiciables à la santé des femmes et des filles, A/RES/56/128, 19 décembre 2001.
Déclaration du millénaire, A/RES/55/2, 8 septembre 2000.
Les femmes en l'an 2000 : égalité entre les sexes, développement et paix pour le XXIe siècle, Déclaration politique, A/RES/S-23/2, 10 juin 2000.

Pratiques traditionnelles ou coutumières affectant la santé des femmes et des filles, A/RES/54/133, 17 décembre 1999.
Pratiques traditionnelles ou coutumières affectant la santé des femmes et des filles, A/RES/53/117, 9 décembre 1998.
Pratiques traditionnelles ou coutumières affectant la santé des femmes et des fillettes, A/RES/52/99, 12 décembre 1997.
Rapport de la quatrième Conférence mondiale sur les femmes, A/CONF.177/20/Rev.1, 4-15 septembre 1995.
Programme d'action de la Conférence internationale sur la population et le développement, A/CONF.171/13/Rev.1, 5-13 septembre 1994.
Haut Commissaire chargé de promouvoir et de protéger tous les droits de l'homme, A/RES/48/141, 20 décembre 1993.
Principes relatifs au statut des institutions nationales pour la promotion et la protection des droits de l'homme (Principes de Paris), A/RES/48/134, 20 décembre 1993.
Déclaration sur l'élimination de la violence à l'égard des femmes, A/RES/48/104, 20 décembre 1993.
Déclaration et Programme d'action de Vienne, A/CONF.157/23, 12 juillet 1993.
Comité Exécutif du Programme du Haut Commissaire des Nations Unies pour les réfugiés, résolution 1166 (XII), 26 novembre 1957.
La condition de la femme en droit privé : coutumes, anciennes lois et pratiques portant atteinte à la dignité de personne humaine de la femme, résolution 843 (IX), 17 décembre 1954.
Statut de l'Office du Haut Commissaire des Nations Unies pour les réfugiés, résolution 319 A (IV), 3 décembre 1949.

Conseil économique et social
Rapport du Groupe de travail sur les pratiques traditionnelles affectant la santé des femmes et des enfants, E/CN.4/1986/42, 4 février 1986.
Review of the composition, organization and administrative arrangements of the Sessional Working Group of Governmental Experts on the Implementation of the International Covenant on Economic, Social and Cultural Rights, Résolution 1985/17, 18 mai 1985.
Opérations rituelles, Résolution 680 B II (XXVI), 26e session, 10 juillet 1958.
Comité Exécutif du Programme du Haut Commissaire des Nations Unies pour les réfugiés, résolution 672 (XXV), 30 avril 1958.
Non-reconnaissance aux femmes de certains droits essentiels, Résolution 445 C (XIV), 14e session, 28 mai 1952.

Commission des droits de l'homme
Création d'un Groupe de travail à composition non limitée chargé d'examiner les options qui s'offrent en ce qui concerne l'élaboration d'un

protocole facultatif se rapportant au Pacte international relatif aux droits économiques, sociaux et culturels, résolution 2003/18, 22 avril 2003.

Sous-Commission des droits de l'homme
Plan of action for the Elimination of Harmful Traditional Practices affecting the Health of Women and Children, E/CN.4/Sub.2/1994/10, 26 août 1994.

Conseil des droits de l'homme
Follow-up to the Human Rights Council resolution 16/21 with regard to the universal periodic review, décision 17/119, 17 juin 2011.
Réexamen des activités et du fonctionnement du Conseil des droits de l'homme, HRC/16/21, 25 mars 2011.
Elimination de la discrimination à l'égard des femmes, A/HRC/RES/15/23, 8 octobre 2010.
Adoption du projet de Protocole facultatif se rapportant au Pacte international relatif aux droits économiques, sociaux et culturels, HRC/8/2, 18 juin 2008.
Suivi de la résolution 5/1 du Conseil des droits de l'homme, décision 6/102, 27 septembre 2007.
Mise en place des institutions du Conseil des droits de l'homme, HRC/5/1, 18 juin 2007.
Code de conduite pour les titulaires de mandat au titre des procédures spéciales du Conseil des droits de l'homme, HRC/5/2, 18 juin 2007.

Commission de la condition de la femme
Mettre fin à la mutilation génitale féminine, résolution 54/7, mars 2010.
Mettre fin à la mutilation génitale féminine, résolution 52/2, 7 mars 2008.
Mettre fin à la mutilation génitale féminine, résolution 51/2, 9 mars 2007.
Le mariage forcé de petites filles, résolution 51/3, 9 mars 2007.
Rapport de la Commission de la condition de la femme, sixième session, 1952.

Procédures spéciales
Rapport de l'Experte indépendante dans le domaine des droits culturels, Farida Shaheed, A/HRC/17/38, 21 mars 2011.
Rapport de la Rapporteuse spéciale sur les formes contemporaines d'esclavage, y compris leurs causes et leurs conséquences, Gulnara Shahinian, A/HRC/15/20, 28 juin 2010.
Rapport de la Rapporteuse spéciale sur les formes contemporaines d'esclavage, y compris leurs causes et leurs conséquences, Gulnara Shahinian, A/HRC/12/21, 10 juillet 2009.
Rapport du Rapporteur spécial sur la torture et autres peines ou traitements cruels, inhumains ou dégradants, Manfred Nowak, A/HRC/7/3, 15 janvier 2008.

Rapport de la Rapporteuse spéciale sur la violence contre les femmes, ses causes et ses conséquences, Yakin Ertürk, *Relations entre culture et violence à l'égard des femmes*, A/HRC/4/34, 17 janvier 2007.

Etude préparée par Paulo Sérgio Pinheiro, *Etude des Nations Unies sur la violence à l'encontre des enfants*, A/61/299, 29 août 2006.

Neuvième et rapport final sur l'évolution de la situation concernant l'élimination des pratiques traditionnelles affectant la santé des femmes et des fillettes établi par le Rapporteur spécial, Halima Embarek Warzazi, E/CN.4/Sub.2/2005/36, 11 juillet 2005.

Rapport de la Rapporteuse spéciale sur la violence contre les femmes, ses causes et ses conséquences, Radhika Coomaraswamy, *Pratiques culturelles au sein de la famille qui constituent des formes de violence contre les femmes*, E/CN.4/2002/83, 31 janvier 2002.

Groupe de travail sur les formes contemporaines d'esclavage, *Examen actualisé de l'application et du suivi des conventions relatives à l'esclavage*, E/CN.4/SUB.2/2000/3, 26 mai 2000.

Rapport préparé par Philip Alston, *Rapport final sur les moyens d'améliorer l'efficacité à long terme du régime conventionnel mis en place par les Nations Unies dans le domaine des droits de l'homme*, E/CN.4/1997/74, 27 mars 1996.

Report by the Special Rapporteur, P. Koiijmans, *Torture and other cruel, inhuman or degrading treatment or punishment*, E/CN.4/1986/15, 19 février 1986.

Haut-Commissariat des Nations Unies aux droits de l'homme

Rapport sur les méthodes de travail des organes conventionnels relatives au processus de présentation de rapports par les Etats parties, HRI/ICM/2011/4, 23 mai 2011.

Structure du dialogue entre les organes conventionnels et les Etats parties, structure et longueur des observations finales et modalités d'interaction entre les organes conventionnels et les parties prenantes, en particulier les institutions nationales des droits de l'homme et les acteurs de la société civile, HRI/ICM/2011/2, 18 mai 2011.

Procédures spéciales des Nations Unies. Quelques faits et chiffres marquants en 2010, Genève, avril 2010.

Procédures spéciales des Nations Unies. Quelques faits et chiffres marquants en 2009, Genève, 2009.

Rapport sur les méthodes de travail des organes conventionnels relatives au processus de présentation de rapports par les Etats parties, HRI/MC/2009/4, 24 juin 2009.

Compilation des directives générales concernant la présentation et le contenu des rapports à présenter par les Etats parties aux instruments internationaux relatifs aux droits de l'homme, HRI/GEN/2/Rev.6, 3 juin 2009.

Récapitulation des Observations générales ou Recommandations générales adoptées par les organes créés en vertu d'instruments internationaux relatifs aux droits de l'homme, HRI\GEN\1\Rev.9 (Vol. I et Vol. II), 27 mai 2008.
Rapport du Haut-Commissariat des Nations Unies aux droits de l'homme sur la rectification du statut juridique du Comité des droits économiques, sociaux et culturels, A/HRC/6/21, 7 novembre 2007.
Secretariat of the Human Rights Council, *Updated compilation of proposals and relevant information on the Universal Periodic Review*, 5 avril 2007.
OFFICE OF THE UNHCHR, *Legislative History of the Convention on the Rights of the Child*, New York, Genève, 2007, Vol. I et Vol. II.
Rapport sur les méthodes de travail des organes conventionnels relatives au processus de présentation de rapports par les Etats parties, HRI/MC/2006/4, 17 mai 2006.
Directives harmonisées concernant l'établissement des rapports destinés aux organes créés en vertu d'instruments internationaux relatifs aux droits de l'homme, HRI/MC/2006/3, 10 mai 2006.
Proposition du Haut-Commissaire relative à la création d'un organe conventionnel permanent unifié, HRI/MC/2006/2, 22 mars 2006.
Fiche d'information n° 14 : Formes contemporaines d'esclavage, 2004.
WEISSBRODT D., Société anti-esclavagiste internationale pour le HCDH, *Abolir l'esclavage et ses formes contemporaines*, HR/PUB/02/4, New York et Genève : Publications des Nations Unies, 2002.
Fiche d'information n° 27 : Dix-sept questions souvent posées au sujet des rapporteurs spéciaux de l'Organisation des Nations Unies, 2001.
Fiche d'information n° 23 : Les pratiques traditionnelles préjudiciables affectant la santé des femmes et des enfants, 1995.

UNICEF

UNICEF, *Les enfants dans un monde urbain,* Rapport annuel « La Situation des enfants dans le monde », New York, février 2012.
UNICEF, *L'adolescence : l'âge de toutes les opportunités*, Rapport annuel « La Situation des enfants dans le monde », New York, 2011.
UNICEF-Centre de recherche Innocenti, *La dynamique du changement social. Vers l'abandon de l'excision/mutilation génitale féminine dans cinq pays africains,* Insight Innocenti, Florence, novembre 2010.
UNICEF, *Progrès pour les enfants, Un bilan de la protection de l'enfant*, Rapport annuel La Situation des enfants dans le monde, New York, septembre 2009.
UNICEF, *Early marriage : a harmful traditional practice*, New York, 2005.
UNICEF-Centre de recherche Innocenti, *Changer une convention sociale néfaste : la pratique de l'excision/mutilation génitale féminine*, Digest Innocenti, Florence, 2005.
UNICEF, *L'Enregistrement à la naissance : un droit pour commencer*, Digest Innocenti 9, New York, Genève, mars 2002.

Nous, les enfants. Honorer les promesses du Sommet mondial pour les enfants, Rapport préparé par l'UNICEF pour les Nations Unies, septembre 2001.
UNICEF-Centre de recherche Innocenti, *Le mariage précoce*, Digest Innocenti n° 7, Florence, mars 2001.
Service d'information, *Position de l' UNICEF sur l'excision féminine*, 23 septembre 1980.

Haut-Commissariat des Nations Unies pour les réfugiés

Principes directeurs sur la protection internationale n° 8 : « Les demandes d'asile d'enfants » dans le cadre de l'article 1A(2) et de l'article 1(F) de la Convention de 1951 et/ou son Protocole de 1967 relatifs au Statut des réfugiés, HCR/GIP/09/08, 22 décembre 2009.
Note d'orientation sur les demandes d'asile relatives aux mutilations génitales féminines, Genève, mai 2009.
Principes directeurs sur la protection internationale n° 2 : « L'appartenance à un certain groupe social » dans le cadre de l'article 1A(2) de la Convention de 1951 et/ou son Protocole de 1967 relatifs au Statut des réfugiés, HCR/GIP/02/02, (7 mai 2002, réédités) 8 juillet 2008.
Principes directeurs sur la protection internationale n° 1 : « La persécution liée au genre » dans le cadre de l'article 1A (2) de la Convention de 1951 et/ou son Protocole de 1967 relatifs au Statut des réfugiés, HCR/GIP/02/01/Rev.1, 8 juillet 2008.
Comité Exécutif, *Conclusion sur les enfants dans les situations à risque*, n° 107 (LVIII) – 2007.
Guide des procédures et critères à appliquer pour déterminer le statut de réfugié au regard de la Convention de 1951 et du Protocole de 1967 relatifs au statut des réfugiés, (1979, réédité) Genève, 1992.

2. Documents relatifs au contrôle international non contentieux

Afrique du Sud

Rapport du Groupe de travail sur l'Examen périodique universel, A/HRC/8/32, 23 mai 2008.
Compilation établie par le HCDH, A/HRC/WG.6/13/ZAF/2, 23 mars 2012.
Observations finales, CEDAW/C/ZAF/CO/4, 4 février 2011.
Rapport, CEDAW/C/ZAF/2-4, 24 mars 2010.

Algérie

Rapport du Groupe de travail sur l'Examen périodique universel, A/HRC/8/29, 23 mai 2008.
CCPR/C/SR.2494, 24 janvier 2008.

Angola
Rapport du Groupe de travail sur l'Examen périodique universel, A/HRC/14/11, 24 mars 2010.
Rapport du Conseil des droits de l'homme sur sa quatorzième session, A/HRC/14/L.10, 18 juin 2010, Chapitre VI.
Observations finales, CRC/C/AGO/CO/2-4, 19 octobre 2010.

Bénin
Rapport du Groupe de travail sur l'Examen périodique universel, A/HRC/8/39, 28 mai 2008.
Observations finales, E/C.12/BEN/CO/2, 9 juin 2008.
Observations finales, CAT/C/BEN/CO/2, 19 février 2008.
CRC/C/SR.1183, 21 novembre 2006.
Rapport, CRC/C/BEN/2, 24 novembre 2005.
Rapport, CCPR/C/BEN/2004/1, 16 février 2004.

Botswana
Rapport du Groupe de travail sur l'Examen périodique universel, Additif, A/HRC/10/69/Add.1, 17 mars 2009.
Rapport du Groupe de travail sur l'Examen périodique universel, A/HRC/10/69, 13 janvier 2009.
Observations finales, CCPR/C/BWA/CO/1, 24 avril 2008.
CCPR/C/SR.2516, 14 avril 2008.

Burkina Faso
Document final de l'Examen périodique universel, Décision 10/111 du Conseil des droits de l'homme, 19 mars 2009.
Rapport du Groupe de travail sur l'Examen périodique universel, Rectificatif, A/HRC/10/80/Corr.1, 18 mars 2009.
Rapport du Groupe de travail sur l'Examen périodique universel, A/HRC/10/80, 7 janvier 2009.
Rapport national présenté conformément au paragraphe 15 a) de l'annexe à la résolution 5/1 du Conseil des droits de l'homme, A/HRC/WG.6/3/BFA/1, 21 août 2008.
CRC/C/SR.1463, 7 septembre 2010.
CRC/C/SR.1461, 21 janvier 2010.
Rapport, CRC/C/BFA/3-4, 30 mars 2009.
CRC/C/SR.136, 12 avril 1994.

Burundi
Rapport du Groupe de travail sur l'Examen périodique universel, A/HRC/10/71, 8 janvier 2009.
Observations finales, CRC/C/BDI/CO/2, 20 octobre 2010.
CRC/C/SR.1553, 27 septembre 2010.

CRC/C/SR.1555, 22 septembre 2010.
Réponses à la liste des points à traiter, CRC/C/BDI/Q/2/Add.1, 1 septembre 2010.
Rapport, CRC/C/BDI/2, 7 janvier 2010.

Cameroun
Rapport du Groupe de travail sur l'Examen périodique universel, A/HRC/11/21, 12 octobre 2009.
E/C.12/2011/SR.41, 1 décembre 2011.
CCPR/C/SR.2725, 2 août 2010.
Observations finales, CAT/C/CMR/CO/4, 19 mai 2010.
Observations finales, CRC/C/CMR/CO/2, 18 février 2010.
CRC/C/SR.1466, 25 janvier 2010.
CRC/C/SR.1464, 20 janvier 2010.
Réponses à la liste des points à traiter, CRC/C/CMR/Q/2/Add.1, 8 décembre 2009.
Rapport, CRC/C/CMR/2, 22 octobre 2009.

Cap-Vert
Rapport du Groupe de travail sur l'Examen périodique universel, A/HRC/10/81, 12 janvier 2009.
Observations finales, CCPR/C/CPV/CO/1, 23 avril 2012.

Comores
Rapport du Groupe de travail sur l'Examen périodique universel, A/HRC/12/16, 4 juin 2009.
Rapport, CEDAW/C/COM/1-4, 21 septembre 2011.

Congo
Rapport du Groupe de travail sur l'Examen périodique universel, A/HRC/12/6, 5 juin 2009.
Observations finales, CEDAW/C/COG/CO/6, 23 mars 2012.
Rapport, CRC/C/COG/1, 6 avril 2006.
Observations finales, CRC/C/COG/CO/1, 20 octobre 2006.

Côte d'Ivoire
Rapport du Groupe de travail sur l'Examen périodique universel, A/HRC/13/9, 4 janvier 2010.

Djibouti
Rapport du Groupe de travail sur l'Examen périodique universel, A/HRC/11/16, 5 octobre 2009.
Rapport, CEDAW/C/DJI/1-3, 16 avril 2010.
CRC/C/SR.1348, 10 février 2009.

Observations finales, CRC/C/DJI/CO/2, 7 octobre 2008.
Réponses à la liste des points à traiter, CRC/C//DJI/Q/2/Add.1, 14 août 2008.
Rapport, CRC/C/DJI/2, 11 décembre 2007.

Egypte
Rapport du Groupe de travail sur l'Examen périodique universel, A/HRC/14/17, 26 mars 2010.
Liste des points à traiter, CRC/C/EGY/Q /3-4, 14 mars 2011.
Rapport, CRC/C/EGY/3-4, 3 septembre 2010.
Observations finales, CCPR/CO/76/EGY, 28 novembre 2002.
Observations finales, CRC/C/15/Add.145, 21 février 2001.
Rapport, CRC/C/65/Add.9, 11 novembre 1999.

Erythrée
Rapport du Groupe de travail sur l'Examen périodique universel, A/HRC/13/2, 4 janvier 2010.
Rapport du Groupe de travail sur l'Examen périodique universel, Additif, A/HRC/13/2/Add.1, 8 mars 2010.
Observations finales, CRC/C/ERI/CO/3, 23 juin 2008.
CRC/C/SR.1335, 13 juin 2008.
Rapport, CRC/C/ERI/3, 23 octobre 2007.

Ethiopie
Rapport du Groupe de travail sur l'Examen périodique universel, A/HRC/13/17, 4 janvier 2010.
E/C.12/2012/SR.17, 18 mai 2012.
E/C.12/2012/SR.15, 16 mai 2012.
Rapport, CEDAW/C/ETH/6-7, 19 avril 2010.
Rapport, CCPR/C/ETH/1, 22 octobre 2009.
Rapport CRC/C/129/Add.8, 28 octobre 2005.

Gabon
Rapport du Groupe de travail sur l'Examen périodique universel, A/HRC/8/35, 28 mai 2008.
Rapport du Conseil des droits de l'homme sur sa huitième session, A/HRC/8/52, 1 septembre 2008, Partie II, Chapitre VI.

Gambie
Rapport du Groupe de travail sur l'Examen périodique universel, A/HRC/14/6, 24 mars 2010.
Rapport du Conseil des droits de l'homme sur sa quatorzième session, A/HRC/14/L.10, 18 juin 2010, Chapitre VI.

Ghana
Rapport du Groupe de travail sur l'Examen périodique universel, A/HRC/8/36, 29 mai 2008.
CRC/C/SR.1093, 23 janvier 2006.
Réponses à la liste des points à traiter, CRC/C/GHA/Q/2/Add.1, 11 janvier 2006.
Rapport, CRC/C/65/Add.34, 14 juillet 2005.

Guinée
Rapport du Groupe de travail sur l'Examen périodique universel, A/HRC/15/4, 14 juin 2010.

Guinée-Bissau
Rapport du Groupe de travail sur l'Examen périodique universel, A/HRC/15/10, 16 juin 2010.
Rapport national présenté conformément au paragraphe 15 a) de l'annexe à la résolution 5/1 du Conseil des droits de l'homme, A/HRC/WG.6/8/GNB/1, 22 avril 2010.

Guinée équatoriale
Rapport du Groupe de travail sur l'Examen périodique universel, A/HRC/13/16, 4 janvier 2010.
Liste des points à traiter, CEDAW/C/GNQ/Q/6, 27 mars 2012.
Rapport, CEDAW/C/GNQ/6, 14 avril 2011.

Kenya
Rapport du Groupe de travail sur l'Examen périodique universel, A/HRC/15/8, 17 juin 2010.
Observations finales, CAT/C/KEN/CO/1, 19 janvier 2009.
CRC/C/SR.1203, 8 février 2007.
Réponses à la liste des points à traiter, CRC/C/KEN/Q/2/Add.1, 28 novembre 2006.
Rapport, CEDAW/C/KEN/6, 16 octobre 2006.
Rapport, CRC/C/KEN/2, 4 juillet 2006.

Lesotho
Rapport du Groupe de travail sur l'Examen périodique universel, A/HRC/15/7, 16 juin 2010.

Libéria
Rapport du Groupe de travail sur l'Examen périodique universel, A/HRC/16/3, 4 janvier 2011.
Draft report of the Human Rights Council on its sixteenth session, A/HRC/16/L.41, 6 avril 2011, Chapitre VI.

Rapport, CRC/C/LBR/2-4, 9 novembre 2011.

Libye
Rapport du Groupe de travail sur l'Examen périodique universel, A/HRC/16/15, 4 janvier 2011.

Madagascar
Rapport du Groupe de travail sur l'Examen périodique universel, A/HRC/14/13, 26 mars 2010.
CRC/C/SR.1677, 27 janvier 2012.

Malawi
Rapport du Groupe de travail sur l'Examen périodique universel, A/HRC/16/4, 4 janvier 2011.
Réponses à la liste des points à traiter, CRC/C/MWI/Q/2/Add.1, 9 janvier 2009.
Rapport, CRC/C/MWI/2, 17 juillet 2008.

Mali
Rapport du Groupe de travail sur l'Examen périodique universel, A/HRC/8/50, 13 juin 2008.
Rapport du Groupe de travail sur l'Examen périodique universel, Additif, A/HRC/8/50/Add.1, 25 août 2008.
CRC/C/SR.1207, 18 décembre 2009.
Observations finales, CRC/C/MLI/CO/2, 3 mai 2007.
CRC/C/SR.1206, 24 janvier 2007.
Rapport, CRC/C/MLI/2, 11 avril 2006.

Maroc
Rapport du Groupe de travail sur l'Examen périodique universel, A/HRC/8/22, 22 mai 2008.

Maurice
Rapport du Groupe de travail sur l'Examen périodique universel, A/HRC/11/28, 3 mars 2009.
CRC/C/SR.1105, 27 janvier 2006.

Mauritanie
Rapport du Groupe de travail sur l'Examen périodique universel, A/HRC/16/17, 4 janvier 2011.
Rapport du Groupe de travail sur l'Examen périodique universel, Additif, A/HRC/16/17/Add.1, 1 mars 2011.
Observations finales, CRC/C/MRT/CO/2, 17 juin 2009.

Réponses à la liste des points à traiter, CRC/C/MRT/Q/2/Add.1, 22 avril 2009.
Rapport, CRC/C/MRT/2, 30 juillet 2008.
Allocution du chef de délégation du Gouvernement mauritanien, à l'occasion de l'examen du rapport étatique par le CRC, 28 mai 2007.

Mozambique
Rapport du Groupe de travail sur l'Examen périodique universel, A/HRC/17/16, 28 mars 2011.
CRC/C/SR.1430, 16 novembre 2009.
Observations finales, CRC/C/MOZ/CO/2, 4 novembre 2009.
Rapport, CRC/C/MOZ/2, 23 mars 2009.

Namibie
Rapport du Groupe de travail sur l'Examen périodique universel, A/HRC/17/4, 24 mars 2011.

Niger
Rapport du Groupe de travail sur l'Examen périodique universel, A/HRC/17/15, 25 mars 2011.
CRC/C/SR.1414, 30 juin 2009.
CRC/C/SR.1413, 24 juin 2009.
Rapport, CRC/C/NER/2, 20 novembre 2008.

Nigéria
Rapport du Groupe de travail sur l'Examen périodique universel, A/HRC/11/26, 5 octobre 2009.
Rapport du Conseil des droits de l'homme sur son onzième session, A/HRC/11/37, 16 octobre 2009, Partie II, Chapitre VI.
CRC/C/SR.1507, 25 mars 2011.
Observations finales, CRC/C/NGA/CO/3-4, 21 juin 2010.
CRC/C/SR.1505, 31 mai 2010.
Réponses à la liste des points à traiter, CRC/C/NGA/Q/3-4/Add.1, 28 mai 2010.
Rapport, CRC/C/NGA/3-4, 5 janvier 2009.

Ouganda
Rapport du Groupe de travail sur l'Examen périodique universel, A/HRC/19/16, 22 décembre 2011.
Observations finales, CRC/C/OPSC/UGA/CO/1, 16 octobre 2008.
CRC/C/SR.1346, 9 février 2009.

République centrafricaine
Rapport du Groupe de travail sur l'Examen périodique universel, A/HRC/12/2, 4 juin 2009.
Rapport du Conseil des droits de l'homme sur sa douzième session, A/HRC/12/50, 25 février 2010, Partie II, Chapitre VI.

République démocratique du Congo
Rapport du Groupe de travail sur l'Examen périodique universel, A/HRC/13/8, 4 janvier 2010.
Observations finales, E/C.12/COD/CO/4, 16 décembre 2009.
Observations finales, CRC/C/COD/CO/2, 10 février 2009.
CRC/C/SR.1385, 30 janvier 2009.
Rapport, CRC/C/COD/2, 24 juillet 2008.
Rapport, CCPR/C/COD/2005/3, 3 mai 2005.

Rwanda
Rapport du Groupe de travail sur l'Examen périodique universel, A/HRC/17/48, 14 mars 2011.
CAT/C/SR.1073, 4 juin 2012.

São Tomé-et-Principe
Rapport du Groupe de travail sur l'Examen périodique universel, A/HRC/17/13, 16 mars 2011.

Sénégal
Rapport du Groupe de travail sur l'Examen périodique universel, A/HRC/11/24, 5 octobre 2009.
Réponse à la liste des point à traiter, CRC/C/SEN/Q/2/Add.1, 10 août 2006.
Rapport, CRC/C/SEN/2, 10 avril 2006.

Seychelles
Rapport du Groupe de travail sur l'Examen périodique universel, A/HRC/18/7, 11 juillet 2011.

Sierra Leone
Rapport du Groupe de travail sur l'Examen périodique universel, A/HRC/18/10, 11 juillet 2011.
CRC/C/SR.1331, 6 juin 2008.
Rapport, CRC/C/SLE/2, 8 septembre 2006.

Somalie
Rapport du Groupe de travail sur l'Examen périodique universel, A/HRC/18/6, 11 juillet 2011.

Rapport national présenté conformément au paragraphe 15 a) de l'annexe à la résolution 5/1 du Conseil des droits de l'homme, A/HRC/WG.6/11/SOM/1, 11 avril 2011.

Soudan
Rapport du Groupe de travail sur l'Examen périodique universel, A/HRC/18/16, 11 juillet 2011.
CRC/C/SR.1507, 25 mars 2011.
CRC/C/SR.1561, 27 septembre 2010.
Rapport, CRC/C/SDN/3-4, 24 février 2010.

Swaziland
Rapport du Groupe de travail sur l'Examen périodique universel, A/HRC/19/6, 12 décembre 2011.

Tanzanie
Rapport du Groupe de travail sur l'Examen périodique universel, A/HRC/19/4, 8 décembre 2011.
Rapport du Groupe de travail sur l'Examen périodique universel, Additif, A/HRC/19/4/Add.1, 12 mars 2012.
CRC/C/SR.1529, 16 juin 2010.
CCPR/C/SR.2628, 26 août 2009.
CCPR/C/SR.2629, 17 juillet 2009.
Réponses à la liste des points à traiter, CCPR/C/TZA/Q/4/Add.1, 24 juin 2009.
CRC/C/SR.1134, 6 juin 2006.
CRC/C/SR.1136, 31 mai 2006.
Réponses à la liste des points à traiter, CRC/C/TZA/Q/2/Add.1, 20 avril 2006.
Rapport, CRC/C/70Add.26, 24 août 2005.

Tchad
Rapport du Groupe de travail sur l'Examen périodique universel, A/HRC/12/5, 5 octobre 2009.
Rapport du Conseil des droits de l'homme sur sa douzième session, A/HRC/12/50, 25 février 2010, Partie II, Chapitre VI.
Réponses à la liste des points à traiter, CEDAW/C/TCD/Q/4/Add.1, 15 septembre 2010.
Observations finales, E/C.12/TCD/CO/3, 20 novembre 2009.
CCPR/C/SR.2636, 25 septembre 2009.
CCPR/C/SR.2635, 23 juillet 2009.
Observations finales, CAT/C/TCH/CO/1, 14 mai 2009.
CRC/C/SR.1375, 26 janvier 2009.
Rapport, CCPR/C/TCD/1, 6 juin 2008.

Rapport, CRC/C/TCD/2, 26 juin 2007.

Togo
Rapport du Groupe de travail sur l'Examen périodique universel, A/HRC/19/10, 14 décembre 2011.
CRC/C/SR.1679, 30 janvier 2012.
Réponse à la liste des points à traiter, CRC/C/TGO/Q/3.4/Add.1, 2 novembre 2011.
Rapport, CRC/C/TGO/3-4, 20 mai 2011.
Rapport, CCPR/C/TGO/4 17 octobre 2009.
Rapport, CEDAW/C/TGO/1-5, 18 mars 2004.

Tunisie
Rapport du Groupe de travail sur l'Examen périodique universel, A/HRC/8/21, 22 mai 2008.
CRC/C/SR.1529, 16 juin 2010.

Zambie
Rapport du Groupe de travail sur l'Examen périodique universel, A/HRC/8/43, 2 juin 2008.
Rapport, CRC/C/11/Add.25, 19 novembre 2002.

Zimbabwe
Rapport du Groupe de travail sur l'Examen périodique universel, A/HRC/19/14, 19 décembre 2011.
Observations finales, CEDAW/C/ZWE/CO/2-5, 23 mars 2012.

Belgique
Observations finales, CEDAW/C/BEL/CO/6, 7 novembre 2008.
Observations finales, CRC/C/BEL/CO/3-4, 18 juin 2010.

France
Observations finales, CCPR/C/FRA/CO/4, 31 juillet 2008.
CEDAW/C/SR.818, 16 avril 2008.
CEDAW/C/SR.817, 26 mars 2008.
Rapport, E/C.12/FRA/3, 15 mars 2007.
CEDAW/C/SR.615, 5 mai 2006.
Observations finales, CRC/C/15/Add.240, 30 juin 2004.
CCPR/C/SR.1600, 11 novembre 1997.
Observations finales, CCPR/C/79/Add.80, 4 août 1997.
Observations finales, CRC/C/15/Add.20, 25 avril 1994.

Italie
Rapport, CRC/C/ITA/3-4, 5 juillet 2010.

Portugal
Observations finales, CEDAW/C/PRT/CO/7, 7 novembre 2008.

Royaume-Uni
CEDAW/C/SR.844, 25 septembre 2008.
Réponses à la liste des points à traiter, CRC/C/GBR/Q/4/Add.1, 10 septembre 2008.
CEDAW/C/SR.843, 14 août 2008.
Observations finales, CEDAW/C/UK/CO/610 juillet 2008.
Voy. Rapport, CRC/C/GBR/4, 25 février 2008.

Suisse
Observations finales, E/C.12/CHE/CO/2-3, 26 novembre 2010.

3. Documents des autres organisations internationales

Documents des organes, bureaux régionaux et divisions de l'OMS
Mutilations sexuelles féminines, Aide-mémoire n° 241, février 2012.
Secrétariat, *Rapport sur les Mutilation sexuelles féminines*, OMS Doc. A61/11, 20 mars 2008.
Groupe d'étude de l'OMS sur les mutilations génitales féminines et le devenir obstétrical, *Mutilations génitales féminines et devenir obstétrical : étude prospective concertée dans six pays africains*, Genève : OMS, 2006.
WHO Regional Office for Africa, *Regional Plan of Action to Accelerate the Elimination of Female Genital Mutilation in Africa*, Brazzaville, 1997.
WHO, Division of Family Health, *Female Genital Mutilation/Mutilations sexuelles féminines : Information kit*, (WHO/FHE/94.4), Genève, 1994.
Assemblée mondiale de la Santé, *Santé maternelle et infantile et planification familiale : pratiques traditionnelles nocives pour la santé des femmes et des enfants*, résolution WHA47.10, 1994.
OMS-EMRO (Bureau régional pour la Méditerranée orientale), *Rapport du Séminaire sur les pratiques traditionnelles affectant la santé des femmes et des enfants*, 1979.

Documents des institutions de l'Union européenne
Parlement européen, Conseil de l'Union européenne, *Directive 2011/95/UE concernant les normes relatives aux conditions que doivent remplir les ressortissants des pays tiers ou les apatrides pour pouvoir bénéficier d'une protection internationale, à un statut uniforme pour les réfugiés ou les*

personnes pouvant bénéficier de la protection subsidiaire, et au contenu de cette protection (refonte), 13 décembre 2011.
Conseil de l'Union européenne, *Directive 2005/85/CE relative à des normes minimales concernant la procédure d'octroi et de retrait du statut de réfugié dans les Etats membres* (« directive sur les procédures d'asile »), 1er décembre 2005.
Conseil de l'Union européenne, *Directive 84/2003/CE concernant les normes minimales relatives aux conditions que doivent remplir les ressortissants des pays tiers ou les apatrides pour pouvoir prétendre au statut de réfugié ou les personnes qui, pour d'autres raisons, ont besoin d'une protection internationale, et relatives au contenu de ces statuts* (« directive sur la qualification »), 29 avril 2004.
Parlement européen, Conseil de l'Union européenne, *Décision 293/2000/CE adoptant un programme d'action communautaire (programme Daphné) relatif à des mesures préventives pour lutter contre la violence envers les enfants*, les adolescents et les femmes, 24 janvier 2000.
Parlement européen, *Résolution sur la lutte contre les mutilations sexuelles féminines pratiquées dans l'UE* (2008/2071(INI)), 24 mars 2009.
Parlement européen, *Résolution sur les mutilations génitales féminines* (2001/2035(INI)), 20 septembre 2001.
Cour de justice des Communautés européennes, Arrêt *Parlement/Conseil*, C-133/06, 6 mai 2008.
Commission européenne, *Proposition de directive du Parlement européen et du Conseil relative à des normes minimales concernant la procédure d'octroi et de retrait de la protection internationale dans les Etats membres (refonte)*, COM(2009) 554 final, 2009/0165 (COD), 21 octobre 2009.

Documents des institutions du Conseil de l'Europe
Assemblée parlementaire, *Résolution sur la mutilation sexuelle des femmes*, 1247 (2001), 22 mai 2001.

4. Jurisprudence universelle, régionale, nationale (arrêts, décisions, jugements, constatations)

Jurisprudence universelle

CCPR, 22 juillet 2010, *El-Hichou c. Danemark*, comm. n° 1554/2007.
CCPR, 25 mars 2010, *Kaba c. Canada*, comm. n° 1465/2006.
CCPR, 27 mars 2009, *Asensi c. Paraguay*, comm. n° 1407/2005.
CCPR, 24 juillet 2008, *X. c. Espagne*, comm. n° 1456/2006.
CCPR, 1 avril 2008, *A., B., C., D., et E. c. Australie*, comm. n° 1429/2005.
CCPR, 31 octobre 2007, *Schmidl* c. *Allemagne*, comm. n° 1516/2006.
CCPR, 20 juillet 2007, *El Dernawi c. Libye*, comm. n° 1143/2002.

CCPR, 26 mars 2007, *Jovanovic c. Serbie*, comm. n° 1355/2005.
CCPR, 20 mars 2007, *N. T. c. Canada*, comm. n° 1052/2002.
CCPR, 16 mars 2007, *E. B. et consorts c. Nouvelle-Zélande*, comm. n° 1368/2005.
CCPR, 25 juillet 2006, *Noël Léopold Dumont de Chassart c. Italie*, comm. n° 1129/2003.
CCPR, 11 juillet 2006, *D., E. et leurs deux enfants c. Australie*, comm. n° 1050/2002.
CCPR, 27 avril 2006, *Brough c. Australie*, comm. n° 1184/2003.
CCPR, 24 octobre 2005, *Karen Noelia Llantoy Huamán c. Pérou*, comm. n° 1153/2003.
CCPR, 9 décembre 2004, *Byahuranga c. Danemark*, comm. n° 1222/2003.
CCPR, 3 novembre 2004, *Leirvag c. Norvège*, comm. n° 1555/2003.
CCPR, 26 juillet 2004, *Madafferi c. Australie*, comm. n° 1011/2001.
CCPR, 6 novembre 2003, *Bakhtiyari c. Australie*, comm. n° 1069/2002.
CCPR, 30 octobre 2003, *Wilson c. Philippines*, comm. n° 868/1999.
CCPR, 3 avril 2003, *Weiss c. Autriche*, comm. n° 1086/2002.
CCPR, 28 mars 2003, *Sahid c. Nouvelle Zélande*, comm. n° 893/1999.
CCPR, 26 juillet 2001, *Winata c. Australie*, comm. n° 930/2000.
CCPR, 19 octobre 2000, *Piandiong c. Philippines*, comm. n° 869/1999.
CCPR, 8 avril 1999, *Thomas c. Jamaïque*, comm. n° 800/1998.
CCPR, 1 novembre 1996, *Stewart c. Canada*, comm. n° 538/1993.
CCPR, 25 mars 1996, *Laureano c. Pérou*, comm. n° 540/1993.
CCPR, 3 avril 1995, *Monaco de Gallicchio c. Argentine*, comm. n° 400/1990.
CCPR, 20 juillet 1994, *Myriam Zelaya Dunaway c. Nicaragua*, comm. n° 328/1988.
CCPR, 19 juillet 1994, *Denzil Roberts c. Barbade*, comm. n° 504/1992.
CCPR, 15 juillet 1994, *Balaguer Santacana c. Espagne*, comm. n° 417/1990.
CCPR, 6 avril 1989, *Gueye et al. c. France*, comm. n° 196/1985.
CCPR, 9 avril 1987, *Broeks, Danning* et *Zwaan-de Vries c. Pays-Bas*, comm. n° 172/1984, 180/1984 et 182/1984.
CCPR, 4 avril 1985, *John Khemraadi Baboeram et consorts c. Suriname,* comm. n° 146/1983.

CAT, 25 novembre 2011, *Kalinichecko c. Maroc*, comm. n° 428/2010.
CAT, 16 novembre 2007, *Bachan Singh Sogi c. Canada*, comm. n° 297/2006.
CAT, 11 mai 2007, *Nadeem Ahmad Dar c. Norvège,* comm. n° 249/2004.
CAT, 1 mai 2007, *Tebourski c. France*, comm. n° 300/2006.
CAT, 17 novembre 2006, *C. T. et K. M. c. Suède*, communication n° 279/2005.
CAT, 17 mai 2005, *Brada c. France*, comm. n° 195/2002.
CAT, 6 mai 2005, *T. A. c. Suède*, communication n° 226/2003.

CAT, 16 mai 2000, *T. P. S. c. Canada,* comm. n° 99/1997.
CAT, 10 novembre 1998, *Núñez Chipana c. Venezuela*, comm. n° 110/1998.

CEDAW, 24 février 2012, *M. P. M. c. Canada*, comm. n° 25/2010 .
CEDAW, 17 octobre 2011, *T. P. F. c. Pérou*, comm. n° 22/2009.
CEDAW, 25 juillet 2011, *V. K c. Bulgarie*, comm. n° 20/2008.
CEDAW, 16 juillet 2010, *Karen Tayag Vertido c. Philippines*, comm. n° 18/2008.
CEDAW, 26 janvier 2005, *A. T. c. Hongrie*, comm. n° 2/2003.

Jurisprudence régionale

CONSEIL DE L'EUROPE

Cour européenne des droits de l'homme

CEDH, arrêt du du 13 octobre 2011, *Hussein c. Suède*, requête n° 10611/09.
CEDH, décision du 20 septembre 2011, *Omeredo c. Autriche*, requête n° 8969/10.
CEDH, décision du 30 août 2011, *Ameh et al. c. Royaume-Uni*, requête n° 4539/11.
CEDH, décision du 17 mai 2011, *Izevbekhai et al. c. Irlande*, requête n° 43408/08.
CEDH, arrêt du 4 novembre 2010, *Darraj c. France*, requête n° 34588/07.
CEDH, décision du 25 mai 2010, *Xi c. France*, requête n° 36144/08.
CEDH, arrêt du 7 juillet 2009, *Stagno c. Belgique*, requête n° 1062/07.
CEDH, arrêt du 9 juin 2009, *Opuz c. Turquie*, requête n° 33401/02.
CEDH, arrêt du 17 mars 2009, *Ould Dah c. France*, requête n° 13113/03.
CEDH, décision du du 7 avril 2009, *Peraldi c. France,* requête n° 2096/05.
CEDH, décision du 8 mars 2007, *Collins et Akaziebie c. Suède*, requête n° 23944/05.
CEDH, arrêt du 12 octobre 2006, *Mubilanzila Mayeka et Kaniki Mitunga c. Belgique*, requête n° 13178/03.
CEDH, arrêt du 26 juillet 2005, *Siliadin c. France*, requête n° 73316/01.
CEDH, décision du 1er juillet 2003, *Miriam Abraham Lingulli c. Suède,* requête n° 33692/02.
CEDH, arrêt du 13 février 2003, *Odièvre c. France*, requête n° 42326/98.
CEDH, arrêt du 21 novembre 2001, *Al-Adsani c. Royaume-Uni*, requête n° 35763/97.
CEDH, arrêt du 10 mai 2001, *Z et autres c. Royaume-Uni,* requête n° 29392/95.
CEDH, arrêt du 6 mars 2001, *Hilal c. Royaume-Uni,* requête n° 45276/99.
CEDH, décision du 26 octobre 2000, *Besse Damla c. Allemagne*, requête n° 61479/00.

CEDH, décision du 19 janvier 1999, *Ould Barar c. Suède*, requête n° 42367/98.
CEDH, arrêt du 23 septembre 1998, *A. c. Royaume-Uni,* requête n° 25599/94.
CEDH, arrêt du 29 avril 1997, *H. L. R. c. France,* requête n° 24573/94.
CEDH, arrêt du 15 novembre 1996, *Chahal c. Royaume-Uni,* requête n° 22414/93.
CEDH, arrêt du 25 mars 1993, *Costello-Roberts c. Royaume-Uni,* affaire n° 89/1991/341/414.
CEDH, arrêt du 29 octobre 1992, *Y c. Royaume-Uni,* requête n° 14229/88.
CEDH, arrêt du 7 juillet 1989, *Soering c. Royaume-Uni,* requête n° 14038/88.
CEDH, arrêt du 28 novembre 1988, *Nielsen c. Danemark*, requête n° 10929/84.
CEDH, arrêt du 26 mars 1985, *X et Y c. Pays Bas,* requête n° 8978/80.
CEDH, arrêt du 22 mars 1983, *Campbell et Cosans c. Royaume-Uni,* requêtes n° 7511/76 ; 7743/76.
CEDH, arrêt du 25 avril 1978, *Tyrer c. Royaume-Uni,* requête n° 5856/72.

Comité européen des droits sociaux
Défense des Enfants International (DEI) c. Belgique, n° 69/2011.
International Centre for the Legal Protection of Human Rights (INTERIGHTS) *c. Croatie*, n° 45/2007.
Mental Disability Advocacy Centre c. Bulgarie, n° 41/2007.
Organisation mondiale contre la torture c. Portugal, n° 34/2006.
Organisation mondiale contre la torture c. Belgique, n° 21/2003.
Organisation mondiale contre la torture c. Portugal, n° 20/2003.
Organisation mondiale contre la torture c. Italie, n° 19/2003.
Organisation mondiale contre la torture c. Irlande, n° 18/2003.
Organisation mondiale contre la torture c. Grèce, n° 17/2003.
Fédération internationale des ligues des droits de l'homme (FIDH) c. France, n° 14/2003.
Autism-Europe c. France, n° 13/2002.
Commission internationale de juristes c. Portugal, n° 1/1998

ORGANISATION DES ETATS AMERICAINS

Cour interaméricaine des droits de l'homme
CIDH, arrêt du 31 août 2010, *Rosendo-Cantú et al. c. Mexique*, ser. C, n° 216.
CIDH, arrêt du 30 août 2010, *Fernández-Ortega al. c. Mexique*, ser. C, n° 215.

CIDH, arrêt du 16 novembre 2009, *González et al. (« Cotton Field ») c. Mexique*, ser. C, n° 205.
CIDH, arrêt du 25 novembre 2006, *Prison Miguel Castro c. Pérou*, ser. C, n° 160.
CIDH, arrêt du 8 juillet 2004, *Gomez-Paquiyauri Brothers c. Pérou*, ser. C, n° 110.
CIDH, arrêt du 18 septembre 2003, *Bulacio c. Argentine*, ser. C, n° 100.
CIDH, arrêt du 19 novembre 1999, *Villagrán-Morales et al. c. Guatemala (« Street Children »)*, ser. C, n° 63.
CIDH, arrêt du 29 juillet 1988, *Velasquez Rodriguez c. Honduras*, ser. C, n° 4.

UNION AFRICAINE

Commission africaine des droits de l'homme et des peuples
CommissionADHP, décision *Curtis Francis Doebbler c. Soudan*, comm. n° 236/2000, 15 mai 2003.
Commission ADHP, décision *International PEN, Constitutional Rights, Interights au nom de Ken Saro Wiwa et Civil Liberties Organization c. Nigéria*, comm. n° 137/94, 139/94, 154/96, 161/9, 31 octobre 1998.

Jurisprudence nationale

Afrique du Sud, Cour constitutionnelle, arrêt du 16 août 2001, *Carmichele v. Minister of Safety and Security*, 2001 (10) BCLR 995 (CC).
Afrique du Sud, Cour constitutionnelle, arrêt du 18 août 2000, *Christian Education South Africa* v *Minister of Education*, 2000 (10) BCLR 1051.
Afrique du Sud, Cour constitutionnelle, arrêt du 9 juin 1995, *S v Williams and Others*, 1995 (7) BCLR 861 (CC).
France, Conseil d'Etat, 21 décembre 2012, 332607, *Mme B C.*
France, Conseil d'Etat, 21 décembre 2012, 332492, *Mme B A.*
France, Conseil d'Etat, 21 décembre 2012, 332491, *Mme F.*
France, Cour d'Assises de Nevers, 1er juin 2012.
France, CNDA, 11 février 2011, 10000879, *Melle B.*
France, CNDA, 17 novembre 2010, 09023070, *Mme B.*
France, CNDA, 28 juillet 2009, 636210/08016675, *Melle D.*
France, CNDA, 6 juillet 2009, 635611/08016081, *Mme D. ép. K.*
France, Conseil d'Etat, 3 juillet 2009, 294266, *Mme D.*
France, CNDA, 28 avril 2009, 629447, *K.*
France, CNDA, Sections réunies, 12 mars 2009,639908, *Melle K.*
France, CRR, 29 septembre 2006, 453852, *Melle T.*
France, CRR, 16 juin 2005, 492440, *Melle H.*

France, Cour d'Assises de Paris, mars 2004.
France, Cour d'Assises de Bobigny, 15 mars 2002.
France, Cour d'Assises de Paris, 17 février 1999.
France, Cour d'Assises de Paris, 8 janvier 1993.
France, CRR, 17 juillet 1991, 164078, *Melle Diop Aminata.*
France, Cour d'Assises de Bobigny, 27 juin 1991.
France, Cour d'Assises de Paris, 8 mars 1991.
France, Cour d'Assises de Paris, 4 octobre 1989.
France, Cour de Cassation, Chambre criminelle, 20 août 1983.
Kenya, High Court of Kenya (Nairobi), *RM v Attorney-General*, civil case 1351 of 2002, 1 December 2006
Nigéria, Cour d'appel de Kaduna, 11 décembre 1985, *Karimatu Yakubu c. Alh. Paiko* (recours n° CA/K/80s/85).
Tanzanie, Dodoma District Court, *R. v. Mbwasa Madaru* (Criminal case no 261/1999).
Tanzanie, Singida District Court, *R. v. Fatma Iddi and others* (Criminal case no 123/1999).
Tanzanie, *R v. Mussa Daudi and others* (Criminal case no 257/2002).
Tanzanie, Morogoro Resident Magistrate Court, 20 août 2003, *Zakayo Katungo v. Selemani Ning'oli* "Three Maasai Girls Case" (Miscellaneous criminal case no 1/2002).
Togo, Tribunal de première instance de Sokodé, arrêt du 28 juin 2000, *Kandjao Mariama et Mama Sédou.*

II. Doctrine

1. Dictionnaires, encyclopédies, commentaires, cours, manuels

ALSTON P., *« The purposes of reporting », Manuel relatif à l'établissement des rapports sur les droits de l'homme*, Publication des Nations Unies, HR/PUB/91/1, 1992.

CARLIER J.-Y., « Droit d'asile et des réfugiés. De la protection aux droits », *RCADI*, t. 332, 2007, pp. 8-354.

CASSIN R., « La Déclaration universelle et la mise en œuvre des droits de l'homme », *RCADI*, t. 79, 1951, pp. 237-368.

CHARPENTIER J., « Le contrôle par les organisations internationales de l'exécution des obligations des Etats », *RCADI*, t. 182, 1983-IV, pp. 143-245.

CONFORTI B., *Le Nazioni Unite*, 6e éd., Padova : CEDAM, 2000.

COT J.-P., PELLET A., FORTEAU M., *La Charte des Nations Unies. Commentaire article par article*, 3e éd., Paris : Economica, 2005.

DAILLIER P., FORTEAU M., PELLET A., *Droit international public*, 8e édition, Paris : L.G.D.J., 2009.

DECAUX E. (dir.), *Le Pacte international relatif aux droits civils et politiques. Commentaire article par article*, Paris : Economica, 2010.

DECAUX E., « Les formes contemporaines de l'esclavage », *RCADI*, t. 336, 2009, pp. 9-197.

DETRICK S., *A Commentary on the United Nations Convention on the Rights of the Child*, Dordrecht, Boston, London : Martinus Nijhoff Publishers, 1999.

DUPUY P.-M., *Droit international public*, 7e édition, Paris : Dalloz, 2004.

DUPUY P.-M., KERBRAT Y., *Droit international public*, 10e édition, Paris : Dalloz, 2010.

KERBRAT Y., « Comité des droits de l'homme et autres comités mis en place par les conventions conclues dans le cadre de l'ONU », *JurisClasseur Libertés*, Fasc. 320, 2007.

MARCHISIO S., *L'ONU. Il diritto della Nazioni Unite*, 2e éd., Bologna : Il Mulino, 2012.

MARTINO G., PANEBIANCO M., *Elementi di diritto dell'organizzazione internazionale*, Milano : Giuffrè, 1997.

MBAYE K., *Les droits de l'homme en Afrique*, 2e édition, Paris : Pedone, 2002.

PANEBIANCO M., *Diritto internazionale pubblico*, IV ed., Napoli : Editoriale Scientifica, 2012.

PASTOR RIDRUEJO J. A., « Les procédures publiques spéciales de la Commission des droits de l'homme des Nations Unies », *RCADI*, t. 228, 1991, pp. 183-272.

PENNETTA P., « Organizzazioni internazionali regionali », in *Enciclopedia del diritto, Annali*, vol. IV, Milano : Giuffrè, 2011, p. 844 ss.

PISILLO MAZZESCHI R., « Responsabilité de l'Etat pour violation des obligations positives relatives aux droits de l'homme », *RCADI*, t. 333, 2008, pp. 175-506.
RIVERO J., *Libertés publiques*, Paris : PUF, 1983.
SALMON J. (dir.), *Dictionnaire de droit international public*, Bruxelles : Bruylant/AUF, 2001.
SCHREIBER M., « La pratique récente des Nations Unies dans le domaine de la protection des droits de l'homme », *RCADI*, t. 145, 1975, pp. 297-407.
SIMMA B. et al (eds.), *The Charter of the United Nations : A Commentary*, Oxford : Oxford University Press, 1995.
SUDRE F., *Droit européen et international des droits de l'homme*, 8e édition, Paris : PUF, 2006.
TCHEN V., « Etrangers – Asile politique et apatridie », *JurisClasseur Administratif*, Fasc. 233-70, 2012.
VASAK K. (dir.), *Les dimensions internationales des droits de l'homme. Manuel destiné à l'enseignement des droits de l'homme dans les universités*, Paris : UNESCO, 1978.
VILJOEN F., *International Human Rights Law in Africa*, New York : Oxford University Press, 2007.

2. Ouvrages collectifs, actes de colloques

ALSTON P., CRAWFORD J. (eds.), *The future of UN Human Rights Treaty Monitoring*, Cambridge : Cambridge University Press, 2000.
BAYEFSKY A. F. (ed.), *The UN Human Rights Treaty System in the 21st Century,* The Hague : Kluwer Law International, 2000.
BOISSON DE CHAZOURNES L., KOHEN M., BUZZINI G. (dir.), *La pratique et le droit international*, Colloque de Genève de la Société française pour le droit international, Paris : Pedone, 2004.
BOYLE K. (ed.), *New Institutions for Human Rights Protection*, New York : Oxford University Press, 2009.
BRIBOSIA E., HENNEBEL L. (dir.), *Classer les droits de l'homme*, Bruxelles : Bruylant Collection Penser le Droit, 2004.
CATALDI G., PAPA A. (dir.), *Ambiente, diritti ed identità culturale*, Napoli : Editoriale scientifica, 2006.
COHEN-JONATHAN G., FLAUSS J.-F. (dir.), *Les organisations non gouvernementales et le droit international des droits de l'homme*, Bruxelles : Bruylant, 2005.
CITARELLA L., ZANGHI' C. (dir.), *20° anniversario della Convenzione delle Nazioni Unite sui diritti del fanciullo. Il diritto d'ascolto del minore*, Roma : Teseo Editore, 2009.
DECAUX E. (dir.), *Les Nations Unies et les droits de l'homme. Enjeux et défis d'une réforme*, Paris : Pedone, 2006.

DETRICK S. (ed.), *The United Nations Convention on the Rights of the Child : A Guide to the "Travaux préparatoires"*, Dordrecht : Martinus Nijhoff Publishers, 1992.
EVANS M., MURRAY R. (eds.), *The African Charter on Human and Peoples' Rights : the system in practice, 1986-2006*, 2nd ed., Cambridge : Cambridge University Press, 2008.
FREEMAN M. D. A. (ed.), *Children's Rights*, Volume I, Hants, UK : Ashgate Dartmouth, 2004.
HENNEBEL L., TIGROUDJA H. (dir.), *Le particularisme interaméricain des droits de l'homme. En l'honneur du 40e anniversaire de la Convention américaine des droits de l'homme*, Paris : Pedone, 2009.
HERSCH J. (dir.), *Le droit d'être un homme*, Recueil de textes, Paris : UNESCO, 1969.
IBRIGA L. M. (dir.), *Le Partenariat Europe-Afrique et les intégrations régionales,* Bruxelles : Bruylant, 2012.
KHAIAT L., MARCHAL C. (dir.), *L'enfant en droit musulman (Afrique, Moyen Orient). Actes du colloque du 14 janvier 2008*, Société de législation comparée, Paris, 2008.
KERBRAT Y. (dir.), *Forum shopping et concurrence des procédures contentieuses internationales*, Bruxelles : Bruylant, 2011.
KOUBI G., JOUANJAN O. (dir.), *Sujets et objets universels en droit*, Strasbourg : Presses universitaires de Strasbourg, 2007.
LAPEYRE A., TINGUY F. de, VASAK K. (dir.), *Les dimensions universelles des droits de l'homme*, publié avec le concours de l'UNESCO, Bruxelles : Bruylant, 1990.
MORIN J.-Y., OTIS G. (dir.), *Les défis des droits fondamentaux : Universalité et diversité, Droit au développement, Liberté de religion, Statut du juge en Afrique*, Actes des deuxièmes Journées Scientifiques du réseau *Droits fondamentaux* de l'Agence Universitaire de la Francophonie tenues à Québec du 29 septembre au 2 octobre 1999, Bruxelles : Bruylant/AUF, 2000.
RUBELLIN-DEVICHI J., FRANK R. (dir.), *L'enfant et les conventions internationales*, Lyon : Presses universitaires de Lyon, 1996.
RUPPEL O. C. (ed.), *Children's Rights in Namibia*, Windhoek : Macmillan Education, 2009.
TAVERNIER P. (dir.), *Recueil juridique des droits de l'Homme en Afrique (1996-2000),* Bruxelles : Bruylant, 2002.
TAVERNIER P. (dir.), *Recueil juridique des droits de l'Homme en Afrique (2000-2004)*, vol. 2, Bruxelles : Bruylant, 2005.
TAVERNIER P. (dir.), *Regards sur les droits de l'Homme en Afrique*, Paris : L'Harmattan, Collection Presses Universitaires de Sceaux, 2008.

3. Monographies

ALDEEB ABU-SAHLIEH S. A., *Circoncision masculine, circoncision féminine. Débat religieux, médical, social et juridique*, Paris : L'Harmattan, 2001.

BAYEFSKY A. F., *The UN Human Rights Treaty System, Universality at the Crossroads,* The Hague : Transnational Publishers, 2001.

BERTRAND M., *L'ONU*, 5e éd., Paris : Découverte, Collections Repères, 2004.

BUHRER J.-C., LEVENSON C. B., *L'ONU contre les droits de l'homme*, Paris : Mille et une nuits, 2003.

CALLEJON C., *La réforme de la Commission des droits de l'homme des Nations Unies. De la Commission au Conseil*, Paris : Pedone, 2008.

COHEN-JONATHAN G., FLAUSS J.-F., *Droit international, droits de l'homme et juridictions internationales*, Bruxelles : Bruylant, 2004.

COHEN-JONATHAN G. (Documents réunis et commentés par), *La protection internationale des droits de l'homme dans le cadre des organisations universelles*, La Documentation française, n. 3. 06, avril 1990.

COHEN-JONATHAN G. (Documents réunis et commentés par), *La protection internationale des droits de l'homme dans le cadre des organisations régionales*, La Documentation française, n. 3. 05, juillet 1989.

DI STASI A., *Diritti umani e sicurezza regionale. Il « sistema » europeo*, II ed., Napoli : Editoriale Scientifica, 2011.

DORMENVAL A., *Procédures onusiennes de mise en œuvre des droits de l'homme : limites ou défauts ?*, Paris : PUF, 1991.

ETEKA YEMET V., *La Charte africaine des droits de l'homme et des peuples*, Paris : L'Harmattan, Collection Logiques Juridiques, 1996.

FROUVILLE O. de, *Les procédures thématiques. Une contribution efficace des Nations unies à la protection des droits de l'Homme*, Paris : Pedone, 1996.

GHANDI P. R., *The Human Rights Committee and the Right of Individual Communication. Law and Practice*, Aldershot : Ashgate/Dartmouth, 1998.

HENNEBEL L., *La jurisprudence du Comité des droits de l'homme des Nations Unies*, Bruxelles : Bruylant, Collection Droit et Justice, 2007.

HENNEBEL L., *La convention américaine des droits de l'homme. Mécanismes de protection et étendue des droits et libertés*, Bruxelles : Bruylant, 2007.

JACOBSEN A. F., *Focus sur l'Examen périodique universel : Une introduction*, Institut danois des droits de l'homme : Copenhague, 2010.

KEDE ONANA M., *Le droit à l'éducation en Afrique. Enjeux et perspectives à l'ère de la mondialisation*, Paris : L'Harmattan, 2007.

KOLB R., *An Introduction to the Law of the United Nations*, Oxford : Hart Publishing, 2010.

LANSDOWN G., *Promouvoir la participation des enfants au processus décisionnel démocratique*, Firenze : UNICEF Centro di Ricerca Innocenti, 2001.
MARCOVICH M., *Les Nations désunies. Comment l'ONU enterre les droits de l'homme*, Paris : Ed. Jacob-Duvernet, 2008.
MARIE J.-B., *La Commission des droits de l'homme de l'ONU*, Paris : Pedone, 1975.
MATRINGE J., *Tradition et modernité dans la Charte africaine des droits de l'homme et des peuples. Etude du contenu normatif de la Charte et de son apport à la théorie du droit international des droits de l'homme* (Mémoire de DEA), Bruxelles : Bruylant, 1996.
MAUGENEST D., POUGOUE' P.-G., *Droits de l'Homme en Afrique centrale. Colloque de Yaoundé (9-11 novembre 1994)*, Paris : Editions KARTHALA – Yaoundé : Presses de l'UCAC, 1996.
MERTUS J. A., *The United Nations and Human Rights. A guide for a new era*, Global institutions series, London : Routledge, 2005.
MEUNIER G., *L'application de la Convention des Nations Unies relative aux droits de l'enfant dans le droit interne des Etats parties*, Paris : L'Harmattan, Collection Logiques Juridiques, 2002.
MUBIALA M., *Le système régional africain de protection des droits de l'homme*, Bruxelles : Bruylant, 2005.
MURRAY R., *Human rights in Africa : From the OAU to the African Union*, Cambridge : Cambridge University Press, 2004.
MURRAY R., *The African Commission on human and peoples' rights and international law*, Oxford : Hart Publishing, 2000.
NIFOSI I., *The UN Special Procedures in the Field of Human Rights*, Oxford : Intersentia, 2005.
OSTERDAHL L., *Implementing human rights in Africa*, Uppsala : Iustus Forlag, 2002.
OUGUERGOUZ, *La Charte africaine des droits de l'homme et des peuples. Une approche juridique des droits de l'homme entre tradition et modernité*, Paris : PUF, 1993.
RACHEWILTZ O. de, *Eros noir. Mœurs sexuelles de l'Afrique noire de la préhistoire à nos jours*, Paris : Ed. Terrain vague, 1993.
SYMONIDES J., *Human Rights : International Protection, Monitoring, Enforcement*, Hants : Ashgate/UNESCO Publishing, 2003.
TOMUSCHAT C., *Human Rights. Between Idealism and Realism*, New York : Oxford University Press, 2008.
TURGIS S., *Les interactions entre les normes internationales relatives aux droits de la personne*, Paris : Pedone, Collection Publications de l'Institut international des droits de l'homme, n° 17, 2012.
VINCENT G., *La partition des cultures. Droits culturels et droits de l'Homme*, Strasbourg : Presses universitaires de Strasbourg, 2008.

WEBER A., *Les mécanismes de contrôle non contentieux du respect des droits de l'homme*, Paris : Pedone, 2008.
WELCH C., *Protecting human rights in Africa. Strategies and roles of nongovernmental organizations*, Philadelphia : University of Pennsylvania Press, 1995.

4. Articles, contributions

ABEBE A. M., « Of Shaming and Bargaining : African States and the Universal Periodic Review of the United Nations Human Rights Council », *Human Rights Law Review*, 2009, 9 (1), pp. 1-35.
ALBUQUERQUE C. de, « Chronicle of an Announced Birth : The Coming into Life of an Optional Protocol to the International Covenant on Economic, Social and Cultural Rights – The Missing Piece of the International Bill of Human Rights », *Human Rights Quarterly*, 2010, pp. 144-178.
ALLAIN J., « On the Curious Disappearance of Human Servitude from General International Law », *Journal of the History of International Law*, vol. 11, 2009, pp. 303-332.
ALLINNE J.-P., « La situation juridique des enfants au Kenya », Institut Français de Recherches en Afrique (IFRA) Nairobi, Rapport de la Mission de juillet-août 2011, disponible à l'adresse Internet http://www.ifra-nairobi.net/PDF%20ANR%20Enfants/ALLINNE_FR%20Situation%20juridiques%20des%20enfants%20Kenya.pdf.
ALSTON P., « Hobbling the Monitors : Should U.N. Human Rights Monitors be Accountable ? », *Harvard International Law Journal,* vol. 52/2, 2011, pp. 561-649.
ANITHA S., GILL A., « Coercion, Consent and the Forced Marriage Debate in the UK », *Feminist Legal Studies*, vol. 17, 2009, pp. 165-184.
ARCHARD D. W., « Children's rights », *The Stanford Encyclopedia of Philosophy*, 2011.
ATTANASIO M., PITRONE A., « L'articolo 12 e l'interpretazione del diritto d'ascolto nel quadro dell'attività del Comitato delle Nazioni Unite sui diritti dell'infanzia », in CITARELLA L., ZANGHI' C. (dir.), *20° anniversario della Convenzione delle Nazioni Unite sui diritti del fanciullo. Il diritto d'ascolto del minore*, Roma : Teseo Editore, 2009, pp. 115-145.
BARICAKO G., « La mise en œuvre des décisions de la Commission africaine des droits de l'homme et des peuples par les autorités nationales », in FLAUSS J.-F., LAMBERT-ABDELGAWAD E. (dir.), *L'application nationale de la Charte africaine des droits de l'homme et des peuples*, Bruxelles : Bruylant, Collection Droit et Justice, 2004, pp. 207-234.
BEIGBEDER Y., « Children » in WEISS T. G., DAWS S. T. (eds.), *The Oxford Handbook of the United Nations*, Oxford : Oxford University Press, 2007, pp. 511-524.

BELORGEY J.-M., « La Charte sociale du Conseil de l'Europe et son organe de régulation (1961-2011), le Comité européen des droits sociaux : esquisse d'un bilan », *RTDH*, 88/2011, pp. 787-806.
BERNAZ N., « Reforming the UN Human Rights Protection Procedures : A Legal Perspective on the Establishment of the Universal Periodic Review Mechanism », in BOYLE K. (ed.), *New Institutions for Human Rights Protection*, New York : Oxford University Press, 2009, pp. 75-92.
BHABBHA J., « Arendt's Children : Do Today's Migrant Children Have a Right to Have Rights ? », *Human Rights Quarterly*, vol. 31/2, 2009, pp. 410-450.
BOHANNAN L., « Dahomean Marriage : A Revaluation », *Africa : Journal of the International African Institute*, vol. 19, n° 4, 1949, pp. 273-287.
BOUKONGOU J.-D., « Le système africain de protection des droits de l'enfant. Exigences universelles et prétentions africaines », *Cahiers de la Recherche sur les Droits Fondamentaux*, n° 5, L'enfant, Caen : Presses universitaires de Caen, 2006, pp. 97-108.
BOUKONGOU J.-D., « La vie familiale comme lieu d'exercice des droits fondamentaux : lecture des pratiques africaines », in MORIN J.-Y., OTIS G. (dir.), *Les défis des droits fondamentaux : Universalité et diversité, Droit au développement, Liberté de religion, Statut du juge en Afrique*, Actes des deuxièmes Journées Scientifiques du réseau *Droits fondamentaux* de l'Agence Universitaire de la Francophonie tenues à Québec du 29 septembre au 2 octobre 1999, Bruxelles : Bruylant/AUF, 2000, pp. 127-151.
BOUKRIF H., « La Cour africaine des droits de l'homme et des peoples : un organe judiciaire au service des droits de l'homme et des peuples en Afrique », *Revue africaine de Droit international et comparé,* n° 10, 1998, pp. 60-87.
BURGORGUE-LARSEN L., « Le fait régional dans la juridictionnalisation du droit international », in *La juridictionnalisation du droit international,* Colloque de Lille, SFDI, Paris : Pedone, 2003, pp. 203-264.
BURGORGUE-LARSEN L., « Commentaire de l'article 24 du Pacte international relatif aux droits civils et politiques », in DECAUX E. (dir.), *Le Pacte international relatif aux droits civils et politiques. Commentaire article par article*, Paris : Economica, 2010, pp. 515-527.
BREEN C., « Revitalising the United Nations Human Rights Special Procedures Mechanisms as a Means of Achieving and Maintaining International Peace and security », *Max Planck Yearbook of United Nations Law*, vol. 12, 2008, pp. 177-203.
BUERGENTHAL T., « A Court and two Consolidated Treaty Bodies », in BAYEFSKY A. F. (ed.), *The UN Human Rights Treaty System in the 21st Century,* The Hague : Kluwer Law International, 2000, pp. 299-301.
CANÇADO TRINDADE A. A., « Le système inter-américain de protection des droits de l'homme : état actuel et perspectives d'évolution à l'aube du XXIe siècle », *AFDI*, vol. 46, 2000, pp. 548-577.

CANÇADO TRINDADE A. A., « The Consolidation of the Procedural Capacity of Individuals in the Evolution of the International Protection of Human Rights : Present State and Perspectives at the Turn of the Century », *Columbia Human Rights Law Review*, 1998, pp. 1-27.
CAPORAL S., « Universalisme et relativisme culturel », in KOUBI G., JOUANJAN O. (dir.), *Sujets et objets universels en droit*, Strasbourg, Presses universitaires de Strasbourg, 2007, pp. 33-61.
CARPENTER R. C., « A Response to Bronwyn Winter, Denise Thompson and Sheila Jeffreys, 'The UN Approach to Harmful Traditional Practices : Some Conceptual Problems' : Some Other Conceptual Problems », *International Feminist Journal of Politics*, vol. 6/2, 2004, pp. 308-313.
CATALDI G., « L'immigrazione tra universalità dei diritti umani e particolarità culturali », in CARTA M. (dir.), *Immigrazione, frontiere esterne e diritti umani. Profili internazionali, europei ed interni*, Roma : Teseo Editore, 2009, pp. 59-94.
CATALDI G., « Osservazioni sulla giurisprudenza della Corte europea dei diritti umani in materia di tortura », *Diritti umani e diritto internazionale*, 2/2008, pp. 51-70.
CAVALLO M., « Formes contemporaines d'esclavage, servitude et travail forcé : le TPIY et la CEDH entre passé et avenir », *Droits fondamentaux*, n° 6, janvier – décembre 2006.
CHANET C., « Préface » in DECAUX E. (dir.), *Le Pacte international relatif aux droits civils et politiques. Commentaire article par article*, Paris : Economica, 2010, pp. v-vii.
CHANET C., « Le système des communications et l'avenir du contentieux », in DECAUX E. (dir.) *Les Nations Unies et les droits de l'homme. Enjeux et défis d'une réforme*, Paris : Pedone, 2006, pp. 271-276.
CHENWI L., « Correcting the historical asymmetry between rights : The Optional Protocol to the International Covenant on Economic, Social and Cultural Rights », *African Human Rights Law Journal*, 9/1, 2009, pp. 23-51.
CHETAIL V., « Le Conseil des droits de l'homme des Nations Unies. Réformer pour ne rien changer ? », in GHEBALI V.-Y. (dir.), *Conflits, sécurité et coopération*, Bruxelles, Bruylant, 2007, pp. 125-167.
CHETAIL V., « Le Conseil des droits de l'homme des Nations Unies : l'an I de la réforme », *Refugee Survey Quarterly*, vol. 26, n° 4, 2007, pp. 104-130.
CHETAIL V., « La réforme française de l'asile : prélude à la banalisation européenne du droit des réfugiés », *Journal du droit international (Clunet)*, 2004, n° 3, pp. 817-865.
CHETAIL V., « Théorie et pratique de l'asile en droit international classique : étude sur les origines conceptuelles et normatives du droit international des réfugiés », *RGDIP*, vol. 115, 2011, pp. 625-652.
CIMPRIC A., « Children Accused of Witchcraft. An anthropological study of contemporary practices in Africa », Dakar : UNICEF WCARO (Bureau Régional de l'Afrique de l'Ouest et du Centre), avril 2010.

CITARELLA L., « L'articolo 1 della CRC : la definizione di fanciullo », in CITARELLA L., ZANGHI' C. (dir.), *20° anniversario della Convenzione delle Nazioni Unite sui diritti del fanciullo. Il diritto d'ascolto del minore*, Roma : Teseo Editore, 2009, pp. 77-90.

CLIFTON D., FROST A., *The World's Women and Girls 2011 Data Sheet*, Washington, DC : Population Reference Bureau, 2011.

COHEN-JONATHAN G., « Quelques observations sur le Comité des droits de l'homme des Nations Unies » in *Humanité et droit international. Mélanges René-Jean Dupuy*, Paris : Pedone, 1991, pp. 83-97.

CONROY M. A., « Refugees Themselves : The Asylum Case for Parents of Children at Risk of Female Genital Mutilation », *Harvard Human Rights Journal*, vol. 22, Winter 2009, pp. 109-131.

COOK R. J., « Les préoccupations éthiques par rapport à l'incision génitale féminine », *African Journal of Reproductive Health*, vol. 12 No.1, April 2008, pp. 12-16.

DAVIS K., « The Emperor Is Still Naked : Why the Protocol on the Rights of Women in Africa Leaves Women Exposed to More Discrimination », *Vanderbilt Journal of Transnational Law*, vol. 42, May 2009, pp. 949-992.

DE BORTOLI I., « Le mutilazioni genitali femminili nella stampa europea. Un'analisi comparativa dei quotidiani di 4 paesi, dal 2000 al 2010 », *Institut International des droits de l'enfant*, disponible à la page Internet http://www.childsrights.org/html/documents/programmes/101012_Media_e_MGF.pdf.

DECAUX E., « Rapport général » in DECAUX E. (dir.), *Les Nations Unies et les droits de l'homme. Enjeux et défis d'une réforme*, Paris : Pedone, 2006, pp. 29-44.

DEJAMMET A., « A quoi servent les Nations Unies », *AFDI*, 2008, pp. 179-195.

DHOMMEAUX J., « Les recours individuels devant les neuf organes conventionnels des Nations Unies : étude comparative », in *Mélanges en hommage à Jean-François Flauss*, à paraître fin 2012.

DHOMMEAUX J. « Le *forum shopping* devant les organes conventionnels dans le système des Nations Unies », in FLAUSS J.-F., TOUZE' S. (dir.), *Contentieux international des droits de l'homme et choix du forum : Les instances internationales de contrôle face au forum shopping*, Bruxelles : Bruylant, Collection Droit et Justice, 2012, pp. 13-51.

DHOMMEAUX J., « La conception des droits de l'homme dans les différents Etats de l'espace méditerranéen », in FERRE-ANDRE S. (dir.),*Vers la création d'un ordre juridique pour la Méditerranée. Bilans et perspectives d'une civilisation commune*, Bruxelles : Bruylant, 2012, pp. 29-58.

DHOMMEAUX J., « Les mécanismes internationaux de protection des libertés et droits fondamentaux », in RENOUX T. (dir.), *Protection des libertés et droits fondamentaux*, 2e éd., La Documentation française, 2011.

DHOMMEAUX J., « Droits et diversité culturels dans les instruments internationaux du système des Nations Unies », *Annuaire international des droits de l'Homme* (Athènes/Bruxelles), vol. III, 2008, pp. 175-235.
DHOMMEAUX J., « La réforme du système des Nations Unies dans le domaine des droits de l'homme », *L'Europe des libertés*, n° 18, janvier 2006, pp. 1-15.
DHOMMEAUX J., « Le Comité des droits de l'homme : 25 ans d'expérience », in *Libertés, justice, tolérance. Mélanges en hommage au doyen Gérard Cohen-Jonathan*, Vol. 1, Bruxelles : Bruylant, 2004, pp. 653-676.
DHOMMEAUX J., « Le rôle du Comité des droits de l'enfant dans le contrôle, l'interprétation et l'évolution de la Convention relative aux droits de l'enfant », in *Karel Vasak amicorum liber. Les droits de l'homme à l'aube du XXIe siècle*, Bruxelles : Bruylant, 1999, pp. 553-580.
DHOMMEAUX J., « L'article 26 du Pacte relatif aux droits civils et politiques et le droit des pensions », *Revue française de droit administratif*, 1996, pp. 1239-1241.
DHOMMEAUX J., « Monismes et dualismes en droit international des droits de l'homme », *AFDI*, vol. 41, 1995, pp. 447-468.
DHOMMEAUX J., « La contribution du Comité des droits économiques, sociaux et culturels des Nations Unies à la protection des droits économiques, sociaux et culturels », *AFDI*, vol. 40, 1994, pp. 633-657.
DHOMMEAUX J., « Méthodes du Comité des Droits de l'Homme dans l'examen des rapports soumis par les Etats parties au Pacte sur les droits civils et politiques », *AFDI*, vol. 34, 1988, pp. 331-364.
DHOMMEAUX J., « La jurisprudence du Comité des droits de l'homme des Nations Unies », chroniques couvrant globalement la période 1977-1998 in *AFDI :* vol. 44, 1998, pp. 613-646 ; vol. 42, 1996, pp. 679-714 ; vol. 39, 1993, pp. 657-683 ; vol. 37, 1991, pp. 514-552 ; vol. 33, 1987, pp. 447-477.
DIENE D., « Le rôle des rapporteurs thématiques », in DECAUX E. (dir.), *Les Nations Unies et les droits de l'homme. Enjeux et défis d'une réforme*, Paris : Pedone, 2006, pp. 217-221.
DI STASI A., « La personalità internazionale dell'individuo : contenuto e limiti di una possibile soggettività attiva nell'ordinamento internazionale », in *Scritti in onore di Claudio Zanghì*, Vol. I (Diritto internazionale), Torino : Giappichelli, 2011, pp. 191-222.
DI STEFANO A., « Recenti sviluppi in tema di violenza contro le donne », *Diritti umani e Diritto internazionale*, vol. 4, n. 1, 2010, pp. 184-189.
DOMINGUEZ-REDONDO E., « UN Public Special Procedures under Damocles' Sword – Two Particular Innovations : Mechanism for the Appointment of Mandate-holders, and the Adoption of a Code of Conduct for Special Procedures Mandate-holders of the Human Rights Council », *Human Rights Law Journal*, vol. 29, 2008, pp. 32-40.

DOMINGUEZ-REDONDO E., « The Universal Periodic Review of the UN Human Rights Council : An Assessment of the First Session », *Chinese Journal of International Law*, vol. 7 (3), 2008, pp. 721-734.
DOUGLAS H., « 'She knew what was expected of her' : the white legal system's encounter with traditional marriage », *Feminist Legal Studies*, vol. 13, 2005, pp. 181-203.
DROZ Y., « Circoncision féminine et masculine en pays kikuyu : rite d'institution, division sociale et droits de l'Homme », *Cahiers d'Etudes Africaines*, vol. 40, Cahier 158 (2000), pp. 215-240.
ENGSTRAND-NEACSU A., WYNTER A., *A travers les yeux des albinos. Le sort tragique des albinos dans la région des Grands Lacs en Afrique et la réponse de la Croix-Rouge*, Genève : Fédération internationale des Sociétés de la Croix-Rouge et du Croissant-Rouge, 2009.
EUDES M., « Les organes de surveillance des traités. Rapport général », in DECAUX E. (dir.), *Les Nations Unies et les droits de l'homme, Enjeux et défis d'une réforme*, Paris : Pedone, 2006, pp. 251-270.
EUDES M., « De la Commission au Conseil des droits de l'homme : vraie réforme ou faux-semblant ? », *AFDI*, vol. 52, 2006, pp. 599-616.
FASSASSI I., « L'examen périodique universel devant le Conseil des droits de l'homme des Nations Unies », *RTDH*, 79, 2009, pp. 739-761.
FEINBERG J., « A Child's Right to an Open Future », in AIKEN W., LA FOLLETTE H. (eds.), *Whose Child ? Parental Rights, Parental Authority and State Power*, Totowa, NJ : Littlefield, Adams, and Co., 1980, pp. 124-153
FROUVILLE O. de, « Rapport général » sur les organes subsidiaires de la Commission, in DECAUX E. (dir.), *Les Nations Unies et les droits de l'homme. Enjeux et défis d'une réforme*, Paris : Pedone, 2006, pp. 171-199.
FROUVILLE O. de, « Article 1, Paragraphe 3 », in COT J.-P., PELLET A., FORTEAU M., *La Charte des Nations Unies. Commentaire article par article*, 3e éd., Paris : Economica, 2005, pp. 357- 378.
FISCHER G., « Esclavage et droit international », *RGDIP*, vol. 1, 1957, pp. 71-101.
GAER F. D., « A Voice Not an Echo : Universal Periodic Review and the UN Treaty Body System », *Human Rights Law Review*, 7 (1), 2007, pp. 109-139.
GHERARI H., « La Commission africaine des droits de l'home et des peuples (bilan d'une jurisprudence) », in TAVERNIER P. (dir.), *Regards sur les droits de l'homme en Afrique*, Paris : L'Harmattan, Collection Presses Universitaires de Sceaux, 2008, pp. 131-163.
GIALDINO R. E., « Le nouveau règlement de la Cour interaméricaine des droits de l'homme », *RTDH*, n° 64, 2005, pp. 979-997.
GNAMOU-PETAUTON D., « Les mécanismes régionaux africains de protection des droits de l'homme », in TAVERNIER P. (dir.), *Regards sur les*

droits de l'homme en Afrique, Paris : L'Harmattan, Collection Presses Universitaires de Sceaux, 2008, pp. 254-275.
GODET B., « La création et le fonctionnement du Conseil des droits de l'homme », *Relations Internationales*, n° 4, 2008, p. 91-100.
GOUTTENOIRE A., « Le domaine de l'article 3-1 de la CIDE : la mise en œuvre du principe de primauté de l'intérêt supérieur de l'enfant », *Petites affiches*, Numéro spécial, n° 200, 7 octobre 2010, pp. 24-27.
GOY R., « Article 68 », in COT J.-P., PELLET A., FORTEAU M., *La Charte des Nations Unies. Commentaire article par article*, 3e éd., Paris : Economica, 2005, pp. 1687-1709.
HAFEN B. C., HAFEN J. O., « Abandoning Children to Their Autonomy : the United Nations Convention on the Rights of the Child », *Harvard International Law Journal*, 1996, pp. 449-491.
HANNA C., « Health, Human Rights, and Violence Against Women and Girls : Broadly Redefining Affirmative State Duties After *Opuz c. Turkey* », *Hastings International and Comparative Law Review*, vol. 34 (1), winter 2011, pp. 127-148.
HARRIS-SHORT S., « International Human Rights Law : Imperialist, Inept and Ineffective ? Cultural Relativism and the UN Convention on the Rights of the Child », *Human Rights Quarterly*, vol. 25/1, 2003, pp. 130-181.
HART S. N., « Making Sure the Child's Voice is Heard », *International Review of Education/Revue Internationale de l'Education*, Vol. 48, nos 3-4, juillet 2002, pp. 251-258
HAUSAMMANN C., « Excision et droits de l'homme », in UNICEF, *Rapport final de la journée consacrée à l'excision, le 21 mai 2001 à Berne*, Zurich : Comité suisse pour l'UNICEF, 2001, pp. 14-19.
HENNEBEL L., « Chronique des décisions du Comité des droits de l'homme des Nations Unies (2007-2010) », *RTDH*, n° 87, 2011, pp. 545-593.
HERVISH A., FELDMAN-JACOBS C., « Qui parle en mon nom ? Mettre fin au mariage des enfants », Washington, DC : Population Reference Bureau, mai 2011 (téléchargeable à partir de la page Internet http://www.prb.org/FrenchContent/Articles/2011/ending-child-marriage-fr.aspx, dernier accès 30 mai 2012).
HEYNS C., « Some thoughts on challenges facing the international protection of human rights in Africa », *Netherlands Quarterly of Human Rights*, vol. 27, n. 4, 2009, pp. 447-450.
HIMONGA C., « Implementing the rights of the child in African legal systems : The Mthembu journey in search of justice », *The International Journal of Children's Rights*, vol. 9, 2002, pp. 89-122.
HINZ M. O., HANGULA M., « "A man is not a man unless..." : Male circumcision – A legal problem ? », in RUPPEL O. C. (ed.), *Children's Rights in Namibia*, Windhoek : Macmillan Education, 2009, pp. 267-282.

HUARAKA T., « Les fondements des droits de l'homme en Afrique », in LAPEYRE A., TINGUY F. de, VASAK K. (dir.), *Les dimensions universelles des droits de l'homme*, publié avec le concours de l'UNESCO, Bruxelles : Bruylant, 1990, pp. 237-249.

IBHAWOH B., « Between Culture and Constitution : Evaluating the Cultural Legitimacy of Human Rights in the African State », *Human Rights Quarterly*, vol. 22, n° 3, 2000, pp. 838-860.

IBRIGA L. M., OUEDRAOGO F., *Etude relative au trafic d'enfants au Burkina Faso. Aspects juridiques et institutionnels*, Rapport définitif, 2001.

IMBERT P. H., « Communication », in *Universalité des droits de l'homme dans un monde pluraliste. Actes du colloque organisé par le Conseil de l'Europe en collaboration avec l'Institut international des droits de l'homme : Strasbourg, 17-19 avril 1989*, Strasbourg : N. P. Engel, 1990, pp. 155-177.

JAILLARDON E., « Quel droit d'asile pour les femmes… ? », in LANGEVIN L. (dir.), *Rapports sociaux de sexe / genre et droit : repenser le droit*, Paris : Editions des archives contemporaines et en partenariat avec l'Agence universitaire de la Francophonie (AUF), 2008, pp. 37-58.

JAILLARDON E., « Les Etats et la protection des femmes menacées d'excision », in SOW-SIDIBE A., BADJI M., MBONDA E.-M., OTIS G. (sous la responsabilité scientifique de), BECKER C. (sous la responsabilité éditoriale de), *Genre, inégalités et religion, Actes du premier colloque inter-réseaux du programme thématique Aspects de l'Etat de droit et démocratie,* Paris : Editions des archives contemporaines et en partenariat avec l'Agence universitaire de la Francophonie (AUF), 2007, pp. 283-303.

JAILLARDON E., « L'éloignement forcé et les risques d'excision. A propos du jugement du Tribunal administratif de Lyon du 12 juin 1996 », *RUDH*, vol. 9, 1997, pp. 337-346.

JOHNSDOTTER S., « The FGM Legislation Implemented : Experiences from Sweden », Malmö University, January 2009, disponible à l'adresse Internet http://www.uv.es/CEFD/17/Johnsdotter.pdf.

JONES W. K. et al., « Female Genital Mutilation/Female Circumcision : Who Is at Risk in the U.S. ? », *Public Health Reports*, vol. 112, 1997, pp. 368-377.

KAIME T., « The Convention on the Rights of the Child and the cultural legitimacy of children's rights in Africa : Some reflections », *African Human Rights Law Journal*, vol. 5, 2005, pp. 221-238.

KAMARA M., « La promotion et la protection des droits fondamentaux dans le cadre de la Charte africaine des droits de l'homme et des peuples et du Protocole facultatif additionnel de juin 1998 », *RTDH*, 63/2005, pp. 709-727.

KARAGIANNIS S., « Expulsion d'étrangers et Convention européenne des droits de l'homme Le risque de mauvais traitements dans l'Etat de destination », *Anuario Colombiano de Derecho Internacional*, Vol. 3 Especial, 2010, pp. 57-115.

KERBRAT Y., « Aspects de droit international général dans la pratique des comités institués par les Nations Unies dans le domaine des droits de l'homme (2008-2009) », *AFDI*, vol. 55, 2009, pp. 559-573.
KERBRAT Y., « Aspects de droit international général dans la pratique des comités établis au sein des Nations Unies dans le domaine des droits de l'homme (2006-2007) », *AFDI*, vol. 53, 2007, pp. 584-607.
KERE G., « Les difficultés d'application par les Etats africains de la Convention internationale relative aux droits de l'enfant du 20 novembre 1989 », in RUBELLIN-DEVICHI J., FRANK R. (dir.), *L'enfant et les conventions internationales*, Lyon : Presses universitaires de Lyon, 1996, pp. 151-162.
KING M., « Children's Rights as Communication : Reflections on Autopoietic Theory and the United Nations Convention », in FREEMAN M. D. A. (ed.), *Children' s Rights*, Volume I, Hants, UK : Ashgate Dartmouth, 2004, pp. 385-401.
KIWINDA MBONDENYI M., « Invigorating the African system of human rights and peoples' rights trough institutional mainstreaming and rationalisation », *Netherlands Quarterly of Human Rights,* vol. 27, n. 4, 2009, pp. 451-483.
KLEIN E., « Some Thoughts on the Value of Individual Complaint Mechanisms on the Universal Plane », *Human Rights Law Journal*, vol. 29, 2008, pp. 40-42.
KOUDE R. M. K., « Peut-on, à bon droit, parler d'une conception africaine des Droits de l'homme ? », *RTDH*, 62/2005, pp. 539-561.
KOWOUVIH S., « La Cour africaine des droits de l'homme et des peuples : une rectification institutionnelle du concept de « spécificité africaine » en matière de droits de l'homme ? », *RTDH*, 59/2004, pp. 756-790.
KRASA K., « Human rights for women : the ethical and legal discussion about Female Genital Mutilation in Germany in comparison with other Western European countries », *Medicine, Healthcare and Philosophy*, 13/2010, pp. 269-278.
KRETZMER D., « Commentary on Complaint Processes by Human Rights Committee and Torture Committee Members », in BAYEFSKY A. F. (ed.), *The UN Human Rights Treaty System in the 21st Century,* The Hague : Kluwer Law International, 2000, pp. 163-166.
LARRALDE J.-M. « La concurrence de procédures dans le contentieux international des droits de l'homme », in KERBRAT Y. (dir.), *Forum shopping et concurrence des procédures contentieuses internationales*, Bruxelles : Bruylant, 2011, pp. 103-125.
LENZERINI F., « L'evoluzione contemporanea del concetto di schiavitù nel diritto internazionale consuetudinario », *Studi Senesi*, 4/2000, pp. 470-531.
LEYE E. et al., « An analysis of the implementation of laws with regard to female genital mutilation in Europe », *Crime, Law and Social Change*, 47/2007, pp. 1-31.

MACKIE G., LEJEUNE J., *Social dynamics of abandonment of harmful practices : A new look at the theory*, Innocenti Working Paper, Special Series on Social Norms and Harmful Practices, Florence : UNICEF-Innocenti Research Centre, May 2009.
MAFFEI M. C., « I meccanismi di controllo nel sistema africano di tutela dei diritti umani », in PINESCHI L. (dir.), *La tutela internazionale dei diritti umani*, Milano : Giuffrè, 2006, pp. 675-695.
MAGLIVERAS D., NALDI G., « The African Court of Justice », *ZaöRV*, vol. 66, 2006, pp. 187-213.
MAIA C., « Quel avenir pour les enfants d'Afrique ? Entre renforcement des droits et dégradation des conditions de vie », in *Revue de droit international, de sciences diplomatique et politique*, vol. 86, n. 2, 2008, pp. 117-160.
MANCINELLI F. (dir.), « Mutilazione genitale femminile », *Il WebGiornale dell'Osservatorio sui Diritti dei Minori*, Anno I, n° 2 – Luglio/Agosto 2006, pp. 1-10 (disponible à l'adresse Internet : www.osservatoriominori.org/webgiornale.htm).
MARIE J.-B., « L'universalité des droits de l'homme revisitée par la diversité culturelle », in VINCENT G., *La partition des cultures. Droits culturels et droits de l'Homme*, Strasbourg : Presses universitaires de Strasbourg, 2008, pp. 379-392.
MARIE J.-B., QUESTIAUX N., « Article 55, Alinéa c », in COT J.-P., PELLET A., FORTEAU M., *La Charte des Nations Unies. Commentaire article par article*, 3e éd., Paris : Economica, 2005, pp. 1481-1503.
MC MAHON E. R., « Herding Cats and Sheep : Assessing State and Regional Behavior in the Universal Periodic Review Mechanism of the United Nations Human Rights Council », juillet 2010, disponible à la page Internet www.upr-info.org/IMG/pdf/McMahon_Herding_Cats_and_Sheeps_July_2010.pdf.
MEYER-BISCH P., « Méthodologie pour une présentation systémique des droits humains », in BRIBOSIA E., HENNEBEL L. (dir.), *Classer les droits de l'homme*, Bruxelles : Bruylant, 2004, pp. 47-85.
MGBAKO C, SAXENA M., CAVE A., FARJAD N., SHIN H, « Penetrating the silence in Sierra Leone : A Blueprint for the Eradication of Female Genital Mutilation », *Harvard Human Rights Journal*, vol. 23, spring 2010, pp. 111-140.
MILLER M. J., « Réponses à la mutilation génitale des femmes/excision en Europe » in TRECHSEL S, SCHLAURI R. (dir.), *Les mutilations génitales féminines en Suisse*, Zurich : Comité suisse pour l'UNICEF, 2004, pp. 32-37.
MUBIALA M., « La Cour africaine des droits de l'homme et des peuples : mimétisme institutionnel ou avancée judiciaire ? », *RGDIP*, n° 3, 1998, pp. 765-780.
MUSACCHIO V., « Le principali forme de violenza contro le donne nel diritto internazionale penale », *I diritti dell'uomo : cronache e battaglie*, anno XIII, 2002, pp. 31-38.

NAPOLI C., « Les valeurs partagées du Partenariat. L'exemple de la protection des enfants soldats africains », in IBRIGA L. M. (dir.), *Le Partenariat Europe-Afrique et les intégrations régionales*, Bruxelles : Bruylant, 2012, pp. 81-91.
NAPOLI C., « Le caractère auto-exécutoire de la Convention internationale relative aux droits de l'enfant. Réflexions générales et situation française (à l'occasion du 20ème anniversaire de la ratification) », *Revue Juridique de l'Ouest*, n° 3, 2010, pp. 335-357.
NAPOLI C., « La Convention relative aux droits de l'enfant 20 ans après : obligations et mise en œuvre sur le continent africain », *Revue Juridique de l'Ouest*, n° 2, 2009, pp. 169-187.
NIYUNGEKO G., « La Cour africaine des droits de l'homme et des peuples : défis et perspectives », *RTDH*, 79/2009, pp. 731-738.
NOWAK M., « The Need for a World Court of Human Rights », *Human Rights Law Review*, vol. 7 (1), 2007, pp. 251-259.
ODINKALU C. A., « Back to the Future : The Imperative of Prioritizing for the Protection of Human Rights in Africa », *Journal of African Law*, vol. 47, n° 1, 2003, pp. 1-37.
O' FLAHERTY M., « Reform of the United Nations Human Rights Treaty Body System : Locating the Dublin Statement », *Human Rights Law Review*, 10 (2), 2010, pp. 319-335.
OLINGA A. D., « La famille en droit international africain des droits de l'homme », in MORIN J.-Y., OTIS G. (dir.), *Les défis des droits fondamentaux : Universalité et diversité, Droit au développement, Liberté de religion, Statut du juge en Afrique*, Actes des deuxièmes Journées Scientifiques du réseau *Droits fondamentaux* de l'Agence Universitaire de la Francophonie tenues à Québec du 29 septembre au 2 octobre 1999, Bruxelles : Bruylant/AUF, 2000, pp. 153-168.
OUGUERGOUZ F., « The establishment of an African Court of human and peoples' rights : a judicial premiere for the African Union », *African Yearbook of International Law*, 2005, pp. 79-141.
PASQUALUCCI J. M., « Interim Measures in International Human Rights : Evolution and Harmonization », *Vanderbilt Journal of Transnational Law*, vol. 38, 2005, pp. 1-49.
POCAR F., « Legal value of the Human Rights Committee's Views », *Canadian Human Rights Yearbook*, 1991-1992, pp. 119-123.
QUENEUDEC J.-P., « Avant-propos », in BOISSON DE CHAZOURNES L., KOHEN M., BUZZINI G. (dir.), *La pratique et le droit international*, Colloque de Genève de la SFDI, Paris : Pedone, 2004, pp. 7-10.
QUILLERE-MAJZOUB F., « Le Protocole à la Charte africaine des droits de l'homme et des peuples relatif aux droits de la femme en Afrique : un projet trop ambitieux ? », *RTDH*, n° 73, 2008, pp. 127-161.
QUILLERE-MAJZOUB F., « L'option juridictionnelle de la protection des droits de l'homme en Afrique », *RTDH*, 2000, pp. 729-785.

RICCI C., « Mutilazioni genitali e diritti umani », *I diritti dell'uomo : cronache e battaglie*, anno XII, 2001, pp. 23-35.
RODLEY N., « The United Nations Human Rights Council, Its special Procedures, and Its Relationship with the Treaty Bodies : Complementarity or Competition ? », in BOYLE K. (ed.), *New Institutions for Human Rights Protection*, New York : Oxford University Press, 2009, pp. 49-73.
RUBIO-MARIN R., SANDOVAL C., « Engendering the Reparations Jurisprudence of the Inter-American Court of Human Rights : The Promise of the *Cotton Field* Judgment », *Human Rights Quarterly*, vol. 33 (4), November 2011, pp. 1062-1091.
RUSSO D., « Diritti dei minori e diritti dei genitori nelle scelte relative all'istruzione », *Rivista di diritto internazionale*, vol. XCII, 2009, pp. 94-109.
SABA H., « L'UNESCO et les droits de l'homme », in VASAK K., *Les dimensions internationales des droits de l'homme. Manuel destiné à l'enseignement des droits de l'homme dans les universités*, Paris : UNESCO, 1978, pp. 479- 506.
SACCUCCI A., « Il Protocollo istitutivo della Corte africana dei diritti dell'uomo e dei popoli : un primo confronto con le altre Corti regionali », *Rivista di diritto internazionale*, n° 4, 2004, pp. 1036-1065.
SALERNO F., « L'obbligo internazionale di *non-refoulement* dei richiedenti asilo », *Diritti umani e diritto internazionale*, vol. 4, n° 3, 2010, pp. 487-515.
SCARPATI M., « Origini e sviluppo del sistema africano », in PINESCHI L. (dir.), *La tutela internazionale dei diritti umani*, Milano : Giuffrè, 2006, pp. 663-674.
SCHMIDT M., « L'amélioration technique des procédures des comités », in DECAUX E. (dir.), *Les Nations Unies et les droits de l'homme. Enjeux et défis d'une réforme*, Paris : Pedone, 2006, pp. 287-296.
SCHREIBER M., « La Convention supplémentaire des Nations Unies relative à l'abolition de l'esclavage, de la traite des esclaves et des institutions et pratiques analogues à l'esclavage », *AFDI*, vol. 2, n. 2, 1956, pp. 547-557.
SCHUTTER O. de, « Le Protocole facultatif au Pacte international relatif aux droits économiques, sociaux et culturels », *Revue Belge de Droit International*, 2006/1, pp. 7-56.
SCHUTTER O. de, « Commentaire de l'article 26 du Pacte international relatif aux droits civils et politiques », in DECAUX E. (dir.), *Le Pacte international relatif aux droits civils et politiques. Commentaire article par article*, Paris : Economica, 2010, pp. 561-593.
SHELL-DUNCAN B., « From Health to Human Rights : Female Genital Cutting and the Politics of Intervention », *American Anthropologist*, vol. 110, n° 2, 2008, pp. 225-236.
STEINER H. J., « Individual Claims in a World of Massive Violations : What role for the Human Rights Committee ? », in ALSTON P.,

CRAWFORD J. (eds.), *The future of UN Human Rights Treaty Monitoring*, Cambridge : Cambridge University Press, 2000, pp. 15-54.

SUBEDI S. P., « Protection of Human Rights through the Mechanism of UN Special Rapporteurs », *Human Rights Quarterly*, vol. 33/1, 2011, pp. 201-228.

TARDU M., « Le nouveau Conseil des droits de l'homme aux Nations Unies : décadence ou résurrection », *RTDH*, n° 72, 2007, pp. 967-991.

TAVERNIER P., « Destin du Pacte international relatif aux droits civils et politiques vingt ans après son entrée en vigueur », in *Pouvoir et liberté : études offertes à Jacques Mourgeon*, Bruxelles : Bruylant, 1998, pp. 479-493.

TEXIER P., « L'enjeu de la justiciabilité et le projet de protocole additionnel au Pacte ralatif aux droits économiques, sociaux et culturels », in DECAUX E. (dir.) *Les Nations Unies et les droits de l'homme. Enjeux et défis d'une réforme*, Paris : Pedone, 2006, pp. 277-281.

THIAM A., « Le combat des femmes pour l'abolition des mutilations sexuelles », *Revue Internationale des Sciences Sociales*, n° 157 , septembre 1998, pp. 433-438.

TIGROUDJA H., « La Cour interaméricaine des droits de l'homme au service de l' « humanisation du droit international public ». Propos autour des récents arrêts et avis », *AFDI*, vol. 52, 2006, pp. 617-640.

TIGROUDJA H., « L'autonomie du droit applicable par la Cour interaméricaine des droits de l'homme : en marge d'arrêts et avis consultatifs récents », *RTDH*, n° 49, 2002, pp. 69-110.

TIROCH K., « Violence against Women by Private Actors : The Inter-American Court's Judgment in the Case of Gonzalez et al. ("Cotton Field") v. Mexico », *Max Planck Yearbook of United Nations Law*, vol. 14, 2010, pp. 371-408.

TISTOUNET E., « Amélioration des procédures conventionnelles des Nations Unies en matière de droits de l'homme », *RUDH*, vol. 5, 1993, pp. 145-155.

TOBIN J., « The International Obligation to Abolish Traditional Practices Harmful to Children's Health : What Does It Mean and Require of States ? », *Human Rights Law Review*, 9 (3), 2009, pp. 373-396.

TOMUSCHAT C., « Origins and History of UN Special Procedures – An Overview from Their Inception to June 2007 », *Human Rights Law Journal*, vol. 29, 2008, pp. 27-31.

TURGIS S., « Actualité du système africain de protection des droits de l'homme », dans la rubrique *Horizons* de *L'Europe des Libertés* n° 26, mai 2008 ; n° 29, mai 2009 ; n° 30, novembre 2010.

TURKI BEN CHEIKH H., « Do girls have women's or children's rights ? », *Mediterranean Journal of Human Rights*, vol. 12, double issue, pp. 363-378.

TURKI BEN CHEIKH H., « Is children's participation a right or a favour ? », *Mediterranean Journal of Human Rights*, vol. 11, n° 1, pp. 219-236.
VAN DER VYVER J. D., GREEN C. M., « Law, religion and human rights in Africa : Introduction », *African Human Rights Law Journal*, vol. 8, n° 2, 2008, pp. 337-356.
VANDENBOGAERDE A., VANDENHOLE W., « The Optional Protocol to the International Covenant on Economic, Social and Cultural Rights : An *Ex Ante* Assessment of its Effectiveness in Light of the Drafting Process », *Human Rights Law Review*, 10 (2), 2010, pp. 207-237.
VASAK K., « Les principes fondamentaux d'interprétation et d'application des droits de l'homme », in *Boutros-Boutros-Ghali Amicorum Discipulorumque Liber. Paix, Développement, Démocratie*, vol. II, Bruxelles : Bruylant, 1998, pp. 1417-1429.
VILJOEN F., « The African Charter on human and peoples' rights. The *travaux préparatoires* in the light of subsequent practice », *Human Rights Law Journal*, vol. 25, 2005, pp. 313-326.
VILJOEN F., LOUW L., « State Compliance with the Recommendations of the African Commission on Human and Peoples' Rights, 1994-2004 », *American Journal of International Law*, vol. 101, 1, 2007, pp. 1-34.
WEISSBRODT D., « United Nations Charter-based Procedures for Addressing Human Rights Violations : Historical Practice, Reform, and Future Implications », in GILBERT G., HAMPSON F., SANDOVAL C. (eds.), *The delivery of Human Rights : Essays in Honour of Professor Sir Nigel Rodley*, Abingdon et New York : Routledge, 2011, pp. 13-38.
WILSON B., « Quelques réflexions sur l'adoption du Protocole facultatif se rapportant au Pacte international relatif aux droits économiques, sociaux et culturels des Nations Unies », *RTDH*, n° 78, 2009, pp. 295-317.
WINTER B., THOMPSON D., JEFFREYS S., « The UN Approach to Harmful Traditional Practices : Some Conceptual Problems », *International Feminist Journal of Politics*, vol. 4/1, 2002, pp. 72-94.
YODER P. S., ABDERRAHIM N. et ZHUZHUNI A., *L'excision dans les Enquêtes Démographiques et de Santé : Une Analyse Comparative* (Traduction de l'anglais : Mac Dougall J.), Rapports Comparatifs Enquêtes Démographiques et de Santé (EDS), Numéro 12, Décembre 2005, Calverton, Maryland : ORC Macro, 2005.
YOUF D., « La Convention internationale des droits de l'enfant : ses raisons d'être », *Petites affiches*, Numéro spécial, n° 200 : *L'effectivité de la Convention internationale des droits de l'enfant*, 7 octobre 2010, pp. 3-6.
ZAKANE V., « La présentation des rapports étatiques aux organes internationaux de protection des droits de l'Homme », in Agence intergouvernementale de la Francophonie (dir.), *Structures gouvernementales et institutions nationales des droits de l'Homme : Expériences et perspectives*, Colloque international – Le Caire (Egypte), 10 et 11 mai 2003,

Paris, Le Caire : Organisation Internationale de la Francophonie, 2004, pp. 91-107.
ZANI M., « La Convention des Nations Unies relative aux droits de l'enfant : A propos de l'opportunité d'une procédure de plaintes individuelles », *Revue de droit international, de science diplomatiques et politiques*, vol. 87, n° 2, mai-août 2009, pp. 113-137.
ZANI M., « L'application de la Convention des Nations Unies relative aux droits de l'enfant : avancées et limites », *Revue Juridique de l'Ouest*, n° 1, 2009, pp. 35-59.
ZANI M., « Le Conseil des droits de l'homme des Nations Unies : un mécanisme d'affaiblissement ou de renforcement des procédures de contrôle ? », *Etudes internationales*, vol. 39 (3), 2008, pp. 433-452.

III. Divers

Thèses de Doctorat

AFFA'A MINDZIE M., *La protection internationale des droits de l'enfant,* Thèse de Doctorat de l'Université de Strasbourg, Droit international, Directeur : Jean-François Flauss, 2001.

LUCKER-BABEL M.-F., *L'Organisation mondiale de la santé et les droits de l'Homme,* Thèse de Doctorat de l'Université de Strasbourg III, Droit public, Directeur : Gérard Cohen-Jonathan, 1985.

Documents d'ONG

CRIN (Child Rights Information Network), *Universal Periodic Review : The Status of Children's Rights. An Analysis of trends / Review of NGO Participation*, London, 2010.

Commission internationale de juristes, *Reforming the Human Rights System : A Chance for the United Nations to Fulfill its Promise*, juin 2005.

LHRC (Legal and Human Rights Centre), *The Legal Process – Can it save girls from FGM ? "A Case of the Three Maasai Girls in Morogoro". A report on the enforcement of the FGM Law*, Dar-Es-Salaam : LHRC, 2004.

FRANCE TERRE D'ASILE, *Le droit d'asile au féminin. Cadre législatif et pratiques ». Une étude de l'Observatoire de l'asile et des réfugiés*, in *Les cahiers du social*, n° 32, décembre 2011.

THE ELDERS, *Child Marriage : The facts*, septembre 2011, publié à l'adresse http://www.theelders.org/docs/child-marriage-factsheet.pdf.

CI-AF, *Rapport sur les pratiques traditionnelles*, Dakar, 1984.

Articles de presse

CABUT S., « Réparer les femmes excisées », *Le Monde. Science & Techno*, 16 juin 2012, p. 2.

GRESH A., « Mensonge sur les mariages forcés », *Le Monde diplomatique*, 13 février 2007.

LIOTARD P., « Corps d'identité », *Courrier UNESCO* de juillet-août 2001 (dossier « Mon corps, c'est comme je veux ! » aux pages 20 à 59), pp. 22-24.

LUCIANI N., « 'Le Secret de l'enfant-fourmi' : un film sur l'infanticide rituel qui manque de justesse », *Le Monde*, 2 mai 2012.

PRIANTE A., «'Infibulazione o sarà discriminata'. Testimonianza-choc in tribunale », *Corriere della Sera*, 10 ottobre 2009.

PROLONGEAU H., « Femmes mutilées au bord du Nil », *Le Monde*, 23 décembre 2005, pp. 17-18.

ROUCHY M.-E., « La tornade Dana », *TéléObs*, 3 mai 2012, pp. 8-9.

SALOM P., « L'Africa dei trafficanti di bambini », *Corriere della Sera*, 26 ottobre 2009, p. 15.

Témoignages recueillis en Afrique

Interview de Mme Lucie OUANGRAWRA/KOUPOULI, magistrat du Burkina Faso.

Interview de M. Philippe SEKONE, chef de service suivi-évaluation au Secrétariat Permanent du Comité national chargé du suivi et de l'évaluation du Plan d'action national pour l'enfance, Ministère de l'Action Sociale et de la Solidarité Nationale du Burkina Faso.

Interview de Mme Bernadette BONKOUNGOU, Secrétaire permanente du Conseil national de lutte contre la pratique de l'excision (CNLPE) du Burkina Faso.

Interview de M. François N. ZOMBDI, Secrétaire Exécutif de l'Association nationale pour l'éducation et la réinsertion sociale des enfants à risque (ANERSER), Burkina Faso.

Interview de M. Piabié Jean-Baptiste BAKO, Président de l'Association Education pour enfant (AEPE), Burkina Faso.

Sites Internet

http://www.ohchr.org/fr : Haut-Commissariat aux droits de l'homme

http://tb.ohchr.org/default.aspx : Documents officiels des *treaty bodies*

http://treaties.un.org/Pages/ParticipationStatus.aspx : Collection des traités des Nations Unies

http://www2.ohchr.org/french/bodies/cat/ : Comité contre la torture

http://www2.ohchr.org/french/bodies/cedaw/ : Comité sur l'élimination de la discrimination à l'égard des femmes

http://www2.ohchr.org/french/bodies/crc/ : Comité des droits de l'enfant

http://www2.ohchr.org/french/bodies/hrc/ : Comité des droits de l'homme

http://upr-epu.com/index_fr.php : Observatoire mondial des droits de l'homme – UPR Watch

http://www.upr-info.org/-fr-.html : Informations sur l'EPU fournies par l'ONG « UPR Info »

Annexe 1. Ratifications des traités universels et régionaux relatifs aux droits de l'homme (au 20 septembre 2012)

		PIDCP	PIDESC	CERD	CEDAW	CAT	CIDE	*OPAC*	*OPSC*	CADHP	CADBE	PR.FEM.
1	**AFRIQUE DU SUD**	X		X	X	X	X	X	X	X	X	X
2	**ALGERIE**	X	X	X	X	X	X	X	X	X	X	
3	**ANGOLA**	X	X		X		X	X	X	X	X	X
4	**BENIN**	X	X	X	X	X	X	X	X	X	X	X
5	**BOTSWANA**	X		X	X	X	X	X	X	X	X	
6	**BURKINA FASO**	X	X	X	X	X	X	X	X	X	X	X
7	**BURUNDI**	X	X	X	X	X	X	X	X	X	X	
8	**CAMEROUN**	X	X	X	X	X	X			X	X	X
9	**CAP-VERT**	X	X	X	X	X	X	X	X	X	X	X
10	**COMORES**			X	X		X		X	X	X	X
11	**CONGO**	X	X	X	X	X	X	X	X	X	X	
12	**COTE D'IVOIRE**	X	X	X	X	X	X	X	X	X	X	
13	**DJIBOUTI**	X	X	X	X	X	X	X	X	X	X	X
14	**EGYPTE**	X	X	X	X	X	X	X	X	X	X	
15	**ERYTHREE**	X	X	X	X		X	X	X	X	X	
16	**ETHIOPIE**	X	X	X	X	X	X			X	X	
17	**GABON**	X	X	X	X	X	X	X	X	X	X	
18	**GAMBIE**	X	X	X	X		X		X	X	X	X
19	**GHANA**	X	X	X	X	X	X			X	X	X
20	**GUINEE**	X	X	X	X	X	X		X	X	X	
21	**GUINEE-BISSAU**	X	X		X		X		X	X	X	X
22	**GUINEE EQUATOR.**	X	X	X	X	X	X		X	X	X	X
23	**KENYA**	X	X	X	X	X	X	X		X	X	X
24	**LESOTHO**	X	X	X	X	X	X	X	X	X	X	X
25	**LIBERIA**	X	X	X	X	X	X			X	X	X

26 **LIBYE**	X	X	X	X	X	X	X	X	X	X	X
27 **MADAGASCAR**	X	X	X	X	X	X	X	X	X	X	
28 **MALAWI**	X	X	X	X	X	X	X	X	X	X	X
29 **MALI**	X	X	X	X	X	X	X	X	X	X	X
30 **MAROC**	X	X	X	X	X	X	X	X	/	/	/
31 **MAURICE**	X	X	X	X	X	X	X	X	X	X	
32 **MAURITANIE**	X	X	X	X	X	X		X	X	X	X
33 **MOZAMBIQUE**	X		X	X	X	X	X	X	X	X	X
34 **NAMIBIE**	X	X	X	X	X	X	X	X	X	X	X
35 **NIGER**	X	X	X	X	X	X	X	X	X	X	
36 **NIGERIA**	X	X	X	X	X	X		X	X	X	X
37 **OUGANDA**	X	X	X	X	X	X	X	X	X	X	X
38 **RCA**	X	X	X	X		X			X		
39 **RDC**	X	X	X	X	X	X	X	X	X		X
40 **RWANDA**	X	X	X	X	X	X	X	X	X	X	X
41 **SAO TOME-ET-PR.**				X		X			X		
42 **SENEGAL**	X	X	X	X	X	X	X	X	X	X	X
43 **SEYCHELLES**	X	X	X	X	X	X	X		X	X	X
44 **SIERRA LEONE**	X	X	X	X	X	X	X	X	X	X	
45 **SOMALIE**	X	X	X		X				X		
46 **SOUDAN**	X	X	X			X	X	X	X	X	
47 **SWAZILAND**	X	X	X	X	X	X			X		
48 **TANZANIE**	X	X	X	X		X	X	X	X	X	X
49 **TCHAD**	X	X	X	X	X	X	X	X	X	X	X
50 **TOGO**	X	X	X	X	X	X	X	X	X	X	X
51 **TUNISIE**	X	X	X	X	X	X	X	X	X		
52 **ZAMBIE**	X	X	X	X	X	X			X	X	X
53 **ZIMBABWE**	X	X	X	X		X		X	X	X	X
Ratifications Afrique/totales	**51/167**	**48/160**	**50/175**	**51/187**	**43/150**	**52/193**	**36/147**	**42/158**	**52**	**46**	**31**

Annexe 2. Ratifications d'autres traités universels (au 20 septembre 2012)

		Conv. statut des réfugiés (1951)	Conv. suppl. abolition esclavage (1956)	Conv. âge minimum du mariage (1962)	Conv. travail enfant (1999-OIT)
1	AFRIQUE DU SUD	X		X	X
2	ALGERIE	X	X		X
3	ANGOLA	X			X
4	BENIN	X		X	X
5	BOTSWANA	X			X
6	BURKINA FASO	X		X	X
7	BURUNDI	X			X
8	CAMEROUN	X	X		X
9	CAP-VERT				X
10	COMORES				X
11	CONGO	X	X		X
12	COTE D'IVOIRE	X	X	X	X
13	DJIBOUTI	X	X		X
14	EGYPTE	X	X		X
15	ERYTHREE				
16	ETHIOPIE	X	X		X
17	GABON	X			X
18	GAMBIE	X			X
19	GHANA	X	X		X
20	GUINEE	X	X	X	X
21	GUINEE-BISSAU	X			X
22	GUINEE EQUATOR.	X			X
23	KENYA	X			X
24	LESOTHO	X	X		X
25	LIBERIA	X		X	X
26	LIBYE		X	X	X
27	MADAGASCAR	X	X		X
28	MALAWI	X	X		X
29	MALI	X	X	X	X

30 **MAROC**	X	X		X
31 **MAURICE**	X	X		X
32 **MAURITANIE**	X	X		X
33 **MOZAMBIQUE**	X			X
34 **NAMIBIE**	X			X
35 **NIGER**	X	X	X	X
36 **NIGERIA**	X	X		X
37 **OUGANDA**	X	X		X
38 **RCA**	X	X		X
39 **RDC**	X	X		X
40 **RWANDA**	X	X	X	X
41 **SAO TOME-ET-PR.**	X			X
42 **SENEGAL**	X	X		X
43 **SEYCHELLES**	X	X		X
44 **SIERRA LEONE**	X	X		X
45 **SOMALIE**	X			
46 **SOUDAN**	X	X		X
47 **SWAZILAND**	X			X
48 **TANZANIE**	X	X		X
49 **TCHAD**	X	X		X
50 **TOGO**	X	X		X
51 **TUNISIE**	X	X	X	X
52 **ZAMBIE**	X	X		X
53 **ZIMBABWE**	X	X	X	X

Ratifications Afrique / totales	**49/145**	**32/123**	**12/55**	**51/175**

Annexe 3. Acceptation des protocoles et des dispositions sur le recours individuel (au 20 septembre 2012)

		Décl. art. 14 CERD	Prot. PIDCP 1966	Décl. art. 22 CAT	Prot. CEDAW 1999	Prot. PIDESC 2008	Prot.CRC 2011
1	**AFRIQUE DU SUD**	X	X	X	X		
2	**ALGERIE**	X	X	X			
3	**ANGOLA**		X		X		
4	**BENIN**		X				
5	**BOTSWANA**				X		
6	**BURKINA FASO**		X		X		
7	**BURUNDI**			X			
8	**CAMEROUN**		X	X	X		
9	**CAP-VERT**		X		X	SIGN.	
10	**COMORES**						
11	**CONGO**		X			SIGN.	
12	**COTE D'IVOIRE**		X		X		
13	**DJIBOUTI**		X				
14	**EGYPTE**						
15	**ERYTHREE**						
16	**ETHIOPIE**						
17	**GABON**				X	SIGN.	
18	**GAMBIE**		X				
19	**GHANA**		X	X	X	SIGN.	
20	**GUINEE**		X				
21	**GUINEE-BISSAU**				X	SIGN.	
22	**GUINEE EQUATOR.**		X		X		
23	**KENYA**						
24	**LESOTHO**		X		X		
25	**LIBERIA**						
26	**LIBYE**		X		X		
27	**MADAGASCAR**		X			SIGN.	

28 **MALAWI**		X				
29 **MALI**		X		X	SIGN.	SIGN.
30 **MAROC**	X		X			SIGN.
31 **MAURICE**		X		X		SIGN.
32 **MAURITANIE**						
33 **MOZAMBIQUE**				X		
34 **NAMIBIE**		X		X		
35 **NIGER**		X		X		
36 **NIGERIA**				X		
37 **OUGANDA**		X				
38 **RCA**		X				
39 **RDC**		X			SIGN.	
40 **RWANDA**				X		
41 **SAO TOME-ET-PR.**						
42 **SENEGAL**	X	X	X	X	SIGN.	
43 **SEYCHELLES**		X	X	X		
44 **SIERRA LEONE**		X				
45 **SOMALIE**		X				
46 **SOUDAN**						
47 **SWAZILAND**						
48 **TANZANIE**				X		
49 **TCHAD**		X				
50 **TOGO**		X	X		SIGN.	
51 **TUNISIE**		X	X	X		
52 **ZAMBIE**		X				
53 **ZIMBABWE**						
Acceptations Afrique/totales	**4 / 54**	**33 / 114**	**10 / 65**	**24 / 104**	**0 / 8**	**0 / 0**

Annexe 4. Liste des tableaux figurant dans le corps de l'ouvrage

Table des matières

L'Afrique
aux éditions L'Harmattan

Dernières parutions

CHANGEMENTS DÉMOGRAPHIQUES ET DÉVELOPPEMENT DURABLE EN AFRIQUE
Vimard Patrice, Fassassi Raïmi
L'ouvrage situe tout d'abord les grandes lignes de la démographie du continent. Puis, après avoir replacé les débats relatifs aux politiques de population et de développement dans le contexte africain, les relations entre croissance démographique et développement sont analysées. Un ouvrage important pour mieux comprendre ce que sera l'avenir du continent.
(Coll. Etudes africaines, 13.50 euros, 120 p.)
ISBN : 978-2-296-99837-7, ISBN EBOOK : 978-2-296-53109-3

RÉVOLUTION CULTURELLE ET DÉVELOPPEMENT EN AFRIQUE
Kaputa Lota José - Préface de Pierre Mutunda Mwembo
Actuellement, la lutte entre l'Occident et l'Afrique est avant tout une lutte culturelle, et il est évident que l'on ne peut pas se développer avec une culture d'emprunt. Si l'Africain désire réellement le développement intégral et harmonieux de son continent, il doit entreprendre une révolution culturelle contre le néocolonialisme et les mentalités rétrogrades enkystées dans sa propre culture.
(Coll. Etudes africaines, 18.00 euros, 186 p.)
ISBN : 978-2-336-00929-2, ISBN EBOOK : 978-2-296-53123-9

ARTISANAT ET DÉVELOPPEMENT EN AFRIQUE DE L'OUEST
Kouassi Adack Gilbert
Est-il possible d'envisager, à notre époque, une politique de développement qui exclue toute émergence artistique ou culturelle du peuple concerné ? En d'autres termes, quel est l'apport de l'art dans le développement d'un pays comme la Côte d'Ivoire ? L'art actuel de l'Afrique doit être la synthèse conjuguée des arts traditionnels et modernes, sans toutefois ignorer l'un et l'autre dans sa spécificité.
(Coll. Harmattan Côte-d'Ivoire, 14.00 euros, 136 p.)
ISBN : 978-2-336-29285-4, ISBN EBOOK : 978-2-296-53082-9

CONFLITS (LES) ARMÉS AFRICAINS DANS LE SYSTÈME INTERNATIONAL
Transnationalisme ethnique et États dans la Corne de l'Afrique – 1961-2006
Mashimango Abou-Bar Abelard - Préface de Julian Fernandez
Étudier le phénomène des guerres contemporaines qui sévissent en Afrique exige une analyse historique, sociologique et politique fondée sur une approche multidisciplinaire de la polémologie et une culture géopolitique de l'Afrique néocoloniale, coloniale et postcoloniale. Cette étude s'articule autour des fondamentaux de l'approche transnationaliste et de la théorie de l'ethnicité.
(Coll. Études africaines, 45.00 euros, 450 p.)
ISBN : 978-2-336-29214-4, ISBN EBOOK : 978-2-296-53069-0

ÉLITES ET COMPROMISSIONS EN AFRIQUE
Légitimation d'un système et sous-développement au Gabon
Toung Nzue Jérôme - Préface de Bernardin Minko Mve
Comment comprendre et expliquer la perpétuation du système Bongo, alors que son bilan socio-économique est aux antipodes des potentialités énormes dont dispose le Gabon ? Cet ouvrage est

une analyse sociopolitique d'un système politique, et l'auteur décortique et critique ce système dont le processus de légitimation n'a fait que compromettre l'élite gabonaise.
(Coll. Études africaines, 22.00 euros, 218 p.)
ISBN : 978-2-296-99358-7, ISBN EBOOK : 978-2-296-53095-9

PENSER ET GÉRER LA DIVERSITÉ EN SOCIÉTÉ : REGARDS SUR L'AFRIQUE
Sous la direction de Prum Michel, Vircoulon Thierry, Mattioli Marie-Annick, Cros Bernard
Dans nos sociétés postmodernes, la diversité est devenue la principale grille de lecture sociologique, en même temps qu'un enjeu politique de premier plan. La diversité en société peut être pensée à travers différentes catégories. Ce livre concentre l'analyse sur l'Afrique, tout en conservant un contrepoint européen afin de mettre en évidence les variations géographiques du concept.
(Coll. Racisme et eugénisme, 18.00 euros, 179 p.)
ISBN : 978-2-343-00187-6, ISBN EBOOK : 978-2-296-53056-0

ART CHRÉTIEN AFRICAIN – Caractéristiques et enjeux
Cakpo Erick
Quelles sont les caractéristiques de l'art chrétien africain ? Les chrétiens africains doivent-ils disposer d'un art sacré de facture locale ? Cet ouvrage inscrit l'art chrétien africain dans le débat actuel de l'inculturation du message chrétien en Afrique.
(Coll. Études africaines, 22.00 euros, 222 p.)
ISBN : 978-2-336-29181-9, ISBN EBOOK : 978-2-296-53225-0

PÉTAUDIÈRE (LA) COLONIALE
Canu Adrien-Henri
Présentation de Boris Lesueur avec la collaboration de Roger Little
Les dénonciations des scandales nés des relations entre la France et le continent africain ne sont pas neuves. Dès la conquête, ce qui se passait aux colonies était scandaleux : népotisme, corruption, prévarication, incompétence... tous les vices de la République se répandaient outre-mer, créant une vraie pétaudière ! Le réquisitoire d'A. H. Canu n'épargne personne, ni la Marine, ni le tout nouveau ministère des Colonies, ni le lobby colonial et son personnage emblématique Eugène Étienne.
(Coll. Autrement mêmes, 24.00 euros, 196 p.)
ISBN : 978-2-343-00210-1, ISBN EBOOK : 978-2-296-51713-4

PARTENAIRES EN DÉVELOPPEMENT ET RÉDUCTION DE LA PAUVRETÉ EN AFRIQUE NOIRE
Amouzou Essè
Cet ouvrage jette un regard assez sceptique sur la lutte contre la pauvreté. Cette démarche humaniste qui est récurrente dans les discours des grands décideurs mondiaux et des organismes internationaux tranche étrangement avec la persistance de la pauvreté dans les sociétés du Tiers Monde. Le contraste se trouve ici éludé par une exploration objective des ressorts opaques des mécanismes financiers et des relations peu transparentes entre le Nord et le Sud.
(Coll. Études africaines, 27.00 euros, 270 p.)
ISBN : 978-2-336-00230-9, ISBN EBOOK : 978-2-296-51700-4

DÉMOCRATIE (LA) À L'ÉPREUVE DU RÉGIONALISME EN AFRIQUE NOIRE
Amouzou Essè
Cet ouvrage fait le bilan analytique des expériences africaines du multipartisme amorcé à l'entrée de la décennie 1990. Il relate les dominances événementielles des révolutions démocratiques en Afrique subsaharienne. Les grandes tendances de cette période résident dans les conférences nationales, l'adoption de constitutions démocratiques et des élections comme mode de dévolution du pouvoir. L'élément identitaire qui va miner les expériences démocratiques en Afrique noire est mis en exergue.
(Coll. Études africaines, 23.00 euros, 222 p.)
ISBN : 978-2-336-00267-5, ISBN EBOOK : 978-2-296-51699-1

IMPUNITÉ
Jusqu'où l'Afrique est-elle prête ?
Cours Nouveau, Revue africaine trimestrielle de stratégie et de prospective 9, 10, 2013
L'attitude toute récente de l'Afrique et des Africains de poursuivre en Afrique même, les leaders et les dirigeants convaincus de crimes contre l'Humanité, exprime une inversion de tendance qu'il y a lieu de soutenir et d'élargir, pour les portes qu'elle ouvre comme pour les nouvelles lignes d'horizon de pensée et d'action qu'elle laisse entrevoir. Voici donc venu le temps de repenser les questions stratégiques de l'Afrique, à commencer par celle des futurs Africains, en rapport avec l'action.
(37.00 euros, 356 p.)
ISBN : 978-2-343-00208-8, ISBN EBOOK : 978-2-296-51626-7

QUI MENACE LA PAIX ET LA STABILITÉ EN AFRIQUE ?
Yomba Ngué Roger - Préface d'Emmanuel Argo
L'Afrique a malheureusement été le théâtre de nombreux conflits, dus au legs de la période coloniale et de la traite négrière, mais aussi à cause des répercussions des migrations incontrôlées, de l'injustice sociale, de la corruption, de l'autoritarisme des dirigeants etc. Le plus important, c'est l'enseignement qu'on en tire et les décisions que l'on prend pour en sortir afin de construire un avenir plus probant et prometteur pour les générations futures.
(Coll. Harmattan Côte-d'Ivoire, 26.50 euros, 268 p.)
ISBN : 978-2-336-00607-9, ISBN EBOOK : 978-2-296-51543-7

CULTURES VIRILES ET IDENTITÉ FÉMININE
Essai sur le genre en Afrique subsaharienne
Djombe Calvin Thomas
Le principe mythologique et cosmogonique africain implique des constructions religieuses, imaginaires qui fondent une puissance virile symbolique. Son pouvoir induit une injonction à la stigmatisation de la femme. Le projet d'une philosophie féministe africaine suppose de repenser, de reconcevoir l'ensemble des paradigmes de cette société ; il traduit une volonté de déconstruction de ces conditions assujettissantes pour déboucher sur la reconstruction autonome de l'identité féminine.
(Coll. Etudes africaines, 32.00 euros, 236 p.)
ISBN : 978-2-336-29147-5, ISBN EBOOK : 978-2-296-51623-6

PRÉOCCUPATIONS ENVIRONNEMENTALES ET DROIT DE L'ENTREPRISE DANS L'ESPACE OHADA
Tairou Yafradou Adam
Prévu pour promouvoir les investissements en Afrique à travers la sécurisation juridique et judiciaire des activités économiques, et non pour protéger l'environnement, l'analyse des instruments que le droit OHADA développe fait ressortir qu'ils peuvent favoriser la protection de l'environnement tant par l'entreprise *in bonis* que par l'entreprise en redressement puis en liquidation judiciaires.
(Coll. Études africaines, 41.00 euros, 432 p.)
ISBN : 978-2-296-99391-4, ISBN EBOOK : 978-2-296-51723-3

MANIFESTE DE LA RENAISSANCE AFRICAINE
Entre la mémoire et la prophétie
Dessinga Giscard Kevin
Restituer l'histoire aux générations africaines montantes, établir la part de responsabilité historique des uns et des autres, poser le problème de l'Afrique en termes de responsabilité partagée et, enfin, lancer un SOS pour que l'Afrique devienne la première préoccupation des Africains et de tous ceux qui aiment l'Afrique… c'est offrir aux nouvelles générations les armes dont elles ont besoin pour envisager le futur, sans complexes mais avec détermination, lucidité et dignité.
(Coll. Harmattan Italia, 14.00 euros, 88 p.)
ISBN : 978-2-336-00032-9, ISBN EBOOK : 978-2-296-51610-6

COMPRENDRE LA GOUVERNANCE
Hatcheu Tchawe Emil
Cet ouvrage est une contribution à la compréhension et à la pratique du «vivre ensemble» et du «gérer ensemble» en toute transparence. Les mutations de la société contemporaine, les crises qui ébranlent les certitudes et les acquis, l'émergence de nouveaux acteurs qui exigent d'être pris en compte dans la gestion des affaires qui les concernent, sont autant de motifs qui imposent que le concept de gouvernance soit revisité en permanence.
(Coll. Harmattan Cameroun, 18.00 euros, 168 p.)
ISBN : 978-2-336-00927-8, ISBN EBOOK : 978-2-296-52996-0

MONDIALISATION (LA) ET LA SOCIÉTÉ DE L'INFORMATION
Quelle place pour l'Afrique au sud du Sahara ?
Zongo Rachel - Préface de Serge Théophile Balima
Face aux enjeux de la mondialisation et les défis du développement de la communication dans les pays en développement, quelle place l'Afrique subsaharienne occupe-t-elle dans cette société globalisée ? Quelle solution la communauté internationale préconise-t-elle contre la fracture numérique pour lutter contre la pauvreté et favoriser le développement des sociétés africaines ?
(Coll. Etudes africaines, 48.00 euros, 510 p.)
ISBN : 978-2-336-00899-8, ISBN EBOOK : 978-2-296-53022-5

ÉTALEMENT (L') URBAIN EN AFRIQUE
Défis et paradoxes
Sous la direction de Hatcheu Tchawe Emil
On prévoit un triplement des zones urbaines entre 2000 et 2030 dans les pays en voie de développement. Voici un panorama des questions que pose l'étalement des villes camerounaises et congolaises : la question foncière, la survie dans les mangroves, la crise de l'eau potable, les limites des villes nouvelles, la gestion des déchets...
(Coll. Harmattan Cameroun, 25.50 euros, 248 p.)
ISBN : 978-2-336-00928-5, ISBN EBOOK : 978-2-296-53006-5

PARTENARIAT (LE) EUROPE-AFRIQUE
DANS LA MONDIALISATION
Nkunzumwami Emmanuel
Voici les parcours historiques des relations entre Africains et Européens depuis environ cinq siècles. L'ouvrage propose une nouvelle organisation de l'Afrique sur ses cinq régions, en vue d'exploiter et rentabiliser leurs immenses richesses naturelles pour la relance de leur développement économique et social. L'Europe peut y contribuer par le savoir-faire industriel et la maîtrise des technologies qui manquent à l'Afrique. Le partenariat entre l'Europe et l'Afrique devient alors l'une des clés de succès dans la mondialisation.
(Coll. Etudes africaines, 37.50 euros, 374 p.)
ISBN : 978-2-296-99820-9, ISBN EBOOK : 978-2-296-51482-9

PROBLÉMATIQUE (LA) DE L'ÉTAT DE DROIT EN AFRIQUE DE L'OUEST
Cissé Losséni
Maintenir la Paix et la Sécurité internationales, telles sont quelques-unes des missions fondamentales des grandes institutions internationales multilatérales, qu'il s'agisse de l'ONU ou de l'Union Africaine. Or, les outils juridiques et diplomatiques propres à chacune de ces institutions supranationales se trouvent parfois inappropriés à la résolution des conflits. L'auteur s'appuie sur des cas d'école qui ont la pertinence de situer la réflexion au coeur de l'actualité la plus récente.
(Coll. Etudes africaines, 28.00 euros, 284 p.)
ISBN : 978-2-336-00252-1, ISBN EBOOK : 978-2-296-51483-6

L'HARMATTAN, ITALIA
Via Degli Artisti 15; 10124 Torino

L'HARMATTAN HONGRIE
Könyvesbolt ; Kossuth L. u. 14-16
1053 Budapest

ESPACE L'HARMATTAN KINSHASA
Faculté des Sciences sociales,
politiques et administratives
BP243, KIN XI
Université de Kinshasa

L'HARMATTAN CONGO
67, av. E. P. Lumumba
Bât. – Congo Pharmacie (Bib. Nat.)
BP2874 Brazzaville
harmattan.congo@yahoo.fr

L'HARMATTAN GUINÉE
Almamya Rue KA 028, en face du restaurant Le Cèdre
OKB agency BP 3470 Conakry
(00224) 60 20 85 08
harmattanguinee@yahoo.fr

L'HARMATTAN CAMEROUN
BP 11486
Face à la SNI, immeuble Don Bosco
Yaoundé
(00237) 99 76 61 66
harmattancam@yahoo.fr

L'HARMATTAN CÔTE D'IVOIRE
Résidence Karl / cité des arts
Abidjan-Cocody 03 BP 1588 Abidjan 03
(00225) 05 77 87 31
etien_nda@yahoo.fr

L'HARMATTAN MAURITANIE
Espace El Kettab du livre francophone
N° 472 avenue du Palais des Congrès
BP 316 Nouakchott
(00222) 63 25 980

L'HARMATTAN SÉNÉGAL
« Villa Rose », rue de Diourbel X G, Point E
BP 45034 Dakar FANN
(00221) 33 825 98 58 / 77 242 25 08
senharmattan@gmail.com

L'HARMATTAN TOGO
1771, Bd du 13 janvier
BP 414 Lomé
Tél : 00 228 2201792
gerry@taama.net

Achevé d'imprimer par Corlet Numérique - 14110 Condé-sur-Noireau
N° d'Imprimeur : 101054 - Dépôt légal : septembre 2013 - *Imprimé en France*

www.ingramcontent.com/pod-product-compliance
Lightning Source LLC
LaVergne TN
LVHW021142061026
849535LV00002B/323